HISTOIRE GÉOGRAPHIE

Sous la direction de Martin Ivernel
Professeur d'Histoire-Géographie
au lycée Hector Berlioz, Vincennes (94)

et Benjamin Villemagne
Professeur d'Histoire-Géographie
au collège Jean Renoir à Neuville-sur-Saône (69)

Anne Carol
Maître de conférences à l'université
d'Aix-Marseille I (13)

Antoine Frémont
Directeur de recherche à l'Institut Français
des Sciences et Technologies des Transports,
de l'Aménagement et des Réseaux (IFSTTAR)

Laurence Marchand
Professeur d'Histoire-Géographie
au collège Pierre de Coubertin à Chevreuse (78)

Françoise Martinetti
Académie de Nice (06)

Patrick Mougenet
Professeur d'Histoire-Géographie
au lycée Le Verger à Sainte-Marie, La Réunion (974)

David Muller
Académie de Créteil (94)

Vincent Olive
Professeur d'Histoire-Géographie
au collège du Fort à Sucy-en-Brie (94)

Patrice Pasqualini
Professeur d'Histoire-Géographie
au collège Georges Charpak à Brindas (69)

Yann Richard
Maître de conférences en Géographie
à l'université Paris I-Panthéon Sorbonne (75)

Anne-Marie Rubio-Daumas
Professeur d'Histoire-Géographie
au collège Paul Éluard à Vénissieux (69)

Jean Ruhlmann
Maître de conférences en Histoire
à l'université Lille III-Charles de Gaulle (59)

Stéphane Vautier
Académie de Rouen (76)

Thierry Widemann
Professeur des écoles, chercheur en Histoire
à l'Institut de Recherche Stratégique de l'École
militaire (IRSEM)

Nous remercions Annette Ciattoni, géographe,
pour sa relecture des chapitres de Géographie.

SOMMAIRE
HISTOIRE

LES ARTS, témoins de l'Histoire 8

PARTIE I — L'Europe et le monde au début du XVIIIe siècle

1. L'Europe dans le monde au XVIIIe siècle 10
- DÉCOUVRIR Les empires coloniaux et les courants d'échange 12
- ARTS et histoire Le port de Bordeaux peint par Vernet 14
- DÉCOUVRIR Bordeaux, un grand port atlantique 16
- 1. L'Europe dans le monde 18
- MÉTHODE ET EXERCICES 20

2. Les traites négrières et l'esclavage 24
- DÉCOUVRIR De l'Afrique à l'Amérique 26
- DÉCOUVRIR La vie des esclaves dans une plantation 28
- ARTS et histoire Ma véridique histoire d'Olaudah Equinao 30
- 1. La traite atlantique et l'esclavage 32
- MÉTHODE ET EXERCICES 34

3. L'Europe des Lumières 38
- DÉCOUVRIR L'Europe « absolutiste » 40
- DÉCOUVRIR Voltaire, un philosophe des Lumières 42
- DÉCOUVRIR Lavoisier, un savant des Lumières 44
- ARTS et histoire Le Mariage de Figaro, un théâtre critique 46
- 1. Le combat des Lumières 48
- MÉTHODE ET EXERCICES 50

4. Les difficultés de la monarchie sous Louis XVI 54
- DÉCOUVRIR Le vent d'Amérique 56
- DÉCOUVRIR Les doléances des Français en 1789 58
- ARTS et histoire Une caricature contre la société d'ordres 60
- 1. Les difficultés de la monarchie 62
- MÉTHODE ET EXERCICES 64

PARTIE II — La Révolution et l'Empire

5. Les temps forts de la Révolution 68
- ARTS et histoire Le Serment du Jeu de paume de David 70
- DÉCOUVRIR Le 4 août 1789 : l'abolition des privilèges 72
- 1. Un nouveau régime 74
- DÉCOUVRIR Le 10 août 1792 : la prise des Tuileries 76
- 2. La Première République 78
- ARTS et histoire David peint Le Sacre de Napoléon 80
- 3. Du Consulat à l'Empire 82
- MÉTHODE ET EXERCICES 84

6. Les fondations d'une France nouvelle 88
- DÉCOUVRIR Les débuts de la vie politique 90
- DÉCOUVRIR Les femmes dans la Révolution 92
- DÉCOUVRIR La Révolution et les religions 94
- DÉCOUVRIR La Révolution, l'Empire et la guerre 96
- 1. Une France nouvelle 98
- MÉTHODE ET EXERCICES 100

7. La France et l'Europe en 1815 102
- DÉCOUVRIR La Révolution française et l'Europe 104
- DÉCOUVRIR L'éveil du sentiment national 106
- ARTS et histoire Goya peint le Tres de Mayo 108
- 1. L'Europe en 1815 110
- MÉTHODE ET EXERCICES 112

MÉTHODE

- Présenter et analyser un texte en histoire 20
- Étudier une carte historique 34
- Rédiger un paragraphe argumenté 64
- Situer dans le temps 84
- Étudier un tableau en histoire 112
- Étudier et comparer des courbes 140
- Étudier une caricature 164
- Réaliser une fiche biographique en histoire 182
- Étudier une image de propagande 200

© HATIER, Paris, 2011 - isbn : 978-2-218-95443-6

Toute représentation, traduction, adaptation ou reproduction, même partielle, par tous procédés, en tous pays, faite sans autorisation préalable est illicite et exposerait le contrevenant à des poursuites judiciaires. Réf : loi du 11 mars 1957, alinéas 2 et 3 de l'article 41. Une représentation ou reproduction sans autorisation de l'éditeur ou du Centre français d'exploitation du droit de Copie (20, rue des Grands-Augustins, 75006 PARIS) constituerait une contrefaçon sanctionnée par les articles 425 et suivants du Code pénal.

PARTIE III Le XIXᵉ siècle

8 L'âge industriel — 116

DÉCOUVRIR	Le chemin de fer au XIXᵉ siècle	118
A.	Comment se développe le chemin de fer ?	118
B.	Quelles sont les conséquences du développement du chemin de fer ?	120
ARTS et histoire	Claude Monet peint la gare Saint-Lazare	122
DÉCOUVRIR	Les Krupp à Essen au XIXᵉ siècle	124
A.	Comment les Krupp développent-ils leur entreprise ?	124
B.	Comment se caractérise la ville d'Essen au XIXᵉ siècle ?	126
ARTS et histoire	Zola raconte la vie des mineurs	130
ARTS et histoire	Paris, ville du XIXᵉ siècle	130
1.	Les bouleversements économiques	132
DÉCOUVRIR	Le monde industrialisé à la fin du XIXᵉ siècle	134
2.	Les bouleversements sociaux	136
DÉCOUVRIR	Penser l'âge industriel	138
MÉTHODE ET EXERCICES		140

9 L'évolution politique de la France, 1815-1914 — 144

ARTS et histoire	Delacroix peint la révolution de 1830	146
DÉCOUVRIR	La Révolution de 1848	148
DÉCOUVRIR	La Commune de Paris de 1871	150
1.	Des régimes instables (1815-1871)	152
DÉCOUVRIR	Jules Ferry, un père de la République	154
ARTS et histoire	Un monument pour la République	156
DÉCOUVRIR	L'affaire Dreyfus divise la France	158
DÉCOUVRIR	La séparation des Églises et de l'État	160
2.	La République s'enracine (1871-1914)	162
MÉTHODE ET EXERCICES		164

10 L'affirmation des nationalismes — 168

DÉCOUVRIR	Les révolutions de 1848	170
DÉCOUVRIR	Cavour et l'unification italienne	172
ARTS et histoire	Le Vittoriano à Rome	174
DÉCOUVRIR	Bismarck et l'unité allemande	176
ARTS et histoire	La proclamation de l'Empire allemand par Werner	178
1.	États et nationalités	180
MÉTHODE ET EXERCICES		182

11 Les colonies au XIXᵉ siècle — 186

DÉCOUVRIR	La conquête de Madagascar	188
DÉCOUVRIR	La carte des empires coloniaux	190
1.	Les conquêtes coloniales	192
DÉCOUVRIR	La société coloniale en Algérie	194
ARTS et histoire	Cartes postales du Sénégal	196
2.	Les colonies, un monde dominé	198
MÉTHODE ET EXERCICES		200

12 L'Europe en 1914 — 204

DÉCOUVRIR	La carte des alliances militaires	206
1.	L'Europe sous tension	208

EXERCICES B2i

VISITER un navire du XVIIIᵉ siècle	22
FAIRE UNE RECHERCHE sur le château de Voltaire à Ferney	53
FAIRE UNE RECHERCHE sur Marie-Antoinette	67
APPROFONDIR SES CONNAISSANCES sur la vie et l'œuvre de Napoléon	87
ÉTUDIER l'intérieur d'une usine du XIXᵉ siècle à partir d'un tableau d'époque	141
ÉTUDIER un voyage d'exploration	203

Les ARTS témoins de l'Histoire

Arts du visuel
- Le port de Bordeaux peint par Vernet — 14
- La Danse d'esclaves d'Augustin Brunias (EXERCICE) — 36
- Une caricature contre la société d'ordres — 60
- Le Serment du Jeu de paume de David — 70
- David peint Le Sacre de Napoléon — 80
- Goya peint le Tres de mayo — 108
- Un tableau sur la résistance tyrolienne (EXERCICE) — 114
- Claude Monet peint la gare Saint-Lazare — 122
- Le forgeage au marteau-pilon de Bonhommé (EXERCICE) — 141
- Delacroix peint la révolution de 1830 — 146
- Un monument pour la République — 156
- La proclamation de l'Empire allemand par Werner — 178

Arts du spectacle vivant
- La Danse d'esclaves d'Augustin Brunias (EXERCICE) — 36
- Le Mariage de Figaro, un théâtre critique — 46

Arts du langage
- Ma véridique histoire d'Olaudah Equinao — 30
- Le Mariage de Figaro, un théâtre critique — 46
- Zola raconte la vie des mineurs — 128

Arts du quotidien
- Une faïence révolutionnaire (EXERCICE) — 85
- Cartes postales du Sénégal — 196

Arts de l'espace
- La Saline d'Arc-et-Senans (EXERCICE) — 50
- Paris, ville du XIXᵉ siècle — 130
- Le Vittoriano à Rome — 174

Arts du son
- La Marseillaise (EXERCICE) — 101
- Verdi (EXERCICE) — 184

SOMMAIRE GÉOGRAPHIE

CARTE Les États du monde en 2011 210
QU'EST-CE QUE LA MONDIALISATION ? 212
DE LA CARTE AU CROQUIS 214

PARTIE I — Des échanges à la dimension du monde

13 Les espaces majeurs de production et d'échanges — 216

ÉTUDE DE CAS Le premier port du monde : Shanghai 218
A. Comment le port de Shanghai se transforme-t-il ? 218
B. Pourquoi Shanghai est-il un centre mondial de production et d'échanges ? 220
ÉTUDE DE CAS Un port géant ouvert sur le monde : Rotterdam 222
A. Comment la ZIP de Rotterdam s'agrandit-elle ? 222
B. Pourquoi Rotterdam est-il la porte d'entrée de l'Europe sur le monde ? 224
À l'échelle du monde Ports et façades maritimes 226
1. Les ports, carrefours du monde 228
MÉTHODE ET EXERCICES 230

14 Les échanges de marchandises — 234

ÉTUDE DE CAS Le transport d'un iPod à travers le monde 236
A. Comment un iPod est-il transporté ? 236
B. Où et par qui l'Ipod est-il distribué ? 238
ÉTUDE DE CAS Une grande compagnie de transport maritime : Maersk 240
A. Quel est le trajet du navire Eugen Maersk ? 240
B. Comment la compagnie Maersk parvient-elle à desservir le monde entier ? 242
À l'échelle du monde Le commerce mondial de marchandises 244
CROQUIS Pôles et flux des échanges mondiaux 246
1. Les échanges mondiaux 248
MÉTHODE ET EXERCICES 250

15 Les mobilités humaines — 254

ÉTUDE DE CAS Migrer du Maroc vers l'Europe 256
A. Qui migre du Maroc vers l'Europe ? Pour quelles raisons ? 256
B. Quels sont les effets de ces migrations ? 258
ÉTUDE DE CAS Un espace touristique au Maghreb : Port el-Kantaoui 260
A. Pourquoi Port el-Kantaoui est-elle une station touristique internationale ? 260
B. Quel est l'impact du tourisme à Port el-Kantaoui ? 262
À l'échelle du monde Des mobilités mondialisées 264
1. Migrations et tourisme 266
MÉTHODE ET EXERCICES 268

16 Les lieux de commandement — 272

ÉTUDE DE CAS Tokyo dans la mégalopole japonaise 274
A. Quels pouvoirs Tokyo concentre-t-elle ? 274
B. Comment Tokyo et sa mégalopole sont-elles reliées au monde ? 276
À l'échelle du monde Les grandes métropoles organisent le monde 278
1. Les grandes métropoles 280
ARTS et géographie Les gratte-ciel de Chicago 282
MÉTHODE ET EXERCICES 284

17 Les entreprises transnationales — 286

ÉTUDE DE CAS Renault, une firme transnationale 288
A. Quelle est la stratégie de la firme Renault ? 288
B. Quels sont les effets de la stratégie de Renault ? 290
ÉTUDE DE CAS Nike, une firme à la conquête du monde 292
À l'échelle du monde Les firmes dans le monde 294
1. Les firmes transnationales 296
MÉTHODE ET EXERCICES 298

CROQUIS

- Les principaux aménagements du port de Shangai (ÉTUDE DE CAS) 218
- Les principaux aménagements du port de Rotterdam (ÉTUDE DE CAS) 222
- Pôles et flux des échanges mondiaux 247
- Le territoire américain dans la mondialisation 319
- Le territoire chinois dans la mondialisation 333
- Le territoire brésilien dans la mondialisation 339
- Un paysage urbain : Mumbai (EXERCICE) 344
- Le territoire indien dans la mondialisation (EXERCICE) 345

 **ARTS et Géographie**
Des pages arts et géographie 251, 282, 323, 361, 366

PARTIE II Les territoires dans la mondialisation

18 Les États-Unis dans la mondialisation 300

- **DOSSIER** Une place centrale dans l'économie mondiale 302
- **DOSSIER** Un modèle culturel dominant 304
- **DOSSIER** La suprématie militaire et diplomatique 306
- **À l'échelle du monde** Les États-Unis, superpuissance mondiale 308
- **1.** Les États-Unis dans la mondialisation 310
- **DOSSIER** Les métropoles, vitrines de la mondialisation 312
- **DOSSIER** Les territoires des hautes technologies ... 314
- **DOSSIER** Les façades maritimes, fenêtres de la mondialisation 316
- **CROQUIS** Le territoire américain dans la mondialisation 318
- **2.** Un territoire transformé par la mondialisation ... 320
- **MÉTHODE ET EXERCICES** 322

19 Les puissances émergentes 326

- **ÉTUDE DE CAS** L'émergence d'un géant : la Chine 328
- **A.** Comment la Chine s'ouvre-t-elle au monde ? 328
- **B.** La croissance de la Chine profite-t-elle à tous et à tous les territoires ? 330
- **CROQUIS** Le territoire chinois dans la mondialisation 332
- **ÉTUDE DE CAS** Une puissance émergente : le Brésil 334
- **A.** En quoi le Brésil est-il une puissance émergente ? 334
- **B.** Quelles sont les différentes inégalités au Brésil ? 336
- **CROQUIS** Le territoire brésilien dans la mondialisation 338
- **À l'échelle du monde** Les pays émergents dans le monde 340
- **1.** Les pays émergents 342
- **MÉTHODE ET EXERCICES** 344

20 Les pays pauvres dans la mondialisation 348

- **ÉTUDE DE CAS** Un « pays moins avancé » d'Afrique : le Mali 350
- **A.** En quoi le Mali est-il un pays peu développé ? 350
- **B.** L'économie du Mali est-elle à l'écart du monde ? 352
- **ÉTUDE DE CAS** Un « pays moins avancé » d'Asie : le Bangladesh 354
- **À l'échelle du monde** Les pays pauvres dans le monde ... 356
- **1.** Les pays pauvres 358
- **MÉTHODE ET EXERCICES** 360

PARTIE III Questions sur la mondialisation

21 Questions sur la mondialisation 364

- **ARTS et Géographie** Cinéma et mondialisation 366
- **DOSSIER** L'anglais dans le monde 368
- **À l'échelle du monde** La diversité linguistique et religieuse du monde 370
- **DÉBAT** Mondialisation et inégalités 372
- **DÉBAT** Mondialisation et environnement 374
- **1.** La mondialisation en questions 376
- **MÉTHODE ET EXERCICES** 378

Lexique 380

CARTE La mondialisation organise le monde 386

MÉTHODE

- Localiser et situer en géographie 230
- Lire une carte à projection polaire 250
- Rédiger un paragraphe argumenté en géographie 268
- Lire et utiliser des graphiques 298
- Réaliser un schéma en géographie 322
- Lire une carte par anamorphose 360
- Observer et interpréter un dessin de presse en géographie 378

EXERCICES B2i

- **DÉCRIRE** les aménagements d'une ZIP française 231
- **ORGANISER** le transport d'un conteneur 253
- **COMPRENDRE** l'action d'une organisation internationale : le HCR 271
- **DÉCOUVRIR** une grande métropole à partir de son site officiel 285
- **DÉCRIRE ET EXPLIQUER** un paysage représentatif des États-Unis 325
- **ANALYSER** les inégalités ville/campagne dans les pays émergents 346
- **ÉTUDIER** des statistiques pour caractériser un PMA : le Cambodge 362

DÉCOUVRIR LE MANUEL

À chaque picto correspond un document multimédia de votre manuel interactif :

 Vidéo

 Carte animée

 Document interactif

 Son

En Histoire et en Géographie

OUVERTURE DE CHAPITRE

Deux grands documents, une frise illustrée en Histoire, des chiffres-clés en Géographie

LES ARTS, TÉMOINS DE L'HISTOIRE

En Histoire

DÉCOUVRIR

L'objectif de la double page et la compétence du socle commun mise en œuvre

Des questions et la mise en œuvre des capacités du programme, accompagnée d'une aide méthodologique

- Le vocabulaire de l'Histoire des arts
- Le domaine artistique
- La fiche d'identité de l'œuvre
- Une passerelle vers d'autres œuvres, d'autres arts

En Géographie

ÉTUDE DE CAS

L'objectif de la double page et la compétence du socle commun mise en œuvre

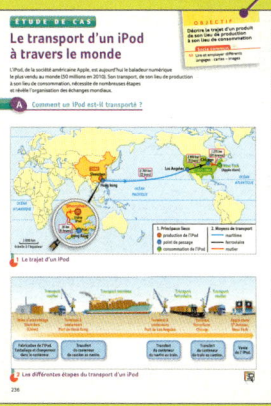

Des questions et la mise en œuvre des capacités du programme

À L'ÉCHELLE DU MONDE

Pour replacer les études de cas dans le contexte mondial

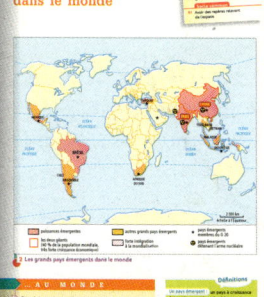

Des activités pour passer des études de cas à l'échelle mondiale

CROQUIS

Une démarche pas à pas pour réaliser les croquis du programme

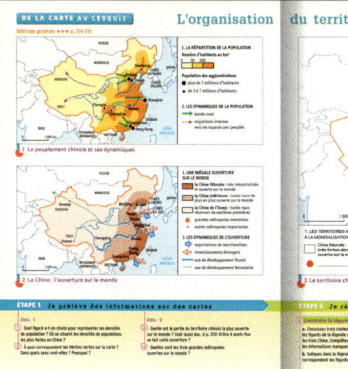
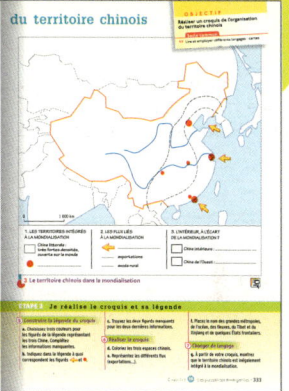

En Histoire et en Géographie

COURS

MÉTHODE ET EXERCICES

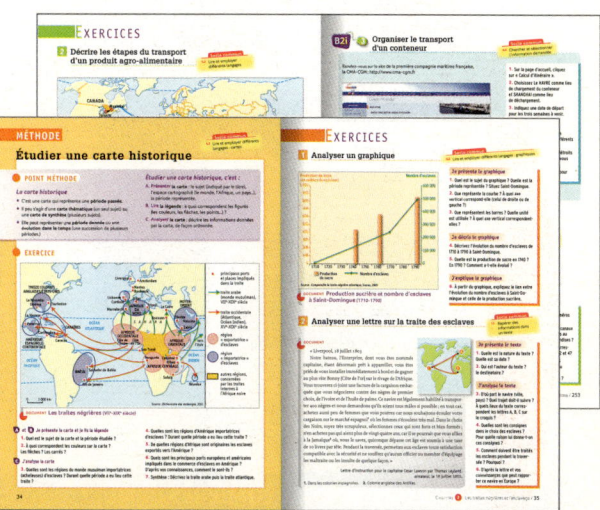

7

Les ARTS, témoins de l'Histoire

1758
Le port de Bordeaux
de Vernet

1778
Le Mariage de Figaro
de Beaumarchais

1806
Le Sacre de Napoléon
de David

1791
Le Serment du Jeu de paume
de David

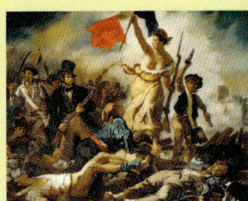

1831
La Liberté guidant le peuple
de Delacroix

NÉOCLASSICISME   **ROMANTISME**

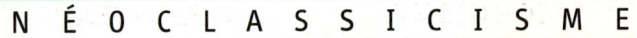

1750 — 1760 — 1770 — 1780 — 1790 — 1800 — 1810 — 1820 — 1830

1755
Place royale de Bordeaux

Vers 1780
Danse d'esclaves
de Brunias

1792
La Marseillaise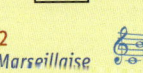

1789
Ma Véridique histoire
d'Equiano

1789
Une caricature contre la société d'ordres

1814
Le Tres de Mayo
de Goya

1789   1815

EUROPE DES LUMIÈRES   **RÉVOLUTION FRANÇAISE**   **EMPIRE NAPOLÉONIEN**

LOUIS XVI

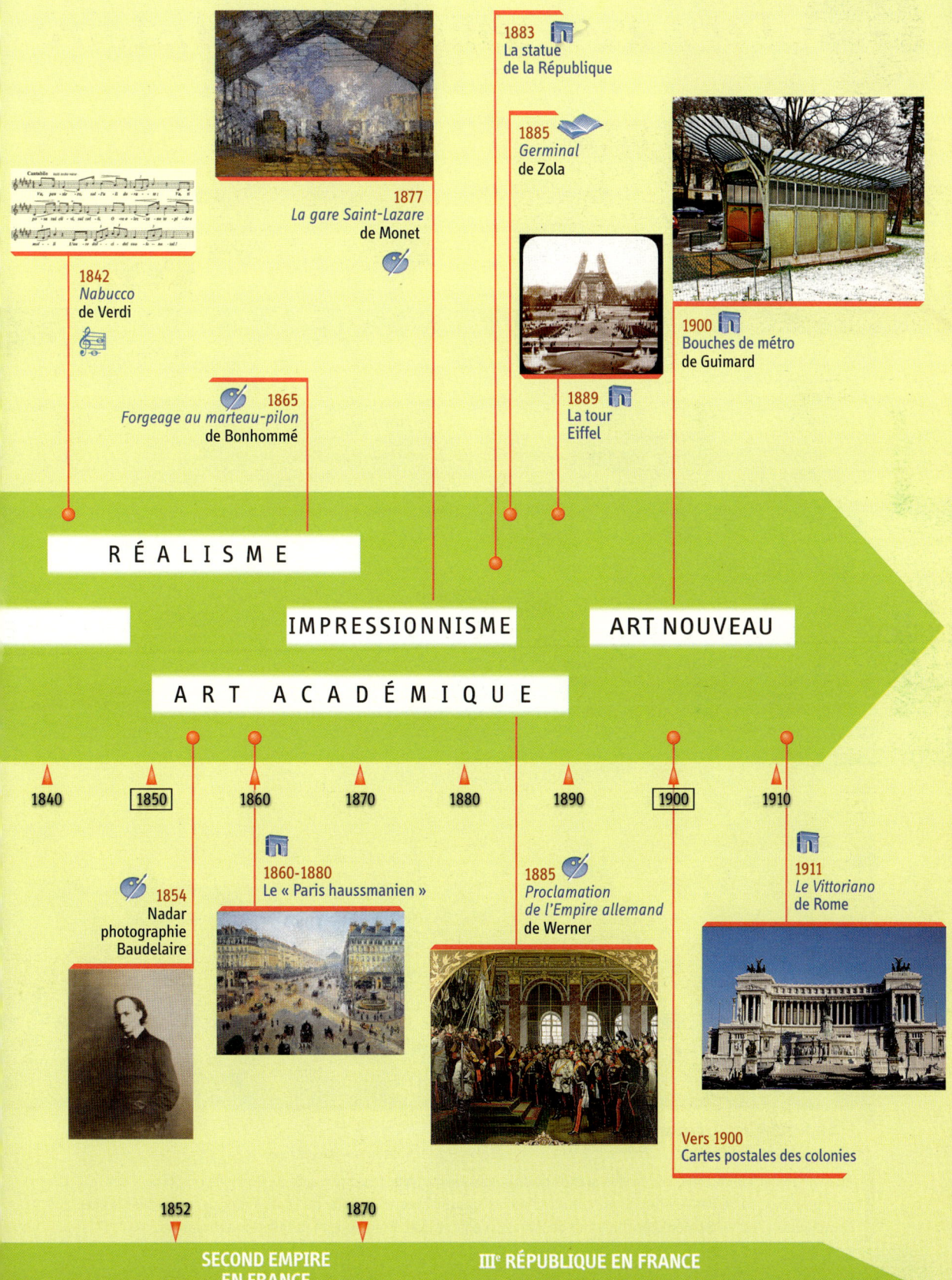

chapitre **1**

L'Europe dans le monde au XVIIIe siècle

> **Comment l'Europe exerce-t-elle sa domination au XVIIIe siècle ?**

1 La Rochelle : un port français du XVIIIe siècle
(Peinture de Joseph Vernet, 1762, L. : 2,63 m x H. : 1,65 m, Musée de la marine, Paris.)

Au XVIIIe siècle, La Rochelle est un des grands ports coloniaux français. Les navires de La Rochelle rapportent des fourrures du Canada, du sucre des Antilles. Ils vont aussi chercher des esclaves en Afrique qu'ils revendent ensuite dans les îles d'Amérique. C'est le deuxième port négrier de France, à égalité avec Bordeaux, mais loin derrière Nantes.

Bordeaux, premier port français

ESSOR DU COMMERCE ATLANTIQUE | Guerre de 7 ans*

1700 — 1756 — 1763

*guerre franco-anglaise pour les colonies

2 La pendule d'un marchand de La Rochelle (XVIIIe siècle)
(Pendule de bronze doré, 37 cm x 27 cm, 1784, Musée du Nouveau Monde, La Rochelle.)

Au XVIIIe siècle, dans les familles aisées, il est de bon ton de posséder une pendule. Celle-ci évoque le commerce maritime qui fait la richesse de la ville et sans doute de son propriétaire.

DÉCOUVRIR

Les empires coloniaux et les courants d'échanges

Au milieu du XVIIIe siècle, les États de l'Ouest de l'Europe possèdent d'importantes colonies surtout situées en Amérique. L'essentiel du commerce maritime mondial se fait alors entre l'Europe et ses colonies.

> **Quels sont les empires coloniaux européens et les grands courants d'échanges mondiaux ?**

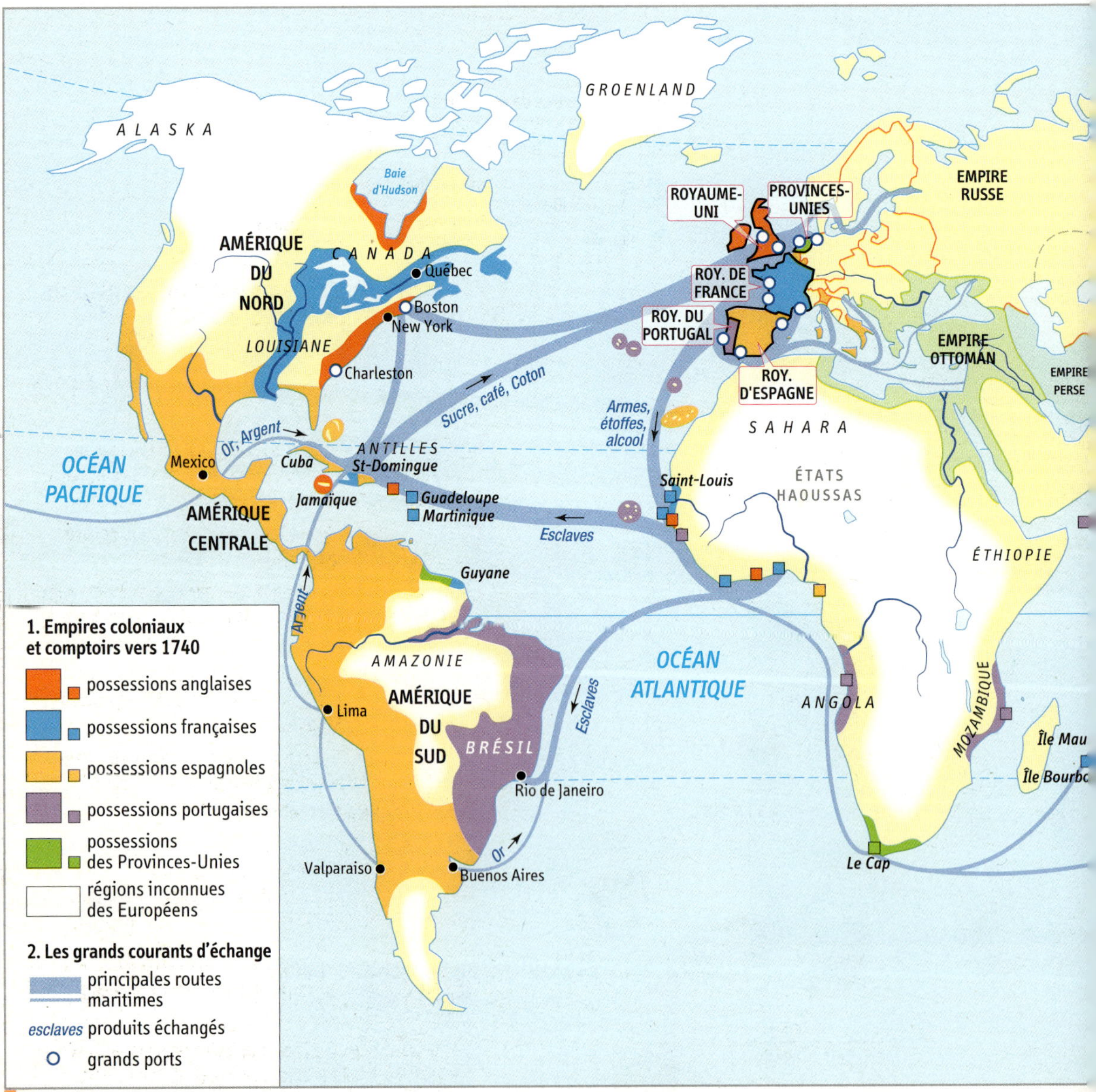

OBJECTIF

Décrire les empires coloniaux du XVIIIe siècle et les grands courants d'échange

Socle commun
5.3 Lire et employer différents langages : cartes

1. Empires coloniaux et comptoirs vers 1740
- possessions anglaises
- possessions françaises
- possessions espagnoles
- possessions portugaises
- possessions des Provinces-Unies
- régions inconnues des Européens

2. Les grands courants d'échange
- principales routes maritimes
- *esclaves* produits échangés
- ○ grands ports

1 Les empires coloniaux et les grands courants d'échanges vers 1740

Définitions

Une colonie : un territoire occupé, administré et exploité par un pays étranger.

Un comptoir : un établissement commercial établi dans un pays étranger.

Un empire colonial : l'ensemble des colonies administrées par une puissance.

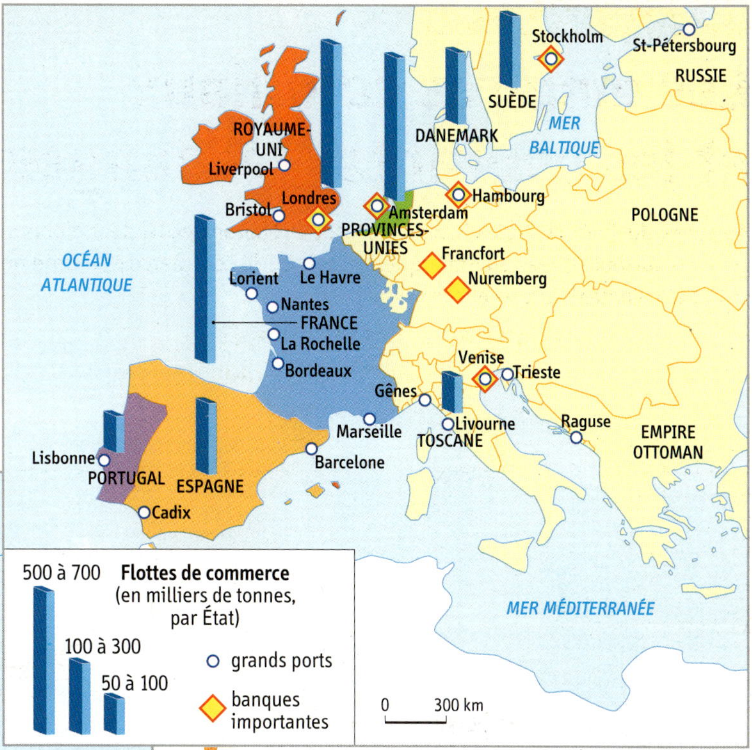

2 Les flottes de commerce et les grands ports européens vers 1740

ACTIVITÉS

1 **Doc. 1** Quelles sont les puissances coloniales et leurs colonies en Amérique ? Quelles sont les puissances coloniales qui possèdent des comptoirs en Inde ?

2 **Doc. 1** Quelles sont les régions du monde encore inconnues des Européens ?

3 **Doc. 1** Quel est le trajet d'un navire européen allant de l'Europe vers l'Asie ? Quelles marchandises peut-il rapporter d'Asie ?

4 **Doc. 1** Quels sont les produits échangés par un navire qui entreprend le « commerce triangulaire » entre l'Europe, l'Afrique et l'Amérique ?

5 **Doc. 2** Quelles sont les trois puissances européennes possédant les plus grandes flottes de commerce ? Quels sont les grands ports de chacune ?

6 Décrivez les empires coloniaux et les grands courants d'échanges au milieu du XVIIIe siècle.

Méthode ◆ Nommez et décrivez les principaux empires coloniaux.

◆ Décrivez les grands courants d'échange mondiaux (avec les produits échangés, les pays et grands ports marchands européens).

Les ARTS témoins de l'Histoire

Le port de Bordeaux peint par Vernet

Joseph Vernet est un peintre français du XVIIIe siècle. En 1758, suite à une commande royale, il réalise un grand tableau du port de Bordeaux.

> **Comment Vernet a-t-il représenté le port de Bordeaux ?**

OBJECTIF

étudier un tableau d'un port du XVIIIe siècle : Bordeaux par Vernet

Socle commun

5.1 Avoir des connaissances relevant de la culture artistique : œuvres picturales

5.4 Être sensible aux enjeux esthétiques et humains d'une œuvre artistique

Les nouvelles façades du XVIIIe siècle

Une grille clôt la Place royale et sa terrasse, inaugurée en 1755

1 Joseph Vernet
(1714-1789) — Biographie

C'est dans sa ville natale, à Avignon, que Joseph Vernet est initié à la peinture. Il vit ensuite plus de vingt ans en Italie où il fait une carrière de peintre de paysage et de marine. En 1753, le roi de France, Louis XV, lui commande des tableaux des principaux ports du royaume pour en avoir une représentation exacte. Vernet réalise alors 15 tableaux de ports, de dimensions identiques, entre 1753 et 1765, à partir de croquis qu'il réalise lui-même. Sa réputation devient internationale et il reçoit ensuite des commandes de toute l'Europe.

3 *Vue du port de Bordeaux*, de Joseph Vernet

2 FICHE D'IDENTITÉ
Vue de Bordeaux (doc. 3)

- **Titre :** Vue d'une partie du port et de la ville de Bordeaux, prise du côté des Salinières
- **Artiste :** Joseph Vernet (1714-1789)
- **Date :** 1758
- **Nature et technique :** peinture, huile sur toile
- **Genre :** peinture de marine
- **Commanditaire :** commande royale (du roi Louis XV)
- **Dimensions :** L. : 2,63 m x H. : 1,65 m
- **Lieu de conservation actuel :** Musée national de la Marine, Paris.

Histoire de l'œuvre

Il s'agit d'un des deux tableaux de Bordeaux peints par Vernet à la suite de la commande royale de 1753. Ils ont été exposés à Bordeaux même puis à Paris en 1759, où ils ont obtenu à chaque fois un très grand succès.

Vocabulaire DES Arts

La peinture de marine : la peinture ayant pour sujet la mer, mais aussi les ports, les rives, les navires.
La peinture de marine apparaît au XVIIe siècle aux Pays-Bas et en Italie. Au XVIIIe siècle, le peintre français Joseph Vernet devient la référence internationale en la matière.

Arts du spectacle vivant | Arts du son | **Arts du visuel**

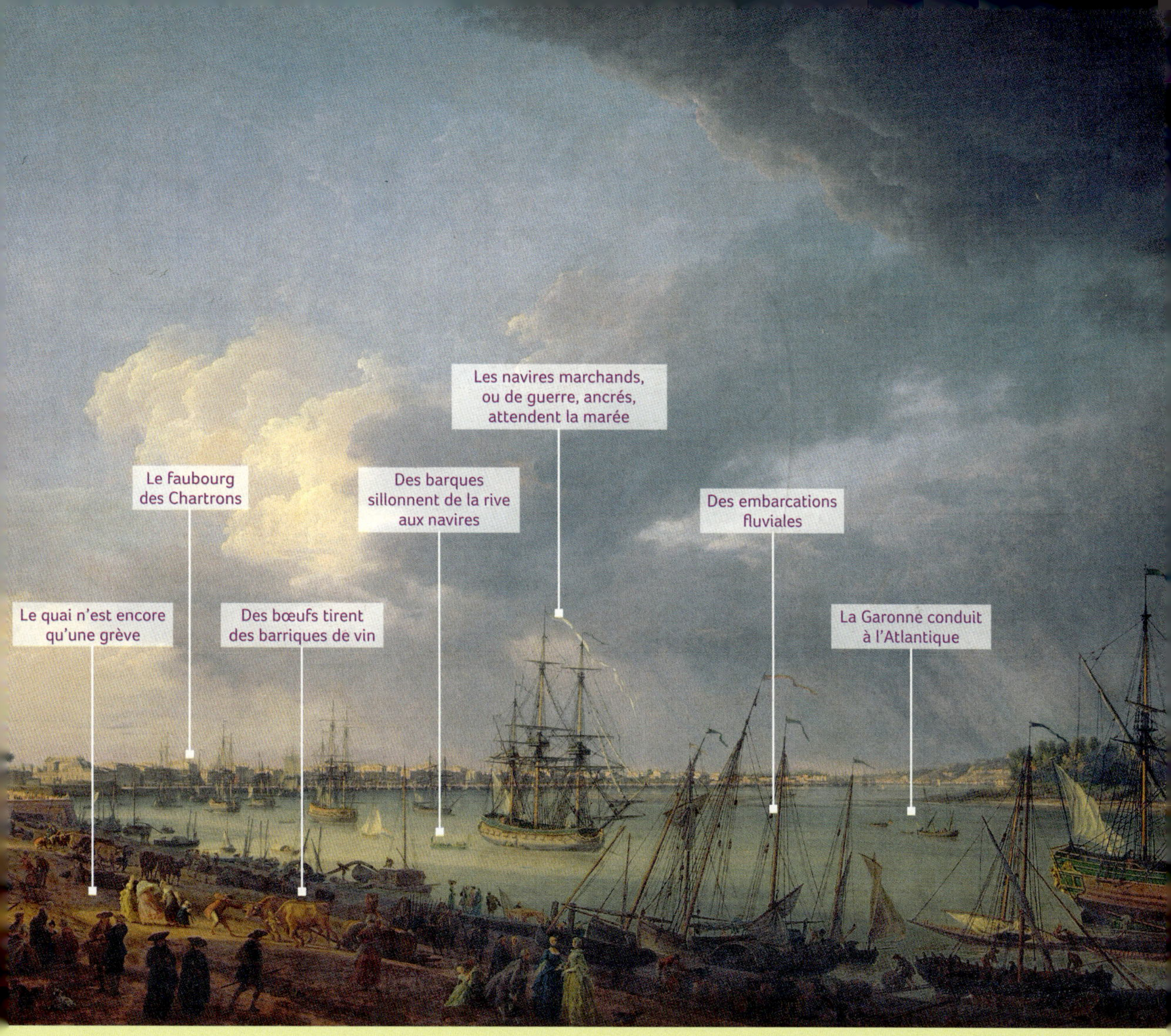

Les navires marchands, ou de guerre, ancrés, attendent la marée

Le faubourg des Chartrons

Des barques sillonnent de la rive aux navires

Des embarcations fluviales

Le quai n'est encore qu'une grève

Des bœufs tirent des barriques de vin

La Garonne conduit à l'Atlantique

ACTIVITÉS

Je présente

1. Situez Bordeaux.
2. Présentez le tableau de Vernet (date, sujet, dimensions, commanditaire).
3. Ce tableau est-il une représentation fidèle de Bordeaux au XVIIIe siècle ? Justifiez la réponse à l'aide du doc. 1.

Je décris et j'explique

4. Décrivez le paysage en respectant un ordre (les constructions, les quais et la vie sur les quais, les bateaux sur la Garonne).

5. Quels renseignements nous donne cette œuvre sur le commerce de Bordeaux ?

J'étudie la dimension artistique

6. Comparez la place prise dans le tableau par les éléments humains et par les éléments naturels. Que privilégie Vernet ?
7. Observez le tableau de loin. Quels sont les espaces mis en valeur par la lumière ?

Passerelle des ARTS

 Vernet a peint d'autres tableaux de ports.

● Tapez sur un moteur de recherche les mots « Joseph Vernet, une commande royale ». Citez quelques-uns des ports peints par Vernet.

 La Place de la Bourse, le Grand théâtre de Bordeaux, la façade des quais datent du XVIIIe siècle et marquent la physionomie actuelle de la ville.

● Tapez « Grand théâtre de Bordeaux » sur un moteur de recherche (Google image...). Décrivez-le.

Arts du quotidien   Arts du langage   Arts de l'espace

DÉCOUVRIR

Bordeaux, un grand port atlantique

Au milieu du XVIIIe siècle, Bordeaux est le premier port de commerce français.

> Comment le commerce maritime transforme-t-il la ville de Bordeaux ?

OBJECTIF
Décrire un grand port de la façade atlantique au XVIIIe siècle : Bordeaux

Socle commun
5.1 Connaître les grands traits de l'histoire économique et sociale de la France

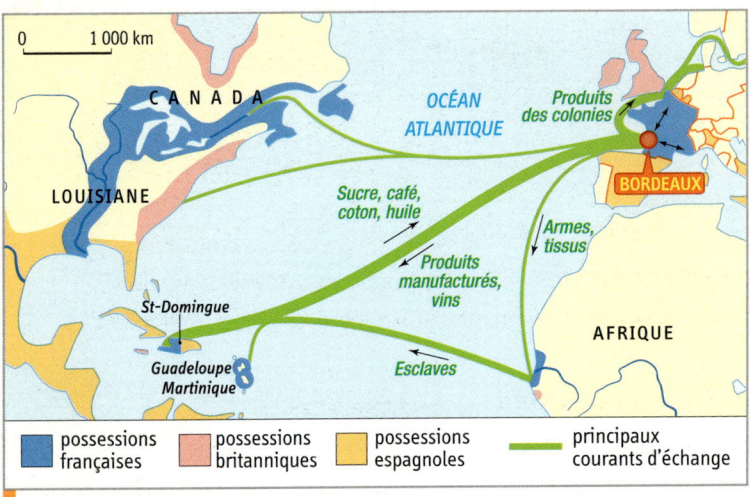

1 Le commerce de Bordeaux au XVIIIe siècle

3 Bordeaux vers 1730

« Je vis en courant le château Trompette et celui du Ha qui est à l'autre extrémité du port. Nous dînâmes chez un riche négociant, mon ami que j'avais connu à l'Amérique, après quoi nous montâmes au clocher de la basilique de Saint-Michel[1], d'où l'on découvre toute la ville. Elle me parut très grande et remplie d'assez beaux édifices. Son port est formé par la rivière de Garonne qui est très large à cet endroit, et souvent toute couverte de vaisseaux. On m'assura qu'en temps de paix, il était ordinaire de voir sur la rivière jusqu'à 1 200 vaisseaux de toutes sortes de nations.

Sa situation est des plus avantageuses pour le négoce. Ses environs à plusieurs lieues à la ronde sont très fertiles et parfaitement bien cultivés, et la Garonne et les autres rivières qui s'y rendent lui apportent aisément toutes les marchandises du Languedoc et des provinces voisines. »

Voyage du P. Labat en Espagne et en Italie, t. II, 1730.

1. Qui a une hauteur de près de 100 mètres à cette époque.

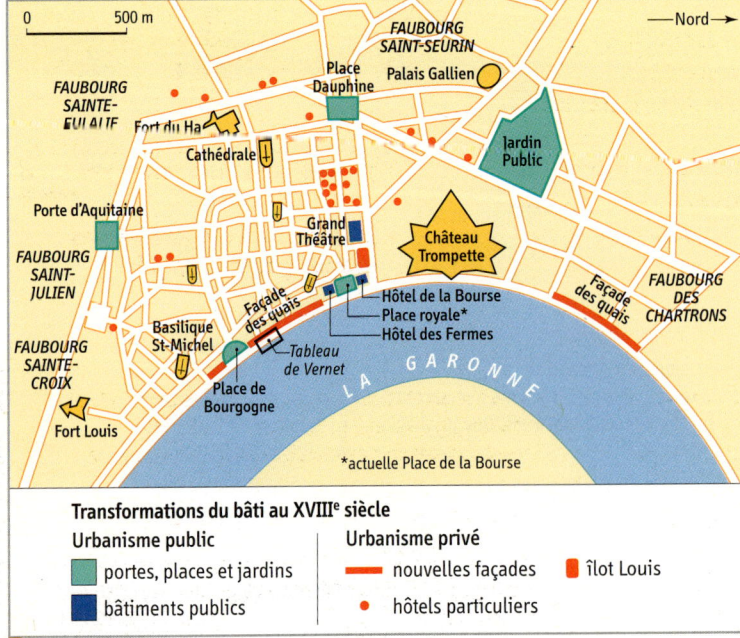

2 Les transformations de Bordeaux au XVIIIe siècle

4 La Place royale de Bordeaux au XVIIIᵉ siècle (actuelle place de la Bourse) (Estampe, XVIIIᵉ siècle.)
En haut à droite, un mascaron de la Place royale (une décoration représentant une tête d'esclave noir, XVIIIᵉ siècle.)

5 Un grand marchand bordelais, François Bonnaffé

1723 Naissance de François Bonnaffé, fils d'un modeste marchand du Languedoc.
1740 Arrive à Bordeaux, engagé comme commis négociant.
1751 Arme (équipe) son premier navire pour le commerce.
1756 Il possède 200 000 livres tournois de capital ; il se marie à la fille d'un riche négociant bordelais.
1768-1777 Il réalise plus de 37 expéditions dans les îles. Devenu très riche, il achète des maisons et des vignes.
1780 L'architecte Laclotte lui bâtit un très bel hôtel particulier à Bordeaux.
1780-1793 Il donne 150 000 livres tournois de dot à chacune de ses cinq filles et 700 000 livres tournois à chacun de ses deux garçons.
1793 À sa mort, sa fortune s'élève à plus de 5 millions de livres.

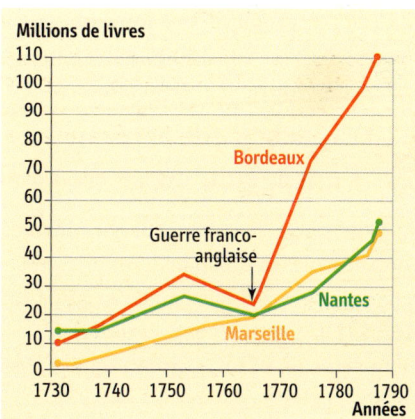

6 Le commerce colonial des grands ports français

ACTIVITÉS

① **Doc. 3** Localisez le port de Bordeaux. Quels passages du texte évoquent sa grande animation ?

② **Doc. 3** Quels avantages représente la Garonne pour le port ?

③ **Doc. 1 et 6** Décrivez le commerce de Bordeaux. Comment évolue-t-il avec les colonies ?

④ **Doc. 5** Qu'est-ce qui permet l'enrichissement de Bonnaffé ? Comment utilise-t-il sa fortune ?

⑤ **Doc. 2 et 4** Quelles sont les nouvelles constructions publiques de Bordeaux au XVIIIᵉ siècle ? Décrivez l'architecture (dite « néoclassique ») de la Place royale.

⑥ **Décrivez Bordeaux au XVIIIᵉ siècle.**

Méthode ◆ Situez Bordeaux et montrez que c'est un port actif.
◆ Décrivez les transformations de la ville liées au commerce.

L'Europe dans le monde

> Comment les puissances européennes exercent-t-elles leur domination dans le monde au XVIIIe siècle ?

A Les puissances d'Europe et leurs colonies

1. Au début du XVIIIe siècle, **la France, le Royaume-Uni et les Provinces-Unies** sont les grandes puissances du Nord-Ouest de l'Europe. Au centre et à l'est du continent, trois grands États s'affirment : **l'empire d'Autriche, la Prusse et la Russie**. En revanche, l'Espagne et l'Empire ottoman sont en déclin (DOC. 3).

2. Les États européens possèdent d'importants domaines coloniaux en Amérique. L'Espagne occupe la plus grande partie de l'Amérique latine, sauf le Brésil, aux mains du Portugal. La France et le Royaume-Uni ont colonisé les Antilles et l'Ouest de l'Amérique du Nord. **Les États européens ont aussi des comptoirs et des colonies le long des côtes africaines et en Asie** (> PP. 12-13).

3. Les États d'Europe se font souvent la guerre pour étendre leurs colonies. La France et le Royaume-Uni se disputent des territoires en Amérique du nord et en Inde (DOC. 2).

B L'Europe au cœur du commerce mondial

1. Au XVIIIe siècle, le commerce européen est de plus en plus important avec les colonies d'Amérique. Les navires européens y échangent des produits manufacturés contre des produits tropicaux (sucre, café, tabac, coton) qu'ils revendent ensuite dans toute l'Europe. Des navires pratiquent aussi le commerce triangulaire : ils achètent des esclaves en Afrique, les revendent en Amérique, et reviennent en Europe avec des produits tropicaux. Les colonies espagnoles et portugaises fournissent de l'or et de l'argent (> PP. 12-13).

2. Les Européens font aussi du commerce avec l'Asie en passant par le sud de l'Afrique. Ils vont chercher des cotonnades d'Inde (les « Indiennes ») (DOC. 1), des soieries, des épices. **L'ancienne route méditerranéenne vers le Proche-Orient** est encore empruntée par les flottes des ports d'Italie et du Sud de l'Europe.

3. Les grands marchands s'enrichissent et les villes portuaires de l'Atlantique se développent et s'embellissent (> PP. 14-17). Dans certaines grandes villes comme Londres, de **grandes banques** et des **compagnies d'assurance** répondent aux nouveaux besoins du commerce.

1 La marquise de Pompadour avec une robe en Indienne
(Peinture de François-Hubert Drouais, 1763, musée des Beaux-Arts d'Orléans.)

Madame de Pompadour, la favorite du roi de France, Louis XV, porte une robe en Indienne, un tissu imprimé venant des Indes et qui a beaucoup de succès au XVIIIe siècle.

1. Doc. 3 Quels sont les États du Nord-Ouest de l'Europe ? de l'Europe centrale et orientale ?
2. Doc. 2 Situez Québec (voir pp. 12-13). Décrivez la bataille et expliquez les conséquences.
3. Doc. 1 D'où proviennent les « Indiennes » (voir pp. 12-13) ? Décrivez le tissu.

Définitions

Un produit manufacturé : un produit transformé par l'industrie.

Le commerce triangulaire : le commerce pratiqué par les navires européens entre l'Afrique, l'Amérique et l'Europe.

Les « Indiennes » (synonyme cotonnade) : les toiles de coton peintes ou imprimées.

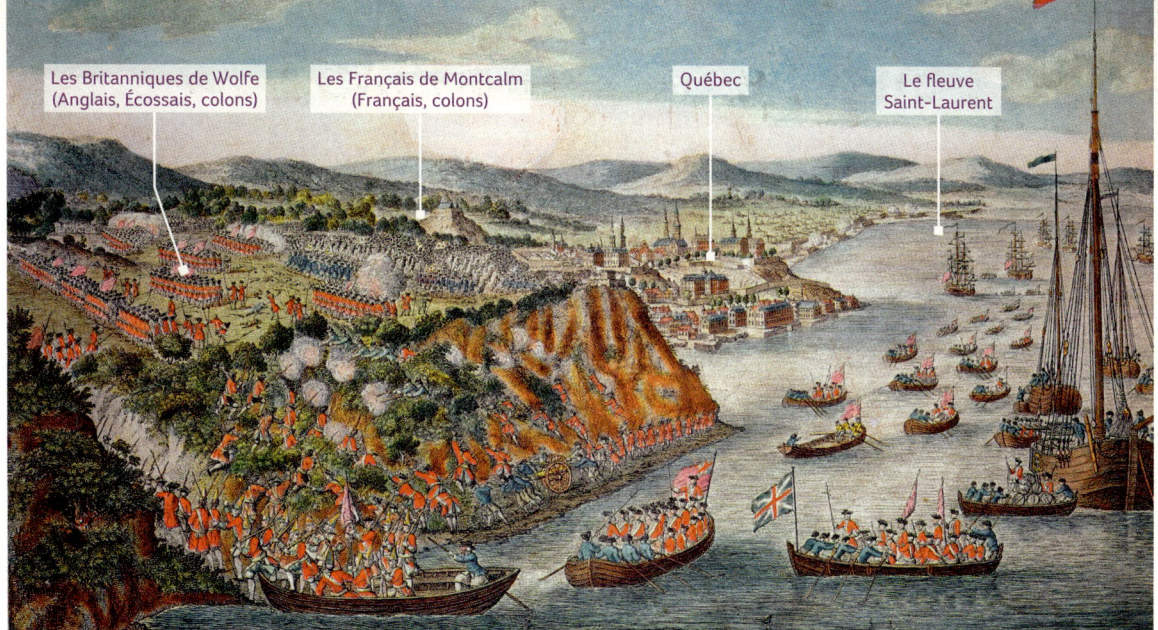

2 Les Britanniques contre les Français au Canada (bataille des plaines d'Abraham, 1759)
(Gravure d'après Hervey Smyth, 1797, Musée national des Beaux-Arts du Québec.)

En 1759, les Britanniques assiègent Québec, la capitale du Canada français, et remportent la bataille des plaines d'Abraham contre l'armée française. Québec capitule. En 1763, la France doit céder le Canada à l'Angleterre.

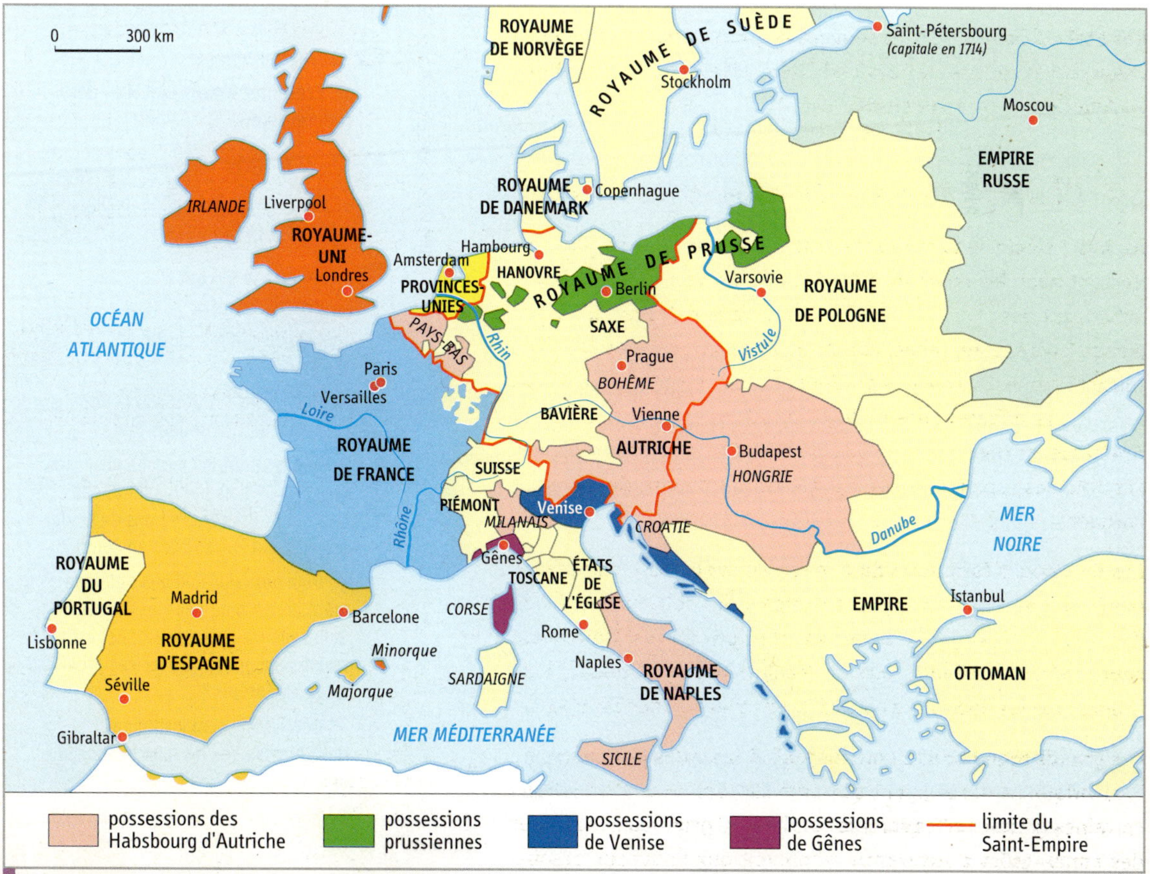

3 L'Europe des États vers 1740

MÉTHODE

Socle commun
1.1 Repérer des informations dans un texte
Dégager, par écrit ou oralement, l'essentiel d'un texte lu

Présenter et analyser un texte en histoire

POINT MÉTHODE

Les textes en histoire

- Le texte est la **principale source en histoire**.
- Les **références d'un texte** : elles sont indiquées à la fin du texte dans l'ordre suivant : auteur, titre, parfois éditeur (qui a publié l'ouvrage), date de parution.
- La **nature du texte** : il peut s'agir d'un témoignage (mémoires, lettre, journal intime), d'un article de journal, d'une œuvre de fiction (roman, théâtre…), de la pensée (philosophie), d'un document officiel (texte de loi, décret, règlement…).

Étudier un texte, c'est

A. Présenter le texte.
— Identifier le texte (auteur, titre, œuvre, date) ;
— Définir la nature du texte ;
— Donner le sujet du texte.

B. Lire le texte et chercher le sens des mots difficiles.

C. Analyser le texte.
— Extraire les principales informations du texte ;
— Expliquer le sens général du texte.

EXERCICE

DOCUMENT Le commerce des Européens avec la Chine au XVIIIe siècle

Jean-François de Laperouse est un explorateur chargé par le roi de France d'approfondir la découverte du Pacifique. Il consigne tous les événements dans son Journal de bord.

Escale à Macao[1], du 3 janvier au 7 février 1787

« Les Chinois font avec les Européens un commerce de cinquante millions dont les deux cinquièmes sont payés en argent, le reste en draps anglais, en coton de Bengale[2], en opium de Patna[2], en poivre de la côte de Malabar[2]. On apporte aussi d'Europe quelques objets de luxe, comme des glaces de la plus grande dimension, des montres de Genève […]. On ne rapporte de Chine, en échange de toutes ces richesses, que du thé vert ou noir, avec quelques caisses de soie écrue[3] pour les manufactures européennes ; car je compte pour rien les porcelaines qui lestent les vaisseaux et les étoffes de soie qui ne procurent presque aucun bénéfice.

Aucune nation ne fait certainement un commerce aussi avantageux avec les Européens, et il n'en est point cependant qui impose des conditions aussi dures, qui ne multiplie avec plus d'audace les gênes de toute espèce : il ne se boit pas une tasse de thé en Europe qui n'ait coûté une humiliation à ceux qui l'ont acheté à Canton[4], qui l'ont embarqué et ont sillonné la moitié du globe pour apporter cette feuille dans nos marchés. »

Jean-François de Laperouse (explorateur français), Journal de bord, édité en 1797.

1. Petite île tenue par les Portugais en face de Canton.   2. Régions de l'Inde.
3. Qui n'a pas encore été teinte.   4. Seul port chinois autorisé à recevoir des vaisseaux étrangers. Pour le reste, il s'agit de contrebande.

A Je présente le texte

1. Présentez le texte (auteur, date, nature, sujet).

B Je lis le texte

2. Après avoir lu le texte, expliquez les mots soulignés.

C J'analyse le texte

3. D'après le texte, où les Européens font-ils du commerce avec les Chinois ?

4. Quels sont les produits achetés en Chine par les Européens ?

5. Quelles sont les marchandises fournies aux Chinois par les Européens ? De quelles grandes régions du monde proviennent-elles (citez en deux) ?

6. Quel passage souligne l'éloignement de la Chine pour les Européens ? Selon vos connaissances, quel est le trajet suivi pour ramener ces produits jusqu'en Europe ?

7. Décrivez le comportement des Chinois avec les marchands européens ?

8. Quelle est l'idée générale du texte (ce que l'auteur veut montrer).

EXERCICES

1 Étudier les rivalités franco-anglaises au Canada

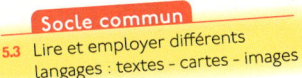
5.3 Lire et employer différents langages : textes - cartes - images

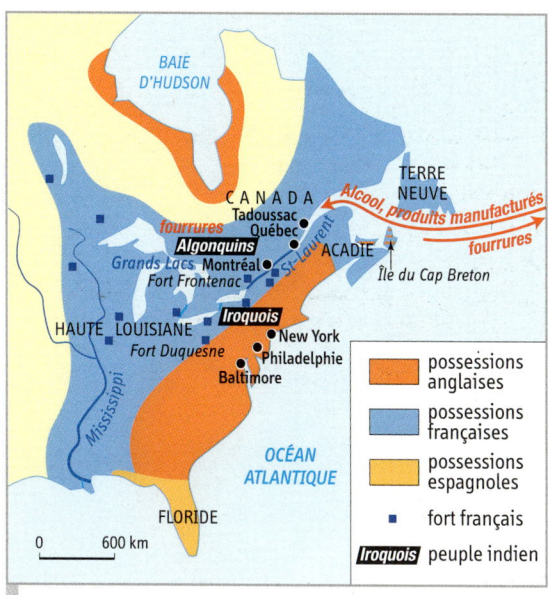

DOCUMENT 1 Le Canada au milieu du XVIIIe siècle

DOCUMENT 2 Les atouts du Canada pour la France

« Le Canada fournissait en temps de paix au commerce de France deux objets considérables : 60 vaisseaux sortaient chaque année de nos ports pour y porter les choses propres à ses consommations ; 150 allaient y pêcher la morue. Le chargement de ces 60 vaisseaux était composé de vin, d'eau-de-vie, de draperies fines et communes, de soieries et généralement de tous les objets de luxe [...]. L'Anglais, possédant le Canada et n'ayant rien à craindre sur ses arrières, peut former des entreprises dangereuses ; ses flottes partiront de ses ports en Amérique, elles attaqueront et surprendront nos îles, possessions importantes et qui fournissent à la France un commerce qui se répand dans toute l'Europe. »

Lettre des dirigeants de la Chambre de commerce de Bordeaux au ministre des Affaires étrangères, décembre 1761.

DOCUMENT 3 Le traité de Paris de 1763

Extrait du traité de Paris (1763) conclu pour mettre fin à la guerre de Sept Ans entre la France et l'Angleterre pour les colonies.

« **Article 4.** Sa Majesté très Chrétienne [le roi de France] renonce à toute prétention sur l'Acadie et la garantit toute entière au roi de la Grande-Bretagne. De plus, Sa Majesté Très Chrétienne cède et garantit à Sa-dite Majesté Britannique, en toute propriété, le Canada ainsi que l'île du Cap Breton et toutes les autres îles dans le Golfe et fleuve du Saint-Laurent.

Article 8. Le Roi de Grande-Bretagne restituera à la France les îles de la Guadeloupe, de Marie-Galante, de la Désirade, de la Martinique [...]. »

DOCUMENT 4 Le commerce avec les Indiens
(Gravure, 1777, The Granger collection, New York.)

1. Doc. 1 À qui appartient le Canada au milieu du XVIIIe siècle ? Sur quel fleuve sont situées les principales villes du Canada ?

2. Doc. 1 Où sont situées les possessions anglaises ? Comment la France cherche-t-elle à protéger sa colonie ?

3. Doc. 1 et 4 Décrivez le commerce des fourrures au Canada (comment se fait-il ? À qui sont-elles destinées ?).

4. Doc. 2 D'après les marchands de Bordeaux, quels avantages représente le Canada pour la France ?

5. Doc. 3 Quand et comment la France perd-elle le Canada ? Quels sont les territoires reconnus à la France par la Grande-Bretagne ?

EXERCICES

2 Visiter un navire du XVIIIe siècle

Socle commun
4.4 Chercher et sélectionner l'information demandée

Rendez-vous sur le site du musée de la marine : www.musee-marine.fr
Cliquez sur « Découverte » puis « multimédia ». Ouvrir la page :
« la vie à bord d'un vaisseau de 74 canons au XVIIIe siècle ».

Le vaisseau, le matériel

1. De quel type de navire s'agit-il ?

2. Combien y a-t-il de mâts ? À quelle hauteur s'élève le grand mât ?

3. Dans quelles parties du navire se trouvent les vivres ? Pour combien de temps le navire est-il approvisionné en eau ?

Les hommes, la santé

4. Combien y a-t-il d'hommes à bord du navire ?

5. Quel nom donne-t-on au commandant du bateau ? à son adjoint ? Qu'est-ce qu'un mousse ?

6. Quelle est la principale maladie sur le navire ? Qu'est-ce qui la provoque ?

3 Étudier un portrait du XVIIIe siècle

Socle commun
5.3 Lire et employer différents langages : images

DOCUMENT **Pierre Grégoire de Roulhac**
(Peinture de Negrini, 1757, Musée d'Histoire de Nantes.)

En 1757, Grégoire de Roulhac, seigneur du Limousin, se fait représenter en train de consommer des produits coloniaux.

1. Présentez le tableau. Quel est le genre du tableau ?

2. Qui est le personnage représenté ? Comment est-il habillé ?

3. Quels sont les deux produits consommés et d'où viennent-ils ?

4. D'où est originaire la porcelaine ?

5. Pourquoi le personnage se fait-il représenter en train de consommer ces produits ?

4 Connaître les puissances européennes du XVIIIe siècle

Socle commun
5.3 Lire et employer différents langages : cartes

1. À quel État correspond chaque numéro sur la carte ? À quoi correspond la couleur rose ?
2. Quelles sont les grandes puissances de l'Ouest de l'Europe ? Qu'est-ce qui favorise leur prospérité au XVIIIe siècle ?
3. Quelles sont les trois grandes puissances d'Europe centrale et orientale ?

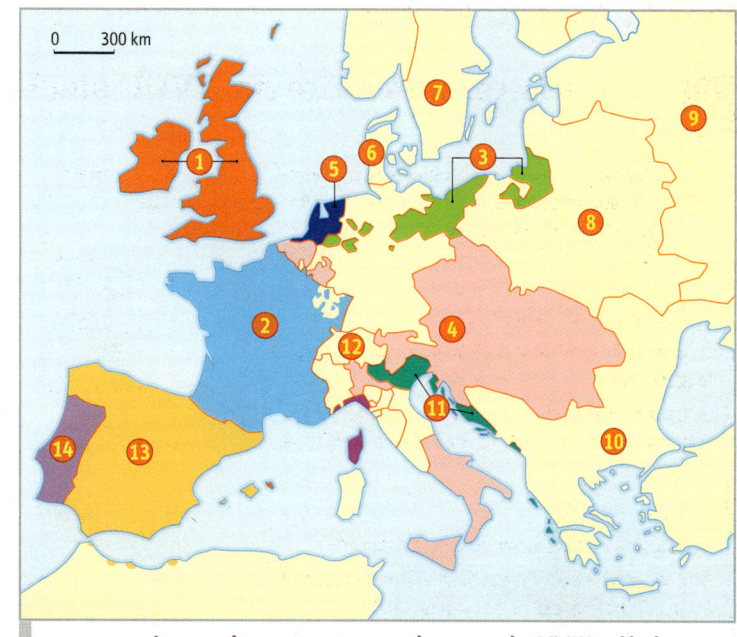

DOCUMENT **Les puissances européennes du XVIIIe siècle**

5 Connaître les empires coloniaux au XVIIIe siècle

Socle commun
5.3 Lire et employer différents langages : cartes

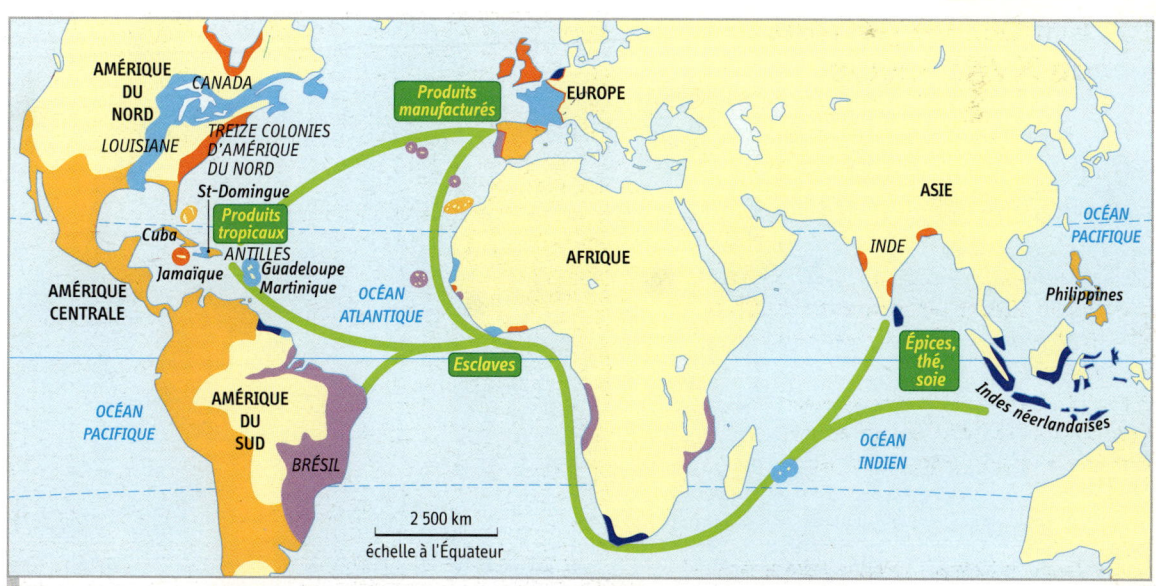

DOCUMENT **Les empires coloniaux et les routes maritimes au milieu du XVIIIe siècle**

1. Quelles sont les possessions coloniales de la France, du Royaume-Uni, de l'Espagne, du Portugal en Amérique ?
2. Quelles sont les possessions coloniales des Provinces-Unies, du Royaume-Uni, de l'Espagne en Asie ?
3. Quels sont les grandes routes maritimes et les produits commercialisés dans l'Atlantique ?
4. Quels sont les produits achetés en Asie et quel trajet empruntent les navires ?
5. Pourquoi peut-on dire que l'Europe est au « centre » du monde ?

CHAPITRE 1 L'Europe dans le monde au XVIIIe siècle / 23

chapitre

2 Les traites négrières et l'esclavage

> Comment s'explique l'augmentation du trafic des esclaves au XVIIIe siècle ?

1 La capture et la vente des esclaves en Afrique
(Gravure, vers 1850, Musée d'Aquitaine, Bordeaux.)

L'image décrit par une sorte de raccourci visuel l'enlèvement des Africains par des marchands noirs et leur conduite sur la côte au marché des esclaves. Dans le lointain, deux navires négriers attendent leur cargaison.

VIIᵉ siècle Début de la traite arabe

XVIᵉ siècle Début de la traite atlantique

XVIIIᵉ siècle Apogée de la traite atlantique

LES TRAITES NEGRIÈRES

600 — 1000 — 1500 — 1700 — 1800

2 Le travail dans une plantation d'Amérique
(William Clark, *Esclaves coupant la canne à sucre, île d'Antigua aux Antilles*, 1823, British Library, Londres.)

Sur cette gravure, les esclaves procèdent à la coupe de la canne à sucre et au transport vers le moulin où la canne sera broyée. Le propriétaire blanc donne ses ordres à un contremaître, peut-être lui aussi esclave, chargé d'organiser le travail.

DÉCOUVRIR

De l'Afrique à l'Amérique

Au XVIIIe siècle, des navires de plus en plus nombreux, en provenance d'Europe ou d'Amérique, viennent s'approvisionner en esclaves sur les côtes africaines. Puis ils traversent l'Atlantique pour les vendre en Amérique.

> Comment les esclaves sont-ils conduits d'Afrique jusqu'en Amérique ?

OBJECTIF
Décrire et raconter le voyage d'un groupe d'esclaves de l'Afrique vers l'Amérique

Socle commun
5.1 Connaître les différentes périodes de l'histoire de l'humanité

2 Le trajet jusqu'à la côte

« Gagnent-ils la mer sur les rivières ? On les jette au fond d'un canot les mains liées avec des branches d'osier […]. Font-ils la route par terre ? Attachés les uns aux autres avec des fourches ou des courroies de cuir, obligés à de longues marches dans des bois ou des déserts, manquant souvent d'eau ou de provisions, il en périt un grand nombre par la lassitude, le besoin, et le suicide auquel les porte le désespoir.

Arrivés sur la côte, les capitaines ne les achètent qu'après leur avoir fait subir l'examen le plus honteux. Le chirurgien les visite comme un boucher visite le bétail qu'il marchande à la foire. Il recherche s'ils n'ont point d'infirmités, s'ils ont les dents blanches, le jarret nerveux, la poitrine bonne, une constitution vigoureuse ; en un mot, s'ils pourront supporter le travail auquel ils vont être condamnés. »

B.-S. Frossard, *La cause des esclaves nègres*, 1789.

1 Un convoi de captifs en Afrique centrale
(Gravure, XIXe siècle.)

Les esclaves, achetés ou capturés à l'intérieur du continent par des marchands africains, sont conduits jusqu'à la côte atlantique, lors de longues marches épuisantes, parfois meurtrières.

3 Le prix des esclaves pour les Européens

« Ce n'est pas avec des métaux qu'on paie, mais avec nos productions et nos marchandises. Ce sont des sabres, des fusils, de la poudre à canon, du fer, de l'eau-de-vie, des étoffes de laine, surtout des toiles des Indes orientales, ou celles que l'Europe fabrique et peint sur leur modèle. Les peuples du nord de la ligne [l'équateur] ont adopté pour monnaie un petit coquillage blanc que nous leur apportons des Maldives. Au sud de la ligne, le commerce des Européens n'a pas cet objet d'échange […]. »

Guillaume Thomas Reynal, *Histoire philosophique et politique des établissements et du commerce des Européens dans les deux Indes*, t. III, Genève, 1780.

4 Un navire négrier

(Anonyme, *Traversée, danse des nègres*, 1837, Musée d'Aquitaine, Bordeaux.)

Les esclaves étaient régulièrement amenés sur le pont. On les lavait à l'eau de mer et on les faisait « danser ».

Fers pour les chevilles d'esclaves utilisés dans les navires négriers. (XVIIIe siècle, Musée d'Aquitaine, Bordeaux.)

5 La traversée transatlantique

« Les hommes étaient empilés à fond de cale, enchaînés de peur qu'ils ne se soulèvent et tuent tous les blancs à bord. Aux femmes on réservait le second entrepont [...]. Les enfants étaient entassés dans le premier entrepont comme des harengs. S'ils voulaient dormir, ils tombaient les uns sur les autres.

Pour satisfaire leurs besoins, il y avait des sentines, mais comme beaucoup craignaient de perdre leur place, ils se soulageaient là où ils se trouvaient, surtout les hommes, cruellement accumulés, de sorte que chez eux, chaleur et odeur devenaient intolérables. »

Description par le Franciscain Carli, XVIIe siècle.

6 Affiche sur une vente d'esclaves

« Charleston, 14 juillet 1769.
À VENDRE
Le jeudi, 3 août, UNE CARGAISON de qutre-vingt-quatorze NÈGRES,
De premier choix et en parfaite santé se composant de trente-neuf hommes, quinze garçons, vingt-quatre femmes et seize filles récemment arrivés à bord du brigantin Dembia, commandé par Francis Bare, en provenance de Sierra Leone par
David & John Deas. »

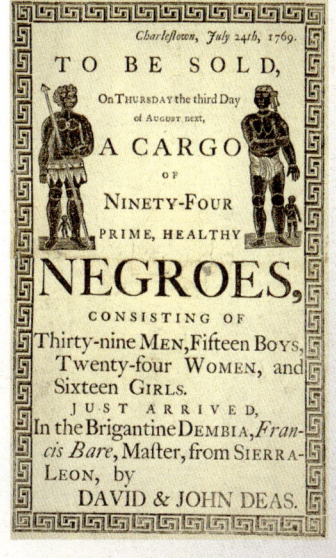

ACTIVITÉS

1. **Doc. 1 et 2** À quel passage du texte correspond l'image ?
2. **Doc. 2** Quel examen les esclaves subissent-ils sur la côte africaine ? Pour quelle raison ?
3. **Doc. 3** Avec quelles marchandises les Européens achètent-ils des esclaves en Afrique ?
4. **Doc. 5** Comment sont répartis les esclaves sur le navire ? Pourquoi sont-ils enchaînés ?
5. **Doc. 4** Décrivez et expliquez la scène.
6. **Doc. 6** D'où proviennent ces esclaves et où sont-ils vendus ? Quelles sont les qualités des esclaves mises en avant par l'affiche ?
7. **Racontez le trajet d'un groupe d'esclaves d'Afrique jusqu'en Amérique.**

Méthode ◆ Complétez le tableau suivant à l'aide des documents puis rédigez votre réponse

Les esclaves en Afrique (doc. 1, 2, 3)	La traversée de l'Atlantique (doc. 4, 5)	La vente en Amérique (doc. 6)

DÉCOUVRIR

La vie des esclaves dans une plantation

OBJECTIF
Raconter la vie des esclaves dans une plantation d'Amérique

Socle commun
5.2 Identifier la diversité des civilisations, des sociétés

La plupart des esclaves arrivés en Amérique sont soumis au travail forcé dans les plantations des colons.

> **Comment vivent les esclaves dans une plantation sucrière des Antilles ?**

1 Une plantation sucrière aux Antilles (*L'Encyclopédie*, 1751-1772.)

① La maison du maître ② Les cases des esclaves ③ Les plantations de canne à sucre ④ La prairie (pâturage des animaux) ⑤ Cultures de manioc et de bananiers pour les vivres ⑥ Le moulin à eau (qui permet d'écraser la canne à sucre) ⑦ La sucrerie avec ses chaudières ⑧ La purgerie pour entreposer les pains de sucres et les égoutter

2 Le Code noir dans les colonies françaises

Dans les colonies françaises, le traitement des esclaves est codifié par le Code noir de 1685.

« **Article 27.** Les esclaves infirmes par vieillesse, maladie ou autrement [...] seront nourris et entretenus par leur maître.
Article 28. Déclarons que les esclaves ne pourront rien avoir qui ne soit à leur maître [...].
Article 33. L'esclave qui aura frappé son maître, ou la femme de son maître, ou sa maîtresse [...], ou leurs enfants, avec contusion, ou effusion de sang, sera puni de mort.
Article 38. L'esclave fugitif qui aura été en fuite pendant un mois à compter du jour que son maître l'aura dénoncé en justice, aura les oreilles coupées et sera marqué d'une fleur de lys sur une épaule. Et s'il récidive, il aura le jarret coupé et il sera marqué d'une fleur de lys sur l'autre épaule.
Article 42. Les maîtres pourront, seulement lorsqu'ils croiront que leurs esclaves l'auront mérité, les faire enchaîner et les faire battre de verges ou de cordes. Mais nous leur défendons de leur donner la torture et de les mutiler, sous peine de leur confisquer les esclaves et d'agir contre eux. »

Le Code noir, 1685.

3 Le travail harassant des esclaves

Le pasteur Frossard décrit le travail des esclaves dans les Antilles françaises.

« Ceux qui vont au jardin, c'est-à-dire qui cultivent la plantation, sont réveillés avant l'aurore par le claquement du fouet du Commandeur chargé d'inspecter leur conduite et de punir leur négligence. À midi, on leur accorde deux heures, non pour prendre un repos si nécessaire sous ces latitudes quand on a labouré sept heures, mais pour aller préparer leur repas. À deux heures précises, le Commandeur rappelle à la plantation ; et le travail dure jusqu'à la nuit pour ceux qui ne sont pas obligés de veiller au moulin [...].

Le travail de ceux qui sont au moulin ou aux chaudières est extrêmement pénible, et demande des ouvriers très exercés [...]. Aussi l'excès de fatigue tue-t-il bientôt ceux qui y sont soumis. »

B.-S. Frossard, *La cause des esclaves nègres*, 1788.

4 Le travail au moulin (ici moulin à bras)
(Gravure coloriée du XIXe siècle.)

5 Les cases des esclaves dans les Antilles françaises

« Chaque famille nègre a sa case [...]. Les murs sont composés de claies qui soutiennent un torchis de terre grasse et de bouse de vache. Elles n'ont qu'une porte et une fenêtre. Elles sont alignées et placées à distance de l'habitation des maîtres et sous le vent, pour préserver celle-ci des incendies qui sont assez fréquents car les nègres font du feu dans leur case presque toute la nuit pour dissiper l'humidité [...]. Leurs lits, composés de planches sont dans de petits enfoncements [...]. Leurs meubles sont quelques calebasses¹, un banc, une table et des ustensiles de bois. »

B.-S. Frossard, *La cause des esclaves nègres*, 1788.

1. Récipients faits à partir de courges.

6 La flagellation des esclaves
(Gravure coloriée du XIXe siècle.)

ACTIVITÉS

1. **Doc. 1** Décrivez l'organisation de la plantation.
2. **Doc. 3 et 4** Qu'est-ce qui rend les conditions de travail des esclaves difficiles et dangereuses ?
3. **Doc. 5** Montrez que les esclaves vivent dans la pauvreté. Pourquoi les cases sont-elles éloignées de l'habitation du maître ?
4. **Doc. 2** Quels châtiments prévoit le Code noir pour les esclaves en fuite ? Montrez que le Code noir a aussi pour but de protéger les esclaves.
5. **Doc. 6** Comment les esclaves sont-ils punis et par qui ?
6. Racontez la vie des esclaves dans une plantation d'Amérique.

Méthode ◆ Utilisez les mots : plantation, case, travail, fouet, Code noir.

Les ARTS témoins de l'Histoire

Ma véridique histoire, d'Olaudah Equiano

OBJECTIF
étudier l'autobiographie d'un esclave du XVIIIe siècle

Socle commun
5.1 Avoir des connaissances relevant de la culture littéraire

Ancien esclave, Olaudah Equiano publie son autobiographie en 1789. Il y raconte sa capture en Afrique et sa vie d'esclave en Amérique.

> Pourquoi Equiano publie-t-il une autobiographie ? Quels renseignements nous donne-t-elle sur la traite atlantique et l'esclavage ?

1 Olaudah Equiano (1745-1797)

Biographie

Ancien esclave, Olaudah Equiano publie en 1789 une autobiographie à Londres qui remporte un très grand succès.
Selon ses propres dires, Equiano naît en 1745, près du fleuve Niger en Afrique. Il est enlevé à l'âge de onze ans par des chasseurs d'esclaves, conduit jusqu'à la côte et transporté en Amérique. D'abord esclave sur une plantation, il est revendu à un capitaine de la marine anglaise qu'il suit dans ses voyages puis à un négociant qu'il aide dans son commerce. Il parvient à racheter sa liberté et s'installe en Angleterre où il publie son livre pour attirer l'attention sur les conditions inhumaines de l'esclavage. L'authenticité des informations sur le début de sa vie a récemment été mise en doute. Il serait né à Charleston, en Amérique. Le récit de sa marche en Afrique et de sa traversée de l'Atlantique n'en est pas moins palpitant, même s'il s'est inspiré de l'expérience d'autrui pour l'écrire.

2 FICHE D'IDENTITÉ
Ma véridique histoire (doc. 4)

- **Auteur** : Olaudah Equiano (appelé aussi Gustavus Vassa)
- **Titre** : *Ma véridique histoire*
- **Nature** : autobiographie (histoire d'une vie par celui qui l'a vécue)
- **Date de publication** : 1789
- **Lieu de publication** : Londres
- **Langue** : anglaise
- **Publication en France** : publié en français en 2008 aux éditions L'Harmattan : *La passionnante autobiographie d'un esclave affranchi*, trad. et éd. par Régine Mfoumou-Arthur

ACTIVITÉS

Je présente
1. Présentez l'œuvre (auteur, nature, date).

J'analyse
2. **Doc. 4a** D'après Equiano, où et comment est-il réduit en esclavage ? Combien de temps dure son voyage jusqu'à la côte ?
3. **Doc. 4b** Comment s'explique la mortalité des esclaves pendant la traversée atlantique ?
4. **Doc. 4c** Comment s'expliquent les cris des hommes lors de la vente ?
5. **Doc. 4d** De quoi est chargé Equiano dans la plantation ? De quel traitement inhumain est-il témoin ?
6. **Doc. 1 à 4** Que recherche Equiano en publiant son autobiographie ?

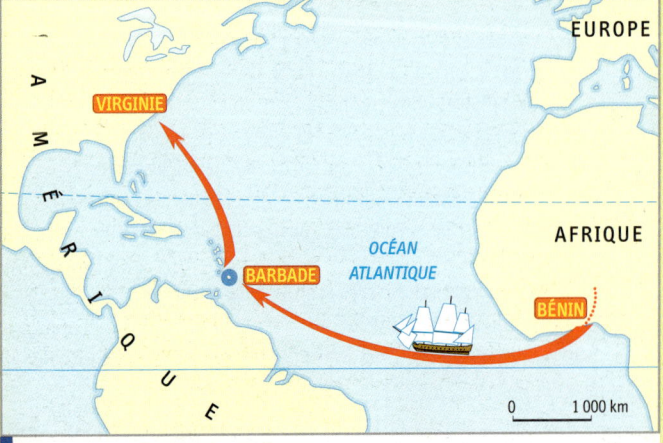

3 Le trajet d'Equiano d'après son autobiographie (1755-1756)

Arts du spectacle vivant | Arts du son | Arts du visuel

4 *Ma véridique histoire* par Equiano (extraits)

a. L'enlèvement d'Equiano par des chasseurs d'esclaves

« Un jour où tous nos parents étaient allés à leurs travaux comme d'habitude, tandis que j'étais resté seul avec ma sœur pour garder la maison, deux hommes et une femme franchirent nos murs et, en un instant, nous saisirent tous les deux et, sans nous laisser le temps de hurler et de nous défendre, ils nous fermèrent la bouche et prirent la fuite avec nous, en direction du bois le plus proche. Là, ils nous ligotèrent les mains, et nous transportèrent aussi loin que possible. [...] Finalement, après plusieurs jours de voyage pendant lesquels je changeai souvent de maîtres, j'arrivai entre les mains d'un chef de clan dans une région agréable [...]. Je fus encore vendu. De cette manière je continuai mon voyage jusqu'à ce que, au bout de six ou sept mois après ma capture, j'arrivasse à la côte maritime. »

Chapitre 2.

b. La traversée de l'Atlantique

« On nous installa tous sous le pont [...]. L'étroitesse de l'endroit ainsi que la chaleur du climat, ajoutées aux passagers du bateau qui était tant encombré de monde que chacun avait à peine l'espace pour se retourner, nous étouffaient presque. Cela généra d'abondantes transpirations, de sorte que l'air devint presque irrespirable, à cause d'une variété d'odeurs répugnantes, et provoqua une maladie parmi les esclaves dont plusieurs en moururent [...]. Cette situation misérable fut encore aggravée par le bruit irritant des chaînes, maintenant devenues insupportables ; et la crasse des latrines. Les cris des femmes et les gémissements des personnes mourantes rendaient toute la scène atroce. Heureusement pour moi, peut-être, je devins bientôt si faible en cet endroit qu'on jugea nécessaire de me laisser sur le pont presque tout le temps, et parce que j'étais jeune on ne me mit pas aux fers [...]. Un jour, deux de mes compatriotes enchaînés l'un à l'autre, préférant la mort à une telle vie de misère, passèrent à travers les filets (sur les côtés du bateau) et sautèrent à la mer. »

Chapitre 2.

c. Le marché aux esclaves à la Barbade

« Enfin nous vîmes apparaître l'île de la Barbade et nous ancrâmes bientôt à Bridgetown [...].

Après notre débarquement, des Africains de toutes langues vinrent à nous. Immédiatement, nous nous dirigeâmes vers la cour du marchand, où on nous entassa tels des moutons dans un parc, sans souci du sexe ni de l'âge. [...] Cela ne faisait pas plusieurs jours que nous nous trouvions sous la garde du marchand, lorsqu'on nous vendit d'après leur manière habituelle qui est la suivante : au signal donné, les acheteurs accourent dans l'enclos où les esclaves sont massés, et choisissent le lot qu'ils préfèrent [...]. Je me souviens que dans le bateau où je fus transporté, dans le compartiment des hommes, il y avait plusieurs frères qui furent vendus dans différents lots : ce fut fort émouvant à cette occasion de voir et d'entendre leurs cris lors de leur séparation. »

Chapitre 2.

d. Equiano devient esclave dans une plantation

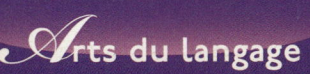

« Je demeurai dans cette île pendant quelques jours puis nous fûmes embarqués dans un sloop[1] en partance pour l'Amérique du Nord. On nous débarqua sur une rivière près de l'État de Virginie[2] [...]. Pendant quelques semaines, je désherbai et ramassai des pierres dans une plantation [...]. Lorsque j'étais dans cette plantation, l'homme à qui je suppose la propriété appartenait étant souffrant, on m'envoya un jour dans sa demeure pour l'éventer. Je vis une esclave noire, en entrant dans la maison, qui préparait le dîner : la pauvre créature était cruellement chargée de diverses sortes d'instruments en fer ; en particulier, elle en portait un sur la tête, qui fermait sa bouche si fortement qu'elle pouvait à peine parler, manger ou boire. Je fus fort étonné par ce dispositif, qui s'appelait une muselière de fer [...]. Peu après, on me mit un éventail dans la main, pour éventer le monsieur pendant qu'il dormait. »

Chapitre 3.

[1]. Petit navire anglais à un seul mât.
[2]. Une des 13 colonies anglaises d'Amérique du Nord.

La traite atlantique et l'esclavage

> Comment s'organise la traite atlantique ?
> Comment sont traités les esclaves ?

A La traite atlantique

1. L'esclavage est un **phénomène ancien** en Afrique. Il est pratiqué depuis très longtemps par les **Africains eux-mêmes et par les Arabes** qui organisent la traite négrière à travers le Sahara et la mer rouge.

2. À partir du XVIe siècle, les marchands européens se livrent à leur tour à la traite des esclaves. Ils les achètent sur les côtes de l'Ouest de l'Afrique. Puis ils traversent l'Atlantique et **les vendent aux colons d'Amérique** qui les utilisent surtout comme main-d'œuvre sur les plantations.

3. Au XVIIIe siècle, **la traite atlantique prend une ampleur considérable** (DOC. 1 à 4). Les navires négriers sont surtout originaires d'Angleterre, de France et du Brésil. Ils se fournissent principalement dans le Golfe de Guinée et le Centre-Ouest de l'Afrique. Au total, on estime à **plus de 12 millions** le nombre d'Africains qui ont traversé l'Atlantique pour l'Amérique.

B Les esclaves, de l'Afrique à l'Amérique

1. En Afrique, les esclaves sont capturés ou achetés par des Africains, parfois assez loin de la côte. Ils sont ensuite **acheminés jusqu'aux comptoirs européens dans de longs voyages à pied ou en pirogue**. Les esclaves les plus recherchés sont les jeunes adultes masculins mais il y a aussi des femmes et des enfants.

2. La **traversée de l'Atlantique** dure plusieurs semaines, et l'entassement et les maladies font de nombreux morts (environ 10 % des esclaves au XVIIIe siècle). Après la traversée, les esclaves sont vendus aux colons les plus offrants. Les familles et les amis sont séparés (> PP. 26-27).

3. **Le travail forcé dans les plantations** d'Amérique est harassant. Les esclaves bénéficient d'une protection juridique très réduite (*Code noir* pour les colonies françaises). Ils sont mal nourris et mal logés et subissent de **fréquents châtiments corporels** (> PP. 28-29). Les affranchissements sont rares.

4. Dans la deuxième moitié du XVIIIe siècle, **les révoltes d'esclaves** se multiplient dans les îles d'Amérique. Le discours abolitionniste se développe en Amérique du Nord et en Europe (DOC. 5).

1 Les esclaves dans les Antilles françaises

	Vers 1700	Vers 1790
Saint-Domingue (Haïti)	5 000	480 000
Martinique	14 600	84 000
Guadeloupe	6 700	85 500

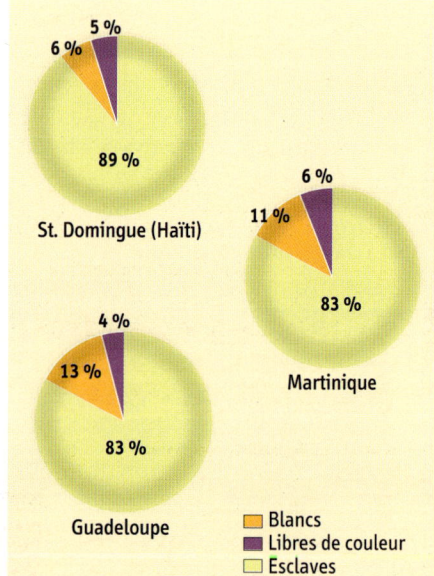

2 La répartition de la population dans les Antilles françaises (1790)

Définitions

Les traites négrières : le commerce des esclaves noirs d'Afrique.

La traite atlantique : le commerce des esclaves entre l'Afrique et l'Amérique.

Un affranchissement : la libération d'un esclave par son propriétaire.

Un discours abolitionniste : un discours favorable à l'interdiction (l'abolition) de la traite des Noirs et de l'esclavage.

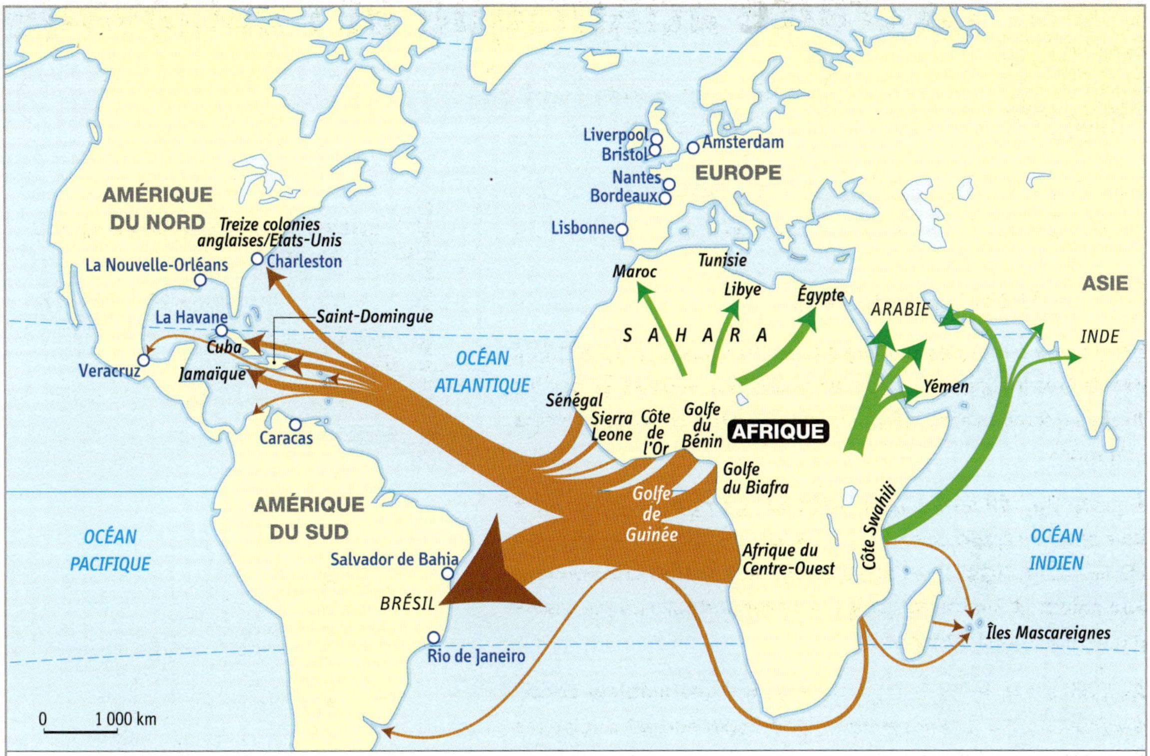

La largeur des flèches est proportionnelle au nombre d'esclaves transportés

→ traite arabe (monde musulman)   → traite atlantique   ○ principaux ports impliqués dans la traite atlantique

3 Les traites négrières au XVIIIe siècle

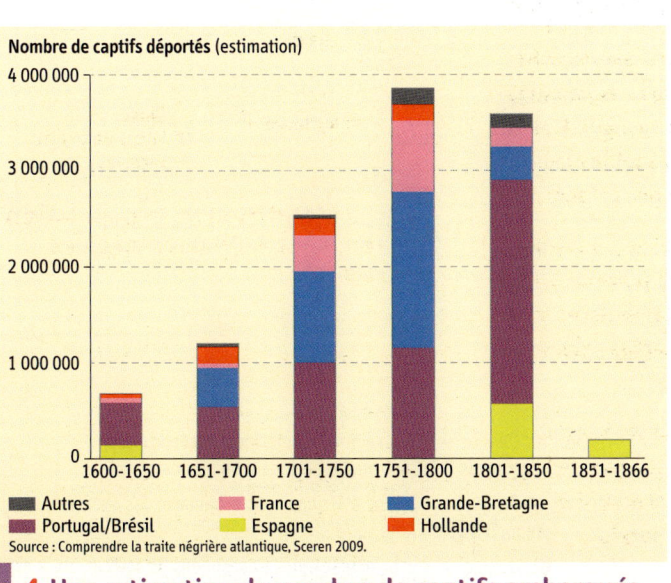

4 Une estimation du nombre de captifs embarqués
(par pavillon du navire)

Source : Comprendre la traite négrière atlantique, Sceren 2009.

1. Comment évolue la traite transatlantique ?
2. Quels sont les principaux pays marchands d'esclaves au XVIIIe siècle ?

5 Un sceau anti-esclavagiste
(1787)

Josiah Wedgwood, célèbre céramiste, fait partie des douze amis qui forment à Londres en 1787 *La société pour l'abolition de la traite des esclaves*. Ce sceau est diffusé massivement, repris et traduit en français par la *Société des amis des Noirs* en 1789.

CHAPITRE **2** Les traites négrières et l'esclavage / 33

MÉTHODE

Socle commun
5.3 Lire et employer différents langages : cartes

Étudier une carte historique

POINT MÉTHODE

La carte historique

- C'est une carte qui représente une **période passée**.
- Il peut s'agir d'une **carte thématique** (un seul sujet) ou d'une **carte de synthèse** (plusieurs sujets).
- Elle peut représenter une **période donnée** ou une **évolution dans le temps** (une succession de plusieurs périodes.)

Étudier une carte historique, c'est :

A. Présenter la carte : le sujet (indiqué par le titre), l'espace cartographié (le monde, l'Afrique, un pays...), la période représentée.

B. Lire la légende : à quoi correspondent les figurés (les couleurs, les flèches, les points...) ?

C. Analyser la carte : décrire les informations données par la carte, de façon ordonnée.

EXERCICE

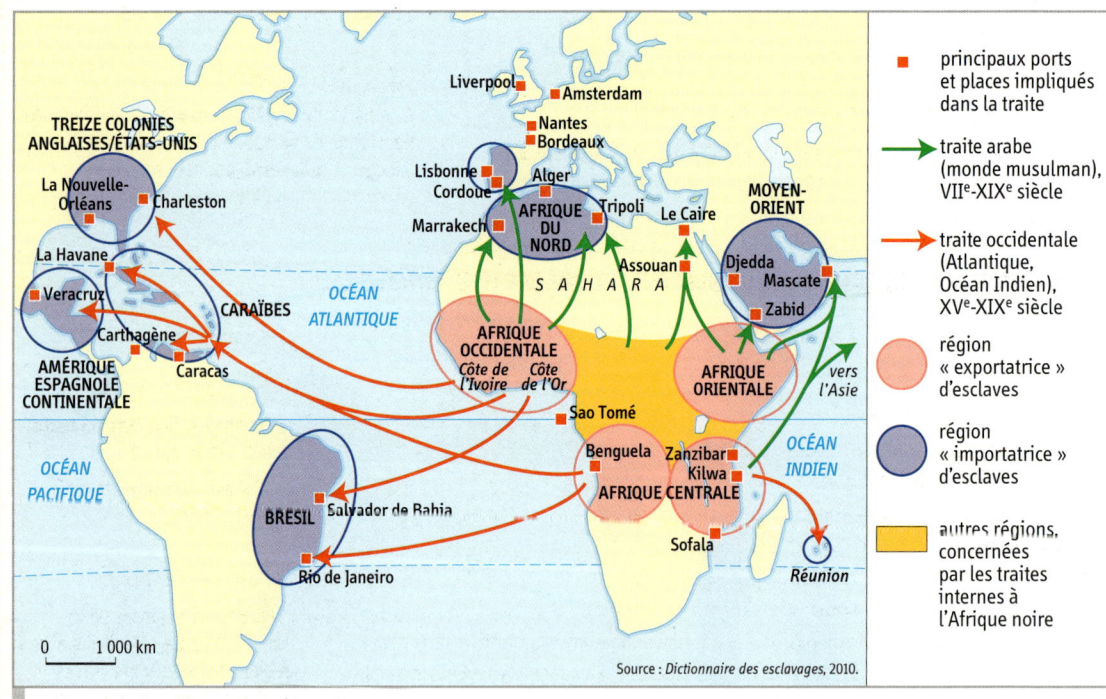

DOCUMENT Les traites négrières (VIIe-XIXe siècle)

A et **B** Je présente la carte et je lis la légende

1. Quel est le sujet de la carte et la période étudiée ?
2. À quoi correspondent les couleurs sur la carte ? Les flèches ? Les carrés ?

C J'analyse la carte

3. Quelles sont les régions du monde musulman importatrices (acheteuses) d'esclaves ? Durant quelle période a eu lieu cette traite ?

4. Quelles sont les régions d'Amérique importatrices d'esclaves ? Durant quelle période a eu lieu cette traite ?
5. De quelles régions d'Afrique sont originaires les esclaves exportés vers l'Amérique ?
6. Quels sont les principaux ports européens et américains impliqués dans le commerce d'esclaves en Amérique ? D'après vos connaissances, comment le sont-ils ?
7. Synthèse : Décrivez la traite arabe puis la traite atlantique.

EXERCICES

1 Analyser un graphique

Socle commun
5.3 Lire et employer différents langages : graphiques

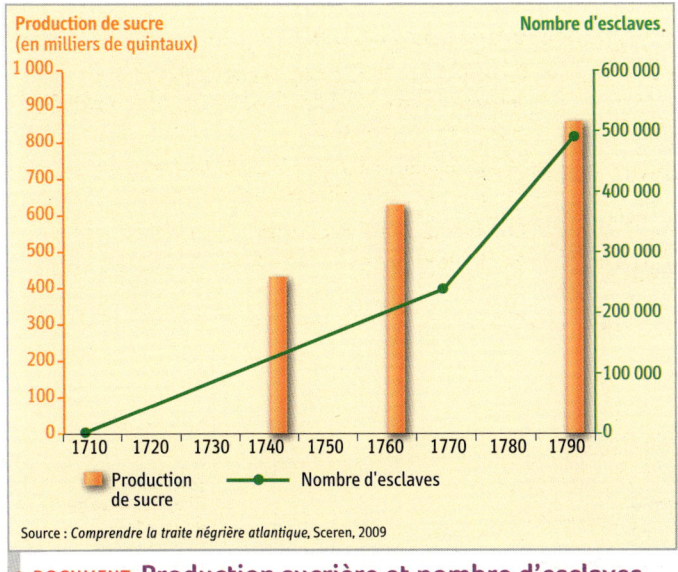

Source : *Comprendre la traite négrière atlantique*, Sceren, 2009

DOCUMENT Production sucrière et nombre d'esclaves à Saint-Domingue (1710-1790)

Je présente le graphique

1. Quel est le sujet du graphique ? Quelle est la période représentée ? Situez Saint-Domingue.

2. Que représente la courbe ? À quel axe vertical correspond-elle (celui de droite ou de gauche ?)

3. Que représentent les barres ? Quelle unité est utilisée ? À quel axe vertical correspondent-elles ?

Je décris le graphique

4. Décrivez l'évolution du nombre d'esclaves de 1710 à 1790 à Saint-Domingue.

5. Quelle est la production de sucre en 1740 ? En 1790 ? Comment a-t-elle évolué ?

J'explique le graphique

6. À partir du graphique, expliquez le lien entre l'évolution du nombre d'esclaves à Saint-Domingue et celle de la production sucrière.

2 Analyser une lettre sur la traite des esclaves

Socle commun
1.1 Repérer des informations dans un texte

DOCUMENT

« Liverpool, 18 juillet 1803

Notre bateau, l'Enterprize, dont vous êtes nommés capitaine, étant désormais prêt à appareiller, vous êtes priés de vous installer immédiatement à bord et de gagner au plus vite Bonny [Côte de l'or] sur le rivage de l'Afrique. Vous trouverez ci-joint une facture de la cargaison embarquée que vous négocierez contre des nègres de premier choix, de l'ivoire et de l'huile de palme. Ce navire est légalement habilité à transporter 400 nègres et nous demandons qu'ils soient tous mâles si possible ; en tout cas, achetez aussi peu de femmes que vous pourrez car nous souhaitons écouler votre cargaison sur le marché espagnol[1] où les femmes s'écoulent très mal. Dans le choix des Noirs, soyez très scrupuleux, sélectionnez ceux qui sont forts et bien formés ; n'en achetez pas qui aient plus de vingt-quatre ans, car il se pourrait que vous alliez à la Jamaïque[2] où, vous le savez, quiconque dépasse cet âge est soumis à une taxe de 10 livres par tête. Pendant la traversée, permettez aux esclaves toute satisfaction compatible avec la sécurité et ne souffrez qu'aucun officier ou membre d'équipage les maltraite ou les insulte de quelque façon. »

Lettre d'instruction pour le capitaine Cesar Lawson par Thomas Leyland, armateur, le 18 juillet 1803.

1. Dans les colonies espagnoles. **2.** Colonie anglaise des Antilles.

Je présente le texte

1. Quelle est la nature du texte ? Quelle est sa date ?

2. Qui est l'auteur du texte ? le destinataire ?

J'analyse le texte

3. D'où part le navire (ville, pays) ? Quel trajet doit-il suivre ? À quels lieux du texte correspondent les lettres A, B, C sur le croquis ?

4. Quelles sont les consignes dans le choix des esclaves ? Pour quelle raison lui donne-t-on ces consignes ?

5. Comment doivent être traités les esclaves pendant la traversée ? Pourquoi ?

6. D'après la lettre et vos connaissances que peut rapporter ce navire en Europe ?

Exercices

3 — Les ARTS, témoins de l'histoire
Étudier un tableau sur la danse des esclaves

Socle commun
5.1 Avoir des connaissances relevant de la culture artistique : œuvres picturales

DOCUMENT 1 *La Danse d'esclaves*
(Tableau attribué à Augustin Brunias, peintre italien qui a passé trente ans aux Antilles, vers 1770, L. : 40 cm x H. : 29 cm, Musée d'Aquitaine, Bordeaux.)

Aux Antilles, le dimanche, les esclaves munis d'un billet de permission pouvaient sortir des habitations et se rencontrer publiquement pour manger, jouer et danser.

DOCUMENT 2 *La danse de la Calenda au XVIIIe siècle*

« Quand les nègres veulent danser, ils prennent deux tambours. [...]. Ces tambours raisonnent sous les coups de poignet et le mouvement des doigts du nègre qui se tient à califourchon sur chaque tambour [...]. Ce son monotone et grave est accompagné par le bruit d'une quantité de petites calebasses où l'on a mis des cailloux et qui sont percées par un long manche qui sert à les agiter. Des Banzas, espèces de guitares grossières à quatre cordes, se mêlent au concert [...]. Une sorte de chœur répond à une ou deux chanteuses principales.
Des danseurs et des danseuses toujours en nombre pair vont au milieu de l'espace et se mettent à danser. Le danseur tourne sur soi-même ou autour de sa danseuse qui tourne aussi et change de place avec le danseur. Le danseur abaisse et lève alternativement ses bras en gardant les coudes près du corps et le poing presque fermé. La femme tient les deux bouts d'un mouchoir qu'elle balance [...]. »

Moreau de Saint-Merry, *Description de la partie française de l'isle de Saint-Domingue*, 1797.

Je présente le tableau

1. Présentez le tableau (titre, auteur, date).
2. Où se passe la scène ? Le peintre a-t-il pu assister à ce type de scène ? Justifiez la réponse.

Je décris et j'explique

3. Comment est composé (organisé, construit) le tableau ?
4. Décrivez l'habillement des hommes, des femmes.
5. De quels instruments jouent les musiciens ? Que font les deux femmes à leurs côtés ?
6. Comment dansent le danseur et la danseuse ?
7. Que symbolisent les fruits au premier plan ? La nature sauvage à l'arrière-plan ? Que veut suggérer l'artiste ?

Je mets en parallèle le tableau (doc. 1) et le texte (doc. 2)

8. Quels éléments du tableau retrouve-t-on dans le texte ?

B2i Pour répondre plus facilement aux questions sur *La Danse d'esclaves*, vous pouvez aller sur le site Histoire par l'image. Recherchez *La Danse d'esclaves* d'Augustin Brunias, ouvrir l'animation.

4 Étudier le plan et la coupe d'un navire négrier : le Marie-Séraphique

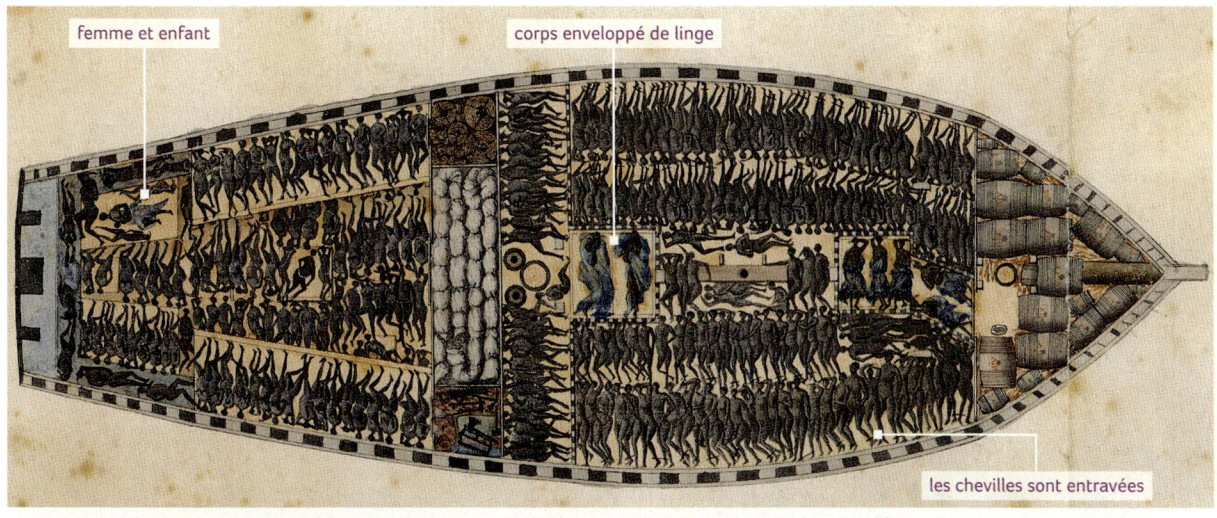

femme et enfant | corps enveloppé de linge | les chevilles sont entravées

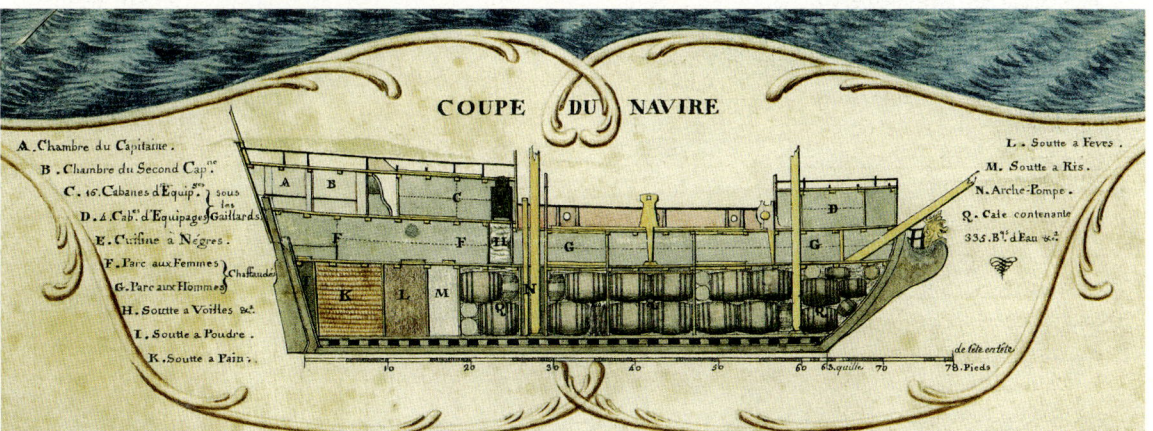

DOCUMENT Le Marie-Séraphique

(Aquarelles réalisées à la demande de l'armateur du Marie-Séraphique, navire négrier nantais, vers 1770.)

Les esclaves représentés ont été acquis par le capitaine Gaugy à Loangue (Golfe de Guinée) le 25 août 1769 et débarqués au Cap français, capitale de la colonie de Saint-Domingue, le 16 décembre. On les voit ici à leur arrivée à Saint-Domingue.

A Chambre du capitaine **B** Chambre du second **C et D** Cabines d'équipage **F** Parc aux femmes **G** Parc aux hommes **H** Soute à voiles **K** Soute à Pain **L** Soute à fèves **M** Soute à riz **Q** Cale à eau.

1. Décrivez le trajet du navire (voir p. 33).
2. Que nous apprend le document sur les esclaves pendant la traversée (situation dans le bateau, répartition, habillement…) ? Pourquoi y a-t-il deux corps enveloppés de linge ?
3. Où sont conservées les vivres ? Quelle est la nourriture des esclaves pendant le voyage ? Pourquoi faut-il autant de nourriture et d'eau ?

B2i Rendez-vous sur le site du musée d'histoire de Nantes www.chateau-nantes.fr, puis Enseignants, puis Dossiers pédagogiques, puis Nantes et la Traite négrière, salles 12-13. Retrouvez et citez quatre objets ou produits échangés contre des esclaves en Afrique par les capitaines des navires négriers nantais.

chapitre

3 L'Europe des Lumières

> Comment les philosophes et les savants du XVIIIe siècle remettent-ils en cause l'absolutisme et la société d'ordres ?

1 Voltaire et Frédéric II
(*La Table ronde*, Peinture d'Adolph von Menzel, 1850, Alte Nationalgalerie, Berlin.)

Frédéric II, roi de Prusse, reçoit le philosophe français Voltaire dans sa résidence d'été de Sans-Souci près de Berlin. Voltaire a vécu trois ans à la cour du roi de Prusse où il faisait figure de conseiller du prince. On y parlait le français qui était au siècle des Lumières la langue de la culture en Europe.

 Vers 1750 L'*Encyclopédie*
 1762 Voltaire et l'affaire Calas
 1778 *Le Mariage de Figaro*
 1785 Lavoisier fait la synthèse de l'eau

L'EUROPE DES LUMIÈRES

1740 — 1800

2 *L'Encyclopédie* de Diderot et d'Alembert

Dans la deuxième moitié du XVIIIe siècle, les philosophes et les savants des Lumières ont participé à la réalisation de *L'Encyclopédie*, dirigée par Diderot et d'Alembert et éditée de 1751 à 1772. Ouvrage monumental en 28 volumes, 71 818 articles, 2 784 planches d'illustration, *L'Encyclopédie* veut faire état de toutes les connaissances de l'époque. Mais elle expose aussi les idées critiques des Lumières sur la société d'ordres et l'absolutisme, de façon détournée pour éviter la censure royale.

DÉCOUVRIR

L'Europe « absolutiste »

Au XVIIIe siècle, la plupart des États sont dirigés par des rois qui détiennent un pouvoir absolu. La société est dominée par l'ordre de la noblesse.

> Quels sont les fondements politiques et sociaux de l'Europe au XVIIIe siècle ?

OBJECTIF
Caractériser l'absolutisme et la société d'ordres au XVIIIe siècle

Socle commun
5.1 Connaître les grands traits de l'histoire politique et sociale de l'Europe

1 Louis XV (1715-1774)
(*Louis XV, roi de France et de Navarre*, Peinture de Louis-Michel Van Loo, 1760, Château de Versailles.)

Arrière-petit-fils de Louis XIV, Louis XV devient roi de France à la mort de celui-ci en 1715, alors qu'il n'a que cinq ans. Sacré roi à Reims en 1722, il établit son règne dans la continuité de celui de Louis XIV, selon les principes de l'absolutisme. Mais, homme de son temps, il se passionne pour les sciences.

2 Une lettre de cachet

« Monsieur de Jumilhac, mon intention étant que le nommé Hugonet soit conduit en mon château de la Bastille, je vous écris cette lettre pour vous dire que vous ayez à l'y recevoir lorsqu'il y sera amené et à l'y garder et retenir jusqu'à nouvel ordre de ma part.
La présente [lettre] n'étant d'autre fin, je prie Dieu qu'il vous ait, Monsieur de Jumilhac, en sa sainte garde.
Écrit à Versailles, le treize janvier 1765, Louis. »

3 Qu'est-ce que l'Ancien Régime en France au XVIIIe siècle ?

Une monarchie absolue	Une société d'ordres
• Le roi, lieutenant de Dieu sur terre, a tous les pouvoirs.	• La société est divisée en trois ordres : le clergé, la noblesse et le tiers état (qui regroupe 98 % de la population).
• Pas de liberté de culte.	• La noblesse et le clergé sont des ordres privilégiés.
• La presse est soumise à la censure royale.	• La noblesse ne paie pas l'impôt royal, a des emplois réservés dans l'administration et l'armée, a des privilèges judiciaires et honorifiques (droit de porter l'épée).
• Par lettre de cachet, le roi peut emprisonner qui il veut sans jugement.	
• Le roi doit cependant respecter les coutumes du royaume.	

4 **Les régimes politiques en Europe au XVIIIe siècle**

Définitions

La société d'ordres : la société divisée en trois catégories : le clergé, la noblesse et le tiers état, les deux premiers ordres disposant d'importants privilèges.

La monarchie absolue : le régime politique dans lequel le roi dispose de tout le pouvoir.

La monarchie parlementaire : le régime politique dans lequel le roi partage le pouvoir avec un parlement élu.

ACTIVITÉS

1. **Doc. 4** Quel est le principal régime politique en Europe ? Localisez et définissez les autres régimes politiques.
2. **Doc. 1** Pourquoi dit-on que le roi de France est roi de « droit divin » ?
3. **Doc. 1 et 5** Quels sont les symboles du pouvoir royal de Louis XV ? de Marie-Thérèse ?
4. **Doc. 2** Qui est Jumilhac ? Par cette lettre, qu'est-ce que le roi décide ?
5. **Doc. 3** De quelles libertés les Français sont-ils privés au XVIIIe siècle ?
6. **Doc. 3** Quels sont les deux ordres privilégiés ? Citez deux privilèges de la noblesse.

5 **Marie-Thérèse d'Autriche (1740-1780)**
(Peinture de Martin Meytens, Galerie de l'académie, Vienne.)

Marie-Thérèse de Habsbourg est archiduchesse d'Autriche, reine de Hongrie et de Bohême. Elle dirige l'immense domaine des Habsbourg d'Autriche.

CHAPITRE **3** L'Europe des Lumières / 41

DÉCOUVRIR

Voltaire, un philosophe des Lumières

OBJECTIF
Raconter quelques aspects de la vie et de l'œuvre d'un philosophe des Lumières : Voltaire

Socle commun
5.1 Connaître les grands traits de l'histoire littéraire de la France et de l'Europe

Voltaire est un penseur français du XVIIIe siècle qui réfléchit sur la société de son temps. On dit qu'il est un philosophe des Lumières parce qu'il veut éclairer ses contemporains en utilisant la raison.

> Comment Voltaire remet-il en cause l'absolutisme et la société d'ordres ?

1 Voltaire (1694-1778)

Voltaire, de son vrai nom François-Marie Arouet, est le fils d'un notaire. Volontiers moqueur à l'égard des Grands, il est emprisonné à deux reprises à la Bastille. En 1726, il s'exile en Angleterre, pays beaucoup plus libre que la France, puis revient à Paris où il est à la fois poète, philosophe, historien, et auteur de théâtre. Menacé à cause de ses critiques de l'Église et de l'absolutisme, il répond à l'invitation du roi de Prusse, Frédéric II, auprès duquel il séjourne trois ans puis se rend à Genève. En 1758, il se retire à Ferney, à la frontière de la Suisse, pour pouvoir s'y réfugier en cas de menace. Il peut alors écrire librement, s'engage dans des grandes causes, tout en accueillant de nombreux visiteurs. Il meurt au sommet de sa gloire, âgé de 84 ans.

Définitions

Les philosophes des Lumières : au XVIIIe siècle, les penseurs qui critiquent l'Ancien Régime en s'appuyant sur la raison.

La tolérance : le respect pour ceux qui ont une opinion ou une croyance différente des siennes.

3 Le système politique anglais vu par Voltaire

« La Chambre des Communes est véritablement la nation puisque chacun de ses membres est député du peuple [...]. Les 8 millions de citoyens libres sont représentés par cette Chambre.

Voici à quoi la législation anglaise est parvenue : à remettre chaque homme dans tous les droits dont ils sont dépouillés dans presque toutes les monarchies. Ces droits sont : la liberté entière de sa personne, de ses biens, de parler à la nation par l'organe de sa plume, de ne pouvoir être jugé que suivant les termes précis de la loi, de professer en paix quelque religion qu'on veuille [...]. Ainsi vous pouvez être sûrs en vous couchant que vous ne serez pas enlevé des bras de votre femme au milieu de la nuit pour être conduit dans un donjon, que vous aurez en sortant du sommeil, le pouvoir de publier tout ce que vous pensez, que si vous êtes accusé soit pour avoir mal agi ou mal parlé ou mal écrit, vous ne serez jugé que suivant la loi. »

Voltaire, *Dictionnaire philosophique*, article « Gouvernement », 1764.

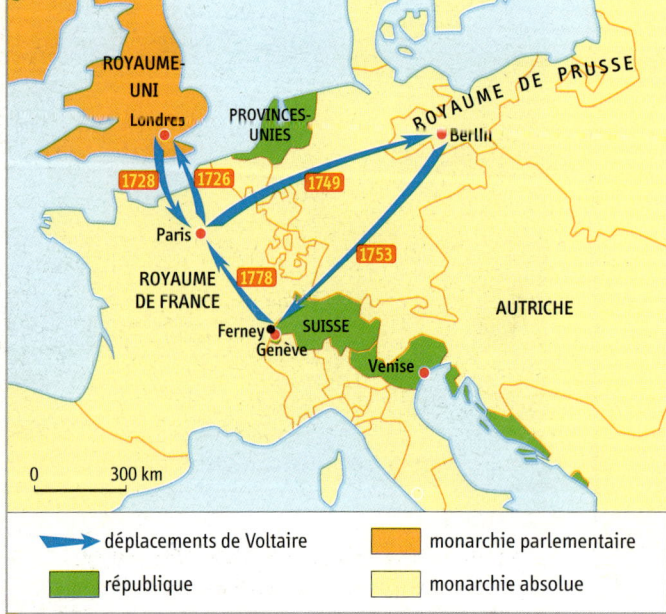

2 Les lieux de voyage et de vie de Voltaire

4 Voltaire promet son appui à la famille Calas
(École française, XVIIIᵉ siècle, Musée Antoine Lécuyer, Saint-Quentin.)

L'affaire Calas

En 1761, Marc-Antoine Calas est retrouvé pendu. On accuse son père Jean Calas, qui est protestant, de l'avoir tué. En 1762, ce dernier est jugé et condamné à mort alors qu'il n'y a pas de preuve contre lui. Il meurt torturé sur la roue.

Voltaire, qui rencontre la famille Calas à Genève, est persuadé que Jean Calas a été condamné parce qu'il était protestant. Aidé par un réseau d'informateurs, il engage un incroyable travail de documentation et inonde toutes les cours d'Europe de ses lettres sur l'Affaire. En 1765, il parvient à faire réhabiliter Jean Calas par une assemblée de 80 juges et le Conseil du roi.

5 Plaidoyer pour la tolérance

« Ce n'est donc plus aux hommes que je m'adresse ; c'est à toi, Dieu de tous les êtres, de tous les mondes et de tous les temps […]. Tu ne nous as point donné un cœur pour nous haïr, et des mains pour nous égorger ; fais que nous nous aidions mutuellement à supporter le fardeau d'une vie pénible et passagère ; que les petites différences entre les vêtements qui couvrent nos débiles corps, entre tous nos langages insuffisants, entre tous nos usages ridicules, entre toutes nos lois imparfaites, entre toutes nos opinions insensées […], que toutes ces petites nuances qui distinguent les atomes appelés hommes ne soient pas des signaux de haine et de persécution ; que ceux qui allument des cierges en plein midi pour te célébrer supportent ceux qui se contentent de la lumière de ton soleil […] ; qu'il soit égal de t'adorer dans un jargon formé d'une ancienne langue, ou dans un jargon plus nouveau […]. Puissent tous les hommes se souvenir qu'ils sont frères ! »

Voltaire, *Traité sur la tolérance à l'occasion de la mort de Jean Calas* (1763), chapitre XXIII, « Prière à Dieu ».

ACTIVITÉS

1. **Doc. 3** À travers ce texte, quelles critiques Voltaire fait-il de la monarchie absolue ?
2. **Doc. 4** De quoi est accusé Jean Calas ? Au nom de quels principes Voltaire prend-il sa défense ?
3. **Doc. 5** À quel Dieu Voltaire s'adresse-t-il ? Citez un passage qui évoque la tolérance religieuse, un passage qui évoque la tolérance culturelle. Selon lui, pourquoi les hommes doivent-ils se tolérer ?
4. **Doc. 2 et p. 38** Auprès de qui et combien de temps Voltaire est-il resté en Prusse ? Pourquoi ?
5. **Doc. 1 et 6** Pourquoi s'installe-t-il à Ferney ? Comment reste-t-il en contact avec la société européenne ?
6. Montrez que l'œuvre de Voltaire remet en cause l'absolutisme et la société d'ordres.

Méthode ◆ Décrivez quelques idées de Voltaire et son combat pour Calas. Montrez ensuite comment il diffuse ses idées.

6 Ferney, le refuge de Voltaire
(Vue du château de Ferney par Brandoin, du côté du jardin, 1780.)

À Ferney, Voltaire n'est pas isolé. Il écrit des articles, des ouvrages, des lettres et reçoit de nombreux visiteurs, parfois jusqu'à 40 convives, qui viennent de toute l'Europe pour discuter avec lui.

DÉCOUVRIR

Lavoisier, un savant des Lumières

OBJECTIF
Raconter quelques aspects de la vie et de l'œuvre d'un savant des Lumières : Lavoisier

Socle commun
5.2 Situer des découvertes scientifiques ou techniques

Lavoisier est un grand savant français du XVIIIe siècle. Tout en menant ses activités de haut fonctionnaire de l'État, il multiplie les travaux scientifiques et fonde la chimie moderne.

> Qu'est-ce qui fait de Lavoisier un grand savant des lumières ?

1 Lavoisier et son épouse peints par David (1788)
(Peinture de Jacques-Louis David, 1788, Metropolitan Museum of Art, New York)

3 La composition de l'air

« L'air de l'atmosphère n'est pas un élément, c'est-à-dire un corps simple mais un mélange de plusieurs gaz. L'air de l'atmosphère est composé d'un quart environ d'air déphlogistiqué ou air éminemment respirable (oxygène) et de trois quarts d'un air méphitique et nuisible (l'azote). »

Lavoisier, Œuvres, tome II.

ACTIVITÉS

1. **Doc. 2 et 3** Quelles sont les principales découvertes chimiques de Lavoisier ?
2. **Doc. 2, 4, 5** Citez des domaines scientifiques autres que la chimie auxquels s'est intéressé Lavoisier.
3. **Doc. 1, 2, 4** Comment Lavoisier a-t-il pu faire ses recherches et ses découvertes ?
4. **Doc. 5** Pour Lavoisier, quel est l'intérêt d'analyser le climat ?
5. **Doc. 6** Quels sont les buts du scientifique pour Lavoisier ?
6. **Doc. 7** Que contient ce traité ? À qui est-il destiné ?
7. Rédigez un paragraphe sur : Lavoisier, un savant des Lumières.

Méthode ♦ Avant de rédiger, complétez le tableau suivant à l'aide des réponses aux questions.

Les travaux et découvertes scientifiques	Les moyens du savant des Lumières	Les buts du savant des Lumières

2 Antoine-Laurent de Lavoisier (1743-1794)

Lavoisier occupe plusieurs fonctions au service de l'État : responsable de la production de poudre pour l'armée, et surtout fermier général, c'est-à-dire chargé de percevoir les impôts pour le roi, fonction qui lui assure un très haut revenu. Mais son intérêt le porte vers les sciences. Fondateur de la chimie moderne, il parvient grâce à ses expériences à analyser la composition de l'eau (H_2O), de l'air, et à démontrer le rôle de l'oxygène dans la combustion. Il s'intéresse aussi à d'autres domaines comme la physiologie (le fonctionnement du corps humain), la biologie, l'économie, la météorologie... Il est guillotiné sous la Révolution, à cause de ses anciennes fonctions de fermier général.

4 Expérience sur la respiration humaine (Aquarelle de Madame de Lavoisier, XVIIIᵉ siècle.)

Lavoisier analyse la respiration des hommes et des animaux et comprend son fonctionnement.
Il peut mener ses expériences grâce à des instruments de plus en plus perfectionnés. Sa femme, à droite, note le résultat de ses expériences.

5 Un précurseur de la météorologie

Pour prévoir les changements de temps, Lavoisier estime qu'il faut disposer de mesures quotidiennes de la pression atmosphérique, de la direction des vents, de la température et de l'humidité de l'air. Pour cela, il crée un réseau de correspondants en France et en Europe.

« Avec toutes ces données, il est presque toujours possible de prévoir un ou deux jours à l'avance, avec une assez grande probabilité, le temps qu'il doit faire ; on pense même qu'il ne serait pas impossible de publier tous les matins un journal de prédictions qui serait d'une grande utilité pour la société. »

Lavoisier, Œuvres, tome III.

6 L'utilité du scientifique

« Il n'est pas indispensable, pour bien mériter de l'humanité et pour payer son tribut à sa patrie, d'être appelé à ces fonctions publiques et éclatantes qui concourent à l'organisation et à la régénération des empires. Le physicien peut aussi, dans le silence de son laboratoire et de son cabinet, exercer des fonctions patriotiques : il peut espérer, par ses travaux, de diminuer la masse des maux qui affligent l'espèce humaine, d'augmenter ses jouissances et son bonheur, et n'eût-il contribué, par les routes nouvelles qu'il s'est ouvertes, qu'à prolonger de quelques années, de quelques jours même, la vie moyenne des hommes, il pourrait aspirer aussi au titre glorieux de bienfaiteur de l'humanité. »

Lavoisier, Premier mémoire sur la respiration des animaux, 1789.

7 *Traité élémentaire de chimie* de Lavoisier (1789)

Lavoisier introduit des termes chimiques nouveaux. « L'huile de vitriol » devient l'acide sulfurique, « l'esprit de Vénus » l'acide acétique, « le safran de mars » l'oxyde de fer… Publié en 1789, le *Traité élémentaire* expose cette nouvelle nomenclature (encore en usage) et présente l'ensemble de la chimie en un tableau complet et simple destiné à un large public.

Les ARTS témoins de l'Histoire

Le Mariage de Figaro, *un théâtre critique*

OBJECTIF
Étudier une pièce de théâtre de l'époque des Lumières : *Le Mariage de Figaro* de Beaumarchais

Socle commun
5.1 Avoir des connaissances relevant de la culture littéraire

La Folle journée ou le Mariage de Figaro est une comédie écrite par Beaumarchais en 1778. À travers les relations entre un comte et son valet, l'auteur fait la critique de la société du XVIIIe siècle.

> Comment Beaumarchais critique-t-il la société d'ordres dans *Le Mariage de Figaro* ?

1 Pierre-Augustin Caron de Beaumarchais (1732-1799)

Fils d'horloger, Beaumarchais est né à Paris. Il exerce de nombreux métiers, parmi lesquels horloger, financier, chargé de missions secrètes pour le roi, vendeur d'armes... Son sens des affaires lui permet de devenir riche. Écrivain et auteur de théâtre, il trouve la gloire avec *Le Mariage de Figaro*.

Vocabulaire des Arts

Un monologue : dans une pièce de théâtre, un moment où un personnage, seul, se parle à lui-même ou parle à une personne absente.

2 FICHE D'IDENTITÉ
Le Mariage de Figaro (doc. 4)

- **Auteur :** Beaumarchais (1732-1799)
- **Nature :** pièce de théâtre
- **Genre :** comédie
- **Date de création :** 1778
- **Première représentation publique :** 1784, au théâtre de l'Odéon par la troupe de la Comédie française

Résumé de la pièce

Figaro est le valet d'un grand d'Espagne, le comte Almaviva, à qui il tient tête grâce à sa gaieté et sa vivacité d'esprit. Il est le fiancé de Suzanne que le comte voudrait bien lui voler. Un projet commun naît entre Suzanne, Figaro et la comtesse pour faire échouer le comte dans son entreprise en l'attirant dans un piège. À la fin de la pièce, le comte est contraint de s'excuser devant sa femme.

Histoire de l'œuvre

La censure royale s'abat sur la pièce quand Beaumarchais veut la faire jouer en 1781. Grâce à l'appui de la reine Marie-Antoinette, elle est finalement représentée le 24 avril 1784. Elle connaît alors un immense succès en France et à l'étranger.

3 Beaumarchais est conduit en prison par deux gardes-françaises

Le 8 mars 1785, le roi ordonne l'arrestation de Beaumarchais, mais sa pièce triomphe et il est libéré.

Arts du spectacle vivant | Arts du son | Arts du visuel

4 Le monologue de Figaro (extrait)

Figaro reproche au comte Almaviva de vouloir lui ravir sa fiancée.

« Non Monsieur le Comte, vous ne l'aurez pas... Vous ne l'aurez pas. Parce que vous êtes un grand seigneur, vous vous croyez un grand génie ! Noblesse, fortune, un rang, des places, tout cela rend si fier ! Qu'avez-vous fait pour tant de biens ? Vous vous êtes donné la peine de naître, et rien de plus : du reste, homme assez ordinaire ! Tandis que moi morbleu ! Perdu dans la foule obscure, il m'a fallu déployer plus de science et de calculs pour subsister seulement qu'on n'en a mis depuis cent ans à gouverner toutes les Espagne [...].

Est-il rien de plus bizarre que ma destinée ? Fils de je ne sais pas qui, volé par des bandits, élevé dans leurs mœurs, je m'en dégoûte et veux courir une carrière honnête : et partout je suis repoussé [...].

J'apprends la chimie, la pharmacie, la chirurgie et tout le crédit d'un grand seigneur peut à peine me mettre à la main une lancette vétérinaire[1] !

Pour faire un métier contraire, je me jette à corps perdu dans le théâtre ; auteur espagnol, je crois pouvoir y fronder[2] Mahomet sans scrupule : à l'instant un envoyé de je ne sais où se plaint que j'offense dans mes vers la Sublime Porte [l'empire ottoman], la Perse, une partie de la presqu'île de l'Inde, toute l'Égypte : et voilà une comédie flambée[3], pour plaire aux princes mahométans [...].

Il s'élève une question sur la nature des richesses et n'ayant pas un sou, j'écris sur la valeur de l'argent et son produit net ; aussitôt je vois, du fond d'un fiacre, baisser pour moi le pont d'un château fort, à l'entrée duquel je laissai l'espérance et la liberté[4].

(Il se lève).

Que je voudrais bien tenir un de ces puissants de quatre jours, si légers sur le mal qu'ils ordonnent ! Je lui dirais que sans la liberté de blâmer, il n'est point d'éloge flatteur ; et qu'il n'y a que les petits hommes qui redoutent les petits écrits [...]. »

Pierre-Augustin Caron de Beaumarchais, *La Folle journée ou Le Mariage de Figaro*, Acte V, scène III.

1. Il devient vétérinaire, un métier honteux à l'époque.
2. Critiquer. 3. Interdite. 4. On l'emprisonne.

5 Le procès de Figaro
(Gravure sur cuivre, 1785, BNF, Paris.)

Figaro, à droite, se défend devant un tribunal acquis par avance au comte Almaviva. Les juges sont ridiculisés (Acte III, scène XV).

Passerelle des ARTS

En 1785, le compositeur autrichien Wolfgang Amadeus Mozart choisit *Le Mariage de Figaro* pour en faire un opéra.

● Tapez « Mozart » sur un moteur de recherche. Retrouvez le nom de cet opéra, l'auteur du livret (le texte qui accompagne la musique), le lieu de la première représentation.

ACTIVITÉS

Je présente

1) **Doc. 1 et 2** Quand a été écrite et jouée la pièce ? À quel genre théâtral appartient-elle ?

J'analyse

2) **Doc. 2** Dans la pièce, quelle est la fonction de Figaro ?

3) **Doc. 4** D'après le début du monologue, quel passage dénonce les privilèges de la noblesse ?

4) **Doc. 4** Pourquoi Figaro n'est-il pas parvenu à publier sa pièce de théâtre ? Quelles libertés réclame-t-il à la fin du monologue ?

5) **Doc. 5** Dans le procès de Figaro, de qui la justice prend-elle le parti ?

6) **Doc. 4 et 5** À travers le personnage de Figaro, quelles critiques Beaumarchais fait-il de la société de son temps ?

7) **Doc. 2 et 3** Pourquoi a-t-il fallu plusieurs années à Beaumarchais pour faire jouer la pièce ? Que risque-t-il à cause de sa pièce ?

Arts du quotidien • Arts du langage • Arts de l'espace

1 Le combat des Lumières

> Comment les philosophes et les savants du XVIIIe siècle remettent-ils en cause l'absolutisme et la société d'ordres ?

A Les savants et les philosophes

1. **Au XVIIIe siècle, la science fait d'importants progrès**, dans tous les domaines : électricité, chimie, astronomie, botanique. Les esprits cultivés s'intéressent aux travaux des savants et les ouvrages de vulgarisation se multiplient (> PP. 44-45).

2. **En France, des penseurs décident d'appliquer l'usage de la raison à d'autres domaines que la science**. Ils réfléchissent et **exercent leur esprit critique** sur l'Église, l'organisation de la société ou le gouvernement (> PP. 42-43). On les appelle les philosophes des Lumières parce qu'ils veulent éclairer les esprits.

B La remise en cause de la société d'ordres

1. **Les philosophes des Lumières, comme Voltaire, critiquent d'abord l'Église catholique.** Ils tournent en dérision les pratiques religieuses et réclament la tolérance religieuse.

2. **Les philosophes veulent supprimer les privilèges** dont bénéficient la noblesse et le clergé (concernant les impôts, les emplois, la justice...). Ils montrent que les hommes sont naturellement égaux et doivent donc avoir les mêmes droits.

3. **Les philosophes critiquent aussi la monarchie absolue.** Ils rejettent le principe selon lequel le roi est le maître de ses sujets et qu'il peut gouverner comme il lui plaît. Ils proposent d'**autres façons de gouverner** (DOC. 2 ET 3). Ils revendiquent aussi toutes **les libertés** dont sont privés les hommes à cette époque : liberté de culte, d'opinion, de presse, liberté d'entreprise aussi.

C La diffusion des idées nouvelles

1. **En France**, les idées nouvelles se répandent parmi les élites cultivées grâce aux articles, aux livres et à **L'Encyclopédie** (1751-1772). (DOC. 4 ET 6). On en discute aussi dans les nombreux **lieux de rencontre** (les salons, les cafés, les académies...) (DOC. 5).

2. Les philosophes **diffusent leurs idées en Europe**. Ils correspondent avec les souverains européens et les rencontrent. Leurs ouvrages sont lus à l'étranger d'autant plus facilement que le français est la langue internationale.

1 Rousseau

(1712-1778)
Né dans une famille protestante de Genève, Jean-Jacques Rousseau est d'origine modeste : il est le fils d'un horloger. Il s'installe à Paris en 1742 où il fréquente les philosophes et rencontre Voltaire. Mais il occupe une place à part parmi les philosophes des Lumières. Dans le *Discours sur les sciences et les arts* et le *Discours sur l'inégalité*, il doute du progrès et des bienfaits de la civilisation. C'est aussi le seul à défendre un régime politique démocratique où tous les citoyens seraient égaux (*Du Contrat social*, 1762). Lorsque son livre *Émile* est condamné pour ses idées religieuses, Rousseau s'enfuit en Suisse. Après avoir séjourné à Londres, il rentre à Paris en 1770. *Les Rêveries du promeneur solitaire* est son dernier grand ouvrage.

2 Rousseau et la démocratie

« La volonté générale peut seule diriger les forces de l'État. Le peuple soumis aux lois doit en être l'auteur. La puissance législative appartient au peuple, et ne peut appartenir qu'à lui. »

Rousseau, *Du contrat social*, 1762.

▶ Pour Rousseau, qui doit détenir le pouvoir de faire les lois ?

Définitions

Un salon : un lieu de réunion chez un particulier où se retrouvent régulièrement l'élite cultivée pour échanger des idées et se distraire.

Une académie : une société de gens de lettres, savants et artistes.

3 Montesquieu et la séparation des pouvoirs

« Il y a dans chaque État trois sortes de pouvoirs : la puissance législative[1], la puissance exécutrice[2] et la puissance de juger. Lorsque le pouvoir législatif est réuni au pouvoir exécutif, dans la ou les mêmes personnes, il n'y a pas de liberté : on peut craindre que le même monarque ou la même assemblée en fasse des lois tyranniques pour les appliquer tyranniquement. Chez les Turcs, où les trois pouvoirs sont réunis sur la tête du sultan, il règne un affreux despotisme. »

Montesquieu, *De l'esprit des lois*, 1748.

1. Pouvoir de faire les lois.
2. Pouvoir de faire appliquer les lois (de gouverner).

1. Pour Montesquieu, combien y a-t-il de pouvoirs dans un État ? Pourquoi faut-il les séparer ?

2. Pourquoi Montesquieu prend-il un exemple étranger (les Turcs) ?

4 Page de titre du premier tome de *L'Encyclopédie* paru en 1751

1. Qui a « mis en ordre » *L'Encyclopédie* ?

2. Par qui l'ouvrage doit-il être approuvé ? Quelle en est la conséquence ?

6 Le but de *L'Encyclopédie*

« Le but d'une encyclopédie est de rassembler les connaissances éparses sur la surface de la terre, d'en exposer le système général aux hommes avec qui nous vivons et de le transmettre aux hommes qui viendront après nous. J'ai dit qu'il n'appartenait qu'à un siècle de philosophes de tenter une encyclopédie et je le dis parce que cet ouvrage demande partout plus de hardiesse dans l'esprit qu'on en a communément. Il faut tout examiner, tout remuer sans exception et sans ménagement. Il faut fouler aux pieds toutes ces vieilles puérilités, renverser les barrières que la raison n'aura point posées, rendre aux sciences et aux arts une liberté précieuse. »

Diderot et d'Alembert, prospectus de l'*Encyclopédie*, 1750.

1. Quel est le premier but de *L'Encyclopédie* ?

2. Quelles « puérilités » *L'Encyclopédie* doit-elle renverser ?

5 Le café Procope
(Estampe en couleur, vers 1770, BNF, Paris.)

Au XVIIIe siècle, le café Procope est un des cafés littéraires les plus courus de Paris. On y discute de littérature ou de philosophie. Voltaire et Rousseau y ont leurs habitudes.

Exercices

1 | Les ARTS, témoins de l'histoire
Étudier un projet architectural du siècle des Lumières

Socle commun
5.1 Avoir des connaissances relevant de la culture artistique : œuvres architecturales

DOCUMENT 1 **Projet pour la ville de Chaux autour de la Saline royale d'Arc-et-Senans**

En 1773, l'architecte Claude-Nicolas Ledoux (1736-1806) a été chargé par le roi de France, Louis XV, de réaliser une Saline royale à Arc-et-Senans, destinée à extraire du sel. Il conçoit tout autour une cité qui ne sera pas achevée. En haut à droite, le bâtiment central.

DOCUMENT 2 **Nicolas Ledoux explique son projet**

« On voit seize rues qui tendent à un centre commun. L'hôtel de ville représente, et tient dans sa sagesse, la balance des intérêts individuels : c'est là qu'on distribue les récompenses et qu'on punit le crime.

Les écoles publiques développent les premiers germes de la vertu et enseignent une saine morale ; les casernes offrent aux enfants de Mars[1] le repos ; des fontaines bienfaisantes jaillissent sans cesse pour épurer l'air et réprimer les incendies [...].

Plus loin, c'est un monument destiné aux récréations du peuple, aux exercices qui développent ses qualités physiques. »

Claude-Nicolas Ledoux, *L'Architecture considérée sous le rapport de l'art, des mœurs et de la législation*, 1804.

1. Les soldats, Mars étant le dieu romain de la guerre.

Je présente
1. Présentez le projet et son auteur.

Je décris
2. Quelle est la forme de la cité ? Quel bâtiment est placé au centre ?

3. À l'aide d'exemples tirés du texte, montrez que Nicolas Ledoux veut une ville au service de l'épanouissement des hommes.

4. À quelles civilisations passées se réfère l'architecture des bâtiments ? Justifiez la réponse.

J'explique
5. Qu'est-ce qui permet de dire que ce projet est une œuvre des Lumières (utilisez les mots : raison, bonheur) ?

Arts de l'espace

2 Découvrir un philosophe des Lumières : Diderot

Socle commun
5.1 Avoir des connaissances sur les grands traits de l'histoire de la France

1 Diderot (1712-1784)

Biographie

Né à Langres en Champagne, dans une famille de la bourgeoisie aisée, Denis Diderot pratique divers métiers avant de se consacrer à l'élaboration de *l'Encyclopédie* qu'il dirige avec d'Alembert de 1747 à 1766. Il publie aussi des œuvres très diverses, dont *La Lettre sur les aveugles à l'usage de ceux qui voient*, qui entraîne son emprisonnement à Vincennes en 1749. Rendu prudent, il n'en est pas moins menacé à plusieurs reprises pour ses articles dans *L'Encyclopédie* dont les dix derniers tomes sont imprimés secrètement, sans l'accord du roi.
En 1773, il entreprend un voyage qui le mène en Russie, auprès de l'impératrice Catherine II. Il en revient l'année suivante, fatigué et malade, et achève péniblement ses dernières œuvres.

DOCUMENT 2 L'autorité politique selon Diderot

« Aucun homme n'a reçu de la nature le droit de commander aux autres. Le prince tient de ses sujets mêmes l'autorité qu'il a sur eux […]. Le prince ne peut donc pas disposer de son pouvoir et de ses sujets sans le consentement de la nation. »

Article « Autorité politique » de *l'Encyclopédie*.

DOCUMENT 3 Les recommandations de Diderot à Catherine II

« Il faut d'abord que la société soit heureuse, et elle le sera si la liberté et la prospérité sont assurées ; si le commerce est sans gêne ; si tous les ordres de citoyens sont également soumis aux lois ; si l'impôt est supporté en raison des forces ou bien réparti ; […] et si la vertu et les talents y ont une récompense assurée. »

Denis Diderot, *Observations sur le Nakaz*, 1774 (le *Nakaz* est un livre politique écrit par Catherine II).

DOCUMENT 4 Le voyage de Diderot en Russie

Diderot s'est rendu en Russie, de juin 1773 à octobre 1774, auprès de l'impératrice Catherine II. Ils ont eu de longues conversations au cours desquelles il lui a donné des conseils sur l'art de gouverner.

Document 1
1. À quel milieu social appartient Diderot ? Quel grand ouvrage a-t-il dirigé ?
2. Montrez que Diderot a souffert de l'absolutisme en France.

Document 2
3. Selon Diderot, de qui le prince doit-il tenir son pouvoir ? En quoi ce texte remet-il en cause la monarchie absolue ?

Document 4
4. Qui est Catherine II ? Où et quand Diderot la rencontre-t-il ?

Document 3
5. Pour Diderot, quelle doit être la première préoccupation d'un souverain ?
6. Montrez que les recommandations de Diderot remettent en cause l'absolutisme et la société d'ordres.
7. Rédigez quelques lignes sur Diderot, son œuvre, son influence.

Exercices

3 Étudier un texte des Lumières

Socle commun
1.1 Dégager, par écrit ou oralement, l'essentiel d'un texte lu

DOCUMENT Voltaire dénonce l'esclavage

« En approchant de la ville, ils rencontrèrent un nègre étendu par terre, n'ayant plus que la moitié de son habit ; il manquait à ce pauvre homme la jambe gauche et la main droite. "Eh, mon Dieu ! lui dit Candide en hollandais, que fais-tu là, mon ami, dans l'état horrible où je te vois ? – J'attends mon maître, M. Vanderdendur, le fameux négociant, répondit le nègre. – Est-ce M. Vanderdendur, dit Candide, qui t'a traité ainsi ? – Oui, Monsieur, dit le nègre, c'est l'usage. On nous donne un caleçon de toile pour tout vêtement deux fois l'année. Quand nous travaillons aux sucreries, et que la meule nous attrape le doigt, on nous coupe la main ; quand nous voulons nous enfuir, on nous coupe la jambe : je me suis trouvé dans les deux cas. C'est à ce prix que vous mangez du sucre en Europe. [...]

Les fétiches hollandais qui m'ont converti me disent tous les dimanches que nous sommes tous enfants d'Adam, blancs et noirs. Or vous m'avouerez qu'on ne peut pas en user avec ses parents d'une manière plus horrible." »

Voltaire, *Candide* (conte philosophique), 1759.

Illustration de l'ouvrage (XVIIIe siècle).

Je présente le texte
1. Présentez le document et l'auteur.

J'analyse le texte
2. Quels sont les traitements inhumains subis par l'esclave ?

3. Quelle contradiction y a-t-il entre le discours de l'Église et le traitement que subit l'esclave ?

4. D'après le texte, que produisent les esclaves ?

5. Quelle nationalité Voltaire donne-t-il au négociant et aux religieux ? Pourquoi ?

Je fais la synthèse
6. Comment Voltaire critique-t-il l'esclavage ?

4 Étudier un article de *L'Encyclopédie*

Socle commun
1.1 Dégager, par écrit ou oralement, l'essentiel d'un texte lu

DOCUMENT Article « Torture » de *L'Encyclopédie* (extrait)

« Lorsque le chevalier de La Barre, jeune homme de beaucoup d'esprit et d'une grande espérance, mais ayant toute l'étourderie d'une jeunesse effrénée, fut accusé d'avoir chanté des chansons impies[1], et même d'avoir passé devant une procession de Capucins[2] sans avoir ôté son chapeau, les juges d'Abbeville, gens comparables aux sénateurs romains, ordonnèrent non seulement qu'on lui arrachât la langue, qu'on lui coupât les mains et qu'on brûlât son corps à petit feu ; mais ils l'appliquèrent encore à la torture pour savoir précisément combien de chansons il avait chantées, et combien de processions il avait vu passer, le chapeau sur sa tête.

Ce n'est pas dans le XIIIe ou le XIVe siècle que cette aventure est arrivée, c'est dans le XVIIIe. Les nations étrangères jugent de la France par les spectacles, par les romans, les jolis vers, par les filles d'Opéra, qui ont les mœurs fort douces. [...]. Elles ne savent pas qu'il n'y a point au fond de nation plus cruelle que la française. »

Voltaire, article « Torture », *L'Encyclopédie*, 1769.

1. Irréligieuses, hostiles à la religion. **2.** Religieux de l'ordre franciscain.

Je présente le texte
1. Présentez le texte (titre, auteur, date, sujet). Que veut dénoncer Voltaire ?

J'analyse le texte
2. Quelles tortures inflige-t-on au chevalier de la Barre ? Qu'est-ce qui est particulièrement choquant pour le lecteur de cette histoire ?

3. Comment Voltaire qualifie-t-il le peuple français ?

4. À quel temps passé Voltaire rattache-t-il la torture ?

5. Comment Voltaire cherche-t-il à persuader son lecteur de la nécessité de supprimer la torture ?

5 Faire une recherche sur le château de Voltaire à Ferney

Socle commun
4.4 Chercher et sélectionner l'information demandée

Allez sur la page d'accueil du site voltaire.monuments-nationaux.fr

1. Dans quelle partie de la France et près de quel pays le château de Ferney est-il situé ?
2. Quand Voltaire fait-il reconstruire le château et combien d'années y vit-il ?

Cliquez sur « Téléchargez votre document de visite ». Répondez aux questions à l'aide de la page 1.

3. Pourquoi Voltaire ajoute-t-il deux ailes au château en 1765 ?
4. Citez deux grandes œuvres réalisées par Voltaire à Ferney.
5. Quel projet architectural l'impératrice de Russie Catherine II a-t-elle conçu en apprenant la mort de Voltaire ?

6 Étudier une invention du siècle des Lumières : la montgolfière

Socle commun
5.3 Lire et employer différents langages : textes - images

DOCUMENT 1 Chronologie

1782-1783. Les frères Montgolfier prennent conscience de la force ascensionnelle de l'air chaud. Ils font s'envoler un sac de toile de 10 mètres placé au-dessus d'un feu de paille.

19 SEPTEMBRE 1783. Joseph et Étienne Montgolfier lancent devant le roi et la cour une montgolfière à air chaud à laquelle est suspendue une cage avec un coq, un canard et un mouton.

21 NOVEMBRE 1783. Avec l'accord du roi, une montgolfière s'envole au-dessus de Paris avec deux volontaires, Pilâtre de Rozier et le marquis d'Arlandes. C'est le premier vol humain.

DOCUMENT 2 Le témoignage du marquis d'Arlandes

« Nous sommes partis du jardin de la Muette à 1 h 54 minutes [...]. J'aperçois le confluent de l'Oise. M. Pilâtre me dit à ce moment : "voilà la rivière et nous baissons ; du feu, mon cher ami". Je remuai le réchaud, je saisis une botte de paille, je la secouai au milieu de la flamme. L'instant d'après, je me sentis enlevé comme par-dessous les aisselles et je dis à mon cher compagnon : " Pour cette fois, nous montons ". »

Témoignage dans Louis Figuier, *Principales découvertes scientifiques modernes*, t. III, 1857.

DOCUMENT 3 Le premier vol humain (1783)
(Gravure, XVIIIe siècle, Musée de l'air.)

1. Qui a inventé la montgolfière ?
2. Quelle est la date du premier vol habité ? Qui y participe ?
3. Expliquez comment le marquis d'Arlandes fait monter le ballon. Sur quel principe scientifique cela repose-t-il ?
4. Montrez que la société et le pouvoir de l'époque s'intéressent à la science.

chapitre 4
Les difficultés de la monarchie sous Louis XVI

> Quelles sont les difficultés de la monarchie sous le règne de Louis XVI ?

1 La critique de la société d'ordres
(« A faut espérer q'eu jeu la finira ben tôt », gravure de 1789, Musée Carnavalet, Paris.)

En 1788 et en 1789, les caricatures contre la société d'ordres se multiplient. Le tiers état est souvent représenté écrasé par les deux autres ordres et par le poids des impôts.

1776 Déclaration d'indépendance américaine

1787 Constitution américaine

Début 1789 Cahiers de doléances

Mai 1789 Ouverture des États généraux

RÈGNE DE LOUIS XVI
Révolution américaine 1776-1783
Révolution française
1774 — 1792

2 L'ouverture des États généraux en mai 1789
(Gravure, 1790, BNF, Paris.)

Pour résoudre les problèmes financiers du royaume, Louis XVI convoque les États généraux du royaume. Ils sont ouverts à Versailles le 5 mai 1789 dans l'Hotel des Menus-Plaisirs.

① Le roi ② Le tiers état ③ Le clergé ④ La noblesse ⑤ Le public

DÉCOUVRIR

Le vent d'Amérique

Le 4 juillet 1776, les colonies anglaises d'Amérique déclarent leur indépendance et se révoltent contre le roi d'Angleterre. Après la victoire contre l'armée britannique, les Américains adoptent une Constitution qui crée un régime républicain.

> Quel est l'impact de la révolution américaine en France ?

OBJECTIF
Décrire l'impact politique de la révolution américaine

Socle commun
5.1 Connaître les grands traits de l'histoire politique de la France

Définition
Une constitution : un texte qui fixe l'organisation politique d'un État.

1 Chronologie

- **1775 à 1783** Guerre d'indépendance des États-Unis contre l'Angleterre.
- **4 juillet 1776** Déclaration d'indépendance des États-Unis.
- **1777** Le marquis de La Fayette (19 ans) s'engage aux côtés des insurgés américains.
- **1778** La France entre en guerre aux côtés des insurgés américains.
- **1783** L'Angleterre reconnaît l'indépendance des États-Unis par le traité de Paris.
- **1787** Constitution américaine.
- **1789** George Washington est élu premier président des États-Unis.

2 La révolution en Amérique
(Les habitants de New York renversent la statue du roi d'Angleterre, George III, le 9 juillet 1776. Gravure française, XVIIIᵉ siècle, BNF, Paris.)

En 1776, les colonies anglaises d'Amérique déclarent leur indépendance et décident ainsi de ne plus obéir au roi d'Angleterre. C'est le début de la guerre des « insurgents » (insurgés américains) contre la royauté anglaise.

3 La Déclaration d'indépendance (extrait)

Le 4 juillet 1776, les représentants des treize colonies anglaises d'Amérique déclarent l'indépendance des États-Unis.

« Nous tenons pour évidentes ces vérités : tous les hommes naissent égaux ; leur Créateur leur a donné certains droits inaliénables[1] ; parmi ces droits se trouvent la vie, la liberté et la recherche du bonheur.

Les gouvernements sont établis parmi les hommes pour garantir ces droits et leur juste pouvoir provient du consentement des gouvernés. Toutes les fois qu'une forme de gouvernement devient destructive de ce but, le peuple a le droit de le changer ou de l'abolir et d'établir un nouveau gouvernement en le fondant sur les principes et en lui donnant la forme qui lui paraîtront les plus propres à lui assurer la sécurité et le bonheur. [...]

En conséquence, Nous, représentants des États-Unis d'Amérique, publions et déclarons solennellement que ces colonies unies doivent être en droit des États libres et indépendants ; qu'elles sont dégagées de toute obéissance envers la Couronne de la Grande-Bretagne[2]. »

1. Qu'on ne peut enlever. **2.** Le roi d'Angleterre.

4 La Constitution américaine (extrait)

En 1787, des délégués des États-Unis se réunissent à Philadelphie pour adopter une Constitution.

« Nous, le Peuple des États-Unis [...], nous décrétons et établissons cette Constitution pour les États-Unis d'Amérique.

Article 1 Tous les pouvoirs législatifs[1] accordés par cette Constitution seront attribués à un Congrès des États-Unis, qui sera composé d'un Sénat et d'une Chambre des représentants [...].

Article 2 Le pouvoir exécutif[2] sera conféré à un président des États-Unis d'Amérique. Il occupera ses fonctions pendant un mandat de 4 ans [...].

Article 3 Le pouvoir judiciaire des États-Unis sera conféré à une Cour suprême et à telles Cours inférieures que le Congrès pourra le cas échéant ordonner et établir [...]. »

1. Pouvoir de faire les lois.
2. Pouvoir de faire appliquer les lois.

George Washington (1732-1799) participe à la rédaction de la Constitution américaine et est élu Président des États-Unis d'Amérique le 4 mars 1789.

5 La Fayette (1754-1834)

(J.-B. Le Paon, *La Fayette à la bataille de Yorktown en 1781*, 1783, Lafayette college museum, Easton, Pennsylvannie.)

En 1777, le marquis de La Fayette part en Amérique se battre au côté des révolutionnaires américains. Il parvient à convaincre le roi Louis XVI d'y envoyer un corps expéditionnaire et participe à la bataille de Yorktown qui conduit à la capitulation anglaise. De retour en France, il répand les idées nouvelles venues d'Amérique.

6 La Révolution américaine en France

« Bientôt[1] on vit arriver à Paris des députés américains. Il serait difficile d'exprimer avec quel empressement, avec quelle faveur furent accueillis en France, au sein d'une vieille monarchie, ces envoyés d'un peuple en insurrection contre son monarque. Ils n'étaient point encore reconnus officiellement comme agents diplomatiques [...] ; mais, dans leurs maisons, on voyait chaque jour accourir avec empressement les hommes les plus distingués de la capitale et de la Cour, ainsi que tous les philosophes, les savants et les littérateurs les plus célèbres. Ceux-ci attribuaient à leurs propres écrits et à leur influence le progrès et les succès des doctrines libérales[2] en Amérique, et leur désir secret était de se voir un jour législateur en Europe comme leurs disciples l'étaient dans l'autre monde [...]. »

Extraits des *Mémoires* du Comte de Ségur (1753-1830) publiés en 1822.

1. Après la Déclaration d'indépendance de 1776.
2. Favorables aux libertés.

ACTIVITÉS

1. **Doc. 1 à 3** En quelle année les Américains déclarent-ils leur indépendance ? De quel pays et de quel roi décident-ils de se séparer ?
2. **Doc. 3** D'après la Déclaration, comment naissent les hommes ? Quel est l'argument utilisé pour justifier l'indépendance vis-à-vis de la royauté britannique ?
3. **Doc. 4** Dans la Constitution américaine, qui fait les lois ? qui les exécute ? En quoi est-ce très différent d'une monarchie absolue ?
4. **Doc. 5** Quel a été le rôle de La Fayette dans la révolution américaine ? Que fait-il de retour en France ?
5. **Doc. 6** Qu'est-ce qui montre la popularité de la révolution américaine auprès du public cultivé français ?
6. Décrivez la Révolution américaine et ses répercussions en France.

Méthode ♦ Décrivez les nouveautés politiques apportées par la révolution américaine (Questions 1, 2, 3).
♦ Montrez ensuite que la révolution américaine a des répercussions politiques en France (Questions 4, 5).

DÉCOUVRIR

Les doléances des Français en 1789

OBJECTIF
Décrire les aspirations des Français en 1789

Socle commun
5.1 Connaître les grands traits de l'histoire politique et sociale de France

Durant l'été 1788, le roi de France, Louis XVI, décide de convoquer les États généraux du royaume. De février à mai 1789, les Français se réunissent par ordre dans des assemblées pour élire leurs représentants et rédiger des cahiers de doléances.

> **Quelles sont les doléances des Français en 1789 ?**

Le clergé — La noblesse — Le tiers état

1 Les trois ordres
(Gravure anonyme, 1789, Bibliothèque Nationale, Paris.)

Définitions

Les cahiers de doléances : (de *dolere*, souffrir en latin) les cahiers destinés au roi où sont consignés les vœux et les plaintes des Français.

Les États généraux : une assemblée convoquée par le roi, qui réunit les représentants des trois ordres du royaume.

2 Les Français en 1789

Le clergé (1 % de la population)	• Il ne paie pas les impôts directs (la taille,...). • Il a ses propres tribunaux. • Il reçoit un impôt, la dîme.
La noblesse (1,5 % de la population)	• Elle ne paie pas les impôts directs (la taille...). • Les postes importants de l'administration et de l'armée lui sont réservés. • Elle bénéficie des droits seigneuriaux (redevances et corvées des paysans).
Le tiers état (97,5 % de la population) Paysans, artisans, bourgeois...	• Il n'a pas de privilèges. • Il supporte seul les impôts royaux. • Les paysans doivent des redevances et des corvées aux seigneurs.

3 Un cahier de la noblesse

« Nous déclarons ne jamais consentir à la suppression des droits qui ont caractérisé jusqu'ici l'ordre de la noblesse et que nous tenons de nos ancêtres. Nous ordonnons à notre député de s'opposer à tout ce qui pourrait porter atteinte aux propriétés utiles et honorifiques de nos terres. »

Cahier de la noblesse du bailliage de Montargis (dans le Loiret).

4 Un cahier du tiers état des villes

« Pleins de respect et d'amour pour notre roi, nous oserons faire entendre nos plaintes ainsi que nos désirs. [...]
Art. 3. Remplacer les impôts, dont la suppression est demandée, par un impôt unique qui soit supporté, dans une juste répartition, par les trois ordres de l'État.
Art. 5. Le retour périodique des États généraux tous les cinq ans [...].
Art. 13. Les lettres de cachet entièrement proscrites comme un attentat porté à la liberté individuelle des citoyens. »

Cahier du tiers état de la ville de Corbie (dans la Somme).

5 Un cahier du tiers état des campagnes

« **Art. 1.** Que nul impôt ne puisse être établi sans le consentement des États généraux assemblés.

Art. 2. Que les États généraux aient lieu de cinq ans en cinq ans. [...]

Art. 4. Les députés demanderont l'abolition de tous les privilèges des nobles, du clergé et des gens en place.

Art. 5. L'abolition de la gabelle[1], des tailles[2], et autres droits.

Art. 6. Que pour remplacer ces impôts et droits, il soit établi [...] une capitation personnelle qui frappe indistinctement les citoyens des trois ordres.

Art. 8. Que la corvée soit totalement abolie.

Art. 9. Que soient abolies les justices et polices seigneuriales, les droits de chasse, de pêche, les banalités, les cens[3] ; qu'on ait le droit de tuer, chacun dans son champ, les lapins et autres animaux nuisibles à l'agriculture.

Art. 11. Que les charges et offices soient donnés comme récompense du mérite.

Art. 13. Que l'on puisse abolir les dîmes[4].

Art. 16. Que les emplois civils, militaires, ecclésiastiques, soient possédés de façon que la noblesse n'ait plus la préférence et le tiers état plus d'exclusion. »

Cahier du tiers état de La Chapelle-Craonnaise, paroisse rurale de la généralité de Tours.

1. Impôt royal sur le sel. **2.** Impôt royal sur les personnes. **3.** Diverses taxes dues par les paysans aux seigneurs. **4.** Impôt dû au clergé.

6 Le cahier de Taverny

ACTIVITÉS

1. **Doc. 5** Quel groupe social s'exprime dans ce cahier ? À quel ordre appartient-il ?

2. **Doc. 5** Quels articles reflètent les aspirations suivantes : la transformation du régime politique, la suppression des privilèges, la suppression des droits seigneuriaux, la suppression de la taxe versée au clergé ?

3. **Doc. 4** Quel est le sentiment à l'égard du roi ? Quels vœux politiques apparaissent dans ce cahier des villes ?

4. **Doc. 3** À quels articles des deux cahiers précédents s'oppose cet extrait du cahier de la noblesse ? Justifiez la réponse.

5. **Doc. 6** Comment se présente ce cahier de doléances ? Quel problème est évoqué dans l'article 2 ?

6. **Décrivez et expliquez quelques-unes des doléances des Français en 1789.**

Méthode ◆ Rédigez votre texte en répondant aux questions suivantes ;
- Quelles sont les doléances politiques du tiers état ?
- Quelles sont les doléances sociales du tiers état ?
- En quoi ces doléances s'opposent-elles à celles de la noblesse ?

Les ARTS témoins de l'Histoire

Une caricature contre la société d'ordres

OBJECTIF
Étudier une caricature contre la société d'ordres

Socle commun
5.2 Situer des œuvres artistiques dans le temps
5.4 Être sensible aux enjeux esthétiques et humains d'une œuvre artistique

En 1789, après la décision du roi de convoquer les États généraux, les caricatures de la société d'ordres se multiplient. Destinées à un public populaire, elles soulignent le mécontentement et le désir de changement du peuple des campagnes et des villes.

> Comment la caricature « Ça ne durr'a pas toujours » dénonce-t-elle la société d'ordres ?

1 Une boutique d'estampes et un colporteur
(*Le Joli moine profitant de l'occasion*, gravure de la fin du XVIIIe siècle, collection de Vinck.)
La diffusion des caricatures se fait par des marchands d'estampes dans des boutiques, ou par des colporteurs.

2 FICHE D'IDENTITÉ
« Ça ne durr'a pas toujours » (doc. 4)

- **Auteur :** anonyme
- **Date :** printemps 1789
- **Genre :** caricature
- **Nature :** estampe coloriée, réalisée sur une feuille volante
- **Dimension :** L. : 24 cm x H. : 16 cm

Les caricatures de 1789
– À partir de mai 1789, les caricatures contre la société d'ordres se multiplient.
– Elles sont réalisées par des graveurs qui font une centaine de copies pour chaque caricature.
– Le coût d'une caricature pour le public est de 10 à 15 sous, ce qui correspond à un livre d'aujourd'hui.
– Les clients de ces caricatures sont des citadins des milieux populaires (artisans surtout). Ils les accrochent au mur de leurs logements.

3 La censure des caricatures

« J'ai l'honneur, Monsieur, de vous prévenir que l'on étale et que l'on débite publiquement depuis plusieurs jours à Paris, sur les boulevards, sur les quais, aux tuileries et aux passages où il y a des images, une sorte de copie de la gravure intitulée *Le Convoi des Abus*. Vous vous rappelez que M. le garde des Sceaux[1], d'après les ordres du Roi, m'a fortement recommandé d'en empêcher la distribution. En conséquence, j'ai fait venir chez moi le Sieur Sergent, graveur qui en est l'auteur et qui en a arrêté le débit dès l'instant [...]. Rien n'est plus propre à chauffer les esprits que ces sortes de gravures et les auteurs méritent à toutes sortes de titres d'être punis. »

Lettre du directeur général de La Librairie[2] au lieutenant général de la police datant de mai 1789.

1. Le ministre de la Justice.   2. Chef des censeurs.

Arts du spectacle vivant | Arts du son | *Arts du visuel*

La lanterne apportant la lumière

La fleur de lys, l'emblème royal

Les animaux des privilégiés

Ça n'durra pas toujour. — Prononciation des paysans

▶ 4 « Ça ne durr'a pas toujours »

Vocabulaire DES Arts

Une estampe (ou gravure) : une image imprimée sur papier grâce à une planche gravée en cuivre ou en bois (pour les gravures de 1789, il s'agit de planches en cuivre).

Une caricature : (du latin *caricare* : exagérer) dessin ou peinture qui déforme ou exagère certains aspects.

ACTIVITÉS

Je présente

1. **Doc. 4** Quelle est la nature et le genre de cette image ? De quand date-t-elle ?
2. Où était vendu ce type de caricature ? À qui ? (voir doc. 1 et 2)

Je décris

3. À quoi reconnaît-on le noble ? le clerc ? le paysan ?
4. Sur l'image, qu'est-ce qui oppose le clerc et le noble au paysan ?
5. Que symbolise la colonne entre le noble et le clerc ? la lanterne tenue par le paysan ?

J'explique le sens

6. Que veut signifier la caricature ?
7. Selon vous, pourquoi ce type de caricature est-il anonyme (voir doc. 3) ?

Passerelle des ARTS

🎵 La chanson *Le bon roi Dagobert* est très populaire en 1789. Elle ridiculise le roi mérovingien Dagobert mais, à travers lui, c'est le roi Louis XVI qui est moqué.

● Recherchez « Le bon roi Dagobert » sur un moteur de recherche (Google…). Citez deux courts passages de la chanson qui se moquent du roi.

Arts du quotidien   Arts du langage   Arts de l'espace

1 Les difficultés de la monarchie

> Quelles sont les difficultés de la monarchie sous le règne de Louis XVI ?

A L'impact de la révolution américaine

1. En 1776, au nom de la liberté, **les Américains déclarent l'indépendance des États-Unis et se séparent de l'Angleterre**. Avec le soutien militaire de la France, ils parviennent à battre l'armée anglaise et obtiennent leur indépendance en 1783. Ils adoptent ensuite une **Constitution** qui donne naissance à une République.

2. En France, **la Révolution américaine a un grand écho** (> PP. 56-57). Elle prouve que l'on peut renverser un roi et réaliser les idées des Lumières (liberté, séparation des pouvoirs, souveraineté de la nation...). Elle **renforce l'opposition à la monarchie absolue et à la société d'ordres**.

B Le mécontentement du tiers état

1. **Dans la deuxième moitié du XVIIIe siècle, le tiers état aspire à d'importants changements sociaux** :
- **les paysans** (80 % des Français) ne supportent plus le poids des impôts et des droits seigneuriaux qui reposent presque uniquement sur eux.
- **les bourgeois** veulent l'égalité des droits et la fin des privilèges. Ils souhaitent jouer un véritable rôle politique, et pouvoir accéder aux emplois réservés aux nobles (DOC. 3).

2. À partir de 1787, **la crise économique renforce le mécontentement du peuple**. Les mauvaises conditions climatiques provoquent des récoltes insuffisantes. En ville, le prix du pain augmente fortement ce qui crée des troubles (DOC. 2 ET 4).

C L'impossible réforme financière

1. Sous Louis XVI, **l'État doit faire face à un important déficit budgétaire** du en partie à la guerre d'Amérique (DOC. 5). Les ministres successifs des Finances, Calonne puis Brienne, essaient de faire payer des impôts aux privilégiés. Mais les **parlements**, soutenus par la noblesse, s'opposent à toute réforme.

2. Pour trouver une solution à la crise financière, Louis XVI décide de convoquer les États généraux (DOC. 6). De février à mai 1789, les Français de chaque ordre élisent leurs représentants et rédigent les **cahiers de doléances** (> PP. 58-59).

1 Louis XVI (1754-1793)

Troisième petit-fils de Louis XV, il épouse Marie-Antoinette, la fille de l'empereur d'Autriche en 1770. En 1774, il devient roi de France. Mais il est mal préparé au métier de roi et il lui préfère la chasse et les travaux artisanaux (la serrurerie, l'horlogerie). En 1776, il engage la France aux côtés des insurgés américains pensant ainsi affaiblir l'Angleterre. La paix revenue, son principal souci est de rétablir les finances du royaume. C'est l'impossibilité d'y parvenir qui le pousse à convoquer les États généraux du royaume en mai 1789.

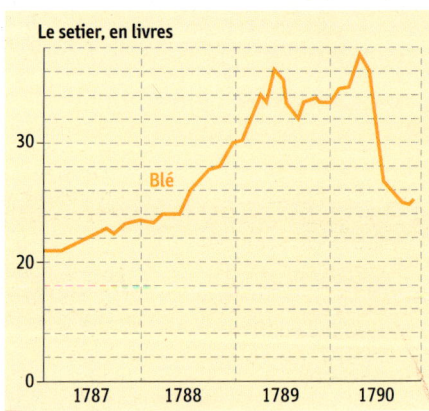

2 Le prix du blé à Paris

Définitions

Un bourgeois : un habitant des villes qui n'est pas noble et qui dispose de revenus élevés.

Le déficit budgétaire : dans un budget, des dépenses supérieures aux recettes.

Les parlements : les cours de justice (à Paris et en province) chargées d'enregistrer les décisions royales.

3 Une bourgeoisie puissante, mais humiliée

« À Paris et dans les grandes villes, la bourgeoisie était supérieure à la noblesse en richesses, en talents et en mérite personnel. Elle avait dans les villes de province la même supériorité sur la noblesse des campagnes. Elle ressentait cette supériorité ; cependant elle était partout humiliée. Elle se voyait exclue des emplois dans l'armée ; elle l'était du haut clergé par le choix des évêques parmi la haute noblesse. La haute magistrature[1] la rejetait également, et la plupart des parlements n'admettaient que des nobles pour magistrats. »

D'après le marquis de Bouillé, *Mémoires*, 1801.

1. La haute justice

▶ Pourquoi la bourgeoisie est-elle humiliée ?

4 Le pillage de la fabrique de papiers peints Réveillon à Paris, le 28 avril 1789

(Gravure, XVIIIe siècle, Musée Carnavalet, Paris.)

Le 28 avril 1789, les ouvriers inquiets devant la flambée du prix du pain pillent la fabrique de Réveillon sur le faubourg Saint-Antoine. Celui-ci avait proposé de baisser leurs salaires.

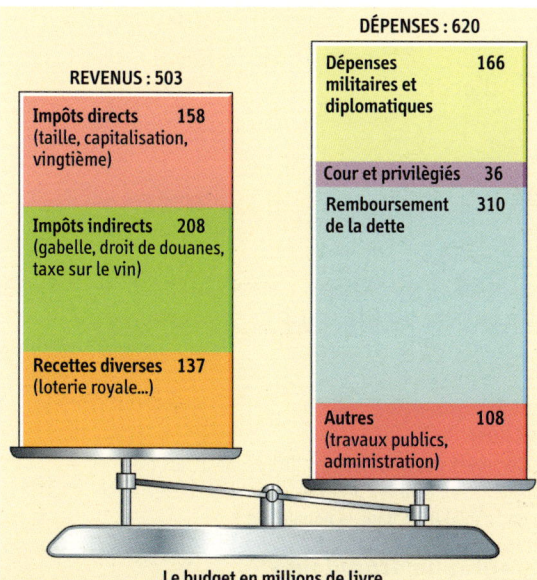

5 Le budget de l'État en 1788

▶ À combien s'élève le déficit en 1788 ? Quels peuvent être les moyens envisagés pour réduire le déficit ?

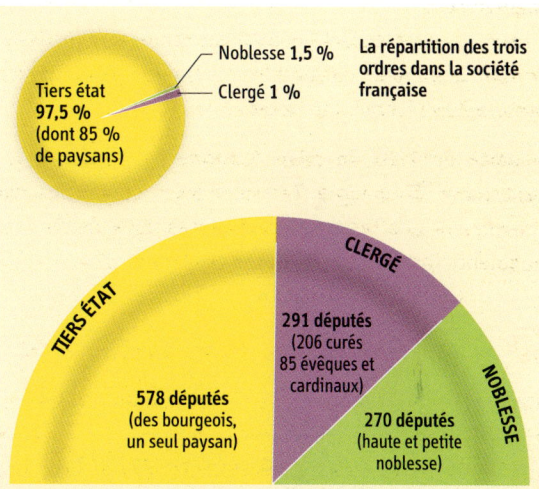

6 L'Assemblée des États généraux (mai 1789)

Le plus grand nombre de députés appartient au tiers état. Mais pour le roi le vote doit avoir lieu par ordre (une voix par ordre) et non par tête (une voix par tête).

▶ Pourquoi le tiers état veut-il que le vote se fasse par tête (une voix par député) ?

MÉTHODE

Rédiger un paragraphe

Sujet : La crise en France dans les années 1780

DOCUMENT 1 La situation de la France en 1787

« 17 octobre : j'ai dîné aujourd'hui avec un groupe de personnes dont la conversation fut entièrement politique [...]. Une opinion prévalait, c'est qu'on était à l'aurore d'une grande révolution [...] ; que tout le montre : la grande confusion dans les finances, avec un déficit impossible à combler sans les États généraux du royaume [...]. Sur le trône, un prince animé d'excellentes intentions mais n'ayant pas les ressources d'intelligence suffisantes pour gouverner en un tel moment ; une cour ensevelie dans le plaisir et la dissipation [...]. Une grande agitation dans tous les rangs de la société désireuse de changements sans savoir que chercher ; un grand besoin de liberté croissant depuis la Révolution américaine. »

Arthur Young, *Voyages en France*, 1787.

DOCUMENT 2 La critique de la société d'ordres
(Gravure, 1788, Musée Carnavalet, Paris.)

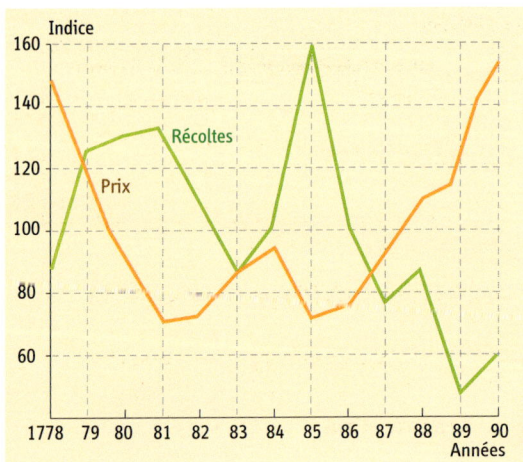

DOCUMENT 3 L'évolution des récoltes et des prix du blé dans le royaume

Questions

Document 1
1. Quel est le problème financier de l'État en 1787 ? Quelle solution est préconisée ?
2. Comment Arthur Young explique-t-il l'agitation de la société ?

Document 2
3. Quel ordre représente chaque personnage ? Que dénonce la gravure ?

Document 3
4. Comment évoluent les récoltes de blé à partir de 1785 ? Comment évoluent les prix ? Quelle est la conséquence de cette évolution pour la population ?

Paragraphe argumenté
5. Rédigez un paragraphe argumenté sur le sujet : La crise en France dans les années 1780.

argumenté en histoire

Socle commun
5.3 Lire et employer différents langages : textes - graphiques - images

● POINT MÉTHODE

Pour rédiger le paragraphe argumenté en histoire, il faut répondre aux questions posées puis :

A. Analyser le sujet.

B. Déterminer les deux ou trois thèmes abordés par les documents

C. Pour chaque thème, noter les informations extraites des documents et ses connaissances personnelles.

D. Rédiger le paragraphe en deux ou trois parties (qui correspondent aux deux ou trois thèmes).

● EXERCICE

A J'analyse le sujet posé.

La crise en France dans les années 1780
- Notion principale
- espace du sujet
- période du sujet

B Je détermine les thèmes abordés par les documents.
- Le document 1 évoque la crise financière et la crise politique
- Le document 2 évoque la crise sociale
- Le document 3 évoque la crise économique et sociale

→ On peut ainsi déterminer trois grands thèmes. Par exemple :
- la crise politique (document 1)
- la crise sociale et économique (documents 2 et 3)
- la crise financière (document 1)

C Pour chaque thème, je note au brouillon les informations extraites des documents et j'ajoute des connaissances personnelles.
- Recopiez le tableau et complétez les deuxième et troisième colonnes du tableau.

	Crise politique	Crise sociale et économique	Crise financière
Documents	Document 1 - Influence de la révolution américaine - Besoin de liberté	Document 2 Document 3	Document 1
Connaissances personnelles	- Les Lumières critiquent la monarchie absolue. - Indépendance américaine (1776), constitution américaine (1787)		

D Je rédige le paragraphe argumenté.
- Rédigez les parties 2 et 3 du paragraphe argumenté (chaque partie correspond à un thème). Faites une rapide conclusion.

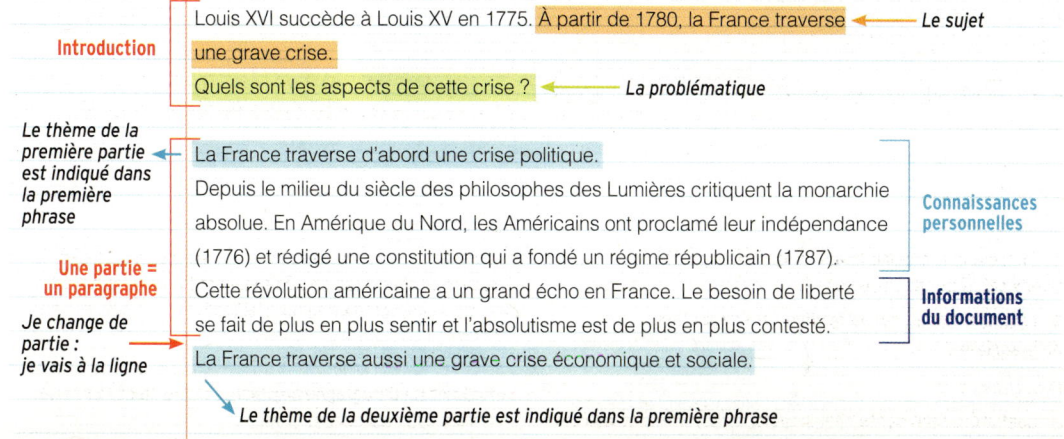

CHAPITRE 4 Les difficultés de la monarchie sous Louis XVI / 65

EXERCICES

1 Analyser l'influence de la révolution américaine en France

Socle commun
5.3 Lire et employer différents langages : textes – images

DOCUMENT 1 Benjamin Franklin

Biographie

Benjamin Franklin naît à Boston en 1706. Fils d'un petit marchand de chandelle, il parvient à monter une importante imprimerie à Philadelphie. Intéressé par les sciences physiques, il observe que la foudre est un phénomène électrique naturel et il imagine le paratonnerre pour s'en protéger. Un des premiers, il comprend que l'avenir de son pays passe par une rupture avec l'Angleterre. Il est l'un des cinq signataires de la Déclaration d'indépendance de 1776. À 70 ans, il s'embarque à Philadelphie et gagne Paris. Il se présente à Louis XVI et parvient à le persuader que l'intérêt de la France est d'être aux côtés des Américains. Rentré en Amérique en 1785, il participe à la rédaction de la Constitution.

DOCUMENT 3

« Franklin avait paru à la Cour avec le costume d'un cultivateur américain ; ses cheveux plats sans poudre, son chapeau rond, son habit de drap brun contrastaient avec ces habits pailletés, brodés, les coiffures poudrées et embaumantes des courtisans de Versailles. Cette nouveauté charma toutes les têtes vives des femmes françaises. On donna des fêtes élégantes au docteur Franklin, qui réunissait la renommée d'un des plus habiles physiciens aux vertus patriotiques qui lui avaient fait embrasser le noble rôle d'apôtre de la liberté. J'ai assisté à l'une de ces fêtes où la plus belle parmi trois cents femmes fut désignée pour aller poser sur la blanche chevelure du philosophe américain une couronne de laurier et deux baisers aux joues de ce vieillard. Jusque dans le palais de Versailles, on vendait, sous les yeux du roi, le médaillon de Franklin ayant pour légende : "il a ravi au ciel la foudre et le sceptre au tyran". »

Madame Campan, *Mémoires sur la reine Marie-Antoinette*, 1822.

DOCUMENT 2 Benjamin Franklin à la cour de France
(Tableau de William Overend Geller, XIXe siècle, musée franco-américain du château de Blérancourt.)

---

1. Doc. 1 Quelle est la nationalité de Benjamin Franklin ? Quel est le but de son voyage en France ?

2. Doc. 2 et 3 À quel passage du texte (doc. 3) correspond le tableau (doc. 2) ?

3. Quel contraste (quelle opposition) constate-t-on entre la tenue de Franklin et celle des courtisans ?

4. Doc. 3 Expliquez la dernière phrase du texte : « il a ravi au ciel la foudre et le sceptre aux tyrans ». À quel autre passage du texte cette phrase fait-elle écho ?

5. Doc. 2 et 3 Relevez les éléments qui montrent la grande popularité de Franklin à Versailles. En quoi est-ce étonnant ?

6. Que révèlent ces documents sur l'influence des idées nouvelles venues d'Amérique ?

2 Étudier la Constitution américaine

Socle commun — 5.3 Lire et employer différents langages : graphiques

1. Qu'est-ce qu'une Constitution ? De quand date la Constitution américaine ?
2. Définissez pouvoir exécutif, pouvoir législatif, pouvoir judiciaire.
3. Qui détient chacun de ces pouvoirs ? Qui les choisit ?
4. Comment appelle-t-on ce type de régime politique ? Qu'est-ce qui le distingue de la monarchie absolue de Louis XVI ?

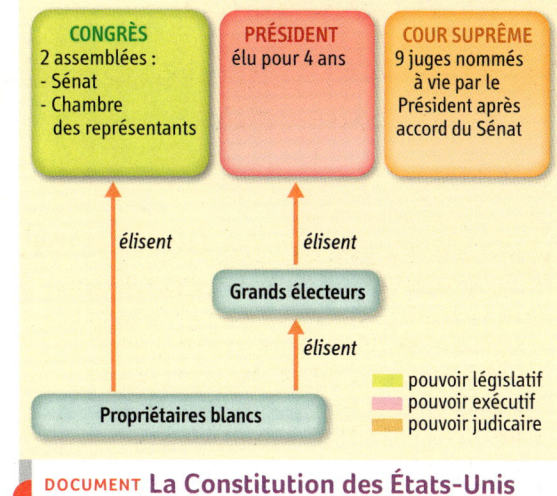

DOCUMENT **La Constitution des États-Unis**

3 Expliquer un extrait des cahiers de doléances

Socle commun — 5.3 Lire et employer différents langages : textes

DOCUMENT 1 **Cahier paysan de la paroisse de Saint-Calais** (Sarthe)

« Art. 1. Que la tenue des <u>États généraux</u> revienne périodiquement.
Art. 6. Qu'il ne puisse être porté atteinte à la liberté particulière de chacun qu'avec les formes et pour les causes prononcées par les lois.
Art. 8. Qu'il n'y ait plus d'impôts distinctifs des ordres.
Art. 10. Que les banalités et tous les autres <u>droits seigneuriaux</u> [...] disparaissent et qu'ils soient réglés une indemnité de ce que ces droits pouvaient avoir d'utile pour les seigneurs.
Art. 23. Que les <u>dîmes</u> soient supprimées.
Art. 32. Que toutes les abbayes soient dorénavant composées de vingt sujets et que les fonds des <u>maisons vacantes</u> soient vendus pour acquitter leurs dettes et le surplus envoyé pour celles de l'État. »

1. Qu'est-ce qu'un cahier de doléances ? Quel ordre a rédigé celui-ci ?
2. Expliquez les mots soulignés.
3. Quels articles demandent la fin des droits et privilèges de la noblesse et du clergé ?
4. Quels sont les droits politiques réclamés par ce cahier ? Quel régime politique cela remet-il en cause ?
5. Quelle solution propose le cahier à la crise financière de l'État ?

4 Faire une recherche sur Marie-Antoinette

Socle commun — 4.4 Chercher et sélectionner l'information demandée

Allez sur le site du château de Versailles, www.chateauversailles.fr
Cliquez sur « l'Histoire », puis sur la page « Marie-Antoinette ».

1. Quelle est la nationalité de Marie-Antoinette ? À quel âge a-t-elle épousé Louis XVI ?
2. Quels sont ses divertissements ?
3. Pourquoi est-elle peu appréciée par la cour ?
4. Après avoir cliqué sur l'image, décrivez le portrait de la reine dite « à la rose » par É. Vigée-le-Brun.

Cliquez sur « Domaine de Marie-Antoinette » à gauche de l'écran. Faites dérouler le panorama. Citez les bâtiments habités par Marie-Antoinette à Versailles en dehors du château lui-même.

chapitre 5

Les temps forts de la Révolution

> Quels sont les temps forts de la Révolution française et de l'Empire de 1789 à 1815 ?

1 Le 14 juillet 1789 : le peuple de Paris prend la Bastille
(*La Prise de la Bastille*, gouache de Claude Cholat de 1789, Musée Carnavalet, Paris.)

La Bastille est une forteresse royale à l'est de Paris. Au XVIIIe siècle, on y enferme souvent des écrivains. Le 14 juillet 1789, à la recherche d'armes et de munitions, le peuple parisien assiège et prend la forteresse.

① Les émeutiers (artisans et boutiquiers de Paris, gardes-françaises) se sont joints aux émeutiers avec des canons
② Les gardes-françaises (armée du roi à Paris)
③ Les défenseurs de la Bastille (82 soldats vétérans et des gardes suisses)

14 juillet 1789
Prise de la Bastille

Septembre 1792
Proclamation de la République

1799
Coup d'État de Bonaparte

1804
Sacre de Napoléon

MONARCHIE CONSTITUTIONNELLE | Terreur 1793-1794 | RÉPUBLIQUE | CONSULAT | EMPIRE 1804-1815

Août 1789
Déclaration des droits de l'homme

2 Le 9 novembre 1799 : le général Bonaparte s'empare du pouvoir
(*Bonaparte au Conseil des Cinq-cents*, huile sur toile de Lestang-Parade, vers 1834, L. : 0,77 m x H. : 0,66 m, Château de Versailles.)

Les 9 et 10 novembre 1799, le général Bonaparte s'empare du pouvoir par un coup d'État. Il entre dans la salle des députés accompagné de quelques soldats. Les députés crient « Hors-la-loi ! À bas la dictature ! Vive la République ! ». Sur l'image, un député menace de le poignarder, mais cela n'a pas été le cas en réalité.

Les ARTS témoins de l'Histoire

Le Serment du Jeu de paume de David

Lors de la réunion des États généraux, les députés du tiers état sont déçus parce que le roi ne propose aucune réforme. Le 20 juin 1789, réunis dans la salle du Jeu de paume, à Versailles, ils font alors le serment de ne pas se séparer avant d'avoir rédigé une Constitution.
En 1790, Jacques-Louis David est chargé de peindre ce moment historique. Il n'a jamais achevé son tableau mais l'esquisse qu'il en a faite est restée célèbre.

> **Comment David a-t-il représenté cette journée révolutionnaire ?**

OBJECTIF
Étudier une œuvre d'art sur une journée révolutionnaire

Socle commun
- 5.1 Avoir des connaissances relevant de la culture artistique : œuvres picturales
- 5.2 Situer des œuvres artistiques dans le temps

Le peuple de Versailles, aux fenêtres, assiste au Serment

Barère qui rédige le journal *Le point du jour*

1 FICHE D'IDENTITÉ
Le Serment du Jeu de paume (doc. 4)

- **Auteur :** Jacques-Louis David (1748-1825)
- **Date :** 1791
- **Nature :** esquisse (dessin préparatoire à un tableau)
- **Dimension :** L. : 1,01 m x H. : 0,66 m
- **Technique :** plume et encre brune avec reprises à certains endroits à la plume et encre noire
- **Lieu de conservation :** Musée du château de Versailles

Histoire de l'œuvre
Peu après le serment du Jeu de paume, le club des Jacobins commande un tableau célébrant cet épisode au peintre David. David réalise d'abord une esquisse en s'appuyant sur des témoignages mais en prenant des libertés avec la vérité. C'est cette esquisse que l'on voit ici. Le tableau, qui devait être beaucoup plus grand, est commencé en septembre 1791 mais il n'a jamais été achevé.

2 Le texte du serment

« L'Assemblée nationale arrête que tous les membres de cette Assemblée prêteront, à l'instant, serment solennel de ne jamais se séparer et de se rassembler partout où les circonstances l'exigeront, jusqu'à ce que la Constitution du royaume soit établie et affermie sur des fondements solides ; et que ledit serment étant prêté, tous les membres, et chacun d'eux en particulier, confirmeront par leur signature cette résolution inébranlable. »

Serment signé par dix députés du clergé et six cents députés du tiers état le 20 juin 1789.

3 David
(1748-1825)

Passionné par l'Antiquité, Jacques-Louis David est le chef de file de l'école artistique néoclassique. Partisan de la Révolution, il représente le serment du Jeu de paume, puis la mort de Marat. Après 1799, il se met au service de Napoléon (voir p. 80).

Biographie

Arts du visuel

Le peuple de Versailles, aux fenêtres, assiste au Serment

Martin, député d'Auch, seul député qui refuse de prêter le serment

Mirabeau, un des principaux hommes politiques entre 1789 et 1791.

Ce député, le seul à ne pas regarder Bailly, lance un appel au peuple à se joindre à l'Assemblée

Bailly lit le texte du serment

Le père Gérard, seul député paysan de l'Assemblée.

Dom Gerle, un dominicain

L'Abbé Grégoire, un curé de campagne

Rabaut Saint-Étienne, un pasteur protestant.

4 Le Serment du Jeu de paume de David

ACTIVITÉS

Je présente

1. Présentez l'œuvre (nature, auteur, date).

Je décris

2. Où se déroule la scène (ville, endroit) ?
3. Quel député est au centre de l'œuvre et que fait-il ? Que font la plupart des autres députés ?
4. D'après le texte (doc. 2), quel serment font les députés ? En quoi ce serment est-il révolutionnaire ?
5. Qui est installé aux fenêtres ?

J'explique le sens

6. Comment David souligne-t-il l'enthousiasme national que suscite le serment ?
7. Comment David montre-t-il que le nouveau régime se veut tolérant et respectueux des libertés ?
8. Que symbolise le vent qui souffle dans le rideau ?

Passerelle des ARTS

David a déjà représenté un serment sur un tableau appelé *Le Serment des Horaces*.

● Recherchez le *Serment des Horaces* sur un moteur de recherche (Google image). Dans ce tableau, quelle civilisation passée est représentée ? Comment sont habillés les personnages ?

Arts du quotidien | Arts du langage | Arts de l'espace

DÉCOUVRIR

Le 4 août 1789 : l'abolition des privilèges

OBJECTIF
Raconter la nuit du 4 août 1789 et expliquer son importance

Socle commun
5.2 Connaître les grands traits de l'histoire politique de la France

Peu après le serment du Jeu de paume, les députés de la noblesse et du clergé se sont joints aux députés du tiers état pour former l'Assemblée nationale constituante. Dans la nuit du 4 août 1789, l'Assemblée abolit les privilèges ainsi que les droits seigneuriaux qui pesaient sur les paysans.

> Comment et pourquoi l'Assemblée nationale a-t-elle mis fin aux privilèges ?

1 La Grande peur dans les campagnes fin juillet
(Gravure du XVIIIe siècle, Musée Carnavalet, Paris.)

Dans la deuxième quinzaine de juillet 1789, les paysans sont apeurés par de fausses rumeurs sur un complot de la noblesse contre l'Assemblée. Ils attaquent les châteaux de leurs seigneurs et brûlent les titres des droits seigneuriaux.

2 La nuit du 4 août vue par un député de la noblesse

« La séance du mardi au soir 4 août est la séance la plus mémorable qui se soit tenue jamais chez aucune nation [...]. M. le vicomte de Noailles fit une motion et demanda que les droits exclusifs de chasse, cens, redevances, dîmes, tous droits qui pèsent sur le peuple puissent être rachetés [...]. Plusieurs membres de la haute noblesse se joignirent à lui. Les ducs d'Aiguillon, du Châtelet proposèrent que, dès cet instant, la noblesse et le clergé prononçassent le sacrifice de leurs privilèges pécuniaires[1].

Les circonstances malheureuses où se trouve la noblesse, l'insurrection générale élevée de toutes parts contre elle, plus de cent cinquante châteaux incendiés, les titres seigneuriaux recherchés avec fureur et brûlés, l'impossibilité de s'opposer au torrent de la révolution, tout nous prescrivait la conduite que nous devions tenir. Le clergé et la noblesse se levèrent et adoptèrent toutes les motions proposées [...]. Il eût été inutile, dangereux même de s'opposer au vœu général de la nation. C'eût été vous désigner, vous et vos possessions, pour victimes de la fureur de la multitude. »

Lettre du Marquis de Ferrières (député de la noblesse à l'Assemblée), *Correspondance inédite (1789-1791)*.

1. En matière d'impôts.

Définition

Les droits féodaux : les droits des seigneurs qui pèsent sur les paysans (taxes, corvées, justices seigneuriales, droit exclusifs de chasse...).

3 Décret abolissant les privilèges

« **Article 1.** L'Assemblée nationale détruit entièrement le régime féodal. Elle décrète que dans les droits et les devoirs ceux qui tiennent à la servitude personnelle[1] seront abolis sans indemnité ; et tous les autres sont déclarés rachetables.

Article 4. Toutes les justices seigneuriales sont supprimées sans aucune indemnité.

Article 5. Les dîmes[2] de toute nature sont abolies.

Article 9. Les privilèges pécuniaires en matière d'impôts sont abolis à jamais. La perception se fera sur tous les citoyens et sur tous les biens de la même manière.

Article 11. Tous les citoyens, sans distinction de naissance, pourront être admis à tous les emplois et dignités ecclésiastiques, civiles et militaires. »

Décret rendant officiel les résolutions prises par les députés lors de la nuit du 4 août.

1. Les droits qui pèsent sur les personnes (taxes sur le mariage, l'héritage...).
2. Impôt payé au clergé.

4 La séance de nuit de l'Assemblée nationale le 4 août 1789
(Gravure coloriée de 1790, Berlin, Kunstbibliothek.)

L'Assemblée nationale, qui regroupe les députés des États généraux, abolit les privilèges dans la salle des Menus-Plaisirs à Versailles.

ACTIVITÉS

1. **Doc. 1** De quand date la Grande peur ? Sur l'image que font les paysans et les nobles ?
2. **Doc. 4** Où, quand et par qui ont été abolis les privilèges ?
3. **Doc. 2** Qui a proposé l'abolition des privilèges ? Pourquoi le clergé et la noblesse ont-ils adopté « toutes les motions proposées » ?
4. **Doc. 2 et 3** Quels droits féodaux et quel impôt versé au clergé sont abolis ou déclarés rachetables ? Quels privilèges de la noblesse sont abolis ?
5. **Doc. 5** Décrivez et expliquez la caricature.
6. Racontez et expliquez l'abolition des privilèges dans la nuit du 4 août.

Méthode ◆ Racontez en répondant aux questions suivantes :
• Quels droits et privilèges ont été abolis ?
• Comment et pourquoi ont-ils été abolis ?

5 Une caricature sur la nuit du 4 août
(Gravure du XVIIIe siècle, Musée Carnavalet, Paris.)

Un nouveau régime

> **Comment l'Ancien Régime est-il renversé ?
> Quel nouveau régime le remplace ?**

A La révolution de 1789

1. **Lors de l'ouverture des États généraux**, à Versailles en mai 1789, les députés du tiers état sont très déçus par le discours du roi qui n'annonce aucune grande réforme. Le 20 juin 1789, ils jurent de ne pas se séparer avant d'avoir donné une Constitution à la France. C'est le serment du Jeu de paume (> PP. 70-71). Ils sont ensuite rejoints par les députés des autres ordres avec lesquels ils forment **l'Assemblée nationale constituante**.

2. Au début de juillet, les Parisiens pensent que le roi veut rétablir son pouvoir absolu. **Le 14 juillet, à la recherche d'armes et de munitions, ils prennent la forteresse royale de la Bastille.** Les habitants de Paris puis des autres villes s'emparent du pouvoir municipal et créent des Gardes nationales. Le roi n'ose plus s'opposer à l'Assemblée.

3. Après le 14 juillet, c'est **la Grande peur** dans les campagnes. Pour mettre fin au soulèvement, l'Assemblée décide d'abolir les privilèges et les droits seigneuriaux dans la **nuit du 4 août** (> PP. 72-73).

B La réorganisation de la France

1. Après avoir aboli le régime féodal, l'Assemblée commence à réorganiser la France. Le 24 août 1789, elle vote la **Déclaration des droits de l'homme et du citoyen** qui fixe les nouveaux principes : égalité des droits entre tous les citoyens, souveraineté de la nation, libertés fondamentales (DOC. 2).

2. **L'Assemblée vote une Constitution qui crée une monarchie constitutionnelle.** Elle partage le pouvoir entre le roi et une assemblée élue par les citoyens au suffrage censitaire (DOC. 3 ET 4).

3. **L'organisation administrative est simplifiée et unifiée.** Le territoire est divisé en **départements** (> P. 99), subdivisés en districts, en **cantons** et en **communes**. Ils sont dirigés par des élus.

4. **Pour résoudre les problèmes financiers du pays, l'Assemblée confisque et vend les biens du clergé.** Elle réorganise ensuite l'Église en votant la **Constitution civile du clergé**.
Le **14 juillet 1790**, des délégués des Gardes nationales de tout le pays viennent à Paris pour célébrer le nouveau régime. C'est la **fête de la Fédération**.

Biographie

1 Mirabeau
(1749-1791)

Le comte de Mirabeau appartient à la noblesse. Violent et rebelle, écarté par les nobles qui ne se reconnaissent pas en lui, il est élu à Aix comme représentant du tiers état aux États généraux.
Grâce à son éloquence et sa fougue, il devient un des principaux personnages de l'Assemblée constituante.
Il contribue aux réformes qui mettent fin à l'Ancien Régime, mais il est partisan de la monarchie constitutionnelle et veut laisser certains pouvoirs au roi.
Très populaire au moment de sa mort (2 avril 1791), sa dépouille est placée au Panthéon. En 1792, on découvre qu'il donnait secrètement des informations et des conseils au roi en faisant payer ses services. Sa sépulture est profanée et ses cendres jetées aux égouts.

1. De quel ordre Mirabeau est-il le représentant aux États généraux ?

2. Qu'est-ce qui montre que Mirabeau est un partisan de la monarchie constitutionnelle ?

Définitions

Une Constitution : l'ensemble des lois qui déterminent comment un État est gouverné.

La Garde nationale : le groupement de citoyens bénévoles, chargés de maintenir l'ordre dans une ville.

Le suffrage censitaire : le droit de vote réservé à ceux qui paient un impôt assez important (les plus riches).

2 Extraits de la Déclaration des droits de l'homme et du citoyen

« **Article 1.** Les hommes naissent et demeurent libres et égaux en droits. Les distinctions sociales ne peuvent être fondées que sur l'utilité commune.

Article 2. Le but de toute association politique est la conservation des droits naturels et imprescriptibles[1] de l'Homme. Ces droits sont la liberté, la propriété, la sûreté[2] et la résistance à l'oppression.

Article 3. Le principe de toute souveraineté réside essentiellement dans la nation. Nul corps, nul individu ne peut exercer d'autorité qui n'en émane[3] expressément.

Article 4. La liberté consiste à pouvoir faire tout ce qui ne nuit pas à autrui [...].

Article 6. La loi est l'expression de la volonté générale [...]. Elle doit être la même pour tous, soit qu'elle protège, soit qu'elle punisse.

Article 10. Nul ne doit être inquiété pour ses opinions, même religieuses [...].

Article 11. La libre communication des pensées et des opinions est un des droits les plus précieux de l'Homme ; tout citoyen peut donc parler, écrire, imprimer librement, sauf à répondre de l'abus de cette liberté, dans les cas déterminés par la loi.

Article 13. Pour l'entretien de la force publique, et pour les dépenses d'administration, une contribution commune est indispensable ; elle doit être également répartie entre tous les citoyens, en raison de leurs facultés[4].

Article 17. La propriété étant un droit inviolable et sacré, nul ne peut en être privé, si ce n'est lorsque la nécessité publique l'exige et sous la condition d'une juste et préalable indemnité. »

Déclaration adoptée le 26 août 1789 par l'Assemblée nationale.

1. Permanents.   2. La sécurité.
3. N'en provienne.   4. En fonction de leur fortune.

1. Quels sont les droits naturels et permanents de l'homme ?
2. Quels sont les articles qui suppriment les privilèges et établissent l'égalité des droits ?
3. Sous l'Ancien Régime qui possédait la souveraineté ? D'après l'article 3 qui doit la détenir ?
4. Quelles sont les libertés évoquées par les articles 10 et 11 ?

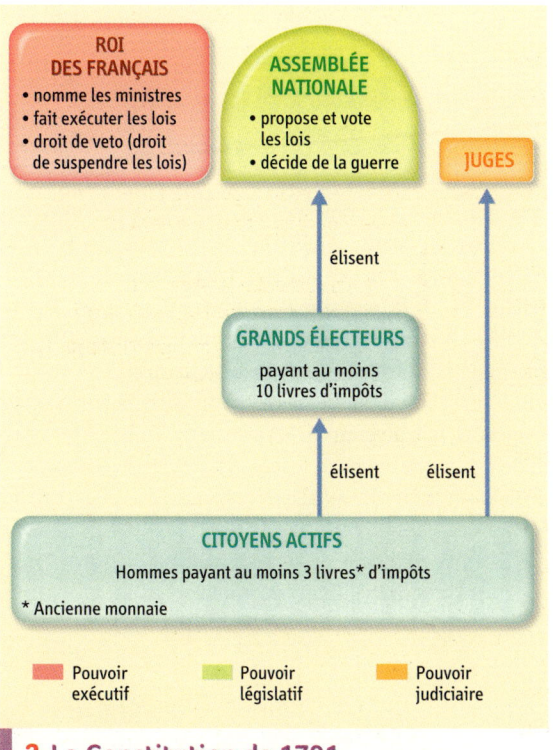

3 La Constitution de 1791

1. Qu'est-ce qui distingue le nouveau régime de la monarchie absolue ?
2. Par qui est élue l'Assemblée ?

4 Un officier de la Garde nationale prête serment de fidélité à la Constitution
(Huile sur toile, XVIIIe siècle, collection particulière.)

DÉCOUVRIR

Le 10 août 1792 : la prise des Tuileries

OBJECTIF
Raconter une journée révolutionnaire et expliquer son importance

Socle commun
5.2 Connaître les grands traits de l'histoire politique de la France

À partir de 1791, les Parisiens se méfient de plus en plus du roi qu'ils soupçonnent de vouloir rétablir son pouvoir absolu. Le 10 août 1792, avec les fédérés présents dans la capitale, les sans-culottes attaquent et prennent le palais des Tuileries où vit Louis XVI depuis octobre 1789.

> **Comment et pourquoi les Parisiens s'emparent-ils des Tuileries le 10 août 1792 ?**

1 Chronologie

- **Octobre 1789** Le roi est ramené de Versailles et conduit au palais des Tuileries.
- **Juin 1791** Le roi s'enfuit avec sa famille, mais il est reconnu à Varennes et reconduit aux Tuileries.
- **Avril 1792** La France déclare la guerre à l'Autriche.
- **Juillet 1792** La Prusse entre en campagne aux côtés de l'Autriche. L'Assemblée nationale proclame « La Patrie en danger » et enrôle des volontaires. Les gardes nationaux des provinces (les fédérés) arrivent à Paris pour célébrer la fête de la fédération du 14 juillet.
- **25 juillet 1792** Manifeste de Brunswick.
- **10 août 1792** Prise du palais des Tuileries.

3 Un acteur de la prise des Tuileries : un sans-culotte parisien
(Gravure coloriée du XVIIIe siècle, Musée Carnavalet, Paris.)

Les sans-culottes sont les artisans, les commerçants des villes. Méfiants vis-à-vis du roi depuis sa tentative de fuite de juin 1791, craignant l'arrivée des troupes ennemies à Paris, ils jouent un rôle majeur dans la prise des Tuileries.

2 Le manifeste de Brunswick (25 juillet 1792)

Le duc de Brunswick, commandant en chef des armées autrichiennes et prussiennes, menace la France révolutionnaire.

« Un but qui tient au cœur des deux souverains[1], c'est de faire cesser l'anarchie dans l'intérieur de la France, d'arrêter les attaques portées au trône et à l'autel[2], de rétablir le pouvoir légal, de rendre au roi la sécurité et la liberté dont il est privé. La ville de Paris et tous ses habitants seront tenus de se soumettre sur le champ et sans délai au Roi, de le mettre en pleine et entière liberté, et de lui assurer, ainsi qu'à toutes les personnes royales, le respect que doivent les sujets à leur souverain. Si le château des Tuileries est attaqué, s'il est fait la moindre violence, le moindre outrage à leurs majestés, le Roi, la Reine et la famille royale, alors leurs Majestés impériale et royale en tireront une vengeance exemplaire et à jamais mémorable : ils livreront la ville de Paris à une exécution militaire et les révoltés coupables d'attentats auront les supplices qu'ils méritent. »

1. Le roi de Prusse et l'empereur d'Autriche. 2. C'est-à-dire l'Église.

Définitions

Les fédérés : les Gardes nationaux des provinces.

Un sans-culotte : un habitant du petit peuple des villes. Il porte le pantalon et non la culotte comme les nobles et les bourgeois.

4 La prise du palais des Tuileries le 10 août 1792
(*La Prise du palais des Tuileries, cour du Carrousel, le 10 août 1792*, Huile sur toile de Jacques Bertaux, 1793, L. : 192 cm x H. : 124 cm, musée du château de Versailles.)

① Le palais des Tuileries où habite le roi. ② La cour du Carrousel. ③ Les gardes suisses qui défendent le château (en rouge). ④ Les fédérés (uniforme bleu). ⑤ Les sans-culottes parisiens.

5 Louis XVI conduit à la prison du Temple
(Gravure coloriée de 1792, Musée Carnavalet, Paris.)

Après la prise des Tuileries, la monarchie est suspendue et Louis XVI et sa famille sont conduits à la prison du Temple.

ACTIVITÉS

① **Doc. 1 et 3** Pourquoi le peuple se méfie-t-il du roi depuis juin 1791 ?

② **Doc. 1** Quel danger menace la France et la Révolution en 1792 ? Qu'est-ce qui explique la présence de nombreux fédérés à Paris en juillet 1792 ?

③ **Doc. 2** Quelle menace profère Brunswick ? À la suite du manifeste, que peuvent penser les Parisiens concernant Louis XVI ?

④ **Doc. 3 et 4** Par qui a été pris le palais ? Décrivez les combats.

⑤ **Doc. 5** Décrivez et expliquez la scène.

⑥ **Racontez la prise des Tuileries et expliquez son importance.**

Méthode ◆ Expliquez pourquoi le palais des Tuileries a été attaqué (doc. 1, 2, 3).
◆ Décrivez la prise du palais (doc. 4).
◆ Donnez les conséquences de cet événement (doc. 5).

CHAPITRE ⑤ Les temps forts de la Révolution

2 La Première République

> Comment la République parvient-elle à vaincre ses ennemis ?

A La République en danger

1. Après la prise des Tuileries, une nouvelle assemblée, **la Convention**, est élue au suffrage universel. **Le 22 septembre 1792, elle proclame la République.** Peu après, les députés votent la mort du roi qui est guillotiné le 21 janvier 1793 (DOC. 2).

2. Après l'exécution de Louis XVI, **la République est menacée** de toutes parts. **Les rois d'Europe** forment une coalition contre la France. **Les paysans vendéens**, qui refusent de partir à la guerre, se soulèvent contre le régime (DOC. 4).

3. Le 2 juin 1793, les sans-culottes parisiens font arrêter les députés Girondins, qu'ils accusent de mollesse, et **ils remettent le pouvoir aux députés** Montagnards. Mais ce coup de force entraîne la révolte des provinces fidèles aux Girondins (révolte fédéraliste).

B La Terreur (1793-1794)

1. Sous les Montagnards, le Comité de salut public, dominé par Robespierre (DOC. 1), « **met la Terreur à l'ordre du jour** ». Il décrète la levée en masse qui permet de recruter plus d'un million de soldats. Les « suspects » d'opposition au gouvernement sont arrêtés et souvent exécutés (DOC. 3). Dans de nombreuses municipalités, on ferme les églises, on interdit le culte. Pour satisfaire les sans-culottes, une loi fixe un prix maximum pour les produits de première nécessité.

2. **En 1794, l'ennemi est repoussé et les révoltes sont écrasées** (DOC. 4). La Terreur semble désormais inutile mais Robespierre veut la continuer. **La Convention, lasse et apeurée, fait alors arrêter Robespierre** qui est exécuté le 28 juillet 1794.

C De Robespierre à Bonaparte

1. Après la chute de Robespierre, les députés établissent un nouveau régime républicain, **le Directoire (1795-1799)**.

2. La misère s'accroît et les inégalités se renforcent. **Le général Bonaparte**, qui remporte de nombreuses victoires en Italie, puis en Égypte, profite de l'impopularité du régime pour s'emparer du pouvoir **par** un coup d'État, **le 9 novembre 1799**.

---

1 Robespierre (1758-1794)

Avocat, Robespierre a été élu député du tiers état pour Arras aux États généraux de 1789. Membre très actif du club des Jacobins, il réclame le suffrage universel et se fait le défenseur du peuple. Son honnêteté est reconnue et les Parisiens le surnomment « l'incorruptible ». Élu à la Convention en 1792, il siège parmi les Montagnards avec son ami Danton. Il pousse à la condamnation à mort du roi.
À l'été 1793, il devient le vrai chef du Comité de salut public ; il met en place les principales mesures de la Terreur. Le 27 juillet 1794, il est arrêté par la Convention, qui souhaite l'arrêt de la Terreur, et il est guillotiné le lendemain.

1. Au début de la Révolution, de qui Robespierre se fait-il le défenseur ?
2. Quand et pourquoi est-il guillotiné ?

Définitions

Les Girondins : groupe de députés à la Convention. Ils défendent la République mais se méfient du peuple.

Les Montagnards : groupe de députés à la Convention appelés ainsi car ils siégeaient en haut des gradins. Ils sont plus proches du peuple que les Girondins.

Le Comité de salut public : un gouvernement nommé par la Convention pour prendre des mesures rapides face aux dangers qui menacent la République.

La levée en masse : le service militaire obligatoire pour tous les hommes célibataires de 18 à 25 ans.

Un coup d'État : la prise du pouvoir dans un État en utilisant la force.

2 L'exécution de Louis XVI
(Gravure, XVIIIᵉ siècle, Musée Carnavalet, Paris.)

Le 21 janvier 1793, le roi est guillotiné devant une foule rassemblée place de la Révolution (actuelle place de la Concorde).

3 La loi des suspects

« **Article 1.** Immédiatement après la publication du présent décret, tous les gens suspects qui se trouvent dans le territoire de la République, et qui sont encore en liberté, seront mis en état d'arrestation.

Article 2 Sont réputés suspects :
1. Ceux qui, soit par leur conduite, soit par leurs relations, soit par leurs propos ou leurs écrits, se sont montrés partisans de la tyrannie[1] ou du fédéralisme[2], et ennemis de la liberté […].
3. Ceux à qui il a été refusé des certificats de civisme […].
4. Les fonctionnaires suspendus ou destitués de leurs fonctions par la Convention nationale ou par ses représentants.
5. Les nobles, les maris, les femmes, pères, mères, fils ou filles, frères ou sœurs, qui n'ont pas constamment manifesté leur attachement à la Révolution.
6. Ceux qui ont émigré du 1ᵉʳ juillet 1789 au 8 avril 1792, bien qu'ils soient rentrés en France. »

Décret voté par la Convention, le 17 septembre 1793.

1. De la royauté. **2.** Des Girondins.

▶ Montrez que les suspects ne sont pas seulement des opposants à la Révolution.

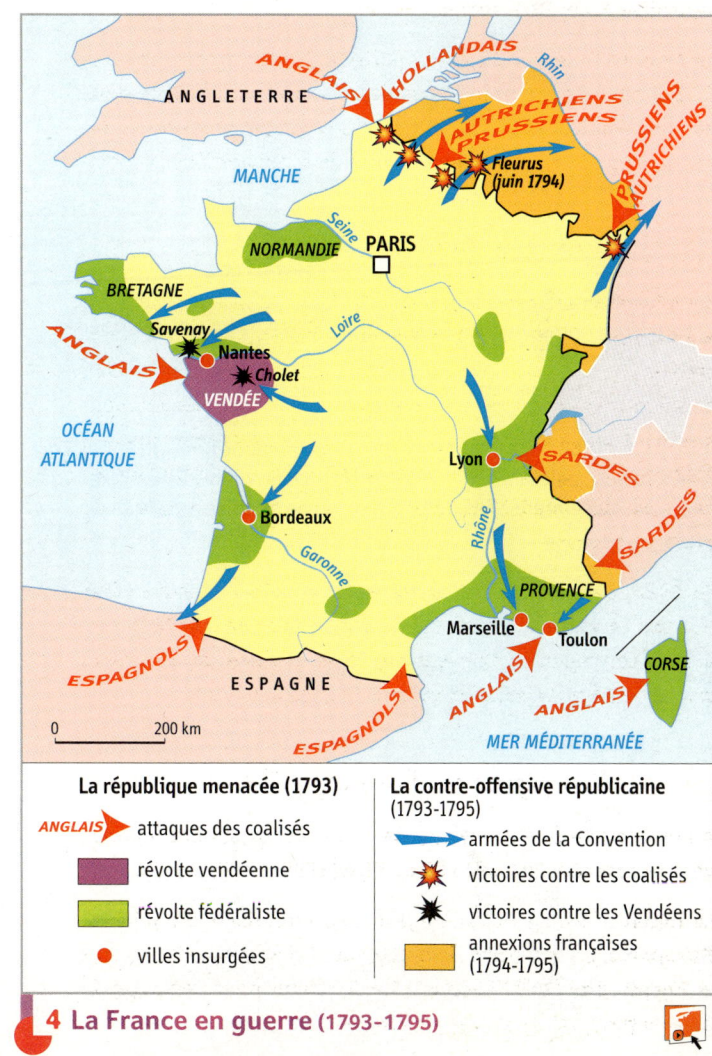

4 La France en guerre (1793-1795)

Les ARTS témoins de l'Histoire

David peint Le Sacre de Napoléon

En décembre 1804, Napoléon Bonaparte se fait sacrer empereur dans la cathédrale Notre-Dame de Paris sous le nom de Napoléon 1er. Après avoir reçu l'onction du pape, il se couronne puis couronne l'impératrice. David est chargé par Napoléon 1er de peindre la cérémonie sur un immense tableau qui est achevé en 1808.

> **Comment le peintre rend-il compte de la cérémonie tout en rendant gloire à l'empereur ?**

OBJECTIF
Étudier une œuvre d'art sur le sacre de Napoléon

Socle commun
5.1 Avoir des connaissances relevant de la culture artistique : œuvres picturales
5.4 Être sensible aux enjeux esthétiques d'une œuvre artistique

Les frères et les sœurs de l'empereur

2 *Le Sacre de Napoléon* de David

1 FICHE D'IDENTITÉ
Le Sacre de Napoléon (doc. 2)

- **Titre :** *Le Sacre de l'empereur Napoléon 1er et le couronnement de l'impératrice Joséphine dans la cathédrale Notre-Dame de Paris, le 2 décembre 1804*
- **Auteur :** Jacques-Louis David (1748-1825)
- **Date :** 1808
- **Nature :** peinture
- **Genre :** peinture d'Histoire
- **Technique :** huile sur toile
- **Dimensions :** L. : 9,7 m x H. : 6,2 m
- **Lieu de conservation :** Musée du Louvre, Paris.

Histoire de l'œuvre
Après 1799, David se rallie à Napoléon et devient son premier peintre. *Le Sacre de Napoléon* a été commandé par l'empereur. En le voyant, celui-ci aurait dit : « on marche dans ce tableau ».

3 Le couronnement

Le pape Pie VII donne l'onction à Napoléon et à Joséphine. Puis c'est la remise des objets du sacre.

« La tradition des ornements de l'empereur se fit dans l'ordre suivant : l'anneau, l'épée, le manteau, la main de justice, le sceptre, la couronne. Le pape [Pie VII] fit successivement la prière à chacun d'eux et ici suspendit ses fonctions car la couronne étant placée sur l'autel, Napoléon la prit de ses mains et la posa lui-même sur sa tête [...]. Cela fait, l'empereur prit également sur l'autel la couronne destinée à l'impératrice et la mit sur la tête de Joséphine à genoux devant lui. »

Mémoires et souvenirs d'une femme de qualité, sur le consulat et l'empire, volume 2, Anonyme, 1830.

Vocabulaire DES Arts

Le néoclassicisme : école artistique de la seconde moitié du XVIIIe siècle qui s'inspire de l'art antique.

Art néoclassique
→ Inspiration antique
→ Ordre, symétrie, équilibre
→ Propagande politique

Arts du spectacle vivant | Arts du son | **Arts du visuel**

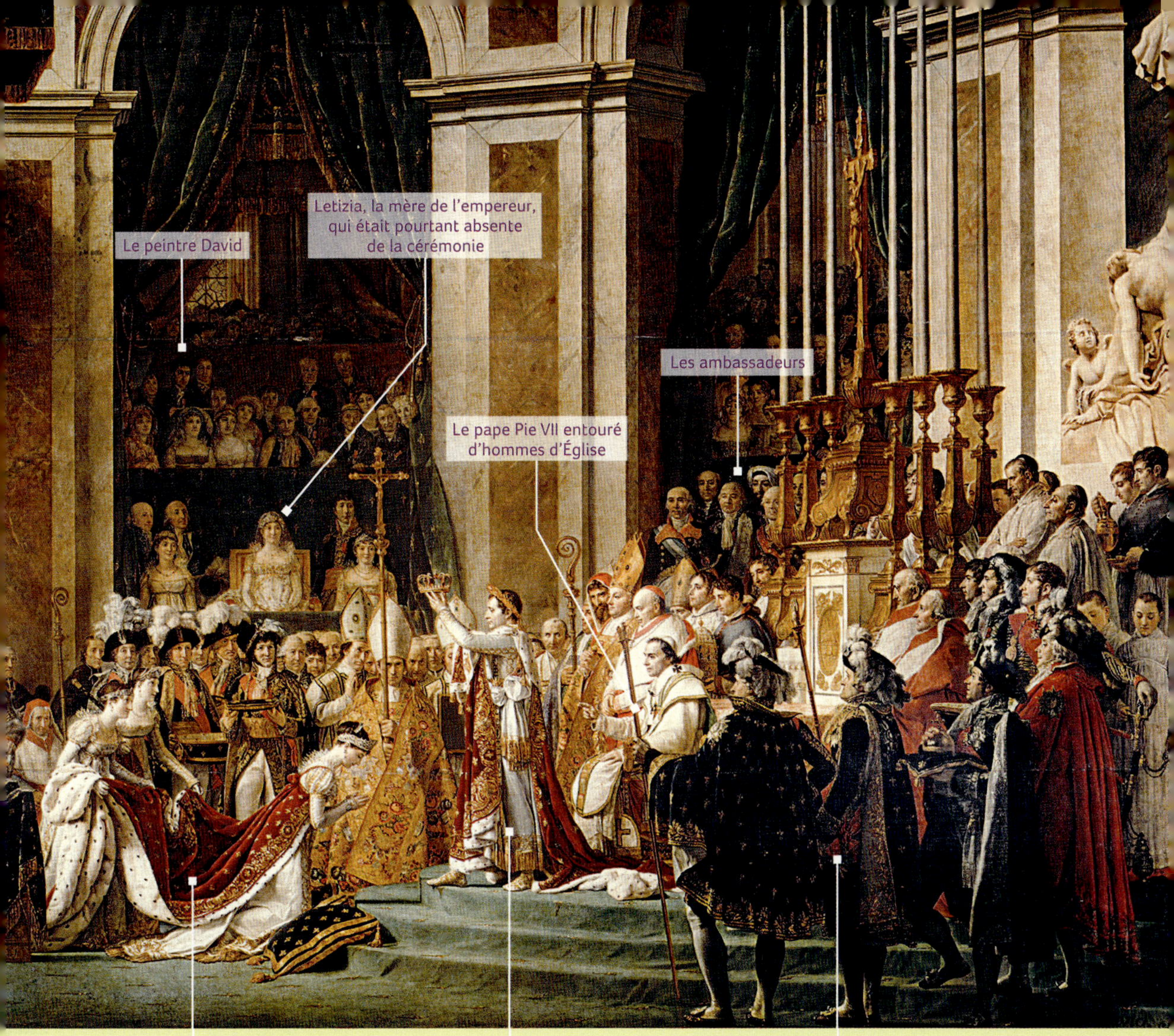

- Le peintre David
- Letizia, la mère de l'empereur, qui était pourtant absente de la cérémonie
- Les ambassadeurs
- Le pape Pie VII entouré d'hommes d'Église
- Joséphine de Beauharnais et des dames d'honneur
- Napoléon
- Les grands personnages de l'État portant les insignes du pouvoir (le sceptre, la main de justice, le globe)

ACTIVITÉS

Je présente

1. Présentez l'œuvre (nature, auteur, date, sujet).
2. **Doc. 3** Par qui Napoléon et Joséphine ont-ils été sacrés ? Par qui Napoléon a-t-il été couronné ?

Je décris et j'explique

3. Où a lieu la cérémonie ? Quel est le moment précis de la cérémonie représenté par David ?
4. Dans la tenue de Napoléon, qu'est-ce qui rappelle les empereurs romains ?

5. Quels sont les groupes de personnages qui assistent à la cérémonie ? Citez un personnage représenté par David qui était absent de la cérémonie.
6. Quels sont les insignes du pouvoir représentés sur le tableau ?
7. Qu'est-ce qui distingue cette cérémonie du sacre de celle des rois de France ?

Je relie à une école artistique

8. En utilisant le vocabulaire des arts, indiquez ce qui rattache cette œuvre à l'école néoclassique.

Passerelle des ARTS  David, Gros, Ingres, trois peintres de l'école néoclassique, se sont mis au service de Napoléon pour le représenter en le glorifiant.

● Recherchez chaque nom associé au mot Napoléon (ex. Ingres Napoléon) sur un moteur de recherche (Google image…). Citez un tableau de chacun de ces peintres représentant Napoléon (son titre et sa date).

Arts du quotidien | Arts du langage | Arts de l'espace

3 Du Consulat à l'Empire

> Comment Napoléon a-t-il mis fin à la Révolution ?

A Bonaparte, Consul

1. Après le coup d'État du 18 brumaire (9 novembre 1799), Bonaparte fait rédiger une Constitution qui donne à un **Premier consul**, c'est-à-dire à lui-même, l'essentiel des pouvoirs. Deux ans plus tard, en 1802, il se fait nommer **Consul à vie** (DOC. 1). À chaque fois, il organise un plébiscite au suffrage universel pour obtenir l'accord des Français.

2. Pour établir son autorité sur tout le pays, Bonaparte décide de **centraliser l'administration**. Il nomme des préfets à la tête des départements (DOC. 2) ainsi que les maires des grandes villes.

B La fin de la Révolution

1. Bonaparte **maintient les principaux acquis de 1789** : l'égalité des droits et la vente des biens du clergé.

2. Napoléon **rétablit la paix civile**. Il amnistie les royalistes qui s'étaient opposés à la Révolution. Pour réconcilier l'État et les catholiques, il signe avec le Pape le Concordat de 1801 (> P. 95).

3. Napoléon **cherche à établir les bases d'une France nouvelle**. Il crée la banque de France et une nouvelle monnaie, le Franc (DOC. 4). Il institue les premiers lycées d'État, chargés de former des fonctionnaires de qualité et une nouvelle élite. Enfin, il fait rédiger le Code civil (> P. 99). La légion d'honneur lui permet de récompenser les meilleurs serviteurs de l'État (DOC. 3).

C Le Premier Empire

1. Estimant son pouvoir bien établi, **Napoléon Bonaparte se fait sacrer empereur par le Pape Pie VII le 2 décembre 1804** (> PP. 80-81). Il recrée sous l'Empire une noblesse sans privilèges, la noblesse impériale. Les libertés de presse et de réunion, déjà limitées sous le Consulat, disparaissent (DOC. 5).

2. À partir de 1803, **Napoléon se lance à la conquête de l'Europe**. Mais en 1812, il perd la plus grande partie de ses troupes lors de la campagne de Russie. Battu en Allemagne puis en France, **il abdique en 1814**. Après un bref retour (les Cent jours), il est définitivement vaincu à Waterloo en 1815.

---

1 Napoléon Bonaparte (1769-1821)

Biographie

Né en Corse dans une famille de la petite noblesse, Napoléon Bonaparte fait des études militaires. Il se fait connaître sous la République en reprenant la ville de Toulon aux Anglais. Nommé général en 1795, il remporte de nombreuses victoires contre l'Autriche (1796-1797). En 1798, il est envoyé à la conquête de l'Égypte. En 1799, Bonaparte revient en France et s'empare du pouvoir par un coup d'État. Comme Consul, il se consacre à la pacification de la France. Le 2 décembre 1804, il se fait sacrer empereur et prend le nom de Napoléon Ier. Dès lors, la guerre et les conquêtes deviennent ses principales préoccupations.
En 1814, il est battu et il doit abdiquer. Il reprend le pouvoir mais son armée est écrasée à Waterloo (1815). Déporté à l'île de Sainte-Hélène, il y meurt en 1821.

1. Quel type de formation a reçu Napoléon ?
2. À quel événement important correspond chacune des dates citées dans le texte ?

Définitions

Un plébiscite : un vote du peuple par oui ou par non à une question posée par un gouvernement.

Un préfet : le représentant de l'État dans le département.

Un concordat : un accord entre un État et le pape sur les questions religieuses (voir p. 95).

Le Code civil : le recueil de lois qui fixe les règles des relations entre les personnes.

2 La mission des préfets

Lucien Bonaparte, frère de Napoléon et ministre de l'Intérieur, s'adresse aux préfets.

« Votre premier soin doit être de détruire sans retour, dans votre département, l'influence morale des événements qui nous ont trop longtemps dominés. Faites que les passions haineuses cessent, que les ressentiments s'éteignent, que les souvenirs douloureux s'effacent. [...]

Pour affirmer la paix dans votre département, occupez-vous sans relâche de l'administration intérieure. [...] La tâche que vous avez à remplir est grande ; vos attributions embrassent tout ce qui tient à la fortune publique, à la prospérité nationale, au repos de vos administrés. [...] À la tête de ces mesures, je place la prompte rentrée des contributions : leur acquittement est aujourd'hui un devoir sacré. [...]

Aidez donc le gouvernement à rendre à la France cette splendeur et surtout ce bonheur qu'elle n'aurait jamais dû perdre. »

Lucien Bonaparte, Circulaire adressée aux préfets, 12 mars 1800.

1. À quoi fait allusion Lucien Bonaparte dans les deux premières phrases ?
2. Quelle est la mission des préfets ?

3 Bonaparte remet une légion d'honneur
(Peinture de Jean-Baptiste Debret, XIXe siècle, musée du château de Versailles.)

4 Une nouvelle monnaie : le franc germinal

Il s'agit de la nouvelle monnaie, en or, créée en mars 1803.

▶ Décrivez la pièce.

5 Le contrôle de la presse

« Réprimez un peu les journaux, faites-y mettre de bons articles, faites comprendre aux rédacteurs des *Débats* et du *Publiciste* que le temps n'est pas éloigné, où je les supprimerai avec tous les autres et je n'en conserverai qu'un seul.

Mon intention est donc que vous fassiez appeler les rédacteurs du *Journal des Débats*, du *Publiciste* et de la *Gazette de France*, pour leur déclarer que s'ils continuent d'alarmer sans cesse l'opinion, leur durée ne sera pas longue ; que le temps de la Révolution est fini, qu'il n'y a plus en France qu'un parti ; que je ne souffrirai jamais que les journaux disent ni fassent rien contre mes intérêts ; qu'ils pourront faire quelques petits articles, où ils pourront mettre un peu de venin, mais qu'un beau jour, on leur fermera la bouche. »

Extrait d'une lettre de Napoléon au ministre Fouché, 22 avril 1805.

▶ Quelle menace Napoléon profère-t-il ? Pourquoi veut-il censurer la presse ?

MÉTHODE

Socle commun
5.2 Situer dans le temps

Situer dans le temps

POINT MÉTHODE

L'ordre chronologique
- C'est l'ordre qui respecte le **déroulement du temps**, qui va du plus ancien au plus récent.
- Situer dans l'ordre chronologique, c'est donc situer (les événements, les périodes, les personnages...) **du plus ancien au plus récent**.

La frise (ou bande) chronologique
- Elle permet de figurer les périodes, les événements, les personnages dans le temps.
- Dans la frise, on indique en général les périodes par des couleurs, les événements par des symboles (étoile, points...).

Les mots liés au temps
- **Postérieur** : après
  Exemple : La prise de la Bastille (14 juillet 1789) est postérieure à la réunion des États généraux (mai 1789).
- **Antérieur** : avant
  Exemple : La prise de la Bastille (14 juillet 1789) est antérieure à la chute de la monarchie (août 1792).
- **Contemporain** : qui est de la même époque
  Exemple : Robespierre est un contemporain de La Fayette.
  Exemple : Robespierre et La Fayette sont contemporains.

EXERCICE

Je date et je classe dans l'ordre chronologique.

1. Donnez les dates des événements suivants et replacez-les dans **l'ordre chronologique** :
- Prise de la Bastille ● Napoléon sacré empereur ● Déclaration des droits de l'Homme ● Proclamation de la République ● Coup d'État de Napoléon

2. Recopiez et complétez le tableau avec les mots et les dates suivants, **en respectant l'ordre chronologique** :
- République ● Monarchie constitutionnelle ● Empire ● Consulat ● 1789 à 1791 ● 1799 à 1804 ● 1792 à 1799 ● 1804 à 1815

Dates	Régime politique

Je réalise une frise chronologique.

3. Réalisez une **frise chronologique sur la période révolutionnaire à l'aide du modèle ci-dessous**. Vous pouvez arrêter votre frise vers 1806.
Sur la frise :
– **Indiquez les régimes politiques** (cités dans la question 2) avec des couleurs,
– **Indiquez les événements** (cités dans la question 1) avec des flèches.
– **Donnez un titre et réalisez une légende si nécessaire**.

J'utilise des mots liés au temps.

4. Recopiez et complétez les phrases suivantes avec les mots : *antérieur(e), postérieur(e)*.

La Déclaration des droits de l'homme est .... à la prise de la Bastille

Le Sacre de Napoléon est .... à la Déclaration des droits de l'homme

La prise de la Bastille est .... à la chute de la monarchie

5. Parmi les personnages suivants quels sont les contemporains de la période révolutionnaire ?
Louis XVI ● Louis XIV ● Robespierre ● Voltaire ● La Fayette ● Danton ● Mirabeau ● Bonaparte.

La période révolutionnaire

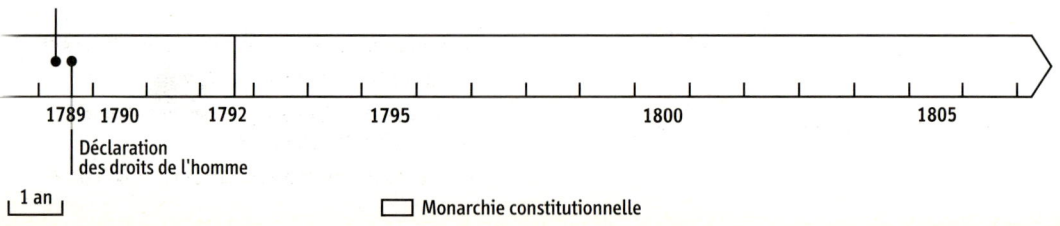

Exercices

1 Étudier un témoignage sur l'année 1789

Socle commun 1.1 Manifester sa compréhension d'un texte documentaire

DOCUMENT L'année 1789 vue par un curé de village

« L'année 1789 sera à jamais mémorable par les événements et les révolutions extraordinaires qui sont arrivés.

1. L'hiver a été des plus rigoureux.
2. Les grains ont été extrêmement rares et chers.
3. Les commerces de toile et de filature ont été tellement interrompus que bien des gens du peuple ont été réduits à la misère pour ne pas trouver d'ouvrage.
4. <u>On a assemblé les États généraux du royaume.</u>
5. La France au mois de juillet a été dans le trouble et l'épouvante par les faux bruits répandus que des brigands attroupés mettaient tout à feu et à sang par où ils passaient. Toutes les paroisses se sont armées pour se défendre.
6. Plusieurs châteaux ont été incendiés par des gens de campagnes attroupés.
7. On a décrété dans l'assemblée des États généraux que les biens ecclésiastiques étaient à la disposition de la nation.
8. On a imposé à la taille¹ tous les privilégiés. »

Texte écrit par le curé de Mars, petit village de la Loire, sur le registre des baptêmes, mariages, sépultures du village en décembre 1789.

1. Impôt direct

1. Présentez le texte (auteur, nature, date).
2. Quelles sont les deux causes de la pauvreté évoquées dans le texte ?
3. Expliquez le passage souligné.
4. À quel(s) numéro(s) correspondent **a.** la Grande peur, **b.** l'abolition des privilèges ?
5. Quelle mesure de l'Assemblée évoque l'événement 7 ?
6. Quel événement important de l'été 1789 n'est pas évoqué ? Comment peut s'expliquer son absence dans ce résumé des événements de l'année ?

2 LES ARTS, témoins de l'histoire
Étudier une faïence révolutionnaire

Socle commun 5.4 Avoir des connaissances relevant de la culture artistique

DOCUMENT Une assiette révolutionnaire
(Faïence, 1790, Nevers, Musée Fréderic Blandin.)

LES FAÏENCES RÉVOLUTIONNAIRES

Une faïence est une céramique (poterie) en argile recouverte d'une matière blanche et brillante, l'émail.

✶ Sont appelées « faïences révolutionnaires » celles produites de 1789 à 1799 et dont le décor reprend les emblèmes et les événements de la Révolution.

✶ Elles sont fabriquées en province, près des terres argileuses. De très nombreuses faïences révolutionnaires sont fabriquées dans le centre, surtout à Nevers.

✶ Elles sont destinées à la clientèle des villes, assez aisée (marchands et commerçants aisés, professions libérales, clercs).

✶ Elles servent à décorer tout en ayant une fonction commémorative. Elles étaient exposées sur les étagères des vaisseliers, à la verticale (pas de système de fixation murale).

1. Avec quels matériaux a été fabriquée cette assiette ?
2. Où et quand a-t-elle été fabriquée ?
3. Décrivez la peinture dans le bassin de l'assiette. Que signifie cette peinture ?
4. Quel était sans doute l'usage de cette assiette ?

Arts du quotidien

EXERCICES

3 Étudier une grande figure de la Révolution : La Fayette

Socle commun
5.1 Connaître les grands traits de l'histoire politique de la France

DOCUMENT **La Fayette**
(1757-1834)

Gagné aux idées des philosophes, le marquis de La Fayette combat aux côtés des colons américains révoltés contre l'Angleterre. En 1789, il est élu député de la noblesse aux États généraux et se montre favorable à l'Assemblée constituante. Après la prise de la Bastille, il est nommé commandant de la Garde nationale de Paris. Il joue un rôle de premier plan dans la rédaction de la Déclaration des droits de l'homme (août 1789) et de la Constitution.
Mais, partisan de la monarchie constitutionnelle, le marquis refuse de prendre des mesures contre Louis XVI après sa tentative de fuite (nuit de Varennes, 1791). Après la chute de la royauté, le 10 août 1792, il est menacé d'arrestation et passe en Autriche où il devient prisonnier de guerre. Il rentre en France en 1797 et ne joue plus qu'un rôle secondaire jusqu'en 1815.

1. À quel ordre appartient La Fayette ? Qu'est-ce qui l'a rendu célèbre avant 1789 ?

2. Quelle est sa principale fonction de 1789 à 1791 ?

3. Montrez qu'il est opposé à l'absolutisme mais favorable à la monarchie.

4. Pourquoi passe-t-il en Autriche en août 1792 ?

4 Étudier une grande figure de la Révolution : Danton

Socle commun
5.1 Connaître les grands traits de l'histoire politique de la France

DOCUMENT 1
Georges Danton
(1759-1794)

Avocat, Danton est élu député du tiers état aux États généraux. En 1790, il crée le club des Cordeliers, ouvert au peuple. Partisan de la République, craignant l'invasion des armées ennemies, il joue un rôle important dans la chute de la monarchie le 10 août 1792. Il plaide ensuite pour la mobilisation générale contre les envahisseurs.
En septembre 1792, il est élu député montagnard à la Convention. Il vote la mort du roi et se montre favorable à la Terreur. Mais après les victoires militaires, il prend la tête du groupe des Indulgents. Il s'oppose alors à Robespierre qui le fait guillotiner en avril 1794.

1. Pourquoi Danton souhaite-t-il la chute de la monarchie ?
2. À la Convention, à quel groupe politique est-il rattaché ?
3. Pourquoi est-il guillotiné en 1794 ?
4. À quel passage de la biographie correspond chaque discours ?

DOCUMENT 2 **Discours de Danton** (extraits)

• « Verdun n'est point encore au pouvoir de vos ennemis. Une partie du peuple va se porter aux frontières, une autre va creuser des retranchements, et la troisième avec des piques, défendra l'intérieur de nos villes. Nous demandons que quiconque refusera de servir de sa personne soit puni de mort. Le tocsin qu'on va sonner, c'est la charge sur les ennemis de la patrie. Pour les vaincre, il nous faut de l'audace, encore de l'audace, toujours de l'audace, et la France est sauvée. »

Discours devant l'Assemblée nationale, 2 septembre 1792.

• « Le salut du peuple exige de grands moyens et des mesures terribles [...]. Soyons terribles pour dispenser le peuple de l'être ; organisons un tribunal révolutionnaire [...] afin que le peuple sache que le glaive de la Loi pèse sur la tête de tous ses ennemis. »

Discours à la Convention, 10 mars 1793.

• « Je demande qu'on épargne le sang des hommes. »

Discours à la Convention, 2 décembre 1793.

5 Comprendre un texte d'époque

Socle commun
1.1 Repérer des informations dans un texte

DOCUMENT **Le serment de Napoléon 1er**

« Je jure de maintenir l'intégrité du territoire de la République ; de respecter et de faire respecter les lois du Concordat et la liberté des cultes ; de respecter et de faire respecter l'égalité des droits, la liberté politique et civile, l'irrévocabilité[1] des ventes des biens nationaux[2] ; de ne lever aucun impôt qu'en vertu de la loi ; de maintenir l'institution de la Légion d'honneur ; de gouverner dans la seule vue de l'intérêt, du bonheur et de la gloire du peuple français. »

Serment prononcé par Napoléon 1er
à la fin de la cérémonie du sacre, 2 décembre 1804.

1. qui n'est pas révocable (sur lequel on ne peut pas revenir).
2. c'est-à-dire du clergé.

1. Qui parle ? Dans quel contexte historique ?

2. Expliquez les mots où les expressions soulignés.

3. Classez dans le tableau suivant les mesures que Napoléon jure de maintenir dans son serment.

Mesures de l'époque révolutionnaire	Mesures du Consulat
Liberté des cultes	

4. Quel mot du texte annonce les ambitions extérieures de Napoléon ?

5. Montrez que ce serment n'a pas été entièrement respecté.

6 Approfondir ses connaissances sur la vie et l'œuvre de Napoléon

Socle commun
4.4 Chercher et sélectionner l'information demandée.

Allez sur le site de la Fondation Napoléon (http://www.napoleon.org/fr/fondation/index.asp), dans « Découverte Junior », « À partir de 10 ans », « Le Consulat et l'Empire », « Consulte la chrono ».

1. 1769-1789. Où est né Napoléon ? Comment et quand obtient-il son grade de général ?

2. 1796-1797. Combien obtient-il de victoires en sept mois contre les Autrichiens ?

3. 1798. Qu'est-ce que le désastre d'Aboukir ?

4. 1799-1800. Qui s'oppose à Napoléon après son coup d'État ?

5. 1801. Comment Bonaparte conforte-t-il son pouvoir sur l'Église ?

6. 1802. Que reçoit celui qui obtient la Légion d'honneur ?

7. 1804. Qui Napoléon fait-il exécuter l'année de son sacre ? Pourquoi ?

8. 1805. Quelle est la grande victoire militaire remportée en 1805 ?

9. Sur la frise suivante, à quel événement correspond chaque numéro ? • Sacre de Napoléon • Légion d'honneur • Concordat • Coup d'État de Napoléon • Guerre contre l'Autriche • Victoire d'Austerlitz • Napoléon en Égypte

Napoléon Bonaparte de 1795 à 1805

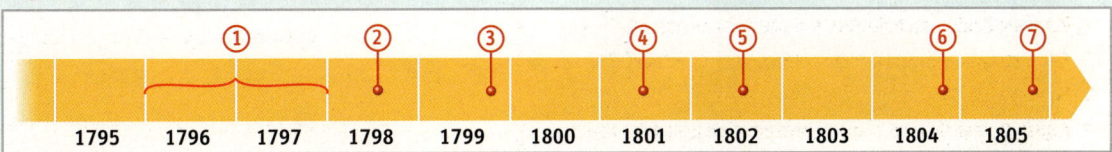

chapitre

6 Les fondations d'une France nouvelle

> Comment la Révolution et l'Empire ont-ils transformé la France ?

1 Les débuts de la vie politique : un club de province
(Gravure de Louis-René Boquet, 1793, BNF, Paris.)

- La déclaration des droits de l'Homme
- Le président du club qui dirige les débats
- Les lois votées à l'Assemblée nationale
- Le secrétaire qui prend en note les déclarations
- Des gardes nationaux veillent sur la séance
- Un membre du club avec sa carte de membre au cou

1789
- Liberté de la presse
- Liberté de culte

1791 Déclaration des droits de la femme (projet)

1798 Service militaire obligatoire

1801 Concordat

1804 Code civil

RÉVOLUTION | CONSULAT | EMPIRE

1789 — 1799

L'orateur

2 Le début de la laïcité : un mariage à la mairie
(*Le mariage civil*, gravure de J.-B. Mallet, 1793, BNF, Paris.)

Avant la Révolution, tout mariage devait se passer à l'Église. Sous la Révolution, on institue le mariage civil à la mairie. Du point de vue légal, c'est le mariage civil qui compte.

DÉCOUVRIR
Les débuts de la vie politique

Sous la monarchie absolue, le roi décidait de tout. Les Français étaient des sujets qui devaient obéir et qui n'avaient pas de droits politiques. En 1789, avec les premières élections et la reconnaissance des principes de liberté, la vie politique se met en place.

> Comment est inventée la vie politique sous la Révolution ?

OBJECTIF
Décrire les débuts de la vie politique

Socle commun
5.1 Connaître les grands traits de l'histoire politique de la France

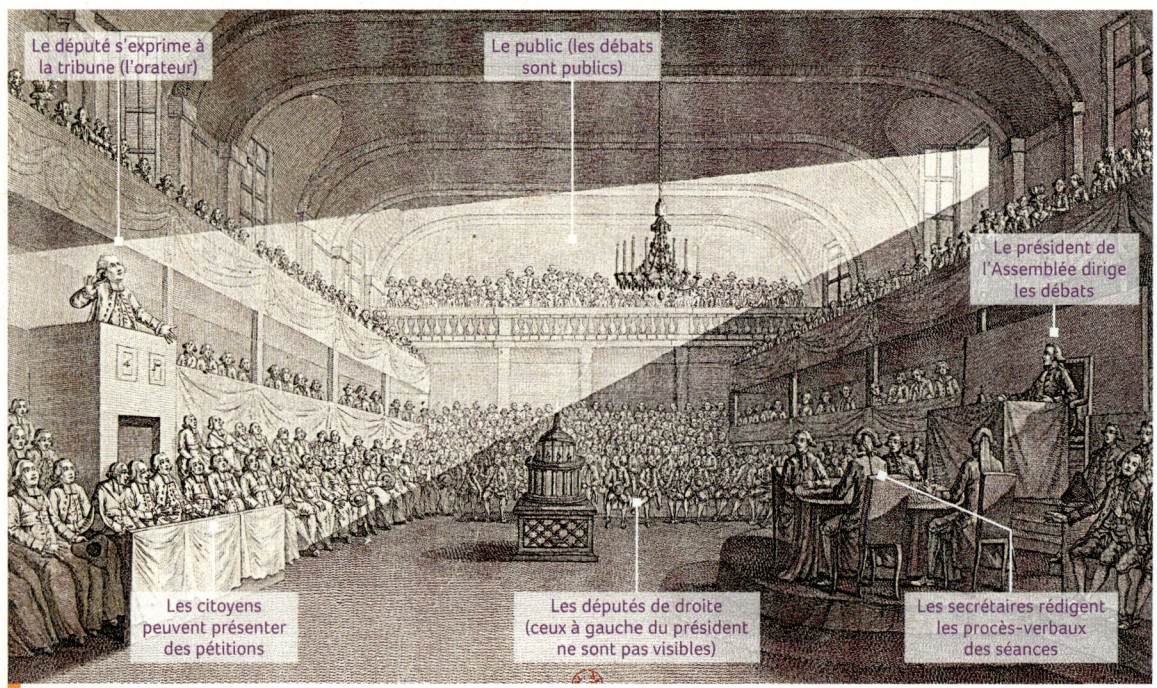

- Le député s'exprime à la tribune (l'orateur)
- Le public (les débats sont publics)
- Le président de l'Assemblée dirige les débats
- Les citoyens peuvent présenter des pétitions
- Les députés de droite (ceux à gauche du président ne sont pas visibles)
- Les secrétaires rédigent les procès-verbaux des séances

1 L'organisation de l'Assemblée nationale (salle du Manège, 1789-1793)
(Gravure anonyme, BNF, Paris.)

Les projets de loi, proposés par des députés, sont débattus puis votés à la majorité des députés. À l'Assemblée, on se regroupe par tendance politique.

2 Les débats à l'Assemblée nationale

Chateaubriand raconte les séances de l'Assemblée constituante auxquelles il a assisté.

« On se levait de bonne heure pour trouver place dans les tribunes encombrées. Les députés arrivaient en mangeant, causant, gesticulant ; ils se groupaient dans les diverses parties de la salle selon leurs opinions. Lecture du procès-verbal ; après cette lecture, développement du sujet convenu, ou motion extraordinaire [...]. On parlait pour ou contre. Les débats devenaient orageux ; les tribunes¹ se mêlaient à la discussion, applaudissaient et glorifiaient, sifflaient et huaient les orateurs.

Bientôt les pétitionnaires armés de piques paraissaient à la barre : "Le peuple meurt de faim, disaient-ils ; il est temps de prendre des mesures contre les aristocrates [...]". Le président assurait ces citoyens de son respect : "On a l'œil sur les traîtres répondait-il, et l'Assemblée fera justice". Là-dessus, les députés de droite s'écriaient qu'on allait à l'anarchie ; les députés de gauche répliquaient que le peuple était libre d'exprimer sa volonté, qu'il avait le droit de se plaindre des fauteurs du despotisme². »

François-René de Chateaubriand, *Mémoires d'Outre-tombe*, livre 5, chapitre 13, rédigé entre 1809 et 1841.

1. Le public. 2. De la tyrannie.

3 La Une d'un journal
(1792, BNF, Paris.)

4 Une marchande de journaux en 1790
(Gravure de Debucourt, 1790, Archives nationales, Paris.)

À partir de 1789, la liberté de la presse entraîne une multiplication des journaux politiques.
Ils rendent compte des travaux de l'Assemblée nationale et donnent leur point de vue.
Parmi eux le *Patriote français* de Brissot (10 000 exemplaires par numéro en 1790), *L'Ami du peuple* de Marat...

5 Visite au club des Jacobins

« Le soir, M. Decrétot et M. Bin me menèrent au club des Jacobins. Il y a environ cent députés présents. On me dit que j'étais libre d'assister aux séances, quand cela me plairait, bien qu'étranger. Dans ce club, les affaires qui doivent être portées devant l'Assemblée nationale sont discutées régulièrement : on lit les motions que l'on se propose d'y faire, et elles sont rejetées ou corrigées et approuvées. Quand on s'est mis d'accord sur elles, tous les membres sont tenus de les soutenir. »

Arthur Young, *Voyages en France*, 1790.

Carte de membre d'un club.
Pour l'obtenir, il faut payer une cotisation.

Définitions

La vie politique : la vie qui concerne les affaires de l'État.

Un club : une association dont les membres se réunissent régulièrement pour débattre de sujets politiques.

ACTIVITÉS

1) **Doc. 1** De quoi est chargé le président de l'Assemblée ? Où s'exprime l'orateur ?

2) **Doc. 1 et 2** Comment le public prend-il part aux débats ? Comment les députés se regroupent-ils dans la salle ?

3) **Doc. 2** Sur quoi s'opposent les députés de gauche et de droite ?

4) **Doc. 3** Comment s'appelle ce journal ? À quoi voit-on qu'il s'agit d'un journal politique ?

5) **Doc. 4** Comment les journaux sont-ils vendus ? Décrivez et expliquez l'attitude des personnages à l'arrière-plan.

6) **Doc. 5 et 6** Comment devient-on membre d'un club ? Quel rôle joue le club des Jacobins dans la vie politique ?

7) **Racontez les débuts de la vie politique en France.**

Méthode ◆ Situez la naissance de la vie politique (date, circonstances).

◆ Décrivez l'organisation des débats à l'Assemblée nationale (questions 1 à 3).

◆ Montrez comment les citoyens participent à la vie politique (questions 4 à 6).

DÉCOUVRIR

Les femmes dans la Révolution

Entre 1789 et 1793, les femmes participent activement à la Révolution. Certaines commencent à revendiquer l'égalité avec les hommes.

> **Comment les femmes participent-elles à la Révolution ? Qu'ont-elles obtenu de celle-ci ?**

OBJECTIF
Raconter et expliquer le rôle des femmes pendant la Révolution

Socle commun
5.1 Connaître les grands traits de l'histoire sociale de la France

1 Avant-garde des femmes allant à Versailles, le 5 octobre 1789
(Gravure anonyme, 1789, BNF, Paris.)

Le 5 octobre 1789, les femmes du peuple de Paris, armées de piques et de fourches, se rendent à Versailles pour obliger le roi à signer les decrets du 4 août.

2 Projet de Déclaration des Droits de la femme et de la citoyenne

« **Article 1.** La Femme naît libre et demeure égale à l'Homme en droits [...].

Article 3. Le principe de toute souveraineté réside dans la Nation qui n'est que la réunion de la Femme et de l'Homme.

Article 6. La loi doit être l'expression de la volonté générale ; toutes les Citoyennes et tous les Citoyens doivent concourir personnellement ou par leurs représentants à sa formation ; elle doit être la même pour tous ; toutes les Citoyennes et tous les Citoyens, étant égaux à ses yeux, doivent être également admissibles aux dignités, places et emplois publics [...].

Article 10. La femme a droit de monter sur l'échafaud ; elle doit avoir également celui de monter à la tribune[1], pourvu que ses manifestations ne troublent pas l'ordre public établi par la loi. »

Extraits du projet de Déclaration des droits de la femme et de la citoyenne d'Olympe de Gouges (1791).

1. De l'Assemblée nationale.

3 Olympe de Gouges (1748-1793)

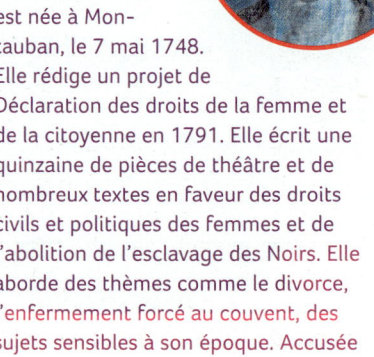

Biographie

Olympe de Gouges est née à Montauban, le 7 mai 1748. Elle rédige un projet de Déclaration des droits de la femme et de la citoyenne en 1791. Elle écrit une quinzaine de pièces de théâtre et de nombreux textes en faveur des droits civils et politiques des femmes et de l'abolition de l'esclavage des Noirs. Elle aborde des thèmes comme le divorce, l'enfermement forcé au couvent, des sujets sensibles à son époque. Accusée d'être proche des Girondins, elle est arrêtée et guillotinée pendant la Terreur, à Paris, le 3 novembre 1793.

4 « La femme ne doit pas sortir de la famille »

« Les droits politiques des citoyens sont de discuter et de faire prendre des résolutions relatives à l'intérêt de l'État, et de résister à l'oppression. Les femmes ont-elles la force morale et physique qu'exige l'exercice de l'un et l'autre de ces droits ? L'opinion universelle repousse cette idée […].

En général, les femmes sont peu capables de conceptions hautes et de méditations sérieuses. Voulez-vous que dans la république française on les voie venir au barreau, à la tribune, aux assemblées politiques comme les hommes, abandonnant et la retenue et le soin de leur famille ? […].

Nous croyons donc qu'une femme ne doit pas sortir de sa famille pour s'immiscer dans les affaires du gouvernement. »

Discours du député montagnard Amar
à la Convention, 30 octobre 1793.

5 Un club de femmes
(Gouache des frères Lesueur, 1793, musée Carnavalet, Paris.)

L'image est accompagnée de la légende suivante :
« On s'assemblait deux fois la semaine, la présidente faisait la lecture des séances de la Convention nationale, on approuvait ou l'on critiquait ses décrets ; ces dames […] faisaient entre elles une collecte qui était distribuée à des familles de bons patriotes qui ont besoin de secours. »

6 Chronologie

- **Octobre 1789.** Les femmes du peuple de Paris vont à Versailles pour réclamer du pain et obliger le roi à signer les décrets du 4 août. Elles ramènent le roi à Paris.
- **Mars 1791.** Premier club féminin.
- **Avril 1791.** Loi sur l'héritage, qui donne les mêmes droits de succession pour les filles et les garçons.
- **Septembre 1791.** Dans la Constitution de 1791, les femmes n'obtiennent pas le droit de vote.
- **Automne 1791.** Projet de Déclaration des droits de la femme rédigé par Olympe de Gouges.
- **Septembre 1792.** Loi autorisant le divorce, traitant à égalité les deux époux.
- **Octobre 1793.** À la suite du rapport Amar, interdiction de fonder un club féminin et d'y appartenir.
- **Mai 1795.** Interdiction faite aux femmes d'assister à une assemblée politique et de se rassembler à plus de cinq dans la rue.

ACTIVITÉS

1. **Doc. 1, 5 et 6** Comment les femmes interviennent-elles dans la vie politique dans les premiers temps de la Révolution ?
2. **Doc. 3** Par quels moyens Olympe de Gouges défend-elle les femmes ?
3. **Doc. 2** Quels droits pour les femmes revendique Olympe de Gouges dans sa Déclaration des droits de la femme ?
4. **Doc. 4** Quelles sont les raisons invoquées par Amar pour refuser les droits politiques aux femmes ? Quelle est la mesure de la Convention à la suite du rapport Amar (voir doc. 6) ?
5. **Doc. 6** Montrez que les femmes sont privées de droits politiques mais qu'elles obtiennent quelques droits civils.
6. **Racontez le rôle des femmes pendant la Révolution.**

Méthode ◆ Pour rédiger, complétez le texte suivant à l'aide des documents.
- Les femmes participent à la Révolution... (doc. 1 et 5).
- En 1791, la révolutionnaire Olympe de Gouges réclame de nouveaux droits pour les femmes... (doc. 2 et 3).
- Mais les droits reconnus aux femmes restent limités... (doc. 4 et 6).

DÉCOUVRIR
La Révolution et les religions

Sous la monarchie absolue, il n'y avait pas de véritable liberté de culte. Les protestants et les juifs n'avaient pas les mêmes droits que les catholiques. La Révolution ouvre une ère nouvelle.

> Quelles sont les relations entre l'État et les religions durant la Révolution ?

OBJECTIF
Décrire et expliquer les relations entre l'État et les religions sous la Révolution

Socle commun
5.1 Connaître les grands traits de l'histoire culturelle de la France

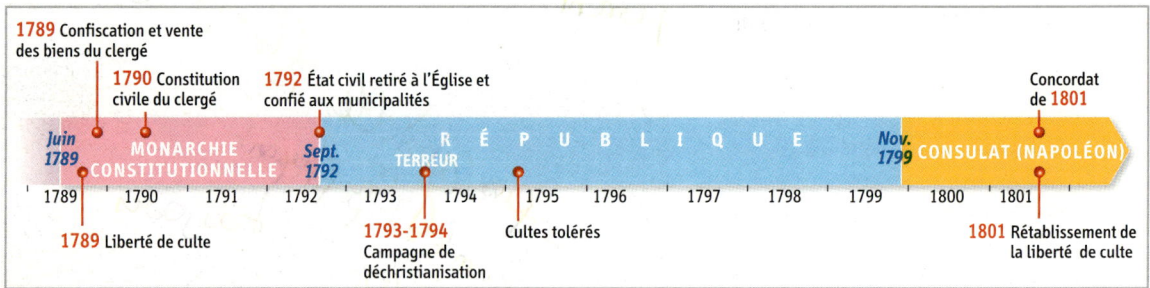

1 Chronologie

- 1789 Confiscation et vente des biens du clergé
- 1790 Constitution civile du clergé
- 1792 État civil retiré à l'Église et confié aux municipalités
- Concordat de 1801
- Juin 1789 — MONARCHIE CONSTITUTIONNELLE — Sept. 1792 — TERREUR — RÉPUBLIQUE — Nov. 1799 — CONSULAT (NAPOLÉON)
- 1789 Liberté de culte
- 1793-1794 Campagne de déchristianisation
- Cultes tolérés
- 1801 Rétablissement de la liberté de culte

2 « Moyen de faire prêter serment aux évêques et curés aristocrates »
(Gravure, XVIIIe siècle, musée Carnavalet, Paris.)

En 1790, la Constitution civile du clergé réorganise l'Église catholique. Mais près de la moitié des prêtres refusent de prêter serment à la Constitution comme cela était exigé. Ils forment le clergé « réfractaire » qui s'oppose désormais à la Révolution.

3 La déchristianisation au village

Durant la Terreur (1793-1794), de nombreuses municipalités ferment les églises et interdisent le culte.

« Demain tous les citoyens et citoyennes de la commune seront invités à reconnaître le décadi¹ pour le véritable jour du repos, à proscrire pour toujours les jours de dimanche et fête reconnus par le culte catholique, à fermer l'église où se réunissent les sectaires de cette religion, et ne reconnaître aucun autre culte à l'avenir que celui de la Raison, de la Liberté et de l'Égalité. Que le bâtiment fermé comme église soit ouvert à l'instant comme temple de la Raison et qu'il soit désormais consacré à célébrer les fêtes nationales... »

Décision du Conseil général de la Commune et du comité révolutionnaire de Hautvillers (Marne), 29 novembre 1793.

1. Jour de repos tous les dix jours qui remplace le dimanche.

Encrier révolutionnaire (Musée Carnavalet, Paris.)

4 Le Concordat de 1801

Pour réconcilier l'État avec les catholiques, Napoléon signe un Concordat avec le pape.

« Le Gouvernement de la République reconnaît que la religion catholique est la religion de la grande majorité des citoyens français.

Article premier. La religion catholique, apostolique et romaine sera librement exercée en France ; son culte sera public, en se conformant aux règlements de police.

Article 4. Le Premier consul de la République nommera aux archevêchés et évêchés [...]. Sa Sainteté[1] conférera l'investiture canonique.

Article 5. Les évêques, avant d'entrer en fonction, prêteront directement entre les mains du Premier Consul le serment de fidélité [...].

Article 10. Les évêques nommeront aux curés. Leur choix ne pourra tomber que sur des personnes agréées par le Gouvernement.

Article 14. Le Gouvernement assurera un traitement convenable aux évêques et aux curés. »

1. Le pape.

Définition

Un concordat : un accord entre un État et le pape sur les questions religieuses.

5 Bonaparte rétablit la liberté des cultes (1801)
(Gravure de 1803, musée Carnavalet, Paris.)

Napoléon Bonaparte rétablit la liberté totale des cultes. Elle profite aux trois religions de France : le catholicisme, très majoritaire, le protestantisme et le judaïsme.

ACTIVITÉS

1) **Doc. 1** En quelle année la liberté de culte est-elle établie pour la première fois ?

2) **Doc. 2** Que font les fidèles sur cette caricature révolutionnaire ? Pourquoi ?

3) **Doc. 3** Quelles sont les mesures de déchristianisation prises dans ce village ? De quand datent-elles ?

4) **Doc. 3** Décrivez l'encrier révolutionnaire et expliquez ce qu'il veut signifier.

5) **Doc. 4** Qu'est-ce qu'un concordat ? Dans le Concordat de 1801, qui nomme et rémunère les évêques et les curés ? Qu'exige l'article 5 ?

6) **Doc. 1 et 5** Citez quelques cultes représentés sur l'image et les éléments qui permettent de les reconnaître. Décrivez et expliquez l'attitude de Bonaparte.

7) Décrivez et expliquez les relations entre l'État et les religions de 1789 à 1801.

Méthode ◆ Recopiez et complétez le tableau avec les mots de la frise (doc. 1). Puis rédigez votre réponse à l'aide du tableau et des réponses aux questions.

Les débuts de la révolution (1789-1791)	Sous la Terreur (1793-1794)	Sous Napoléon

DÉCOUVRIR

La Révolution, l'Empire et la guerre

OBJECTIF
Décrire les transformations de l'armée et de la guerre sous la Révolution et l'Empire

Socle commun
6.1 Connaître le rôle de la défense nationale

Sous l'Ancien Régime, l'armée était une armée de métier peu nombreuse encadrée par des nobles. Les guerres étaient fréquentes mais elles étaient situées aux frontières et concernaient peu les habitants du royaume.

> **Comment l'armée et la guerre se transforment-elles sous la Révolution et l'Empire ?**

1 Les engagements volontaires de 1792
(Gouache des frères Lesueur, musée Carnavalet, Paris.)

L'uniforme de la Garde nationale parisienne imaginé par La Fayette devient celui de toute l'infanterie par la loi du 21 février 1793.

2 Chronologie

- **Avril 1792.** Déclaration de guerre à l'empereur d'Autriche. La Prusse rejoint l'Autriche.
- **11 juillet 1792.** L'Assemblée proclame la « Patrie en danger ». Appel aux volontaires.
- **Janvier 1793.** Louis XVI est guillotiné. Grande coalition européenne contre la France.
- **24 février 1793.** Levée de 300 000 hommes.
- **23 août 1793.** Levée en masse de tous les hommes célibataires de 18 à 25 ans.
- **26 juin 1794.** Victoire de Fleurus. La guerre se fait désormais en dehors de France.
- **Septembre 1798.** La loi Jourdan institue la conscription.
- **1803-1815.** Guerres napoléoniennes.

3 Le service militaire obligatoire (1798)

« **Article 1.** Tout Français est soldat et se doit à la défense de la patrie. Sauf dans le cas où la patrie est en danger, l'armée se forme par enrôlement volontaire et par voie de la conscription.

Article 4. Le Corps législatif fixe, par une loi particulière, le nombre de défenseurs conscrits qui doivent être mis en activité de service.

Article 15. La conscription militaire comprend tous les Français depuis l'âge de vingt ans accomplis jusqu'à celui de vingt-cinq ans révolus. »

Loi Jourdan du 5 septembre 1798 (extraits).

Définitions

La conscription : le service militaire obligatoire.

L'infanterie : l'armée qui combat à pied. Un fantassin est un soldat de l'infanterie.

4 Les nouvelles formes de la guerre : l'exemple de la bataille de Tudela (Espagne), 1808
(Estampe, château de Fontainebleau.)

En 1793, l'armée est composée de soldats à pieds (fantassins) qui chargent à la baïonnette et qui sont appuyés par des canons et des cavaliers. À partir de 1794, un corps d'armée est divisé en unités d'infanterie, de cavalerie, d'artillerie distinctes et mobiles.

5 La boucherie d'Eylau (1807)

La bataille d'Eylau, en Russie, a opposé l'armée française à l'armée russe.

« **8 février.** Le régiment descendit la hauteur en colonne et se dirigea à la droite de l'église où il se déploya. Déjà plusieurs boulets avaient porté dans le régiment et enlevé bien des hommes. Une fois en bataille, et assez à découvert, le nombre en fut bien plus grand. Nous étions sous les coups d'une immense batterie d'artillerie, qui tirait sur nous à plein fouet et exerçait dans nos rangs un terrible ravage […].

9 février. Dans la journée, je fus envoyé en corvée à Eylau. Les endroits où avaient eu lieu les charges de cavalerie, les attaques à la baïonnette et l'emplacement des batteries étaient couverts d'hommes et de chevaux morts. Sur quelque point que la vue se portât, on ne voyait que des cadavres, que des malheureux qui se traînaient, on n'entendait que des cris déchirants. Je me retirai épouvanté. »

Capitaine Jean-Baptiste Barrès, *Souvenirs d'un officier de la Grande Armée* (publié par Maurice Barrès, son petit-fils, en 1923).

ACTIVITÉS

1) **Doc. 1 et 2** Quelles sont les mesures prises par l'État pour chasser l'ennemi de France en 1792 et 1793 ?

2) **Doc. 1** Qu'est-ce qui montre l'enthousiasme des volontaires de 1792 ? Décrivez l'uniforme et l'équipement des soldats.

3) **Doc. 3** À partir de 1798, qui doit partir au combat ?

4) **Doc. 4** Quelles sont les différentes unités de l'armée française visibles sur l'image ? Qu'est-ce qui montre la supériorité des Français ?

5) **Doc. 5** Quels sont les trois types de combats évoqués dans le texte ? Pourquoi le capitaine Barrès se retire-t-il « épouvanté » ?

6) **Décrivez les transformations de l'armée et de la guerre sous la Révolution et l'Empire.**

Méthode ◆ Décrivez les changements concernant le recrutement des soldats (doc. 1, 2, 3).

◆ Décrivez ensuite les formes nouvelles de la guerre (doc. 4, 5).

1 Une France nouvelle

> Comment la Révolution et l'Empire ont-ils transformé la France ?

A Les fondations politiques

1. Sous la Révolution, **la monarchie absolue disparaît**. Une Constitution fixe l'organisation des pouvoirs et la loi est votée par une Assemblée nationale élue. **La vie politique se développe** : les députés débattent à l'Assemblée, les citoyens créent des clubs et lisent la presse politique (> PP. 92-93).

2. **L'administration du pays est unifiée**, avec la création des communes et des départements (DOC. 4). À partir de 1800, les départements sont dirigés par des **préfets** nommés par l'État (DOC. 3).

3. Progressivement, l'armée de métier est remplacée par une armée nationale. **Le service militaire devient obligatoire** par la loi Jourdan en 1798 (> PP. 96-97).

B Les fondations économiques et sociales

1. En 1789, l'Assemblée nationale supprime les privilèges et établit **l'égalité des droits** entre les citoyens devant l'impôt, la justice, l'emploi... Napoléon fait rédiger le Code civil qui fixe le droit entre les personnes (1804).

2. **Le marché national est unifié** avec la suppression des douanes intérieures et l'unification des poids et mesures (DOC. 1). L'État défend désormais **la liberté d'entreprise** et il interdit les syndicats et les grèves (DOC. 2).

3. Les **femmes** participent à la Révolution. Elles obtiennent quelques avancées sur l'héritage, le divorce mais on ne leur accorde aucun droit politique (> P. 92-93).

C Les fondations religieuses et culturelles

1. Dès 1789, l'Assemblée nationale établit **la liberté de culte** et l'égalité entre catholiques, protestants et juifs. Sous la Révolution, **les relations entre l'État et l'Église catholique** sont conflictuelles mais elles se pacifient avec le **concordat de 1801** ; à partir de cette date, l'État nomme et salarie le clergé (> PP. 94-95).

2. Pour les révolutionnaires, **l'État doit jouer un rôle plus important dans l'éducation et la culture**. Napoléon crée **les premiers lycées publics** et les **musées publics** font leur apparition (Le Louvre).

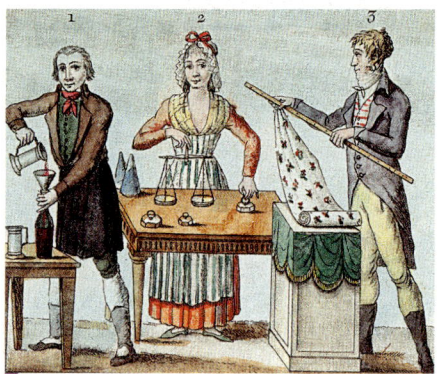

1 Les nouveaux poids et mesures
(Gravure de Labrousse, XVIIIe siècle, musée Carnavalet, Paris.)

Les nouveaux poids et mesure sont mis en place en 1795. **1.** Le litre **2.** Le gramme **3.** Le mètre.

2 La loi Le Chapelier (14 juin 1791)

« Les citoyens d'un même état et profession, les entrepreneurs, ceux qui ont boutique ouverte, les ouvriers d'un art quelconque ne pourront, lorsqu'ils se trouveront ensemble, se nommer ni président, ni secrétaire, ni syndics ; ils ne pourront ni délibérer, ni former des règlements sur leurs prétendus intérêts communs.

Tous les attroupements composés d'artisans, ouvriers, compagnons, journaliers contre le libre exercice de l'industrie et du travail, seront dissipés par les dépositaires de la force publique. »

1. Quel paragraphe correspond à l'interdiction des syndicats ?
2. Qui sont les dépositaires de la force publique ? Que doivent-ils faire ?

Définitions

Le Code civil : le recueil des lois qui fixe les règles des relations entre les personnes.

Un département : une division administrative du territoire français.

3 Un préfet en 1801
(Gravure, XIXᵉ siècle, Musée Carnavalet, Paris.)

4 Les départements en 1790

1. Citez des départements qui portent le nom de fleuves ou de rivières, de montagnes.

2. Quel intérêt représente le découpage en département ?

5 Extrait du Code civil

« **Article 213.** Le mari doit protection à sa femme, la femme obéissance à son mari.

Article 372. L'enfant reste sous l'autorité de ses parents jusqu'à sa majorité.

Article 373. Le père seul exerce cette autorité durant le mariage.

Article 376. Si l'enfant a moins de seize ans, le père peut le faire emprisonner pendant un temps qui ne pourra excéder un mois.

Article 545. Nul ne peut être contraint de céder sa propriété si ce n'est pour cause d'utilité publique et moyennant une juste et préalable indemnité.

Article 1781. Le maître[1] est cru sur son affirmation pour le paiement du salaire. »

1. Le patron.

1. Quelle est la date du Code civil et qui l'a fait rédiger ?

2. Qui possède l'autorité au sein de la famille ? Justifiez la réponse.

3. Montrez que le Code civil protège la propriété.

4. Montrez qu'il n'y a pas d'égalité entre le patron et l'employé.

Exercices

1 Étudier les premiers lycées publics

5.3 Lire et employer différents langages : textes – images

DOCUMENT 1 Des lycéens sous Napoléon

DOCUMENT 2 Le règlement des lycées

« Chaque lycée, limité au chiffre de deux cents élèves en moyenne, n'a que six professeurs : trois pour les lettres françaises et latines, trois pour les mathématiques. Passé douze ans, les élèves apprennent aussi l'exercice militaire sous la direction d'un adjudant. Les élèves sont divisés en compagnies de vingt-cinq ; chaque compagnie a un sergent et quatre caporaux choisis parmi les meilleurs élèves.

Les punitions consistent en prison, table de pénitence et arrêts. L'élève mis aux arrêts est consigné dans un coin de la cour pendant les récréations. Il ne doit pas franchir certaines limites.

Chaque lycée aura une bibliothèque de 1 500 volumes ; le catalogue de ces bibliothèques sera identique partout. Les programmes sont l'œuvre propre du Premier Consul. »

Reichardt (envoyé prussien), *Un hiver à Paris sous le Consulat*, 17 décembre 1802.

1. Qu'apprend-on dans les lycées ? Sur l'image, quel est le loisir du lycéen ?
2. Au lycée, qu'est-ce qui rappelle l'armée ?
3. Qui contrôle les programmes et les lectures des élèves ? Pourquoi sont-ils contrôlés ?
4. À partir des réponses précédentes, indiquez quel type de fonctionnaires Napoléon cherche à former dans les lycées.

2 Connaître les fondations de la France nouvelle

● Rattachez les changements apportés par la Révolution et l'Empire aux fondations de la France nouvelle qui leur correspondent :

Fondations politiques A
Fondations administratives B
Fondations sociales C
Fondations religieuses D
Fondations culturelles E
Fondations militaires F

1 Suppression des privilèges
2 Souveraineté de la nation
3 Confiscation des biens du clergé
4 Création du Musée du Louvre
5 Liberté de culte
6 Premiers lycées publics
7 Premiers partis politiques
8 Liberté de la presse
9 Naissance d'une armée nationale (service militaire obligatoire)
10 Création des départements
11 Mouvement féministe pour l'égalité hommes-femmes
12 Mariage civil
13 Concordat de 1801 entre l'État et le pape
14 Premiers musées publics
15 Préfets à la tête des départements

3 LES ARTS, témoins de l'histoire
Étudier *La Marseillaise*

Socle commun
5.1 Avoir des connaissances relevant de la culture artistique : œuvre musicale

DOCUMENT 1 — La partition de la Marseillaise
(Gravure anglaise coloriée de Richard Newton, XVIIIᵉ siècle, BNF, Paris.)
La partition de la chanson est éditée à Londres, le 10 novembre 1792.

En garnison à Strasbourg, le capitaine Rouget de Lisle écrit Le chant de guerre pour l'armée du Rhin *en avril 1792. Le chant est appelé « Marseillaise » parce que les fédérés marseillais le chantent en arrivant à Paris en juillet 1792.*
Il est adopté comme hymne national français sous la Révolution et l'Empire puis de nouveau à partir de 1879.

DOCUMENT 2 — La Marseillaise

« Allons enfants de la patrie
Le jour de gloire est arrivé
Contre nous de la tyrannie
L'étendard sanglant est levé (bis)
Entendez-vous dans nos campagnes
Mugir ces féroces soldats
Qui viennent jusque dans nos bras
Égorger nos fils et nos compagnes.

   Refrain
   Aux armes citoyens
   Formez vos bataillons
   Marchons, marchons
   Qu'un sang impur
   Abreuve nos sillons

Amour sacré de la Patrie
Conduis, soutiens nos bras vengeurs !
Liberté, liberté chérie,
Combats avec tes défenseurs ! (bis)
Sous nos drapeaux, que la victoire
Accoure à tes mâles accents !
Que tes ennemis expirants
Voient ton triomphe et notre gloire !
[...] »

Je présente
1. Quand et pourquoi *La Marseillaise* a-t-elle été écrite ? Pourquoi ce chant s'appelle-t-il *La Marseillaise* ?
2. Contre quels pays la France est-elle en guerre en 1792 ?

J'analyse
3. Expliquez les mots soulignés.
4. Remettez dans un ordre compréhensible le vers : « contre nous/ de la tyrannie/ l'étendard sanglant/ est levé ». De quelle tyrannie s'agit-il ?
5. Qui sont les féroces soldats et que font-ils ?
6. Comment sont appelés les combattants français ? Dans le texte, qu'est-ce qui soutient leur combat ?

J'explique le sens général
7. Pourquoi peut-on dire que *La Marseillaise* est à la fois un chant patriotique (qui défend la patrie) et un chant révolutionnaire ?

Vocabulaire des Arts
Une partition : une musique écrite.
Un hymne national : un chant choisi par un pays pour le représenter dans les cérémonies officielles.

Arts du son

chapitre 7
La France et l'Europe en 1815

> **Quelles sont les transformations issues de la période révolutionnaire en Europe ?**

1 Sous la Révolution et l'Empire, la France domine l'Europe.
(Louis Lafitte, *Le général Bonaparte proclamant la République cisalpine à Milan le 9 juillet 1797*, 1813, L. : 2,5 m x H. : 3,3 m, musée de l'île d'Aix.)

En 1797, Napoléon crée une République cisalpine dans le Nord de l'Italie dont l'organisation est calquée sur celle de la République française. Devenu empereur, Napoléon la transforme en royaume d'Italie et en devient le roi.

1792 La France déclare la guerre à l'Autriche · **1808** Révolte espagnole · **1815** Congrès de Vienne

CONQUÊTES ET DOMINATION FRANÇAISES — ☆ Victoire de Fleurus 1794 — 1812 · DÉFAITES FRANÇAISES · 1815 · Sainte-Alliance

2 En 1815, les rois d'Europe rétablissent leur pouvoir (Congrès de Vienne)
(Gravure coloriée de 1815, musée Carnavalet, Paris.)

① Louis XVIII, nouveau roi de France ② Le tsar de Russie Alexandre 1er, qui marche sur la Pologne ③ Le Premier ministre anglais Castleragh ④ Napoléon, qui n'a plus rien ⑤ Ferdinand VII qui rétablit son pouvoir en Espagne ⑥ Frédéric-Guillaume III, roi de Prusse, qui étend son royaume ⑦ François 1er, empereur d'Autriche qui remplit son sac.

DÉCOUVRIR

La Révolution française et l'Europe

> OBJECTIF
> Décrire les transformations politiques et sociales durant la période révolutionnaire en Europe.
>
> **Socle commun**
> 5.1 Connaître les grands traits de l'histoire politique et sociale de l'Europe

Sous la Révolution et l'Empire, la France fait la guerre aux rois d'Europe. Dans les pays occupés, elle cherche à appliquer les principes nouveaux de la Révolution française.

> **Quelles sont les transformations politiques et sociales en Europe pendant la période révolutionnaire ?**

1 Plantation d'un arbre de la Liberté à Mayence (Allemagne)

Sur la pancarte, on lit « Liberté et Égalité » (Peinture allemande, Musée de Rastatt).

En octobre 1792, les soldats français occupent Mayence en Rhénanie. Les habitants les accueillent avec joie et fondent un club des Jacobins. En février 1793, celui-ci décide de planter un arbre de la Liberté.

« Lorsque le cortège fut arrivé sur la place du Marché, on dressa l'arbre. On le planta ensuite sous les cris d'allégresse et les clameurs bénissant la Liberté et le peuple français. Vieillards et enfants, hommes et femmes, riches et pauvres, apportèrent les pierres et la terre destinées à le consolider : "Nous le planterons si solidement, criaient-ils, qu'aucun despote ne réussira jamais à l'abattre". »

Mainzer National Zeitung, février 1793.

2 Décret de la Convention

« La Convention nationale décrète :
Article 1er. Dans les pays qui sont ou seront occupés par les armées de la République, les généraux proclameront sur le champ, au nom de la nation française, la souveraineté du peuple, l'abolition de la dîme, de la féodalité, des droits seigneuriaux et généralement de tous les privilèges.
Article 2. Ils annonceront au peuple qu'ils lui apportent paix, secours, fraternité, liberté et égalité. »

Décret du 15 décembre 1792.

ACTIVITÉS

1. **Doc. 2** Quels sont les buts de la République française ?
2. **Doc. 1** Qu'est ce qui montre que les Français sont bien accueillis ? Expliquez pourquoi.
3. **Doc. 3** Quels sont les pays dominés par la France en 1812 ? Où se diffuse le Code civil ?
4. **Doc. 5** Quel est l'État rétabli par Napoléon ? Que donne-t-il à cet État ?
5. **Doc. 4** Quelles sont les réformes demandées par Napoléon ?
6. Décrivez les transformations apportées à l'Europe par la France.

Méthode ◆ Pour rédiger, répondez aux deux questions suivantes :
- Quelles sont les transformations politiques (utilisez les mots : rois, État, Constitution) ?
- Quelles sont les transformations sociales (utilisez les mots : privilèges, Code civil, droits seigneuriaux) ?

3 La domination française en Europe en 1812

Avec le Code civil, c'est l'égalité devant la loi qui se répand dans une partie de l'Europe.

4 Une lettre de Napoléon

« Avant le mois de janvier, vous devez avoir divisé votre royaume en départements […]. Ce que désirent avec impatience les peuples d'Allemagne, c'est que les individus qui ne sont point nobles et qui ont des talents aient un droit égal à votre considération et aux emplois, c'est que toute espèce de servage soit entièrement abolie. Les bienfaits du Code Napoléon, l'établissement des jurys[1] seront autant de caractères distinctifs de votre monarchie. Il faut que vos peuples jouissent d'une liberté, d'une égalité, d'un bien-être inconnus aux peuples de la Germanie […]. Les peuples de France, d'Italie, d'Espagne désirent l'égalité et veulent les idées libérales. Les privilèges sont contraires à l'opinion générale […]. Soyez un roi constitutionnel. »

Napoléon, Lettre à son frère Jérôme, roi de Westphalie, 15 novembre 1807.

1. Pour les procès criminels.

5 Napoléon et le Grand-Duché de Varsovie
(Peinture de M. Baciarelli, XIXe siècle, Musée national, Varsovie.)

Napoléon donne l'indépendance à la Pologne, qui prend le nom de Grand-Duché de Varsovie. Il nomme un souverain (le roi de Saxe) et dote le nouvel État d'une Constitution.

DÉCOUVRIR

L'éveil du sentiment national

OBJECTIF
Expliquer l'éveil du sentiment national pendant la période révolutionnaire

Socle commun
5.2 Connaître les grands traits de l'histoire politique de l'Europe

La guerre de libération des armées françaises se transforme vite en guerre de conquête. Sous l'Empire napoléonien, dans de nombreux pays d'Europe, l'occupation entraîne des réactions anti-françaises et l'éveil du sentiment national.

> **Comment s'éveille le sentiment national en Europe pendant la période révolutionnaire ?**

1 Les Français pillent les œuvres des pays conquis
(Caricature anglaise, vers 1800.)

2 Goethe explique la colère des Allemands

« La guerre commença, et les Français en bataillons armés s'approchèrent ; mais ils semblaient n'apporter que l'amitié [...] ; ils plantèrent gaiement les arbres joyeux de la liberté, promettant à chacun de respecter ce qui lui appartenait, et à chacun de lui laisser son gouvernement propre [...].

Mais bientôt le ciel s'obscurcit : une race d'hommes pervers, indignes d'être l'instrument du bien, lutta pour la seule domination ; ils se massacrèrent entre eux, opprimèrent les peuples voisins, leurs frères nouveaux, et leur envoyèrent des essaims d'hommes rapaces. Tous nous pillèrent [...]. Nos maux dépassaient toute mesure et chaque jour augmentait l'oppression.

Chacun de nous n'eut plus qu'une idée et ne fit qu'un serment, se venger de toutes les injures et de la perte amère des espoirs déçus [...]. En un clin d'œil, les paisibles instruments des champs se vengèrent en armes, la fourche et la faux dégoulinèrent de sang. »

Johann Wolfgang Goethe, « Hermann et Dorothée », *chant VI*, 1797.

3 Goethe
(1749-1832)
Goethe est un écrivain né à Francfort. En 1774, il publie *Les souffrances du jeune Werther*, son roman le plus célèbre. D'abord favorable à la Révolution française, il s'en détourne rapidement, très affecté par l'occupation des États allemands par la France.

4 Poème pour l'Allemagne

À l'époque de ce poème, les États allemands sont occupés par la France.

« Qu'on ne parle plus d'Autriche et de Prusse, de Bavière et de Tyrol,
De Saxe et de Westphalie[1] mais de l'Allemagne [...].
Quelle est la patrie d'un Allemand ? [...]
Aussi loin que la langue allemande résonne,
Et chante la gloire de Dieu dans les cieux,
C'est là qu'est ta patrie,
C'est là preux allemand qu'est ta patrie.

La patrie d'un Allemand, c'est le pays
Capable d'une colère qui anéantit la future gauloise
Où tout Français est l'ennemi
Où tout Allemand est un ami
La voilà la patrie,
C'est l'Allemagne tout entière ! »

Ernst Moritz Arndt, *Cinq chants pour les soldats allemands*, Königsberg, 1813.

1. États allemands.

5 L'éveil du sentiment national en Allemagne

6 La guerre d'Espagne

En 1808, les Espagnols se soulèvent contre l'occupation française.

« Toutes les populations étaient soulevées contre nous ; des moines, des prêtres marchaient, le crucifix à la main, à la tête de bandes. Nuire d'une manière quelconque à nos armées était un acte méritoire ; assassiner un Français, une œuvre patriotique, un cas d'absolution des péchés. Ces principes étaient écrits dans les catéchismes mis entre les mains des femmes et des enfants ; l'Empereur y était dénoncé comme un monstre, un envoyé de Satan. »

Larréguy de Civrieux, *Souvenirs d'un cadet (1812-1823)*.

7 Les combats à Saragosse (Espagne) en 1809
(Louis-François Lejeune, *Épisode du siège de Saragosse : assaut du monastère de San Engracia, le 8 février 1809*, 1827, Huile sur toile, L. : 128 cm x H. : 150 cm, musée du château de Versailles.)

ACTIVITÉS

1. **Doc. 2** Selon Goethe, comment les Français sont-ils accueillis en Allemagne au début de la Révolution ? Qu'est-ce qui explique le mouvement anti-français par la suite ?
2. **Doc. 4** Quelles sont les limites de l'Allemagne selon Arndt ? Que réclame-t-il ?
3. **Doc. 5** À quelles cases du schéma peuvent correspondre les documents 1, 2 et 4 ?
4. **Doc. 6 et 7** Pourquoi peut-on parler d'un « soulèvement général » contre les Français ?
5. **Doc. 6 et 7** En utilisant l'image et le texte, montrez que la religion joue un rôle très important dans le soulèvement.
6. Racontez et expliquez l'éveil du sentiment national en Allemagne et en Espagne pendant la Révolution française.

Méthode ◆ Faites deux paragraphes et utilisez les mots : Allemagne, pillage, sentiment national, Espagne, 1808, soulèvement général, religion catholique.

Définition
Le sentiment national : le sentiment d'appartenir à une nationalité, un peuple.

Les ARTS témoins de l'Histoire

Goya peint le Tres de Mayo

OBJECTIF
Étudier une œuvre d'art sur la révolte espagnole

Socle commun
- 5.1 Avoir des connaissances relevant de la culture artistique : œuvres picturales
- 5.4 Être sensible aux enjeux esthétiques et humains d'une œuvre artistique

Le 2 mai 1808, le peuple de Madrid se soulève contre l'occupation française. Durant la nuit, l'insurrection est impitoyablement réprimée par les troupes napoléoniennes.

> **Comment Goya a-t-il représenté la répression du soulèvement madrilène de 1808 ?**

1 FICHE D'IDENTITÉ
Le Tres de Mayo (doc. 4)

- **Nom :** Le Tres de Mayo ou Les fusillades sur la montagne du Prince Pio
- **Auteur :** Francisco Goya (1746-1828)
- **Sujet :** dans la nuit du 2 au 3 mai 1808, l'armée de Napoléon exécute les Espagnols qui se sont révoltés à Madrid dans la journée du 2 mai.
- **Date de l'œuvre :** 1814
- **Nature et technique :** peinture, huile sur toile
- **Dimension :** H. : 2,66 m x L. : 3, 45 m
- **Lieu actuel de conservation :** Musée du Prado, Madrid

Histoire de l'œuvre

Après le départ des troupes françaises en 1814, Goya propose au Conseil de régence (qui précède le retour du roi Ferdinand VII) d'illustrer les épisodes les plus marquants de la révolte des Madrilènes contre les troupes françaises.
Il peint la révolte du 2 mai 1808 (le *Dos de Mayo*) (voir p. 112) et sa répression (Le *Tres de Mayo*).

Vocabulaire DES Arts

Le romantisme : le courant artistique de la première moitié du XIXe siècle qui cherche à faire triompher les sentiments, les passions. Les artistes romantiques prennent souvent position pour les libertés (voir p. 146).

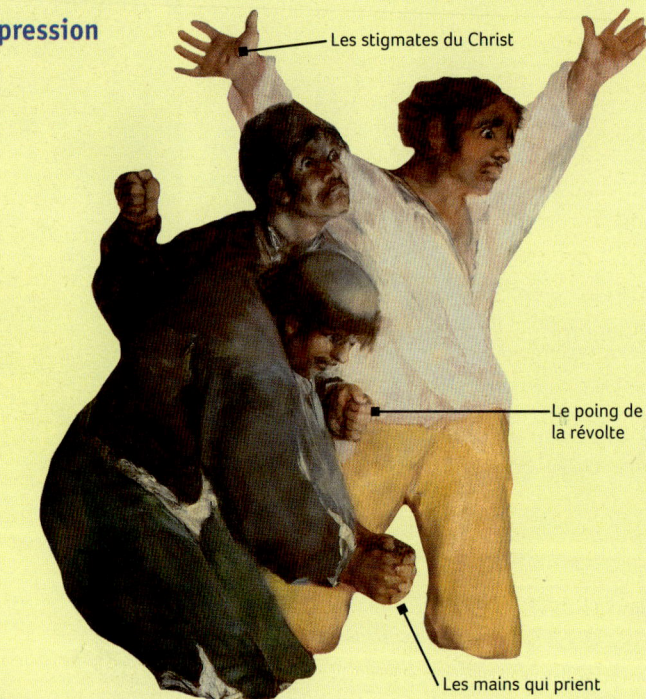

- Les stigmates du Christ
- Le poing de la révolte
- Les mains qui prient

2 Les fusillés du *Tres de Mayo*

3 Croquis du tableau

Arts du visuel

4 Le *Tres de Mayo* de Goya

5 Francisco Goya
(1746-1828)

Né près de Saragosse, Goya s'installe à Madrid en 1775. En 1783, il est nommé peintre des rois d'Espagne et réalise pour eux de nombreux portraits.
Partisan des Lumières et de la Révolution française, Goya est traumatisé par l'intervention française en Espagne. Il dénonce la guerre d'Espagne et la répression dans 82 gravures appelées les *Désastres de la guerre* (1810) puis dans Le *Dos* et Le *Tres de Mayo* peints en 1814. Mais, il ne supporte pas le rétablissement de l'absolutisme par le roi d'Espagne, Ferdinand VII, après 1815. En 1824, il quitte l'Espagne pour la France où il meurt en 1828.

ACTIVITÉS

Je présente
1. Présentez Le *Tres de Mayo* (nature, date, artiste, dimension).
2. Quel est l'événement historique peint par Goya ?

Je décris et j'explique
3. À quoi correspond chaque numéro sur le croquis (doc.3) ?
4. Comment sont représentés les soldats français ? les condamnés espagnols ?
5. À qui est identifié le personnage central ? Justifiez la réponse.
6. Que veut faire ressentir l'artiste au spectateur ? Justifiez la réponse

Je rattache l'œuvre à une école artistique
7. En quoi cette œuvre peut-elle être considérée comme romantique (voir schéma p. 146) ?

Passerelle des ARTS

● Le peintre français Édouard Manet s'inspire du *Tres de Mayo* lorsqu'il peint *L'exécution de Maximilien* en 1868. Le peintre espagnol (catalan) Picasso s'inspire du *Tres de Mayo* lorsqu'il peint *Massacre en Corée* en 1951.

● Recherchez les deux tableaux en tapant « Manet Exécution de Maximilien » et « Picasso Massacre en Corée » sur un moteur de recherche (ex : Google image). Quel est le point commun entre ces deux tableaux et Le *Tres de Mayo* de Goya ?

| Arts du quotidien | Arts du langage | Arts de l'espace |

1 L'Europe en 1815

> Quelles sont les transformations de l'Europe pendant la période révolutionnaire ?

A La France bouleverse l'Europe

1. À partir de 1794, la **France remporte de nombreuses victoires contre les puissances européennes**. En 1811, sous l'Empire napoléonien, elle est formée de 130 départements et elle domine plusieurs États vassaux à la tête desquels Napoléon a souvent placé des membres de sa famille.

2. **La France met en place des réformes dans les pays qu'elle domine.** Elle donne des constitutions, supprime les privilèges, introduit le Code civil, abolit le servage et parfois les droits seigneuriaux. Mais ces réformes ne sont réellement appliquées qu'en Europe de l'Ouest (Pays-Bas, Rhénanie, Italie du Nord) (> pp. 104-105).

3. Les pays vassaux doivent fournir des impôts et des soldats à la France, abriter les armées d'occupation. **La domination française est mal supportée.** Les **Espagnols se révoltent** quand les Français chassent la famille royale d'Espagne. En **Allemagne**, en **Italie**, l'occupation provoque des sentiments anti-français et réveille le sentiment national (> pp. 106-107).

B 1815 : le retour à l'ordre ancien ?

1. Après la défaite de Napoléon en 1814, **les puissances européennes se réunissent en congrès à Vienne pour réorganiser l'Europe**. La France est ramenée dans ses frontières de 1791 et les puissances victorieuses de Napoléon étendent leur territoire (DOC. 2). Les rois des anciennes dynasties reviennent sur leur trône et **rétablissent presque tous leur pouvoir absolu**.

2. Après le Congrès de Vienne, en 1815, **le roi de Prusse, le tsar de Russie et l'empereur d'Autriche forment une alliance pour empêcher toute nouvelle révolution** et pour maintenir le nouvel ordre européen : c'est **la Sainte-Alliance** (DOC. 3). Ils sont rejoints ensuite par la France et le Royaume-Uni.

3. Le Congrès de Vienne a remanié les frontières européennes **sans tenir compte des nationalités** et du désir de liberté des peuples. En 1817, **les étudiants allemands** dénoncent l'absolutisme des rois et réclament l'unité de l'Allemagne (DOC. 1). Après 1820, **des Italiens forment des sociétés secrètes** (les *carbonari*) qui luttent pour les libertés et l'unité de l'Italie.

1 L'agitation étudiante en Allemagne (1817)

Des étudiants allemands se retrouvent à la Wartburg[1] (à Eisenach) pour célébrer la bataille de Leipzig contre la France et la Réforme protestante.

« Arrivés dans l'enceinte du château, un jeune Westphalien prit la parole et rappela à ses camarades les efforts incroyables de la jeunesse allemande en 1813 et 1814 pour affranchir la patrie du joug[2] de l'étranger. Il rappela que le but de l'expulsion des Français avait été en effet atteint. Mais quel a été le dénouement de cette tragédie ? "Une réunion de despotes, au lieu d'accorder au peuple le fruit de ses travaux, a établi un système de brigandage et d'injustice. Brisons les fers de l'Allemagne et jurons de mourir plutôt que de souffrir cette tyrannie !"

On alluma un grand feu, et les Actes du Congrès furent jetés dans les flammes aux cris de "Vive la liberté ! Périssent les tyrans et leurs perfides ministres !" ».

Comte de Bombelles (ambassadeur d'Autriche à Dresde), *Lettre à Metternich*, 27 octobre 1817.

1. Château où séjourna Luther à partir de 1521. 2. Oppression, asservissement.

▶ Qu'est-ce qui explique la déception des étudiants allemands en 1817 ?

Définition

Une nationalité (ou une nation) : un peuple ayant un territoire, une langue, des traditions, une histoire en commun.

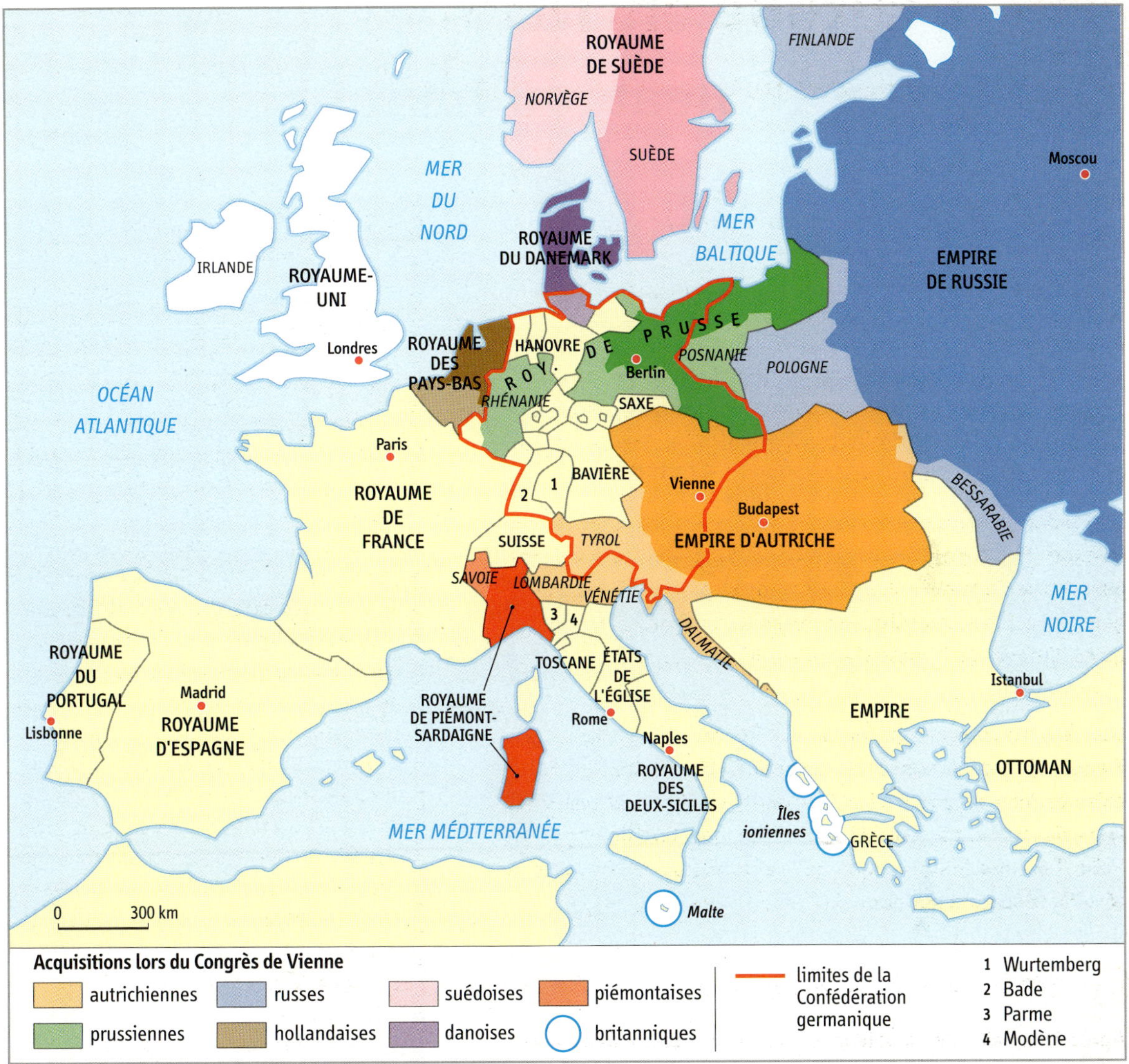

Acquisitions lors du Congrès de Vienne

- autrichiennes
- prussiennes
- russes
- hollandaises
- suédoises
- danoises
- piémontaises
- britanniques
- limites de la Confédération germanique

1. Wurtemberg
2. Bade
3. Parme
4. Modène

2 L'Europe à l'issue du Congrès de Vienne

1. Quelles sont les puissances gagnantes du Congrès de Vienne ?
2. À l'aide du doc. 2 p. 103, indiquez les noms des souverains de trois d'entre elles.

3 Metternich analyse la situation de 1815

« Il n'existe en Europe qu'une seule affaire, c'est la Révolution. Le but précis des révolutionnaires est unique. C'est celui du renversement de toute chose légalement existante. Le principe que les rois doivent opposer à ce plan de destruction universelle, c'est celui de la conservation de toute chose légalement existante. L'intérieur de tous les pays européens, sans en excepter aucun, est travaillé par une fièvre ardente [...]. Tous les pouvoirs sont menacés de perdre leur équilibre. Les institutions les plus solides sont ébranlées dans leurs fondements [...]. Si dans cette crise effrayante, les principaux souverains de l'Europe étaient désunis, nous serions tous emportés dans un petit nombre d'années. »

Mémoires, documents et écrits divers laissés par le prince de Metternich (ministre des Affaires étrangères de l'Autriche en 1815).

▶ Comment Metternich caractérise-t-il l'Europe de 1815 ? Quels principes défend-il ?

CHAPITRE La France et l'Europe en 1815 / 111

MÉTHODE

Socle commun
5.3 Lire et employer différents langages : images

Étudier un tableau en histoire

POINT MÉTHODE

Le tableau en histoire
- Un tableau est une peinture sur un panneau de bois ou une toile.
- Les tableaux sont souvent utilisés en histoire comme source d'illustration d'un événement passé (la photographie n'apparaît qu'au milieu du XIXe siècle).
- C'est une source pour l'histoire mais souvent l'artiste interprète la réalité. Il faut donc exercer un regard critique sur l'œuvre.

Étudier un tableau en histoire, c'est

A. Présenter le tableau :
- L'artiste
- Le sujet (souvent indiqué par le titre) ;
- Le genre du tableau : portrait, nature morte, paysage, scène religieuse ou mythologique, scène de la vie quotidienne, scène historique… ;
- Le format du tableau, le lieu de conservation.

B. Décrire et analyser le tableau

C'est répondre aux questions suivantes.

- Comment le tableau est-il composé ?
  ▸ Quelle figure générale forme la scène ? Les lignes sont-elles courbes ou droites ? Quel est le premier plan ? l'arrière-plan ?
- Quels renseignements nous donne l'œuvre sur l'événement historique ?
  ▸ Décrire les personnages, l'action…
- Qu'est-ce que l'artiste a voulu suggérer et comment s'y est-il pris ?

C. Caractériser la dimension esthétique de l'œuvre

- À quelle école artistique appartient l'œuvre (néoclassique, romantique, réaliste, impressionniste…) ?
- Quels éléments esthétiques dans le tableau nous le montrent (composition, couleurs, genre, format…) ?

EXERCICE

DOCUMENT Francisco Goya, *Dos de Mayo*
Huile sur toile, L. : 2,66 m x H. : 3,45 m, 1814, musée du Prado, Madrid.

Le 2 mai 1808, la population de Madrid se soulève contre l'occupation napoléonienne. Elle attaque la cavalerie française et les mamelouks (les soldats turcs de l'armée française).

En suivant le point Méthode.
1. Présentez le tableau.
2. Décrivez et analysez le tableau.
3. Caractérisez la dimension esthétique de l'œuvre.

EXERCICES

1 Étudier un texte sur les réformes en Bavière

Socle commun
1.1 Repérer des informations dans un texte

DOCUMENT Les réformes en Bavière en 1808

« Nous Maximilien Joseph, par la grâce de Dieu, roi de Bavière, nous arrêtons et ordonnons ce qui suit :

Article 1. Le royaume de Bavière forme une partie de la Confédération du Rhin [...].

Article 3. Le servage là où il existe encore est supprimé [...].

Article 4. Tout le royaume sera divisé en cercles administratifs, autant que possible égaux et en suivant, autant que faire se peut, des limites naturelles.

Article 5. La noblesse conserve ses titres et ses droits fonciers, mais pour le reste, en ce qui concerne les charges fiscales nationales, elle sera traitée exactement sur le même pied que les autres citoyens. Il ne lui est pas non plus reconnu de droit exclusif aux emplois et aux dignités d'État.

Article 6. Les mêmes dispositions entrent en vigueur en ce qui concerne le clergé.

Article 7. L'État garantit à tous les citoyens la sécurité de leur personne et de leurs biens, une totale liberté de conscience, la liberté de la presse. »

Extraits de l'ordonnance du 1er mai 1808, Munich, Archives d'État de Bavière.

1. Qui est le roi de Bavière en 1808 ? Quelle est la situation politique de la Bavière par rapport à la France à cette époque (voir carte p. 105) ?

2. D'après le texte, dans quel grand ensemble politique se fond la Bavière ? Quelle nationalité Napoléon cherche-t-il à unifier dans ce grand ensemble ?

3. Quels sont les deux ordres privilégiés ? Quels sont les privilèges supprimés par les articles 5 et 6 ?

4. De quelle réforme administrative réalisée en France s'inspire l'article 4 ?

5. Quelles sont les nouvelles libertés accordées aux habitants ? Quel grand texte français a établi que ces libertés étaient des droits naturels ?

2 Étudier une caricature révolutionnaire

Socle commun
5.3 Lire et employer différents langages : images

DOCUMENT La chute en masse
(Gravure anonyme, vers 1793, musée Carnavalet, Paris.)

1. Quelle est la date de cette caricature ?

2. Qui sont les personnages ? Quels symboles permettent de les reconnaître ?

3. D'après l'image, qu'est-ce qui permet de renverser les souverains ?

4. Ces prévisions vont-elles se réaliser ? Justifiez votre réponse.

Exercices

3 — LES ARTS, témoins de l'histoire
Étudier un tableau sur la résistance tyrolienne

Socle commun
5.3 Lire et employer différents langages : images - textes

DOCUMENT 1 — La résistance tyrolienne contre Napoléon en 1809
(Joseph Anton Koch, *La révolte tyrolienne en 1809*, L. : 74 cm x H. : 56 cm, huile sur bois, 1819.)

Au centre, Andréas Hofer (1767-1810), patriote italien. Aubergiste de profession, il est le chef de la révolte des montagnards tyroliens contre l'occupation napoléonienne. Il est fusillé à Mantoue en 1810.

DOCUMENT 2 — La répression française au Tyrol

« Vous exigerez qu'on vous livre 150 otages. Vous ferez piller et brûler au moins six gros villages dans tout le Tyrol et les maisons des chefs, et vous déclarerez que je mettrai le pays à feu et à sang, si l'on ne me rapporte pas tous les fusils. Toute maison dans laquelle un fusil sera trouvé sera rasée. Tout tyrolien sur lequel un fusil sera trouvé sera fusillé. »

Napoléon, Lettre au maréchal Lefebvre, 30 juillet 1809.

Je présente
1. Présentez le tableau.
2. Situez le Tyrol sur la carte p. 105. Quelle est sa situation politique par rapport à la France en 1809 ?
3. Contre qui les Tyroliens se révoltent-ils en 1809 ?

Je décris
4. Décrivez le paysage du Tyrol.
5. Décrivez les insurgés. Qui les conduit ?

6. Comment est montré le soutien de la population aux insurgés ? Qui est le mort à gauche ?
7. Quels éléments de la lettre de Napoléon (doc. 2) retrouve-t-on sur le tableau ?

J'explique le sens
8. Cette œuvre est-elle favorable ou défavorable à la révolte tyrolienne contre Napoléon ? Justifiez la réponse.

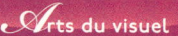

4 Expliquer un texte sur l'occupation française en Hollande

Socle commun
1.1 Repérer des informations dans un texte

DOCUMENT Les Français en Hollande

« Dans notre dernière entrevue, vous me demandez les raisons qui ont aliéné[1] les esprits de mes compatriotes de l'attachement à la France [...]. Il n'y a rien qui opère plus vivement et s'oublie moins que d'être traité avec mépris et hauteur. À l'époque désignée[2], les sept huitièmes de la nation étaient contents et bien aises de l'entrée des Français, la joie éclatait partout, l'on croyait trouver des frères. En peu de jours, une politique erronée[3] fit tout changer de face, et l'on commença à haïr, à regarder comme des oppresseurs ces Français qu'on avait célébrés comme libérateurs peu de temps auparavant. »

Lettre de Gogel, Ministre de la République batave (hollandaise), à Mammront, commandant des troupes françaises au camp d'Utrecht, le 13 mai 1804.

1. éloigné   2. époque de l'occupation française en 1795
3. qui représente une erreur.

1. Quelle est la nature du document ? Qui en est l'auteur ? le destinataire ?

2. Quelle est la situation politique de ce pays à l'époque du texte (voir p. 105) ?

3. Quel est le sentiment des habitants à l'arrivée des Français ? Comment s'explique-t-il ?

4. À l'époque du texte, quel est le sentiment à l'égard des Français ?

5. Quelles sont les raisons évoquées par la lettre pour expliquer ce changement ? À l'aide de vos connaissances, expliquez quelle a pu être la politique « erronée » menée sur place.

5 Analyser la carte des États et des nationalités en 1815

Socle commun
5.3 Lire et employer différents langages : cartes

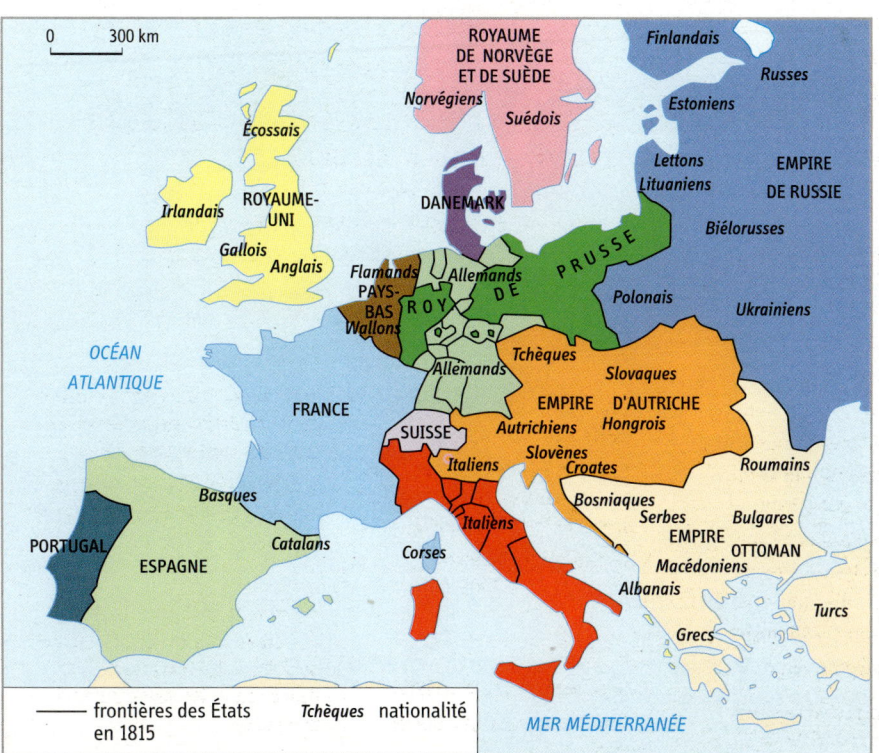

DOCUMENT États et nationalités en 1815

1. Quel est l'espace représenté ? À quelle date ?

2. Qu'est-ce qu'un État ? une nationalité ?

3. Quels sont les trois grands empires et sur quelle région d'Europe s'étendent-ils ? Citez des nationalités de ces empires.

4. Citez deux nationalités divisées entre plusieurs États.

5. Concluez : les États correspondent-ils aux nationalités en Europe en 1815 ? Justifiez la réponse.

chapitre

8 L'âge industriel

> Quelles sont les transformations économiques, sociales et idéologiques en Europe de l'Ouest et en Amérique du Nord au XIXe siècle ?

Les ouvriers poussent la pièce à forger.

Le marteau-pilon fonctionne à la vapeur.

Une machine actionnée par des poulies porte l'énorme pièce à forger.

1 Les ouvriers dans une usine sidérurgique
(Peinture de E. Zimmer, 1900, Collection particulière.)

Le marteau-pilon a été inventé vers 1840. Il peut frapper de 200 à 500 coups par minute. On l'utilisait pour forger les pièces de grande dimension.

 1817 Locomotive Stephenson

 1848 Manifeste du Parti communiste

 1840 - 1887 Alfred Krupp

 1891 Encyclique *Rerum novarum*

DÉVELOPPEMENT INDUSTRIEL

2 Un théâtre sur les Grands boulevards à Paris
(Jean Béraud, *Le Boulevard des Capucines et le théâtre du Vaudeville*, 1889, Musée Carnavalet, Paris.)

① Colonnes Morris pour les affiches.   ② Nouveau décor de métal et de verre.   ③ Le boulevard des Capucines, un boulevard haussmannien.   ④ La bourgeoisie se rend au théâtre.   ⑤ Nouvel éclairage au gaz.   ⑥ Une nouveauté : les arbres à Paris.

DÉCOUVRIR

Le chemin de fer au XIXᵉ siècle

OBJECTIF
Décrire le développement du chemin de fer

Socle commun
5.2 Situer des découvertes scientifiques ou techniques

À partir de 1830, un nouveau moyen de transport se développe en Europe et aux États-Unis : le chemin de fer.

A Comment se développe le chemin de fer ?

1 Le chemin de fer en France vers 1850 (Estampe, Fabrique Pellerin, Épinal, années 1840-1850.)

① La locomotive à vapeur remplace les chevaux. ② Le « chauffeur » alimente la locomotive avec du charbon. ③ Le tender (derrière la locomotive) contient les réserves de charbon et d'eau. ④ Les wagons (ou voitures) pour les passagers. ⑤ Les rails facilitent le roulement sur le sol. ⑥ Le tunnel traverse la colline.

2 La longueur des voies ferrées

(les cinq pays du monde les mieux équipés, en kilomètres)

	1840	1860	1880
États-Unis	4 537	49 284	150 715
Royaume-Uni	1 348	16 782	28 849
Allemagne	549	18 874	33 290
France	579	9 461	23 331
Russie	26	1 593	22 558

3 L'évolution des temps de transport en France

	1834 (voiture attelée)	1893 (chemin de fer)
Paris - Strasbourg	47 heures	8 h 49 min
Paris - Marseille	80 heures	14 h 07 min
Paris - Toulouse	70 heures	14 h 10 min
Paris - Brest	61 heures	13 h 31 min
Paris - Le Havre	17 heures	3 h 59 min

4 Un viaduc au cœur du Massif des Rocheuses aux États-Unis
(Gravure, fin XIXe siècle.)

Le train franchit une gorge de la rivière Arkansas dans le Massif des Rocheuses à l'Ouest des États-Unis.

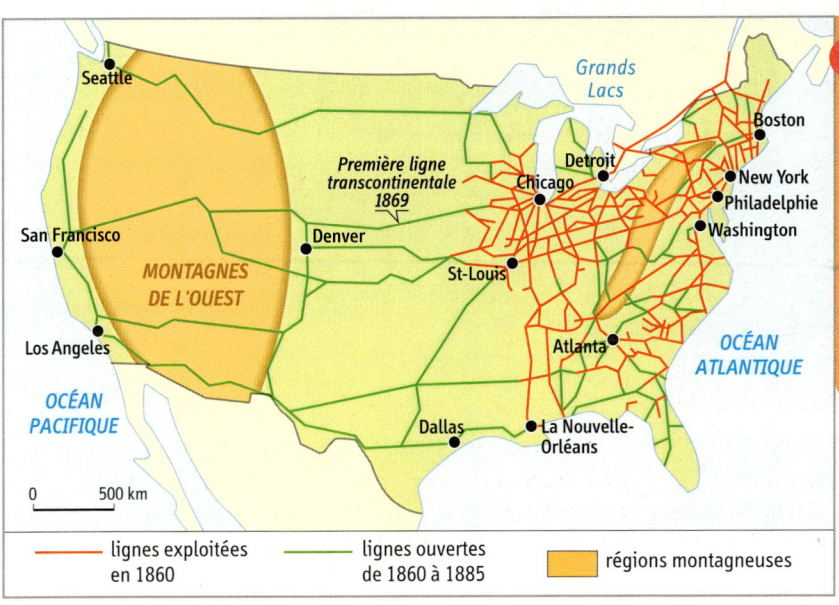

5 Les chemins de fer aux États-Unis

Aux États-Unis, le premier chemin de fer transcontinental (qui traverse le continent) est achevé en 1869. Le train permet alors de traverser le territoire américain d'un bout à l'autre en six semaines alors qu'il fallait six mois en chariot.
Il accélère le peuplement de l'Ouest américain.

ACTIVITÉS

1. **Doc. 1** Comment fonctionne le chemin de fer ? Quelle source d'énergie utilise-t-il ?
2. **Doc. 2** À partir de quand s'est développé le chemin de fer ? Quels sont les quatre pays les mieux équipés en 1880 (dans l'ordre) ?
3. **Doc. 1 et 4** Quels sont les aménagements réalisés pour le chemin de fer ?
4. **Doc. 3** Quel avantage représente le chemin de fer sur la voiture attelée ? Justifiez la réponse.
5. **Doc. 5** Quelles sont les conséquences de l'achèvement du transcontinental pour les États-Unis ?
6. Décrivez le développement du chemin de fer au XIXe siècle.

Méthode
- Décrivez les premiers chemins de fer.
- Montrez où et quand ils se sont développés.
- Expliquez les avantages du chemin de fer sur les anciens transports.

B — Quelles sont les conséquences du développement du chemin de fer ?

OBJECTIF
Décrire les conséquences du développement du chemin de fer

Socle commun
5.1 Connaître les grands traits de l'histoire sociale et économique de l'Europe

1 Les employés des premiers chemins de fer
(L'embarcadère de la ligne Paris-Saint-Germain-en-Laye en 1837, gravure d'Eugène Courboin, 1900.)

2 Les métiers du chemin de fer au XIXe siècle

Dans les gares
- Le chef de gare, le sous-chef
- Le caissier, l'ouvrier du nettoyage, l'employé du buffet
- Le porteur (il porte les bagages des clients)

Le long des voies
- Le cantonnier (entretien des voies)
- L'aiguilleur (chargé d'aiguiller les trains sur les voies)
- Le garde-barrière (ouvre et ferme les barrières des passages à niveau)

Dans les trains
- Le conducteur
- Le contrôleur
- Le chauffeur (responsable de l'eau et du charbon pour la production de vapeur)
- Le mécanicien
- Le serre-frein (il serre les freins sur les trains)
- Le lampiste (responsable des lampes à huile)

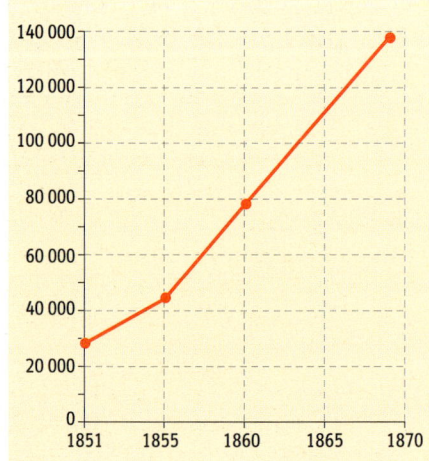

3 Les salariés des compagnies de chemin de fer en France

4 La baisse du coût du transport

« La durée moyenne du voyage par bateau entre Liverpool et Manchester est de 36 heures environ. Avec le projet de voies ferrées, le transport de marchandises sera effectué entre 5 ou 6 heures et le prix sera réduit d'un tiers [...].

Pour les habitants, les produits agricoles de toutes sortes pourront venir de plus loin à des prix plus modérés. Pour les propriétaires établis au voisinage de la ligne, les chemins de fer offrent d'importants avantages en agrandissant les marchés pour leurs produits agricoles et minéraux, et en leur permettant de recevoir à bon compte de l'engrais. En outre, en tant que moyen de transport à bon marché et rapide pour les passagers, le chemin de fer offre d'autres avantages au public. »

Prospectus de la Compagnie du chemin de fer Liverpool-Manchester, 1824.

5 Un village français à l'heure du chemin de fer

« En 1885, 13 046 voyageurs prirent des billets à la gare de Mazières[1]. Ils furent 42 360 en 1909 [...].

Il n'était point de marchés de Parthenay[2] ou de foire de Niort[2] sans que les trains, même supplémentaires, ne fussent bondés [...].

Le monde habituel où l'on vivait devenait plus vaste. À peu près tous ceux qui avaient des parents vivant au loin se laissaient tenter par le démon des aventures et s'arrangeaient pour aller les voir. On en parlait longtemps à l'avance ; on en parlait longtemps après. Les lettres étaient devenues d'usage courant ; les vieilles grands-mères déploraient de ne savoir pas lire quand elles recevaient des nouvelles de leurs fils ou de leurs filles partis au loin ; elles se faisaient relire deux ou trois fois les lettres qui leur parvenaient ; elles admiraient le style d'écriture : "Est-il savant ! Il écrit bien, n'est-ce pas ?" »

Roger Thabault (1895-1979), *Mon village : ses hommes, ses routes, son école*, Paris, 1944.

1. Commune de Charente en France.
2. Villes de la région.

6 Une affiche de publicité d'une compagnie de chemin de fer (1899)

ACTIVITÉS

1. **Doc. 3** Présentez le document. Décrivez et expliquez l'évolution.
2. **Doc. 1 et 2** Citez quelques métiers du chemin de fer. Sur l'image, quels sont les métiers du chemin de fer visibles ?
3. **Doc. 4** D'après ce prospectus, quelles sont les conséquences économiques de la baisse du coût du transport ?
4. **Doc. 6** Qu'est-ce qui permet le développement du tourisme à Boulogne-sur-Mer ? Quels sont le milieu social et les activités des touristes ?
5. **Doc. 5** Citez trois changements apportés par l'arrivée du chemin de fer à Mazières.
6. Décrivez et expliquez les principaux changements apportés par le chemin de fer.

Méthode ◆ Rédigez à l'aide des mots suivants : métiers du chemin de fer, coût du transport, déplacement, tourisme.

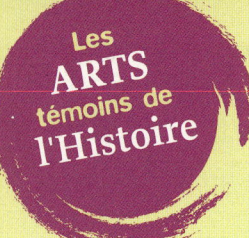

Les ARTS témoins de l'Histoire

Claude Monet peint la gare Saint-Lazare

OBJECTIF
Étudier une œuvre d'art témoin de l'histoire : la gare Saint-Lazare de Monet

Socle commun
5.1 Avoir des connaissances relevant de la culture artistique : œuvres picturales
5.4 Être sensible aux enjeux esthétiques et humains d'une œuvre artistique

La gare Saint-Lazare est la première gare parisienne à être construite. Elle dessert l'Ouest de la France, en particulier la Normandie.

> Comment le peintre Claude Monet représente-t-il la gare Saint-Lazare et ses trains en 1877 ?

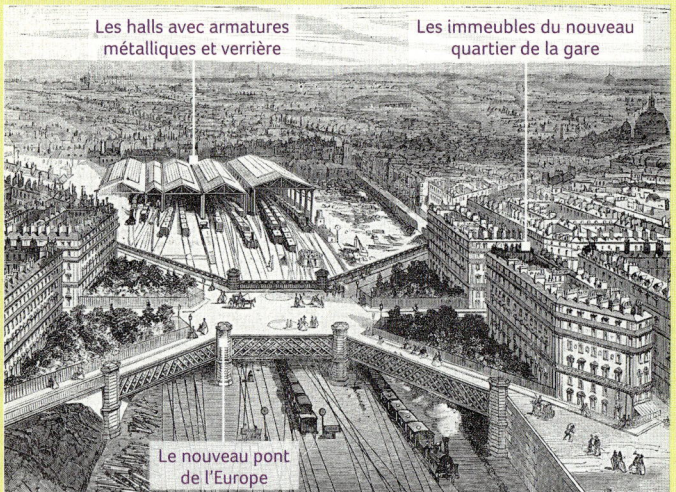

Les halls avec armatures métalliques et verrière — Les immeubles du nouveau quartier de la gare — Le nouveau pont de l'Europe

1 La gare Saint-Lazare en 1868
(*L'illustration*, 1868, Bibliothèque historique de la ville de Paris.)

La gare Saint-Lazare est construite de 1842 à 1853 avec le prolongement de la ligne des chemins de fer de l'Ouest jusqu'à Rouen. En 1867, elle est considérablement agrandie. À cette époque, c'est la plus importante de la capitale, avec 25 millions de voyageurs par an.

2 Claude Monet (1840-1926)

Claude Monet est né à Paris en 1840. Il passe sa jeunesse au Havre puis fait des études à l'école des Beaux-Arts de Paris. En 1872, il peint un paysage du port du Havre intitulé *Impression soleil levant* dans un style nouveau. Il devient un des principaux peintres du courant « impressionniste » au côté de Renoir, Degas… À partir de 1883, il s'installe dans une maison en Normandie, à Giverny ; il y meurt en 1926.

3 Claude Monet au travail

Témoignage du journaliste Hugues le Roux

« Je me souviens d'avoir un jour aperçu dans la gare Saint-Lazare un homme juché avec son chevalet sur un tas de caisses. C'était un chaud dimanche d'été, les Parisiens partaient par bandes pour la banlieue […]. C'était Claude Monet. Il peignait avec acharnement des départs de locomotives. Il voulait les montrer en route dans la vague d'air chaud qui leur tremblait autour des reins sur l'échine. Il demeurait là, le pinceau à l'affût, comme un chasseur, guettant la minute de sa touche. »

Hugues Le Roux, article publié lors d'une exposition consacrée à Monet en 1889.

ACTIVITÉS

Je présente
1. Présentez le tableau (auteur, date, sujet).
2. À quel moment de l'histoire de la gare le tableau a-t-il été peint (voir doc. 1) ?

Je décris et j'explique
3. À l'aide du doc. 1, indiquez à quel élément du paysage correspond chaque numéro sur le tableau.
4. Que représentent les taches blanches et grises ?
5. Qu'est-ce qui est nouveau dans le sujet du tableau et dans la façon de peindre (observez les contours) ?

Je relie à une école artistique
6. En utilisant des arguments, montrez que ce tableau appartient au courant impressionniste.

Arts du spectacle vivant — Arts du son — *Arts du visuel*

4 La gare Saint-Lazare de Claude Monet

5 FICHE D'IDENTITÉ
La gare Saint-Lazare
(doc. 4)

- **Auteur :** Claude Monet (1840-1926)
- **Date :** 1877
- **Nature et technique :** peinture, huile sur toile
- **Genre :** paysage
- **Dimension :** L. : 1,05 m x H. : 0,75 m
- **Lieu de conservation actuel :** Musée d'Orsay, Paris

Histoire de l'œuvre

Monet s'installe à Paris en 1877, non loin de la gare Saint-Lazare. À la recherche d'un sujet moderne, il obtient de la Compagnie de chemin de fer de l'Ouest l'autorisation de peindre les trains dans la gare. Il peint ainsi 12 tableaux dans des conditions atmosphériques différentes et avec des points de vue divers. Il s'agit ici d'un des douze tableaux.

Vocabulaire DES Arts

Impressionnisme

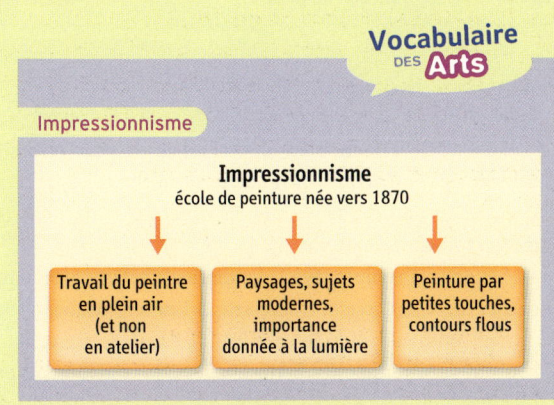

Impressionnisme
école de peinture née vers 1870

- Travail du peintre en plein air (et non en atelier)
- Paysages, sujets modernes, importance donnée à la lumière
- Peinture par petites touches, contours flous

Passerelle des ARTS

Au XIXᵉ siècle, l'écrivain Émile Zola a décrit la gare Saint-Lazare dans *La bête humaine*.

● Recherchez le texte sur un moteur de recherche (tapez : Zola, Bête humaine, gare Saint-Lazare). Quels éléments du tableau de Monet retrouve-t-on dans le texte (Citez trois ou quatre éléments) ?

DÉCOUVRIR

Les Krupp à Essen au XIXe siècle

Au début du XIXe siècle, Friedrich Krupp fonde une forge à Essen, dans la Ruhr, à l'Ouest de l'Allemagne. Sous la direction de son fils, Alfred Krupp, la petite forge devient une vaste entreprise sidérurgique.

> **OBJECTIF**
> Décrire une entreprise au XIXe siècle
>
> **Socle commun**
> 5.1 Connaître les grands traits de l'histoire économique et sociale de l'Europe

A Comment les Krupp développent-ils leur entreprise au XIXe siècle ?

1 Alfred Krupp *Biographie*
(1821-1887)

Né à Essen, Alfred Krupp hérite de la petite aciérie de son père Friedrich en 1827. Elle ne compte alors que sept employés. Il développe son entreprise grâce aux commandes de matériel de chemin de fer et à la fabrication de canons pour l'armée. Pour ne pas être dépendant de ses fournisseurs, il achète des mines de charbon et de fer. À sa mort, en 1887, ses usines, réparties sur plusieurs sites, emploient 45 000 salariés. Son fils, Friedrich Alfred, lui succède de 1887 à 1902. Il continue d'agrandir l'entreprise en profitant des commandes croissantes de matériel de guerre.

2 Les usines Krupp vers 1900

3 Les salariés de l'entreprise

« Le matin à six heures, on entend sur le pavé résonner les pas d'une foule compacte, se dirigeant de la ville vers les ateliers. Arrivé à l'une des six portes, chaque ouvrier remet dans une boîte un jeton de métal indiquant son numéro [...].

Les ouvriers employés à la fonderie d'acier ont besoin de qualités particulières de force et d'adresse qui limitent beaucoup le nombre de personnes capables de ce travail. La maladresse et l'inattention peuvent occasionner des pertes graves à l'établissement et causer à l'ouvrier lui-même ou à ses voisins des blessures douloureuses, peut-être mortelles.

Cette armée de fondeurs, forgerons, mécaniciens, chaudronniers, potiers, etc., a pour chef une cinquantaine d'ingénieurs parmi lesquels des chimistes et des officiers d'artillerie. La division commerciale occupe au moins autant d'employés, sans compter les représentants que la maison Krupp entretient dans les principales places de l'Europe. »

J. Turgan, *Fabrique d'acier fondu de M. Krupp*, 1866.

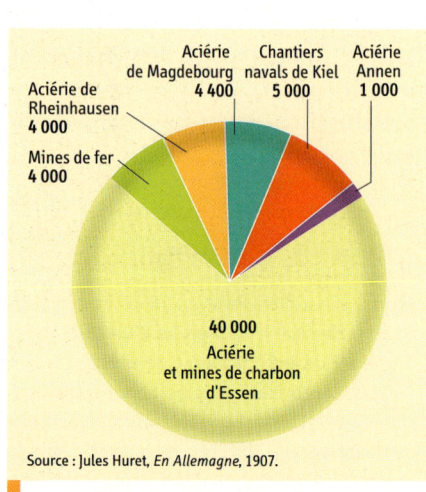

Source : Jules Huret, *En Allemagne*, 1907.

4 La répartition des ouvriers de l'entreprise vers 1900

5 L'usine Krupp d'Essen

« L'usine Krupp occupait 122 ouvriers en 1845, 45 000 ouvriers et employés en 1887, 70 000 en 1912. Le charbon est extrait des fosses qui sont la propriété de l'établissement et fournissent l'aciérie d'Essen. [...]

En fait de machines-outils et de machines de travail, l'aciérie en renferme 7 200 qui produisent les objets pacifiques les plus variés[1], mais aussi le matériel de guerre. Un chemin de fer étreint l'ensemble de l'usine de 150 kilomètres de voies, relie les ateliers séparés et assure les transports au moyen de 50 locomotives et de 2 400 wagons [...].

Les bateaux du Rhin amènent le minerai de fer de Rotterdam ou d'Allemagne centrale jusqu'au port long de 500 mètres. Il est dirigé vers les hauts fourneaux pour y subir la fusion après mélange avec le coke[2] [...]. »

Wilhelm Roscher, *Économie industrielle*, Paris, 1918.

1. Surtout du matériel de chemin de fer et des machines-outils. **2.** Le charbon.

6 Les convertisseurs Bessemer de l'usine d'Essen (vers 1890)

Introduits en 1862, les convertisseurs permettent de transformer la fonte en acier, un matériau incassable. Le convertisseur ① transforme la fonte sous une hotte ②. Il est ensuite incliné pour que l'acier s'écoule dans une cuve mobile ③. Celle-ci est ensuite vidée dans les lingotiers ④.

7 Le canon Krupp présenté à l'Exposition universelle de Philadelphie en 1876
(Gravure parue en 1876 dans le *Harper's weekly*.)

Définition

La sidérurgie : l'industrie du fer.

ACTIVITÉS

① **Doc. 1** Où a été fondée l'entreprise ? Quel entrepreneur est à l'origine de ce développement ?

② **Doc. 1 à 5** Montrez que l'entreprise s'est beaucoup développée au XIXe siècle (nombre d'ouvriers, d'usines).

③ **Doc. 1 à 7** Que produit l'entreprise ?

④ **Doc. 5** Quelles sont les matières premières utilisées dans l'usine ? Quels sont les moyens de transport utilisés par l'usine ?

⑤ **Doc. 3** Quels sont les trois types de salariés évoqués dans le texte ? Qu'est-ce qui rend le travail des ouvriers difficile et dangereux ?

⑥ Décrivez l'entreprise Krupp au XIXe siècle.

Méthode ◆ Présentez l'entreprise et son développement (questions 1 à 3).

◆ Décrivez l'usine d'Essen et la vie des ouvriers (questions 4 et 5).

B. Comment se caractérise la ville d'Essen au XIXe siècle ?

OBJECTIF
Décrire une ville industrielle au XIXe siècle

Socle commun
5.1 Connaître les grands traits de l'histoire économique et sociale de l'Europe

1 Essen, une ville de « pays noir »

« C'est une ville de briques noires, de poussière et de fumée. Qu'on mette le nez à la fenêtre, qu'on se promène à travers la ville, la même odeur de houille[1] vous poursuit, et la même perspective de cheminées fumantes vous entoure. La moitié de la ville est occupée par les usines Krupp. Aussi de ce côté, à travers les rues, d'énormes conduites de fonte, reliant les ateliers, barrent l'horizon à la hauteur du deuxième étage. Ces cheminées verticales, ces tuyaux horizontaux, voilà ce que le regard rencontre pour se distraire des façades noires et du ciel triste. Deux statues d'Alfred Krupp, deuxième du nom, s'érigent sur des places [...]. Je fus réveillé par des coups de canons lointains qui venaient du polygone[2]. En même temps un bruit puissant et continu s'élevait des usines [...]. Des hurlements de sirènes se mêlaient à ce vacarme, au sifflet des locomotives et au tocsin des tramways. C'était infernal. »

Jules Huret, *En Allemagne*, 1907.

1. Charbon. **2.** Centre de tir pour tester les canons.

2 Plan d'Essen en 1889

① Vieille ville (centre historique) ② Usine Krupp ③ Gares et voies de chemin de fer
④ Lotissements Kronenberg (cité ouvrière) ⑤ Autre cité ouvrière

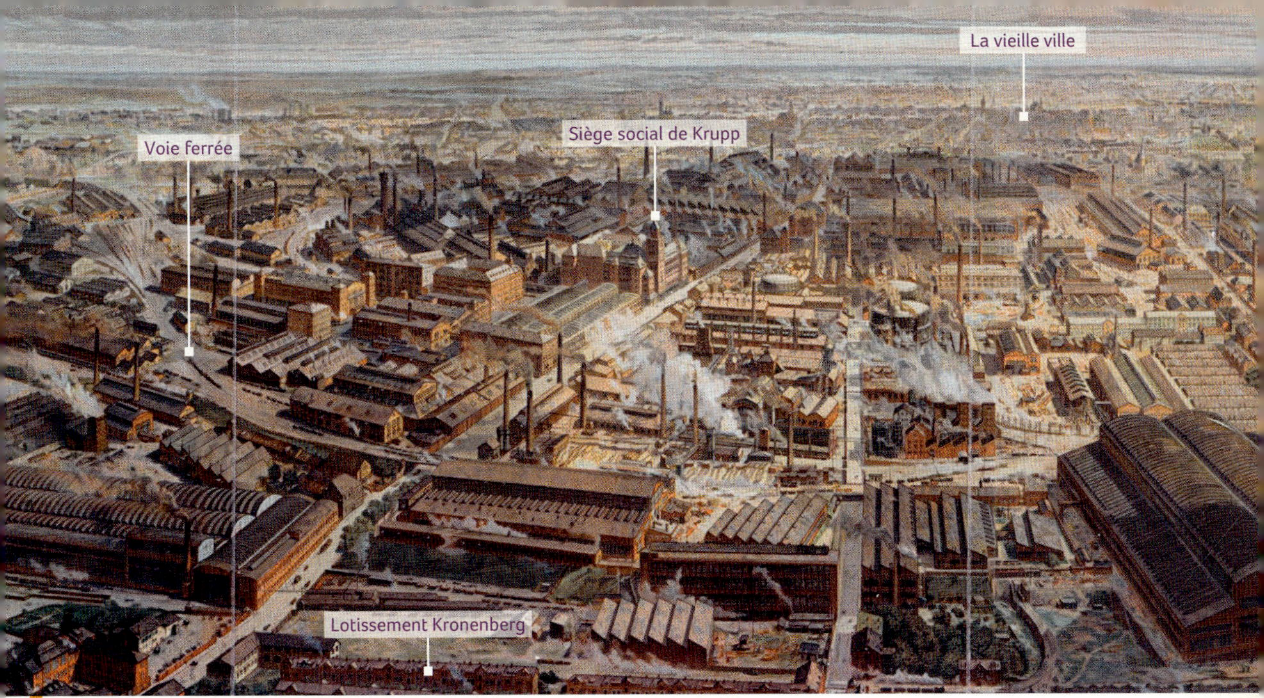

Voie ferrée

Siège social de Krupp

La vieille ville

Lotissement Kronenberg

3 Les usines Krupp dans la ville (Lithographie de 1890)

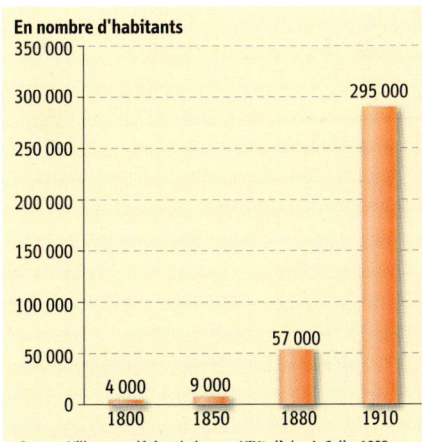

Source : *Villes et sociétés urbaines au XIXe siècle*, A. Colin, 1992.

4 Une ville « champignon »

5 Les quartiers d'habitation

« Tout au centre des établissements Krupp s'élève une grande bâtisse de briques noircie par la fumée. Les chambres servant de dortoirs aux ouvriers (on en met sept par chambre) ne reçoivent la lumière que par une cour ceinte de hauts bâtiments noirs [...].

Pour les ouvriers mariés, l'usine Krupp a construit des lotissements spéciaux. L'un des plus anciens, celui de Kronenberg, très proche de l'aciérie, datant de 1873, comprend un ensemble de pavillons de briques à deux étages, bordés de jardinets et construits de chaque côté d'une route... Huit familles occupent chaque pavillon.

Des maisons sont louées aux ingénieurs mariés. Des jardins, des vergers éclatants de fleurs blanches entourant les habitations, des pelouses de tennis, tout y est combiné pour retenir les employés et leurs femmes. »

Jules Huret, *En Allemagne. Rhin et Westphalie*, 1907.

ACTIVITÉS

1) Situez Essen (voir doc. 2 p. 124).
2) **Doc. 4** Comment évolue la population d'Essen au XIXe siècle ? Expliquez cette évolution à l'aide du dossier pp. 124-125.
3) **Doc. 1** Montrez que l'industrie est omniprésente dans la ville (paysage, atmosphère, bruit).
4) **Doc. 1, 2, 3** Quels éléments du plan voit-on sur l'image ? Quels éléments du texte voit-on sur l'image ?
5) **Doc. 1, 2 et 5** Montrez que la famille Krupp domine la ville.
6) **Doc. 5** Qu'est-ce qui oppose les logements des ouvriers à ceux des ingénieurs ?
7) **Décrivez la ville d'Essen au XIXe siècle.**

Méthode ◆ Situez la ville et décrivez son évolution.
◆ Décrivez le paysage urbain.
◆ Montrez que la ville est dominée par les Krupp.

Les ARTS témoins de l'Histoire

Zola raconte la vie des mineurs

OBJECTIF
Étudier une œuvre littéraire témoin de l'histoire : *Germinal* de Zola

Socle commun
5.1 Avoir des connaissances relevant de la culture littéraire : œuvres littéraires du patrimoine

En 1884, le romancier Émile Zola décide de consacrer un livre aux mineurs : *Germinal*. À travers le personnage d'Étienne, ouvrier embauché à la mine et logé chez les Maheu, il décrit leur travail et leurs conditions de vie difficiles.

> Quels renseignements sur les mineurs nous donne le roman de Zola ?

1 FICHE D'IDENTITÉ

Germinal (doc. 3 et 4)

- **Auteur** : Émile Zola (1840-1902).
- **Nature** : roman
- **Genre** : naturalisme
- **Date de publication** : 1885

Histoire de l'œuvre

- *Germinal* fait partie d'une série de vingt romans publiés de 1870 à 1893 racontant la vie d'une famille sous le Second Empire (1852-1870), les Rougon-Macquart.
- Avant d'écrire *Germinal*, Zola a lu de nombreux ouvrages et articles sur la vie des mineurs. Il a aussi visité les mines du Nord et interrogé les grévistes d'Anzin en 1884. Son livre est rédigé en 1884 et publié en 1885. Il paraît aussi en feuilleton dans le journal *Gil Blas* et dans divers journaux socialistes.

2 Émile Zola
(1840-1902)

Biographie

D'abord journaliste, Émile Zola publie de 1870 à 1893 la série des Rougon-Macquart. Chaque roman, qui s'appuie sur une documentation précise, lui permet de décrire un aspect de la société de son époque à travers un personnage : *La Terre* décrit les paysans, *Nana* le monde de la prostitution, *Pot-Bouille* la bourgeoisie parisienne… Ses romans connaissent un grand succès. En 1898, Zola s'engage contre l'injustice en défendant Dreyfus (voir p. 158).
À son enterrement, une délégation de mineurs défile devant sa tombe en scandant « Germinal ! Germinal ! » pour rendre hommage à celui qui avait décrit leur misère et leur combat.

Vocabulaire DES Arts

Le naturalisme : un mouvement littéraire des dernières décennies du XIXe siècle. Il cherche à rendre compte de la réalité, le plus objectivement possible et dans tous ses aspects. Le naturalisme est un courant du réalisme.

3 Le travail à la mine

« Ils devaient, pour attaquer la houille, rester couchés sur le flanc, le cou tordu, les bras levés et brandissant de biais la rivelaine, le pic à manche court […].

C'était Maheu qui souffrait le plus. La température montait jusqu'à trente-cinq degrés, l'air ne circulait pas, l'étouffement à la longue devenait mortel. Il avait dû, pour voir clair, fixer sa lampe à un clou, près de sa tête ; et cette lampe, qui chauffait son crâne, achevait de lui brûler le sang. Mais son supplice s'aggravait surtout de l'humidité. La roche, au-dessus de lui, à quelques centimètres de son visage, ruisselait d'eau, de grosses gouttes continues et rapides, tombant sur une sorte de rythme entêté, toujours à la même place […]. Ce matin-là une goutte s'acharnant dans son œil, le faisait jurer. Il ne voulait pas lâcher son havage[1], il donnait de grands coups, qui le secouaient violemment entre les deux roches, ainsi qu'un puceron pris entre deux feuillets d'un livre, sous la menace d'un aplatissement complet.

Pas une parole n'était échangée. Ils tapaient tous, on n'entendait que ces coups irréguliers, voilés et comme lointains. Les bruits prenaient une sonorité rauque, sans un écho dans l'air mort. Et il semblait que les ténèbres fussent d'un noir inconnu, épaissi par les poussières violentes du charbon, alourdi par des gaz qui pesaient sur les yeux. »

Germinal, Première partie.

[1]. Technique d'abattage des roches.

4 La grève

Après plusieurs semaines de grève, les ouvriers de Montsou se rendent dans les autres puits de mine (les fosses) pour empêcher les non grévistes de travailler.

« Jeanlin en tête galopait en sonnant dans sa corne une musique barbare. Puis, aux premiers rangs, les femmes avançaient, quelques-unes armées de bâtons, la Maheude, avec des yeux ensauvagés qui semblaient chercher au loin la cité de justice promise ; la Brulé, la Levaque, la Mouquette, allongeant toutes leurs jambes sous leurs guenilles, comme des soldats partis pour la guerre. En cas de mauvaise rencontre, on verrait bien si les gendarmes oseraient taper sur des femmes. Et les hommes suivaient, dans une confusion de troupeau, en une queue qui s'élargissait, hérissée de barres de fer, dominée par l'unique hache de Levaque, dont le tranchant miroitait au soleil [...]. Des têtes nues s'échevelaient au grand air, on n'entendait que le claquement des sabots, pareil à un galop de bétail lâché, emporté dans la sonnerie sauvage de Jeanlin. Mais, tout de suite, un nouveau cri s'éleva.
– Du pain ! du pain ! du pain !
Il était midi, la faim des six semaines de grève s'éveillait dans les ventres vides, fouettée par cette course en plein champ. Les croûtes rares du matin, les quelques châtaignes de la Mouquette étaient loin déjà ; et les estomacs criaient, et cette souffrance s'ajoutait à la rage contre les traîtres[1].
– Aux fosses ! plus de travail ! du pain ! »

Germinal, Cinquième partie.

1. Les non grévistes.

5 Les grèves d'Anzin en 1884
(Gravure de L'*Illustration*, 1884.)

6 L'abattage
(Mineurs au travail avec leurs pioches dans le Pas-de-Calais, gravure, 1900.)

7 Les mineurs chargés de l'étayage
(Intérieur d'une mine de charbon dans le Nord de la France, photographie, 1890.)

ACTIVITÉS

Je présente
1. Présentez *Germinal* (auteur, nature, date, sujet).

J'analyse
2. **Doc. 3** Quels sont les outils du mineur ? Qu'est-ce qui rend le travail à la mine très difficile ?
3. **Doc. 4** Depuis combien de semaines les mineurs sont-ils en grève ? Relevez les signes de la misère des grévistes.
4. **Doc. 4** Quelles sont les armes des grévistes ?
5. **Doc. 4** Quels mots Zola emploie-t-il pour montrer que la misère a détruit l'humanité des grévistes ?
6. À quelle image (doc. 5 à 7) peut se rattacher chaque texte de Zola ? Justifiez la réponse avec précision.

Les ARTS témoins de l'Histoire

Paris, ville du XIXe siècle

OBJECTIF
Étudier les transformations de Paris au XIXe siècle

Socle commun
5.1 Avoir des connaissances relevant de la culture artistique : œuvres architecturales
5.2 Situer des œuvres artistiques dans le temps

À partir de 1850, Paris connaît, comme toutes les capitales d'Europe de l'Ouest, une forte augmentation de sa population. D'importants travaux transforment le visage de la ville.

> **Comment se transforme Paris dans la deuxième moitié du XIXe siècle ?**

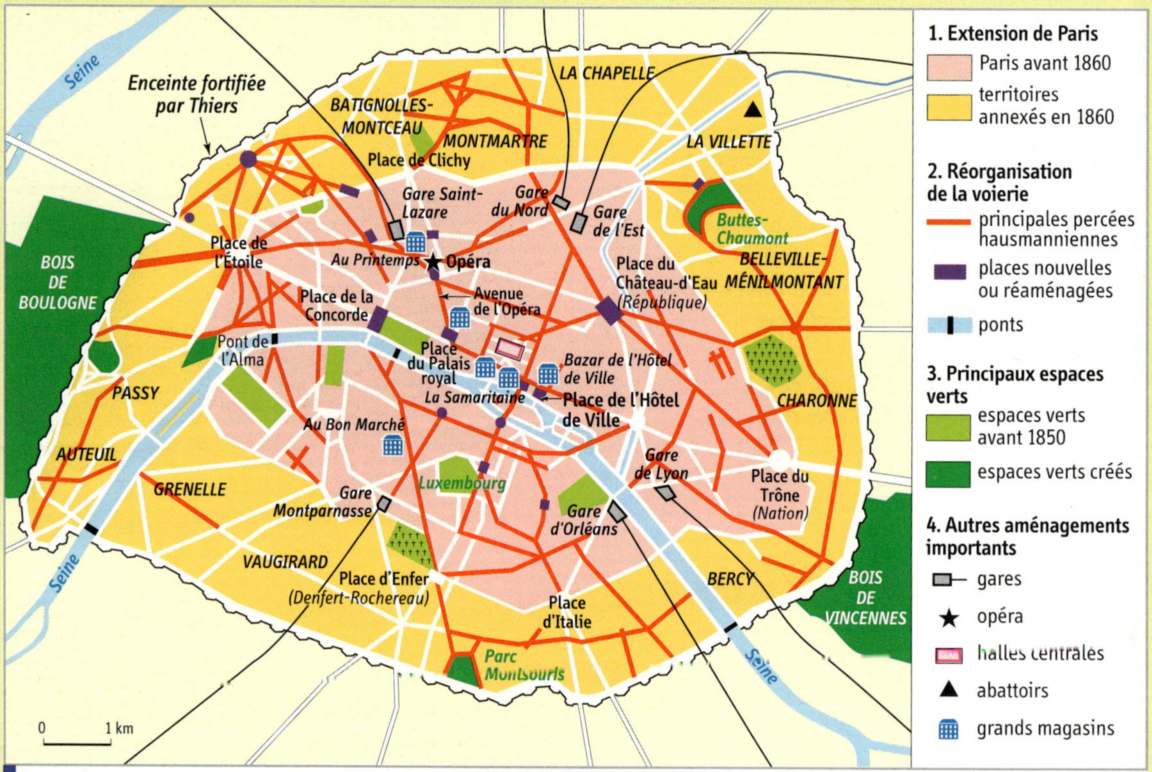

1 Les transformations du Paris d'Haussmann (1852-1870)

Paris a été transformé sous le Second Empire (1852-1870). Le baron Haussmann, préfet de la Seine, a été chargé par Napoléon III de mettre en œuvre les travaux.

ACTIVITÉS

Je présente

1. Situez Paris. Pourquoi les gouvernements successifs accordent-ils une grande importance au visage de la ville ?

2. **Doc. 1 à 4** Citez les personnalités qui ont contribué à changer le visage de Paris, et leurs époques successives.

Je décris et j'explique

3. **Doc. 1** Sous Haussmann, comment les déplacements sont-ils améliorés ? Quelle importance nouvelle est accordée aux espaces verts ?

4. **Doc. 2** Décrivez les façades des immeubles haussmanniens. Comment l'Opéra Garnier est-il mis en valeur ?

5. **Doc. 3** Pour quelle occasion et quel anniversaire a été construite la tour Eiffel ? En quoi illustre-t-elle la puissance industrielle de la France ?

6. **Doc. 4** Décrivez la verrière de la bouche de métro Art nouveau.

Arts du spectacle vivant | Arts du son | Arts du visuel

2 L'avenue de l'Opéra, une avenue haussmanienne
(C. Pissaro, *L'avenue de l'Opéra*, Huile sur toile, L. : 92 cm x H. : 73 cm, 1898, Musée des Beaux-Arts de Reims.)

Légendes sur l'image :
- Immeubles en pierre de taille de 4 ou 5 étages
- Façades alignées
- L'Opéra Garnier (1875)
- « Chambres de bonnes »
- Larges trottoirs
- Avenues larges et rectilignes
- Nouvelle place

3 La tour Eiffel en construction

En 1889, Paris organise une Exposition universelle, où chaque pays expose ses innovations. Une tour conçue par l'ingénieur Gustave Eiffel est construite à cette occasion. Réalisée avec 6 300 tonnes d'acier, elle s'élève à 312 mètres.

4 Une bouche de métro Art nouveau

La ligne 1 du métro est ouverte en 1900. Les bouches de métro des premières lignes sont décorées dans le style Art nouveau par Hector Guimard.

Arts du quotidien — Arts du langage — *Arts de l'espace*

Les bouleversements économiques

> Quels sont les bouleversements économiques au XIXe siècle en Europe de l'Ouest et en Amérique du Nord ?

A Machines et industrialisation

1. La diffusion de la machine à vapeur en Angleterre, au début du XIXe siècle, marque le début de l'industrialisation. Alimentée par du charbon, elle permet d'animer les machines auxquelles elle est reliée par des courroies. **Des machines et de nouveaux procédés se répandent dans l'industrie** (DOC. 4).

2. Grâce aux progrès techniques, **la production augmente fortement, surtout dans le textile et la** métallurgie (DOC. 1 ET 2). Le travail se concentre peu à peu dans **les usines** où l'on regroupe les machines (DOC. 3) (> PP. 124-127).

3. À partir de la fin du siècle de **nouvelles sources d'énergie apparaissent** (électricité, pétrole) et **d'autres industries** se développent (industrie chimique, électrique).

B La révolution des transports

1. La machine à vapeur est aussi utilisée dans les transports. **Le chemin de fer** s'étend très rapidement à partir de 1840 (> PP. 118-123). **Les navires à vapeur** remplacent les bateaux à voile. Ils sont munis de roues à aube puis d'hélices. La vitesse des transports augmente et leur coût diminue.

2. Grâce à l'augmentation de la production et aux progrès des transports, **les échanges intérieurs et internationaux connaissent une forte croissance**. Le commerce entre l'Europe et l'Asie est aussi facilité par l'ouverture du canal de Suez (1869), qui permet de passer de l'Europe à l'Asie sans avoir à contourner l'Afrique.

C Le développement du capitalisme

1. La construction d'une ligne de chemin du fer, d'une usine ou l'exploitation d'une mine nécessite un capital très important.

2. Les **entrepreneurs peuvent emprunter aux banques** qui se développent beaucoup au XIXe siècle. À partir de 1850, pour réunir des capitaux importants, **ils fondent aussi parfois des sociétés par** actions **(ou sociétés anonymes)** : le capital nécessaire à l'entreprise est divisé en de très nombreuses actions vendues à la bourse (DOC. 5).

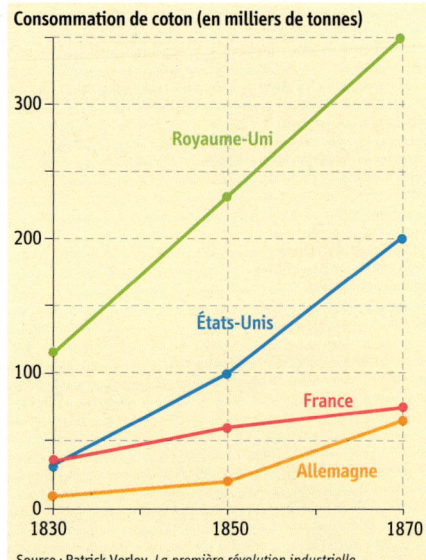

Source : Patrick Verley, *La première révolution industrielle*.

1 L'évolution de la consommation de coton

2 La production de fonte[1] (en millions de tonnes)

	1800	1850	1900
Royaume-Uni	0,2	3	9,1
France	0,06	0,6	2,7
Allemagne	0,04	0,3	7,5

1. La fonte est réalisée à partir de la fusion de minerai de fer et de charbon.

Définitions

La métallurgie : l'industrie du métal (elle comprend la sidérurgie qui est l'industrie du fer).

Le capital : l'argent et le matériel (bâtiments, machines...) nécessaires pour fonder et faire fonctionner une entreprise. Le capitaliste est celui qui possède un capital important.

Une action : une petite part d'une entreprise. Celui qui la possède touche une part des bénéfices de l'entreprise.

3 Les machines à tisser dans une usine textile (Angleterre, 1833)
(Gravure anglaise, 1833, Collection particulière.)

4 Quelques inventions fondatrices

1769 Watt dépose un brevet améliorant la machine à vapeur (Royaume-Uni).
1815 Robert Stephenson construit la première locomotive (R-U).
1818 Lane invente la moissonneuse-batteuse (États-Unis).
1822 Sauvage invente l'hélice marine (France).
1824 Roberts met au point le métier à filer automatique (R-U).
1839 Daguerre invente la daguerréotypie (photographie) (F).
1839 Bourdon et Nasmyth mettent au point le marteau-pilon (F / R-U).
1855 Le convertisseur Bessemer (fabrication de l'acier) (R-U).
1856 Perkin crée le premier colorant chimique (R-U).
1869 Gramme construit la première dynamo (pour produire de l'électricité) (Belgique).
1879 Lampe à incandescence de Thomas Edison (É-U).
1886 Daimler invente le moteur à explosion (Allemagne).
1890 Premières automobiles Peugeot (F).

▶ Quelles innovations concernent l'industrie ? les transports ? l'agriculture ?

5 Une société par actions

« **Article 1.** Il est formé une société par actions entre MM. Mancel père et fils, gérants de ladite société, et toutes les personnes qui deviendront propriétaires des actions.
Article 2. La société a pour objet l'exploitation des mines de houilles de Carmaux et l'exploitation du chemin de fer de Carmaux à Albi [...].
Article 5. La société prend le nom de Compagnie des Houillères et Chemins de fer de Carmaux-Toulouse.
Article 6. Le capital est fixé à 17 400 000 francs et divisé en 116 000 actions de 150 francs chacune.
Article 22. Il sera formé un conseil de surveillance composé de 11 membres nommés par l'assemblée générale des actionnaires.
Article 28. L'assemblée générale se compose de tous les actionnaires propriétaires de 40 actions au moins. »

Statuts de la Compagnie des Houillères et chemins de fer de Carmaux-Toulouse, 1856.

1. Quel est le nom de la société ? Quelles sont ses activités ?
2. À combien s'élève le capital nécessaire à son démarrage ? Comment est-il réuni ?
3. Comment la société est-elle dirigée ?

DÉCOUVRIR

Le monde industrialisé à la fin du XIXe siècle

OBJECTIF
Situer les grandes régions industrielles vers 1900

Socle commun
5.3 Lire et employer différents langages : cartes – graphiques

L'industrialisation commence au Royaume-Uni à la fin du XVIIIe siècle puis gagne d'autres pays d'Europe et les États-Unis.

> **Comment se répartit la puissance industrielle dans le monde à la fin du XIXe siècle ?**

Légende : grandes régions industrielles ▲ bassin houiller (charbon) ◔ principaux ports

1 L'industrialisation en Europe vers 1900

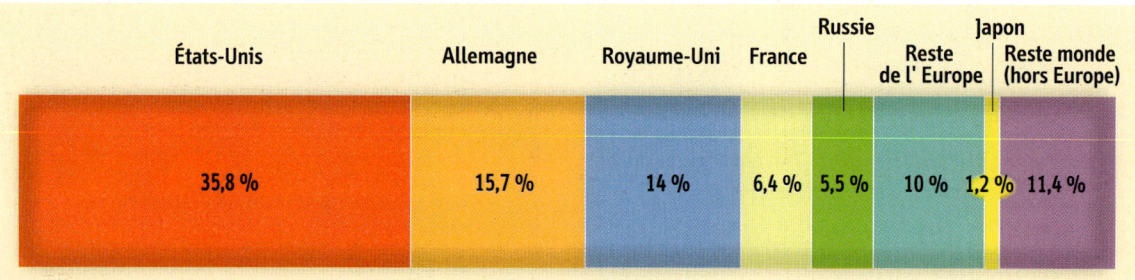

États-Unis	Allemagne	Royaume-Uni	France	Russie	Reste de l'Europe	Japon	Reste monde (hors Europe)
35,8 %	15,7 %	14 %	6,4 %	5,5 %	10 %	1,2 %	11,4 %

2 La répartition de la production industrielle dans le monde vers 1900

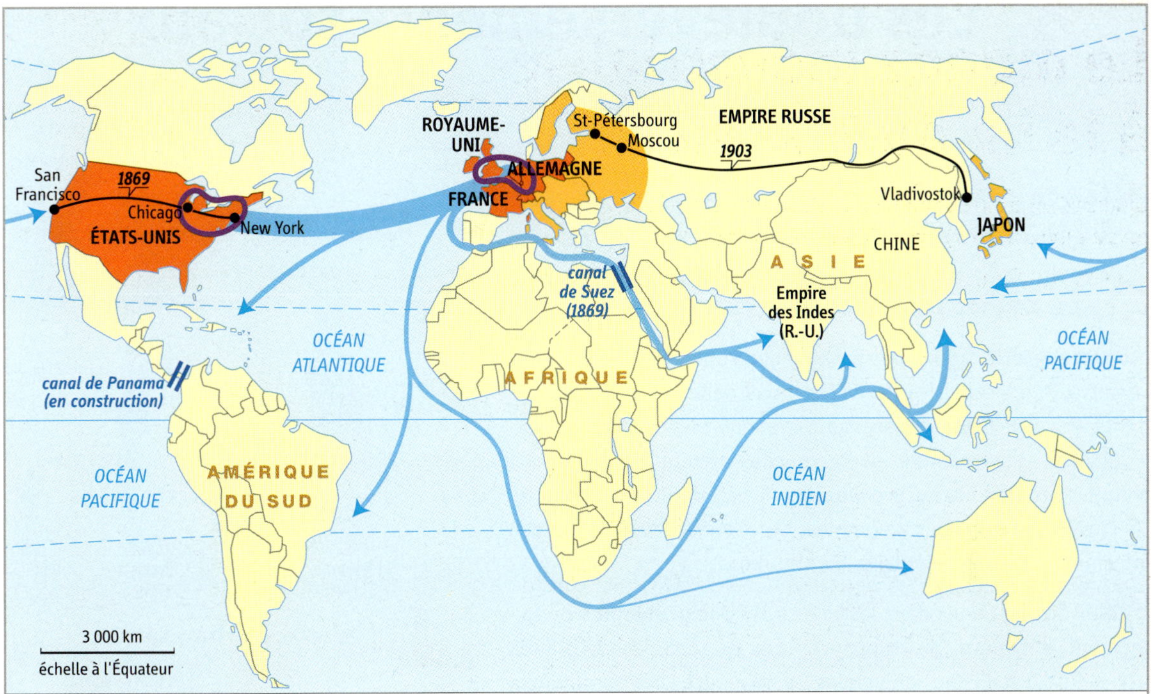

1. Le monde industriel
- 🟧 les puissances industrielles
- ⬭ principales régions industrialisées
- 🟨 les puissances industrielles naissantes

2. Les grands courants d'échange
- ▬▬▬ chemins de fer transcontinentaux (date d'ouverture)
- ➔ les grands courants d'échange maritimes
- = canaux interocéaniques

3 Les puissances industrielles et les courants d'échange dans le monde vers 1900

ACTIVITÉS

1. **Doc. 2 et 3** Quelles sont les deux grandes régions industrielles du monde vers 1900 ?
2. **Doc. 3** Quelle est la principale route maritime mondiale ?
3. **Doc. 3 et 4** Quel avantage représente le canal de Suez pour le commerce ? Comment fonctionnent les navires représentés sur l'image ?
4. **Doc. 1** Citez les principales régions industrielles du Royaume-Uni, d'Allemagne, de France. Expliquez le rôle du charbon.

4 Le canal de Suez au XIXᵉ siècle
(Lithographie d'Édouard Riou, XIXᵉ siècle, Bibliothèque des Arts décoratifs, Paris.)

Le canal de Suez en Égypte a été inauguré en 1869. Il devient la voie de passage privilégiée pour les navires allant d'Europe en Asie.

CHAPITRE **8** L'âge industriel / 135

2 Les bouleversements sociaux

> Comment l'industrialisation modifie-t-elle la société ?

A La croissance des villes

1. Au XIXᵉ siècle, la croissance urbaine **est très forte**. Elle concerne avant tout les capitales, les villes industrielles ou minières, les ports (DOC. 1). Cette croissance s'explique surtout par l'exode rural. Les villes attirent parce qu'elles offrent de nombreux emplois dans l'industrie, le commerce, le bâtiment, les transports. À l'inverse, dans les campagnes, l'artisanat disparaît et des machines agricoles remplacent les hommes.

2. L'afflux de personnes dans les villes pose **des problèmes de logement, d'hygiène, de transport**. Dans les capitales, de grands travaux d'urbanisme cherchent à résoudre ces problèmes (> PP. 130-131).

B Le nouveau monde ouvrier

1. Avec l'industrialisation, **les ouvriers d'usines et de mines sont de plus en plus nombreux**. Parmi eux, il y a beaucoup de femmes et d'enfants. Ce sont les **prolétaires**.

2. Les ouvriers ont des vies très difficiles (DOC. 4). Soumis au rythme des machines, ils doivent supporter des journées de travail très longues et les accidents de travail sont fréquents. Les salaires sont très faibles ; en cas de chômage, de maladie, de vieillesse, la misère menace.

3. Cependant, à la fin du siècle, **la condition des ouvriers s'améliore**, en partie grâce aux syndicats et aux lois sociales (DOC. 2 ET 5).

C L'affirmation de la bourgeoisie

1. L'industrialisation favorise l'essor de la **grande bourgeoisie** : patrons d'usines, grands marchands, banquiers, hommes d'affaires. Ces bourgeois **donnent une grande importance au travail et à l'argent**. Ils vivent entourés de nombreux domestiques et donnent de grandes réceptions où ils se reçoivent entre eux (DOC. 3).

2. Les classes moyennes **sont de plus en plus nombreuses** : commerçants, employés de bureau, enseignants, avocats. Ils ont le souci de se différencier du monde ouvrier et le désir de s'élever socialement par le travail et l'épargne.

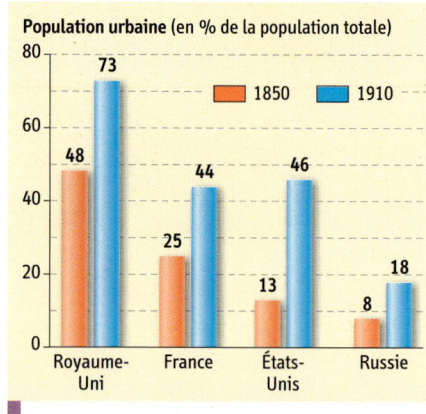

1 Les taux d'urbanisation

2 Les lois sociales en France

- **1841** Interdiction du travail des enfants de moins de 8 ans.
- **1864** Droit de grève.
- **1874** Création de l'inspection du travail ; interdiction du travail des enfants de moins de 13 ans.
- **1884** Autorisation des syndicats.
- **1892** Limitation du travail quotidien des adolescents (10 heures) et des femmes (11 heures, interdit la nuit).
- **1898** Obligation pour les patrons d'indemniser les ouvriers victimes d'accidents de travail.
- **1900** Limitation de la journée de travail à 10 heures.
- **1907** Obligation d'un repos hebdomadaire.

Définitions

L'exode rural : le départ définitif des habitants des campagnes pour les villes.

Un syndicat ouvrier : une association constituée par les ouvriers pour défendre leurs intérêts et leurs revendications face aux patrons.

Les classes moyennes : les populations ayant un revenu intermédiaire entre les pauvres et les riches.

3 Le salon d'un grand bourgeois

(Adrien-Henri Tanoux, *L'heure du thé*, 1904, Huile sur toile, L. : 0,73 m x H. : 0,61 m, Londres, collection particulière.)

1. Quel est le moment représenté ?

2. Décrivez les personnages et le salon.

4 Les ouvrières de la soie à Lyon

« Des jeunes filles de dix à vingt ans sont forcées de travailler depuis quatre ou cinq heures du matin jusqu'à dix et onze heures du soir [...]. Quant à se plaindre, il ne faut pas que ces malheureuses victimes y songent, car pour réponse, ce sont des coups et des injures qui les attendent. Ajoutez à tout cela une nourriture mauvaise et insuffisante et vous aurez le tableau réel et sans exagération des trois quarts des ateliers de dévidage[1] où l'on occupe des apprenties et des filles à gages.

Mais aussi que l'on consulte le registre de décès des Hospices de Lyon et l'on verra que, sur cent décès occasionnés par l'épuisement et les maladies de poitrine, il y en a au moins les deux tiers de jeunes filles sortant des ateliers de dévidage de Lyon. Il y a certains ateliers où pas une seule apprentie ne passe deux ou trois ans de travail sans aller faire un stage dans les hôpitaux, sans compter celles que les maîtresses d'atelier bien pensantes renvoient dans leur pays prendre le bon air, lorsqu'elles s'aperçoivent que la machine humaine est usée à fond. »

Lettre au préfet du Rhône, comportant plus de 370 signatures, 1er avril 1870.

1. Action qui consiste à dérouler le fils de soie des cocons.

▸ Relevez les éléments qui montrent la difficulté des conditions de travail et de vie des ouvrières.

5 Une affiche syndicale (1906)

À partir de 1890, les syndicats appellent partout en Europe les ouvriers à faire grève et à défiler le 1er mai pour obtenir la journée de 8 heures.

1. Que signifient les images ?

2. Quelle est la revendication ?

3. D'après le texte, quels sont les intérêts de la baisse du temps de travail ?

CHAPITRE **8** L'âge industriel / 137

DÉCOUVRIR

Penser l'âge industriel

Face aux transformations de l'économie et de la société, des penseurs développent des idéologies différentes et qui parfois s'opposent.

> **Quelles sont les nouvelles idéologies nées avec l'âge industriel ?**

OBJECTIF
Distinguer les idéologies socialiste et libérale. Décrire la pensée de l'Église sur la question sociale à la fin du XIXe siècle.

Socle commun
5.1 Connaître les grands traits de l'histoire politique et culturelle de l'Europe

1 Un journal socialiste allemand
(Caricature en première page de l'hebdomadaire allemand *Der Wahre Jacob*, le 21 février 1905.)

2 Karl Marx
(1818-1883)

Né dans une famille juive allemande, Karl Marx fait des études de droit et de philosophie. Il émigre à Paris en 1843 puis à Bruxelles, où il écrit avec Friedrich Engels *le Manifeste du parti communiste* qui paraît en 1848 à Londres. Il s'installe à Londres en 1849. Il y rédige de nombreux ouvrages dont *Le Capital* (1867) et prend part à la fondation de la 1re Internationale qui regroupe les partis socialistes d'Europe.

Karl Marx dénonce l'exploitation du prolétariat par les bourgeois. Pour lui, le prolétariat doit prendre le pouvoir par une révolution, s'emparer des moyens de production de la bourgeoisie (usines, transports...) et créer une société égalitaire et sans classes. Son influence sur le socialisme européen est durable.

3 Le Manifeste du Parti communiste
(extrait)

« À notre époque, la société tout entière se divise de plus en plus en deux vastes camps ennemis, en deux classes diamétralement opposées : la bourgeoisie et le prolétariat [...].

Le but immédiat des communistes est le même que celui de tous les partis ouvriers : constitution des prolétaires en classe, renversement de la domination bourgeoise, conquête du pouvoir politique par le prolétariat. Ce dernier supprimera toutes les différences et oppositions de classe.

Le prolétariat se servira de sa suprématie politique pour arracher petit à petit tout capital à la bourgeoisie, pour centraliser tous les instruments de production dans les mains de l'État, pour augmenter au plus vite les masses des forces productives disponibles. Ceci, naturellement, ne pourra s'accomplir au début, que par une violation despotique des droits de propriété [...] ».

K. Marx et F. Engels, 1848.

Définitions

Une idéologie : un ensemble d'idées et de croyances.

Le socialisme : une idéologie politique qui condamne les inégalités sociales et cherche les moyens de les réduire ou de les supprimer.

Le libéralisme économique : une idéologie qui s'oppose à l'intervention de l'État dans les domaines économique et social au nom de la liberté de l'entreprise.

4 Le discours libéral

En 1897, un grand patron français libéral, Henri Schneider, répond aux questions d'un journaliste :

• **Sur les crises économiques et le chômage :**

« C'est un mal nécessaire, on n'y peut absolument rien ! La production dépend d'une mode, ou d'un courant, dont on ne peut prévoir ni la durée, ni le développement... [...]. »

• **Sur l'intervention de l'État dans l'industrie :**

« Très mauvaise ! Très mauvaise ! Je n'admets pas un préfet dans les grèves ; c'est comme la réglementation du travail des femmes et des enfants[1] ; on met des obstacles inutiles, trop étroits, nuisibles surtout aux intéressés qu'on veut défendre, on décourage les patrons de les employer... »

• **Sur la diminution de la journée de travail :**

« Oh ! Je veux bien ! dit M. Schneider, je serai le premier à en profiter, car je travaille moi-même plus de 10 heures par jour... Seulement les salaires diminueront ou le prix des produits augmentera, c'est tout comme !... Pour moi, la vérité, c'est qu'un ouvrier bien portant peut très bien faire ses dix heures par jour et qu'on doit le laisser libre de travailler davantage si cela lui fait plaisir. »

Extraits de Jules Huret, *Enquête sur la question sociale en Europe*, 1897.

1. À cette époque, la durée et l'âge du travail des enfants sont limités par la loi.

5 La position de l'Église catholique : l'encyclique[1] *Rerum novarum* (1893)

Le pape Léon XIII y donne l'interprétation officielle de l'Église sur les problèmes contemporains.

« L'industrie s'est développée et ses méthodes se sont complètement renouvelées. Les rapports entre patrons et ouvriers se sont modifiés. La richesse a afflué entre les mains d'un petit nombre et la multitude a été laissée dans la misère [...].

Les socialistes, pour guérir ce mal, poussent à la haine jalouse des pauvres contre les riches [...]. Mais pareille théorie, loin d'être capable de mettre fin au conflit, ferait tort à la classe ouvrière elle-même, si elle était mise en pratique. D'ailleurs, elle est souverainement injuste en ce qu'elle viole les droits légitimes des propriétaires [...].

Quant aux riches et aux patrons, ils ne doivent point traiter l'ouvrier en esclave [...]. Parmi les devoirs principaux du patron, il faut mettre au premier rang celui de donner à chacun le salaire qui convient. L'enfant en particulier – et ceci demande à être observé strictement – ne doit entrer à l'usine qu'après que l'âge aura suffisamment développé en lui les forces physiques, intellectuelles et morales. »

1. Une encyclique est une lettre publique envoyée par le pape à ses évêques.

Le pape Léon XIII (pape de 1878 à 1903)

ACTIVITÉS

1. **Doc. 2** Quelle est l'idéologie de Karl Marx ? Quel est l'ouvrage publié en 1848 qui le rend célèbre ?

2. **Doc. 3** Quelles sont les deux grandes classes qui s'opposent selon Marx ? Que doit faire le prolétariat après s'être emparé du pouvoir ?

3. **Doc. 1** Que veut signifier cette image socialiste ?

4. **Doc. 4** Quel est le point de vue du grand patron libéral sur le rôle de l'État dans le domaine économique et social ? Justifiez votre réponse.

5. **Doc. 5** Présentez le document. En quoi l'encyclique s'oppose-t-elle au socialisme ? En quoi s'oppose-t-elle au libéralisme ?

6. Expliquez en quelques lignes ce qui oppose l'idéologie socialiste à l'idéologie libérale.

Méthode ♦ Avant de rédiger, classez les groupes de mots suivants dans le tableau :
- contre la propriété privée
- pour le respect total de la propriété privée
- lutter contre les inégalités sociales
- les inégalités sociales sont naturelles
- l'intervention de l'État est nécessaire
- l'État ne doit pas intervenir dans les domaines économique et social.

Idéologie libérale	Idéologie socialiste

CHAPITRE **8** L'âge industriel / 139

MÉTHODE

Socle commun
5.3 Lire et utiliser différents langages : graphiques

Étudier et comparer des courbes

POINT MÉTHODE

La courbe

- Elle présente toujours une évolution dans le temps. Elle est donc souvent utilisée en histoire.

- L'évolution générale peut être croissante (augmentation), décroissante (diminution) ou stable. La croissance (ou décroissance) est rarement régulière.

Étudier une courbe, c'est

A. Présenter la courbe : le sujet de la courbe (indiqué dans le titre), la période traitée, l'unité utilisée (indiquée en haut de la courbe).

B. Décrire la courbe :
- Décrire l'évolution générale de la courbe : augmentation, diminution ou stabilité ? Distingue-t-on un grand changement dans la tendance de la courbe et à partir de quelle date ?
- Décrire les évolutions de détail : périodes de forte hausse ou forte baisse.

C. Expliquer l'évolution : chercher dans ses connaissances personnelles les causes de l'évolution générale. Expliquer les évolutions de détail si possible.

Comparer des courbes

- Il y a parfois plusieurs courbes sur le même graphique permettant de comparer des évolutions.

EXERCICE

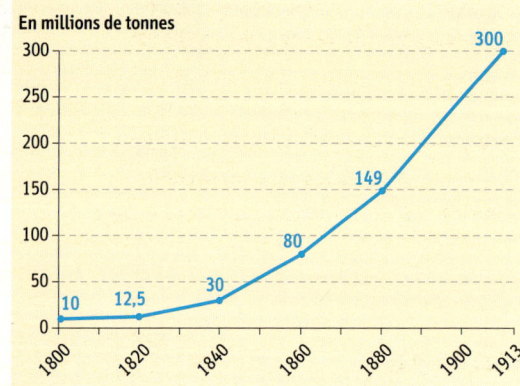

GRAPHIQUE 1 Évolution de la production de charbon au Royaume-Uni

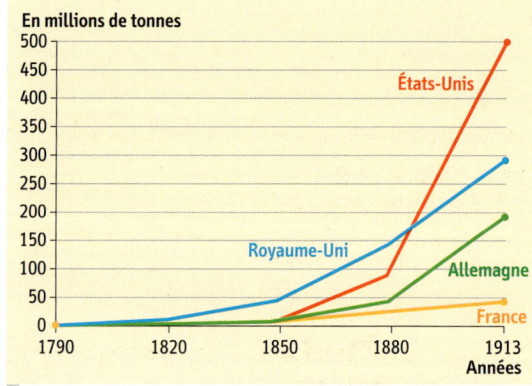

GRAPHIQUE 2 Évolution de la production de charbon dans quelques pays

A Je présente la courbe

1. Quel est le sujet de la courbe ? la période traitée ? l'unité utilisée ?

B Je décris la courbe

2. Comment évolue la production ? Augmente-t-elle de plus en plus vite ? de moins en moins vite ? de façon régulière ?

3. Quelle est la production de charbon au Royaume-Uni en 1913 ?

C J'explique l'évolution

4. D'après vos connaissances, comment s'explique l'évolution de la production de charbon ?

A Je présente le graphique

1. Présentez le graphique.

B Je décris et je compare les courbes

2. Quelle est l'évolution générale de la production de charbon ?

3. Dans quels pays la production de charbon augmente-t-elle le plus vite de 1820 à 1880 ? Classez les pays selon leur niveau de production en 1880.

4. Dans quels pays la production augmente-t-elle le plus vite de 1880 à 1913 (citez-en deux) ? Classez les pays selon leur niveau de production en 1913 (en indiquant leur production à cette date).

EXERCICES

1 Étudier la machine à vapeur et ses effets sur la ville

Socle commun
5.3 Lire et employer différents langages : images - textes

DOCUMENT 1 La machine à vapeur et la ville

Charles Dickens (1812-1870) est un grand romancier anglais. Dans Temps difficiles, *il décrit Cokeville (en réalité Manchester), ses patrons et ses ouvriers misérables.*

« C'était une ville de briques rouges, ou plutôt de briques qui eussent été rouges si la fumée et les cendres l'avaient permis [...]. C'était une ville de machines et de hautes cheminées, d'où sortaient sans trêve ni repos d'interminables serpents de fumée qui se traînaient dans l'air [...]. Elle avait un canal bien noir et une rivière qui roulaient des eaux empourprées par une teinture infecte, et de vastes bâtiments, qui résonnaient et tremblaient tout le long du jour, tandis que le piston des machines à vapeur s'élevait et s'abaissait avec monotonie, comme la tête d'un éléphant mélancolique. »

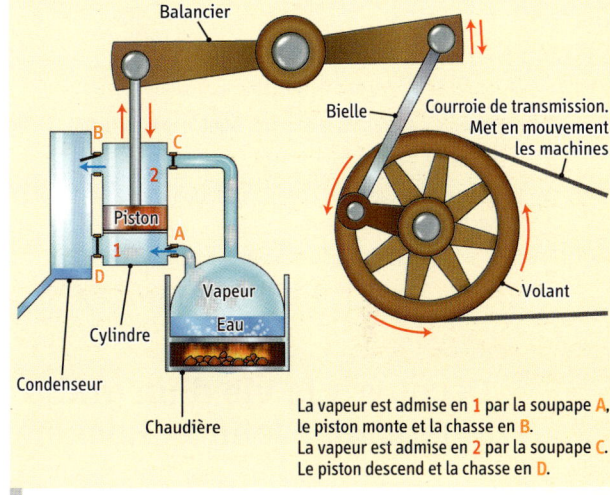

La vapeur est admise en 1 par la soupape A, le piston monte et la chasse en B.
La vapeur est admise en 2 par la soupape C. Le piston descend et la chasse en D.

DOCUMENT 2 Schéma de la machine à vapeur de James Watt (1769)

Doc. 2
1. Par qui et quand a été mise au point la machine à vapeur ?
2. Quelle source d'énergie utilise-t-elle ?
3. Expliquez son fonctionnement et son utilité.

Doc. 1
4. Quels passages évoquent les machines à vapeur ?
5. Comment la fumée transforme-t-elle la ville ?
6. Quelle est l'autre nuisance due à la machine à vapeur ?

2 Étudier l'intérieur d'une usine du XIXᵉ siècle à partir d'un tableau d'époque

B2i

Socle commun
4.4 Chercher et sélectionner l'information demandée
5.4 Être sensible aux enjeux d'une œuvre artistique

Allez sur le site de l'écomusée du Creusot-Montceau (www.ecomusee-creusot-montceau.fr).
Puis expos virtuelles. Ouvrez la page Forgeage au marteau-pilon de F. Bonhommé, 1865.

1. Présentez le tableau. Où se situe l'usine représentée ?

Lancez l'animation.

2. En quel matériau sont les colonnes ? Quelle est leur utilité ?
3. Pourquoi l'usine est-elle peu éclairée ?
4. Qu'est-ce qui rend les conditions de travail difficiles et dangereuses dans l'usine ?
5. Quelle est la principale machine dans l'usine ? Quel est son intérêt par rapport aux anciennes machines à vapeur ?
6. À quoi est destinée la pièce fabriquée ? Quelles sont les autres productions des usines du Creusot ?
7. À quelle école artistique peut se rattacher cette peinture ?

Arts du visuel

CHAPITRE 8 L'âge industriel / 141

EXERCICES

3 Analyser un graphique sur la population active

Socle commun
5.3 Lire et employer différents langages : graphiques

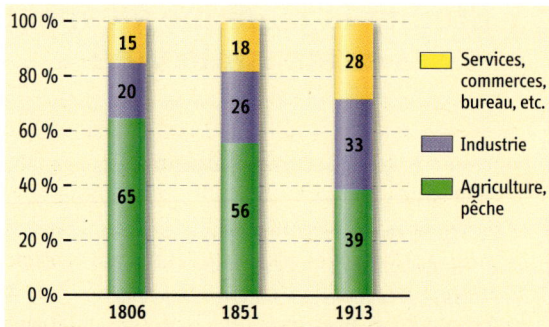

Source : O. Marchand et C. Thélot, *Deux siècles de travail en France*, INSEE, 1991.

DOCUMENT L'évolution de la population active en France au XIXe siècle

1. Présentez le graphique (nature, sujet, espace étudié).
2. Définissez « population active ».
3. Comment évolue la part de la population active dans chacun des secteurs ?
4. À l'aide de vos connaissances, expliquez ces évolutions.

4 Découvrir la vie d'un grand patron américain : John D. Rockefeller (1839-1937)

Socle commun
1.1 Dégager, par écrit ou oralement, l'essentiel d'un texte lu

DOCUMENT 1 John D. Rockefeller et son fils, John D. Junior, en 1915

DOCUMENT 2 John David Rockefeller

Il naît à Richford aux États-Unis, dans une famille modeste. Décidé à faire fortune, il se forme au commerce et se lance en 1862 dans l'industrie du pétrole qui commence à se développer (lampes). Il fait forer de nombreux puits et construit des raffineries près de Cleveland, où il crée la Standard Oil Company en 1870. Rachetant ou ruinant sans pitié ses concurrents et ses fournisseurs, Rockefeller obtient peu à peu le quasi-monopole de la production du traitement et du transport de pétrole aux États-Unis. Au début des années 1880, la Standard Oil Company produit les 9/10e du pétrole américain (22 000 puits, 100 000 employés). John D. Rockefeller devient « l'homme le plus riche du monde » au début du XXe siècle. La chimie et l'industrie automobile naissante offrent de nouveaux débouchés. Mais le gouvernement l'oblige à démanteler son monopole et Rockefeller se consacre dès lors à des œuvres charitables, culturelles ou humanitaires.

1. Quand, dans quel pays et dans quel secteur industriel J.D. Rockefeller a-t-il fait fortune ?
2. Comment s'appelle la société de Rockefeller ?
3. Quels sont les débouchés pour le pétrole en 1860 ? au début du XXe siècle ?
4. Que signifie « quasi-monopole » ? Pourquoi Rockefeller doit-il « démanteler son monopole » ?
5. À quoi Rockefeller utilise-t-il sa fortune à la fin de sa vie ? Qui va en hériter à sa mort ?

5 Étudier un texte sur la condition ouvrière

Socle commun
1.1 Dégager, par écrit ou oralement, l'essentiel d'un texte lu

DOCUMENT La vie d'une ouvrière parisienne vers 1885

« Depuis quelques années, je travaillais dans la chapellerie, qui était menacée d'une crise formidable par la fabrication des chapeaux de laine au lieu du feutre. Le chômage s'accentuait et la misère grandissait. Je logeais dans un cabinet sous les combles, éclairé par un vasistas. Les chambres avec cheminées n'étaient pas à portée de ma bourse, car les pauvres n'ont pas droit au chauffage. Mais il y a une chose dont le pauvre ne peut se passer, c'est de manger. Lorsqu'on habite un local sans cheminée, la préparation des aliments est difficile. Il faut les acheter tout préparés, ce qui augmente la dépense.

Nos distractions étaient rares en dehors de notre société. Nous allions à la fête foraine du quartier, nous montions tous sur les chevaux de bois ; la fête se complétait par dix centimes de pommes de terre frites que nous mangions en nous promenant devant les baraques de foire. Nous passions une belle soirée. Nous en parlions longtemps ! Cette dépense ne se renouvelait pas souvent, car elle nous aurait ruinés. »

D'après Jeanne Bouvier, *Mes mémoires, une syndicaliste féministe. 1875-1935*, 1936.

1. Quelle est la nature du texte ? Qui en est l'auteur ? Quelle est l'époque évoquée ?

2. Dans quelle industrie travaille l'ouvrière ? Où ?

3. Par quoi est menacée l'industrie de la chapellerie de feutre ? Quelles sont les conséquences sociales de cette crise ?

4. Montrez la difficulté des conditions de vie de l'ouvrière.

5. Quelle est sa principale distraction ? Pourquoi est-elle peu fréquente ?

6 Comparer les dépenses d'une famille bourgeoise et d'une famille ouvrière

Socle commun
5.3 Lire et employer différents langages : graphiques

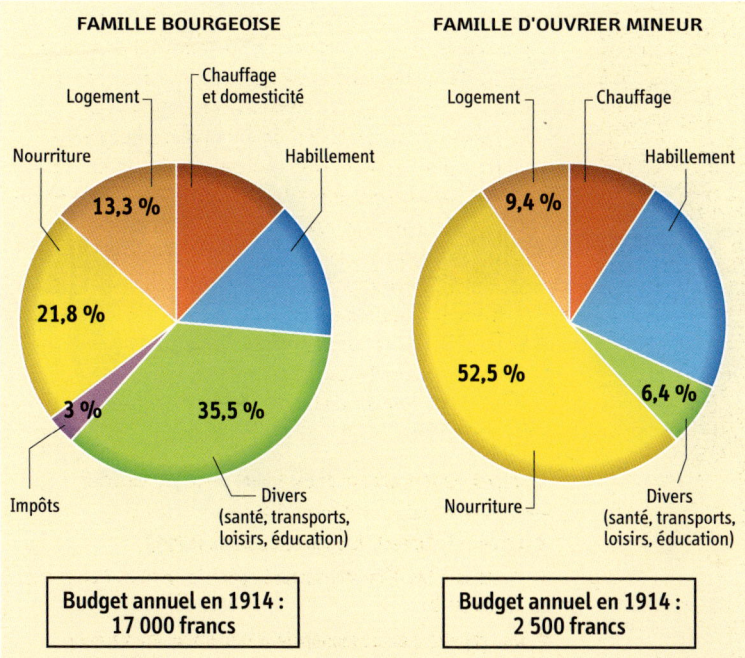

DOCUMENT Les budgets ouvrier et bourgeois

Je présente les graphiques

1. Quelle est la nature de ces graphiques ? Que représentent-ils ?

J'analyse les graphiques

2. Quel est le budget annuel de chaque famille ?

3. Quels sont les deux premiers postes de dépenses de la famille ouvrière ?

4. La famille bourgeoise dépense-t-elle moins que la famille ouvrière pour la nourriture ? Justifiez votre réponse.

5. Quelles dépenses dans la famille bourgeoise n'apparaissent pas dans la famille ouvrière ?

6. Quel poste de dépense est nettement supérieur chez les bourgeois ?

Je réalise une courte synthèse

7. À partir de ces graphiques, résumez en quelques lignes ce qui distingue les conditions de vie des bourgeois de celles des ouvriers.

CHAPITRE **8** L'âge industriel / 143

chapitre 9
L'évolution politique de la France, 1815-1914

> Comment passe-t-on de l'instabilité des régimes politiques à l'installation durable de la République ?

1 En juin 1815, Louis XVIII restaure la monarchie en France.
(Gravure coloriée, 1816, Musée Carnavalet, Paris.)
En 1815, Louis XVIII, le frère de Louis XVI, revient sur le trône. Il est ici représenté avec les membres de sa famille.

Charles, le comte d'Artois, frère de Louis XVIII et futur Charles X

Louis XVIII, frère de Louis XVI, roi de 1814 à 1824

La duchesse d'Angoulême sœur de Louis XVIII

Les ducs d'Angoulême et de Berry, fils de Charles

2 Le 4 septembre 1870, la République est proclamée devant le Palais-Bourbon.
(Gravure coloriée, 1870, collection particulière.)

Suite à la défaite militaire de l'empereur Napoléon III contre les Prussiens, les Républicains Léon Gambetta et Jules Favre se rendent au Palais-Bourbon puis à l'Hôtel-de-ville de Paris et proclament la République.

Les ARTS témoins de l'Histoire

Delacroix peint la révolution de 1830

OBJECTIF
Étudier une œuvre d'art témoin de la révolution de 1830

Socle commun
- 5.1 Avoir des connaissances relevant de la culture artistique : œuvres picturales
- 5.2 Situer des œuvres artistiques dans le temps et l'espace
- 5.4 Être sensible aux enjeux esthétiques et humains d'une œuvre artistique

En 1830, le roi Charles X essaie de rétablir son pouvoir absolu. Les Parisiens se soulèvent et le renversent après trois jours d'insurrection du 27 au 29 juillet 1830.

> Comment le peintre Eugène Delacroix représente-t-il la révolution de 1830 dans son tableau *La Liberté guidant le Peuple* ?

1 FICHE D'IDENTITÉ
La liberté guidant le peuple (doc. 4)

- **Auteur :** Eugène Delacroix (1768-1863)
- **Date de l'œuvre :** 1830-1831
- **Nature :** peinture
- **Technique :** huile sur toile
- **Dimensions :** L. : 3,25 m x H. : 2,6 m
- **Lieu de conservation actuel :** musée du Louvre (depuis 1874)

Histoire de l'œuvre

Durant les trois jours de combats de 1830, Delacroix descend sur les lieux et fait des esquisses pour son futur tableau.
La Liberté guidant le peuple est brièvement exposé au public au Salon de 1831 où il fait sensation. Il est ensuite acheté par le roi Louis-Philippe qui ne l'expose plus jusqu'à la fin de la monarchie.

2 Eugène Delacroix (1798-1863)

Biographie

Ce peintre vient d'une famille bourgeoise aisée. Il se fait connaître au salon de 1824 par *Les Massacres de Scio*, où il dénonce l'oppression des Turcs sur les Grecs. En octobre 1830, il décrit avec enthousiasme à son frère son travail sur le tableau représentant la journée révolutionnaire du 28 juillet 1830 : « J'ai entrepris un sujet moderne, une barricade, et si je n'ai pas vaincu pour la patrie, au moins peindrais-je pour elle ». Il devient ensuite un peintre très réputé.

3 Un témoin raconte la révolution de 1830

« **Mardi 27 juillet 1830.** Aujourd'hui commencent les soulèvements populaires. Les ordonnances du 25 en sont la cause[1]. Le roi va à Compiègne et laisse les ministres faire feu sur le peuple. Dès l'avènement de Charles X, j'avais prédit qu'il tenterait d'arriver au gouvernement absolu.

Mercredi 28. Je ne puis traverser Paris. Les ouvriers sont lâchés [...]. Ils tuent, sont fusillés, et poursuivis par la Garde royale [...].

Jeudi 29. Attaque des casernes de la rue Verte et de la Pépinière. Bravoure incomparable des ouvriers serruriers. En vingt minutes, les deux casernes prises.

Vendredi 30. Pas un prince n'a paru. Les pauvres braves de la Garde sont abandonnés sans ordre, traqués partout, chassés partout. Paris est libre. Donc, en trois jours, ce vieux trône sapé ! »

Alfred de Vigny (poète romantique), *Journal d'un poète*, 1867.

[1]. Le roi Charles X a annulé la liberté de la presse et dissout la Chambre des députés.

Vocabulaire DES Arts

Une allégorie : un être vivant (animal ou humain) incarnant un principe ou une idée.

Le romantisme : (voir aussi définition p. 108).

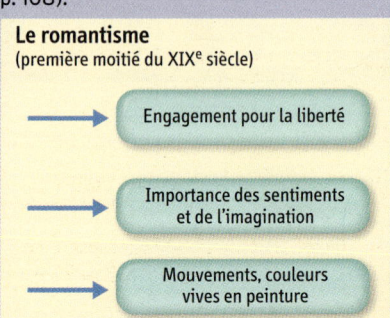

Le romantisme
(première moitié du XIXe siècle)

→ Engagement pour la liberté

→ Importance des sentiments et de l'imagination

→ Mouvements, couleurs vives en peinture

Arts du visuel

4 *La Liberté guidant le peuple* de Delacroix

Delacroix a choisi de peindre la foule en train de franchir une barricade.

① L'allégorie de la Liberté ② Le drapeau de la révolution ③ Un ouvrier des manufactures (blouse) ④ Un bourgeois ou un maître-artisan ⑤ Un étudiant polytechnicien (bicorne) ⑥ Un « gamin de Paris » avec le sac d'un soldat de Charles X et des pistolets de cavalerie ⑦ Un ouvrier récemment arrivé de la campagne, blessé ⑧ Un insurgé mort ⑨ Les cadavres des soldats de Charles X (un Garde suisse et un Garde royal) ⑩ Les tours de Notre-Dame

ACTIVITÉS

Je présente

① Présentez l'œuvre (nature, auteur, date).

② **Doc 2 et 3** Quel est l'événement évoqué par le tableau ?

Je décris et j'explique

③ Où se déroule cette scène ? Justifiez la réponse.

④ Où est située la Liberté par rapport aux autres personnages ? De quels symboles révolutionnaires est-elle munie ?

⑤ Quelles catégories de population entraîne-t-elle ? Quels éléments montrent la violence des combats ?

⑥ Quel est le mouvement général des personnages ? Qu'en conclure ?

⑦ À l'aide des réponses précédentes, expliquez ce que veut signifier Delacroix.

Je relie à une école artistique

⑧ En utilisant le vocabulaire des arts, indiquez ce qui rattache cette œuvre à l'école romantique.

Passerelle des ARTS

Le gamin de Paris de *La Liberté guidant le peuple* a inspiré le personnage de Gavroche à Victor Hugo dans son livre *Les Misérables*, paru en 1862.

● Tapez Gavroche sur un moteur de recherche. Comment meurt Gavroche dans *Les Misérables* de Victor Hugo ?

DÉCOUVRIR

La Révolution de 1848

En février 1848, le roi Louis-Philippe est renversé par une révolution. Un gouvernement provisoire, dirigé par Alphonse de Lamartine, proclame la Deuxième République dans la nuit du 23 au 24 février.

> Quelle est l'œuvre de la Révolution de 1848 ?

OBJECTIF
Expliquer le sens de la révolution de 1848

Socle commun
5.1 Connaître les grands traits de l'Histoire politique de la France

1 **Lamartine choisit le drapeau tricolore devant l'Hôtel de ville de Paris** (25 février 1848)
(Peinture d'Henri-Félix de Philippoteaux, 1848, Musée du Petit Palais, Paris.)

Légendes de l'image :
- Des insurgés réclament le drapeau rouge
- L'Hôtel de Ville de Paris
- Lamartine et le gouvernement provisoire
- Le drapeau tricolore
- L'armée qui soutient la nouvelle République
- Le butin du château des Tuileries pillé après la fuite de Louis-Philippe.

ACTIVITÉS

1. **Doc. 1** Relevez les éléments qui montrent qu'une journée révolutionnaire vient d'avoir lieu. Quel drapeau refuse Lamartine et quel drapeau choisit-il ?

2. **Doc. 4** Expliquez pourquoi l'homme du peuple renonce à la violence.

3. **Doc. 5** Qui obtient le droit de vote ? D'après ce texte, comment les électeurs vont-ils voter ?

4. **Doc. 2** Au nom de quels principes l'esclavage a-t-il été aboli ? Que reçoivent les propriétaires des esclaves libérés ?

5. **Doc. 3** Sur l'image, qu'est-ce qui rappelle la République ? Que tient le Commissaire dans sa main droite ? Pourquoi le Commissaire désigne-t-il des outils de travail de sa main gauche ?

6. **Décrivez et expliquez l'œuvre de la révolution de 1848.**

Méthode ◆ Rédigez votre réponse à l'aide des mots : Louis-Philippe, Lamartine, République, drapeau, suffrage, esclavage, Victor Schoelcher.

2 Le décret sur l'abolition de l'esclavage

« Le Gouvernement provisoire, considérant que l'esclavage est un attentat contre la dignité humaine ; qu'il est une violation flagrante du dogme républicain : Liberté, Égalité, Fraternité [...].

Décrète

Article 1. L'esclavage sera entièrement aboli dans toutes les colonies et possessions françaises, deux mois après la promulgation du présent décret dans chacune d'elles [...].

Article 5. L'Assemblée nationale règlera le montant de l'indemnité qui devra être accordée aux colons.

Article 8. À l'avenir, même en pays étranger, il est interdit à tout Français de posséder, d'acheter ou de vendre des esclaves et de participer, soit directement, soit indirectement à tout trafic ou exploitation de ce genre. Toute infraction à ces dispositions entraînera la perte de la qualité de citoyen français. »

Décret du 27 avril 1848 du gouvernement provisoire, rédigé par Victor Schoelcher (ministre des Colonies du gouvernement provisoire).

3 L'abolition de l'esclavage à la Réunion
(Peinture d'Alphonse Garreau, 1849, Musée du quai Branly, Paris.)

Sarda Garrida, Commissaire général de la République, apporte à l'île de la Réunion le décret abolissant l'esclavage en octobre 1848. À l'arrière-plan, une distillerie de canne à sucre et des ruches symbolisent le travail.

4 « Le vote ou le fusil »
(Lithographie de M.-L. Bosredon, 1848, BNF, Paris.)

« Le fusil, c'est désormais pour l'ennemi du dehors ; pour le dedans, voici comment l'on combat légalement les adversaires ».

5 L'élection du 23 avril 1848

Le 2 mars 1848, le gouvernement provisoire proclame le suffrage universel. L'élection à l'Assemblée constituante du 23 avril 1848 est la première à utiliser ce suffrage.

« Le matin de l'élection, tous les électeurs, c'est-à-dire toute la population mâle au-dessus de vingt ans, se réunirent devant l'église. Tous ces hommes se mirent à la file deux par deux, suivant l'ordre alphabétique [...]. Je rappelai à ces braves gens la gravité et l'importance de l'acte qu'ils allaient faire ; je recommandai à chacun de ne point se laisser accoster ni détourner par les gens qui, à notre arrivée au bourg, pourraient chercher à les tromper, mais de marcher sans se désunir jusqu'à ce qu'on eût voté. Ils crièrent qu'ainsi ils feraient et ainsi ils firent. Tous les votes furent donnés en même temps et sans doute presque tous au même candidat. »

Alexis de Tocqueville, *Souvenirs*, 1849, tome XII, Paris, Gallimard.

DÉCOUVRIR

La Commune de Paris de 1871

En 1870, Napoléon III est battu à Sedan. Une nouvelle République est proclamée et une Assemblée est élue. Mais, en mars 1871, les Parisiens se révoltent et élisent un gouvernement insurrectionnel : la Commune de Paris.

> **En quoi la Commune de Paris est-elle une expérience politique originale ?**

OBJECTIF
Raconter et expliquer la Commune de Paris de 1871

Socle commun
5.1 Connaître les grands traits de l'Histoire politique de la France

1 Chronologie

19 juillet 1870 La France déclare la guerre à la Prusse.

2-4 septembre 1870 Défaite de Napoléon III à Sedan puis proclamation de la République.

Février 1871 Les royalistes remportent les élections à la nouvelle Assemblée constituante. Elle s'installe à Versailles et nomme Thiers chef du gouvernement.

18 mars 1871 Thiers veut faire enlever de Paris les canons qui ont servi contre les Prussiens ; une insurrection éclate. Thiers et l'armée se replient sur Versailles.

26 mars 1871 Les Parisiens élisent la Commune de Paris qui se proclame gouvernement insurrectionnel.

21-28 mai 1871 Reprise de Paris par les Versaillais durant la « semaine sanglante ».

2 Le programme de la Commune

« La Commune est la base de tout État politique[1]. Elle implique comme force politique la République, seule compatible avec la liberté et la souveraineté populaire. La liberté la plus complète de parler, d'écrire, de se réunir et de s'associer. Le principe de l'élection appliqué à tous les fonctionnaires ou magistrats. La propagation de l'enseignement laïque intégral. L'organisation d'un système d'assurance communal contre tous les risques sociaux, y compris le chômage et la faillite. La recherche incessante d'en finir pour toujours avec le salariat et l'infâme pauvreté. »

Manifeste du Comité central des vingt arrondissements de Paris, 26 mars 1871.

1. Les Communards proclament une large autonomie pour la Commune étendue à toutes les communes de France.

3 Une barricade des Communards
(Barricade à l'angle des boulevards Voltaire et Richard Lenoir, bibliothèque historique de la Ville de Paris.)

Les Communards (les défenseurs de la Commune) construisent des barricades sur les grandes artères de la ville dans la crainte d'une attaque versaillaise.

4 Thiers s'adresse aux Parisiens (8 mai 1871)

« En présence de ce gouvernement, la Commune, c'est-à-dire la minorité qui vous opprime et qui ose se couvrir de l'infâme drapeau rouge, a la prétention d'imposer à la France ses volontés. Elle viole les propriétés, emprisonne les citoyens pour en faire des otages, retarde l'évacuation du territoire par les Allemands. Le gouvernement aurait désiré que vous puissiez vous affranchir vous-mêmes. Puisque vous ne le pouvez pas, il a réuni une armée sous vos murs. La France veut en finir avec la guerre civile. »

Proclamation d'Adolphe Thiers aux Parisiens, 8 mai 1871.

5 Paris enflammé lors de la « semaine sanglante » (vue vers l'Est)

(Gravure photographiée et retouchée par Numa fils en 1871, Saint-Denis, Musée d'art et d'histoire.)

Les premiers incendies sont provoqués par les bombardements des Versaillais qui entrent dans la ville par l'Ouest. La Commune allume à son tour des feux pour entraver la progression des Versaillais.

Les remparts de Paris — L'Hôtel de ville — Le palais de justice — Le Palais des Tuileries

6 La répression de la Commune (28 mai 1871)

Un Communard témoigne.

« Nous fûmes bientôt plus de 3 000 prisonniers. Tout le dimanche, les détonations retentirent à côté de nous. Le lundi matin, un peloton entra : "Cinquante hommes !" dit le sergent [...].

Sur une étendue qui nous parût sans fin, nous vîmes des tas de cadavres. "Ramassez tous ces salauds", nous dit le sergent. Nous relevâmes ces corps gluants de sang et de boue. Il nous sembla que plusieurs vivaient encore. Nous le dîmes aux soldats ; mais ils répondirent : "Allons ! Allons ! Va toujours !". Sûrement, il y en a eu qui moururent en terre. Nous mîmes dans les fosses 1 907 corps. »

Lissagaray, *Histoire de la Commune de Paris*, 1876.

7 Louise Michel (1830-1905)

Biographie

Institutrice républicaine et féministe, Louise Michel a pris une part active aux combats sur les barricades de la Commune, ce qui lui a valu le surnom de « Vierge rouge ». Jugée, elle a été déportée en Nouvelle-Calédonie en 1873, avec 4 000 autres Communards. Amnistiée en 1880, elle est décédée à Marseille.

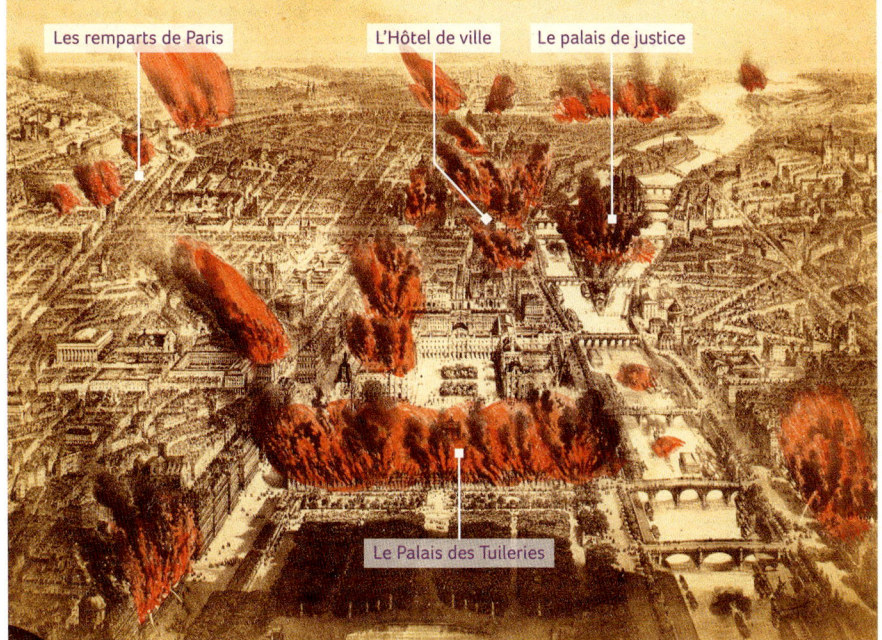

ACTIVITÉS

1. **Doc. 1** Qu'est-ce qui déclenche la révolte des Parisiens contre le nouveau gouvernement ?
2. **Doc. 2** Quelles sont les revendications politiques de la Commune ? les revendications sociales ?
3. **Doc. 4** De quoi Thiers accuse-t-il la Commune ?
4. **Doc. 3 et 5** Comment se déroulent les combats entre les Versaillais et les Communards ?
5. **Doc. 6 et 7** Quelles sont les mesures de répression à l'encontre des Communards ?
6. Racontez l'expérience de la Commune de Paris.

Méthode
- Décrivez les nouveautés apportées par la Commune (doc. 1, 2 et 4).
- Expliquez comment la Commune a été écrasée (doc. 1 à 7).

Des régimes instables (1815-1871)

> Quels sont les régimes politiques qui se succèdent de 1815 à 1871 ?

A La monarchie face aux révolutions (1815-1848)

1. En 1815, **Louis XVIII** revient sur le trône. Il fonde une monarchie constitutionnelle avec une Assemblée élue au suffrage censitaire (DOC. 1). Mais **Charles X**, qui lui succède, veut établir un pouvoir plus absolu. **Les Parisiens se soulèvent en 1830** et le chassent du trône (> PP. 146-147).

2. Les députés de l'Assemblée désignent **Louis-Philippe** « roi des Français » (DOC. 2). Il accorde davantage de libertés. Mais, pour beaucoup, elles sont insuffisantes et la crise économique renforce le mécontentement. Le **24 février 1848**, les Parisiens chassent Louis Philippe et **la Deuxième République est proclamée** (DOC. 3).

B La Deuxième République vite renversée (1848-1851)

1. Dirigé par Lamartine, le gouvernement provisoire de la République **abolit l'esclavage** dans les colonies et établit le **suffrage universel masculin** pour les élections (> PP. 148-149).

2. En décembre 1848, **Louis-Napoléon Bonaparte** gagne les élections présidentielles. Le 2 décembre 1851, il dissout l'Assemblée nationale par un coup d'État. Un an plus tard, il prend le titre d'empereur après un plébiscite (DOC. 4 ET 5).

C Du Second Empire à la Troisième République (1852-1871)

1. Le Second Empire est un régime autoritaire. Napoléon III gouverne pendant près de vingt ans (1852-1870) en concentrant entre ses mains presque tous les pouvoirs (DOC. 5). Mais, en 1870, il est fait prisonnier lors de la guerre contre la Prusse. Aussitôt les députés républicains proclament **la Troisième République (4 septembre 1870)**.

2. En 1871, **les royalistes**, favorables à la paix avec l'Allemagne, **gagnent les élections** à l'Assemblée constituante. Les Parisiens se révoltent contre le nouveau gouvernement et proclament la **Commune de Paris** (> PP. 150-151). Mais elle est écrasée dans le sang.

1 La Charte octroyée par Louis XVIII

« **Article 1.** Les Français sont égaux devant la loi.
Article 6. La religion catholique est la religion d'État.
Article 13. Au roi seul appartient la puissance exécutive.
Article 15. La puissance législative s'exerce collectivement par le Roi, la Chambre des pairs, et la Chambre des députés.
Article 16. Le roi propose la loi.
Article 18. Toute loi doit être discutée et votée librement par la majorité de chacune des deux chambres.
Article 27. La nomination des Pairs de France appartient au Roi.
Article 35. La Chambre des députés sera composée de députés élus.
Article 40. Les électeurs qui concourent à la nomination des députés ne peuvent avoir droit de suffrage s'ils ne paient une contribution directe de 300 francs, et s'ils ont moins de 30 ans.
Donné à Paris, l'an de grâce 1814. »

1. Qui détient le pouvoir exécutif ?
2. Qui propose la loi ? Qui la vote ?
3. Par qui est élue la Chambre des députés ?

Définitions

Une monarchie constitutionnelle : un régime où le pouvoir du roi est limité par une Constitution (ou une charte).

Le suffrage censitaire : voir p. 74.

Coup d'état : la prise du pouvoir par la force.

Un plébiscite : une consultation du peuple où celui-ci doit répondre par oui ou par non à une question posée.

Un régime autoritaire : un régime qui n'est pas démocratique.

3 La révolution de février 1848

« Pendant qu'aux Tuileries, les aides de camp se succédaient, et que le Roi hésitait, puis donnait à Bugeaud le commandement général pour l'empêcher de s'en servir, l'insurrection, comme dirigée par un seul bras, s'organisait formidablement. Des hommes d'une éloquence frénétique haranguaient la foule au coin des rues ; d'autres dans les églises sonnaient le tocsin à pleine volée ; on coulait du plomb, on roulait des cartouches ; les arbres des boulevards, les vespasiennes, les bancs, les grilles, les becs de gaz, tout fut arraché, renversé ; Paris, le matin, était couvert de barricades. La résistance ne dura pas ; si bien qu'à huit heures, le peuple, de bon gré ou de force, possédait cinq casernes, presque toutes les mairies¹, les points stratégiques les plus sûrs. D'elle-même, sans secousses, la monarchie se fondait dans une dissolution rapide. »

Gustave Flaubert, *L'Éducation sentimentale*, troisième partie, 1869.

1. de Paris.

2 Le roi Louis-Philippe 1er
(Peinture de Vernet, Musée du Château de Versailles.)

Louis-Philippe modifie la Charte pour accorder plus de pouvoir aux Chambres.

1. Quels sont les insignes visibles du sacre ?

2. Qu'est-ce qui montre que Louis-Philippe ne veut pas établir un pouvoir absolu ?

1. Qui est le roi et quelle est son attitude face à la Révolution ?

2. Quelles sont les étapes de la Révolution ?

4 Le plébiscite pour l'Empire

Un an après le coup d'État du 2 décembre 1851, Louis-Napoléon organise un plébiscite (ou référendum) au suffrage universel pour le rétablissement de l'Empire.

Question posée aux électeurs lors du plébiscite du 21 novembre 1852 :

« Le peuple veut le rétablissement de la dignité impériale dans la personne de Louis-Napoléon Bonaparte, avec hérédité dans sa descendance directe, légitime ou adoptive et lui donne le droit de régler l'ordre de sa succession au trône dans la famille Bonaparte [...] ».

Le décret impérial du 2 décembre 1852 donne les résultats du vote :

« 7 824 189 bulletins portent le mot "oui" ; 253 145 bulletins portent le mot "non" ; 63 326 bulletins nuls. Louis Napoléon Bonaparte est empereur des Français sous le nom de Napoléon III. »

1. Qui vote lors du plébiscite ? Quel bulletin l'emporte ?

2. Quels droits Louis-Napoléon obtient-il ?

5 Napoléon III
(1808-1873)

Louis-Napoléon Bonaparte, neveu de Napoléon Ier, profite de la popularité de son oncle pour se faire élire Président de la République en décembre 1848. Le 2 décembre 1851, il fait un coup d'État puis prend le titre d'empereur et le nom de Napoléon III. Napoléon III met en place un régime autoritaire : il exile les opposants, supprime les libertés de presse et de réunion, réduit à rien le pouvoir des nouvelles Assemblées. Sous son règne, la France commence à s'industrialiser et Paris prend un nouveau visage avec les grands travaux menés par le préfet Haussmann (voir p. 130-131). Il mène par ailleurs une politique extérieure active (acquisition de Nice et de la Savoie). Mais en 1870, il est fait prisonnier à Sedan lors de la guerre contre la Prusse. Le Second Empire s'effondre et la Troisième République est proclamée. Il décède en Angleterre en 1873.

1. Pourquoi dit-on que le Second Empire est un régime autoritaire ?

2. Quand et comment s'achève-t-il ?

DÉCOUVRIR

Jules Ferry, un père de la République

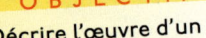

OBJECTIF
Décrire l'œuvre d'un homme politique : Jules Ferry

Socle commun
5.1 Connaître les grands traits de l'histoire politique de la France

Les républicains remportent les élections à la fin des années 1870 et ils commencent à gouverner le pays. De 1879 à 1885, le républicain Jules Ferry joue alors un rôle majeur dans la vie politique.

> **Comment Jules Ferry consolide-t-il la République ?**

1 Portrait de Jules Ferry, vers 1885

2 Jules Ferry
(1832-1893)

Né à Saint-Dié dans les Vosges, Jules Ferry est avocat. À partir de 1865, il se fait connaître par ses articles opposés à l'Empire dans le journal *Le Temps*.
Député républicain des Vosges à partir de 1871, il joue un grand rôle politique de 1879 à 1885 comme ministre de l'Instruction publique et Président du Conseil[1]. Durant cette période, il élabore et fait voter les lois sur l'enseignement primaire. Il met aussi en œuvre la grande politique coloniale de la France. C'est sous sa Présidence du Conseil que sont votées les lois sur les libertés renforçant la démocratie. Mais sa politique coloniale en Indochine le rend impopulaire et il doit démissionner en 1885. Devenu « Ferry le Tonkinois », il ne sera plus jamais ministre.

1. c'est-à-dire chef du gouvernement.

3 Jules Ferry et les grandes lois

- **1879-1883** Ferry, Ministre de l'instruction publique et Président du Conseil (1880-1881).
- **30 mai 1881** Loi sur la liberté de réunion.
- **16 juin 1881** Loi Ferry[1] sur la gratuité de l'enseignement primaire public.
- **29 juillet 1881** Loi sur la liberté de la presse.
- **29 mars 1882** Loi Ferry sur l'enseignement obligatoire et la laïcité des programmes des écoles publiques.
- **1883-1885** Ferry, Président du Conseil.
- **Mars 1884** Loi Waldeck-Rousseau autorisant les syndicats.
- **Avril 1884** Loi établissant la désignation des maires par les conseils municipaux.

1. La loi porte le nom du ministre qui l'élabore.

4 Jules Ferry défend sa politique

Jules Ferry défend sa politique à la veille des élections législatives de septembre 1881.

« Mes chers concitoyens,
Vous m'avez confié un mandat dont je vous dois compte. Comme député, ministre de l'Instruction publique, président du Conseil, j'ai engagé ma responsabilité dans les principaux actes de cette majorité[1] qui a abattu le pouvoir personnel. Sa politique est soumise, à cette heure, au jugement du suffrage universel. Cette politique se défend par ses résultats : montrer à la nation que, sous le régime républicain, le maintien de l'ordre se concilie avec la pratique d'une liberté de presse et de réunion [...]. La chambre que vous élirez aura pour mission de poursuivre les progrès réalisés dans l'ordre scolaire et administratif [...]. Il lui appartient de doter la République d'une bonne loi sur les associations. »

Profession de foi de Jules Ferry pour les élections législatives de 1881.

1. La majorité républicaine à l'Assemblée.

5 La loi Ferry de 1882 (extrait)

Cette loi a été votée après la loi de 1881 établissant la gratuité de l'école publique.

« **Article 1.** L'enseignement primaire comprend :
• L'instruction morale et civique ;
• La lecture et l'écriture ;
• La langue et les éléments de la littérature française ;
• La géographie, particulièrement celle de la France. L'histoire, particulièrement celle de la France jusqu'à nos jours ;
• Quelques notions usuelles de droit et d'économie ;
• Les éléments des sciences naturelles physiques et mathématiques ;
• Les éléments du dessin, du modelage et de la musique ;
• La gymnastique ;
• Pour les garçons, les exercices militaires ;
• Pour les filles, les travaux à l'aiguille. […]
Article 2. Les écoles primaires publiques vaqueront un jour par semaine, en plus du dimanche, afin de permettre aux parents de faire donner, s'ils le désirent, à leurs enfants, l'instruction religieuse, en dehors des édifices scolaires.
Article 4. L'instruction primaire est obligatoire pour les enfants des deux sexes âgés de six ans révolus à treize ans révolus ; elle peut être donnée […], soit dans les écoles publiques ou libres, soit dans les familles par le père de famille ou par toute personne qu'il aura choisie. »

6 La mairie et l'école publique d'Arcy-sur-Cure

Après les lois scolaires de 1881-1882, le budget de l'Éducation augmente fortement et l'on construit de nombreuses écoles.

7 Les journalistes du journal *La République française*
(Henri Gervex, *À la correction du journal : La République française*, 1890, Musée d'Orsay, Paris.)

Avec la loi de juillet 1881 sur la presse, les journaux se multiplient : en 1885, on dénombre 1 540 titres à Paris !

ACTIVITÉS

1) **Doc. 2** À quelle tendance politique appartient Jules Ferry ? Sous quel régime commence-t-il sa carrière politique ?

2) **Doc. 2 et 3** Quelles ont été ses fonctions politiques de 1879 à 1885 ?

3) **Doc. 4** De quand date cette profession de foi ? Quel bilan défend-elle ? Quel programme propose-t-elle ?

4) **Doc. 3** Classez les lois votées sous l'impulsion de Jules Ferry dans le tableau suivant :

Lois scolaires	Lois sur la démocratie

5) **Doc. 5** Montrez que les programmes scolaires et l'école sont laïcisés (séparés du religieux).

6) **Doc. 6 et 7** Quelles sont les conséquences des lois votées par Jules Ferry ?

7) Décrivez en quelques phrases l'œuvre politique accomplie par Jules Ferry.

Méthode
♦ Donnez les fonctions politiques de Jules Ferry et leurs dates.
♦ Décrivez et expliquez les lois scolaires de Ferry.
♦ Présentez les lois renforçant la démocratie.

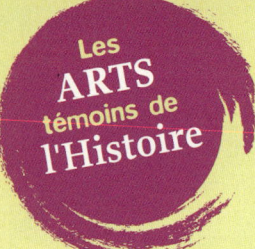

Les ARTS témoins de l'Histoire

Un monument pour la République

OBJECTIF
Étudier une œuvre d'art témoin du triomphe de la République

Socle commun
5.2 Situer des œuvres artistiques dans l'espace, le temps
6.1 Connaître les symboles de la République

En 1879, la municipalité républicaine de Paris propose d'édifier un monument en l'honneur de la République. Le projet des frères Morice l'emporte et le monument est inauguré sur la place du Château d'eau (qui devient la place de la République) le 13 juillet 1883.

> **Comment le monument des frères Morice glorifie-t-il la République ?**

Vocabulaire DES Arts

Une sculpture : une œuvre qui crée des formes et des volumes ; on distingue les sculptures en trois dimensions (les rondes-bosses) et les reliefs.

Une statue : une sculpture en ronde-bosse représentant un homme ou une femme.

Un piédestal : un socle sur lequel on pose quelque chose.

1 FICHE D'IDENTITÉ
Le Monument de la République (doc. 3)

- **Nom :** Le Monument de la République
- **Auteurs :** les frères Morice (Léopold pour les statues et les plaques en bronze, Charles pour le piédestal sculpté en pierre)
- **Date :** 1883
- **Nature :** monument sculpté avec piédestal en pierre et statue en bronze
- **Dimension :** statue de 9,5 mètres sur un piédestal de 15 mètres
- **Situation :** place du Château d'eau à Paris (qui prend le nom de place de la République)
- **Commanditaire :** la ville de Paris, à la suite d'un concours

ACTIVITÉS

Je présente
1. Présentez le monument de la République (sculpteurs, lieu d'installation, date, commanditaire).

Je décris
2. Quelles sont les deux parties du monument ?
3. Classez les éléments de la statue dans le tableau suivant.

Symbole	Signification

4. Sur le piédestal, par quoi est symbolisé le suffrage universel masculin ? Quels principes républicains représentent les statues féminines ?
5. Quelle est la principale période historique célébrée par les plaques de bronze du piédestal ?

J'explique le sens
6. Résumez : quels valeurs et principes, quelle pratique citoyenne, quelle période historique ce monument de la République veut-il célébrer ?

2 La fête du 14 juillet 1883, place de la République
(Gravure, fin XIXe siècle, Musée Carnavalet, Paris.)

Le 13 juillet au soir, la population défile avec des lampions. Le 14 juillet, au matin, elle assiste au défilé des élèves portant l'uniforme. L'après-midi, elle se rend à Longchamp (bois de Boulogne) pour la revue militaire.

Arts du spectacle vivant — Arts du son — Arts du visuel

3 Le monument de la République des frères Morice
(Carte postale, vers 1900)

- Le rameau d'olivier (symbole de la Paix)
- Le bonnet phrygien de la Liberté
- La couronne de laurier de la Victoire
- L'épée en bandoulière (La défense de la patrie)
- Les Tables de la Loi avec les Droits de l'homme
- L'emblème de la ville de Paris
- La Fraternité (à l'arrière)
- L'Égalité
- La Liberté
- Les plaques en bronze
- Le lion devant une urne (suffrage universel masculin)

188. PARIS. — Monument de la République

Les plaques en bronze (bas-reliefs) du piédestal représentent les événements majeurs à l'origine de la République, entre 1789 et 1880.

20 juin 1789 Serment du jeu de paume
14 juillet 1789 Prise de la Bastille
4 août 1789 Nuit du 4 août
14 juillet 1790 Fête de la Fédération
11 juillet 1792 Proclamation de la Patrie en danger
20 septembre 1792 Bataille de Valmy
21 septembre 1792 Abolition de la royauté
29 juillet 1830 Les Trois Glorieuses
4 mars 1848 Décret abolissant l'esclavage
4 septembre 1870 Proclamation de la République
14 juillet 1880 Première fête nationale

Passerelle des ARTS

La statue de la République des frères Morice s'inspire de La *Liberté guidant le peuple*, peint par Delacroix en 1831 (p. 147).

● Qu'est-ce qui rapproche et distingue *la République* des frères Morice de *La Liberté* de Delacroix ?

Arts du quotidien | Arts du langage | Arts de l'espace

DÉCOUVRIR

L'affaire Dreyfus divise la France

OBJECTIF
Raconter l'affaire Dreyfus et expliquer son importance historique

Socle commun
- 5.1 Connaître les grands traits de l'histoire politique de la France
- 6.1 Connaître les principaux droits de l'homme et du citoyen

En 1894, le capitaine Dreyfus, officier alsacien et juif, est condamné au bagne par l'armée pour avoir livré des secrets militaires à l'Allemagne. En 1898, l'armée découvre le vrai coupable mais l'acquitte. La France se divise alors en deux camps : les Dreyfusards réclament la révision du procès de Dreyfus au nom de la justice et des droits de l'homme alors que les antidreyfusards catholiques, souvent antisémites, s'y opposent.

> **Comment et pourquoi l'affaire Dreyfus a-t-elle divisé la France ?**

1 Le capitaine Dreyfus devant le conseil de guerre en 1894
(*Le Petit Journal*, 23 décembre 1894.)

2 Le capitaine Dreyfus au bagne sur l'île du Diable, en Guyane
(*Le Petit Journal*, 27 septembre 1896.)

3 Chronologie

- **Septembre 1894** On découvre qu'un membre de l'état-major français a livré des renseignements militaires à l'Allemagne sur un bordereau.
- **1894-1895** Le capitaine Alfred Dreyfus, accusé d'en être l'auteur, est condamné au bagne par un conseil de guerre.
- **1898** Le capitaine Esterhazy est acquitté par un tribunal militaire malgré les preuves de sa culpabilité. Zola publie « J'accuse » dans *L'Aurore*.
- **1899** L'un des documents accusant Dreyfus se révélant être un faux, celui-ci est rejugé à Rennes par un nouveau conseil de guerre et encore condamné alors qu'il n'y a plus de preuve contre lui. Il est gracié par le président de la République, Émile Loubet.
- **1902** Le parti républicain radical, soutien de Dreyfus, remporte les élections législatives en 1902 et 1906.
- **1906** Dreyfus est acquitté.

4 « J'accuse » de Zola

En 1898, l'écrivain Émile Zola réagit à l'annonce de l'acquittement d'Esterhazy. Il rédige une « lettre ouverte » au président de la République en Une du journal L'Aurore.

« J'accuse le lieutenant-colonel du Paty du Clam[1] d'avoir été l'ouvrier diabolique de l'erreur judiciaire. J'accuse le général Billot [ministre de la Guerre en avril 1896] d'avoir eu entre les mains les preuves certaines de l'innocence de Dreyfus et de les avoir étouffées, de s'être rendu coupable de crime de lèse-humanité et de lèse-justice dans un but politique et pour sauver l'état-major compromis [...]. J'accuse enfin le second conseil de guerre [celui de 1898 qui acquitta Esterhazy] d'avoir couvert cette illégalité par ordre, en commettant à son tour le crime juridique d'acquitter sciemment un coupable [...]. Je n'ai qu'une passion, celle de la lumière, au nom de l'humanité qui a tant souffert et qui a droit au bonheur. »

Extrait de l'article d'Émile Zola, *L'Aurore*, 13 janvier 1898.

1. Il a accusé Dreyfus et a été chargé de l'enquête.

5 Pour ou contre Dreyfus

A. « Zola n'est pas seul. Il a avec lui les hommes de pensée contre les hommes de pouvoir. Tous les regards qui ne sont pas déviés par les bas intérêts du fanatisme politique et religieux sont tournés vers l'île du diable, vers un rocher où agonise un homme, jeté là au mépris des lois et du droit le plus élémentaire. »

Jean Ajalbert, « Ça commence », *Les droits de l'homme*, 28 février 1898.

B. « Cette bande de juifs a l'audace effrénée de prétendre, à force d'outrages, faire capituler la justice militaire et la contraindre à réviser un arrêt qui a justement condamné un misérable qui livrait nos secrets à l'ennemi. »

Édouard Drumont, « Finissez en... », *La Libre parole*, 1er janvier 1898.

C. « Les amis de Dreyfus injurient tout ce qui nous est cher, notamment la patrie et l'armée [...]. Leur complot divise et désarme la France et ils s'en réjouissent. Quand même leur client serait innocent, ils demeureraient criminels. »

Maurice Barrès.

— Surtout ! ne parlons pas de l'affaire Dreyfus !

— Ils en ont parlé...

6 Un dîner en famille

(Caran d'Ache, *Le Figaro*, 13 février 1898.)

ACTIVITÉS

1) **Doc. 1 et 2** Par qui est condamné Dreyfus ? À quoi est-il condamné ?

2) **Doc. 4** Que reproche Zola aux officiers qu'il accuse ?

3) **Doc. 5B et 5C** Comment les « antidreyfusards » justifient-ils leur opposition à la révision du procès de Dreyfus ?

4) **Doc. 4 et 5A** Au nom de quels principes les « dreyfusards » défendent-ils Dreyfus ?

5) **Doc. 6** Présentez le document. Que veut-il signifier ?

6) **Doc. 3** Quel est le parti politique victorieux à la suite de l'affaire Dreyfus ?

7) Montrez que l'affaire Dreyfus a divisé les Français.

Méthode ◆ Racontez les débuts de l'Affaire (questions 1 et 2).

◆ Décrivez les camps qui s'opposent et leurs idées (questions 3, 4 et 5).

◆ Donnez la conséquence politique de l'Affaire (question 6).

DÉCOUVRIR

La séparation des Églises et de l'État

OBJECTIF
Décrire la loi de séparation des Églises et de l'État (1905) et expliquer son importance historique

Socle commun
5.1 Connaître la place et le rôle de l'état en France

En 1902, les radicaux, qui ont été les plus fervents partisans de Dreyfus, gagnent les élections. Anticléricaux, voulant réduire l'influence de l'Église dans la société, ils votent, avec le soutien des socialistes, la loi de séparation des Églises et de l'État en 1905.

> **Quels sont les enjeux de la loi de séparation des Églises et de l'État ?**

1 Une caricature sur la loi de séparation des Églises et de l'État
(Lithographie, Castres, Musée Jean Jaurès.)

2 Chronologie

- **1902** Victoire des radicaux aux élections législatives.
- **1904** Loi interdisant aux congrégations religieuses (ordres religieux) d'enseigner. Rupture des relations diplomatiques avec le pape.
- **1903-1905** Le député socialiste Aristide Briand est à la tête de la commission parlementaire qui rédige le projet de loi sur la séparation des Églises et de l'État.
- **1905** La loi de séparation des Églises et de l'État est votée par la Chambre des députés puis par le Sénat.
- **1906** Le pape condamne la loi de séparation qui appauvrit l'Église de France.

3 La loi de séparation des Églises et de l'État (1905, extraits)

« **Article 1.** La République assure la liberté de conscience. Elle garantit le libre exercice des cultes [...].

Article 2. La République ne reconnaît, ne salarie ni ne subventionne aucun culte. En conséquence, seront supprimées des budgets de l'État, des départements et des communes, toutes dépenses relatives à l'exercice des cultes. Pourront toutefois être inscrites auxdits budgets les dépenses relatives à des services d'aumônerie et destinées à assurer le libre exercice des cultes dans les établissements publics tels que lycées, collèges, écoles, hospices, asiles et prisons[1]. »

[1]. C'est-à-dire dans les milieux fermés d'où il est difficile ou impossible de sortir.

4 Aristide Briand défend le projet de loi
(6 avril 1905)

Aristide Briand défend son projet de loi à la Chambre des députés, le 6 avril 1905.

« Que s'est-il donc passé dans ce pays depuis 34 ans que la République vit en régime concordataire[1] ? On peut dire que pendant cette période, les intérêts de l'Église n'ont pas souffert, le budget de l'État s'est montré généreux avec l'Église ; les subventions des départements et des communes lui ont été données pour ainsi dire sans compter [...].

Comment s'est-elle comportée vis-à-vis de la République ? La vérité, c'est que pendant cette longue période de régime concordataire, dans toutes les circonstances graves, difficiles, aux heures critiques où son existence a été menacée, la République a vu le clergé se dresser contre elle en ennemi [...]. Sous le boulangisme et plus récemment encore[2], vous savez quelle a été l'attitude du clergé. Il n'est pas une liberté dont jouisse ce pays qui n'ait dû être conquise sans les résistances acharnées de l'Église : la voilà, la vérité ! »

(Applaudissements à l'extrême-gauche et à gauche – Réclamation à droite.)

1. Régime du concordat signé entre l'État et le pape.
2. Pendant l'affaire Dreyfus.

5 Une affiche anticléricale (affiche de 1902)

Les radicaux sont anticléricaux. Ils estiment que l'Église catholique (le clergé) obscurcit les consciences et s'oppose à la République.

6 L'État et l'Église catholique

Avant 1905 (Sous le régime du concordat de 1801)	Après 1905 (sous le régime de la Loi de séparation des Églises et de l'État de 1905)
• Le gouvernement garantit la liberté de conscience et de culte.	• Le gouvernement garantit la liberté de conscience et de culte.
• Les évêques et les curés reçoivent un traitement.	• Les évêques et les curés ne reçoivent plus de traitement.
• L'État nomme les évêques et le pape leur donne l'investiture catholique.	• Le pape nomme et investit les évêques.
• Les fidèles peuvent faire des donations.	• Les fidèles peuvent faire des donations.

Définitions

La laïcité : le principe selon lequel l'État et la religion sont séparés. L'État laïc ne s'oppose pas à la religion, il garantit la liberté de culte.

Anticlérical : hostile au clergé.

ACTIVITÉS

1. **Doc. 2 et 5** Quel est le parti au pouvoir au moment du vote de la loi de 1905 ? Quel est son point de vue sur l'Église ?
2. **Doc. 3 et 6** Quels sont les grands changements dans les relations entre l'État et l'Église catholique apportés par la loi de 1905 ?
3. **Doc. 3 et 6** La loi est-elle opposée aux religions ? Justifiez la réponse.
4. **Doc. 4** Qu'est-ce qui justifie la loi de séparation selon Aristide Briand ?
5. **Doc. 1** Qui sont les personnages représentés ? Expliquez la caricature.
6. Décrivez et expliquez la loi de séparation des Églises et de l'État.

Méthode → Résumez le contenu de la loi.
→ Expliquez par qui et pourquoi cette loi a été votée.

2 La République s'enracine (1871-1914)

> Comment la République parvient-elle à s'installer durablement ?

A La République s'installe

1. La République est d'abord dirigée par Thiers qui **signe la paix avec l'Allemagne en 1871** : la France paie une lourde indemnité et **perd l'Alsace et le Nord de la Lorraine**.

2. **Les royalistes sont majoritaires dans l'Assemblée nationale** élue en 1871, mais ils ne parviennent pas à s'entendre sur le choix du roi. En 1875, **une partie d'entre eux se joint alors aux républicains pour voter des lois constitutionnelles** qui organisent la République (DOC. 4).

B La République s'affirme

1. Après 1875, les idées républicaines, répandues par **Léon Gambetta et Jules Ferry**, gagnent peu à peu le pays. Les républicains emportent les élections à la chambre des députés (DOC. 5) puis au Sénat. En 1879, le républicain Jules Grévy est élu président de la République. *La Marseillaise* devient l'hymne national et le 14 juillet la fête nationale (p. 156).

2. Les Républicains au pouvoir **consolident la République**. En 1881 et 1882, Jules Ferry, ministre de l'Instruction publique, fait voter **les lois scolaires** qui rendent l'instruction obligatoire de 6 à 13 ans, et l'école publique gratuite et laïque. D'autres lois reconnaissent **les libertés de réunion et de presse** (1881) (DOC. 2) ainsi que le **droit de se syndiquer** (1884) (> PP. 154-155).

C La République face aux crises

1. À partir de 1885, **la République traverse plusieurs crises**. De 1887 à 1889, les opposants au régime se rassemblent derrière le général **Boulanger**. Il menace de faire un coup d'État mais y renonce. **L'affaire Dreyfus** (1894-1906) oppose les antidreyfusards aux dreyfusards, soucieux de défendre les valeurs de la République (> PP. 158-159).

2. À partir de 1902, **les radicaux**, qui ont défendu Dreyfus, gagnent les élections (DOC. 5). Menés par Clémenceau (DOC. 1), ils sont anticléricaux. En 1905, avec le soutien des socialistes, ils votent **la loi de séparation des Églises et de l'État** (> PP. 160-161).

---

1 Georges Clemenceau (1841-1929)

Biographie

Médecin de formation, Georges Clemenceau est élu député à partir de 1871. C'est un républicain résolu qui siège à l'extrême gauche comme député radical. Anticlérical, il prône la séparation des Églises et de l'État et s'oppose à la colonisation défendue par Jules Ferry. Il s'engage parmi les premiers pour Dreyfus dans les colonnes du journal *L'Aurore*. De 1906 à 1909, il est ministre de l'Intérieur et Président du Conseil. Il mène à son terme la politique de séparation des Églises et de l'État et réprime les grèves qui se multiplient à cette époque. Patriote intransigeant durant la guerre, il redevient Président du Conseil de 1917 à 1920.

1. Quelle est l'appartenance politique de Clemenceau ?
2. Quelles ont été ses fonctions politiques ?
3. Quelles idées a-t-il défendu ?

2 La liberté de la presse

« **Article 1.** L'imprimerie et la librairie sont libres. […]

Article 5. Tout journal ou écrit périodique peut être publié sans autorisation préalable et sans dépôt de cautionnement. […]

Article 7. Avant la publication de tout journal ou écrit périodique, il sera fait une déclaration. »

Loi du 29 juillet 1881.

1. Que faut-il faire pour publier un journal ?
2. Citez une conséquence de la loi (voir p. 155).

3 Une séance à la chambre des députés (Peinture de René Rousseau-Decelle, 1907, musée de Versailles.)

À la Chambre, les députés débattent de l'action du gouvernement et votent les lois. ① Les députés (les socialistes à gauche, les conservateurs à droite) ② Le président du conseil et les ministres répondent à l'orateur ③ Le public (et les journalistes) ④ L'orateur qui donne son avis à la tribune (ici Jaurès) ⑤ Le président de l'Assemblée dirige les débats

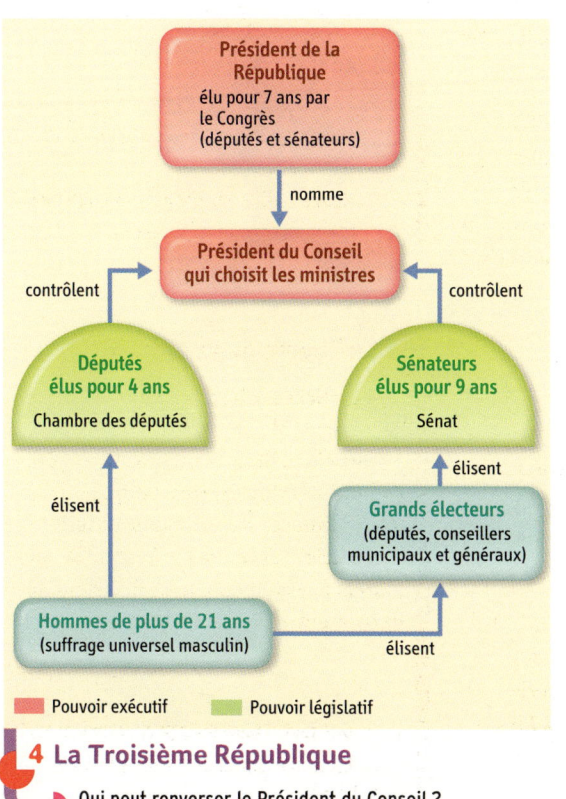

4 La Troisième République

■ Qui peut renverser le Président du Conseil ?

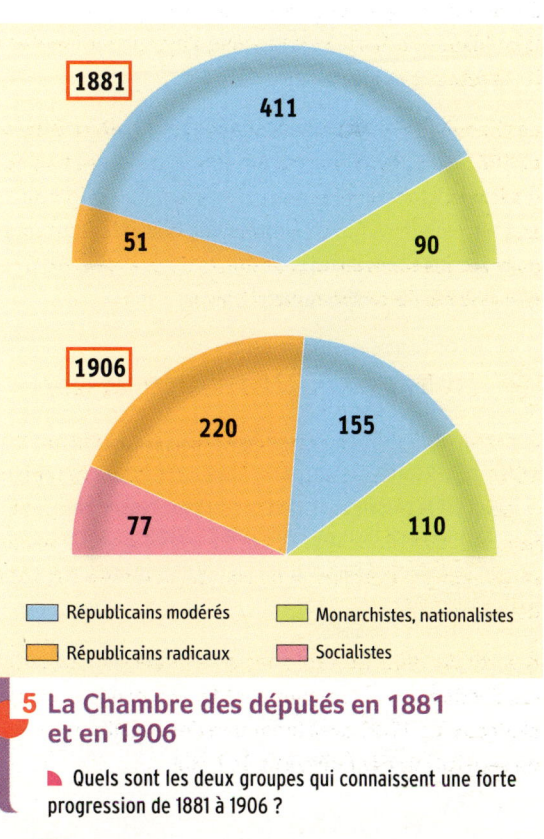

5 La Chambre des députés en 1881 et en 1906

■ Quels sont les deux groupes qui connaissent une forte progression de 1881 à 1906 ?

CHAPITRE 9 L'évolution politique de la France, 1815-1914

MÉTHODE

Socle commun
5.3 Lire et utiliser différents langages : images

Étudier une caricature

● POINT MÉTHODE

La caricature

● Une caricature est un dessin humoristique qui **exagère** volontairement certains traits d'une personne ou d'une situation.

● La caricature cherche à **transmettre un message**, une idée. Elle porte en général sur l'actualité et cherche à être facilement compréhensible.

● Apparues au XVIᵉ siècle, **les caricatures se multiplient au XIXᵉ siècle**. Elles sont réalisées sur des feuilles volantes, sur des affiches, reproduites dans des livres. Mais elles apparaissent **surtout dans les journaux** sous forme de dessins de presse.

Étudier une caricature, c'est

A. Présenter la caricature : l'auteur, la date, le public visé, le support (journal…).

B. Décrire comment la scène est traitée : qui sont les personnages ? quelle est l'action représentée ? comment sont-ils caricaturés ?

C. Expliquer le sens général de la caricature (son message).

● EXERCICE

Document *Le Couronnement de l'édifice*, **Caricature de F. Mathis**
(Caricature publiée en 1871, Musée d'art et d'histoire de Saint-Denis.)

Elle représente de façon symbolique et allégorique les différents régimes politiques qu'a connus la France de 1830 à 1871.

Thiers, chef du gouvernement en 1871

LE COURONNEMENT DE L'ÉDIFICE

A Je présente le document

1. Présentez la caricature (nature, auteur, date).

B Je décris comment la scène est traitée

2. Qui est le personnage ① ? Donnez le nom et les dates de son régime.

3. Quel régime politique représente le personnage ② ? Donnez ses dates.

4. Qui est le personnage ③ et quel est son régime politique ? Pourquoi tient-il un poignard ?

5. Qui est Thiers ? Pourquoi domine-t-il une République aux mains liées ④ ?

6. Décrivez la Commune.

C J'explique le sens général de la caricature

7. Que veut signifier la caricature ?

8. Pourquoi cette image n'aurait-elle pas pu être réalisée en 1872 ?

EXERCICES

1 Étudier le schéma d'une Constitution

Socle commun
5.3 Lire et employer différents langages

1. Qu'est-ce qu'une Constitution ?
2. De quand date cette Constitution ? Quel roi l'a établie ?
3. Qu'est-ce que le pouvoir exécutif ? Qui le détient ?
4. Par qui sont élus les députés ? Comment appelle-t-on ce type de suffrage ?
5. Comment appelle-t-on ce type de régime politique ?

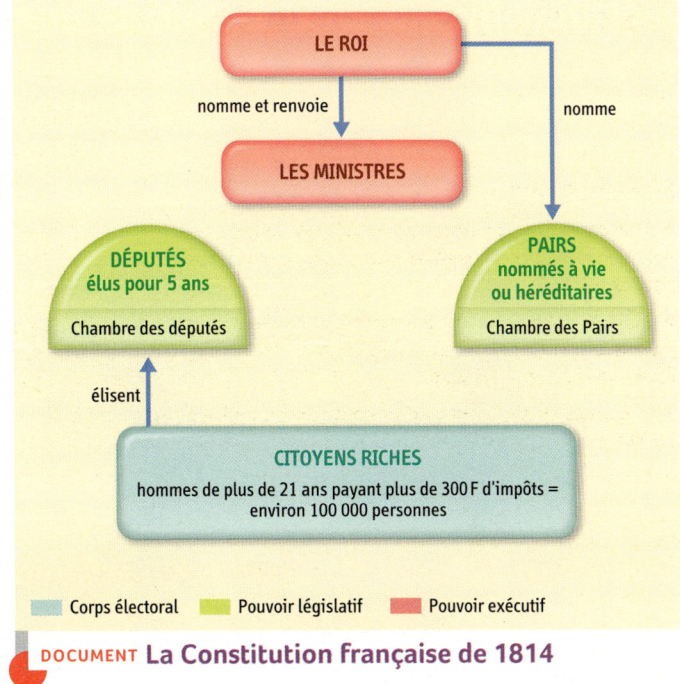

DOCUMENT La Constitution française de 1814

2 Étudier des documents sur le suffrage universel

Socle commun
5.1 Connaître les grands traits de l'histoire politique de la France

DOCUMENT 1 L'évolution du suffrage universel

Date de la loi électorale	Conditions pour être électeur	Nombre d'électeurs
1817	Être âgé de 30 ans Payer 300 francs d'impôts	100 000
1831	Être âgé de 25 ans Payer 200 francs d'impôts	166 000
Février 1848	Être âgé de 21 ans Suffrage universel masculin	Plus de 9 millions

Document 1

1. Comment appelle-on le type de suffrage en 1817 et en 1831 ? Combien y a-t-il d'électeurs ?
2. Comment s'appelle le régime politique en 1817 ? En 1831 ?
3. Comment appelle-t-on le type de suffrage en 1848 ? Qui vote ? Combien y a-t-il d'électeurs ?

DOCUMENT 2 Un discours sur le suffrage universel

« Il y a un jour dans l'année où le gagne-pain, le journalier, le manœuvre, prend, dans sa main durcie par le travail, les ministres, les représentants, le président de la République, et dit : la puissance c'est moi ! Quelle satisfaction, et par conséquent quel apaisement ! C'est la fin de la force brutale, c'est la fin de l'émeute. Le droit d'insurrection aboli par le suffrage universel. »

Victor Hugo, *Discours à l'Assemblée législative*, mai 1850.

Document 2

4. Présentez le document.
5. Pourquoi le journalier, le manœuvre disent-ils : « la puissance, c'est moi ! » ?
6. Pourquoi le suffrage universel, « c'est la fin de l'émeute » ?

EXERCICES

3 Étudier l'école de la République

Socle commun
5.3 Lire et employer différents langages : images – textes

Déclaration des droits de l'homme

La morale : « être économe, c'est ménager ce que l'on possède et ne l'employer qu'à des choses utiles. Le contraire, c'est la prodigalité qui fait dépenser sans compter. L'économie procure le bien-être dans le présent et dans l'avenir. La prodigalité mène à la ruine et à la misère. »

La carte de France

Classement des élèves

DOCUMENT 1 L'école de garçons d'Orbigny (Indre et Loire), le 2 mars 1909

DOCUMENT 2 Les instituteurs de la République

« De jeunes maîtres venaient nous faire la classe. [...] Ils étaient toujours prêts à crier "Vive la République". Nos jeunes maîtres étaient beaux comme des hussards[1] noirs, svelets, sévères, sanglés, sérieux et un peu tremblant de leur précoce, de leur soudaine toute-puissance. Un long pantalon noir. Un gilet noir. Une longue redingote noire. Cet uniforme civil était une sorte d'uniforme militaire porté par ces gamins qui étaient vraiment les enfants de la République. Par ces jeunes hussards de la République. Par ces hussards noirs de la sévérité [...]. Ces instituteurs étaient sortis du peuple, fils d'ouvriers mais surtout de paysans et de petits propriétaires. »

Chrales Péguy, *L'Argent*, Cahiers de la Quinzaine, Gallimard, 1913.

1. Militaires d'un corps de cavalerie.

Document 1
1. Présentez le document.
2. Décrivez le mobilier et les éléments muraux.
3. Décrivez l'instituteur puis les élèves (Comment sont-ils habillés ? Ont-ils tous le même âge ? le même sexe ? Font-ils tous le même exercice ?).
Quelle est l'atmosphère de la classe ?
4. En vous appuyant sur vos observations, indiquez quelles sont les différentes matières enseignées.
5. Quel document rappelle les valeurs républicaines ?
6. Pourquoi ne distingue-t-on pas d'éléments religieux dans la classe ?
7. De quelle partie est amputée la carte de la France ? Pourquoi ?

Document 2
8. De quels milieux sociaux sont originaires les instituteurs ? Quel extrait montre qu'ils aiment et soutiennent la République ?

4 Découvrir Jaurès, une figure du socialisme

Socle commun
5.3 Connaître les grands traits de l'histoire politique de la France

DOCUMENT 1
Jean Jaurès
(1859-1914)

Jaurès naît dans une famille bourgeoise de Castres (Tarn). Après des études brillantes, il devient professeur de philosophie. En 1892, il soutient la grande grève des mineurs de Carmaux et est élu l'année suivante à l'Assemblée comme député socialiste. Après 1898, Jaurès fait une campagne retentissante pour la libération de Dreyfus.
Au Parlement, il mène les grandes campagnes de la gauche pour la séparation des Églises et de l'État, les libertés syndicales, les droits de l'homme.
Il crée le quotidien socialiste *l'Humanité* en 1904 et il fonde en 1905, avec Jules Guesde, la SFIO (Section Française de l'Internationale Ouvrière), un parti qui unit tous les socialistes. Très opposé aux nationalismes, refusant la guerre, il met ensuite son éloquence au service de la paix. Il est assassiné le 31 juillet 1914, trois jours avant la déclaration de guerre.

DOCUMENT 2   Un discours de Jaurès

« Par le suffrage universel, vous avez fait de tous les citoyens, y compris les salariés, une assemblée de rois. C'est de leur volonté souveraine qu'émanent les lois et le gouvernement ; ils révoquent, ils changent les législateurs et les ministres.

Mais au moment même où le salarié est souverain dans l'ordre politique, il est dans l'ordre économique réduit à une sorte de servage […]. Ce roi de l'ordre politique peut être jeté dans la rue, à tout moment, s'il veut exercer son droit pour défendre son salaire ; il peut se voir refuser tout travail, tout salaire, toute existence […]. Le socialisme proclame que la République politique doit aboutir à la République sociale […]. »

Jean Jaurès, Discours à la Chambre des députés du 21 novembre 1893.

Document 1
1. Montrez que Jaurès défend la cause ouvrière.
2. Quels autres combats mène-t-il de 1898 à 1904 ?
3. Quand et comment parvient-il à unifier les socialistes ?
4. Quand et pourquoi est-il assassiné ?

Document 2
5. Quelle est la position de Jaurès vis-à-vis de la République ?

5 Connaître les grands repères chronologiques

Socle commun
5.3 Connaître les grands traits de l'histoire politique de la France

1. Recopiez les noms des régimes et événements politiques (1815-1914) et indiquez leur date
- Monarchie constitutionnelle
- Seconde république
- Établissement du suffrage universel masculin
- Abolition de l'esclavage
- Second Empire (Napoléon III)
- Troisième République
- Affaire Dreyfus
- Lois de séparation des Églises et de l'État
- L'école gratuite, laïque et obligatoire

2. Dans la frise ci-dessous, à quel régime politique correspond chaque couleur ?
À quel événement politique correspond chaque numéro ?

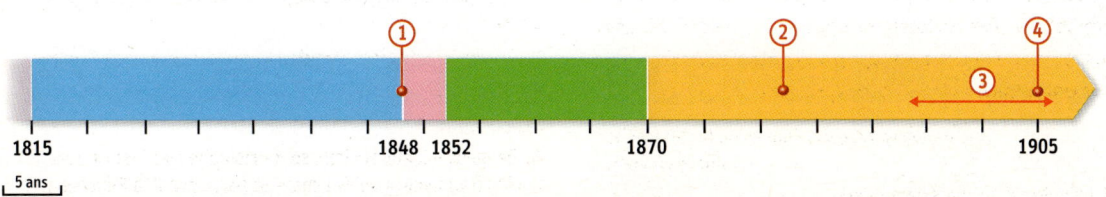

chapitre 10

L'affirmation des nationalismes

> Comment les nationalismes transforment-ils les frontières de l'Europe ?

1 L'entrée de Garibaldi à Messine (Sicile)
(Peinture de la fin du XIXe siècle, Librairie Rizzoli, Milan.)

En 1860, Garibaldi un ardent patriote italien, participe à la conquête du royaume des Deux-Siciles avec ses Chemises-Rouges en passant par la Sicile. Il contraint le roi des Deux-Siciles à l'exil. Les régions conquises sont ensuite rattachées au Piémont. L'Italie s'unifie.

1859-1861 Unification de l'Italie

1848 Révolution en Europe

1871 Proclamation de l'Empire allemand

1878 Formation des États balkaniques 1913

2 La guerre de 1870 entre la Prusse et la France
(Carl Roechling, *La charge du Bourget*, 1908.)

En 1870, l'empereur Napoléon III déclare la guerre à la Prusse. La Prusse et les autres États allemands qui se sont joints à elle remportent la victoire. Le roi de Prusse est alors proclamé empereur d'Allemagne par les autres souverains allemands : l'Allemagne s'unifie.

DÉCOUVRIR

Les révolutions de 1848

OBJECTIF
Raconter et expliquer les révolutions de 1848

Socle commun
5.1 Connaître les grands traits de l'histoire politique de l'Europe

Durant le printemps de 1848, les peuples se soulèvent dans toute l'Europe. Ils réclament des libertés et l'unification nationale ou l'indépendance nationale.

> **Pourquoi et comment les peuples se soulèvent-ils en Allemagne et en Italie en 1848 ?**

1 L'Italie en 1845

« Nous sommes un peuple de 22 millions d'habitants, renfermés entre les limites naturelles les plus précises que Dieu ait jamais tracées, la mer et les plus hautes montagnes d'Europe ; parlant la même langue ; ayant les mêmes croyances, les mêmes mœurs, les mêmes habitudes ; fiers du plus glorieux passé politique, scientifique, artistique qui soit connu dans l'histoire européenne.

Pourtant nous n'avons pas de drapeau, pas de nom politique, pas de rang parmi les nations européennes. Nous sommes démembrés en huit États. Huit lignes de douanes limitent notre marché et nous interdisent la grande industrie, la grande activité commerciale ; huit systèmes différents de monnaie, de poids et de mesures, de législations nous séparent. Et tous ces États ainsi partagés sont régis par des gouvernements despotiques¹ ; il n'y existe de liberté ni de presse, ni d'association ni de parole ; un de ces États comprenant à peu près le quart de la péninsule appartient à l'Autriche, les autres en subissent l'influence. [...] »

Giuseppe Mazzini (patriote et républicain italien),
Revue indépendante, 1845.

1. Des monarchies absolues.

2 Soulèvement à Milan en 1848
(Baldassare Verazzi, *Épisode des cinq jours de Milan*, XIXᵉ siècle, Museo del Risorgimento, Milan.)

Du 18 au 22 mars 1848, la population se soulève à Milan et les troupes autrichiennes doivent quitter la ville.

ACTIVITÉS

Les révolutions en Italie

1. **Doc. 1** Quelle est la culture commune des Italiens ?
2. **Doc. 1** En combien d'États l'Italie est-elle divisée ? Quel est le régime politique de ces États ?
3. **Doc. 2** Contre qui et comment les Milanais se soulèvent-ils ? Que symbolise le drapeau ?
4. **Doc. 5** Dans quelles villes italiennes ont eu lieu les révolutions ? Comment s'achèvent-elles ?

Les révolutions en Allemagne

5. **Doc. 3** Contre quelle monarchie se soulève la population ?
6. **Doc. 3 et 4** Quel passage du texte et quel élément de l'image indiquent que les révolutionnaires se battent pour l'unification allemande ?
7. **Doc. 3 et 4** Comment se battent les insurgés ? Quelles sont les raisons de leur défaite ?
8. **Doc. 5** Où ont eu lieu les révolutions en Allemagne ?

3 La révolution du 18 mars 1848 à Berlin

« Les couleurs allemandes étaient nouées à presque toutes les boutonnières. De toutes parts s'élevaient des barricades construites avec des planches arrachées aux égouts, des pièces de charpente prises aux échafaudages ; on y joignait des bornes de fer arrachées aux encoignures des rues et des pavés là où on parvenait à en détacher ; on copiait Paris avec une insigne gaucherie mais avec une rage de bonne foi, rage contre les institutions et tout ce qui portait l'uniforme [...].

Les insurgés manquaient sur plusieurs points de munitions et tiraient excessivement mal ; ailleurs, ils se battaient avec des fourches, des pelles, des broches des faux, des tuiles arrachées aux toits. Mais la multitude était sans cesse croissante en nombre et en rage [...].

Si, dans cette conjoncture, la fidélité d'un seul bataillon se fut démentie, c'en était fait, je pense, de la monarchie prussienne. »

Adolphe de Circourt, *Souvenirs d'une mission à Berlin en 1848*.

4 Une barricade à Berlin (18 mars 1848)
(Peinture de Knud Petersen, XIXᵉ siècle, BPK, Berlin.)

Définitions

Les mouvements libéraux : les mouvements de lutte contre le pouvoir absolu et pour les libertés.

Les mouvements nationaux : les mouvements en faveur de l'indépendance d'un peuple ou de son unification.

Un patriote : nom donné à celui qui lutte pour l'indépendance ou l'unification de sa nation.

Un libéral : du point de vue politique, un partisan des libertés.

5 Les révolutions de 1848 en Europe

Les révolutionnaires se soulèvent contre les monarques absolus. Mais les armées fidèles aux souverains matent les révoltes et, en 1849, ils parviennent à rétablir leur autorité absolue.

DÉCOUVRIR

Cavour et l'unification italienne

OBJECTIF
Raconter et expliquer les débuts de l'unification italienne

Socle commun
5.1 Connaître les grands traits de l'histoire politique de l'Europe

En 1848, des révolutions pour les libertés et l'unification de l'Italie secouent les États italiens mais elles échouent. En 1852, le roi du Piémont Victor-Emmanuel II nomme un Premier ministre partisan de l'unité italienne : Cavour.

> Comment l'Italie a-t-elle été unifiée de 1855 à 1861 ?

1 Chronologie de l'unification italienne

- **1852** Cavour, Président du Conseil du royaume de Piémont-Sardaigne, seule monarchie constitutionnelle d'Italie.
- **1859** Victoire des Piémontais et des Français contre l'Autriche. Rattachement de la Lombardie au Piémont.
- **1860** Les patriotes des États d'Italie centrale renversent leur roi et votent le rattachement au Piémont. Garibaldi fait la conquête du Royaume des Deux-Siciles qui est rattaché au Piémont.
- **1861** Victor-Emmanuel II devient roi d'Italie. Mort de Cavour.
- **1867** Rattachement de Venise au royaume d'Italie.
- **1870** Rattachement de Rome qui devient la capitale du royaume.

2 Cavour
(1810-1861)

Camillo Cavour, né en 1810 à Turin, est un noble qui se passionne pour la cause de l'unité italienne. Il devient en 1847 directeur de la revue *Il Risorgimento* (« La Renaissance »), favorable à la monarchie constitutionnelle et au regroupement des Italiens. En 1852, le roi du Piémont Victor-Emmanuel II le nomme Président du Conseil (Premier ministre). Il développe et modernise l'armée, aménage le port de Gênes et construit des voies ferrées indispensables au transport des troupes. Il engage ensuite la politique d'unification de l'Italie au profit de Victor-Emmanuel II.

3 L'Italie vers 1850

4 Cavour prépare la guerre

« L'Autriche est décidée à persister dans son système d'oppression et de violence envers l'Italie ; les efforts de la diplomatie sont impuissants à modifier son système [...]. C'est pourquoi j'ai l'intention d'aller à Londres, afin de consulter le gouvernement britannique [...]. Nous devons nous préparer secrètement, contracter un emprunt de 30 millions de francs, envoyer à l'Autriche un ultimatum qu'elle ne puisse accepter et ouvrir les hostilités.

L'empereur Napoléon III ne peut pas être contre cette guerre. Il la désire dans le fond de son cœur. En voyant l'Angleterre décidée à entrer en lice, il nous aidera certainement. Les dernières entrevues que j'ai eues avec lui étaient de nature à frayer le chemin vers une déclaration de guerre à l'Autriche. »

Lettre de Cavour, Premier ministre du Piémont, au ministre de la justice, 12 avril 1856.

5 La formation du royaume d'Italie

6 L'expédition des « Mille »

Avec le soutien secret de Cavour, le républicain Garibaldi organise une expédition pour renverser le roi de Naples. Un témoin raconte.

« Quand j'arrivai à Gênes, ma première impression fut une impression de surprise car l'expédition de Garibaldi à laquelle je désirais me joindre, s'y recrutait sans aucun mystère. Soustraite pour ainsi dire à l'action du gouvernement de Turin[1], Gênes paraissait une sorte de place d'armes. Les volontaires reconnaissables à leurs chemises rouges marchaient bruyamment dans les étroites rues au roulement des tambours. Dans le port, des bateaux à vapeur chauffaient, qu'on chargeait de troupes et qui partaient pour leur destination pendant que des volontaires poussaient ce cri de ralliement : « Vive l'Italie, toute et unie ! » [...] »

À Palerme[2], dans chaque boutique, à côté de l'image de la Madone, éclairée de sa veilleuse perpétuelle, j'apercevais deux portraits, celui de Garibaldi et celui du roi Victor Emmanuel, illuminés d'une lampe qui brûlait pieusement... Des clameurs de joie éclatant dans les rues nous annonçaient de loin que Garibaldi passait. »

Maxime du Camp, *Souvenirs personnels*, Paris, 1861.

1. C'est-à-dire du gouvernement du Piémont.
2. Ville de Sicile.

ACTIVITÉS

1. **Doc. 1, 2, 3** En 1852, quelle est la fonction politique de Cavour ? Quelle est la situation de l'Italie à cette date ?
2. **Doc. 4** Comment Cavour prépare-t-il le Piémont à la guerre contre l'Autriche ?
3. **Doc. 1 et 5** Quelle est la conséquence de la victoire contre l'Autriche pour le Piémont ? pour la France ?
4. **Doc. 1 p. 168, doc. 5 et 6** Décrivez l'expédition de Garibaldi. Montrez qu'il est soutenu par la population.
5. **Doc. 1, 5, 7** Quelles sont les conséquences politiques de l'expédition de Garibaldi ?
6. Racontez et expliquez les débuts de l'unification italienne.

Méthode
- Présentez Cavour et l'Itlaie avant 1859.
- Expliquez comment le Nord puis le Sud de l'Italie ont été rattachés au Piémont.
- Décrivez la situation de l'Italie en 1861.

7 L'entrée de Garibaldi et de Victor Emmanuel II à Naples en octobre 1860
(Gravure italienne, 1861, The Granger collection, New York.)

Après la victoire contre les armées du roi des Deux-Siciles, Garibaldi et Victor-Emmanuel II font ensemble une entrée triomphale à Naples. En novembre, des plébiscites ratifient le rattachement du Royaume des Deux-Siciles au Piémont.

CHAPITRE **10** L'affirmation des nationalismes / 173

Les ARTS témoins de l'Histoire

Le Vittoriano à Rome

En 1870, Rome a été rattachée au royaume d'Italie et en est aussitôt devenue la capitale. Peu après la mort de Victor Emmanuel II en 1878, l'État décide de construire dans la ville un monument dédié au roi.

> **Comment ce monument commémore-t-il Victor-Emmanuel II et l'unification italienne ?**

OBJECTIF
Étudier un monument commémoratif : le Vittoriano à Rome

Socle commun
5.1 Avoir des connaissances relevant de la culture artistique : œuvres architecturales
5.2 Situer des œuvres artistiques dans le temps et l'espace

Le char de l'Unité (inscription : l'unité de la patrie)

Les allégories des valeurs italiennes (pensée, action, sacrifice, loi, groupe, concorde)

Fontaine symbolisant la mer Tyrrhénienne avec le loup de Rome et la Sirène Partenop symbolisant la ville de Naples.

1 Victor-Emmanuel II (1820-1878)

Né à Turin en 1820, il est roi du Piémont-Sardaigne à partir de 1849. De 1859 à 1861, il commence à unifier l'Italie avec l'aide de Cavour et prend le titre de roi d'Italie. Il annexe ensuite Venise et Rome. Il décède à Rome, la capitale, en 1878.

Biographie

2 FICHE D'IDENTITÉ
Le Vittoriano (doc. 4)

- **Nom :** Monument national à Victor-Emmanuel II (appelé aussi « Vittoriano »)
- **Architecte :** l'Italien Giuseppe Sacconi (1854-1905)
- **Dates de construction :** 1885-1911
- **Date d'inauguration :** 1911 (cinquantenaire de la royauté italienne)
- **Nature :** monument commémoratif, en marbre blanc
- **Dimensions :** 135 m de large et 70 m de haut
- **Lieu de construction :** Rome sur la colline du Capitole

Histoire de l'œuvre

En 1882, l'État italien lance un concours auprès des architectes italiens pour la construction d'un monument à la gloire du roi et de l'unification italienne. Le monument devra être construit sur les pentes de la colline du Capitole, à la place de l'ancien quartier médiéval. La commission royale choisit le projet architectural de Giuseppe Sacconi qui s'inspire du grand autel de Pergame et, pour les deux porches, du temple d'Athéna Niké à Athènes.

3 Le monument dans la ville

Arts du spectacle vivant — Arts du son — Arts du visuel

Les statues des provinces rattachées (Piémont, Lombardie, Vénétie...)

La statue équestre de Victor Emmanuel II avec, à sa base, les statues des 14 grandes villes rattachées (Gênes, Milan, Palerme...)

Le char de la Liberté (inscription : la liberté des citoyens)

Les déesses Victoires

L'autel de la patrie avec au centre la statue de la déesse Rome à gauche le travail / à droite l'amour du pays.

Fontaine symbolisant l'Adriatique

4 Le monument national à Victor-Emmanuel II

Un large escalier ① mène à une première esplanade. Deux escaliers latéraux ② permettent ensuite d'accéder au deuxième niveau ③ où se trouve la statue du roi. Ce niveau est dominé par un vaste portique ④ avec deux porches ⑤.

ACTIVITÉS

Je présente

① Indiquez la date, l'architecte, le commanditaire, le lieu de construction du monument.

② Que commémore ce monument ?

Je décris

③ Quels sont les dimensions et le matériau du monument ?

④ Quels sont les trois niveaux du monument ? Où est placée la statue de Victor-Emmanuel II ?

J'explique le sens

⑤ Relevez tous les éléments du monument qui rappellent l'unification de l'Italie.

⑥ Quelle(s) glorieuse(s) civilisation(s) passée(s) le monument veut-il rappeler ? Justifiez la réponse.

⑦ À Rome, où est situé précisément le monument ? Expliquez cet emplacement.

Passerelle des ARTS

Pour le Vittoriano, l'architecte s'est inspiré du Grand autel de Pergame.

● Tapez « Grand autel de Pergame » sur un moteur de recherche (Google image).
– Donnez sa date, la civilisation à laquelle il appartient, le dieu auquel il était consacré.
– Donnez des éléments de ressemblance dans l'architecture entre le Vittoriano et l'autel de Pergame.

Arts du quotidien | Arts du langage | Arts de l'espace

DÉCOUVRIR

Bismarck et l'unité allemande

En 1848, des révolutions favorables à l'unification de l'Allemagne sont rapidement écrasées. En 1862, le roi de Prusse Guillaume Ier nomme Bismarck chancelier. Ce dernier entreprend de faire de la Prusse le grand État unificateur de l'Allemagne.

> **Comment Bismarck parvient-il à unifier l'Allemagne ?**

OBJECTIF
Raconter et expliquer comment Bismarck a réalisé l'unification allemande

Socle commun
5.2 Connaître les grands traits de l'histoire politique de l'Europe

1 Chronologie

- **1862** Le roi de Prusse Guillaume nomme Bismarck chancelier (Premier ministre).
- **1866** Victoire de la Prusse à Sadowa contre l'Autriche.
- **1867** Création de la Confédération de l'Allemagne du Nord dirigée par la Prusse.
- **JUILLET 1870 - JANVIER 1871** Guerre entre la Prusse et la France. Les États du Sud de l'Allemagne rejoignent la Confédération du Nord.
- **JANVIER 1871** Les souverains allemands proclament Guillaume de Prusse « empereur allemand ». Il prend le nom de Guillaume Ier.
- **MAI 1871** L'Alsace et le Nord de la Lorraine sont rattachés à l'empire allemand par le traité de Francfort.

2 Otto von Bismarck (1815-1898)

Bismarck est né en 1815 dans une famille de la noblesse prussienne. Il devient en 1862 Premier ministre (chancelier) du roi de Prusse Guillaume. De 1862 à 1871, il parvient à unifier l'Allemagne sous l'autorité de Guillaume qui devient le nouvel empereur allemand sous le nom de Guillaume 1er. Chancelier de l'Empire allemand jusqu'en 1888, il réussit par ses alliances avec la Russie et l'Italie à isoler la France dont il craint la volonté de revanche après la guerre de 1870.

3 La politique de Bismarck

• « Il n'y a pas de place pour deux en Allemagne. Je veux venger l'affront d'Olmütz^1, je veux abattre l'Autriche [...]. Je veux relever la Prusse et lui donner en Allemagne la situation prépondérante qui lui revient de droit. La monarchie autrichienne est fort peu allemande ; elle ferait donc beaucoup mieux de transplanter son centre de gravité à Budapest^2 et de s'appuyer sur sa véritable force qui consiste dans le faisceau des races nombreuses qui la composent, plutôt que de courir après le rêve d'une suprématie allemande que nous lui disputons et qui ne lui appartient à aucun titre. »

Bismarck, Discours, 1864.

1. Accord de 1850 entre la Prusse, l'Autriche et la Russie favorable à l'Autriche. 2. En Hongrie.

• « L'unification de l'Allemagne n'était plus, selon moi, qu'une question de temps. Pour la résoudre, la Confédération de l'Allemagne du Nord était la première étape [...]. J'admettais comme absolument certaine dans la voie de notre développement national à venir la nécessité de faire la guerre à la France. »

Bismarck, Pensées et souvenirs, tome 2.

ACTIVITÉS

1. **Doc. 1 et 2.** Quelle fonction politique exerce Bismarck à partir de 1862 ? Rappelez quelle est la situation politique de l'Allemagne à cette date.
2. **Doc. 3** Pourquoi Bismarck veut-il abattre l'Autriche ?
3. **Doc. 1 à 5** Quelles sont les étapes de l'unification allemande ?
4. **Doc. 6** D'après le texte, qui accorde à Guillaume le titre d'empereur ? De quels domaines l'empereur se charge-t-il ?
5. **Doc. 7** Décrivez et expliquez la caricature.
6. **Racontez et expliquez comment Bismarck a réalisé l'unité allemande.**

Méthode ◆ Avant de rédiger, classez les termes suivants dans un tableau :
Victoire contre l'Autriche - Confédération de l'Allemagne du Nord - Guillaume 1er empereur allemand - Victoire contre la France

Dates	1866-1867	1870-1871
Victoire militaire de la Prusse		
Étape de l'unification		

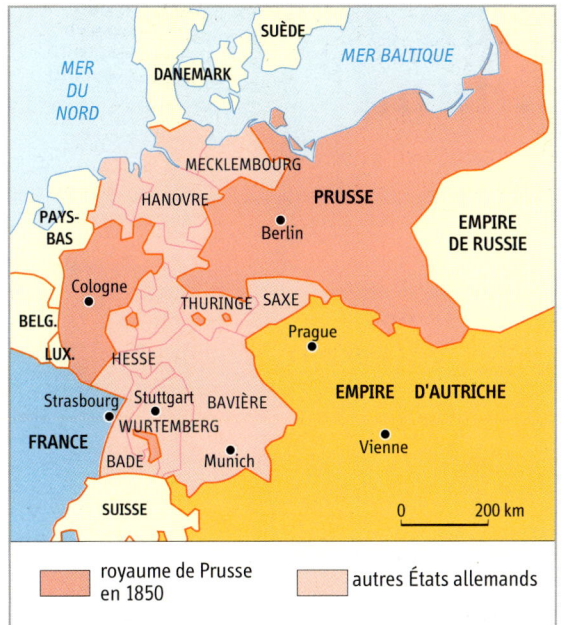

4 L'Allemagne en 1850

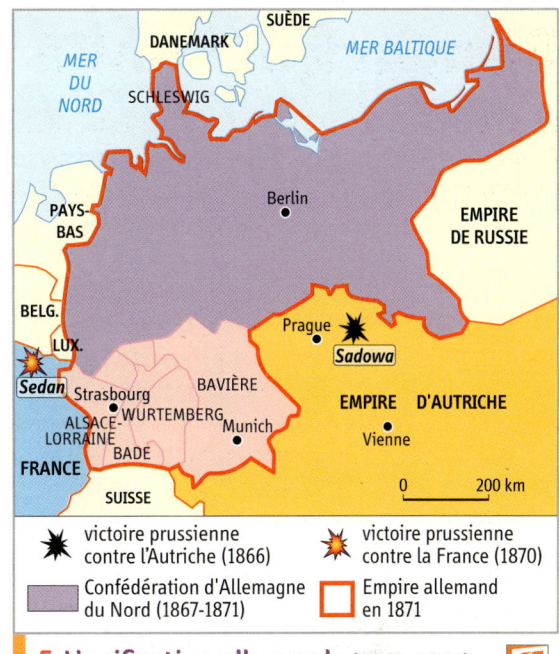

5 L'unification allemande (1862-1871)

6 Proclamation de Guillaume au peuple allemand

Après la victoire contre la France, le roi de Prusse Guillaume Ier proclame l'Empire allemand.

« Au peuple allemand.

Nous Guillaume, par la grâce de dieu, roi de Prusse, après l'appel unanime qui Nous est adressé par les princes allemands et les villes libres de reprendre et d'accepter, à la suite de la restauration de l'Empire allemand, la dignité impériale allemande.

Nous déclarons que Nous avons considéré comme un devoir envers la patrie commune de donner suite à cet appel des villes et des princes allemands et d'accepter la dignité impériale allemande.

En conséquence, Nous et Nos successeurs à la couronne de Prusse porterons à l'avenir le titre impérial dans nos relations extérieures et dans les affaires concernant l'Empire allemand [...] ».

Donné au Quartier Général de Versailles, le 18 janvier 1871.

Définition

Le chancelier : le Premier ministre de la Prusse puis de l'Allemagne unifiée.

LE GRAND ÔCRE ALLEMAND.

7 Caricature française de Guillaume
(Gravure du XIXe siècle de Charles Pinot.)

Guillaume dévore les princes allemands.

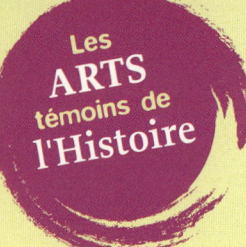

Les ARTS témoins de l'Histoire

La proclamation de l'Empire allemand par Werner

OBJECTIF
Étudier un tableau témoin de l'histoire : la proclamation de l'empire allemand de Werner

Socle commun
5.1 Avoir des connaissances relevant de la culture artistique : œuvres picturales

Peu après la victoire contre la France, le roi de Prusse Guillaume se fait sacrer empereur dans la galerie des Glaces du château de Versailles le 18 janvier 1871. Le jeune peintre allemand Anton von Werner est chargé de représenter l'événement.

> **Comment Werner a-t-il représenté la cérémonie de la proclamation de l'Empire ?**

1 FICHE D'IDENTITÉ
La proclamation de l'empire allemand (doc. 3)

- **Nom :** La proclamation de l'Empire allemand, le 18 janvier 1871
- **Artiste :** Anton von Werner
- **Date :** 1885
- **Nature :** peinture, huile sur toile
- **Genre :** peinture d'Histoire
- **Dimensions :** L. : 2,02 m x H. : 1,67 m
- **Lieu de conservation :** musée Bismarck de la ville de Friedrichsruh, en Allemagne.

Histoire de l'œuvre

Le peintre allemand Anton von Werner a été convoqué à la cérémonie par le prince héritier Frédéric pour faire des croquis. Il a réalisé un premier tableau de la proclamation du sacre en 1877 pour Guillaume 1er (ce tableau a été détruit durant la guerre de 1914-1918).
Un deuxième tableau plus petit (présenté ici) a été commandé par Guillaume 1er pour qu'il en fasse cadeau à son chancelier Bismarck pour ses 70 ans, le 1er avril 1885.

2 Un témoin raconte la cérémonie

« Après que le *Te Deum*[1] eût été chanté, le Roi se rendit, suivi de tous, à l'estrade qui avait été érigée devant le salon de la Guerre, et sur laquelle étaient déjà placés les sous-officiers portant des drapeaux et des étendards.

[Lecture de deux proclamations de l'empire allemand : l'une aux Princes allemands, l'autre au « peuple allemand » (doc. 6 p. 177)]

[Après la lecture] le grand-duc de Bade s'avança, avec la dignité naturelle et sereine qui lui était si particulière. Il s'écria en levant la main droite : " Vive sa Majesté impériale, l'Empereur Guillaume 1er ! ". Un tonnerre de hourras qui se répéta au moins dix fois ébranla la salle tandis que drapeaux et étendards ondulaient au-dessus de la tête du nouvel empereur d'Allemagne et que retentissait le " Salut à toi, victorieux couronné ! " »

Récit du prince héritier Frédéric de Prusse, *Souvenirs*.
1. Chant chrétien («Dieu nous te louons»).

ACTIVITÉS

Je présente
1. Quand et par qui a été peint ce tableau ? Quel est son sujet ?
2. En utilisant le vocabulaire des arts, montrez que le style du tableau est académique.

Je décris
3. Où se déroule la scène ? Pourquoi avoir choisi ce lieu pour cette proclamation ?

4. **Doc. 2 et 3** D'après les deux documents que fait et que dit le Grand-duc de Bade ?
5. Décrivez le tableau de façon ordonnée à l'aide du croquis (doc. 4).

J'explique le sens
6. Comment l'artiste montre-t-il l'unité nouvelle des Allemands ?
7. Qui l'artiste cherche-t-il à honorer dans ce tableau ? Justifiez votre réponse.

Passerelle des ARTS

Guillaume 1er est proclamé empereur dans la Galerie des Glaces.

● Recherchez durant quel siècle a été construite la Galerie des Glaces. Où le *Passage du Rhin en présence des ennemis* est-il peint à Versailles ? Quelle région de langue allemande Louis XIV a-t-il annexé ?

Arts du visuel

3 *La proclamation de l'Empire allemand le 18 janvier 1871 par Anton von Werner*

① Guillaume 1er, nouvel empereur ② Frédéric, le prince héritier (il montera sur le trône en 1888, pour quelques mois) ③ Le Grand-duc Frédéric 1er de Bade lève le bras pour saluer le nouvel empereur ④ Otto von Bismarck en uniforme blanc (en réalité il avait un uniforme bleu) ⑤ Les souverains allemands qui acceptent Guillaume comme empereur, avec des sous-officiers portant leurs drapeaux. ⑥ Les officiers de l'armée allemande ⑦ L'écharpe orange (haute distinction prussienne) ⑧ Le décor : la Galerie des Glaces à Versailles où Louis XIV faisait ses réceptions.

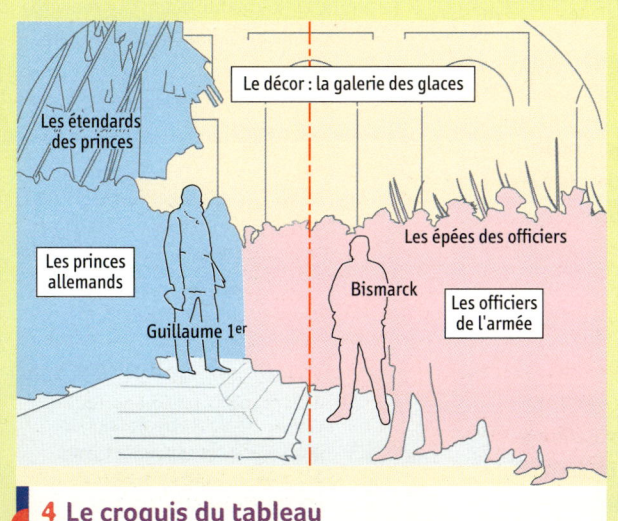

4 Le croquis du tableau

Vocabulaire DES Arts

La peinture d'Histoire : en peinture, le genre qui s'inspire de l'histoire passée ou récente.

La peinture académique ou peinture « pompier » : école de peinture qui domine la peinture européenne de 1850 à 1900 après le romantisme.

Peinture académique

→ Précision photographique, importance du dessin

→ Respect des « grands genres » (sujets religieux, mythologiques, d'histoire)

→ Travail en atelier

Arts du quotidien   Arts du langage   Arts de l'espace

1 États et nationalités

> Comment les nationalismes transforment-ils les frontières de l'Europe ?

A Les revendications nationales (1815-1848)

1. Dans la première moitié du XIXe siècle, les **États européens ne correspondent pas aux** nationalités **d'Europe**. Les empires comprennent de nombreuses nationalités alors que des nationalités (les Allemands, les Italiens) sont divisées en plusieurs États.

2. Après 1815, les nationalismes se développent dans toute l'Europe. Dans les grands empires, **les patriotes** revendiquent **l'indépendance pour leur peuple** alors qu'en Italie et en Allemagne, ils veulent **unifier leur pays**. Ils s'opposent aussi à la monarchie absolue : ils souhaitent obtenir des constitutions et des libertés.

3. **En 1848, une révolution** partie de France gagne l'Europe : c'est **le « printemps des peuples »**. Dans l'empire d'Autriche, en Allemagne, en Italie, les patriotes se soulèvent. Mais les rois parviennent partout à rétablir l'ordre (> PP. 170-171).

B La naissance de nouveaux États (1850-1914)

1. À partir de 1852, **le roi du Piémont Victor Emmanuel II et son Premier ministre Cavour décident d'unifier l'Italie** en s'appuyant sur les patriotes italiens. De 1859 à 1861, le Piémont annexe la plus grande partie de la péninsule. Devenu roi d'Italie en 1861, Victor Emmanuel II fait la conquête de Venise (1867) et de Rome (1870) qui devient la capitale (> PP. 172-173).

2. À partir de 1862, **le roi de Prusse Guillaume 1er et son chancelier Bismarck entreprennent d'unifier l'Allemagne** derrière la Prusse en faisant la guerre aux grandes puissances voisines qui s'opposent à ce projet (> PP. 176-177). Après la victoire contre la France, Guillaume 1er est proclamé « empereur des Allemands » par les souverains allemands réunis à Versailles (janvier 1871 (> PP. 178-179).

3. Après sa défaite contre la Russie (1878), **l'Empire ottoman** doit accepter l'indépendance de plusieurs **peuples des Balkans** qui créent de nouveaux États (Roumanie, Monténégro, Serbie) (DOC. 1). En 1911 et 1913, il perd la guerre contre ces États et doit se retirer presque totalement des Balkans (DOC. 2).

1 La crise des Balkans en 1908
(*Le Petit Journal*, 18 octobre 1908)

▶ Décrivez et expliquez l'image à l'aide du doc. 2.

2 Les changements territoriaux dans les Balkans

- **1878** Congrès de Berlin. L'empire ottoman doit accepter l'indépendance de la Serbie, de la Roumanie et du Monténégro, et l'autonomie de la Bulgarie. L'Autriche occupe la Bosnie-Herzégovine.
- **1908** L'empire d'Autriche-Hongrie annexe la Bosnie-Herzégovine. La Bulgarie devient indépendante.
- **1911 et 1913** Guerres balkaniques et retrait des Turcs des Balkans

Définition

Le nationalisme : la doctrine et l'action politique qui visent à l'indépendance ou à l'unification d'un peuple. Ce terme peut être aussi utilisé pour qualifier l'attitude agressive d'un peuple envers un autre.

3 L'Europe des États en 1848

Trentin territoires contestés

4 L'Europe des États en 1914

MÉTHODE

Socle commun
7.2 Être autonome dans son travail : savoir rechercher et sélectionner des informations utiles

Réaliser une fiche biographique en histoire

POINT MÉTHODE

Une biographie
C'est l'histoire écrite de la vie d'une personne.

Pour réaliser une biographie
- **Où chercher ?**
  - Dans le **manuel d'Histoire**, puis un **dictionnaire de noms propres** (Le Robert, Le Larousse).
  - Pour approfondir : une **encyclopédie générale**.
  - Sur internet : privilégier **les sites consacrés au personnage** (tapez son nom sur un moteur de recherche).

- **Que chercher ?**
  - Il ne s'agit pas de recopier ce qui se trouve dans l'ouvrage ou sur le site internet, mais de **sélectionner les informations importantes** concernant le personnage.

- **Exemple de fiche biographique** (renseigner la fiche sans rédiger)
  - **Identité** : nom et prénom, dates et lieux de naissance et de décès, milieu familial.
  - **Ses débuts, ses idées :**
  - **Ses principales fonctions :**
  - **Les moments importants de sa vie, de son œuvre :**
  - **Le bilan de son œuvre** (ce qui l'a rendu célèbre) :

EXERCICE

- Pour chacune de ces fiches biographiques, indiquez les mots ou phrases manquants.

- **Identité :** Otto von Bismarck, né en 1815 en Prusse, mort en 1898. Né dans une famille de la noblesse prussienne.
- **Ses débuts :** député au Parlement de Prusse en 1847 puis ambassadeur de Prusse à Saint-Pétersbourg (Russie) puis à Paris.
- **Ses principales fonctions :**
  - 1862 : ❶ .... du roi de Prusse Guillaume
  - 1871 : ❷ .... de l'empereur d'Allemagne
- **Son œuvre :**
  - 1866 : Victoire contre ❸ .... à Sadowa puis unification de l'Allemagne du Nord
  - 1870-1871 : Victoire contre ❹ .... et unification de l'Allemagne qui devient un empire.
  - Après 1871 : cherche à isoler la France. Parvient à créer une Triple-Alliance avec l'Italie et l'Autriche-Hongrie en 1882.
  - 1888 : contraint de quitter le pouvoir par le jeune empereur Guillaume II
- **Bilan de son œuvre :** ❺ ....
....
....

- **Identité :** Camille Cavour né à Turin en 1810, mort en ❶ .... Né dans une famille de la noblesse du Piémont
- **Ses débuts :** il voyage en France, en Angleterre, met en valeur son domaine familial
- **Ses idées :** pour la monarchie constitutionnelle, pour l'❷ .... de l'Italie.
- **Sa principale fonction :** ❸ .... du roi du Piémont ❹ ....
- **Son œuvre :**
  - Il modernise le Piémont.
  - Avec l'aide de la ❺ ...., il bat l'Autriche et rattache la ❻ .... au Piémont.
  - Rattachement des États d'Italie centrale au Piémont.
  - Envoie ses troupes à la rencontre des Chemises-Rouges de ❼ .... Rattachement du Royaume des Deux-Siciles au Piémont
  - En 1861, Victor-Emmanuel II devient ❽ ....
- **Bilan de son œuvre :** ❾ ....
....
....

EXERCICES

1 Étudier l'évolution de la carte des Balkans au début du XXᵉ siècle

Socle commun
5.3 Lire et employer différents langages : cartes

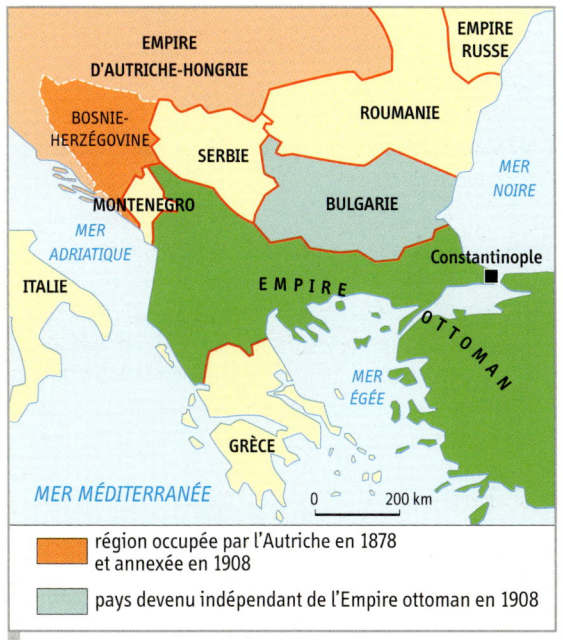

DOCUMENT 1 Les Balkans en 1908

DOCUMENT 2 Les Balkans en 1913

1. Quelle est la région représentée ? À quelles époques ?
2. Quel pays devient indépendant en 1908 ? De quel empire se sépare-t-il ?
3. Quelle région a été annexée par l'Autriche-Hongrie en 1908 ?
4. Quels sont les pays qui s'agrandissent en 1913 ? Quel est le nouvel État des Balkans ? Comment s'expliquent ces changements ?
5. Que réclame la Serbie en 1914 ? À quel État s'oppose-t-elle ?
6. Décrivez et expliquez l'évolution des Balkans de 1908 à 1914.

2 Étudier un texte sur l'échec des révolutions de 1848

Socle commun
1.1 Dégager, par écrit ou oralement, l'essentiel d'un texte lu

DOCUMENT L'échec des révolutions de 1848

« L'Europe a été ébranlée dans ses derniers fondements. Vingt révolutions ont eu lieu. La France a brisé la monarchie bourgeoise. L'Allemagne a vu dix foyers d'insurrection ouverts à la fois sur son sol. Vienne a rugi des colères du peuple, l'empereur a fui, le pape a fui. Le drapeau qui porte écrit « Droit, liberté, indépendance » a flotté, et tout cela est tombé. Pourquoi donc la réaction triomphe-t-elle aujourd'hui ? La cause est en nous, dans notre manque d'organisation [...] dans l'éparpillement de nos forces en une multitude de petits groupes. »

Giuseppe Mazzini (patriote et républicain italien), *Foi et avenir*, 1850.

1. Qui est l'auteur du texte ?
2. D'après le texte, où ont eu lieu les révolutions ?
3. Selon vos connaissances, quel nouveau régime est apparu en France à la fin de la « monarchie bourgeoise » ?
4. D'après le texte, que voulaient les révolutionnaires ? Expliquez.
5. Selon l'auteur, pourquoi les révolutions de 1848 ont-elles échoué ?

Exercices

3 — LES ARTS, témoins de l'histoire
Découvrir Verdi, un musicien engagé

Socle commun
5.2 Avoir des connaissances relevant de la culture artistique : œuvres musicales

DOCUMENT 1 Verdi (1813-1901)

Biographie

Giuseppe Verdi, né en 1813 près de Parme, s'intéresse très tôt à la musique. En 1842, son opéra *Nabucco* obtient un succès considérable à la Scala (Opéra) de Milan. Les Milanais, alors sous occupation autrichienne, y voient un hymne à la liberté. Après les échecs des révolutions de 1848, son nom devient un symbole de la résistance contre l'occupation étrangère et ses opéras occasionnent des manifestations patriotiques. En 1861, il est député dans le premier parlement italien. Par la suite, il se consacre à la musique (*Aïda*, *Otello*...).

DOCUMENT 2 Verdi et le soulèvement de 1848

En mars 1848, les Milanais se révoltent contre l'occupation autrichienne. Verdi se rend à Milan mais y arrive après les combats.

« Je n'ai rien pu voir que ces barricades prodigieuses. Honneur à ces héros ! Honneur à toute l'Italie qui, à cette heure, est vraiment glorieuse ! Voici l'heure de sa libération, sois en sûr. Le peuple le veut et quand le peuple le veut, nul pouvoir absolu ne saurait y résister [...]. Oui, oui, quelques années encore, peut-être seulement quelques mois, et l'Italie sera libre, unie et républicaine. Comment pourrait-il en être autrement ? [...]. »

Lettre de Verdi à son ami Piave, 21 avril 1848.

DOCUMENT 3 Inscriptions sur les murs de Naples en 1859

Sur les murs, on voit apparaître le mot Verdi, en l'honneur du musicien, considéré comme un patriote. Mais Viva VERDI signifie aussi : Vive Victor-Emmanuel, Roi d'Italie.

DOCUMENT 4 « Va pensiero » (Le chœur des Hébreux)

L'opéra *Nabucco* évoque l'esclavage des Hébreux à Babylone. Le chœur des Hébreux est le moment fort de l'opéra.

« Va, pensée, sur tes ailes dorées ;
Va, pose-toi sur les pentes, sur les collines,
Où embaument, tièdes et suaves,
Les douces brises du sol natal !
Salue les rives du Jourdain,
Les tours abattues de Sion...
O ma patrie si belle et perdue !
Ô souvenir si cher et funeste ! »

B2i — Pour écouter *Le chœur des Hébreux*, tapez « Verdi, Va pensiero » sur un moteur de recherche.

---

1. **Doc. 1** Où et quand est né Verdi ?
2. **Doc. 1** Quelle est la situation politique à Milan quand Verdi fait jouer l'opéra Nabucco ?
3. **Doc. 1 et 4** Expliquez pourquoi Nabucco apparaît comme un chant patriotique.
4. **Doc. 2** Que souhaite Verdi d'après ce texte ?
5. **Doc. 1 et 3** Pourquoi le nom de Verdi est-il un symbole de la résistance contre l'occupation étrangère ?
6. **Doc. 1** Quel rôle politique joue Verdi en 1861 ?

Vocabulaire DES Arts

Un opéra : une œuvre dramatique mise en musique et dont les paroles sont chantées.

Arts du son

4. Analyser un document sur l'esprit de revanche en France

Socle commun
5.3 Lire et employer différents langages : texte - image

2
Ce point, c'est toute une province
Que volèrent les Allemands
Pour calmer l'appétit d'un prince...
Parfois leurs princes sont gourmands.
(Refrain.)

3
Plus tard, quoi que le sort te fasse,
Promets-moi bien d'aller là-bas
Chercher les enfants de l'Alsace,
Qui nous tendent leurs petits bras.
(Refrain.)

4
Toujours souffre de leur souffrance
D'être appelés des Prussiens,
Eux, comme toi, vrais fils de France,
Bons Français, les Alsaciens !
(Refrain.)

Paroles de Pierre Gaillard.

DOCUMENT Extrait d'une chanson destinée aux enfants des écoles primaires en France, 1899

1. Quelle est la nature et la date du document ? À qui était-il destiné ?

2. Quelle est la province montrée par l'instituteur et évoquée dans le texte ?

3. Expliquez la strophe 2 : quand et comment les Allemands ont-ils « volé la province » ? De quel « prince » s'agit-il ?

4. Dans la strophe 4, de quoi « souffrent » les jeunes Alsaciens ?

5. Dans la strophe 3, que doivent « promettre » les enfants ?

6. Quel est le but de cette chanson ? Quelle tension internationale révèle-t-elle ?

5. Étudier une carte de l'Europe en 1914

Socle commun
5.3 Lire et employer différents langages : carte

DOCUMENT États et nationalités en 1914

Répondez aux questions à l'aide de la carte et de vos connaissances.

1. Quels sont les deux grands empires multinationaux (qui comprennent de nombreuses nationalités). Citez trois nationalités pour chacun de ces empires.

2. Quels sont les deux pays qui se sont unifiés depuis 1850 ?

3. Quels sont les nouveaux États apparus dans les Balkans depuis 1850 ? Quel grand empire s'est presque entièrement retiré des Balkans ?

4. Quelles sont les régions contestées marquées par un numéro ? Quels sont les États qui se disputent ces régions ?

CHAPITRE 10 L'affirmation des nationalismes / 185

chapitre 11

Les colonies au XIXᵉ siècle

> **Comment les Européens exercent-ils leur domination sur le monde au XIXᵉ siècle ?**

1 La conquête du Dahomey
(Gravure en couleur, *Le Petit journal*, 19 novembre 1892.)

En 1892, les Français partent à la conquête du Dahomey, en Afrique, gouverné par le roi Behanzin. À la suite d'une guerre, le corps expéditionnaire s'empare du pays et le Dahomey devient une colonie.

le Dahomey

1830 Début de la conquête de l'Algérie par la France

1857 Création de l'Empire des Indes britannique

1884-1885 Conférence de Berlin

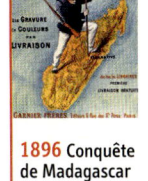

1896 Conquête de Madagascar

1880 — Apogée de la colonisation — 1914

2 Le travail forcé pour la construction d'une voie ferrée au Dahomey, vers 1900

Une fois conquise, la colonie est exploitée par la puissance coloniale. Les populations indigènes sont réquisitionnées pour les grands travaux d'équipement.

DÉCOUVRIR

La conquête de Madagascar

À la fin du XIXe siècle, la France fait la conquête de l'île de Madagascar. En 1896, l'île devient une colonie française.

> Comment Madagascar est-elle devenue une colonie française ?

OBJECTIF
Étudier une conquête coloniale : Madagascar

Socle commun
Connaître les grands traits de l'histoire politique de la France

1 Chronologie de la conquête

- **1883** Première expédition française à Madagascar.
- **1894** La reine Ranavalona refuse le protectorat de la France.
- **1895-1896** Un corps expéditionnaire est envoyé sur l'île et s'empare de la capitale Tananarive. L'île devient une colonie de l'empire français.
- **1896-1905** Le général Gallieni est le gouverneur de Madagascar. Il réprime violemment les révoltes contre la France et amorce la colonisation de l'île.

2 Les atouts de Madagascar

« Ce que Madagascar vous offre n'existe nulle part ailleurs. Le rivage offre à notre marine des abris, des rades, des ports les plus magnifiques du globe dans des conditions analogues à celles qui donnent aux arsenaux[1] de l'Angleterre une si grande supériorité sur les nôtres. Là vous avez une situation stratégique incomparable, nécessaire à la France pour la sauvegarde de son commerce, de sa marine marchande et militaire, de ses intérêts, de son prestige dans l'hémisphère sud. Là, vous avez un climat excellent, où les Européens peuvent vivre et travailler comme en Europe. »

Discours du député réunionnais François de Mahy devant l'Assemblée nationale, 26 juillet 1885.

1. Flottes de guerre.

EXPÉDITION DE MADAGASCAR
Prise d'un camp hova

3 L'expédition de 1895
(Couverture du *Petit journal*, 2 juin 1895.)

Face au refus de la reine malgache d'accepter le protectorat, la France envoie en 1895 un corps expéditionnaire d'environ 20 000 hommes à Madagascar. Composées de Français et de nombreux soldats des colonies, les troupes entament une marche jusqu'à la capitale Tananarive, qui est prise le 1er octobre.

4 Une affiche de 1895
(Affiche publicitaire pour le livre de H. Galli, *La guerre à Madagascar*, 1895.)

5 Déclaration de Gallieni

Aux habitants de l'Imerina[1] :

« Depuis que le Gouvernement de la République a déclaré Madagascar Colonie Française, la royauté est devenue inutile. J'ai donc invité la Reine à abandonner ses fonctions [...].

Ces quelques mois qui viennent de s'écouler vous ont montré ce que voulaient dire ces mots : Madagascar, Colonie Française. Ils signifient : la France est désormais la seule souveraine à Madagascar et elle n'entend partager sa souveraineté avec personne [...].

Pour ramener la tranquillité et la prospérité dans le pays, nos braves soldats n'ont cessé de combattre jusqu'à ce jour avec le plus grand courage [...]. La France vous considère maintenant comme ses propres enfants. Elle ne veut que votre bien, et, tout en respectant vos mœurs et vos lois, elle veut vous faire participer peu à peu aux bienfaits de sa propre civilisation.

Votre devoir est de m'aider dans cette œuvre de pacification et de rénovation, que le Gouvernement de la République française m'a confiée. Vous éviterez ainsi que de nouveaux malheurs viennent fondre sur vous [...]. »

Fait à Tananarive, le 28 février 1897. »

1. Région centrale de Madagascar.

6 La répression des révoltes

Un Français témoigne de la répression française et de la résistance malgache.

« Des actes de répression dans l'Imerina[1] eurent lieu le 5 mars 1896 : quatre unités mobiles de la Compagnie Thévenin devaient cerner Manaritsoa qu'on prétendait être le refuge d'une bande de rebelles. Après le "cessez-le-feu", on continua de tirer et de charger à la baïonnette. La répression fut impitoyable. [...]. En novembre, je partis à Ambatomanga. Les abords du village étaient jalonnés de piquets surmontés de têtes. Les exécutions se faisaient presque journellement. De fait, il n'arrivait à Ambatomanga que des gens qu'on prenait, soi-disant, les armes à la main, et à qui on coupait la tête, sans interrogatoire et sans aucune forme de procès. [...]

Maintenant, on voyait dans tout le pays en insurrection, des chefs de bande entraînant les populations. »

C. Savaron, *Mes souvenirs à Madagascar, avant et après la conquête*, 1885-1898.

1. Région centrale de Madagascar.

ACTIVITÉS

1. **Carte p. 190** Situez Madagascar.
2. **Doc. 2** Selon le député, quels avantages peut représenter la conquête de Madagascar pour la France ?
3. **Doc. 3** Comment est composée l'armée coloniale ? Montrez qu'elle est supérieure à l'armée malgache.
4. **Doc. 4** Quelle étape de la guerre représente l'affiche ? Que veut-elle signifier ?
5. **Doc. 6** Comment l'armée française réprime-t-elle la résistance malgache ?
6. **Doc. 5** Quels sont les changements politiques après la victoire ?
7. **Doc. 5** Quel nouveau projet Gallieni annonce-t-il aux Malgaches ? Que sous-entend la dernière phrase du texte ?
8. **Racontez pourquoi et comment la France a conquis Madagascar.**

Méthode
- Expliquez ce qui attire la France (doc. 2).
- Décrivez la guerre (doc. 3, 4 et 6).
- Expliquez les conséquences (doc. 5).

DÉCOUVRIR

La carte des empires coloniaux

La colonisation qui débute en 1830 s'accélère à partir de 1870. Les puissances européennes conquièrent de vastes territoires et constituent de grands empires coloniaux.

> **Quels sont les grandes puissances coloniales et leurs empires en 1914 ?**

1 Superficie et population des empires coloniaux en 1914

États	Superficie (en millions de km²)	Population des colonies (en millions d'habitants)
Allemagne	2,90	16
Belgique	2,38	15
Espagne	0,21	0,22
France	11	48
Italie	0,48	1,3
Pays-Bas	2,04	38
Portugal	2,09	9,3
Royaume-Uni	22,85	400

3 Les empires coloniaux en 1914

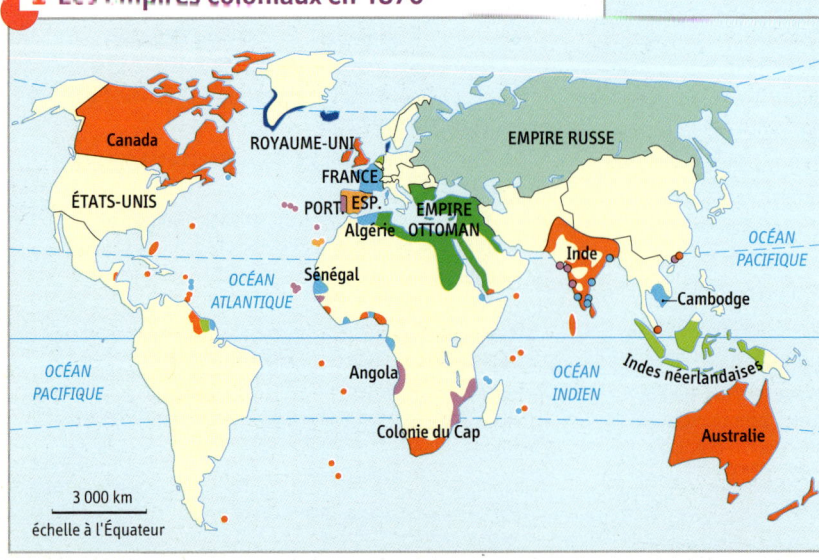

2 Les empires coloniaux en 1870

OBJECTIF
Décrire les empires coloniaux en 1914

Socle commun
5.3 Lire et employer différents langages : cartes

Possessions
- britanniques
- dominions britanniques
- françaises
- belges
- néerlandaises
- allemandes
- espagnoles
- portugaises
- italiennes
- russes
- danoises
- turques
- américaines
- japonaises

ACTIVITÉS

1. Quelles sont les possessions du Royaume-Uni en 1914 en Asie, en Afrique ?
2. Quelle est la superficie de son empire colonial en 1914 ? Qu'est-ce qui explique l'importance de la population de l'empire britannique ?
3. Quelles sont les possessions coloniales de la France en Afrique, en Asie en 1914 ?
4. Quelles sont les autres puissances coloniales européennes en 1914 ? Citez un territoire appartenant à chacune d'elle.
5. En comparant les cartes 2 et 3, indiquez quelle est la grande période de l'expansion coloniale européenne. Justifiez la réponse.

CHAPITRE **11** Les colonies au XIXe siècle / 191

1 Les conquêtes coloniales

> Comment et pourquoi les colonies ont-elles été conquises ?

A La conquête de l'Afrique et de l'Asie

1. Au XIXe siècle, **des missionnaires et des explorateurs européens parcourent l'Afrique et l'Asie**. Ils attirent l'attention des opinions européennes sur ces deux continents encore mal connus.

2. À partir de 1830, des États européens commencent à conquérir quelques territoires en Asie et en Afrique. Mais **la colonisation prend réellement son essor à partir de 1870** (DOC. 2 à 5). En 1884-1885, lors de **la conférence de Berlin**, les grandes puissances fixent les règles de la colonisation pour l'Afrique : un État doit occuper un territoire pour l'acquérir, ce qui accélère la « course aux colonies ». En 1914, **le Royaume-Uni et la France possèdent les deux plus vastes empires coloniaux** (> PP. 190-191).

3. Les conquêtes se sont faites en général par la guerre. Les Européens bénéficient de la supériorité des armes, de la division des indigènes et de l'absence d'État fort face à eux. Au début de l'occupation, il y a souvent des résistances et des révoltes mais elles sont écrasées dans le sang (> PP. 188-189).

B Les causes de l'expansion coloniale

1. La colonisation s'explique d'abord par le développement du sentiment national, surtout après 1870 (DOC. 1). Chaque peuple européen veut montrer qu'il est supérieur aux autres. Avec la colonisation, les puissances coloniales peuvent aussi établir des **bases militaires le long des grandes routes maritimes** et ainsi mieux les contrôler.

2. Les conquêtes coloniales ont aussi des causes économiques. Il s'agit de trouver des matières premières ainsi que des marchés pour l'industrie européenne. La colonisation permet par ailleurs aux Européens de placer des capitaux dans des entreprises qui rapportent de gros profits comme les chemins de fer, les plantations, les mines.

3. D'autres facteurs expliquent la colonisation. La population européenne augmente beaucoup au XIXe siècle et la colonisation **offre** aux Européens de **nouvelles terres** où ils peuvent s'installer. Les Européens sont par ailleurs convaincus que **leur civilisation est supérieure aux autres et** qu'ils ont la mission de l'apporter aux peuples d'Afrique et d'Asie.

1 Jules Ferry justifie les conquêtes

« Sur le terrain économique, ce qui manque à notre grande industrie, ce sont des débouchés[1]. Or, ce problème est intimement lié à la politique coloniale. Il faut chercher des débouchés [...].
Messieurs, il y a un second point que je voudrais aborder, c'est le côté humanitaire et civilisateur de la question. Les races supérieures ont le devoir de civiliser les races inférieures [...]. De nos jours, je soutiens que les nations européennes s'acquittent avec grandeur et honnêteté de ce devoir supérieur de civilisation.
Il faut aussi savoir qu'une marine comme la nôtre ne peut se passer, sur la surface des mers, d'abris solides, de défenses, de centres de ravitaillement [...].
Rayonner sans agir, sans se mêler aux affaires du monde, croyez-le bien, c'est abdiquer, c'est descendre du premier rang au troisième, puis au quatrième [...].
La France ne peut pas seulement être un pays libre, elle doit répandre son influence sur le monde, et porter partout où elle le peut sa langue, ses mœurs, son drapeau, ses armes, son génie. »

Discours de Jules Ferry à l'Assemblée nationale, le 28 juillet 1885.

1. Des marchés pour l'industrie.

1. Présentez le document.
2. Comment sont appelées les populations des colonies ?
3. Selon Ferry, quel est l'intérêt économique des colonies ? Quel est l'intérêt stratégique ?
4. Selon Ferry, que doit apporter la colonisation aux peuples colonisés ?
5. Selon lui, que risque la France si elle renonce à la colonisation ?

Définition

Un missionnaire : un religieux chargé de propager la religion chrétienne.

2 Bugeaud et la conquête de l'Algérie

De 1840 à 1848, Bugeaud livre une guerre sans merci aux populations algériennes qui résistent à l'occupation française.

• **Lettre du 18 janvier 1843** « Les otages sont un moyen de plus, nous l'emploierons, mais je compte avant tout sur la guerre active et la destruction des récoltes et des vergers... Nous attaquerons aussi souvent que nous le pourrons pour empêcher Abd el-Kader[1] de faire des progrès et ruiner quelques-unes des tribus les plus hostiles ou les plus félonnes. »

• **Lettre du 24 janvier 1843** « J'espère qu'après votre heureuse razzia le temps, vous aura permis de pousser en avant et de tomber sur ces populations que vous avez si souvent mises en fuite et que vous finirez par détruire, sinon par la force du moins par la famine et les autres misères. »

Lettres de Bugeaud (gouverneur français de l'Algérie depuis 1840) au général de la Moricière, janvier 1843.

1. Chef de la résistance.

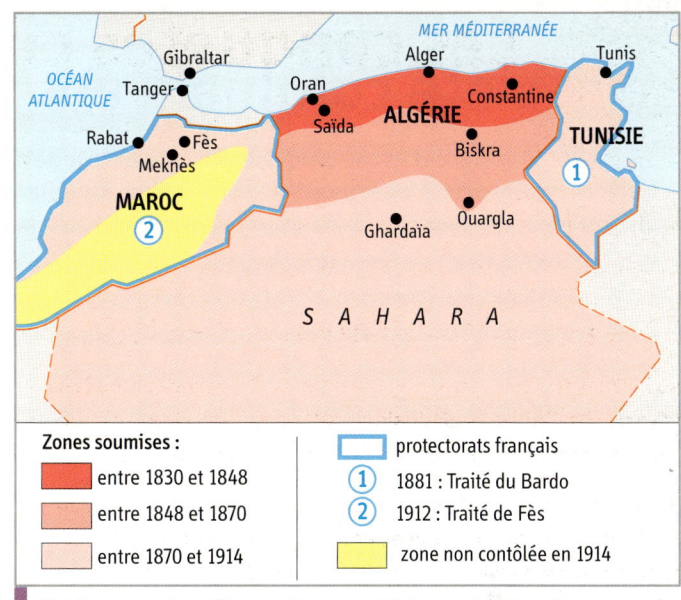

3 L'expansion française en Afrique du Nord

1. Quels sont les territoires conquis par la France entre 1830 et 1870 ? Entre 1870 et 1914 ?

2. D'après le texte 2, quels moyens Bugeaud et l'armée française ont-ils employé pour briser la résistance algérienne ?

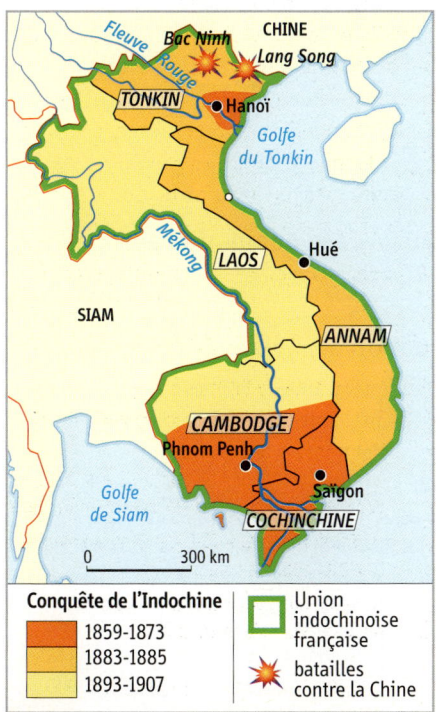

4 La conquête de l'Indochine par la France

5 La prise du port de Hué (1883)
(Imagerie Pellerin, Épinal, fin XIXe siècle, BNF, Paris.)

En 1883, les Français s'emparent du port de Hué et l'empereur d'Annam reconnaît le protectorat de la France sur l'Annam et le Tonkin. La Chine ne reconnaît ce traité qu'en 1885, après plusieurs défaites contre la France.

1. Situez le port de Hué.

2. Comment le port est-il défendu ? Comment les Français s'en emparent-ils ?

DÉCOUVRIR
La société coloniale en Algérie

À partir de 1830, la France fait une conquête longue et difficile de l'Algérie et la transforme en colonie. Des Européens, surtout français, y affluent pour y vivre et mettre en valeur le territoire. La vie des populations indigènes est bouleversée par la colonisation.

> Quels sont les changements apportés à la société algérienne par la colonisation française ?

OBJECTIF
Décrire la société de l'Algérie coloniale

Socle commun
5.2 Identifier la diversité des sociétés

1 Un colon français d'Algérie à la fin du XIXe siècle
(*Almanach du petit colon algérien*, 1893.)

Définitions

Un indigène : une personne originaire du pays.

Un colon : un habitant de la métropole venu s'installer dans une colonie, et ses descendants.

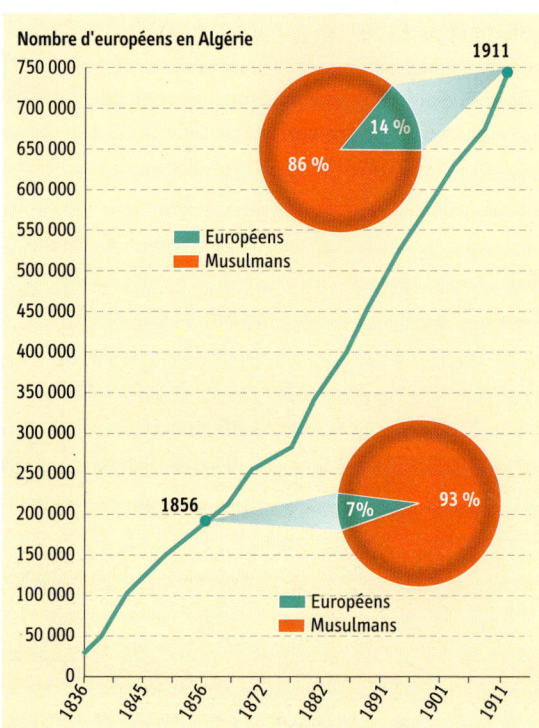

2 L'évolution de la population européenne en Algérie (en milliers)

3 L'occupation des terres agricoles

a. « Partout où il y aura de bonnes eaux et des terres fertiles, c'est là qu'il faut placer les colons, sans s'informer à qui appartiennent les terres ; il faut les leur distribuer en toute propriété. »

Discours du Général Bugeaud (gouverneur de l'Algérie à partir de 1840) à la Chambre des députés, 14 mai 1840.

b. Les terres des Européens en Algérie

1850	1870	1890	1920
115 000 hectares	765 000 hectares	1 635 000 hectares	2 981 000 hectares

Source : B. Stora, *Histoire de l'Algérie coloniale*, Paris, La Découverte.

4 La complainte des paysans musulmans

« L'impôt s'abattit sur nous à coups répétés
Soixante écus par tête chaque fois
Apporte-les ou débrouille-toi.

Les gens ont dû vendre leurs arbres à fruits
Et même leurs vêtements
C'est pour eux une époque terrible.

La terre la plus fertile
A été vendue à vil prix
Son propriétaire ne la verra plus.

Il ne possède même plus une brebis
Il est indigent et souffre de la faim
C'est la volonté de Dieu, résignons-nous. »

Complainte chantée en Algérie après la révolte de 1871 réprimée par l'armée coloniale.

5 Une école rurale en Algérie vers 1860
(Photographie parue en France, dans la revue *L'Illustration*, en 1858.)

6 Les enfants indigènes scolarisés

• Part des enfants musulmans scolarisés en Algérie

| 1890 : 1,9 % | 1908 : 4,3 % | 1914 : 5 % |

• Seuls les garçons sont scolarisés.

Source : C.-R. Ageron, *Histoire de l'Algérie contemporaine*, PUF, 1989.

7 L'inauguration du chemin de fer à Saïda
(*Le Petit journal*, 18 février 1900.)

Le chemin de fer permet de relier Saïda situé à l'intérieur du pays au port d'Arzew, près d'Oran, sur la côte méditerranéenne et d'y transporter les produits agricoles.

ACTIVITÉS

1. Situez l'Algérie.
2. **Doc. 2** Comment évolue la population européenne en Algérie (en nombre, en pourcentage de la population du pays) ?
3. **Doc. 3** Quels sont les changements concernant la propriété du sol ?
4. **Doc. 1** Présentez l'image. Que produit le colon algérien ?
5. **Doc. 7** Qui sont les personnages visibles ? Quel est l'intérêt du développement du chemin de fer pour la France ?
6. **Doc. 5 et 6** Quel est le pourcentage d'enfants musulmans scolarisés en 1914 ? Sur la photographie, qu'est-ce que les instituteurs apprennent aux enfants ?
7. **Doc. 4** Quand cette chanson a-t-elle été écrite ? De quoi se plaignent les paysans musulmans ?
8. Décrivez les changements apportés à la société algérienne par la colonisation.

Méthode ◆ Décrivez les transformations de l'Algérie au XIXᵉ siècle.
◆ Montrez les conséquences de la colonisation pour les indigènes.

Les ARTS témoins de l'Histoire

Cartes postales du Sénégal

OBJECTIF
Étudier des cartes postales des colonies

Socle commun
5.3 Lire et employer différents langages : images

À partir de la fin du XIXᵉ siècle, avec le développement de la photographie, les cartes postales se multiplient dans les colonies. Elles permettent aux colons de rester en contact avec les membres de leurs familles ou leurs amis restés en métropole.

> Comment se présentent les cartes postales du début du XXᵉ siècle et que nous apprennent-elles sur la colonie sénégalaise ?

Les premières cartes postales sont acheminées par bateau. L'aviation postale apparaît au lendemain de la guerre de 1914-1918

3 Le Sénégal

1 Une rue à Dakar, vers 1910

2 Un quartier indigène à Saint-Louis, 1903

ACTIVITÉS

Je présente

1. Situez le Sénégal. À quel empire colonial appartient-il ?
2. Présentez chaque carte postale (date, lieu, sujet).
3. Qu'est-ce qui distingue les cartes postales de cette époque de celles d'aujourd'hui ?

Je décris et j'explique

4. **Doc. 4 et 5** Comment les arachides sont-elles acheminées jusqu'à Rufisque ? À quoi sont-elles destinées ?
5. **Doc. 1 et 2** Qu'est-ce qui oppose le quartier des colons à celui des indigènes ?
6. **Doc. 4** D'après les timbres, quel est le régime politique de la métropole ? Quel message les timbres font-ils passer sur la colonie ?

Arts du spectacle vivant | Arts du son | Arts du visuel

Éditeur ou photographe, lieu d'édition. Il s'agit ici du photographe Edmond Fortier, un Français installé à Dakar en 1900, auteur de plus de 3000 cartes postales.

Numéro de série, lieu de la prise de vue et légende

Jusqu'en 1904, le recto contient l'image et le texte de la correspondance. Le verso est réservé à l'adresse.

4 Les arachides en gare de Rufisque, vers 1900
(Grand port du Sénégal)

Scène (en extérieur ou en studio)

Timbre français adapté pour le Sénégal avec les allégories de la paix et du commerce

Cachet : mentionne le lieu et la date de l'affranchissement

5 Une escale de traite, vers 1910

6 L'âge d'or de la carte postale

- **1869** Première carte postale en Autriche.
- **1870-1880** Extension à l'Europe de l'Ouest.
- **1891** Première carte postale photographique.
- **1910** 100 millions de cartes postales produites chaque année dans le monde.
- **1914** 800 millions de cartes postales produites durant l'année.

Arts du quotidien   Arts du langage   Arts du quotidien

2 Les colonies, un monde dominé

> Quelles sont les formes de la domination européenne dans les colonies ?

A La domination politique

1. Les territoires colonisés ont divers statuts. Les **colonies** sont gouvernées directement par la métropole, avec un gouverneur et des fonctionnaires européens. Les **protectorats** conservent un roi indigène, mais il est contrôlé par la métropole (DOC. 1). Les **dominions britanniques** (Canada, Australie, Afrique du sud) sont gouvernés par les colons eux-mêmes ; la métropole ne dirige plus que leur politique extérieure.

2. Certains territoires colonisés accueillent de nombreux colons venus de la métropole. Ce sont des **colonies de peuplement**.

B L'exploitation économique

1. Les colons ou les sociétés européennes s'emparent des meilleures terres agricoles, souvent sur les littoraux, pour y faire des plantations (> PP. 194-195). Ils exploitent aussi les richesses minières de la colonie. Ces productions sont ensuite exportées vers les métropoles (DOC. 4 ET 5).

2. Les Européens créent **des routes, des voies de chemins de fer et des ports**, pour faciliter le transport des minerais et produits agricoles vers l'Europe. Les artisans locaux sont souvent ruinés par la concurrence des produits industriels européens.

3. Les indigènes doivent payer de **nouveaux impôts** et souvent fournir **des corvées** pour les grands travaux (DOC. 2).

C La diffusion du modèle européen

1. Les métropoles construisent des hôpitaux et étudient les maladies tropicales. Après 1900, elles organisent de grandes **campagnes de vaccination** qui font baisser la mortalité.

2. Les écoles ne scolarisent qu'une petite partie des enfants et sont avant tout destinées à former des auxiliaires dociles pour l'administration. Par l'intermédiaire de l'école et de l'administration, **la langue de la métropole se diffuse** dans les colonies.

3. Les missionnaires sont très actifs (DOC. 3). **Les religions chrétiennes** (catholicisme, protestantisme) se répandent en Afrique noire.

---

1 Le protectorat sur le Cambodge

« **Article 1er.** Sa Majesté le roi du Cambodge accepte toutes les réformes administratives, judiciaires, financières et commerciales, auxquelles le gouvernement de la République française jugera, à l'avenir, utile de procéder pour l'accomplissement de son protectorat.
Article 2. S. M. le roi du Cambodge continuera, comme par le passé, à gouverner ses États et à diriger leur administration, sauf les restrictions qui résultent de la présente convention.
Article 3. Les fonctionnaires cambodgiens continueront, sous le contrôle des autorités françaises, à administrer les provinces, sauf en ce qui concerne l'établissement et la perception des impôts, les douanes, les contributions indirectes, les travaux publics [...].
Article 8. L'esclavage est aboli sur tout le territoire du Cambodge.
Article 9. Le sol du royaume, jusqu'à ce jour propriété exclusive de la Couronne, cessera d'être inaliénable.

Fait à Phnom-Penh, le 17 juin 1884. »

1. Situez le Cambodge (carte p. 193). Quel pays lui a imposé ce protectorat ?
2. Quels passages montrent que le roi du Cambodge et son administration restent en place ?
3. Quels pouvoirs se réserve la métropole ?
4. Expliquez l'intérêt de l'article 9 pour la métropole.

Définitions

La métropole : la puissance qui dirige la colonie.

Un colon : voir p. 194.

2 Le travail forcé à Madagascar

« La mortalité effrayante qui frappe les indigènes soumis au travail forcé, employés à la construction de la route de Tananarive-Tamatave, a atteint dans ces derniers mois une proportion importante [...]. La question commence à se poser sérieusement de savoir s'il n'est pas préférable de ne pas avoir de routes, mais de conserver une population valide susceptible de mettre Madagascar en valeur, plutôt que de créer de belles pistes carrossables au prix de tant d'existences humaines sacrifiées. La population, si peu dense au moment de la conquête, s'éclaircit tous les jours davantage. Les indigènes sont d'ailleurs tellement las et exténués par des corvées et des travaux incessants, qu'ils déclarent aujourd'hui hautement préférer la mort à toute occupation autre que celle de la culture de leurs champs. »

Pétition de 51 colons français au Gouverneur général de Madagascar, le 13 janvier 1909.

1. Quel est le but des corvées ? Quelle est leur conséquence ?

2. Selon vous, que craignent les colons qui ont signé cette pétition ?

3 Un missionnaire au Congo belge
(Archives de la congrégation du Saint-Esprit.)

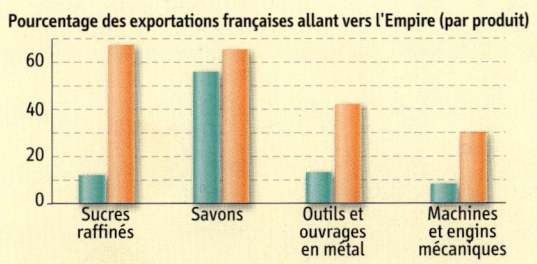
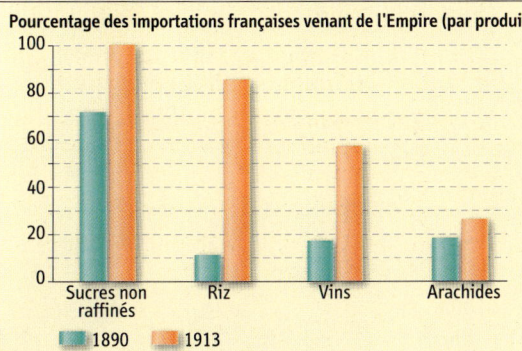

4 La part de l'empire dans le commerce extérieur français

1. À quel type de produits appartiennent les importations venant de l'empire ? Les exportations vers l'empire ?

2. Comment évoluent les échanges de la France avec son empire ?

5 Une publicité anglaise pour le cacao en 1906
(Bibliothèque des Arts décoratifs, Paris.)

▶ Où est produit le cacao et à qui est-il destiné ?

MÉTHODE

Socle commun
5.3 Lire et utiliser différents langages : images

Étudier une image de propagande

● POINT MÉTHODE

L'image de propagande

● Une image de propagande a pour objectif **de propager, de faire admettre une idée, une opinion**.

● Elle emprunte **différents supports** : affiche, carte postale, photographie, dessin de presse, ou, comme ici, la couverture d'un cahier d'école.

● Elle **exagère ou transforme la réalité**, car son but est d'emporter l'adhésion, quitte à cacher des aspects, voire à mentir.

● **Son message est simple** : les images doivent être faciles à comprendre, les textes courts.

Étudier une image de propagande, c'est :

A. Présenter l'image :
– Identifier l'image, donner sa date
– Désigner le commanditaire (celui qui a fait réaliser l'image) et le destinataire de l'image (celui à qui est destinée l'image).

B. Analyser l'image, de façon ordonnée.

C. Donner le sens général de l'image : quel message veut-elle faire passer ?

D. Exercer son esprit critique : comment cette image déforme-t-elle la réalité ?

● EXERCICE

A Je présente l'image

1. Quelle est sa nature ? Sa date ? À qui est-elle destinée ?

B J'analyse l'image

2. À quelles parties de l'empire colonial appartiennent les personnages du premier plan ? Quelle est leur attitude ?

3. Qui est la femme au centre ? Quels symboles reconnaissez-vous qui permettent de l'identifier ?

4. Que représentent les personnages dans la barque derrière elle ? Pourquoi voit-on la mer et des navires à l'arrière-plan ?

C Je donne le message que veut faire passer l'image

5. Quels messages simples cette image de propagande veut-elle faire passer ?

D J'exerce un esprit critique

6. Ce message est-il le reflet de la réalité ? Justifiez votre réponse à l'aide de quelques exemples précis.

DOCUMENT Couverture d'un cahier scolaire français, vers 1900

EXERCICES

1 Découvrir Abd el-Kader, figure de la résistance au colonialisme

Socle commun
5.3 Lire et employer différents langages : image - textes

DOCUMENT 1 Abd el-Kader (1808-1883)

En 1832, l'Algérien Abd el-Kader prend la tête de la résistance armée contre les Français qui commencent la conquête de l'Algérie. À la tête de 10 000 combattants réguliers, il remporte de nombreuses victoires militaires contre l'armée coloniale. Mais, en 1840, le général français Bugeaud décide une guerre totale contre les Algériens qui le soutiennent (voir p. 193) et, en 1844, les Français s'emparent de sa smala, sa capitale ambulante. Après trois ans de guérilla, Abd el-Kader signe sa reddition en 1847. Il fait quelques années de prison en France, puis s'établit à Damas en Syrie où il enseigne la théologie jusqu'à sa mort.

DOCUMENT 2 Déclaration d'investiture d'Abd el-Kader (21 novembre 1832)

« Les habitants des régions de Mascara, des deux Ghéris, celui de l'est et celui de l'ouest, leurs voisins et alliés, les Beni Sokran, les Beni Abbas, les Yacoubia, les Beni Amer et les Beni Mahajer et d'autres encore sont unanimement convenus de me confier l'autorité suprême de notre pays ; en s'engageant à me suivre dans la victoire comme dans la défaite, dans l'adversité comme dans la prospérité et à consacrer leur personne, leurs fils et leurs biens à une cause qui est grande et juste. J'ai accepté d'assumer cette lourde tâche, dans l'espoir de pouvoir être le moyen d'unir la communauté des musulmans, d'éteindre leurs querelles intestines et d'apporter une sécurité générale à tous les habitants de ce pays, et de refouler et de battre l'ennemi qui envahit notre territoire dans le dessein de nous imposer son joug. »

DOCUMENT 3 Abd el-Kader prêche la guerre sainte contre les Français
(Gravure, 1846.)

1. Doc. 1 et 2 Quand et comment Abd el-Kader devient-il chef de la résistance ? Contre qui engage-t-il la lutte ?

2. Doc. 2 Abd el-Kader se donne deux missions principales. Lesquelles ?

3. Doc. 3 Sur quel fondement religieux s'appuie la révolte ? Comment sont habillés et armés ses guerriers ?

4. Doc. 1 Combien de temps dure la lutte entre Abd el-Kader et les Français ? Comment les Français remportent-ils la victoire (voir aussi doc. 2 p. 193) ?

5. Doc. 1 Où s'installe Abd el-Kader après la prison ? Qu'enseigne-t-il ?

6. À l'aide des réponses précédentes, racontez la résistance d'Abd el-Kader contre les Français.

Exercices

2 — Étudier le massacre des Hereros

Socle commun
5.3 Lire et employer différents langages : image - texte

DOCUMENT 1

Entre 1904 et 1906, les troupes coloniales allemandes présentes dans le Sud-Ouest africain cherchent à éliminer le peuple herero.

a. « Moi, général des troupes allemandes, adresse cette lettre au peuple herero. Les Hereros ne sont plus dorénavant des sujets allemands. Celui qui me livrera Samuel Maherero (le chef de la révolte) recevra 5 000 marks. Tous les Hereros doivent quitter le pays. S'ils ne le font pas, je les y forcerai avec mes grands canons. Tout Herero découvert dans les limites du territoire allemand, armé comme désarmé, avec ou sans bétail, sera abattu. Je n'accepte aucune femme ou enfant. Ils doivent partir ou mourir. Telle est ma décision pour le peuple herero. »

Proclamation du général von Trotha (commandant de l'armée allemande dans le Sud-Ouest africain) au peuple Herero, 2 octobre 1904.

b. « Les nouveaux venus (dans la colonie allemande) devront s'habituer à payer eux-mêmes de leur personne car la main-d'œuvre indigène est rare et se dérobe. On estime que les 4/5e des Hereros ont disparu par la mort ou l'émigration[1]. »

La quinzaine coloniale, journal français, 25 mars 1908.

1. Au recensement de 1911, il reste 15 000 Hereros survivants sur 80 000 avant 1904.

DOCUMENT 2 — Un dessin de presse en 1905

(Caricature parue dans *Der Wahre Jacob* [journal socialiste allemand], janvier 1905.)

1. Présentez la date, le lieu, les acteurs et les victimes du massacre.

Document 1

2. Quel passage montre que les Hereros résistent à la colonisation allemande ?

3. Quelles sont les deux mesures décidées par le général ? Montrez qu'elles ne concernent pas que les résistants.

4. Quelles sont les conséquences de ces mesures ?

Document 2

5. À l'aide des textes, décrivez et expliquez cette caricature.

3 — Analyser le commerce d'une colonie

Socle commun
5.3 Lire et employer différents langages : graphiques

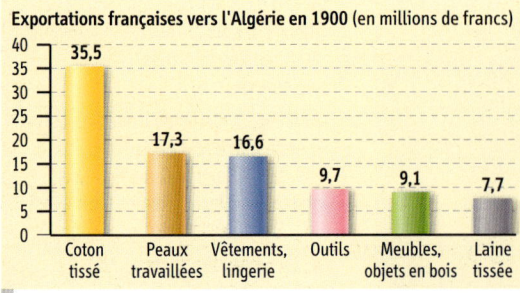

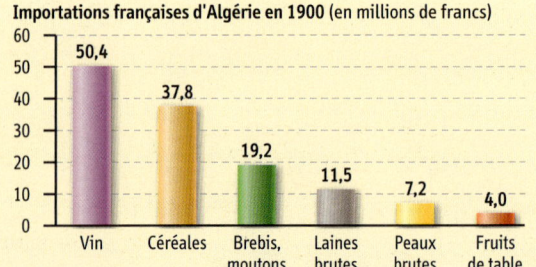

DOCUMENT — Le commerce de la France avec l'Algérie, en 1900

1. Présentez les deux graphiques. Définissez exportation, importation.

2. À cette époque, quelle est la situation de l'Algérie par rapport à la France ?

3. Quel type de produits est importé d'Algérie ?

4. Peut-on dire que l'Algérie est un « débouché » pour l'industrie française ? Justifiez la réponse.

4 Étudier un voyage d'exploration

Socle commun
3.4 Chercher et sélectionner l'information demandée

La découverte de l'Ogoué par Brazza
Rendez vous sur le site consacré à l'explorateur français Pierre Savorgnan de Brazza, dit Brazza sur www.brazza.culture.fr

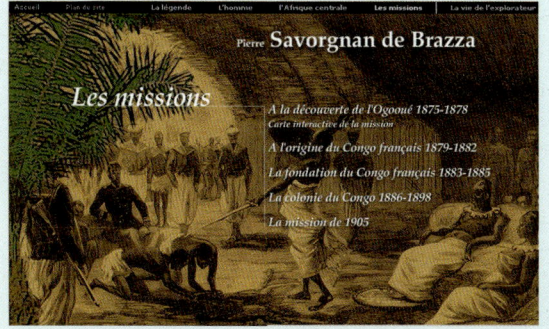

Voir l'introduction.

1. En quelle année Brazza aborde-t-il la côte du golfe du Gabon ? Qu'espère Brazza en remontant le fleuve Ogoué ?

Ouvrez la carte interactive. Répondez à l'aide du commentaire (en haut à gauche) et des extraits lus du rapport de Brazza (symbole audio).

2. Situez la région du fleuve Ogoué (voir carte Afrique).

3. Quand Brazza part-il de Libreville ? Qui sont ses trois compagnons de route ?

4. Quel obstacle naturel rencontre-t-il sur le fleuve à Lopé ?

5. Quelle est sa grande déception en septembre 1876 ?

6. Quels sont les deux problèmes rencontrés chez les Apfourou ?

7. Combien de temps a duré le voyage de découverte ? À qui est destiné le rapport dont on peut écouter des extraits ?

5 Connaître les empires coloniaux français et britannique

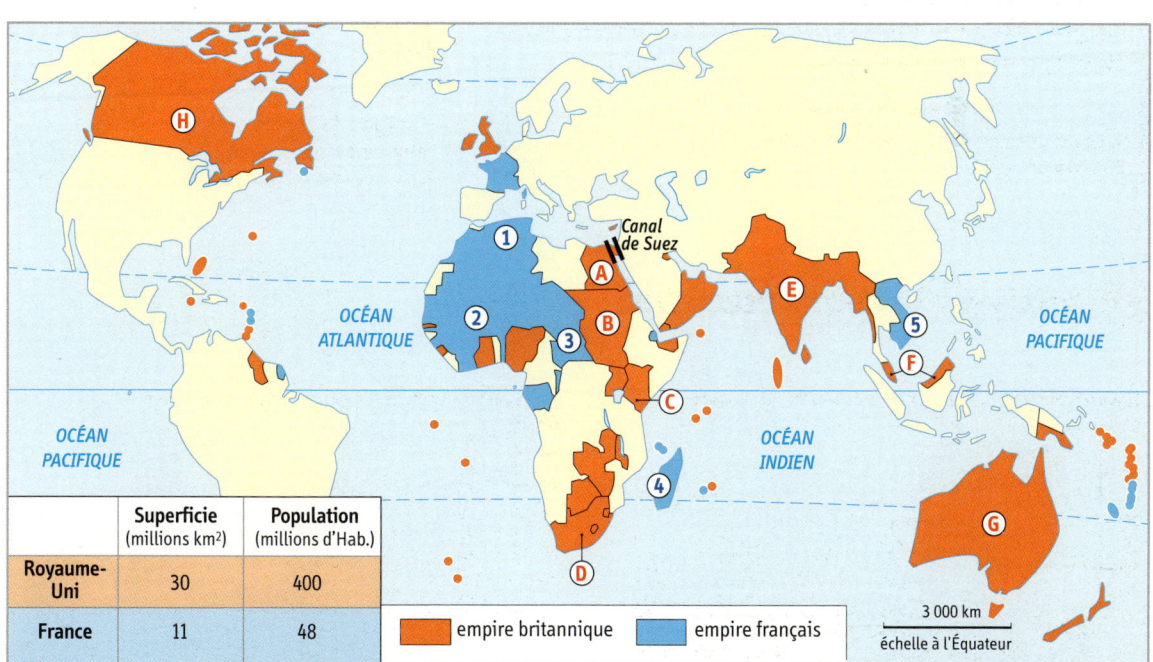

	Superficie (millions km²)	Population (millions d'Hab.)
Royaume-Uni	30	400
France	11	48

Document Les empires coloniaux français et britannique

1. Quelles sont les colonies françaises d'Afrique, d'Asie, marquées par un numéro ?

2. Quelles sont les colonies britanniques d'Afrique, d'Asie, marquées par une lettre ?

3. Expliquez pourquoi le canal de Suez est très important pour le Royaume-Uni.

4. Quelle est la population de l'Empire britannique ? de l'Empire français ? Qu'est-ce qui explique cette différence ?

chapitre **12**

L'Europe en 1914

> Quelles sont les rivalités et les alliances européennes en 1914 ?

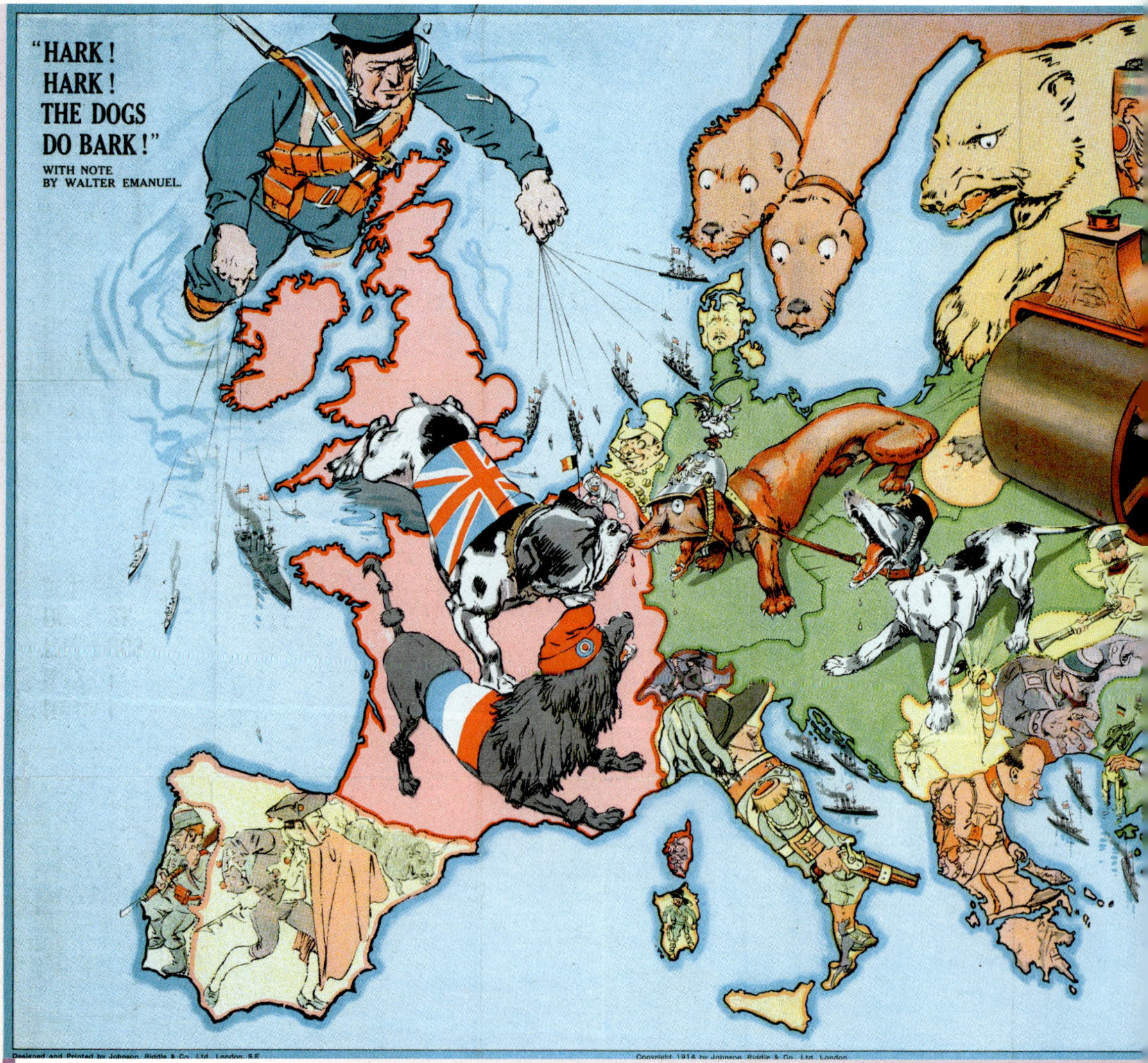

1 Une vision de l'Europe en 1914
(« Alerte ! Alerte ! les chiens aboient », dessin humoristique anglais publié en 1914.)

À la veille de 1914, les tensions sont très vives entre les grandes puissances européennes.
Les chiens qui aboient au centre du dessin, ce sont les empires allemand et autrichien.
Mais ils ont face à eux la France et le Royaume-Uni et, sur leur arrière, le rouleau-compresseur russe.

MONTÉE DES TENSIONS

- 1891 Triple-Alliance
- 1905 Crise franco-allemande au Maroc
- 1907 Triple-Entente
- 1908 Crises balkaniques 1913
- 1911 Crise franco-allemande au Maroc

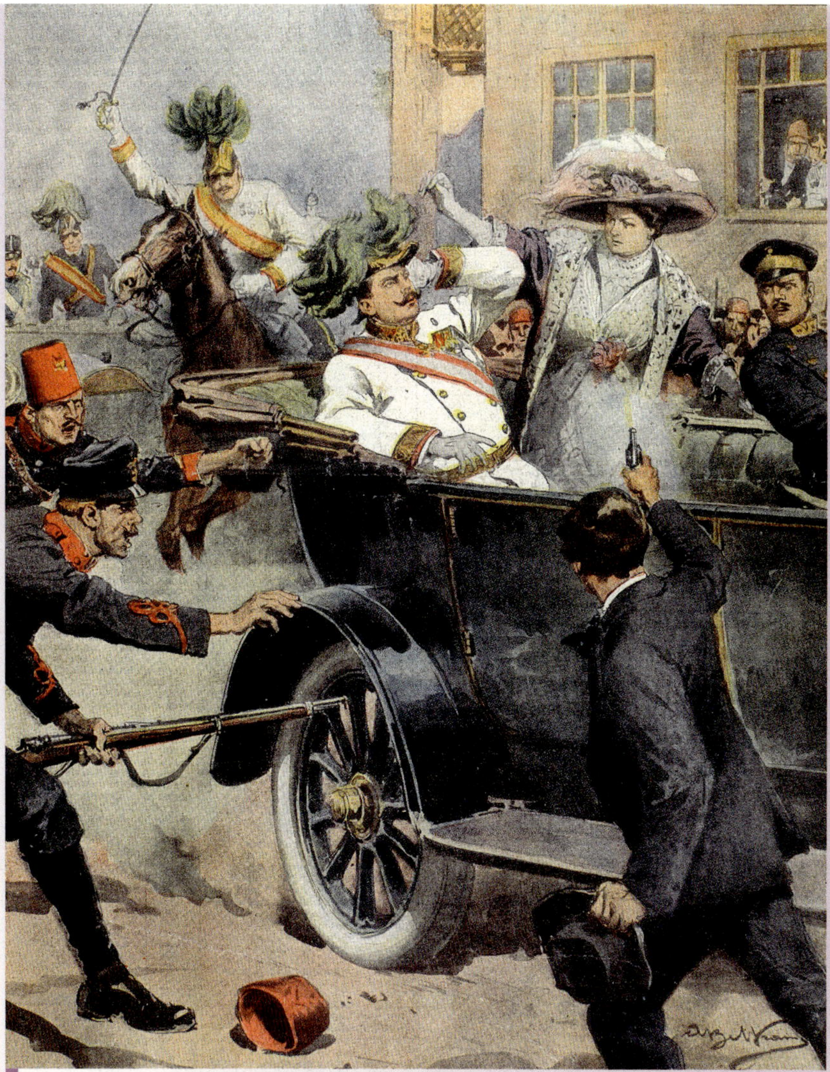

2 L'attentat de Sarajevo

Le 28 juin 1914, l'archiduc François-Ferdinand d'Autriche, héritier de l'empire d'Autriche-Hongrie, et sa femme sont assassinés par un étudiant serbe de Bosnie à Sarajevo. Un mois plus tard, le 28 juillet 1914, l'Autriche-Hongrie déclare la guerre à la Serbie. C'est le début de la Première Guerre mondiale.

DÉCOUVRIR

La carte des alliances militaires

OBJECTIF
Expliquer les alliances européennes au début du XXe siècle

Socle commun
5.1 Connaître les grands traits de l'histoire politique de l'Europe

Après 1870, les tensions sont très vives entre les pays d'Europe. Les puissances européennes, qui craignent la guerre, se cherchent des alliés et forment deux grandes alliances.

> **Quelles sont les alliances militaires européennes au début du XXe siècle ?**

1 La visite du Tsar Nicolas II en France
(Gravure en couleur, 1902, Collection particulière.)

La formation de l'alliance franco-russe est accueillie en France avec enthousiasme : les Français ont en effet le sentiment de sortir de leur isolement face à l'Allemagne. En 1901, le Tsar Nicolas II est reçu en France avec tous les honneurs par le président Émile Loubet.

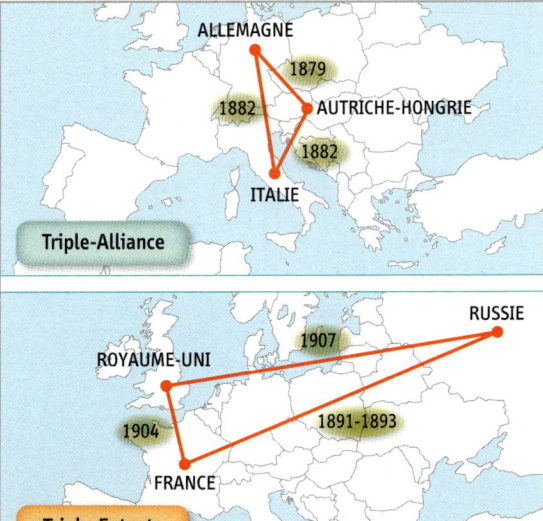

2 La formation des alliances

3 La situation internationale vue par un Allemand

« La Triple-Alliance a été conclue en tant qu'alliance défensive [...]. Si l'un des trois contractants est attaqué, les deux autres doivent intervenir à ses côtés.
Comme la Triple-Alliance, la Triple-Entente se présente sous la forme d'un accord défensif. Mais elle présente de fortes tendances offensives.
La Russie a le désir compréhensible d'écraser l'Autriche pour imposer l'hégémonie slave en Europe, et, par le moyen de la Serbie, s'ouvrir la route de l'Adriatique.
La France souhaite recouvrer les provinces perdues et prendre sa revanche des défaites de 1870. L'Allemagne ne veut que défendre sa propriété.
L'Angleterre cherche à se débarrasser, avec l'aide de ses alliés, du cauchemar de la puissance maritime allemande.
Donc, sur tous les points, des buts offensifs. »

Rapport de Moltke, chef de l'état-major allemand, décembre 1912.

Définition

Une alliance défensive : une alliance qui fonctionne en cas d'attaque ennemie.

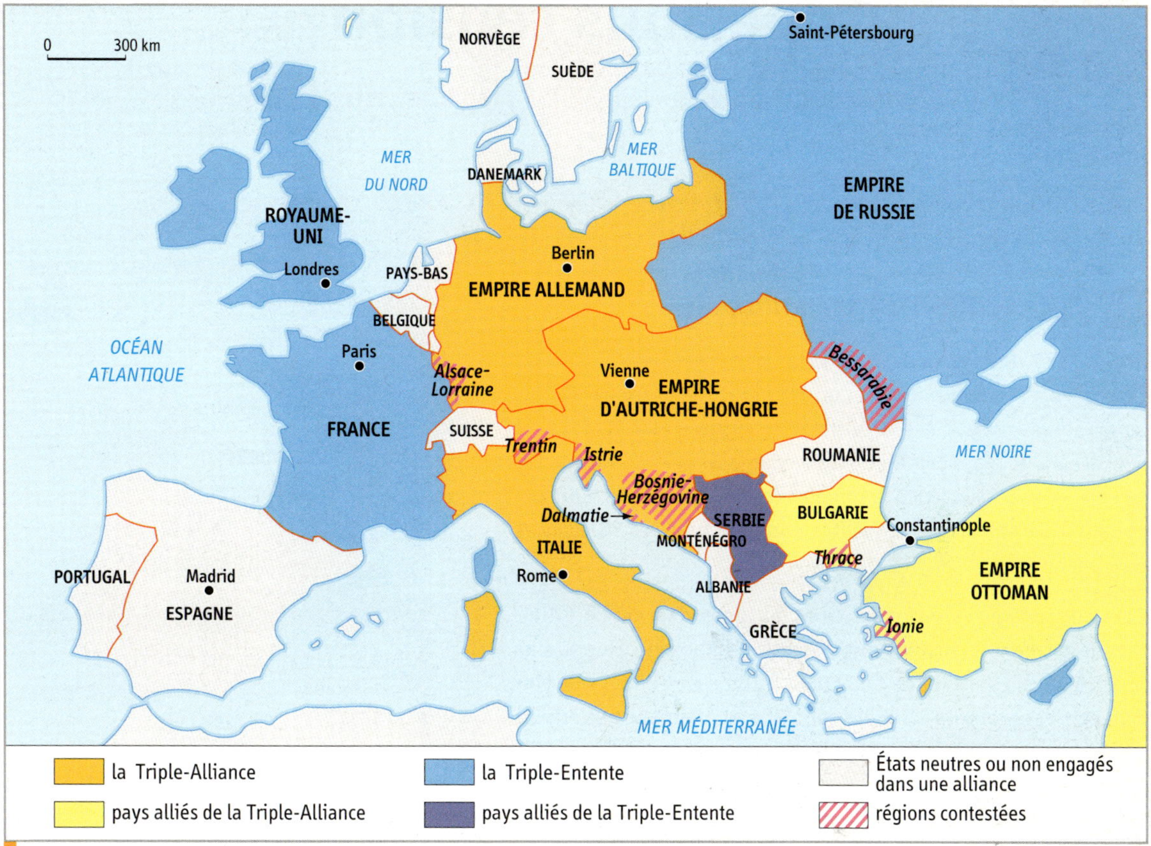

4 La carte des alliances européennes au début du XXᵉ siècle

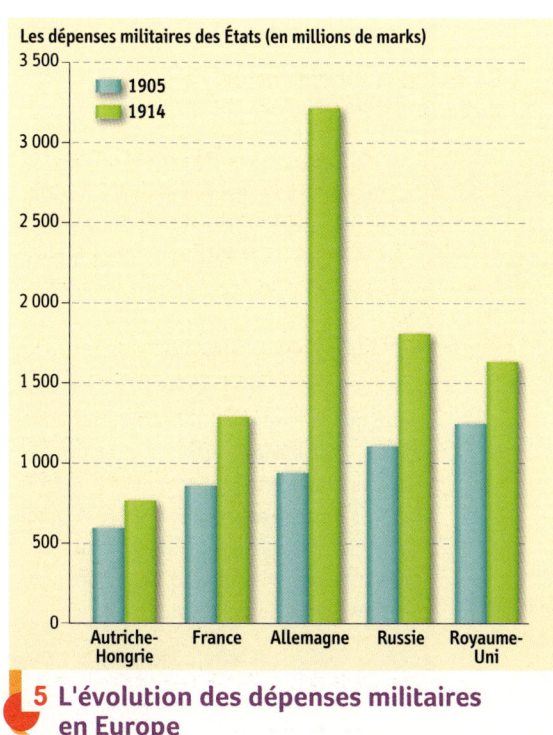

5 L'évolution des dépenses militaires en Europe

ACTIVITÉS

1. **Doc. 3** D'après le document, quels sont les États qui s'opposent et sur quoi repose leur rivalité ?

2. **Doc. 2 et 4** Quelles sont les deux grandes alliances militaires ? À quelle date chacune des grandes alliances s'est-elle constituée ?

3. **Doc. 3 et 4** Dans quel cas ces alliances fonctionnent-elles ?

4. **Doc. 1** Décrivez l'image. Pourquoi le tsar est-il reçu avec autant d'honneurs en France ?

5. **Doc. 4** D'un point de vue géographique, de quel avantage dispose chacune des grandes alliances ?

6. **Doc. 5** Comment évoluent les dépenses d'armement après 1905 ? Qu'en conclure ?

7. Décrivez et expliquez le système d'alliances militaires en Europe au début du XXᵉ siècle.

1 L'Europe sous tension

> Comment les rivalités européennes préparent-elles la guerre ?

A Les rivalités et les alliances

1. Après 1871, **les tensions sont vives entre les pays d'Europe**. La France n'a pas accepté la perte de l'Alsace-Lorraine et l'Allemagne se méfie d'elle. L'Autriche-Hongrie voudrait dominer les Balkans et s'oppose à la Russie et à la Serbie. Le Royaume-Uni craint la concurrence commerciale de l'Allemagne. Enfin, la colonisation entraîne des rivalités entre les grandes puissances européennes.

2. Pour se protéger, **chacun se cherche alors des alliés**. L'Allemagne forme une alliance avec l'empire d'Autriche-Hongrie en 1879. L'Italie les rejoint en 1882 pour former avec elles la **Triple-Alliance**. Pour rompre son isolement face à l'Allemagne, la France s'allie avec la Russie en 1891. Au début du siècle, le Royaume-Uni forme avec la France et la Russie la **Triple-Entente**. **Les deux grandes alliances sont** défensives (> PP. 206-207).

3. À partir de 1900, les pays d'Europe, qui craignent une guerre, augmentent fortement **leurs dépenses d'armement**.

B Les crises européennes (1905-1914)

1. **La France et l'Allemagne connaissent deux graves crises à propos du Maroc. En 1905**, lorsque la France veut établir sa domination sur le Maroc, l'Allemagne s'y oppose (DOC. 1 ET 2). Puis **en 1911**, quand la France envoie une expédition militaire à Fez, l'empereur Guillaume II envoie une canonnière dans le port d'Agadir (DOC. 3). La France établit son protectorat sur le Maroc, mais elle donne en contrepartie à l'Allemagne une partie du Congo français.

2. **Les autres crises ont lieu dans les Balkans. En 1908,** l'empire d'Autriche qui occupait la Bosnie depuis 1878 décide de l'annexer. La Serbie proteste et la guerre menace (DOC. 4 ET 5). Puis **en 1912**, à la suite des guerres balkaniques, le conflit est de nouveau évité de justesse entre l'Autriche et la Serbie.

3. Le 28 juin 1914, un Serbe de Bosnie assassine l'héritier de l'empire d'Autriche, **François-Ferdinand à Sarajevo**. L'Autriche accuse la Serbie et lui déclare la guerre le 28 juillet 1914. L'engrenage des alliances entraîne alors l'Europe dans la Première Guerre mondiale (DOC. 6).

1 Les rivalités au Maroc
(Caricature parue dans *L'Assiette au beurre*, 1903.)

2 Le point de vue allemand sur le Maroc

Le diplomate allemand Von Holstein explique pourquoi il ne veut pas que le Maroc devienne un protectorat français.

« Au Maroc, seuls les Français seraient choisis par le sultan pour construire les voies ferrées et pour exploiter les mines. Le Maroc est aujourd'hui un des rares pays où l'Allemagne bénéficie d'une libre concurrence pour son commerce et le dommage qu'elle subirait du fait de la position privilégiée de la France serait considérable. Mais ce qui serait encore plus grave, c'est le préjudice que subirait le prestige de l'Allemagne si nous acceptions sans mot dire que la France, en tant que voisine du Maroc, y possède des droits supérieurs aux nôtres […]. L'Allemagne se doit de protester contre l'intention de la France de s'approprier le Maroc, non seulement pour des raisons matérielles, mais plus encore pour la sauvegarde de son prestige. »

F. von Holstein, 3 juin 1904.

▶ Que craint l'Allemagne si le Maroc devient un protectorat français ?

3 « Le coup d'Agadir »

En 1911, lorsque la France intervient au Maroc, l'Allemagne envoie la canonnière SMS Panther dans la baie d'Agadir au sud du pays. La France et l'Allemagne sont au bord du conflit. L'Allemagne accepte finalement le protectorat de la France sur le Maroc en échange d'une partie du Congo français.

4 La Serbie et la Bosnie

« L'idée d'une union des peuples yougoslaves[1] contre la poussée du nord a fait des progrès dans les esprits et a commencé à s'implanter dans les cœurs. "La Bosnie, c'est notre Alsace-Lorraine", me disait dernièrement un Serbe : les Serbes de Bosnie ont lutté avec ceux du royaume de Serbie dans les guerres de l'indépendance[2], et ils ne veulent pas n'avoir échappé au joug des Turcs que pour tomber sous celui des Autrichiens ; ils revendiquent leur droit à la vie nationale et à la liberté. »

La revue des Deux Mondes, 1906.

1. Les Slaves du sud   2. Guerres de 1878 qui ont chassé les Turcs d'une partie des Balkans.

1. Expliquez « poussée du nord » ?
2. Que souhaitent les Serbes de Serbie et de Bosnie ?

5 Les Balkans en 1914

6 L'engrenage des alliances

GÉOGRAPHIE

Les ÉTUDES DE CAS du manuel

Shanghai	218
Rotterdam	222
L'iPod	236
Maersk	240
Maroc	256
Port el-Kantaoui	260
Tokyo	274
Renault	288
Nike	292
La Chine	328
Le Brésil	334
Le Mali	350
Le Bangladesh	354

Les États du monde en 2011

Qu'est-ce que la MONDIALISATION ?

La mondialisation est la mise en relation des différentes parties du monde sous l'effet de l'accélération des échanges. Favorisée par la révolution des transports et des télécommunications, elle transforme les territoires et les sociétés.

La révolution du transport aérien
(aéroport de Dallas)

La révolution du transport maritime
(navire porte-conteneurs)

▶ Révolution des transports et des télécommunications

La révolution Internet
(réseau facebook)

Questions

1. Quels sont les différents types d'échanges mondiaux ?
2. Quels sont les moyens permettant ces échanges ?
3. Quelles sont les conséquences de ces échanges ?

Retrouvez ce schéma dans chaque chapitre pour comprendre la mondialisation.

Des mobilités touristiques mondiales
(Saint-Martin)

Des échanges d'informations et de capitaux
(bourse de Francfort)

Des marchandises échangées dans le monde
(canal de Panama)

▶ **Accélération des échanges mondiaux**

Des ports de plus en plus grands
(Singapour)

Des modes de vie uniformisés ?
(Egypte)

Des métropoles transformées
(New York)

▶ **Transformation des territoires et des sociétés**

DE LA CARTE

Qu'est-ce qu'une carte ?

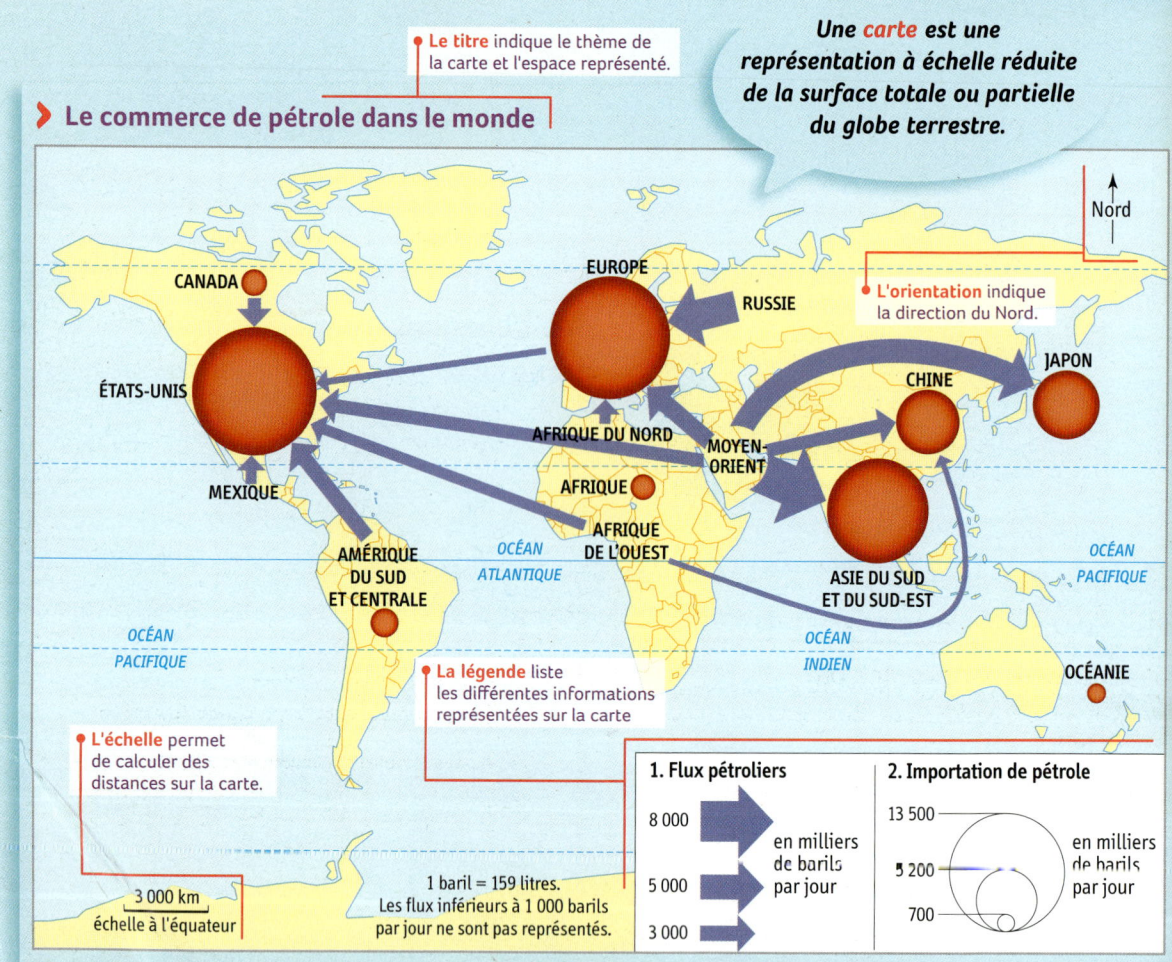

Une **carte** est une représentation à échelle réduite de la surface totale ou partielle du globe terrestre.

Le titre indique le thème de la carte et l'espace représenté.

> Le commerce de pétrole dans le monde

L'orientation indique la direction du Nord.

La légende liste les différentes informations représentées sur la carte.

L'échelle permet de calculer des distances sur la carte.

1 baril = 159 litres. Les flux inférieurs à 1 000 barils par jour ne sont pas représentés.

1. Flux pétroliers : 8 000 / 5 000 / 3 000 en milliers de barils par jour

2. Importation de pétrole : 13 500 / 5 200 / 700 en milliers de barils par jour

---

ÉTAPE 1 — Lire une carte

Pour lire et interpréter une carte, il faut :

1. **Identifier la carte** (espace représenté, thème...).
2. **Repérer les figurés** utilisés dans la légende et sur la carte (flèches pour les flux...).
3. **Prélever des informations** et les analyser.

ÉTAPE 2 — Réaliser un croquis

Pour construire un croquis, il faut :

4. **Prélever des informations** sur des cartes, dans des textes, des tableaux de statistiques...
5. **Sélectionner les informations** les plus importantes et **les organiser dans une légende** ordonnée.
6. **Compléter le croquis** à partir des informations choisies en utilisant le *langage cartographique*. Un croquis ne doit pas être surchargé, il est donc nécessaire de **faire des choix** dans les informations à représenter.
7. **Être capable de « changer de langage »** en expliquant en quelques lignes comment s'organise l'espace représenté.

AU CROQUIS

Qu'est-ce qu'un croquis ?

Le croquis est la représentation simplifiée d'un espace.

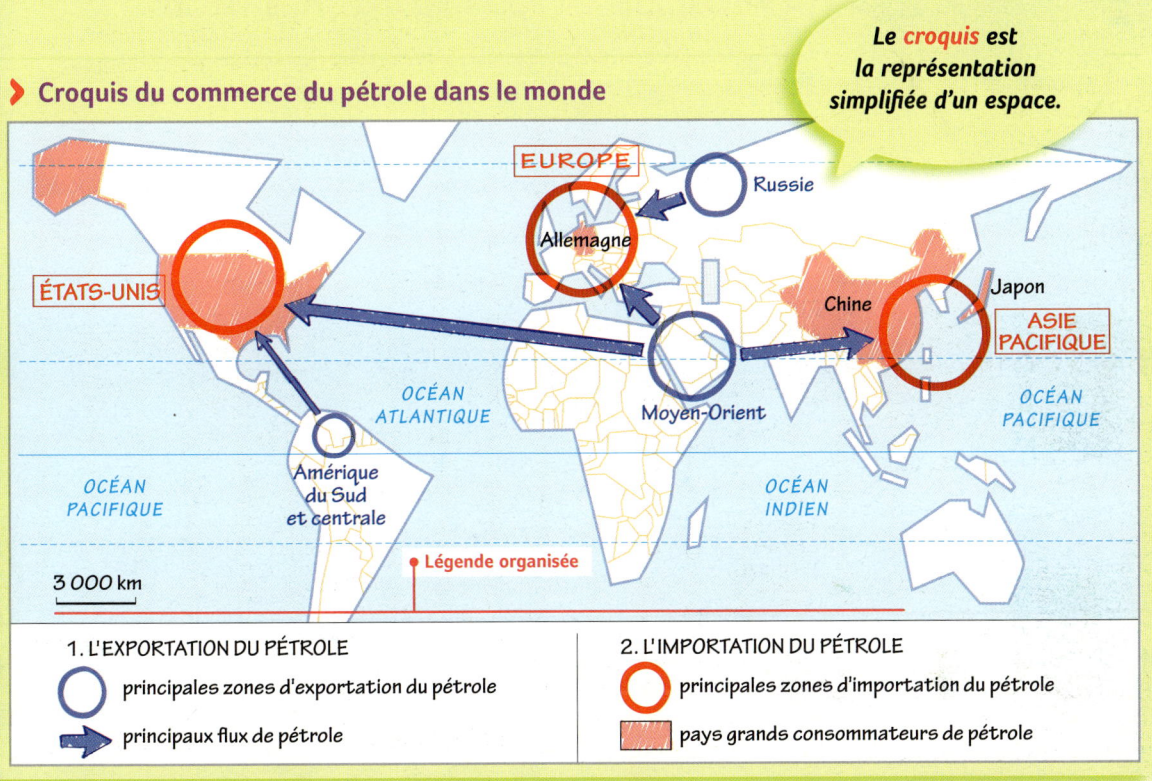

Croquis du commerce du pétrole dans le monde

Pour vous aider : le langage cartographique

chapitre **13**

Les espaces majeurs de production et d'échanges

> Pourquoi les ports sont-ils les lieux privilégiés des échanges mondiaux ?

1 Le port de Singapour, un espace d'échanges

Le port de Singapour ne cesse d'agrandir les quais accueillant les conteneurs (grandes caisses utilisées pour le transport des marchandises) du monde entier.

▶ Relevez sur la photographie plusieurs indices montrant que le port de Singapour est un espace d'échanges.

La mondialisation en chiffres

● Le trafic maritime mondial

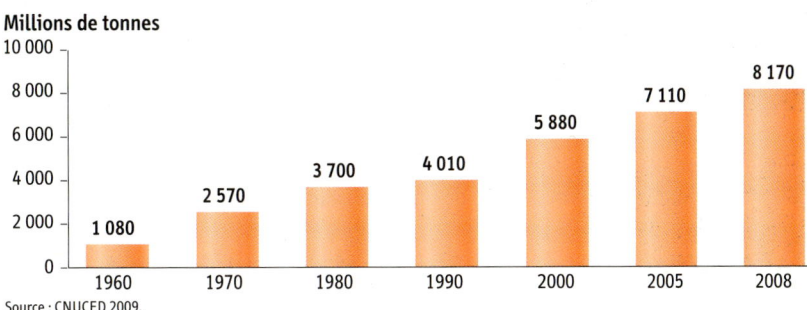

Millions de tonnes
- 1960 : 1 080
- 1970 : 2 570
- 1980 : 3 700
- 1990 : 4 010
- 2000 : 5 880
- 2005 : 7 110
- 2008 : 8 170

Source : CNUCED 2009.

2 La construction d'un navire dans le port de Shanghai

Le port de Shanghai produit, dans ses chantiers navals, des navires vendus aux grandes compagnies maritimes mondiales.

▶ Que font ces hommes dans le port de Shanghai ? Justifiez votre réponse en décrivant la photographie.

ÉTUDE DE CAS

Le premier port du monde : Shanghai

Shanghai est devenu depuis 2005 le premier port mondial.
Son développement rapide a nécessité de nombreux aménagements.

OBJECTIF
Décrire les principaux aménagements du port de Shanghai

Socle commun
5.3 Lire et employer différents langages : textes – cartes – images

A Comment le port de Shanghai se transforme-t-il ?

1 La zone portuaire du centre-ville

ACTIVITÉS

① Localisez et situez le port de Shanghai.

② **Doc. 1 et 2** Où s'est installée la première zone industrielle et portuaire de Shanghai ? Décrivez les aménagements portuaires visibles sur la photographie.

③ **Doc. 2 et 3** Quels sont les aménagements réalisés dans les zones de Baoshan et Waigaoqiao ? Pourquoi ont-ils été créés ?

④ **Doc. 2, 3 et 4** Où se situe le nouveau port de Shanghai ? Pourquoi l'a-t-on construit ?

⑤ **Doc. 2 et 4** Quels sont les aménagements réalisés pour ce nouveau port ?

⑥ Décrivez les principaux aménagements du port de Shanghai en réalisant un croquis.
– Reproduisez le croquis et remplissez sa légende.
– Dans les triangles, numérotez de 1 à 3 les phases d'aménagements du port de Shanghai.

Définition

ZIP (zone industrialo-portuaire) : un espace accueillant des activités industrielles et commerciales en liaison avec le port.

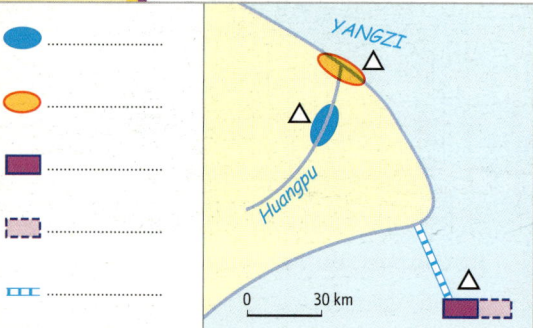

2 Une croissance rapide

« Shanghai est aujourd'hui un ensemble de plusieurs ports au débouché de l'"autoroute fluviale" du Yangzi [...]. Depuis l'implantation britannique en 1845, le cœur du port de Shanghai était le cours du Huangpu [...].

Peu à peu, avec la taille grandissante des navires[1], le port a eu tendance à se décaler vers l'aval, au bord même du Yangzi avec l'implantation de la grande aciérie sur l'eau de Baoshan, la plus importante de Chine, en 1977 [...], des chantiers navals et le terminal à conteneurs de Waigaoqiao dans les années 1990 [...]. Dans les années 2000, la croissance du port de Shanghai s'est poursuivie avec la construction du terminal maritime en eau profonde de Yangshan, sur des terre-pleins artificiels s'appuyant sur deux îles inhabitées au large, et relié à Shanghai par un pont de plus de 33 km en mer. »

Y. Boquet, « Les grands ports d'Asie orientale », conférence au Festival international de Géographie de Saint-Dié, 2009.

[1]. Mais aussi la croissance du trafic maritime et le transport par conteneurs.

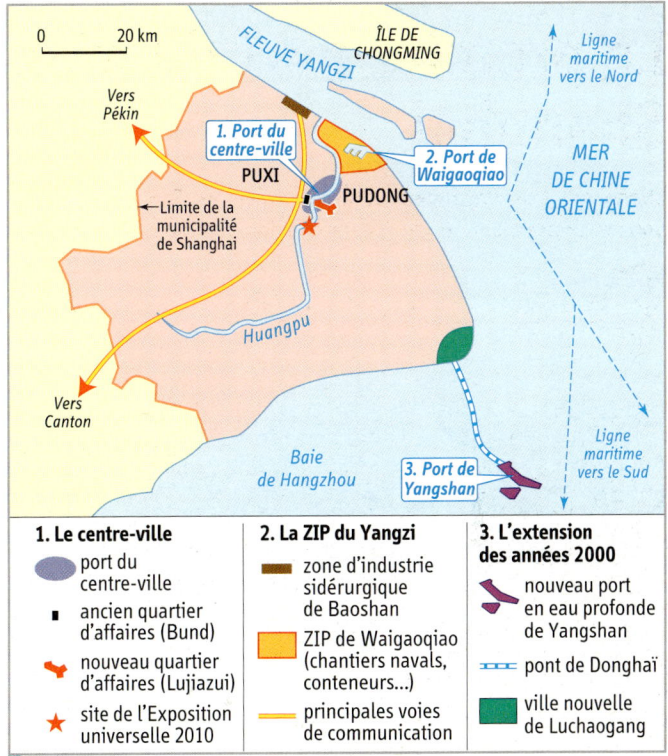

3 L'expansion du port de Shanghai

Le port de Shanghai dispose d'un emplacement stratégique, au centre de la façade maritime de la Chine et au débouché du Yangzi, le plus long fleuve asiatique.

4 La construction du nouveau port de Yangshan

Aménagé sur des terre-pleins (espaces gagnés sur la mer), ce port a été construit en haute mer pour pouvoir accueillir les plus gros navires. Une fois terminé, il permettra à Shanghai d'être le plus grand port de conteneurs au monde.

B   **Pourquoi Shanghai est-il un centre mondial de production et d'échanges ?**

OBJECTIF
Expliquer pourquoi Shanghai est un centre mondial d'échanges

Socle commun
1.2 Rédiger un texte bref, cohérent et ponctué.

1 Production d'acier dans la zone industrielle de Baoshan

Grâce au minerai de fer importé, de l'acier est fabriqué dans les usines sidérurgiques du port. Il est ensuite utilisé en Chine ou exporté.

2 Importations et exportations du port

	Importations	Exportations
Trafic (millions de tonnes) en 2007	354	206
Valeur (milliards de dollars) en 2009	151	262
Produits	- Aluminium - Minerai de fer - Plastiques - Produits agricoles	- Textile - Jouets - Produits électroniques - Acier

Trafic total en 2007 : 560 millions de tonnes
Trafic total en 2009 : 590 millions de tonnes

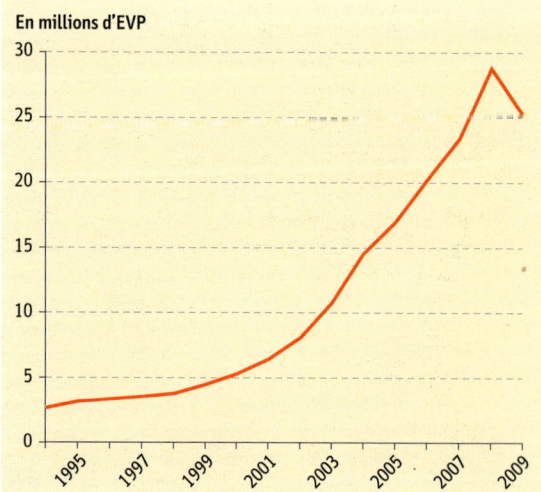

3 Le trafic de conteneurs du port de Shanghai

L'EVP (équivalent vingt pieds) est une unité de mesure utilisée pour les conteneurs. 1 EVP correspond à un conteneur (dont la longueur standardisée est de 20 pieds, soit 6 mètres).

ACTIVITÉS

1. **Doc. 1 et 2** Que produit-on dans cette zone industrielle ? Citez deux produits importés et deux produits exportés.

2. **Doc. 3 et 4** Comment les produits sont-ils principalement exportés ? Décrivez l'évolution du trafic de ce mode de transport.

3. **Doc. 1 et 4** Citez deux acteurs du port et leur rôle.

4. **Doc. 5** Avec quelles parties du monde le port de Shanghai commerce-t-il ? Quels sont les moyens de communication utilisés pour relier l'intérieur de la Chine au port ?

5. **Doc. 5** Montrez que le port de Shanghai domine la façade asiatique.

6. Expliquez pourquoi Shanghai est un centre mondial de production et d'échanges.

Méthode ◆ Nommez les produits fabriqués et échangés, les acteurs des échanges (questions 1 à 3).
◆ Expliquez avec quelles régions Shanghai échange et par quels moyens de transport (questions 4 et 5).

4 Échanges de conteneurs dans le port de Waigaoqiao à Shanghai

Les conteneurs sont apportés par camions sur les quais du port. Grâce à des grues, ils sont chargés sur des navires appartenant à de grandes compagnies maritimes (Maersk, CMA-CGM...) qui les transportent dans le monde entier.

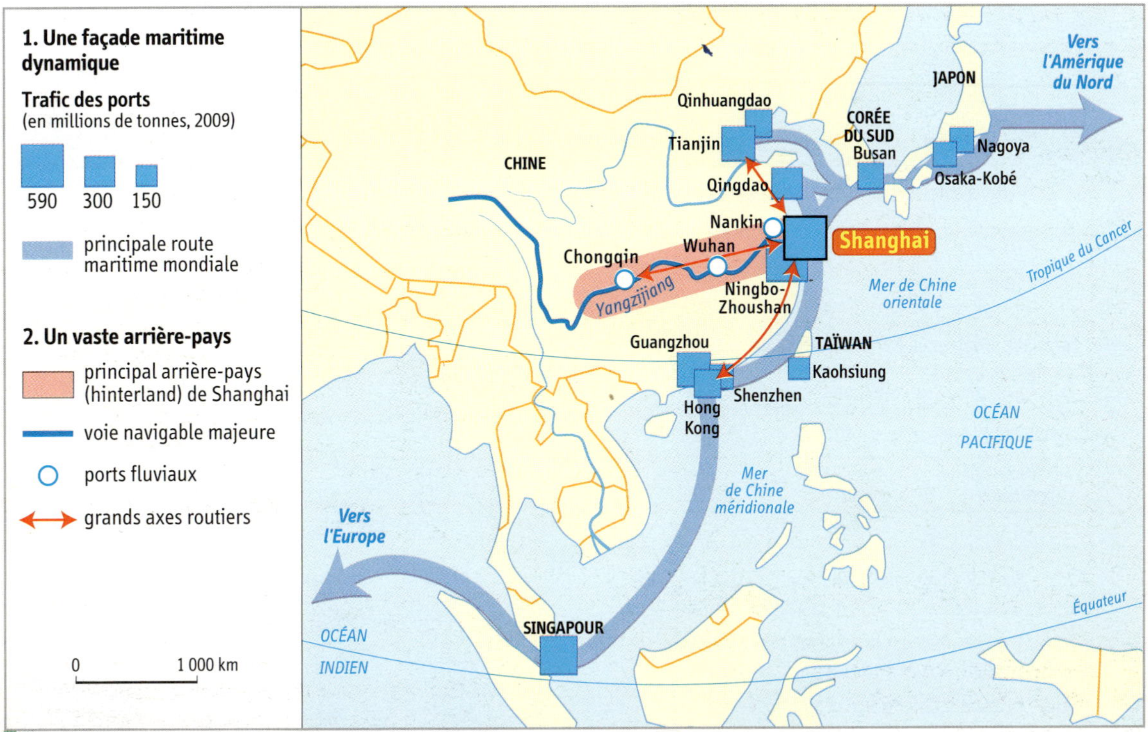

1. Une façade maritime dynamique

Trafic des ports
(en millions de tonnes, 2009)

590   300   150

principale route maritime mondiale

2. Un vaste arrière-pays

principal arrière-pays (hinterland) de Shanghai

voie navigable majeure

○ ports fluviaux

⟷ grands axes routiers

5 Shanghai, un port ouvert sur le monde

Le port de Shanghai est un carrefour d'échanges majeur entre la Chine et le reste du monde. Il domine la façade d'Asie pacifique, la plus dynamique de la planète.

CHAPITRE **13** Les espaces majeurs de production et d'échanges / 221

ÉTUDE DE CAS

Un port géant ouvert sur le monde : Rotterdam

OBJECTIF
Décrire les principaux aménagements d'un port

Socle commun
5.3 Lire et employer différents langages : textes – cartes – images

Rotterdam est aujourd'hui le 4e port mondial et le 1er port européen.
Sa ZIP est de plus en plus vaste. Elle domine un vaste arrière-pays industrialisé organisé autour du Rhin.

A Comment la ZIP de Rotterdam s'agrandit-elle ?

1 La ZIP de Rotterdam dans le secteur d'Europoort (2008)
D'immenses terre-pleins ont été construits pour accueillir les aménagements du port.

ACTIVITÉS

① Localisez et situez le port de Rotterdam (pays, mer, fleuve...).

② **Doc. 1 et 2** À partir des documents 1 et 2, recopiez et complétez le tableau suivant :

Aménagements portuaires	Aménagements industriels	Voies de communication

③ **Doc. 2 et 3** Dans quel sens le port s'est-il agrandi ? Pourquoi s'est-il étendu et doit-il continuer à le faire ?

④ **Doc. 3 et 4** Quel est le nouveau projet du port de Rotterdam ?

⑤ **Doc. 3** Quels problèmes ce projet pose-t-il ? Quelles sont les solutions envisagées ?

⑥ Décrivez les principaux aménagements du port de Rotterdam en réalisant un croquis.
Reproduisez le croquis ci-dessous, complétez sa légende et donnez-lui un titre.

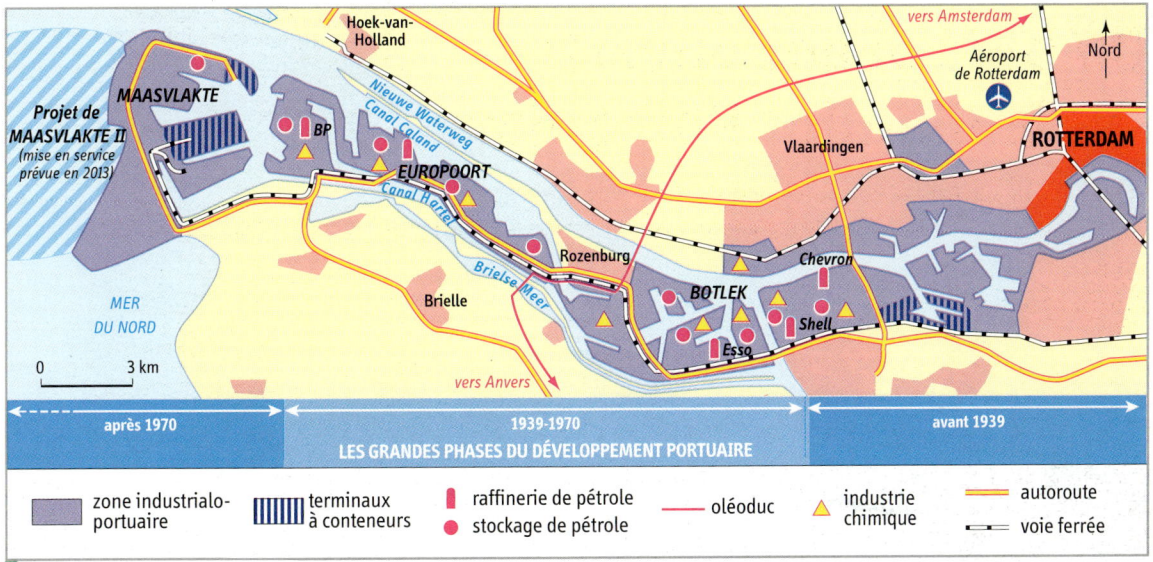

2 L'extension du port de Rotterdam

Légende :
- zone industrialo-portuaire
- terminaux à conteneurs
- raffinerie de pétrole
- stockage de pétrole
- oléoduc
- industrie chimique
- autoroute
- voie ferrée

3 Le futur port sous conditions environnementales

« Mondialisation et concurrence obligent, le port de Rotterdam doit prévoir de nouveaux agrandissements. Avec le projet Maasvlakte II, il s'agit de créer une nouvelle zone d'activités sur environ 1 000 hectares, en relation directe avec les eaux profondes de la mer du Nord [...].

Cela va affecter de nombreuses espèces animales et végétales présentes sur le site. La création d'une zone protégée est censée amoindrir ces dommages. [...] Les émissions de gaz à effet de serre des camions transitant par Rotterdam seront en revanche plus difficiles à résorber. [...] L'Union européenne demande à ce titre une augmentation du trafic par train ou par bateau le long des côtes. »

Sandrine Dumont à Rotterdam,
www.novethic.fr, 11 juillet 2007.
© Novethic 2001.

4 Le projet d'agrandissement du port : Maasvlakte II
(image de synthèse, 2010)

1. Zone portuaire existante
2. Quais à conteneurs
3. Industries chimiques.
4. Digues

Définition

ZIP (zone industrialo-portuaire) : un espace accueillant des activités industrielles et commerciales en liaison avec le port.

B — Pourquoi Rotterdam est-il la porte d'entrée de l'Europe sur le monde ?

OBJECTIF
Expliquer pourquoi Rotterdam est un centre mondial d'échanges

Socle commun
1.2 Rédiger un texte bref, cohérent et ponctué

1 Rotterdam : une plate-forme multimodale (2008)

Le port de Rotterdam dispose de tous les moyens nécessaires au transport des marchandises : voie fluviale, autoroutes, voie ferrée... C'est une plate-forme multimodale.

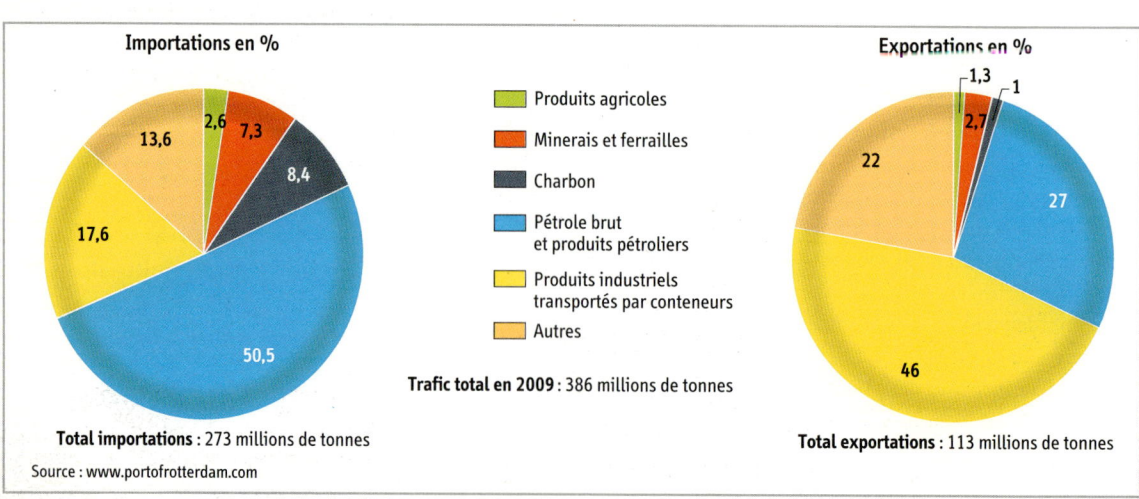

Importations en %
- Produits agricoles : 2,6
- Minerais et ferrailles : 7,3
- Charbon : 8,4
- Pétrole brut et produits pétroliers : 50,5
- Produits industriels transportés par conteneurs : 17,6
- Autres : 13,6

Total importations : 273 millions de tonnes
Source : www.portofrotterdam.com

Trafic total en 2009 : 386 millions de tonnes

Exportations en %
- Produits agricoles : 1,3
- Minerais et ferrailles : 2,7
- Charbon : 1
- Pétrole brut et produits pétroliers : 27
- Produits industriels transportés par conteneurs : 46
- Autres : 22

Total exportations : 113 millions de tonnes

2 Les produits importés et exportés par le port de Rotterdam

3 Les acteurs du port de Rotterdam

« Le port est détenu aux trois quarts par la Ville et à un quart par l'État. [...] Cela n'interdit pas aux 3 000 entreprises (étrangères pour beaucoup) œuvrant sur le port de relever du privé. Comme l'essentiel des 70 000 personnes, surtout néerlandaises, qui y travaillent[1]. Aucun monopole ne règne sur les bassins. Trois compagnies de remorquage des navires s'y font concurrence. Les grands noms [du transport maritime] sont aussi présents, comme le groupe hongkongais Hutchison Whampoa, le groupe danois Maersk ou DP World, propriété de l'État de Dubaï, qui va gérer le futur terminal à conteneurs de Maasvlakte II avec, notamment, le Français CMA-CGM. »

Sébastien Maillard, « Le port de Rotterdam toujours plus au large », www.lacroix.fr, 27 avril 2008.

1. De l'officier du port (qui gère le mouvement des navires) aux dockers (ouvriers chargés du chargement et du déchargement des marchandises).

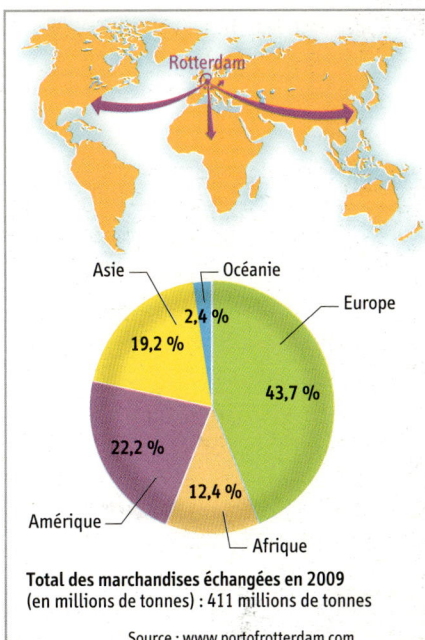

4 Les partenaires commerciaux de Rotterdam

- Europe : 43,7 %
- Amérique : 22,2 %
- Asie : 19,2 %
- Afrique : 12,4 %
- Océanie : 2,4 %

Total des marchandises échangées en 2009 (en millions de tonnes) : 411 millions de tonnes
Source : www.portofrotterdam.com

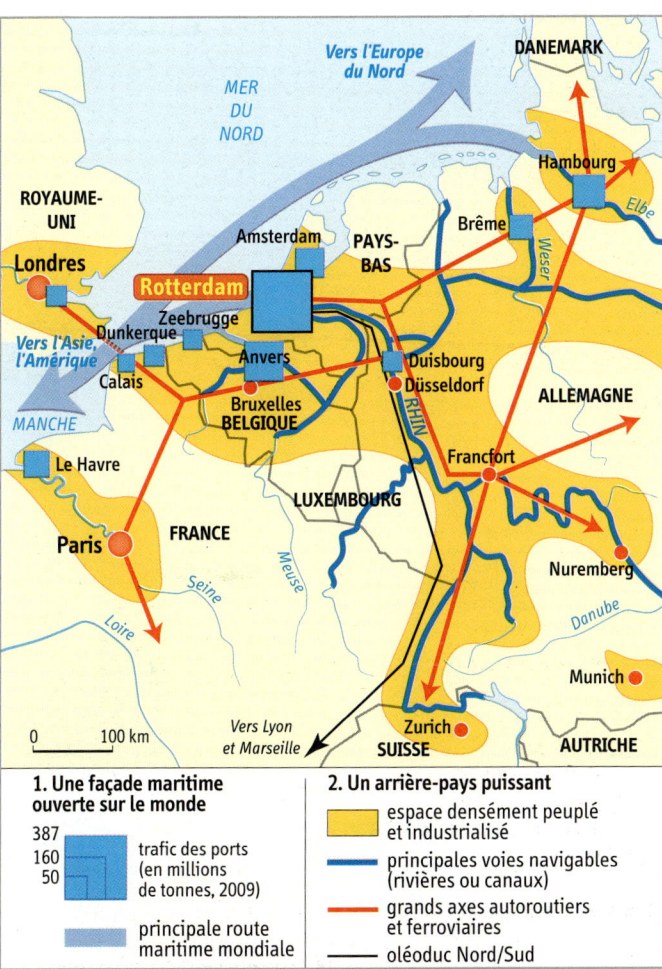

1. Une façade maritime ouverte sur le monde
- trafic des ports (en millions de tonnes, 2009) : 387 / 160 / 50
- principale route maritime mondiale

2. Un arrière-pays puissant
- espace densément peuplé et industrialisé
- principales voies navigables (rivières ou canaux)
- grands axes autoroutiers et ferroviaires
- oléoduc Nord/Sud

5 Rotterdam, un centre mondial d'échanges

Le port de Rotterdam domine une façade maritime mondiale. Il est la porte d'entrée sur le monde d'un vaste arrière-pays constitué de l'espace le plus densément peuplé d'Europe.

ACTIVITÉS

1. **Doc. 2** Quels sont les produits importés et exportés par le port de Rotterdam ?

2. **Doc. 3** Citez deux acteurs intervenant dans la vie du port et expliquez leur rôle.

3. **Doc. 4 et 5** Citez les continents avec lesquels Rotterdam fait surtout du commerce.

4. **Doc. 5** Pourquoi le port dispose-t-il d'une situation favorable ?

5. **Doc. 1 et 5** Quelles sont les voies de communication permettant de relier Rotterdam à son arrière-pays ?

6. Expliquez pourquoi Rotterdam est la porte d'entrée de l'Europe sur le monde.

Méthode ◆ Nommez les produits fabriqués et échangés ; les acteurs des échanges (questions 1 et 2).

◆ Expliquez avec quelles régions Rotterdam échange et par quels moyens de transport (questions 3 à 5).

à l'échelle du monde

OBJECTIF
Localiser les principales façades maritimes

Socle commun
5.1 Avoir des repères relevant de l'espace : les grands types d'aménagements dans le monde

Ports et façades maritimes

1 Les 10 premiers ports mondiaux en 2009

	Nom du port (pays)	Trafic total (en millions de tonnes) en 2009
1	**Shanghai** (Chine)	590
2	**Ningbo et Zhoushan** (Chine)	570
3	**Singapour** (Singapour)	472,3
4	**Rotterdam** (Pays-Bas)	387
5	**Tianjin** (Chine)	380
6	**Guangzhou** (Chine)	375
7	**Qingdao** (Chine)	315,5
8	**Qinhuangdao** (Chine)	243,8
9	**Hong Kong** (Chine)	243
10	**Busan** (Corée du Sud)	226,2

Source : www.portofrotterdam.com

2 Les grands ports mondiaux et les principales façades maritimes

AMÉRIQUE DU NORD-OUEST — Vancouver
Los Angeles/Long Beach
ÉTATS-UNIS
Houston
South Louisiana
New york
AMÉRIQUE NORD-EST
OCÉAN PACIFIQUE
Équateur
Canal de Panama
OCÉAN ATLANTIQUE
BRÉSIL
ARGENTINE
OCÉAN ATLANTIQUE

DE L'ÉTUDE DE CAS...

Shanghai

① À quelle façade maritime appartient Shanghai ?
② Pourquoi cette façade est-elle particulièrement dynamique ?

Rotterdam

③ À quelle façade maritime appartient Rotterdam ?
④ Citez deux autres ports importants de cette façade maritime.

... A U M O N D E	Définition
⑤ Où se situent les autres grandes façades maritimes dans le monde ? ⑥ Entre quelles parties du monde se déroulent la plupart des échanges maritimes ? ▶▶▶ Cours p. 228-229	Une façade maritime : un littoral qui concentre un grand nombre de ports importants.

Les ports, carrefours du monde

> **Pourquoi les ports sont-ils les lieux privilégiés des échanges mondiaux ?**

A Des ports aménagés pour le commerce mondial

1. Les **ports** s'installent d'abord dans des sites naturels abrités (baie, golfe). Pour accueillir les navires et les marchandises, des bassins sont creusés, des quais sont aménagés... (DOC. 2). Dans certains ports, des **usines** sont construites, formant de grandes ZIP (zones industrialo-portuaires).

2. Avec la mondialisation et l'essor du commerce maritime, **les ports s'agrandissent**. Leurs installations se déplacent vers l'aval des estuaires, sortent des baies pour les eaux profondes. De nouveaux **aménagements** permettent de faire face au **gigantisme naval** (pétroliers géants) et à la **spécialisation** des navires (porte-conteneurs, vraquiers...). On construit des terre-pleins et des îles artificielles pour gagner de la place.

3. Mais les activités des ZIP présentent des **risques** (DOC. 3) et entraînent des **problèmes de pollution** de l'eau et de l'air. Leurs aménagements rendent l'accès à la mer difficile pour les habitants. Pour mieux respecter l'environnement, on recherche des solutions (zones protégées...).

B Les ports, zones de contact mondial

1. Les ports sont les **lieux privilégiés d'importation et d'exportation** des produits industriels, transportés par conteneurs, et des matières premières (pétrole, minerais). Ce sont des **lieux de production** qui transforment ces matières premières (raffinage du pétrole, production d'acier). De nombreux **acteurs** interviennent dans les ports (compagnies maritimes, dockers...).

2. Les littoraux et les ports sont des **zones de contact** (d'interface) entre le domaine maritime (l'avant-pays) et un hinterland (l'arrière-pays) (DOC. 4). Ils connectent entre eux tous les **moyens de transport** : navigation maritime et fluviale, axes routiers et ferrés, oléoducs... On parle de carrefour multimodal.

3. Avec la mondialisation, la **concurrence** entre les ports est de plus en plus vive. Les échanges se concentrent dans quelques grandes façades portuaires (> P. 226). Les ports de la **façade maritime** d'Asie pacifique connaissent la plus forte croissance.

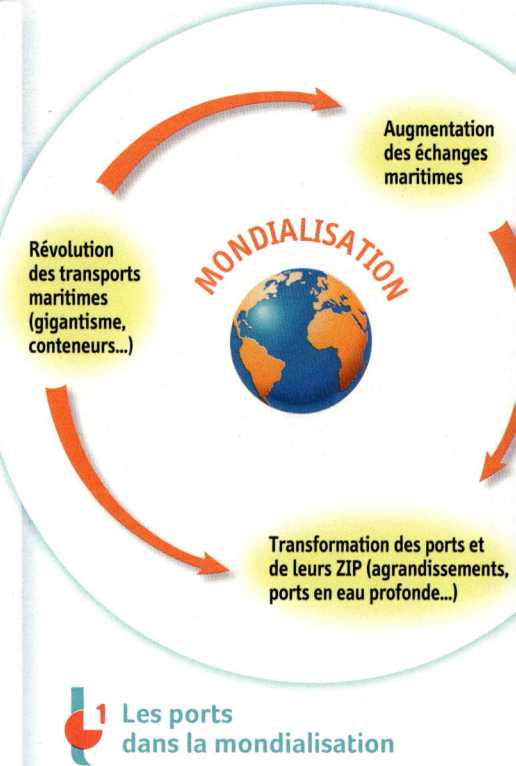

1 Les ports dans la mondialisation

Définitions

Une ZIP : voir p. 218.

Un terre-plein : une étendue de terres gagnées sur la mer grâce à des remblais.

Un conteneur : une caisse métallique utilisée pour transporter les marchandises.

Une interface : la zone de contact entre deux espaces différents. Le littoral est une interface entre la terre et la mer.

Un hinterland : l'arrière-pays d'un port. L'espace terrestre par lequel transitent les importations et les exportations.

2 La ZIP du port d'Aarhus (Danemark)

① Avant-pays ② Arrière-pays ③ Ville d'Aarhus ④ Port de plaisance ⑤ ZIP construite sur des terre-pleins
⑥ Digue ⑦ Bassins ⑧ Zone de stockage des conteneurs ⑨ Zone de stockage du pétrole ⑩ Raffineries et usines

1. Décrivez les aménagements industriels et portuaires du port d'Aarhus. **2.** Quels sont les moyens de transports dont disposent les ports comme Aarhus pour communiquer avec leur arrière-pays (cf. doc. 4) ?

3 Marée noire dans le port de Dalian (Chine)

« Vendredi 16 juillet 2010, l'explosion de deux oléoducs servant au déchargement d'un tanker[1] dans le port de Dalian, au nord-est du pays, a provoqué une importante marée noire [...]. Le port de Dalian, où transitent environ 57 millions de tonnes de pétrole par an, héberge le principal site établi par la Chine pour ses réserves stratégiques. [...] Si les autorités ont lancé des opérations de nettoyage à grande échelle [...], l'impact sur l'environnement et sur la pêche est estimé comme majeur. "Il faudra au moins deux semaines pour que la nappe soit contenue, mais les dégâts écologiques peuvent durer une décennie", a déclaré au *Shanghai Morning Post*, le chercheur Zhao Zhangyuan. »

Brice Pedroletti, « La marée noire dans le port de Dalian révèle la vulnérabilité des infrastructures chinoises », *Le Monde*, 23 juillet 2010.

1. Navire transportant du pétrole.

1. Quelle catastrophe a touché le port chinois de Dalian ?
2. Comment s'explique cet événement ? Quelles en sont les conséquences ?

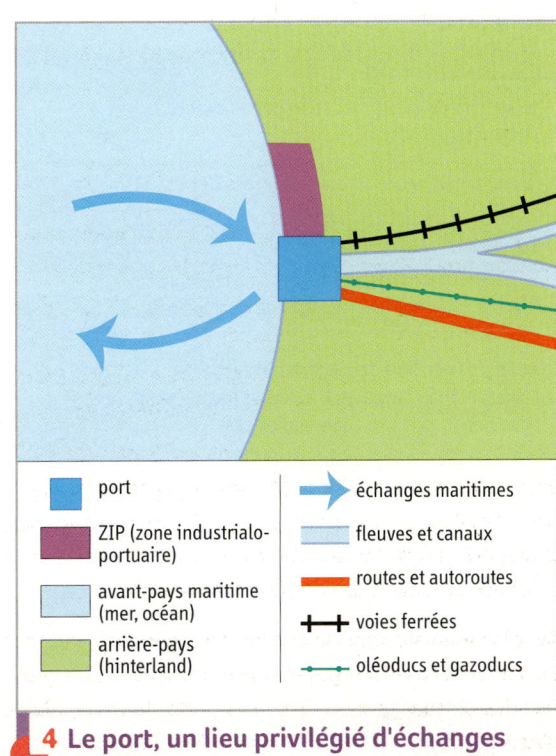

4 Le port, un lieu privilégié d'échanges

- port
- ZIP (zone industrialo-portuaire)
- avant-pays maritime (mer, océan)
- arrière-pays (hinterland)
- échanges maritimes
- fleuves et canaux
- routes et autoroutes
- voies ferrées
- oléoducs et gazoducs

CHAPITRE 13 Les espaces majeurs de production et d'échanges

MÉTHODE

Socle commun
5.1 Avoir des repères relevant de l'espace

Localiser et situer en géographie

POINT MÉTHODE

• *Pour comprendre un espace, il faut d'abord le localiser et le situer en utilisant des cartes à différentes échelles.*

A. Localiser
Localiser, c'est répondre à la question « où ? ».
Il s'agit de repérer et de nommer à partir de cartes : des lieux (État, ville…), des aires (montagnes, mers, océans…), des lignes remarquables (frontières, fleuves…).
On peut utiliser les points cardinaux (est, nord…).

Exemple : Los Angeles est aux États-Unis, dans l'ouest du pays.

B. Situer
Situer, c'est répondre à la question « où, par rapport à quoi ? ».
Il s'agit de situer un lieu par rapport à d'autres lieux.

Exemple : Los Angeles se situe au nord de la frontière américano-mexicaine.

Situer suppose d'utiliser la notion de distance et différents niveaux d'échelles.

EXERCICE

Singapour est un État qui abrite l'un des plus grands ports du monde (doc. 1 p. 216).

A Je localise Singapour (globe et doc. 1)

1. Sur quel continent se trouve Singapour ? Dans quel hémisphère ?

2. Au bord de quelle mer se trouve Singapour ? Au bord de quel détroit ?

B Je situe Singapour et son port (doc. 1 et 2)

3. Où se situe Singapour par rapport à la Malaisie ? par rapport à l'Indonésie ?

4. En utilisant l'échelle, calculez à combien de km se situe Singapour par rapport à la ville de Kuala Lumpur ?

5. Pourquoi le port de Singapour dispose-t-il d'une situation favorable ? Pourquoi se situe-t-il pour autant dans une zone dangereuse ?

6. Où se situe la principale ZIP de Singapour par rapport au quartier d'affaires ? Où se situent les raffineries de pétrole par rapport à l'autoroute ?

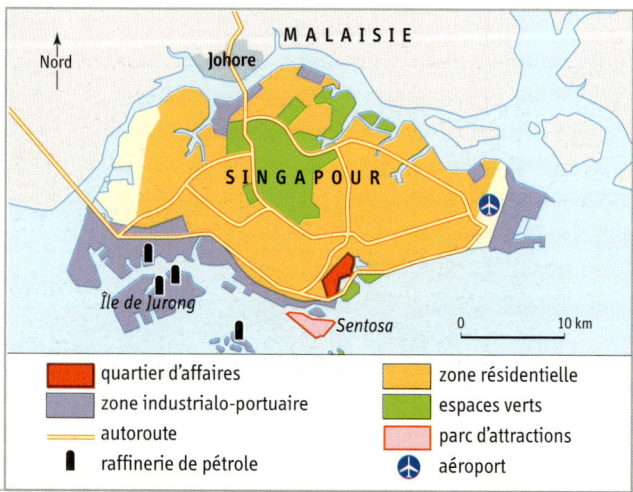

DOCUMENT 1 Singapour en Asie du Sud-Est

DOCUMENT 2 Singapour et son port

EXERCICES

1 Étudier un graphique des produits importés et exportés

Socle commun
5.3 Lire et employer différents langages : graphiques

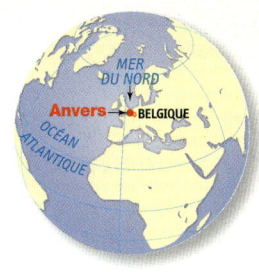

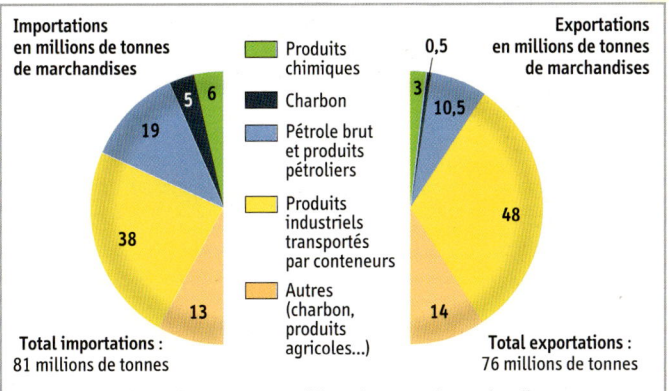

DOCUMENT **Les produits importés et exportés par le port d'Anvers** (Belgique)

1. Localisez et situez le port d'Anvers. À quelle façade maritime appartient-il ? (voir planisphère p. 226-227)

2. Combien de tonnes de marchandises ont été échangées au total dans le port d'Anvers en 2009 ?

3. Le port d'Anvers est-il plutôt importateur ou exportateur de marchandises ? Justifiez.

4. Quels sont les deux types de produits les plus importés et exportés par le port d'Anvers ? Justifiez.

5. Grâce à quels types de navires ces marchandises sont-elles transportées d'après vous ?

B2i 2 Décrire les aménagements d'une ZIP française

Socle commun
4.3 Différencier une situation simulée d'une situation réelle

Rendez-vous sur le site www.geoportail.fr
Depuis la page d'accueil, entrez « Dunkerque » dans « Nom de la commune ». Vous accédez à une vue du port. Appuyez sur F11 pour passer en mode « plein écran ».

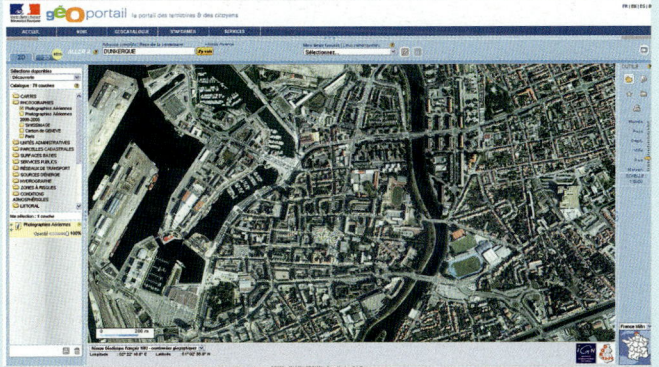

1. En vous déplaçant et en utilisant la fonction zoom, faites la liste de :
- deux aménagements réalisés pour accueillir les navires de commerce.
- deux aménagements qui prouvent l'activité industrielle du port.
- deux types de voies de communication.

2. Dans le menu « catalogue » à gauche, sélectionnez « Cartes » puis « Carte IGN ». Faites glisser le curseur « Carte IGN » à l'opacité 100 %. Dans la barre « Outils » située à droite, allez au niveau « ville ». Repérez quelques autres aménagements industriels et portuaires sur la carte.

3. Dirigez-vous vers l'ouest (sur la gauche) sur la commune de « Gravelines ». Qu'est-ce qui prouve que l'on souhaite protéger le littoral dans cette zone ?

EXERCICES

3 Identifier les enjeux du développement durable dans un aménagement portuaire

Socle commun
5.1 Avoir des connaissances relevant de la culture civique : développement durable

1. Localisez et situez le port de Nantes Saint-Nazaire.

2. Expliquez l'expression « impact économique » d'après vos connaissances.

3. Quelles sont les conséquences environnementales de l'activité du port ?

4. Quelles sont les solutions envisagées pour y remédier ?

5. Quelle nuisance le port crée-t-il pour les habitants ?

6. Rappelez quels sont les trois piliers du développement durable. Le port de Nantes-Saint-Nazaire contribue-t-il au développement durable ? Développez votre réponse.

DOCUMENT 1 Saint-Nazaire : un port durable ?

« Le port autonome de Nantes Saint-Nazaire n'échappe pas à la question du développement "durable" de son activité. L'équilibre entre développement économique et social de la zone et préservation d'un milieu fragile est difficile à trouver, mais pourtant essentiel. Si la mesure de son impact économique est relativement aisée à évaluer, les impacts environnementaux des activités portuaires sont beaucoup plus difficiles à saisir. [...]

Pour faire face à la pollution de l'eau, des analyses portent sur les chenaux de navigation, les cours d'eau à proximité, les bassins portuaires [...]. La pollution atmosphérique relative aux activités portuaires est principalement générée par les activités industrielles situées sur la zone, les navires et le transport routier des marchandises. La qualité de l'air est donc particulièrement suivie. [...]

Afin d'évaluer l'impact des activités portuaires sur la biodiversité, la flore et la faune sont étudiées et classées en inventaires par zone géographique. [...] À l'exception de celle de Nantes, les zones portuaires sont le plus souvent relativement éloignées des zones résidentielles. Le port projette cependant d'effectuer des analyses de bruit prochainement. »

C. Bagoulla, C. Belkacem, J. Hamard, S. Joseph et H. Thompson, *L'Impact socio-économique du port de Nantes Saint-Nazaire*, INSEE-Pays de la Loire, novembre 2008.

DOCUMENT 2 Affiche du port de Nantes Saint-Nazaire

4 Décrire les aménagements d'un port : Long Beach (États-Unis)

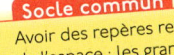

Socle commun
5.1 Avoir des repères relevant de l'espace : les grands types d'aménagement dans le monde

DOCUMENT **Le port de Long Beach–Los Angeles**

A Je localise et je situe

1. Localisez et situez le port de Long Beach. À quelle façade maritime appartient-il ? (voir planisphère p. 226-227)

B Je décris et j'explique

2. Comment nomme-t-on les espaces gagnés sur la mer visibles sur la photographie ?

3. Faites la liste des aménagements portuaires et industriels.

4. Quelles sont les voies de communication visibles ? À quoi servent-elles ?

5 Localiser et situer les grands ports et les façades maritimes

Socle commun
5.1 Avoir des repères relevant de l'espace

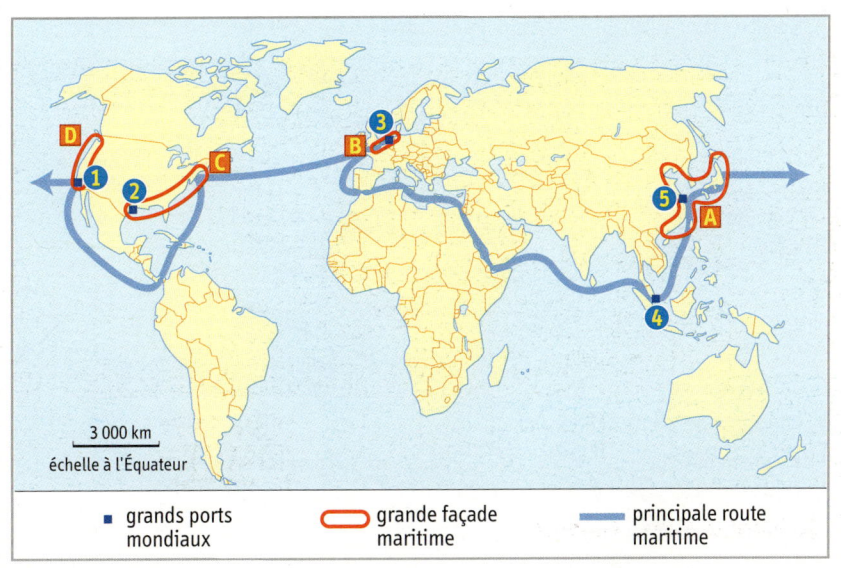

- grands ports mondiaux
- grande façade maritime
- principale route maritime

1. Nommez les grands ports numérotés de 1 à 5.

2. À quelle façade maritime appartient chacun d'eux (A, B, C et D) ? Quelle est la particularité du port n° 4 ?

3. Quels continents la principale route maritime dessert-elle ?

CHAPITRE 13 Les espaces majeurs de production et d'échanges / 233

chapitre

14 Les échanges de marchandises

> **Comment les marchandises sont-elles échangées dans le monde ?**

1 Navire porte-conteneurs dans le canal de Suez (2010)

Le canal de Suez est un point de passage stratégique pour les navires. Il raccourcit la liaison entre la Méditerranée et l'océan Indien. Quand ils ne l'empruntent pas, les navires doivent contourner l'Afrique par le cap de Bonne Espérance.

▶ Comment les marchandises sont-elles transportées d'après cette photographie ?

234

La mondialisation en chiffres

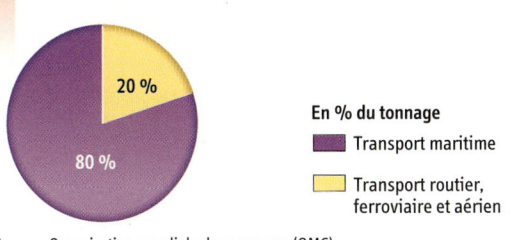

A. Part des transports dans les échanges internationaux de marchandises

Source : Organisation mondiale du commerce (OMC).

En % du tonnage
- Transport maritime : 80 %
- Transport routier, ferroviaire et aérien : 20 %

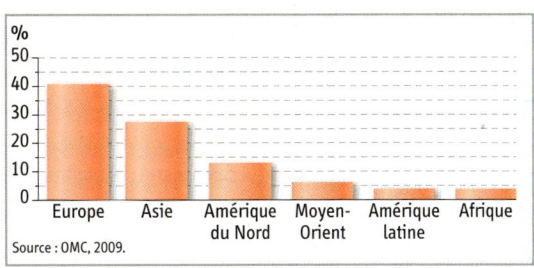

B. Part des grandes régions du monde dans le commerce des marchandises (en %)

Source : OMC, 2009.

2 Transport de marchandises à Los Angeles

À la sortie du port de Los Angeles, divers moyens de transport permettent d'acheminer les marchandises vers les lieux de consommation.

► Quels sont les différents moyens de transport de marchandises visibles sur la photographie ?

ÉTUDE DE CAS

Le transport d'un iPod à travers le monde

OBJECTIF
Décrire le trajet d'un produit de son lieu de production à son lieu de consommation

Socle commun
5.3 Lire et employer différents langages : cartes – images

L'iPod, de la société américaine Apple, est aujourd'hui le baladeur numérique le plus vendu au monde (50 millions en 2010). Son transport, de son lieu de production à son lieu de consommation, nécessite de nombreuses étapes et révèle l'organisation des échanges mondiaux.

A   Comment un iPod est-il transporté ?

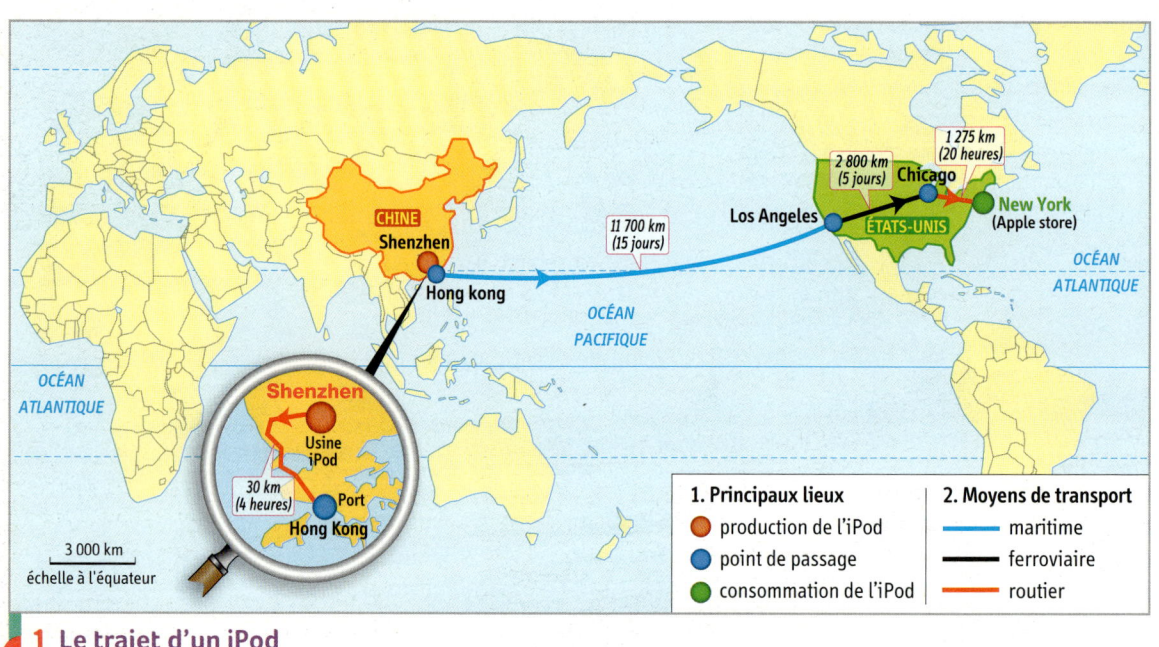

1 Le trajet d'un iPod

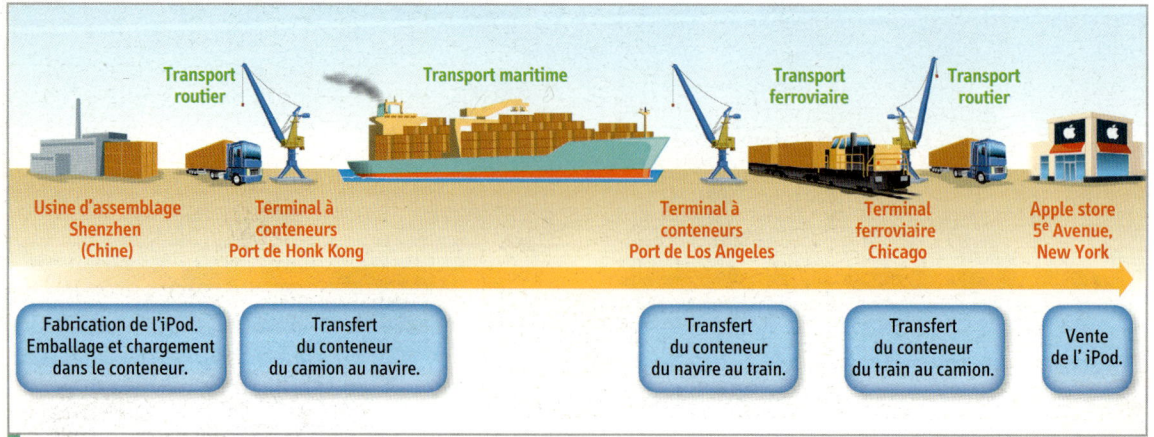

2 Les différentes étapes du transport d'un iPod

3 La conteneurisation

« Idée simple née aux États-Unis dans la seconde moitié des années 1950, la conteneurisation consiste à acheminer les marchandises les plus variées (des baladeurs numériques aux vieux papiers à recycler en passant par des produits chimiques) dans des boîtes standardisées, les conteneurs. De 20 ou 40 pieds de longs (6 mètres et 12 mètres), ils sont empilés sur des navires porte-conteneurs de plus en plus grands. L'escale d'un porte-conteneurs ne s'éternise pas au-delà d'une vingtaine d'heures et permet le chargement/déchargement de plusieurs milliers de tonnes de marchandises. Élément de la cale du navire, le conteneur est adaptable à une remorque routière, à un wagon de chemin de fer ou transférable sur une barge fluviale sans intervention sur la marchandise pendant ces opérations. »

Antoine Frémont, Hatier, 2010.

4 Chargement de conteneurs dans le port de Hong Kong

5 L'Apple store (magasin Apple) de la 5ᵉ avenue à New York

ACTIVITÉS

1. **Doc. 1 et 5** Où l'iPod est-il fabriqué ? Où est-il vendu ?
2. **Doc. 1** Quels sont les pays, les villes et l'océan traversés entre ces deux lieux ?
3. **Doc. 1** Combien de jours faut-il pour transporter l'iPod de son lieu de production à son lieu de consommation ? Combien de kilomètres l'iPod parcourt-il ?
4. **Doc. 1, 2 et 3** Quels sont les différents moyens de transports utilisés pour transporter l'iPod ?
5. **Doc. 2, 3 et 4** Quels sont les avantages du conteneur dans le transport de l'iPod ? (Utilisez aussi le doc. 2 p. 235).
6. Décrivez le trajet d'un iPod de son lieu de production à son lieu de consommation.

Méthode ◆ Pour rédiger, répondez aux questions suivantes :
- Quels sont les lieux traversés ? (questions 1 à 3)
- Quels sont les moyens de transport utilisés et leurs avantages ? (questions 4 et 5)

B — Où et par qui l'iPod est-il distribué ?

OBJECTIF
Comprendre le développement des échanges et leurs acteurs

Socle commun
1.2 Rédiger un texte bref, cohérent et ponctué

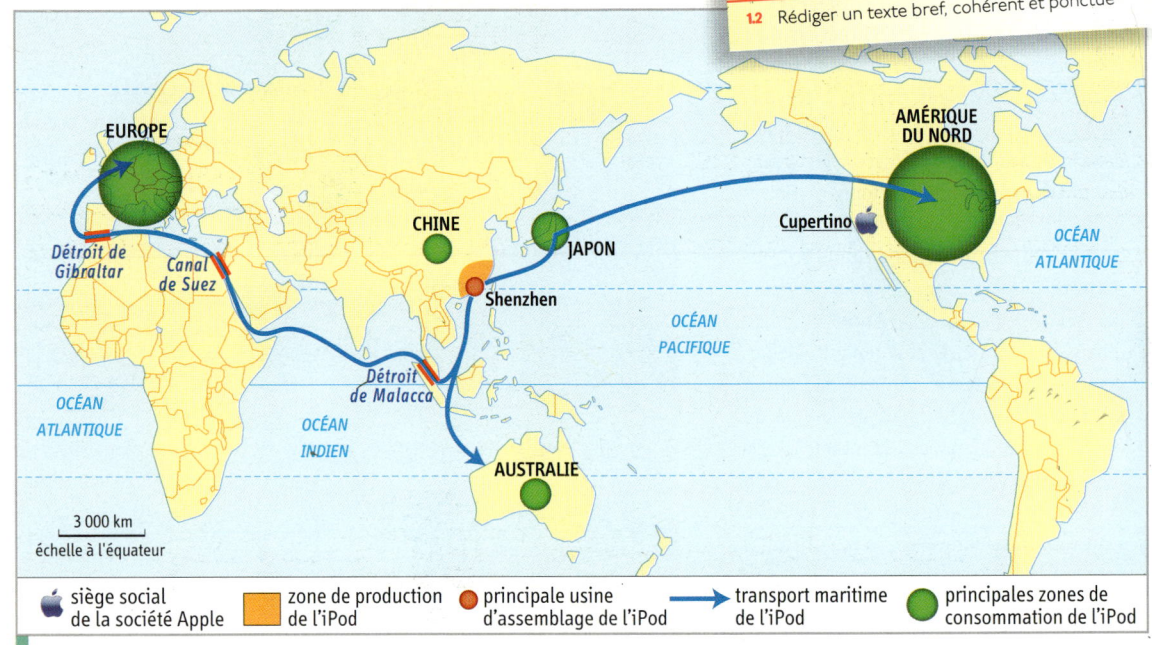

- siège social de la société Apple
- zone de production de l'iPod
- principale usine d'assemblage de l'iPod
- transport maritime de l'iPod
- principales zones de consommation de l'iPod

1 Zones de production et de consommation de l'iPod

2 Publicités iPod près du mur de Berlin et dans le métro de Shanghai

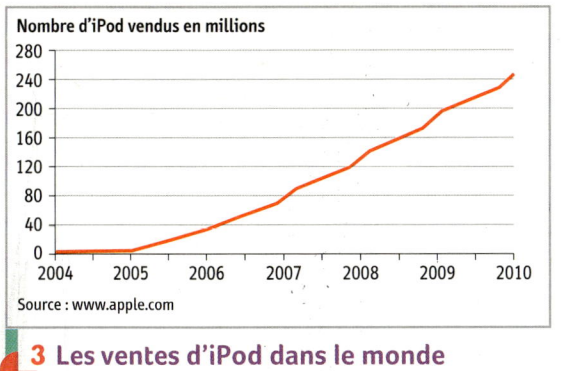

3 Les ventes d'iPod dans le monde

4 Décomposition du prix d'un iPod (en %)

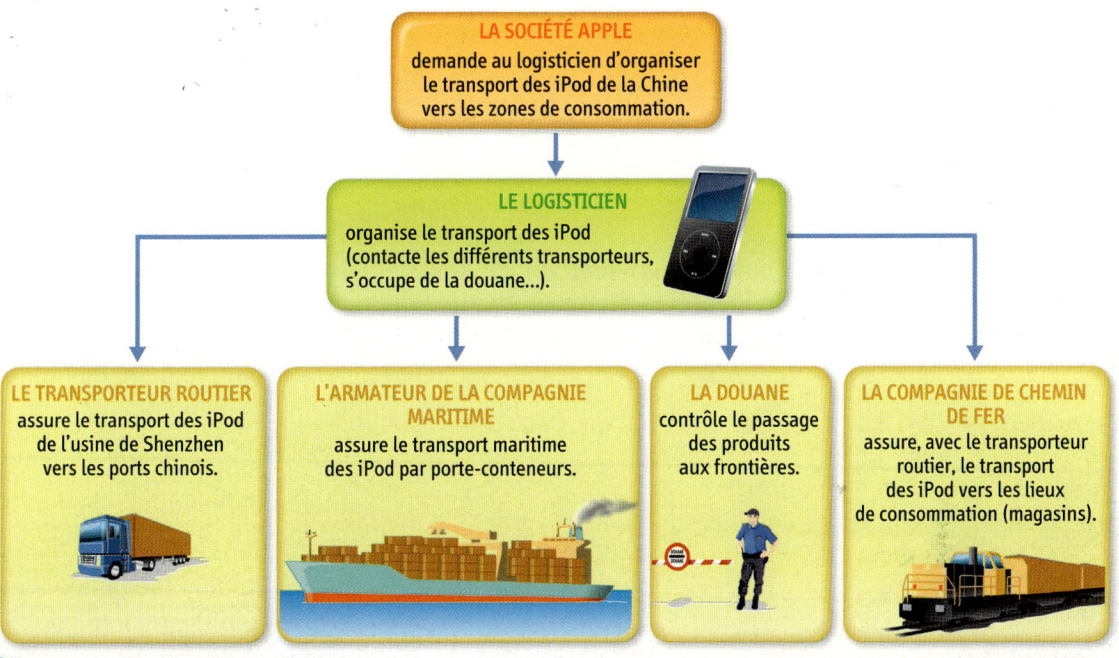

5 Les acteurs du transport de l'iPod

ACTIVITÉS

1. Doc. 1 Où l'iPod est-il produit ?
2. Doc. 1 et 2 Quelles sont les trois principales zones de consommation de l'iPod ?
3. Doc. 3 Quelle est l'évolution de la vente des iPod depuis 2005 ? D'après vous, quelle en est la conséquence pour le transport des iPod ?
4. Doc. 4 Quelle est la part du coût du transport dans le prix total de l'iPod ? Que constate-t-on ?
5. Doc. 5 Qui organise le transport de l'iPod ?
6. Doc. 5 Quels acteurs contacte-t-il pour assurer ce transport ? Expliquez leur rôle.
7. Expliquez où et par qui l'iPod est distribué.

Méthode ◆ Indiquez quelles sont les zones de production et de consommation de l'iPod (questions 1 à 4).

◆ Expliquez le rôle des acteurs du transport de l'iPod (questions 5 et 6).

ÉTUDE DE CAS

Une grande compagnie de transport maritime : Maersk

Maersk est la plus grande compagnie maritime au monde. Basée au Danemark, elle dispose de navires porte-conteneurs géants comme l'Eugen Maersk qui lui permettent de transporter des marchandises dans le monde entier.

> **OBJECTIF**
> Décrire le trajet d'un navire appartenant à une grande compagnie de transport maritime.
>
> **Socle commun**
> 5.1 Lire et employer différents langages : textes – cartes – images

A Quel est le trajet du navire Eugen Maersk ?

- 36 000 cartons de jouets
- 9 700 lecteurs MP3
- 4 200 ordinateurs portables
- 23 000 tee-shirts
- 47 000 sèche-cheveux
- 12 000 paires de basket
- 4 tonnes de thé chinois
- 120 tonnes de produits chimiques
- 2 900 téléviseurs à écran plat
- 2 tonnes de nouilles thaïlandaises

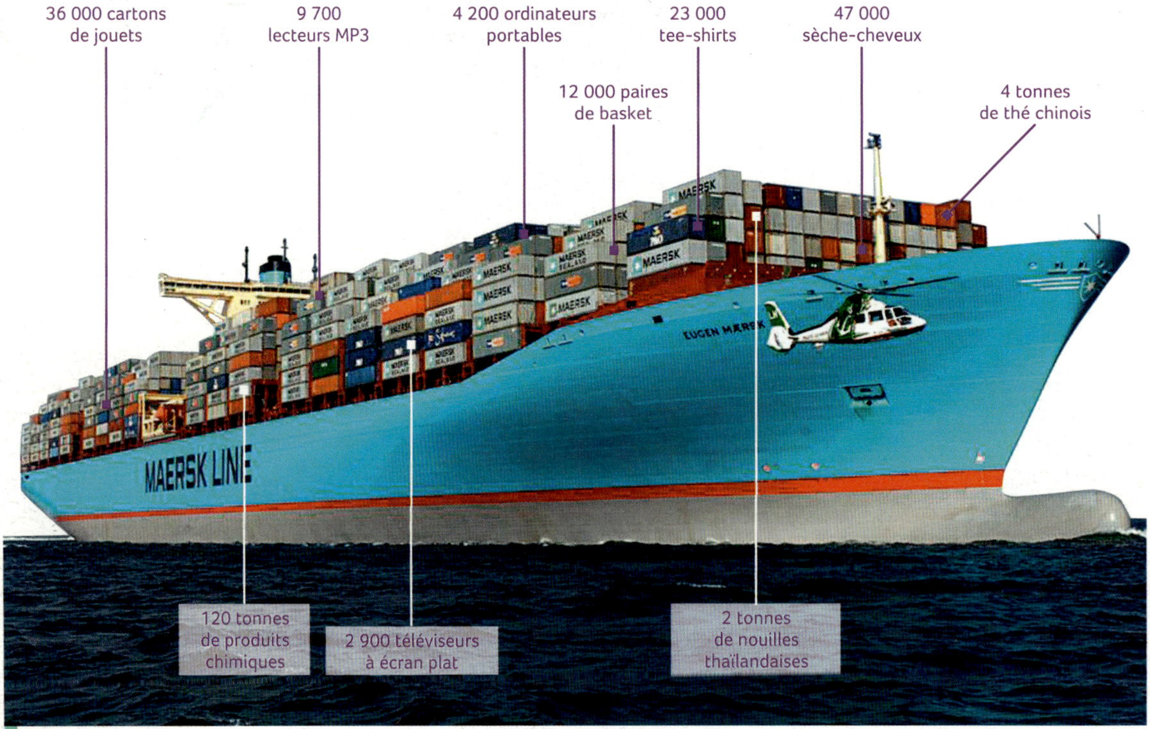

1 Les marchandises transportées par l'Eugen Maersk

2 Un équipage réduit pour un navire géant

« 397,7 mètres de long, 56,40 mètres de large, jusqu'à 16 mètres de tirant d'eau et plus de 156 000 tonnes... Nous vous emmenons aujourd'hui à la découverte de l'Eugen Maersk. L'énorme porte-conteneurs de la compagnie danoise Maersk Line [...] est l'un des plus gros navires de ce type jamais construits. Officiellement, sa capacité est de 11 000 EVP (Équivalent Vingt Pieds, taille standard du conteneur) mais, officieusement, les spécialistes estiment que ce bateau pourrait, en réalité, transporter, en pleine capacité, de 13 500 à 14 500 boîtes. [...] L'équipage n'est, quant à lui, composé que de 23 marins. La compagnie a, toutefois, prévu de pouvoir opérer ce géant avec seulement 13 personnes. [...] Seuls un officier et deux marins se chargent des manœuvres d'accostage, une belle performance quand on observe la taille des amarres. »

Vincent Groizeleau, article paru sur le site de *Mer et Marine* : www.meretmarine.com, 31 mars 2008.

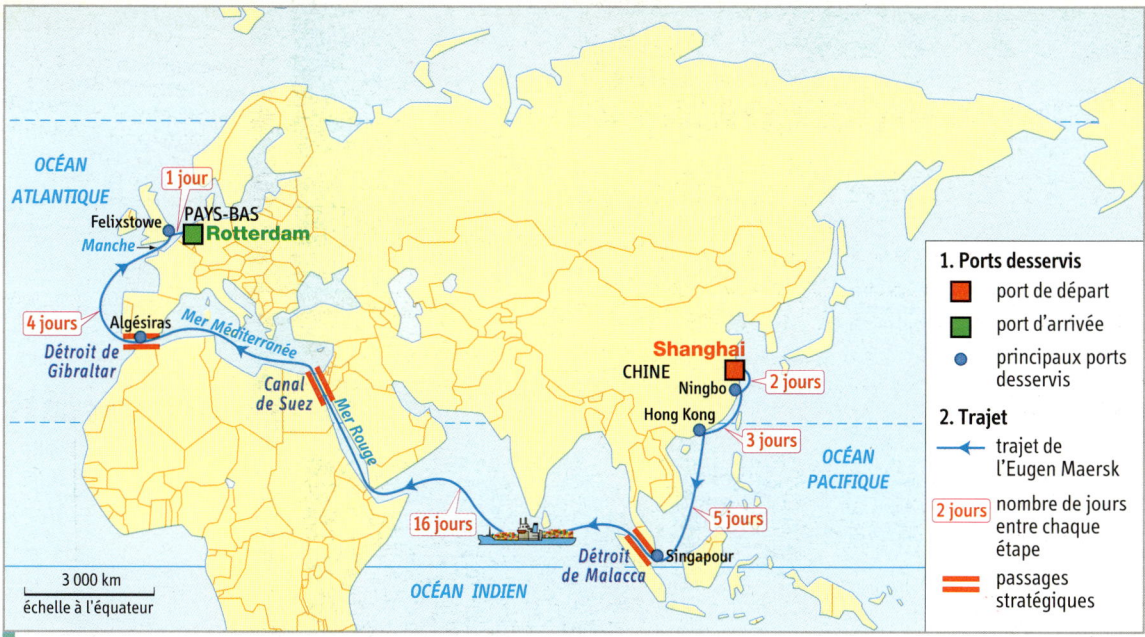

3 La ligne régulière du navire Eugen Maersk

Après son escale dans le port de Rotterdam, l'Eugen Maersk repart pour la Chine. Il effectue tout au long de l'année le même trajet.

ACTIVITÉS

1. **Doc. 3** Quel est le port de départ du navire Eugen Maersk ? Quel est son port d'arrivée ?

2. **Doc. 3** Quels sont les ports, les océans et les passages stratégiques traversés par l'Eugen Maersk au cours de son trajet ?

3. **Doc. 3** Combien de jours au total lui faut-il pour relier son port de départ à son port d'arrivée ?

4. **Doc. 2** Combien de conteneurs peut-il transporter ?

5. **Doc. 1 et 4** Que contiennent ces conteneurs (donnez trois exemples de marchandises) ? Comment sont-ils déchargés puis transportés à terre ?

6. **Doc. 2** Que peut-on dire de l'équipage de ce navire ?

7. Décrivez le trajet du navire Eugen Maersk.

Méthode ◆ Pour rédiger, répondez aux questions suivantes :
- Quels sont les lieux traversés ? (questions 1 à 3)
- Comment le transport est-il organisé et quels sont ses acteurs ? (questions 4 à 6)

4 La manutention des conteneurs de l'Eugen Maersk

Les conteneurs sont de grandes caisses métalliques contenant des marchandises diverses. Leur taille standard (30 m³) permet de les faire passer des navires aux quais grâce à un système de grues. Ils sont ensuite chargés sur des trains ou des camions.

CHAPITRE 14 Les échanges de marchandises / 241

B — Comment la compagnie Maersk parvient-elle à desservir le monde entier ?

OBJECTIF
Comprendre le développement des échanges et leurs acteurs

Socle commun
1.2 Rédiger un texte bref, cohérent et ponctué

Légende :
— ligne maritime principale de Maersk
— lignes maritimes secondaires de Maersk
■ principaux ports desservis par Maersk
EUROPE principales zones desservies par Maersk

1 Maersk : un réseau maritime mondial

2 Les capacités de transport de Maersk

« Un conteneur de 20 pieds peut contenir 48 000 bananes. En théorie, un navire comme le Eugen Maersk (7ᵉ génération) peut transporter environ 528 millions de bananes en un seul voyage, assez pour donner à chaque personne en Europe ou Amérique du Nord une banane au petit-déjeuner. Si tous les conteneurs de Maersk étaient mis les uns à la suite des autres, la longueur serait d'environ 19 000 km, environ la moitié de la circonférence terrestre. S'ils étaient mis les uns sur les autres, la hauteur dépasserait 2 500 km, l'équivalent de 8 550 Tour Eiffel les unes sur les autres. À tout moment, Maersk transporte environ 3 % du PIB [Produit intérieur brut] mondial. En 2009, les navires de Maersk ont effectué environ 35 000 escales, soit une escale toutes les 15 minutes. »

D'après le site de Maersk Line, www.maerskline.com, 2010.

3 Un train de conteneurs Maersk (Allemagne)

4 Un réseau régional de lignes maritimes en Asie orientale

À partir du port de Tanjung Pelepas, situé à quelques kilomètres de Singapour, de petits navires porte-conteneurs (appelés feeders) rayonnent vers les autres ports de l'Asie orientale, notamment les petits ports qui ne sont pas desservis par les grands porte-conteneurs de Maersk.

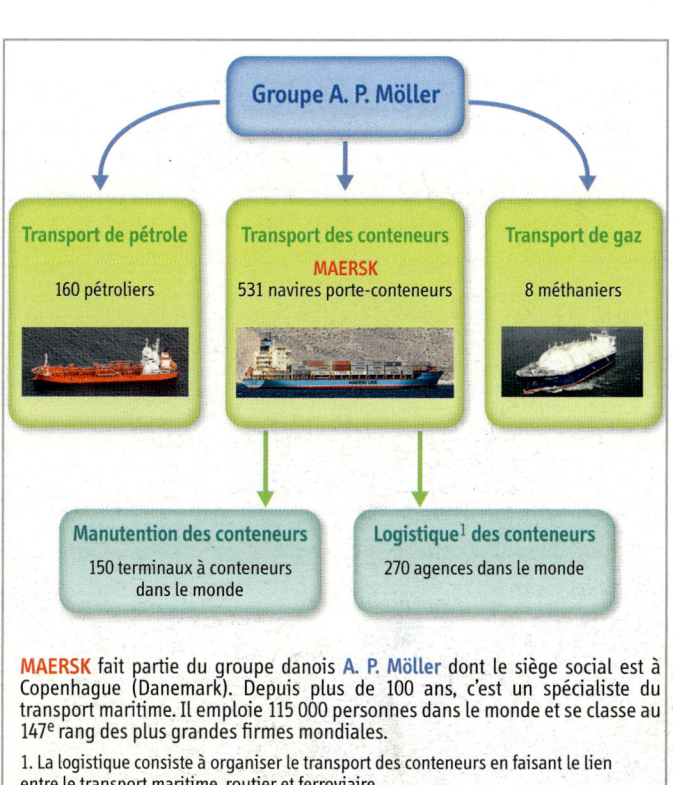

MAERSK fait partie du groupe danois **A. P. Möller** dont le siège social est à Copenhague (Danemark). Depuis plus de 100 ans, c'est un spécialiste du transport maritime. Il emploie 115 000 personnes dans le monde et se classe au 147e rang des plus grandes firmes mondiales.

1. La logistique consiste à organiser le transport des conteneurs en faisant le lien entre le transport maritime, routier et ferroviaire.

5 Un groupe aux multiples activités

ACTIVITÉS

① **Doc. 1** Quelles sont les trois principales zones du monde desservies par la compagnie Maersk ?

② **Doc. 4** Comment Maersk fait-elle pour desservir les petits ports d'Asie orientale ?

③ **Doc. 2 et 5** Montrez que la compagnie Maersk dispose d'une très grande capacité de transport.

④ **Doc. 3 et 5** Comment Maersk parvient-elle à distribuer ses conteneurs sur terre ?

⑤ **Doc. 5** À part les conteneurs, quelles sont les autres activités du groupe Möller auquel appartient la compagnie Maersk ?

⑥ Montrez que Maersk parvient à desservir le monde entier avec ses navires.

Méthode ◆ Décrivez le réseau de Maersk : zones desservies, capacités de transport (questions 1 à 3).

◆ Décrivez les différentes activités de Maersk et du groupe auquel elle appartient (questions 4 et 5).

à l'échelle du monde

Le commerce mondial

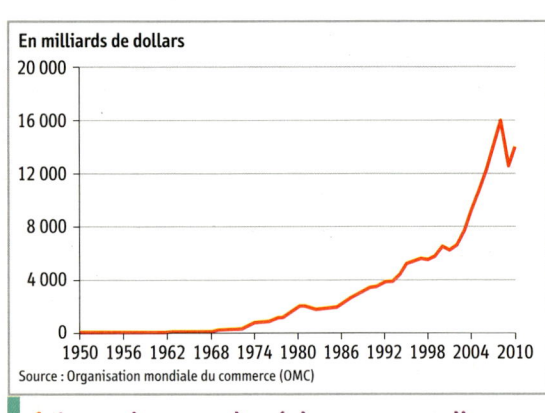

1 La croissance des échanges mondiaux

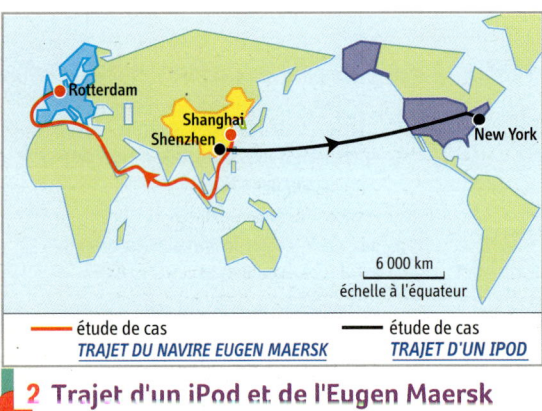

2 Trajet d'un iPod et de l'Eugen Maersk

3 Pôles et flux majeurs du commerce mondial

Source : OMC, *Statistiques du commerce international*, 2009.

DE L'ÉTUDE DE CAS...

Le transport d'un iPod

1 Dans quel pôle commercial l'iPod est-il fabriqué ?

2 Dans quels pôles commerciaux est-il surtout vendu ?

La compagnie maritime Maersk

3 À quel pôle commercial la compagnie Maersk appartient-elle ?

4 Quels sont les deux autres pôles commerciaux majeurs desservis par ses navires ?

de marchandises

OBJECTIF
Identifier les pôles et les flux majeurs du commerce mondial

Socle commun
5.1 Avoir des repères relevant de l'espace

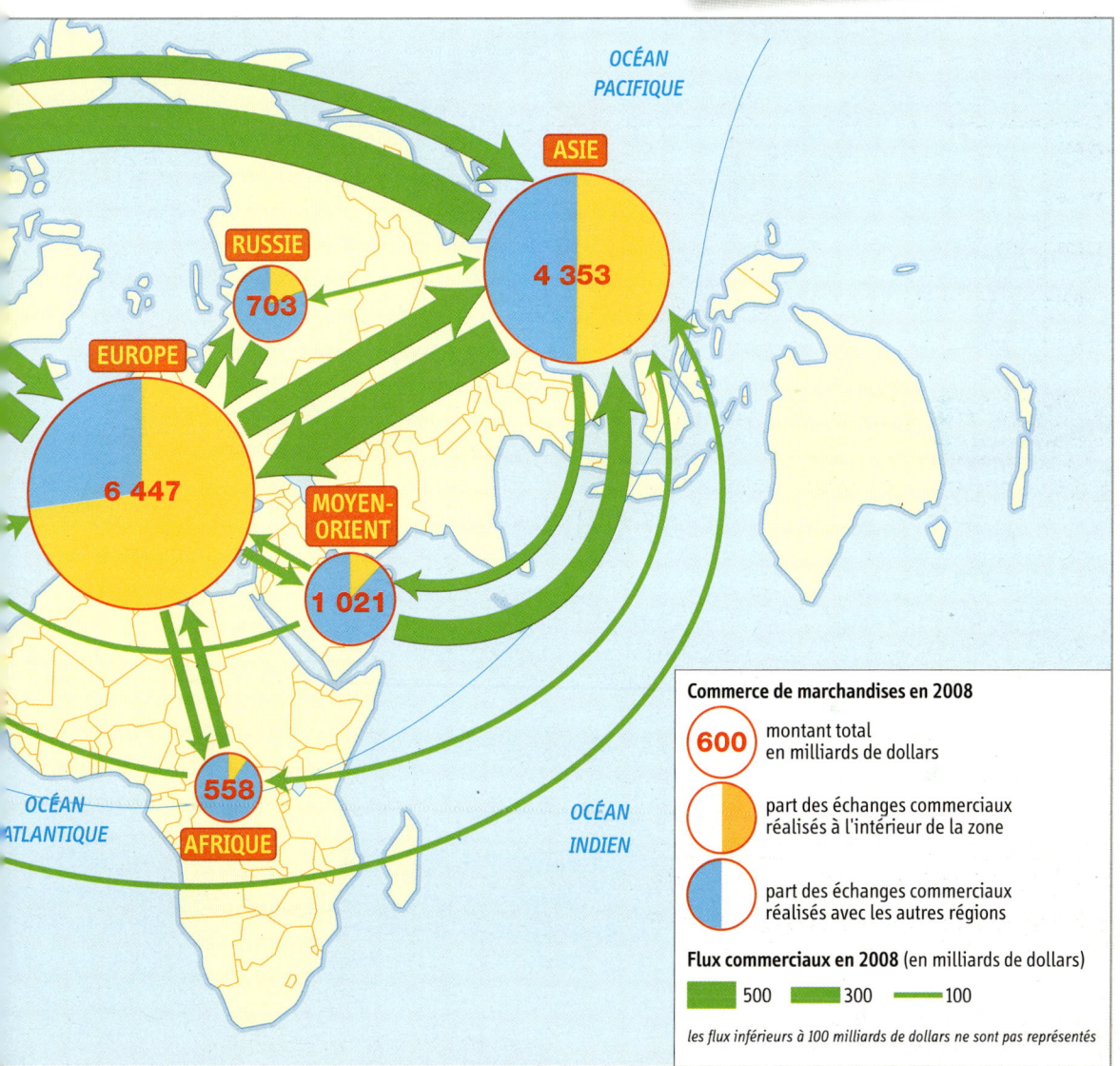

... AU MONDE

5. Quels sont les trois principaux pôles du commerce mondial ?
6. Quelles sont les régions du monde qui participent le moins aux échanges mondiaux ?
7. Quelle est l'évolution générale des échanges mondiaux depuis les années 1970 d'après le document 1 ?

▶▶▶ Cours p. 246-247

Définitions

Les flux : les échanges de marchandises, de capitaux ou d'informations.

La Triade : l'ensemble réunissant les trois principaux pôles de puissance mondiaux (Amérique du Nord, Union européenne et Japon).

| DE LA CARTE AU CROQUIS | # Pôles et flux |

Méthode générale ▶▶ Voir p. 214-215

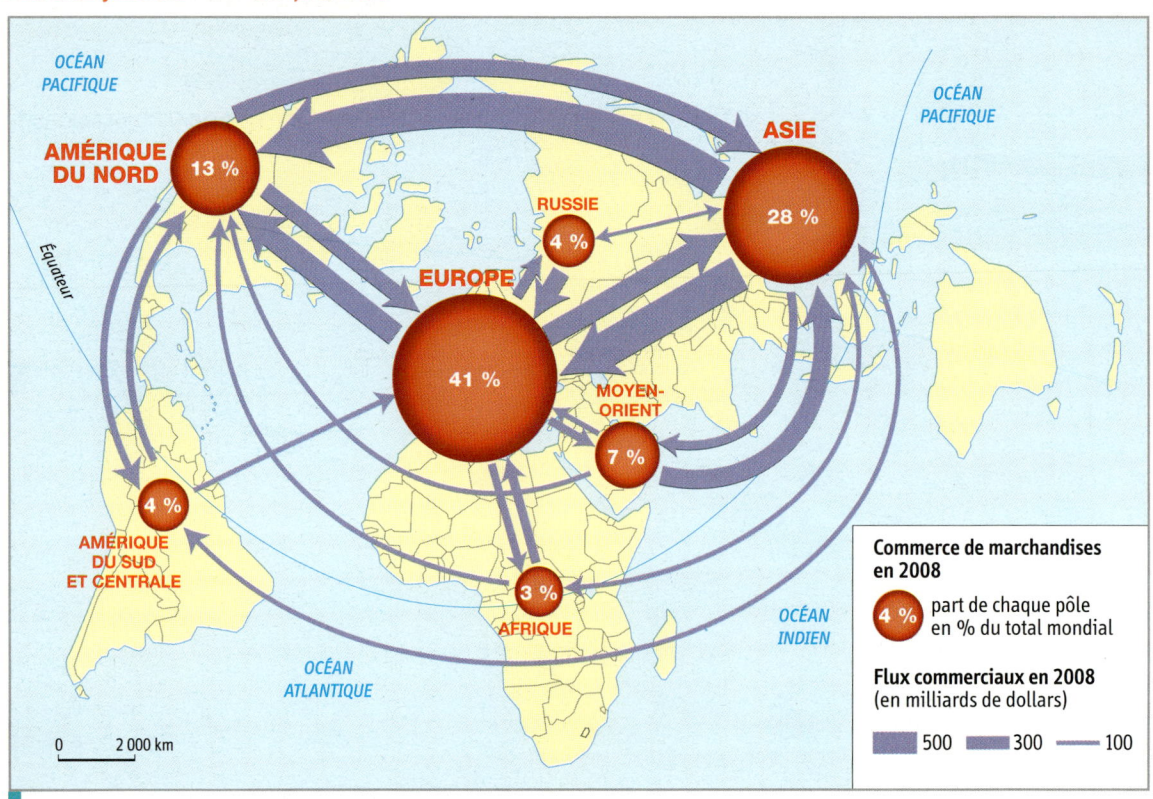

1 Le commerce mondial de marchandises

2 Les trois grands pôles du commerce mondial

Pôles	Amérique du Nord	Europe	Asie	Monde
En % du commerce mondial	13	41	28	100
En milliards de dollars	2 035,7	6 446,6	4 353	15 716,7

Source : OMC, 2009.

ÉTAPE 1 — Je prélève des informations

1. Quel est le thème de cette carte ?
2. Que représentent les ronds sur la carte ?
3. Quels sont les trois pôles du commerce mondial les plus importants ?
4. Comment a-t-on représenté les flux de marchandises sur la carte ?
5. Entre quelles régions du monde les flux de marchandises sont-ils le plus importants ? Justifiez votre réponse.
6. Quels sont les quatre pôles secondaires du commerce mondial ?

des échanges mondiaux

OBJECTIF
Réaliser un croquis des pôles et des flux majeurs des échanges mondiaux

Socle commun
5.3 Lire et employer différents langages : cartes

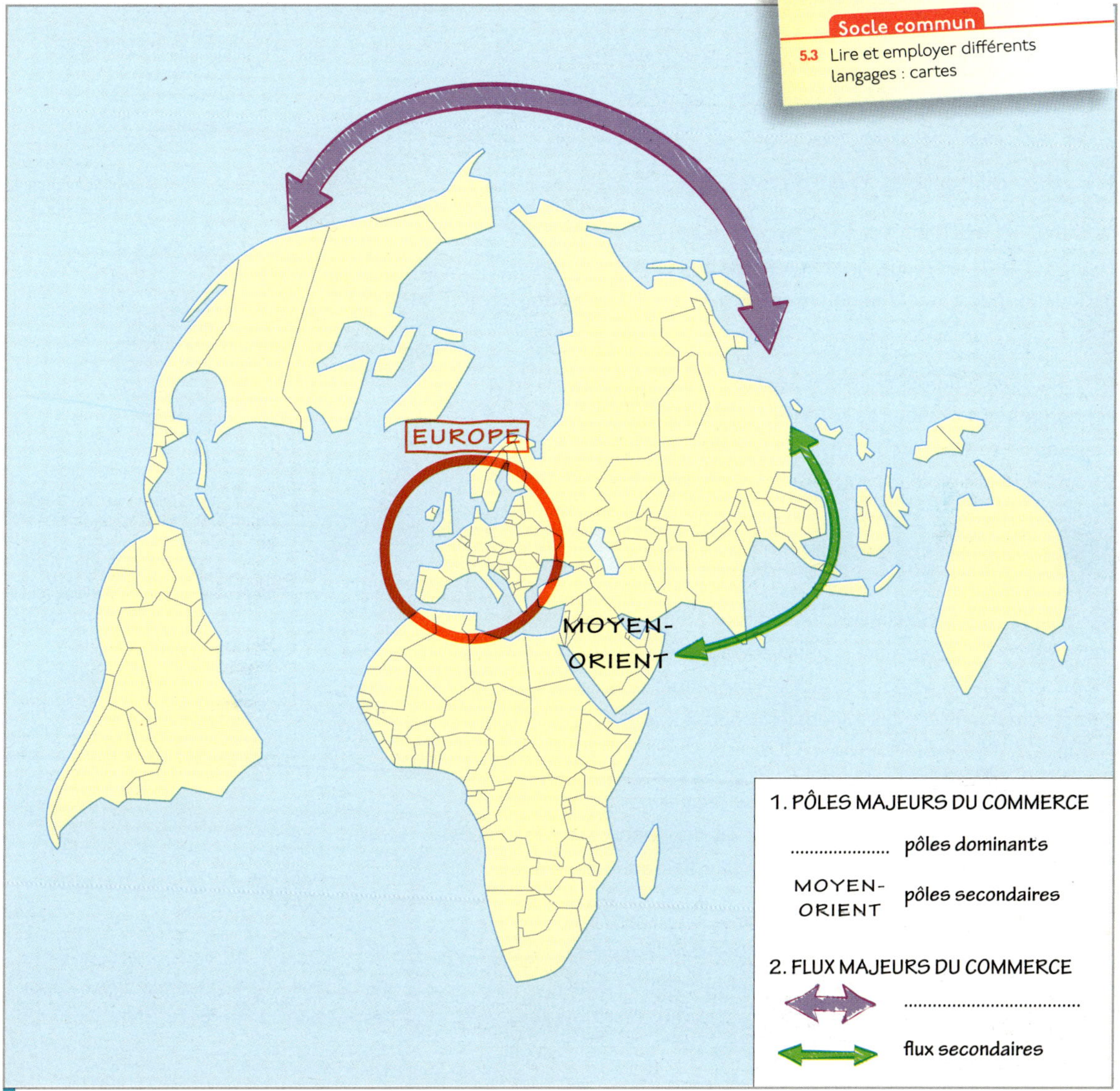

1. PÔLES MAJEURS DU COMMERCE

.... pôles dominants

MOYEN-ORIENT pôles secondaires

2. FLUX MAJEURS DU COMMERCE

⬌ ....

⬌ flux secondaires

3 Pôles et flux majeurs des échanges mondiaux

ÉTAPE 2 — Je réalise le croquis et sa légende

7 Construire la légende

a. Dessinez dans la légende le figuré manquant pour les « Pôles dominants ».

b. Indiquez dans la légende à quoi correspond le figuré ⬌.

8 Réaliser le croquis

c. Reportez sur le croquis les trois pôles dominants et nommez-les.

d. Dessinez les trois flux principaux.

e. Indiquez quelques pôles et flux secondaires.

f. Reportez le nom des trois océans.

9 Changer de langage

g. À partir de votre croquis, expliquez en quelques lignes quels sont les pôles et les flux majeurs du commerce mondial.

CHAPITRE 14 Les échanges de marchandises / 247

Les échanges mondiaux

> Comment les marchandises sont-elles échangées à travers le monde ?

A Des échanges maritimes

1. Le **transport maritime** assure l'essentiel des échanges de marchandises dans le monde. Il est au service du commerce international qui ne cesse d'**augmenter avec la mondialisation** (DOC. 2).

2. Les navires relient principalement **les trois plus grands pôles économiques mondiaux** de la Triade : l'Asie orientale, l'Amérique du Nord et l'Europe. Les plus grands ports mondiaux (DOC. 3) servent de nœuds entre les lignes maritimes.

B Un transport rationalisé

1. Les **navires sont spécialisés** en fonction des marchandises à transporter : pétroliers pour le pétrole, vraquiers pour le charbon, les minerais et les céréales et porte-conteneurs pour toutes les autres marchandises, notamment les produits manufacturés (ex : l'iPod).

2. L'**augmentation de la taille de ces navires** permet le transport de quantité de marchandises de plus en plus importantes. La taille standard des **conteneurs** facilite leur passage des navires aux trains ou aux camions (DOC. 2).

3. De **nombreux acteurs** interviennent dans ces échanges. Le logisticien organise le transport pour le compte d'une société (ex. : Apple). Il contacte l'armateur d'une compagnie maritime (ex. : Maersk) et les transporteurs ferroviaires ou routiers. Ceux-ci acheminent les conteneurs depuis et vers les ports.

C Des points de passage stratégiques

1. Les **points de passage stratégiques** sont des lieux de concentration du trafic maritime. Il s'agit des canaux (Suez et Panama) et des détroits (Nord-Pas-de-Calais, Gibraltar et Malacca). Ils **relient** par le plus court chemin **deux océans ou mers**. Leur fermeture aurait de graves conséquences sur les échanges internationaux de marchandises.

2. Pour l'Égypte et le Panama, leur canal est une importante source de revenus. C'est pourquoi le **Panama élargit son canal** afin de pouvoir accueillir les plus grands navires (DOC. 4).

1 Les échanges de marchandises et la mondialisation

2 La croissance des échanges de marchandises

« Depuis la fin de la Seconde Guerre mondiale, [...] le commerce international s'est fortement intensifié et les volumes transportés sont 32 fois supérieurs à ceux de 1950. [...] Les coûts de transport ont chuté avec l'apparition du moteur à réaction, l'utilisation de conteneurs, etc. Si la mondialisation est la conséquence du progrès technique et de la baisse des coûts de transport, elle résulte aussi d'un choix politique. Elle est liée aux recommandations de l'Organisation mondiale du commerce, via la suppression progressive des tarifs douaniers. »

Centre d'Analyse stratégique, septembre 2010.

1. Quelle est l'évolution du commerce international depuis les années 1950 ?

2. Comment s'explique-t-elle ?

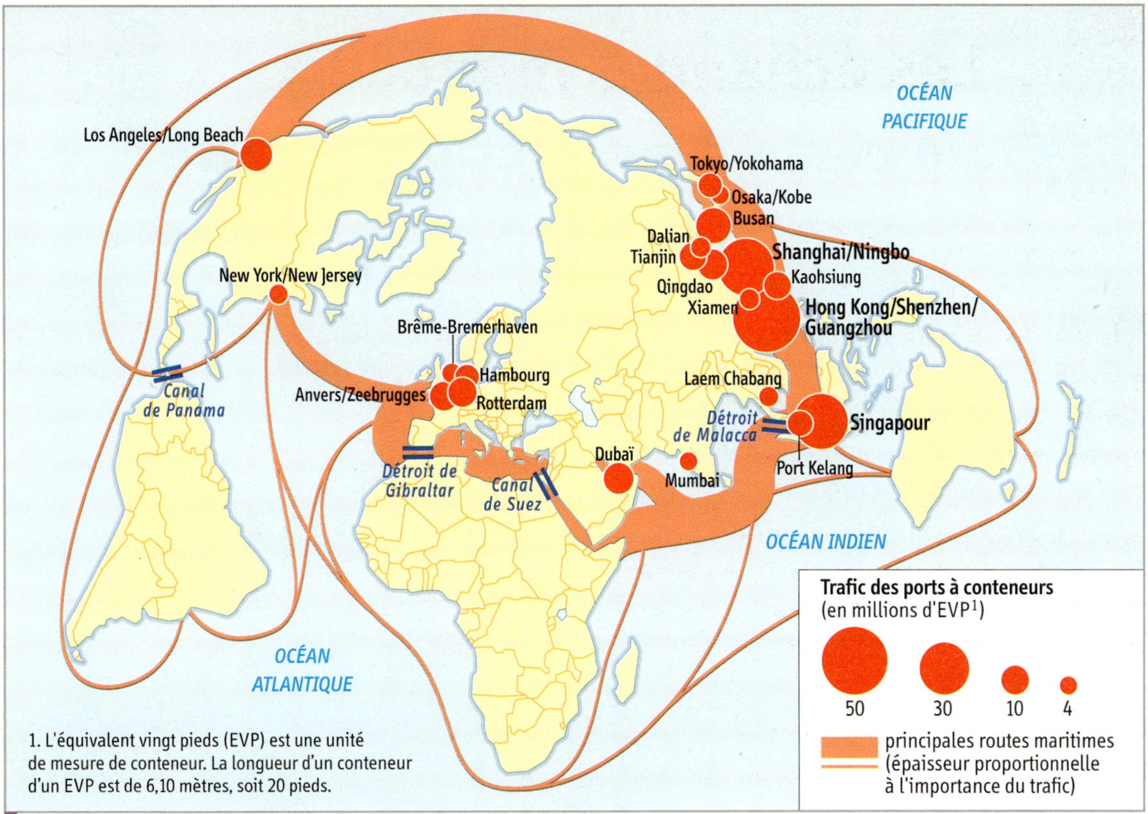

3 Les ports à conteneurs et les passages stratégiques

Trafic des ports à conteneurs (en millions d'EVP[1])
- 50
- 30
- 10
- 4

principales routes maritimes (épaisseur proportionnelle à l'importance du trafic)

1. L'équivalent vingt pieds (EVP) est une unité de mesure de conteneur. La longueur d'un conteneur d'un EVP est de 6,10 mètres, soit 20 pieds.

4 Le franchissement des écluses du canal de Panama

Le canal de Panama, construit de 1904 à 1914, est aujourd'hui limité à la traversée de navires de 294 mètres de long, 32 mètres de large et 12 mètres de tirant d'eau. Ces capacités ne répondent plus à la croissance du trafic maritime mondial et à l'accroissement de la taille des bateaux. L'élargissement du canal autorisera le passage des navires mesurant jusqu'à 386 mètres de long, 49 mètres de large et ayant un tirant d'eau de 15 mètres.

MÉTHODE

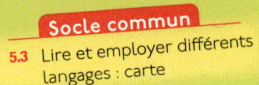

Lire une carte à projection polaire

POINT MÉTHODE

Une carte à projection polaire

● Pour représenter des flux (échanges de marchandises, d'informations...), on peut utiliser des cartes à projection dite « **polaire** ». Centrée sur le pôle Nord, une carte à projection polaire permet de mettre davantage en valeur l'océan Pacifique et les échanges entre l'Asie et l'Amérique.

● Pour lire et comprendre une carte à projection polaire, on peut procéder en trois étapes :

A. **Identifier** la carte (l'espace représenté, le thème) et les figurés utilisés.

B. **Prélever** des informations.

C. **Repérer les différences** entre ce type de projection et une projection classique.

EXERCICE

A J'identifie la carte et les figurés utilisés

1. Quel est l'espace représenté ? Quel est le thème de la carte ?

2. Qu'a-t-on représenté avec les cercles ? Qu'a-t-on représenté dans les cercles ?

3. Grâce à quel figuré les échanges agricoles sont-ils représentés ?

B Je prélève des informations sur la carte

4. Quels sont les 4 principaux pôles mondiaux des échanges de produits agricoles ?

5. Entre lesquels de ces pôles les échanges agricoles sont-ils les plus importants ?

C Je m'interroge sur les avantages de la projection polaire

6. Quel est l'océan qui n'est pas coupé sur cette carte contrairement aux cartes « classiques » ?

7. Quels flux cette projection permet-elle donc de mettre en évidence ?

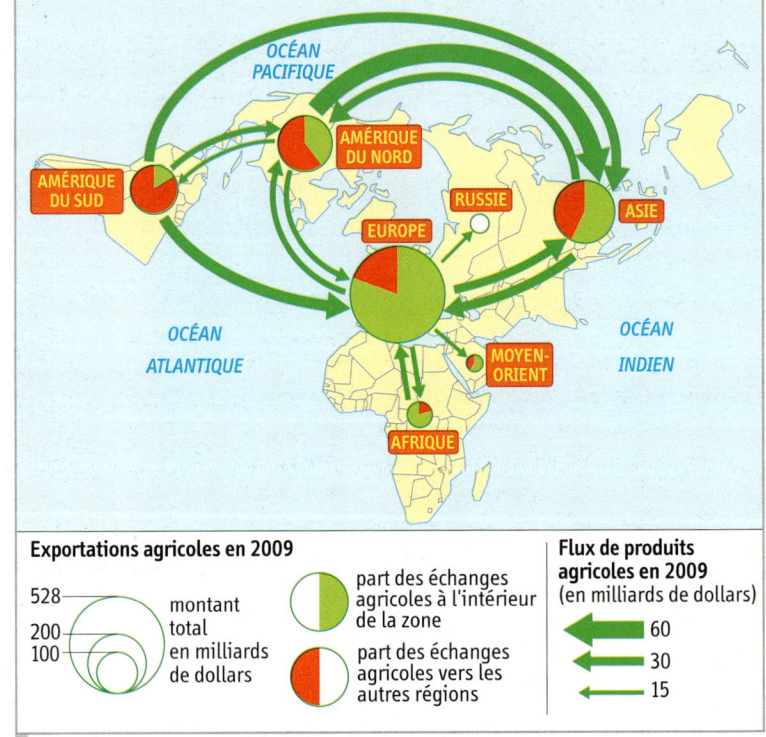

DOCUMENT Les échanges de produits agricoles

Exercices

1 ARTS ET GÉOGRAPHIE
Une nouvelle forme d'habitat : le conteneur

Socle commun
5.1 Avoir des connaissances relevant de la culture artistique : œuvres architecturales

Le conteneur est un des symboles de la mondialisation. Cette caisse métallique standardisée, qui sert au transport des marchandises dans le monde, est aujourd'hui utilisée en architecture.

DOCUMENT 1 Logements étudiants au Havre (2010)

DOCUMENT 2 Quand les conteneurs deviennent des logements

« La ville du Havre expérimente le concept très tendance des "conteneurs". Initié à Amsterdam en 2006, ce concept est déjà décliné en Allemagne, en Australie et au Canada. Situés dans les quartiers sud du Havre, à proximité d'un campus universitaire, ces conteneurs, d'une surface habitable unitaire de 25 m² seront donc empilés sur 3 niveaux pour former des immeubles. À la rentrée 2010, les premiers étudiants occuperont cette résidence de 100 logements. [...] Étant donné le nombre de villes en manque de logements étudiants, le concept économique et rapide à poser du conteneur aménagé a sans aucun doute de beaux jours devant lui. »

Isabelle Maradan, *L'Étudiant*, juin 2010.

DOCUMENT 3 Le transport d'un conteneur dans le port du Havre

Fabriqués en Chine, les conteneurs arrivent dans le port du Havre. Ils sont transformés alors en logements étudiants dans un atelier.

1. Qu'est-ce qu'un conteneur ? Quel est l'intérêt du conteneur dans le transport des marchandises ?
2. Qu'a-t-on créé au Havre à partir de conteneurs ? Développez votre réponse en décrivant le document 1.
3. Pour quelles raisons les conteneurs sont-ils utilisés aujourd'hui en architecture ?
4. Dans quels autres pays du monde retrouve-t-on ce type d'architecture ?

Arts de l'espace

CHAPITRE 14 Les échanges de marchandises / 251

EXERCICES

2 Décrire les étapes du transport d'un produit agro-alimentaire

Socle commun
5.3 Lire et employer différents langages

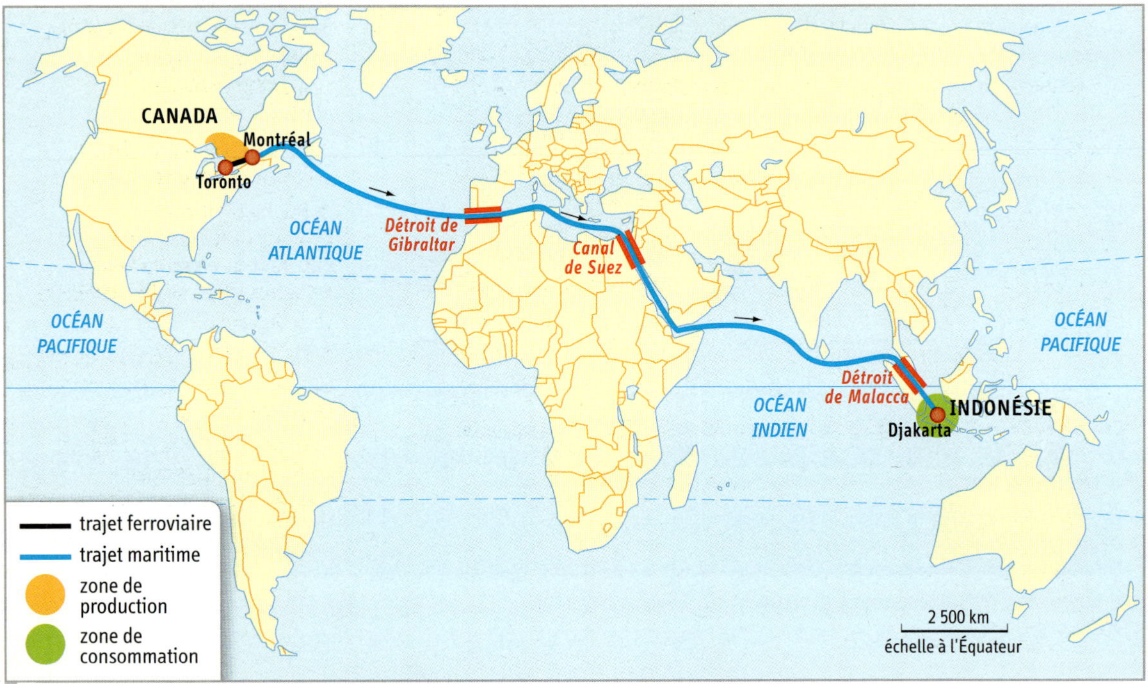

DOCUMENT 1 Le trajet du blé de Cargill (société agro-alimentaire)

LA SOCIÉTÉ CARGILL demande au logisticien d'organiser le transport de 5 000 tonnes de blé de Toronto à Jakarta

LE LOGISTICIEN organise le transport du blé pour le compte de Cargill (contacte les différents transporteurs, s'occupe de la douane...)

1er trajet — LE TRANSPORTEUR FERROVIAIRE assure le transport du blé de Toronto au port de Montréal

2e trajet — LA COMPAGNIE MARITIME assure le transport du blé du port de Montréal au port de Jakarta

DOCUMENT 2 Les acteurs du transport du blé Cargill

1. Dans quel pays le blé est-il produit ? À quel pays est-il vendu ?
2. Décrivez le trajet du blé en précisant les villes, les océans et les passages stratégiques traversés.
3. Quels sont les différents moyens de transport utilisés pour transporter ce blé ?
4. Quels sont les acteurs qui assurent ce transport ? Quel est le rôle du logisticien dans ce transport ?
5. Rédigez quelques lignes décrivant les étapes du transport du blé, en insistant sur le rôle des acteurs.

3 Organiser le transport d'un conteneur

Socle commun
4.4 Chercher et sélectionner l'information demandée

Rendez-vous sur le site de la première compagnie maritime française, la CMA-CGM : http://www.cma-cgm.fr

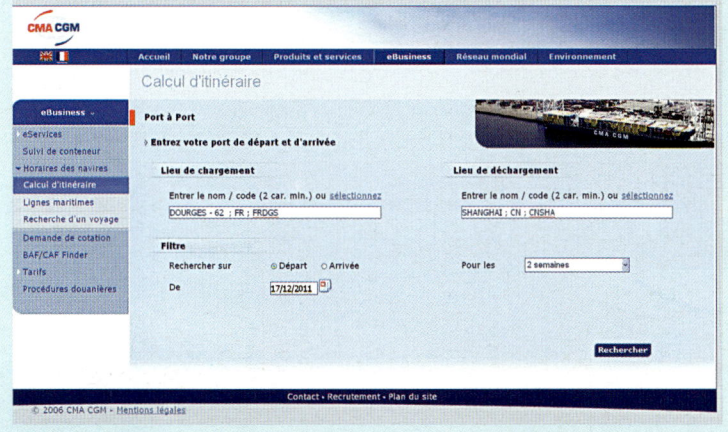

1. Sur la page d'accueil, cliquez sur « Calcul d'itinéraire ».

2. Choisissez Le HAVRE comme lieu de chargement du conteneur et SHANGHAI comme lieu de déchargement.

3. Indiquez une date de départ pour les trois semaines à venir.

4. Cliquez sur le nom d'un service et suivez alors l'itinéraire du navire du Havre à Shanghai. Quels sont les différents ports desservis ?

5. Quels sont les différents détroits ou canaux traversés ? Aidez-vous de la carte 3 p. 249.

6. Combien de temps faut-il pour aller du Havre à Shanghai ?

4 Localiser et situer quelques grands points de passage stratégiques

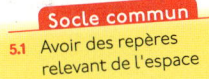
5.1 Avoir des repères relevant de l'espace

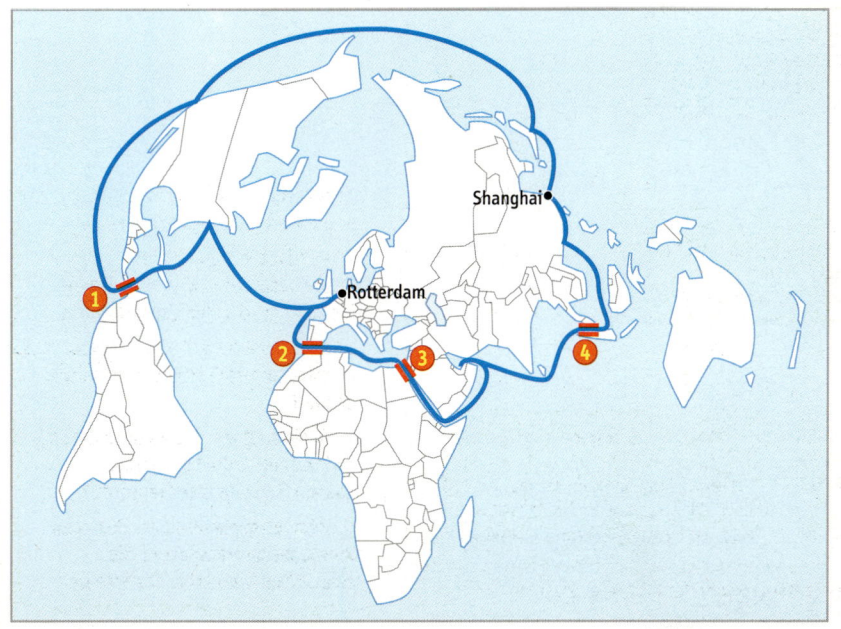

1. À quels canaux correspondent les numéros 1 et 3 ?

2. Pourquoi ces deux canaux sont-ils indispensables au commerce de marchandises ?

3. À quels détroits correspondent les numéros 2 et 4?

4. Par quels passages stratégiques un bateau passe-t-il pour rallier Shanghai à Rotterdam ?

CHAPITRE 14 Les échanges de marchandises / 253

chapitre 15

Les mobilités humaines

> Quelles sont les mobilités humaines dans le monde ? Quelles conséquences ont-elles sur les territoires et les sociétés ?

1 Migration de femmes dans l'est du Congo
(Une de *Courrier international* du 13 novembre 2008, n°941.)

Les migrations internationales peuvent avoir des causes politiques (fuir un pays en guerre...) et des causes économiques (échapper à la pauvreté pour de meilleures conditions de vie...).

▶ Dans quelles conditions ces femmes migrent-elles ?

La mondialisation en chiffres

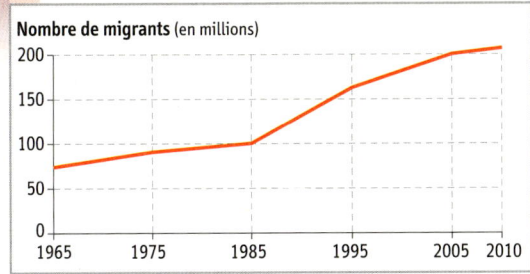

A. Les migrations internationales

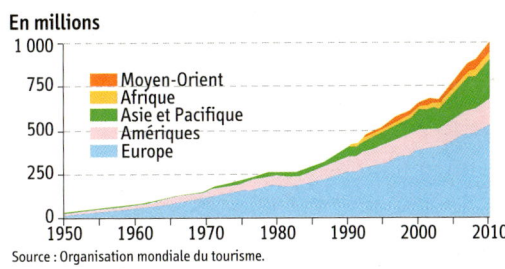

B. Les arrivées de touristes internationaux

2 Plage de Maho Beach à Saint-Martin (Antilles néerlandaises)

L'île de Saint-Martin est une destination touristique internationale. La plage de Maho Beach est située à proximité immédiate de l'aéroport Princess Juliana.

▶ D'après la photographie, qu'est-ce qui a permis le développement du tourisme à Saint-Martin ?

ÉTUDE DE CAS

Migrer du Maroc vers l'Europe

OBJECTIF
Décrire un flux migratoire du Maghreb vers l'Europe

Socle commun
1.2 Rédiger un texte bref, cohérent et ponctué

De nombreux migrants tentent chaque année de passer du Maroc vers l'Europe. Leurs migrations transforment les territoires et bouleversent les sociétés de part et d'autre de la Méditerranée.

A — Qui migre du Maroc vers l'Europe ? Pour quelles raisons ?

1 Le détroit de Gibraltar : un passage stratégique
(Dessin de Juan Ballesta, paru dans *Cambio 16*, 2003)

3 La diversité des migrants

« L'émigration marocaine offre un double visage. D'abord le royaume est fier de ses "résidents marocains à l'étranger". Ils sont plus de deux millions à s'être installés légalement hors du Maroc, principalement en France (900 000), et leur nombre continue de croître tant pour les travaux saisonniers qu'au titre du regroupement familial. [...] Mais, d'un autre côté, les autorités marocaines s'inquiètent de l'ampleur prise par la fuite des cerveaux[1] [...] et par l'émigration clandestine. En 2001, l'Espagne a appréhendé 18 500 clandestins venant du royaume, dont 80 % de Marocains et 20 % d'Africains subsahariens. Pour le seul premier trimestre 2002, 34 500 interpellations ont eu lieu. Plus grave, la traversée par mer est très dangereuse : 3 000 corps ont été repêchés dans le détroit de Gibraltar entre 1996 et 2001[2]. »

L'Intelligent, hors-série n° 6, « L'État de l'Afrique », *Jeune Afrique*, 2004.

1. Personnes ayant un niveau de qualification élevé.
2. Plus de 4 000 morts sur les rives du détroit entre 1997 et 2006.

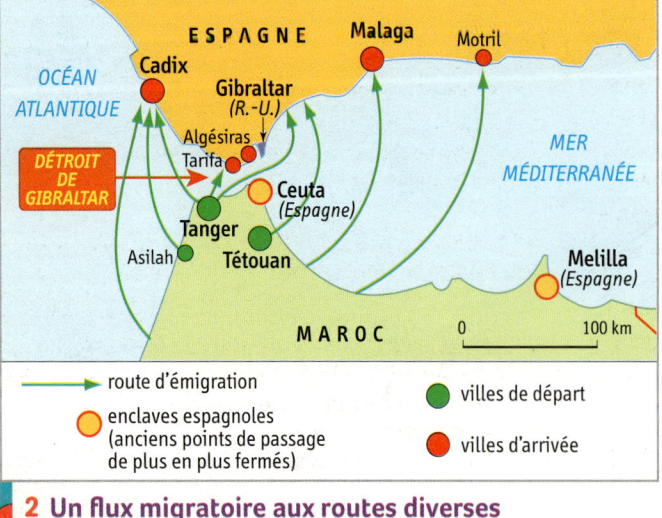

2 Un flux migratoire aux routes diverses

Définitions

Un flux migratoire : le déplacement de populations hors de leur pays d'origine.

L'espace Schengen : la zone de libre circulation des personnes entre les pays de l'Union européenne ayant signé les accords de Schengen.

5 Le mur de l'enclave espagnole de Melilla

Afin de limiter les migrations, les autorités espagnoles ont dressé une barrière entre l'enclave de Melilla et le territoire marocain.

ACTIVITÉS

1. **Doc. 1** Quelle est l'évolution des transferts d'argent des migrants vers le Maroc depuis 1975 ? Justifiez.
2. **Doc. 3 et 4** À quoi sert l'argent des Marocains installés en Allemagne ?
3. **Doc. 2** Citez deux conséquences de ces migrations pour les pays européens (pays d'arrivée).
4. **Doc. 5 et 6** Montrez que le territoire espagnol est transformé par ce flux migratoire ?
5. Décrivez les effets des migrations en complétant le schéma ci-dessous et sa légende.

Méthode ◆ Recopiez le schéma et sa légende.
◆ Complétez-le grâce aux mots suivants : pays de départ, continent d'accueil, limite Nord-Sud, flux migratoire, transferts d'argent, surveillance des frontières.
◆ Donnez un titre à votre schéma.

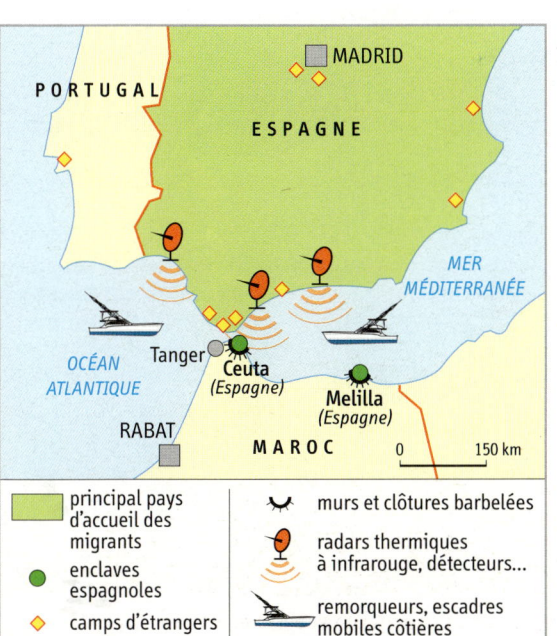

6 Le détroit de Gibraltar : un espace transformé par les migrations

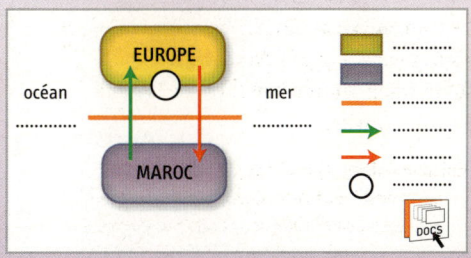

ÉTUDE DE CAS

Un espace touristique au Maghreb : Port el-Kantaoui

Port el-Kantaoui est une station du littoral tunisien qui accueille des touristes internationaux. Les impacts du tourisme sur cet espace sont nombreux.

> **OBJECTIF**
> Décrire un espace touristique et caractériser ses touristes
>
> **Socle commun**
> 5.3 Lire et employer différents langages graphiques - cartes - images

A Pourquoi Port el-Kantaoui est-elle une station touristique internationale ?

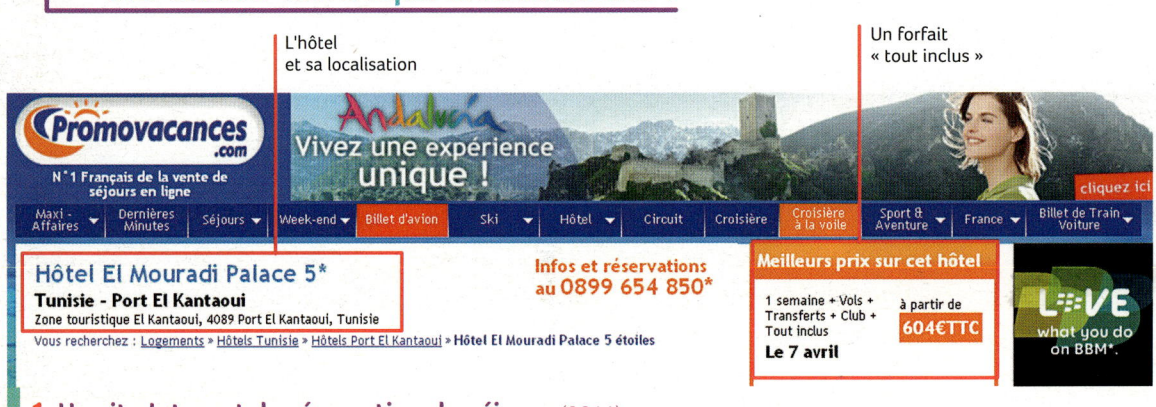

L'hôtel et sa localisation

Un forfait « tout inclus »

1 Un site Internet de réservation de séjours (2011)
Les sites Internet de voyages proposent des séjours aux prix de plus en plus compétitifs.

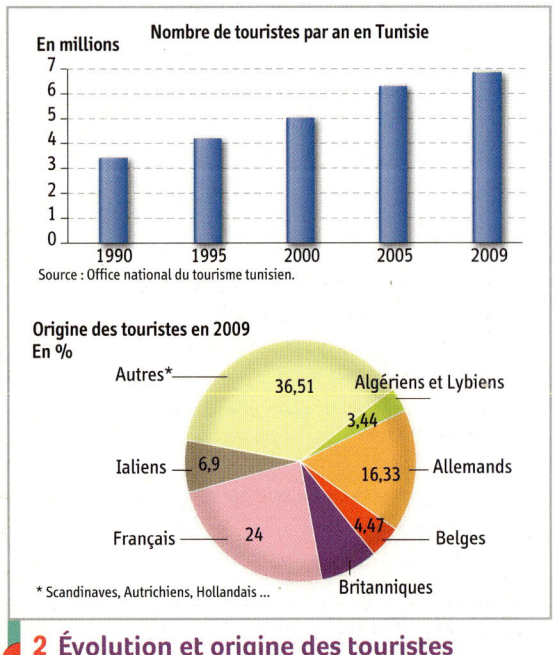

2 Évolution et origine des touristes en Tunisie

3 L'organisation de Port el-Kantaoui

260

4 Vue aérienne de la station de Port el-Kantaoui

Port el-Kantaoui est une station touristique, créée en 1979. Sa capacité d'accueil est de 15 000 lits pour les hôtels et de 3 000 lits pour les villas.

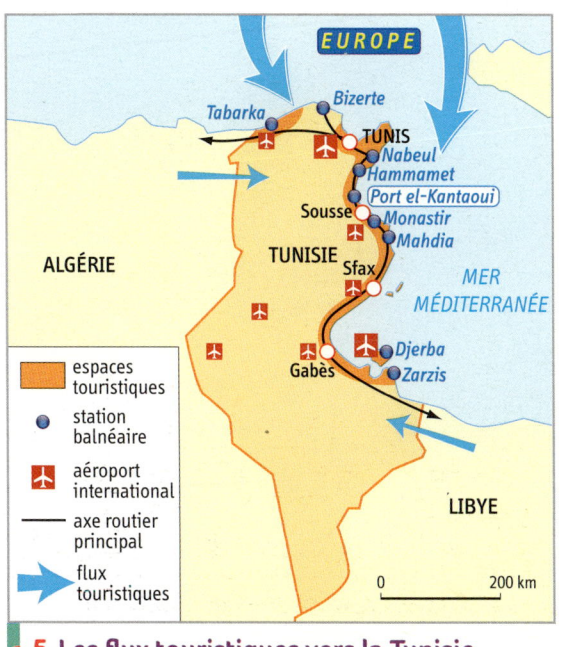

5 Les flux touristiques vers la Tunisie

ACTIVITÉS

1. Localisez et situez la station de Port el-Kantaoui.
2. **Doc. 3 et 4** Quels sont les aménagements destinés à loger les touristes ? Quels sont les aménagements de loisirs ?
3. **Doc. 2 et 5** D'où viennent les touristes qui séjournent à Port el-Kantaoui ?
4. **Doc. 3, 4 et 5** Comment viennent-ils dans cette station ?
5. **Doc. 1 et 4** Pour quelles raisons viennent-ils à Port el-Kantaoui ?
6. Montrez que Port el-Kantaoui est un espace destiné au tourisme international.

Méthode ◆ Décrivez les aménagements touristiques (questions 1 et 2).

◆ Expliquez d'où viennent les touristes, comment et pourquoi (questions 3 à 5).

B — Quel est l'impact du tourisme à Port el-Kantaoui ?

OBJECTIF
Décrire l'impact du tourisme sur l'espace étudié

Socle commun
1.2 Rédiger un texte bref, cohérent et ponctué

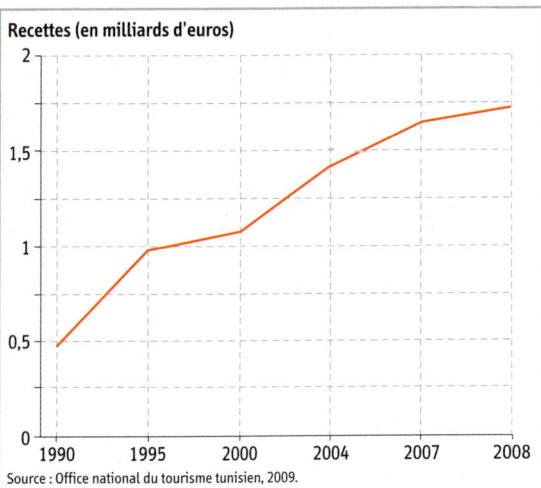

1 Les recettes du tourisme tunisien

Le tourisme représente l'un des secteurs les plus dynamiques de l'économie tunisienne. Il équivaut à environ 7 % du PIB national.

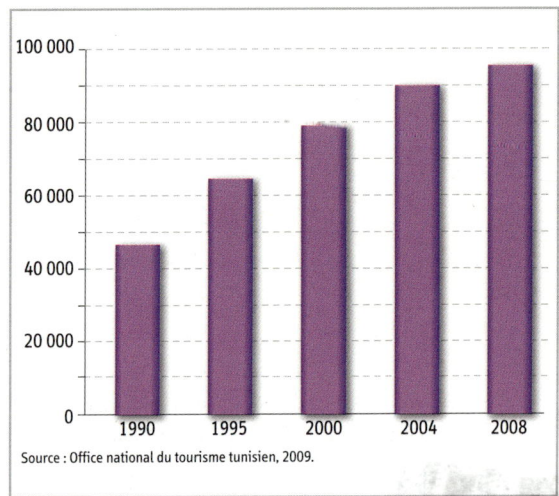

2 Les emplois du tourisme en Tunisie

3 Autoroute en construction au nord de Port el-Kantaoui

Les projets touristiques permettent de développer des infrastructures pour le pays : autoroutes, adductions d'eau, réseaux électriques…

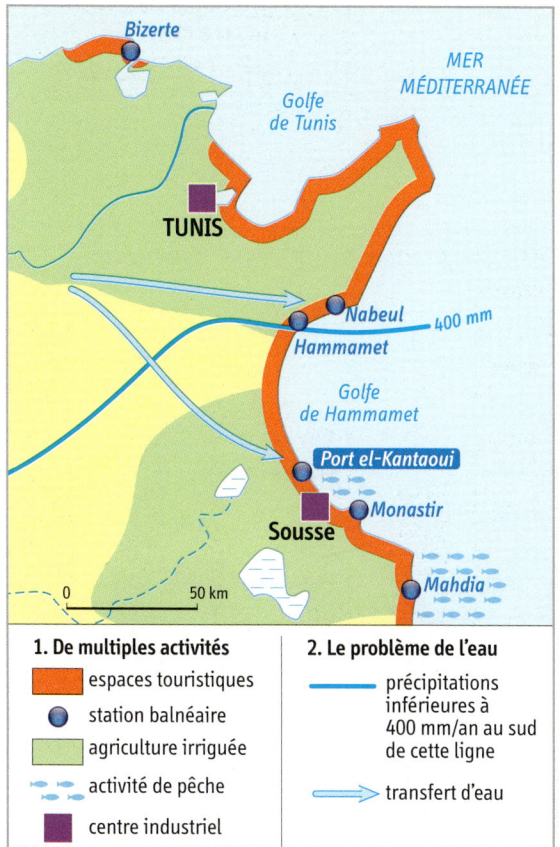

1. De multiples activités
- espaces touristiques
- station balnéaire
- agriculture irriguée
- activité de pêche
- centre industriel

2. Le problème de l'eau
- précipitations inférieures à 400 mm/an au sud de cette ligne
- transfert d'eau

4 Des activités concurrentes dans la région de Port el-Kantaoui

6 L'érosion littorale à Port el-Kantaoui

« L'État tunisien a lancé un programme national pour la protection du littoral contre l'érosion marine[1]. Sur les 1 300 km de côte, il y a environ une centaine de kilomètres répartis sur l'ensemble du littoral qui nécessitent une intervention urgente pour leur protection et leur réhabilitation.

Le ruban littoral de 3 km allant de Kantaoui à Oued el Hammem est concerné par cette opération. Il s'agit de resabler artificiellement les plages et de les maintenir grâce à des ouvrages de type brise-lames[2] si nécessaire. Cette opération a pour but d'assurer la protection des infrastructures et des constructions en bord de mer et de garantir une plage stable propice aux activités balnéaires. L'objectif est aussi d'assurer la rentabilité économique et touristique de la zone concernée. »

D'après le site de l'APAL (l'Agence de Protection et d'Aménagement du Littoral tunisien) : www.apal.nat.tn, 2010.

1. Dégradation des côtes sous l'effet de la mer. **2.** Construction faite pour protéger le littoral des vagues du large.

5 Le golf de Port el-Kantaoui

Les équipements touristiques sont très consommateurs d'eau. Pour faire face à ce problème, l'arrosage du golf de Port el-Kantaoui se fait exclusivement par les eaux usées retraitées par la station d'épuration de l'Office national d'assainissement.

ACTIVITÉS

1. **Doc. 1 et 2** Montrez que le tourisme est un facteur de développement pour la Tunisie.
2. **Doc. 3** Quels types d'infrastructures le tourisme de Port el-Kantaoui permet-il de développer ?
3. **Doc. 4** Avec quelles activités le tourisme de Port el-Kantaoui est-il en concurrence pour l'espace ?
4. **Doc. 5 et 6** Quels sont les deux problèmes d'environnement liés au tourisme dans cette station ?
5. **Doc. 5 et 6** Quelles sont les solutions mises en place pour les régler ?
6. Décrivez l'impact du tourisme sur la station de Port el-Kantaoui.

Méthode ♦ Montrez que le tourisme permet le développement de Port el-Kantaoui et de la Tunisie (documents 1 à 3).

♦ Décrivez les conséquences du tourisme sur l'espace et l'environnement de la station (documents 4 à 6).

à l'échelle du monde

Des mobilités mondialisées

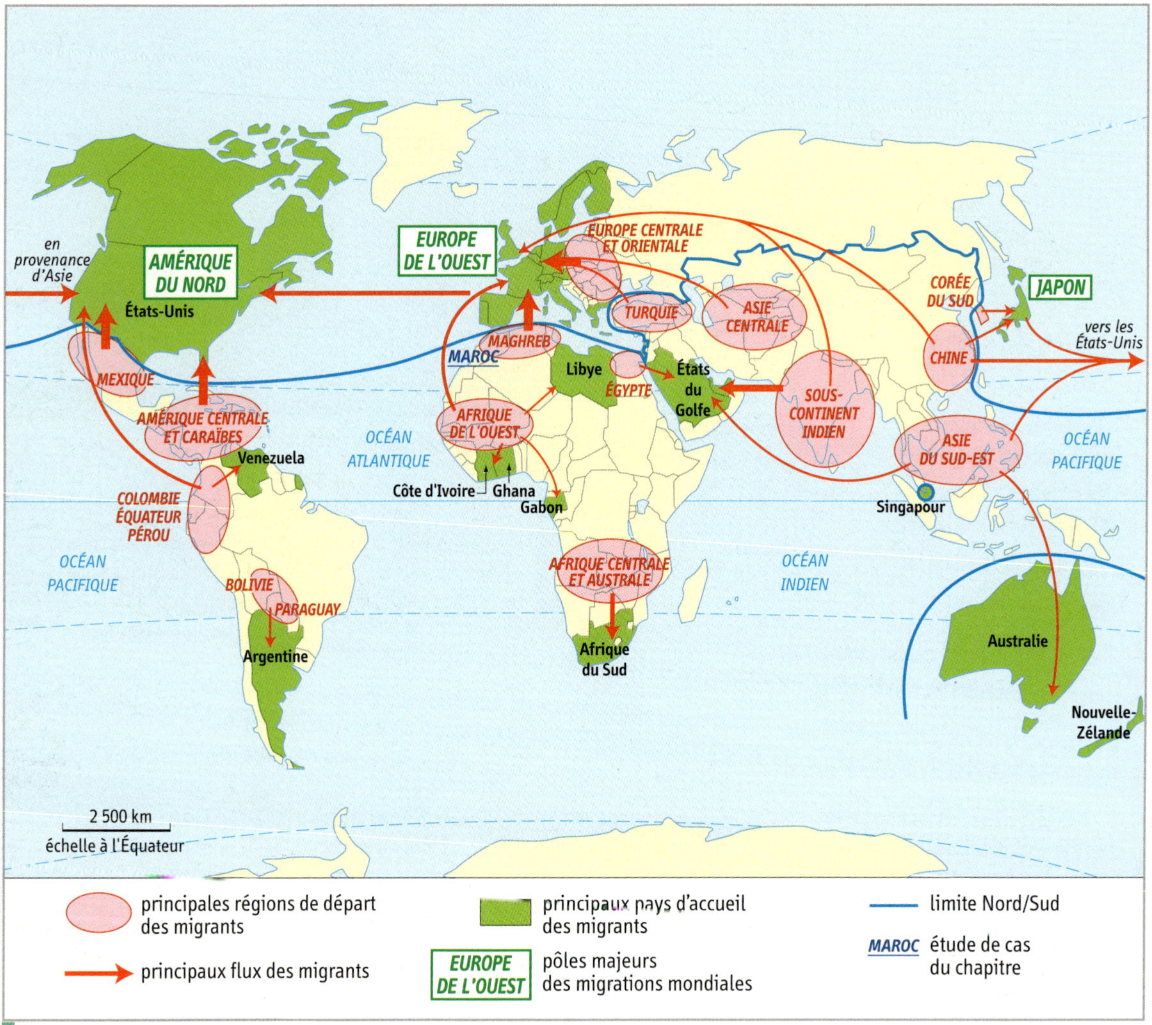

1 Les migrations internationales

Légende :
- principales régions de départ des migrants
- principaux pays d'accueil des migrants
- principaux flux des migrants
- EUROPE DE L'OUEST : pôles majeurs des migrations mondiales
- limite Nord/Sud
- MAROC : étude de cas du chapitre

DE L'ÉTUDE DE CAS...

1) Doc. 1 Où se dirigent la plupart des migrants du Maghreb ?

2) Doc. 1 Citez deux autres pays de départ du bassin méditerranéen.

Migrer du Maroc vers l'Europe

3) Doc. 2 D'où viennent la plupart des touristes qui séjournent au Maghreb ?

4) Doc. 2 Citez deux autre pays d'accueil du bassin méditerranéen (utilisez aussi la carte à l'échelle du bassin méditerranéen 1 p. 268).

Port el-Kantaoui

264

OBJECTIFS

Localiser les zones de départ et d'arrivée des migrants.

Localiser les espaces touristiques et les flux du tourisme mondial sur des cartes à différentes échelles.

Socle commun
5.1 Avoir des repères relevant de l'espace

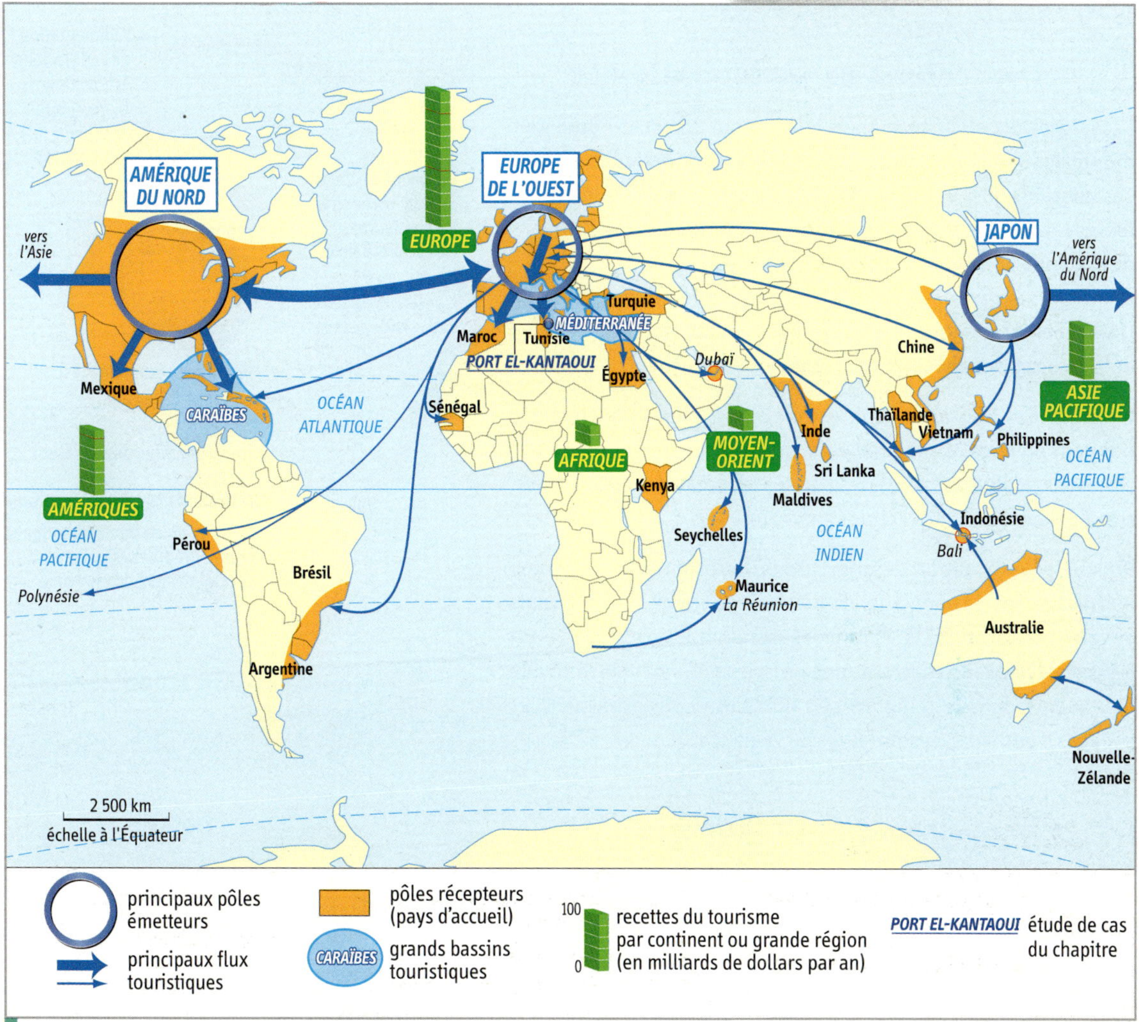

2 Le tourisme international

... AU MONDE

Les migrations internationales

5 Doc. 1 À part l'Europe de l'Ouest, quelle est l'autre grande région d'accueil des flux de migrants ? D'où proviennent les migrants qui migrent vers cette région ?

6 Doc. 1 Quelles sont les migrations entre les pays du Sud (deux exemples) ?

Le tourisme international

7 Doc. 2 À part l'Europe, quel est l'autre grand pôle émetteur du tourisme ? Vers quels pays sa population se dirige-t-elle pour faire du tourisme (utilisez aussi la carte à l'échelle du bassin des Caraïbes 2 p. 267) ?

▶▶▶ **Cours p. 266-267**

Migrations et tourisme

> Quelles sont les mobilités humaines dans le monde ?
> Quels effets ont-elles sur les territoires et les sociétés ?

A Des migrations en forte croissance

1. Les migrations internationales concernent 3 % de la population mondiale. Ce sont surtout des **migrations économiques** (DOC. 3). Les migrants quittent leur pays pour trouver du travail, de meilleures conditions de vie... Certains doivent fuir leur pays pour des **raisons politiques** : ce sont les réfugiés.
Les migrants se dirigent surtout **vers l'Europe ou les États-Unis**. Depuis les années 1970, ces pays limitent leurs entrées et les migrations deviennent en partie clandestines.

2. **Le profil des migrants évolue**. Ce ne sont plus uniquement des gens pauvres et analphabètes, mais de plus en plus des populations éduquées issues des classes moyennes. Certains sont très qualifiés : c'est la fuite des cerveaux.

3. Pour les **pays de départ**, les migrations représentent une solution aux problèmes de chômage, de manque de terres... Les migrants envoient de l'argent à leurs familles restées au pays (DOC. 4). Dans les **pays d'accueil**, les migrations fournissent une main-d'œuvre manquante dans les emplois peu qualifiés et transforment les espaces frontaliers (systèmes de surveillance...).

B Le développement du tourisme international

1. Les mobilités touristiques internationales concernent **10 % de la population mondiale**. Les touristes sont originaires des pays développés. Ils se dirigent surtout vers les autres pays riches (Europe, Amérique du Nord...). Cependant le tourisme vers les pays du Sud progresse rapidement (DOC. 2).

2. Ces mobilités touristiques se sont multipliées depuis les années 1960 grâce au **progrès du transport aérien**, à la baisse des coûts des séjours, à l'amélioration de l'hébergement.

3. Le tourisme de masse est un **secteur économique considérable** (10 % du PIB mondial). Il permet de créer des emplois, d'améliorer les infrastructures publiques et transforme les paysages (DOC. 1). **D'autres formes de tourisme** se développent, plus respectueuses de l'environnement (écotourisme) et des sociétés locales (tourisme équitable).

1 Mondialisation et mobilités humaines

- ▶ Augmentation des migrations économiques
- ▶ Augmentation des flux touristiques
- ▶ Pauvreté des pays du Sud, recherche de meilleures conditions de vie
- ▶ Progrès des transports aériens, accès aux vacances pour les pays du Nord
- ▶ Transformation des espaces frontaliers Transferts d'argent des migrants
- ▶ Création de stations touristiques, pression sur l'environnement, développement économique.

MONDIALISATION

■ Migrations économiques
■ Mobilités touristiques

Définitions

La mobilité : le déplacement de personnes

Une migration internationale : le déplacement d'une personne ou d'un groupe de personnes d'un pays vers un autre pays pour s'y installer.

Un réfugié : une personne ayant quitté son pays pour des raisons politiques, religieuses, raciales ou pour échapper à une catastrophe.

Un touriste international : un visiteur temporaire qui séjourne au moins 24 heures dans un autre pays que le sien pour des raisons de loisirs.

Le tourisme de masse : le tourisme concernant un grand nombre de personnes.

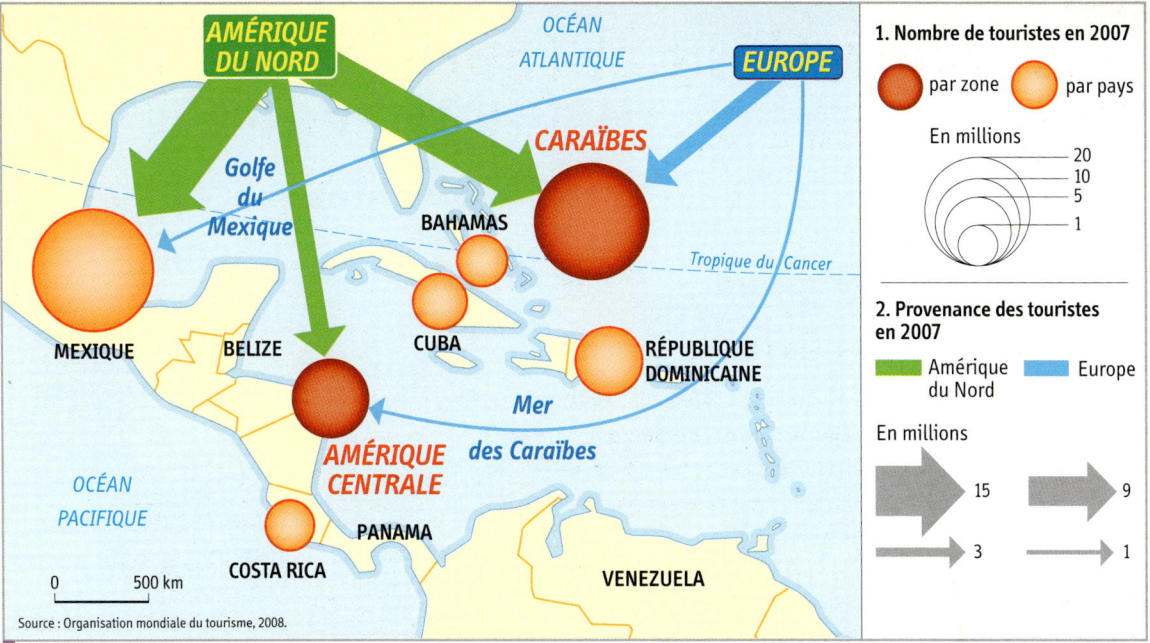

2 Un grand bassin touristique : les Caraïbes

1. D'où viennent les touristes qui séjournent dans les Caraïbes ?
2. Quelles sont leurs destinations favorites ? Pourquoi ?

3 La mondialisation des flux migratoires

« Avec 200 millions de migrants, toutes catégories confondues, dans un monde de plus de 6 milliards d'habitants, soit 3 % de la population mondiale, le phénomène est devenu l'une des questions majeures de la scène internationale. Les progrès de la mondialisation ont accru les moyens de transport, facilité l'économie de passage, donné à voir à travers les médias les modes de vie des pays riches, encouragé les transferts de fonds (300 milliards de dollars en 2007) [...] tandis que la généralisation de la détention des passeports créait un droit de sortie d'États auparavant verrouillés de l'intérieur. Des populations en nombre croissant refusent [...] de rester assignées à des pays qu'elles considèrent sans avenir, empruntant la "porte de service" quand l'entrée principale est close dans les pays d'accueil. »

C. de Withol de Wenden, *Atlas mondial des migrations*, Éditions Autrement, 2009.

1. Pourquoi les migrations internationales se développent-elles ?
2. Expliquez l'expression « porte de service ».

4 Affiche publicitaire de la Western Union à Cotonou (Bénin)

La Western union est une banque américaine spécialisée dans les transferts de fonds des migrants. Ceux-ci envoient très souvent de l'argent à leur famille restée au pays.

MÉTHODE

Rédiger un paragraphe

Sujet : Les flux touristiques vers les pays de la Méditerranée et leurs effets

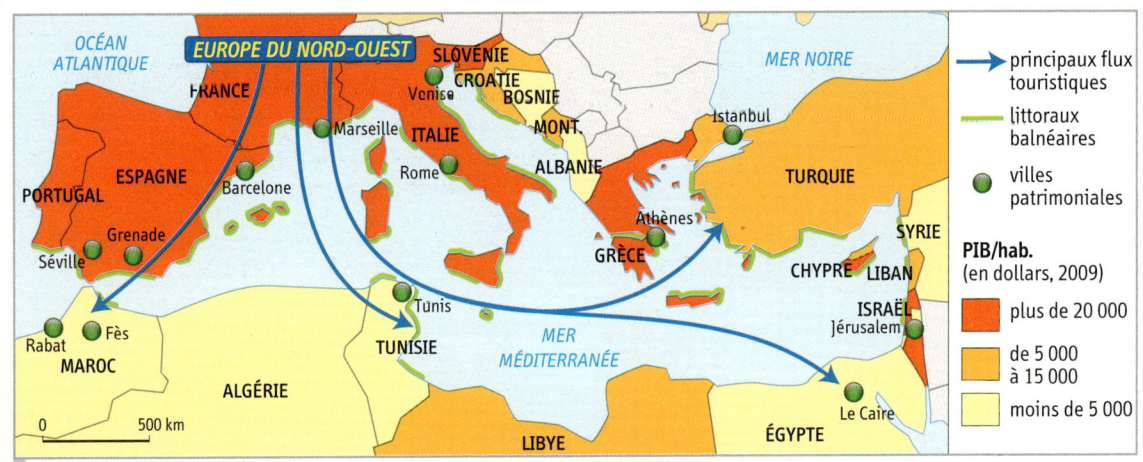

DOCUMENT 1 Les flux de touristes vers les pays de la rive Sud de la Méditerranée

DOCUMENT 2 Un hôtel au Maroc (Agadir)

Les hôtels de la station touristique d'Agadir se situent à proximité du littoral. Ils ont transformé les paysages et consomment beaucoup d'eau et d'espace.

DOCUMENT 3 Les impacts du tourisme en Méditerranée

« L'analyse des impacts liés aux déplacements touristiques montre que ces flux représentent une source importante de pollution. Le caractère saisonnier et balnéaire du tourisme méditerranéen entraîne de fortes densités de population sur les lieux de vacances, ce qui entraîne des pressions sur les ressources en eau et les milieux naturels, des pics de consommation d'énergie, ainsi qu'une augmentation de la production de déchets. Le développement durable du tourisme méditerranéen passe par la diversification de l'offre touristique : éco-tourisme, tourisme culturel, urbain et rural. »

Élisabeth Coudert, « Tourisme et développement durable », Plan Bleu, 2009 : www.planbleu.org

Questions

Document 1

1. Quels sont les grands pays touristiques en Méditerranée ?
2. Dans quel sens se dirigent les flux de touristes représentés sur la carte ? Comment expliquer ces flux ?

Document 2

3. Montrez que le tourisme transforme les paysages.

Document 3

4. Quels sont les effets négatifs du tourisme ? Quelles sont les solutions envisagées pour y faire face ?

Paragraphe argumenté

5. À l'aide des documents et de vos connaissances, rédigez un paragraphe argumenté d'une quinzaine de lignes sur le sujet : Les flux touristiques vers les pays de la Méditerranée et leurs effets.

argumenté en géographie

Socle commun
1.2 Rédiger un texte bref, cohérent et ponctué

POINT MÉTHODE

• *Pour rédiger un paragraphe argumenté en géographie, il faut répondre aux questions posées puis :*

A. Analyser le sujet posé (mots-clés...).

B. Déterminer les deux ou trois thèmes abordés par les documents.

C. Classer les informations des documents ou ses connaissances personnelles autour de ces thèmes.

D. Rédiger une courte introduction, les deux ou trois parties du paragraphe (qui correspondent aux deux ou trois thèmes) et une courte conclusion.

EXERCICE

A J'analyse le sujet posé

Espace du sujet

« Les **flux touristiques** vers les **pays de la Méditerranée** et leurs **effets** »

Notion principale du sujet — « Conséquences »

B Je détermine les thèmes abordés par les documents
- Le doc. 1 évoque les flux touristiques et leurs explications.
- Le doc. 2 évoque la transformation des paysages par le tourisme.
- Le doc. 3 évoque les effets du tourisme sur l'environnement.

→ On peut ainsi déterminer 2 grands thèmes :
- **Les flux touristiques et leurs explications**
- **Les effets des flux touristiques**

C Je classe les informations

Recopiez ce tableau et complétez-le à partir des documents et de vos connaissances.

DOCUMENTS	DOC. 1	DOC. 2 ET 3
Thème	**Les flux touristiques et leurs explications**	**Les effets des flux touristiques**
Informations tirées des documents	- Des flux du Nord vers le Sud de la Méditerranée... -	- Impact sur l'environnement - ....
Connaissances personnelles	- .... -	- le tourisme permet le développement économique - ....

D Je rédige le paragraphe

Rédigez une phrase d'introduction sur le sujet posé, puis recopiez la question suivante :
« Quels sont les flux touristiques vers les pays de la Méditerranée et leurs effets ? »

Rédigez les deux parties du paragraphe. Commencez chaque partie par les phrases suivantes :

Première partie : En Méditerranée, les touristes sont très nombreux au Nord, mais se dirigent de plus en plus vers les pays du Sud.

Deuxième partie : Ces flux de touristes en Méditerranée ont des effets positifs et négatifs...

CHAPITRE 15 Les mobilités humaines / 269

EXERCICES

1 Étudier le témoignage d'un migrant
(arrivé sur l'île de Lampedusa)

Socle commun
5.2 Mobiliser ses connaissances pour donner du sens à l'actualité

DOCUMENT 1 Le témoignage d'un jeune Érythréen

Située à l'extrême sud de l'Italie, à 200 km des côtes libyennes, l'île de Lampedusa est devenue la porte de l'Europe pour des milliers de migrants. Au centre de premier accueil de l'île, certains d'entre eux ont raconté leur voyage et leur rêve européen.

A[1] est Érythréen, il a 17 ans. « Je suis parti de chez moi à 15 ans, avec un ami. Nous avons eu peur de la guerre. On a mis deux ans à arriver en Europe. On a dû travailler un an au Soudan. En Libye, on a attendu neuf mois pour traverser. Finalement, on a embarqué sur un petit bateau à moteur plein à craquer. En pleine mer, on est tombé en panne sèche, on a eu peur. Heureusement, un bateau italien est venu nous chercher. Je suis triste d'avoir quitté l'Afrique, je ne pense pas que je reverrai un jour ma famille, mais j'ai appelé, ils savent que je vais bien. Ici, je vais trouver un travail et étudier. Je pense que ce sera facile maintenant, parce que je suis un réfugié. »

Témoignage recueilli par Marie Camiere dans « Paroles de clandestins de Lampedusa », paru dans *Ouest France* le 12 août 2008.

1. Pour préserver son anonymat, seule la première lettre du prénom de ce jeune homme est utilisée dans l'article.

DOCUMENT 2 Une immigration à risques

DOCUMENT 3 Le trajet d'un jeune Érythréen

1. De quel pays est originaire ce jeune migrant ? Pourquoi l'a-t-il quitté ?
2. Quels pays a-t-il traversés ? Dans quelles conditions ?
3. Pourquoi l'île de Lampedusa est-elle devenue « la porte de l'Europe » ?

2 Comprendre l'action d'une organisation internationale : le HCR

Socle commun
4.3 Organiser la composition du document, prévoir sa présentation en fonction de sa destination
4.4 Chercher et sélectionner l'information demandée
4.5 Écrire, envoyer, diffuser

À partir du moteur de recherche de votre choix, allez sur le site de l'UNHCR. Ouvrez un fichier de traitement de texte dans lequel vous répondrez aux questions suivantes.

1. Allez dans la rubrique « En bref ». Que signifie le sigle UNHCR ? Quand le HCR a-t-il été créé ? Quelle est sa mission ? Pourquoi peut-on dire que son action est internationale ?

2. Allez dans la rubrique « Où sommes-nous ? ». Choisissez un continent. Donnez deux exemples de pays dans lesquels le HCR intervient.

3. Dans la rubrique « Nouvelles », allez dans « Galerie photos ». Ouvrez une photographie de votre choix et enregistrez-la dans votre fichier de traitement de texte. Accompagnez cette photographie d'une légende explicative grâce aux informations du site.

4. Enregistrez votre travail sous le nom « votreprénom-votrenom-votreclasse.doc » et envoyez-le par mail à votre professeur.

3 Localiser et situer les principales zones de départ et d'arrivée des migrants

Socle commun
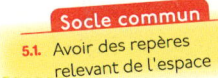
5.1 Avoir des repères relevant de l'espace

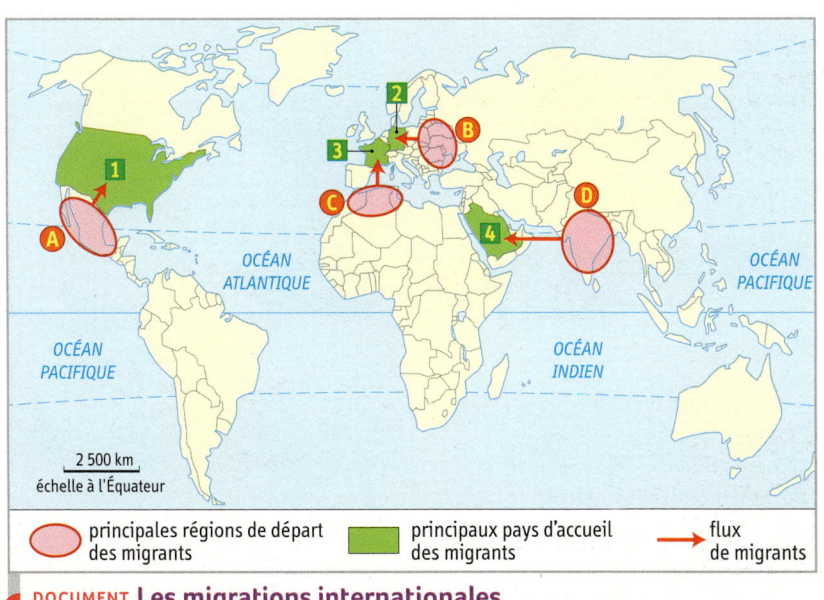

DOCUMENT Les migrations internationales

1. Quelles sont les zones de départ des migrants A, B, C et D ?

2. Vers quels pays ces migrants se dirigent-ils ?

3. Pour quelles raisons ?

CHAPITRE **15** Les mobilités humaines / 271

chapitre 16

Les lieux de commandement

> Pourquoi les grandes métropoles sont-elles les centres de décision de la mondialisation ?

1 La salle des marchés de la bourse de Francfort (2008)

La bourse de Francfort est une des principales places financières mondiales. Des ordinateurs connectés aux autres bourses du monde reçoivent les ordres d'achat ou de vente d'actions.

▶ Décrivez les éléments de la photographie montrant que Francfort est une grande place financière.

La mondialisation en chiffres

● Les 4 « villes-monde »

NEW YORK
- 1ʳᵉ bourse du monde
- Siège de l'ONU

TOKYO
- 1ʳᵉ ville d'accueil des sièges des firmes transnationales (FTN)
- Agglomération la plus peuplée et la plus chère du monde

LONDRES
- 2ᵉ aéroport mondial
- Organisation des Jeux olympiques pour la 3ᵉ fois en 2012

PARIS
- 1ʳᵉ destination touristique du monde
- Siège de l'UNESCO

2 Le quartier de Shibuya à Tokyo (2009)

Shibuya est un des quartiers d'affaires les plus animés de Tokyo. C'est un centre de la mode où l'on trouve les dernières tendances mondiales.

▶ Quels sont les éléments de la photographie montrant que Shibuya est un quartier d'affaires ?

ÉTUDE DE CAS

Tokyo dans la mégalopole japonaise

Avec 35 millions d'habitants, Tokyo est l'agglomération la plus peuplée du monde. Lieu de commandement majeur, cette grande métropole mondiale concentre de nombreux pouvoirs. Elle organise une mégalopole ouverte sur le monde.

OBJECTIF
Décrire et expliquer ce qu'est une métropole mondiale

Socle commun
5.3 Lire et employer différents langages : textes – cartes – images

A Quels pouvoirs Tokyo concentre-t-elle ?

1 Tokyo : un centre de l'économie mondiale

« Plusieurs critères indiquent que Tokyo suit une évolution comparable aux deux autres "villes-monde" (Londres et New York) : développement de la bourse comme place financière mondiale ; installation de sièges sociaux de grandes firmes transnationales ; augmentation des services haut de gamme. Les entreprises d'informations et de télécommunications de la nouvelle économie se créent massivement à Tokyo. Le département de Tokyo accueille 80 % des sièges sociaux des firmes étrangères, 73 % des banques étrangères, 55 % des sièges sociaux des grandes entreprises japonaises au capital supérieur à 5 milliards de yens et un quart des étudiants universitaires. [...] En outre, Tokyo est toujours la capitale industrielle du Japon, réunissant de grandes entreprises, mais aussi un tissu dense et dynamique de nombreuses PME[1] dynamiques. »

Philippe Pelletier, Le Japon,
© Armand Colin, 2010.

1. Petites et moyennes entreprises.

Définitions

Une métropole : (en grec « ville-mère ») : une ville concentrant de multiples fonctions de commandement (économique, financière, politique...). La métropole attire et rayonne.

Un quartier d'affaires : voir p. 280.

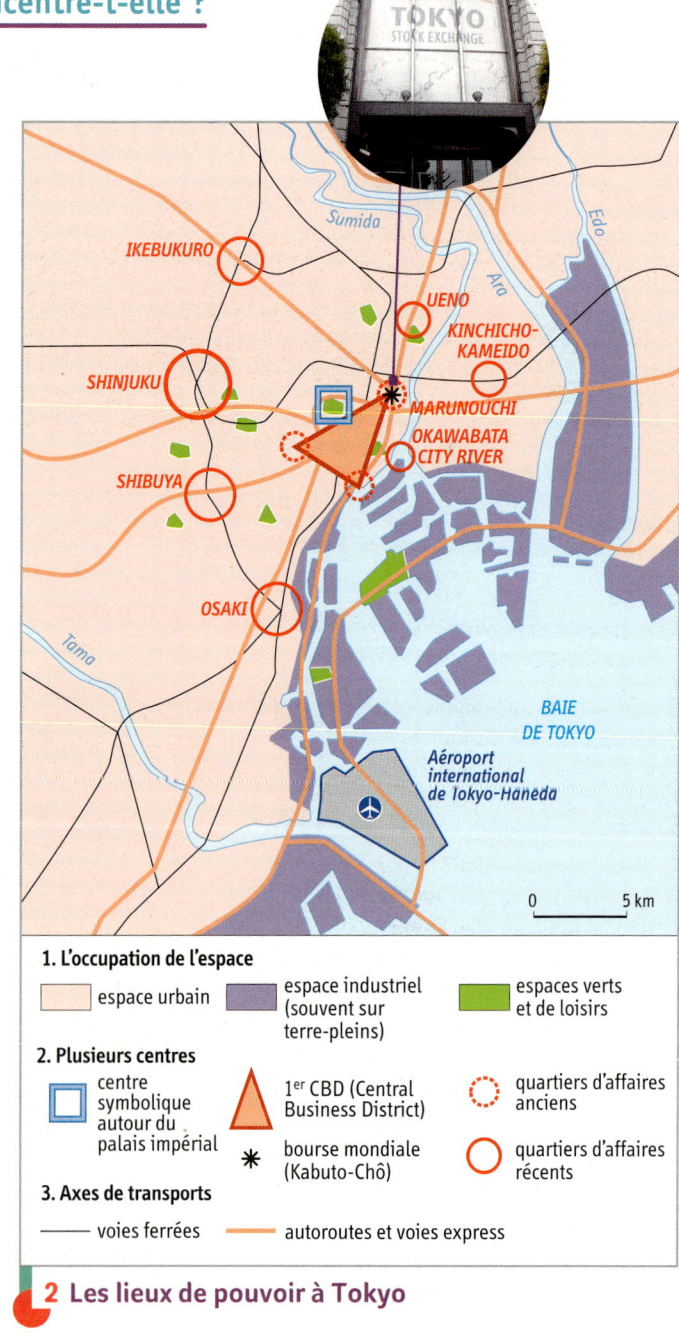

2 Les lieux de pouvoir à Tokyo

3 Les quartiers d'affaires de Tokyo

① Quartier d'affaires de Shinjuku ② Palais impérial ③ Quartier d'affaires de Marunouchi
④ Nouveau quartier d'affaires d'Okawabata River City (construit sur des terre-pleins).

4 La cité scientifique de Tsukuba

« La cité scientifique de Tsukuba est située à 50 km au nord-est de Tokyo et à 40 km de l'aéroport international de Narita. Créée en 1987 sur le site de l'Exposition universelle de 1985, la cité a été planifiée pour devenir le plus important centre de recherche et d'éducation scientifique du Japon. Aujourd'hui, à côté du campus de l'université de Tsukuba, on compte de nombreux laboratoires dans divers domaines scientifiques et industriels (informatique, robotique, télécommunications), mais aussi l'agronomie, les sciences de l'environnement et l'espace. La ville compte environ 200 000 habitants dont 19 000 chercheurs (40 % de l'effectif total du Japon). »

D'après le site de la ville de Tsukuba, http://tsukubainfo.jp, 2010.

ACTIVITÉS

1. Localisez et situez Tokyo (voir p. 273).
2. **Doc. 1 et 2** Relevez trois exemples montrant que Tokyo est un centre majeur de l'économie mondiale.
3. **Doc. 2 et 3** Quel monument montre que Tokyo est la capitale politique du Japon ?
4. **Doc. 4** Pourquoi la cité de Tsukuba illustre-t-elle les pouvoirs technologiques et scientifiques de Tokyo ?
5. **Doc. 2 et 3** Citez les principaux quartiers d'affaires (voir aussi doc. 2 p. 273).
6. **Doc. 2 et 3** Quels sont les aménagements réalisés pour accueillir des activités toujours plus nombreuses ? Développez votre réponse.
7. Montrez en quelques lignes que Tokyo est une métropole mondiale.

Méthode ◆ Décrivez les pouvoirs présents à Tokyo (questions 1 à 3).
◆ Décrivez les lieux où se situent ces pouvoirs (questions 4 à 6).

B — Comment Tokyo et la mégalopole sont-elles reliées au monde ?

OBJECTIF
Décrire et expliquer ce qu'est une métropole mondiale

Socle commun
1.2 Rédiger un texte bref, cohérent et ponctué

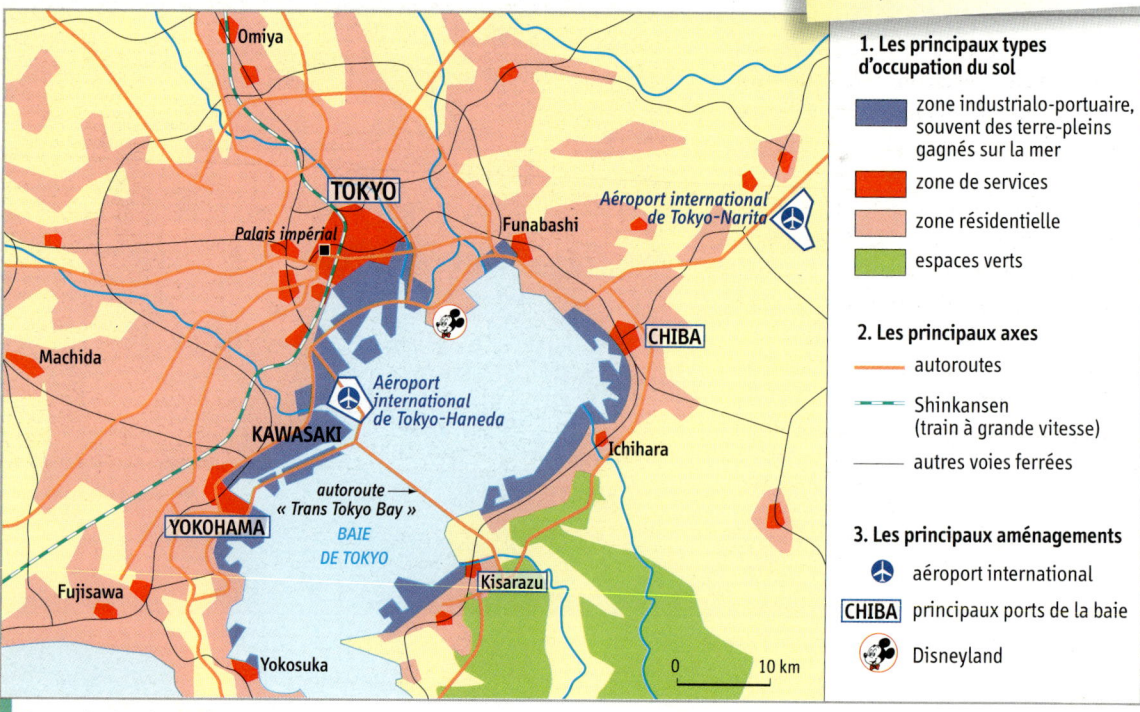

1 La baie de Tokyo

2 Le trafic de la baie de Tokyo (en 2009)

Ports de la baie de Tokyo	Trafic de marchandises (en millions de tonnes)
Chiba	165
Yokohama	141
Tokyo	81
Trafic total des ports de la baie (en Mt)	500 — 2ᵉ ensemble portuaire mondial

Aéroports de Tokyo	Trafic de passagers (en millions de passagers)
Aéroport de Tokyo-Haneda	62
Aéroport de Tokyo-Narita	32
Trafic total de passagers	94 millions — 2ᵉ plate-forme aérienne mondiale de passagers

ACTIVITÉS

1 Doc. 1 et 2 Quels sont les principaux ports de la baie de Tokyo ? Quel est leur trafic total ?

2 Doc. 1 et 2 Grâce à quels autres aménagements Tokyo est-elle reliée au reste du monde ?

3 Doc. 4 et 5 Comment Tokyo est-elle connectée aux autres villes de la mégalopole ?

4 Doc. 3 et 5 Pourquoi peut-on dire que Tokyo domine cette mégalopole ?

5 Doc. 5 Quels sont les différents flux entre la mégalopole et le reste du monde ? Avec quelles régions du monde la mégalopole échange-t-elle ?

6 Doc. 5 Mise à part Tokyo, quels sont les autres espaces de la mégalopole qui permettent ces échanges ?

7 Montrez en quelques lignes comment Tokyo est reliée au reste du monde.

Méthode ◆ Décrivez les aménagements de la baie permettant de relier Tokyo au reste du monde.
◆ Expliquez quels sont les échanges réalisés avec le monde par Tokyo et sa mégalopole.

Définition

Une mégalopole : une grande région urbaine qui regroupe une concentration exceptionnelle de pouvoirs.

3 Tokyo domine la mégalopole

« D'abord limitée à l'axe Tokyo-Osaka, le long de la route historique du Tokaidô, la mégalopole japonaise s'étend aujourd'hui sur presque 1 000 km de Sendaï à Fukuoka, au nord de l'île de Kyûshû. Organisée par les lignes du Shinkansen – le TGV japonais –, elle forme un ensemble régional de rang mondial, qui échange plus avec l'espace mondial qu'avec le reste du Japon. [...] Elle est dominée par Tokyo avec 31,7 millions d'habitants, ville de commandement mondial. Puis viennent Osaka (12,1 millions) et Nagoya (5,3 millions) : ce sont de vastes ensembles urbains [...] dépourvus des fonctions de commandement de Tokyo. Celle-ci tend en effet à monopoliser le pouvoir au détriment des autres métropoles. »

Rémi Scoccimarro,
Japon, le renouveau d'une puissance,
La Documentation photographique,
juillet-août 2010.

4 Le Shinkansen à Tokyo (2008)

Le Shinkansen est un train à grande vitesse qui relie les grandes villes de la mégalopole japonaise.

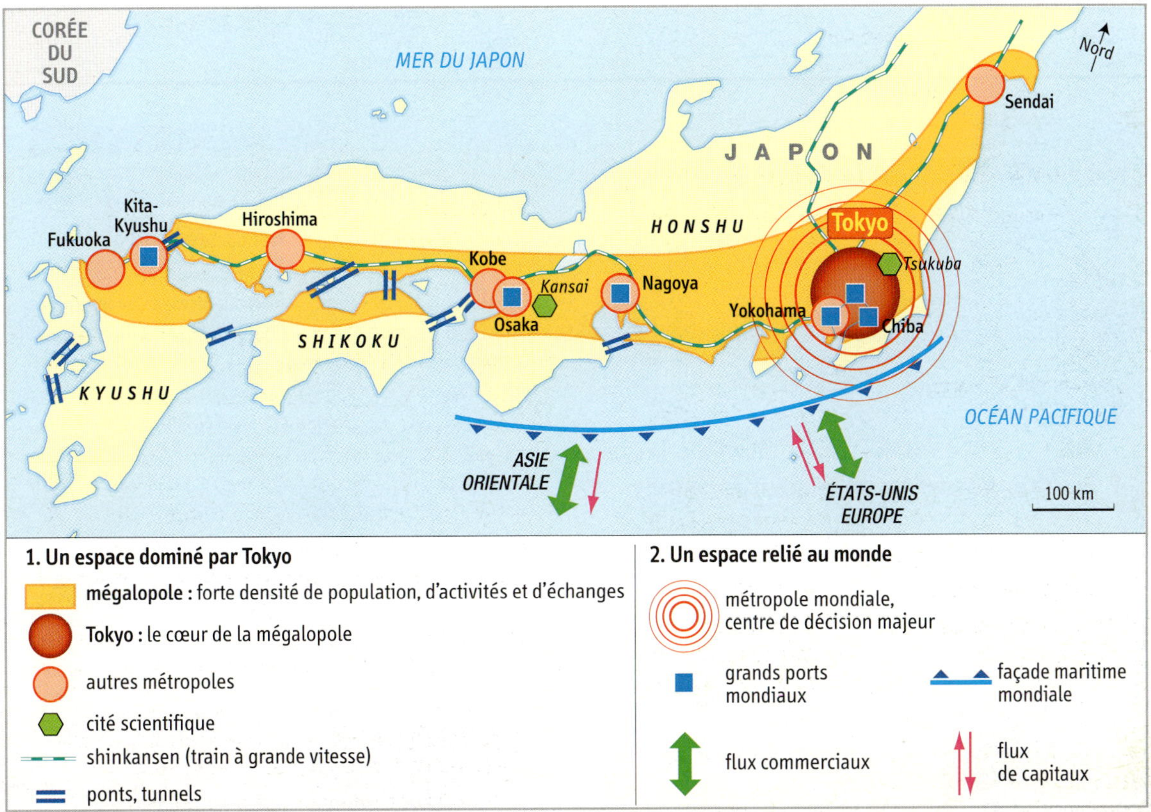

5 Tokyo dans la mégalopole japonaise

1. Un espace dominé par Tokyo
- mégalopole : forte densité de population, d'activités et d'échanges
- Tokyo : le cœur de la mégalopole
- autres métropoles
- cité scientifique
- shinkansen (train à grande vitesse)
- ponts, tunnels

2. Un espace relié au monde
- métropole mondiale, centre de décision majeur
- grands ports mondiaux
- façade maritime mondiale
- flux commerciaux
- flux de capitaux

à l'échelle du monde

Les grandes métropoles organisent le monde

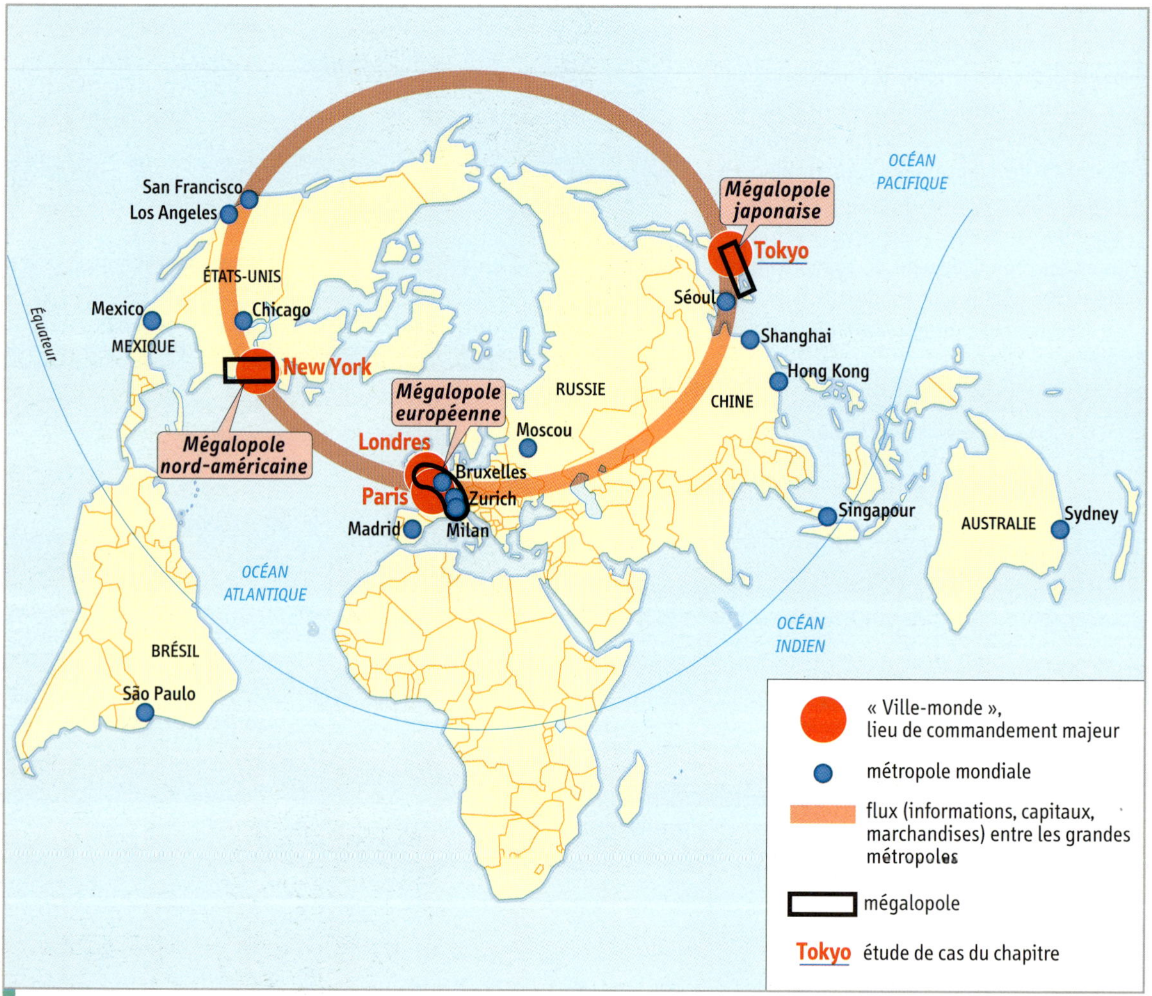

1 Les grandes métropoles dans le monde

Légende :
- « Ville-monde », lieu de commandement majeur
- métropole mondiale
- flux (informations, capitaux, marchandises) entre les grandes métropoles
- mégalopole
- Tokyo étude de cas du chapitre

DE L'ÉTUDE DE CAS...

1 Doc. 1 À quel type de métropole Tokyo appartient-elle ? Quelles sont les trois autres ?

Tokyo...

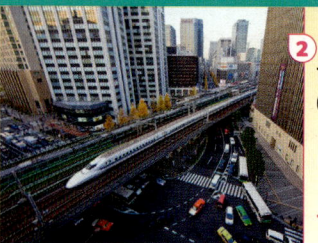

2 Doc. 1 À quelle mégalopole Tokyo appartient-elle ? Où se situent les deux autres ?

... dans la mégalopole japonaise

OBJECTIF
Localiser les grandes métropoles mondiales et les pays où elles se situent

Socle commun
5.1 Avoir des repères relevant de l'espace

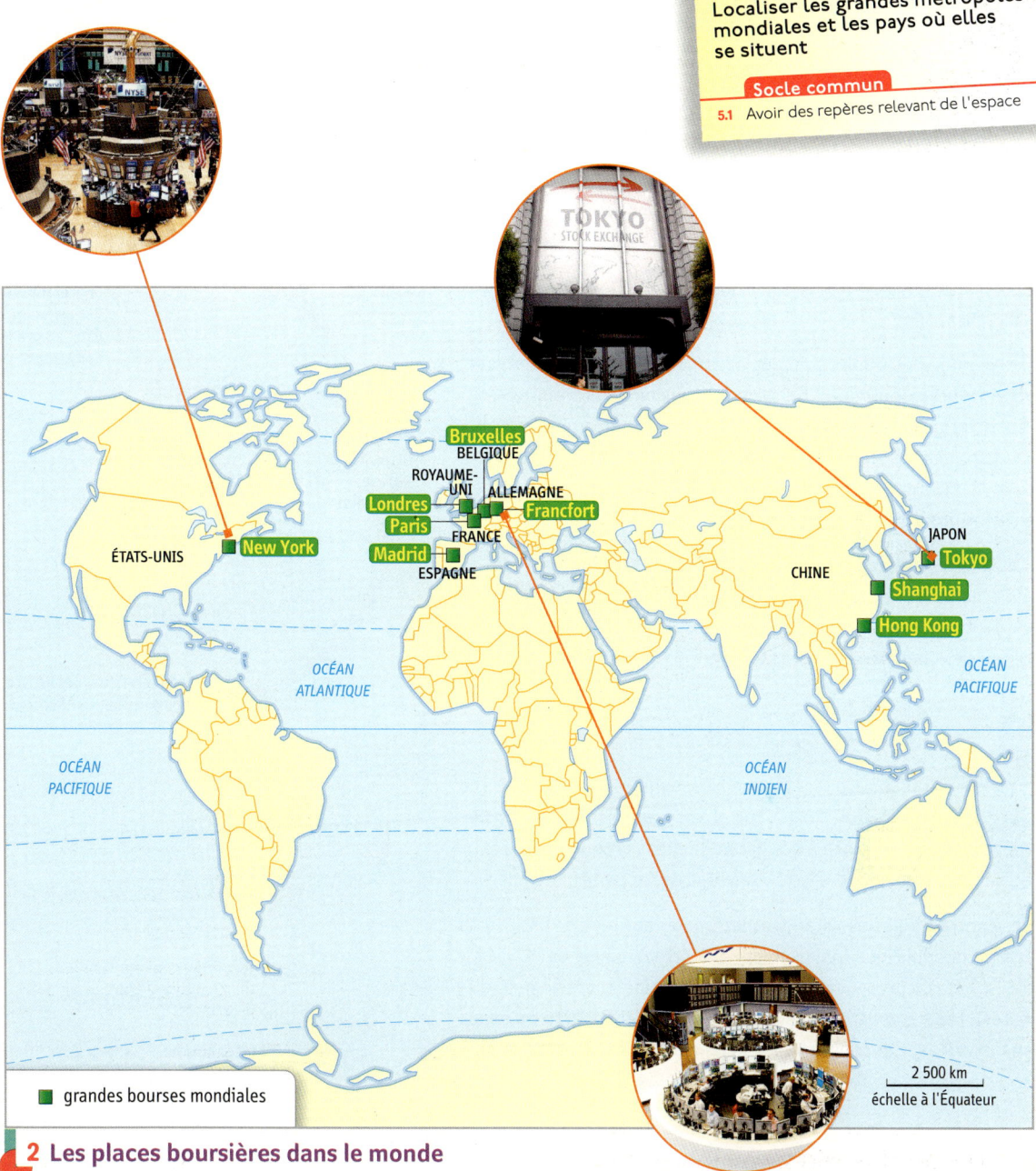

2 **Les places boursières dans le monde**

... AU MONDE

3 Doc. 1 Dans quelles régions du monde se situent la plupart des métropoles mondiales ?

4 Doc. 2 Citez trois métropoles qui accueillent des bourses importantes.

5 Doc. 1 et 2 Quels sont les différents flux qui relient les grandes métropoles (voir aussi doc. 2 p. 281) ?

▶▶▶ Cours p. 280-281

Définitions

Une métropole : (en grec « ville-mère ») : voir p. 274.

Une bourse : un marché financier où s'échangent des actions (une part du capital d'une entreprise).

CHAPITRE 16 Les lieux de commandement / 279

Les grandes métropoles

> Pourquoi les grandes métropoles sont-elles les centres de décision de la mondialisation ?

A Les métropoles concentrent les pouvoirs

1. Les grandes métropoles sont des villes mondiales qui **concentrent de nombreux pouvoirs**. Centres de décision **économiques et financiers**, elles accueillent les grandes bourses mondiales, les banques, les sièges sociaux des firmes transnationales… (DOC. 3). Elles concentrent le pouvoir **politique** et abritent des institutions internationales (l'ONU à New York…).

2. Ces métropoles sont aussi des **capitales culturelles** (musées, salle de concerts…), **scientifiques** et technologiques (centres de recherche, universités…) majeures. Elles attirent des touristes, des chercheurs et des étudiants du monde entier.

B Les lieux de pouvoirs des métropoles

1. Ces différents pouvoirs sont visibles dans les métropoles. Le quartier d'affaires ou CBD (Central Business District) est facilement identifiable grâce à ses gratte-ciel et ses tours de bureaux en verre et en acier (DOC. 4). C'est le lieu des activités financières.

2. Les **centres-villes** des grandes métropoles abritent les bâtiments à fonction politique (palais impérial à Tokyo, palais de l'Élysée à Paris…) et culturelle (centre historique, le plus apprécié des touristes). Les campus universitaires, les parcs d'attractions et les technopôles, qui consomment beaucoup d'espace, sont le plus souvent situés en **périphérie**.

C Des métropoles reliées entre elles

1. Les grandes métropoles sont reliées entre elles par de **multiples flux**. Ceux-ci peuvent être **visibles** (marchandises) **ou invisibles** (échanges d'informations par Internet ou de capitaux entre les principales places boursières) (DOC. 2). Elles forment un archipel mégalopolitain mondial.

2. Ces échanges sont possibles grâce à des **aménagements qui relient ces métropoles** entre elles et au reste du monde : aéroports internationaux, ports maritimes, serveurs Internet. Ils sont très denses entre les mégalopoles de la Triade (CARTE 1 P. 278).

1 Les métropoles, espaces moteurs de la mondialisation

Définitions

Une firme transnationale : voir p. 288.

Un quartier d'affaires : un quartier central constitué de grandes tours où se concentrent les sièges des banques, des entreprises et des services rares ou haut de gamme.

Un technopôle : un espace consacré aux activités de hautes technologies. On y trouve des universités, des centres de recherche, des laboratoires.

L'archipel mégalopolitain : l'ensemble des métropoles qui contribuent à la direction du monde et qui entretiennent entre elles des relations privilégiées. On compare ces métropoles à des « îles éloignées » appartenant à un même « archipel »

280

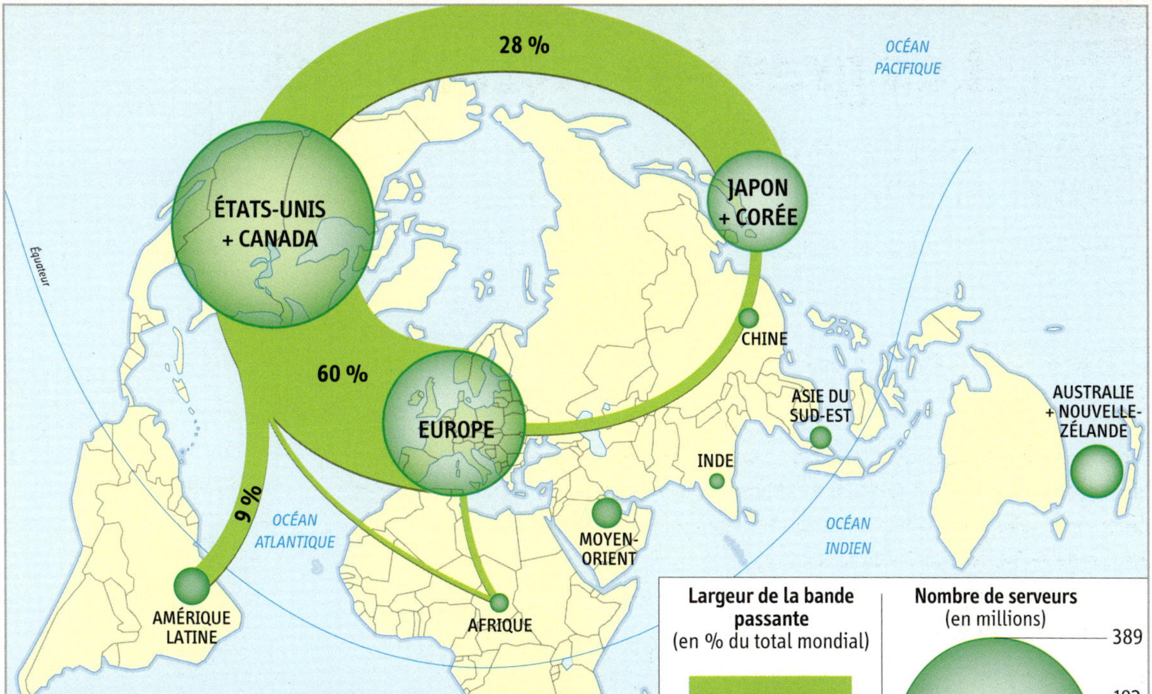

2 Le réseau mondial de l'Internet

Bande passante : la capacité d'un réseau à transmettre des informations. Plus la bande passante est large et plus la quantité d'informations transmises par Internet est grande.

Serveur : un ordinateur connecté à Internet qui héberge des données et gère les demandes des navigateurs des internautes. Les principaux serveurs d'Internet sont installés dans les métropoles.

Source : *Atlas de la mondialisation*, Presses de Sciences Po, 2009.

1. Où sont situés les principaux serveurs d'Internet ?
2. Entre quelles régions du monde les informations transmises par Internet sont-elles les plus nombreuses ?

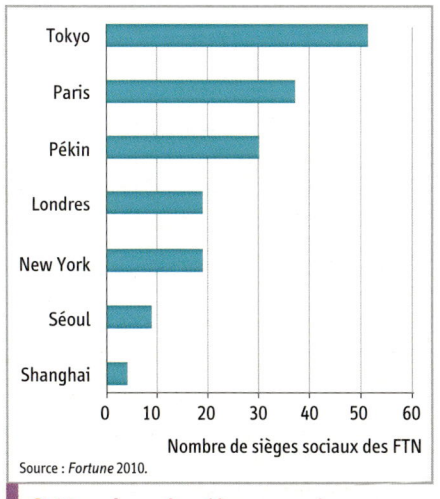

Source : *Fortune* 2010.

3 Nombre de sièges sociaux des 500 premières FTN

1. Quelle est la ville qui accueille le plus de sièges sociaux de FTN ? Justifiez.
2. Quel est le nombre de sièges sociaux de FTN à Paris, Londres et New York ?

4 Paris : une concentration de pouvoirs

① Unesco (Organisation des Nations Unies pour l'éducation, la science et la culture). ② Quartier de la Défense.

CHAPITRE 16 Les lieux de commandement / 281

ARTS et Géographie

Les gratte-ciel de Chicago

Chicago est l'une des plus importantes métropoles mondiales. Elle est le lieu de naissance d'une construction architecturale devenue le symbole de la mondialisation : le gratte-ciel.

> Quelles sont les particularités des gratte-ciel de Chicago ?

OBJECTIF
Décrire et expliquer ce qu'est une métropole mondiale

Socle commun
5.1 Avoir des connaissances relevant de la culture artistique : œuvres architecturales

1 Le Home Insurance Building
Le Home Insurance Building est considéré comme le premier gratte-ciel de l'Histoire. Il a été construit à Chicago en 1885 par William Le Baron Jenney. Sa taille, 42 mètres, était alors considérée comme phénoménale.

2 L'École de Chicago
L'**École de Chicago** est un mouvement d'architecture et d'urbanisme né à la fin du XIXe siècle. Il est marqué par la construction utilitaire de bureaux, de grands magasins, d'usines... En 1871, le grand incendie de Chicago détruit une grande partie du centre-ville. Sa nécessaire reconstruction permet la construction d'immeubles d'un genre nouveau, les gratte-ciel. L'École de Chicago est à l'origine de la création de ces premiers gratte-ciel grâce à l'utilisation de l'acier et du verre. Ces immeubles permettent alors d'utiliser moins de place au sol, à une époque où le prix des terrains à Chicago augmente rapidement.

Vocabulaire DES Arts

Un gratte-ciel : un immeuble à très nombreux étages, atteignant une grande hauteur.

Une skyline : la ligne d'horizon créée par l'ensemble des gratte-ciel.

3 La Skyline de Chicago

La skyline de Chicago s'étire le long du lac Michigan. Elle est dominée par des gratte-ciel de « style international » caractérisé par des lignes droites, des toits plats et l'utilisation du verre et de l'acier.

4 Deux gratte-ciel dans la concurrence mondiale

A La Willis Tower, mesure 527 mètres de haut. C'est la plus haute tour du continent américain. Construite en 1974, elle a longtemps été la plus haute tour du monde.
B La Chicago Spire avec ses 609 mètres de hauteur, devrait devenir le plus haut gratte-ciel du continent américain. Sa construction a été stoppée en 2010 suite à la crise financière mondiale.

ACTIVITÉS

1. Localisez et situez Chicago.
2. **Doc. 2** Quand et à la suite de quel événement les premiers gratte-ciel sont-ils construits à Chicago ? Quel est alors l'avantage de ce nouveau type de construction ?
3. **Doc. 1 et 2** Quels sont les matériaux utilisés pour les construire ? Décrivez le Home Insurance Building.
4. **Doc. 3** À quel style appartiennent aujourd'hui la plupart des gratte-ciel de Chicago ? Justifiez votre réponse en décrivant l'un d'eux.
5. **Doc. 1 et 4** Comparez la taille du Home Insurance building et de la Willis Tower. Que pouvez-vous en conclure ? Comment expliquer cette évolution ?
6. **Doc. 4** Pourquoi ces deux gratte-ciel témoignent-ils de la concurrence entre les grandes métropoles mondiales ?

Passerelle des ARTS

L'Art Institute of Chicago est un musée particulièrement renommé pour sa collection de peintures impressionnistes.

● À partir d'une recherche Internet, trouvez le nom et l'auteur de trois tableaux impressionnistes conservés dans ce musée.

Exercices

1 Décrire et expliquer ce qu'est une métropole mondiale

Socle commun
5.3 Lire et employer différents langages : cartes - images

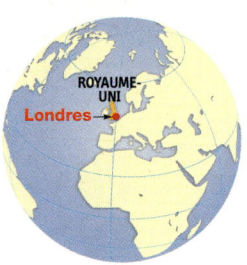

DOCUMENT 1 **Plan du centre de Londres**

DOCUMENT 2 **Vue de Londres**

① Projet de London Bridge Tower de l'architecte Renzo Piano. ② Tour du Lloyd's (première compagnie d'assurances mondiales). ③ Le Gherkin (tour de la compagnie d'assurances Swiss Re). ④ Tower Bridge. ⑤ Tour de Londres.

1. Où se situe Londres ? D'après la carte p. 278, à quel groupe de métropoles appartient-elle ?

2. Doc. 1 Nommez les lieux quartiers ou bâtiments correspondant aux pouvoirs suivants : politique, économique et culturel.

3. Doc. 2 Quelles constructions prouvent le dynamisme économique et financier de Londres ? Donnez plusieurs exemples.

4. Doc. 1 et 2 À partir de vos réponses et de vos connaissances, expliquez en quelques lignes pourquoi Londres est une grande métropole mondiale.

2 Découvrir une grande métropole à partir de son site officiel

Socle commun
4.4 Chercher et sélectionner l'information demandée

Rendez-vous sur le site Internet de la ville de Montréal : www.ville.montreal.qc.ca
Choisir l'onglet : « Les affaires » et double-cliquez dessus. Dans la colonne de gauche, cliquez sur « Financement et développement ».

1. Cliquez sur « Les Grands projets à Montréal ». Quels sont ces projets ? Quels secteurs d'activités concernent-ils ?

2. Fermez la page Montréal 2025 et revenez sur la page d'accueil du site de la ville de Montréal. Dans l'index A-Z, cliquez sur la lettre C, puis sur Cartes thématiques, puis sur Plan d'urbanisme et au chapitre 2 : le centre des affaires.

3. Que trouve-t-on dans le quartier des affaires de Montréal ?

4. Qu'est-ce que le QIM ?

5. Combien d'organisations internationales sont présentes à Montréal ?

6. Combien de m² de bureaux peuvent être encore construits dans le centre des affaires ?

3 Localiser les grandes métropoles mondiales et les pays où elles se situent

Socle commun
5.1 Avoir des repères relevant de l'espace

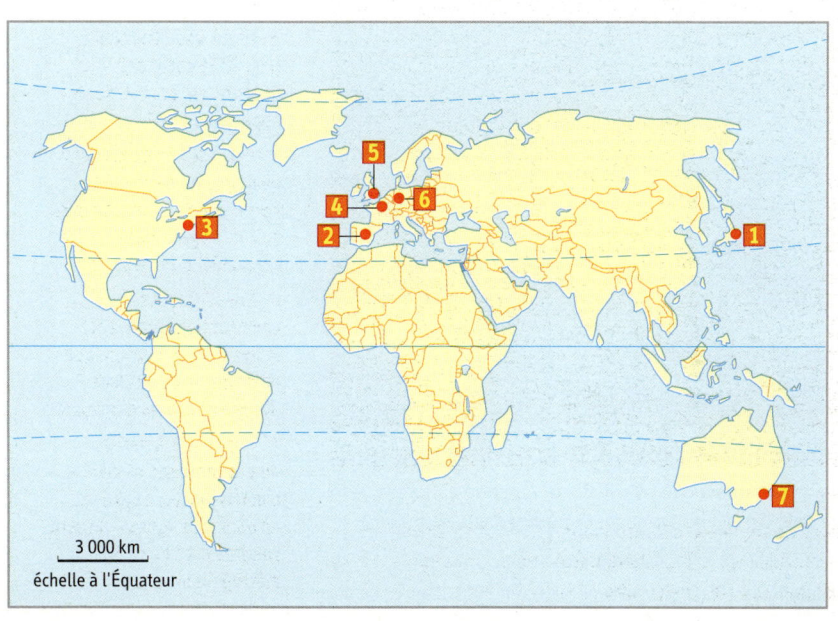

1. À quelles métropoles correspondent les chiffres 1 à 7 ?

2. Dans quel pays se trouvent les métropoles 1, 3, 5 et 7 ?

3. Qu'est-ce qu'une mégalopole ?

4. À quelles mégalopoles appartiennent les villes 1 et 3 ?

chapitre 17

Les entreprises transnationales

> Pourquoi les firmes transnationales sont-elles des acteurs majeurs de la mondialisation ?

1 Human Race 2010, un événement organisé par Nike (extrait du site Internet de Nike, 2011)

Depuis 2008, Nike organise chaque année une course dans le monde entier : la dernière édition de la *Human Race* s'est déroulée dans 26 villes du monde. Cet événement permet à la firme de communiquer sur ses produits et de valoriser son image.

▶ Sur quels continents, la course *Human Race* s'est-elle déroulée en 2010, d'après ce document ?

La mondialisation en chiffres

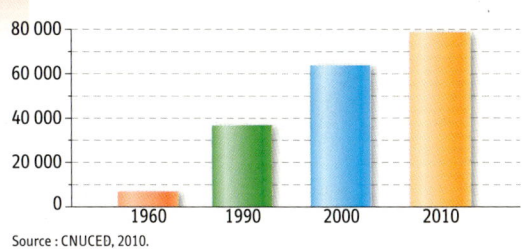

Source : CNUCED, 2010.

A. L'évolution du nombre de firmes transnationales

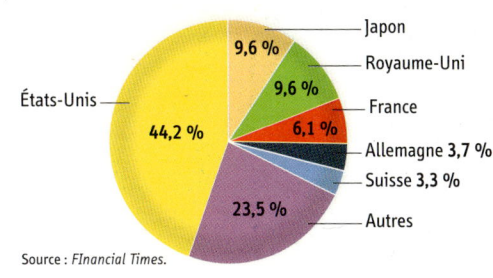

Source : *Financial Times*.

B. Les pays d'origine des 500 premières firmes transnationales

2 Un magasin IKEA à Shanghai en Chine (2008)

Ikea est une entreprise suédoise de meubles et produits pour la maison. Plus de 300 magasins Ikea, tous identiques, sont implantés dans 38 pays et offrent dans la majorité des cas les mêmes produits, conçus en Suède.

▶ Quel est le pays d'origine de l'entreprise Ikea ? Où est implanté ce magasin ? Justifiez en décrivant la photographie.

ÉTUDE DE CAS

Renault, une firme transnationale

> **OBJECTIF**
> Décrire la stratégie d'une firme transnationale
>
> **Socle commun**
> 6.2 Savoir utiliser quelques notions économiques

Le groupe Renault, présent dans 118 pays, conçoit, fabrique et vend des véhicules sous trois marques : Renault, Dacia et Renault Samsung Motors. Il est devenu aujourd'hui un acteur mondial sur le marché de l'automobile.

A — Quelle est la stratégie de la firme Renault ?

Définition

Une firme transnationale (FTN) : une entreprise qui, à partir d'une base nationale, effectue une part importante de ses activités dans plusieurs pays, par l'intermédiaire de filiales.

1 Une innovation de Renault : la Twizy ZE (2009)

En 2009, Carlos Ghosn, patron de Renault présente la biplace électrique Twizy ZE au Salon international de l'Automobile à Francfort. Avec son partenaire Nissan, Renault mise beaucoup sur le véhicule électrique.

2 Quelques grandes dates dans la mondialisation du groupe Renault

1899	Fondation en France de la société Renault Frères.
Années 1960 à 1980	Renault tente sans véritable succès de s'implanter dans le monde (notamment aux États-Unis) ; le groupe se replie sur l'Europe occidentale.
Années 1990	Des usines sont implantées au Brésil, en Argentine et en Turquie pour conquérir de nouveaux marchés.
1999	Signature d'une alliance avec le groupe automobile japonais Nissan. Acquisition de la firme automobile roumaine Dacia qui devient une filiale[1].
2000	Acquisition de la firme sud-coréenne Samsung pour poursuivre la conquête du marché asiatique.
2010	Alliance avec le groupe automobile allemand Daimler.

1. Une filiale est un établissement d'une FTN à l'étranger (usine, bureau, centre de recherche...).

3 Renault-Nissan, une alliance réussie

« Avec plus de 6 millions de voitures écoulées l'an passé, Renault-Nissan fait partie des quatre géants du secteur à dépasser les 6 millions de véhicules. Ce qui lui permet de réaliser de précieuses économies d'échelle[1].

[...] Depuis avril 2009, 100 % des achats des deux entreprises sont effectués en commun. Renault et Nissan partagent par ailleurs les dépenses de recherche et de développement, notamment dans le véhicule électrique. [...]

L'alliance vient d'inaugurer une usine commune à Chennai, en Inde, où seront produites des Nissan et des Renault. Sur le même principe, le site de Tanger, au Maroc, ouvrira en 2012. Actuellement, Renault fabrique des véhicules Nissan dans ses usines en Corée et au Brésil, tandis que Nissan assemble des Renault sur ses sites en Afrique du Sud, au Mexique et en Espagne. »

Cyrille Pluyette, *Le Figaro*, 7 avril 2010.

1. Économies réalisées par une entreprise lorsqu'elle accroît sa taille.

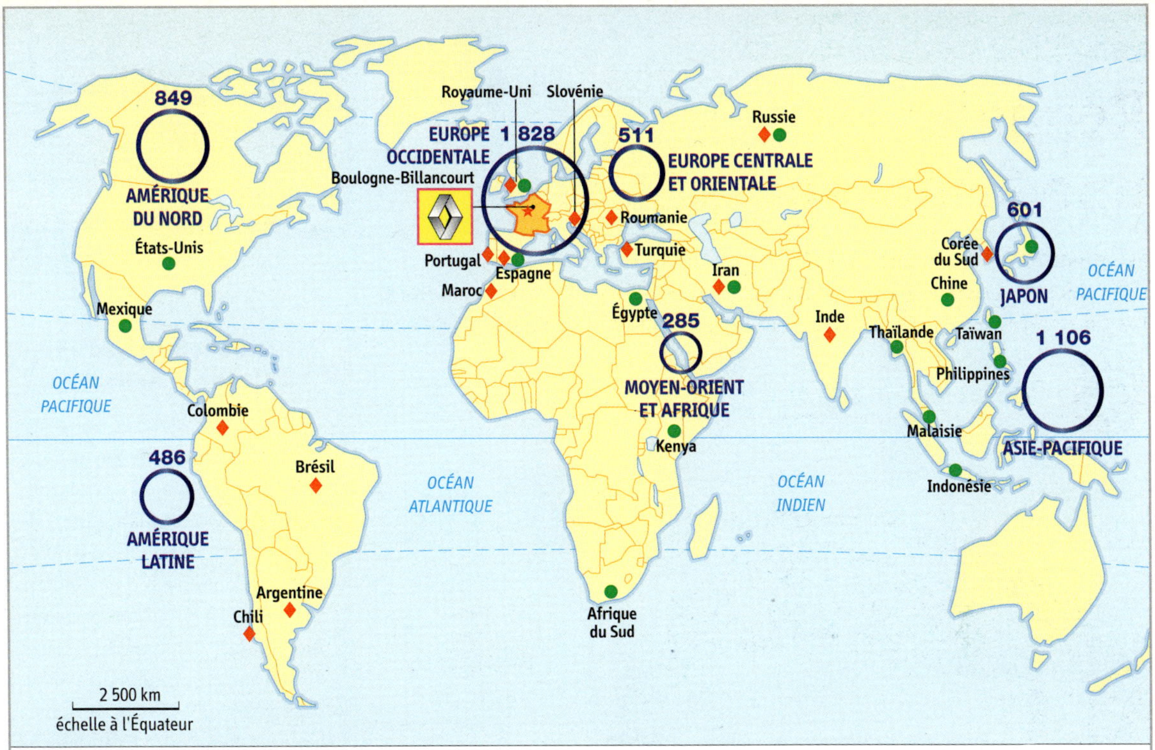

4 Renault-Nissan : une présence mondiale

1. La France : base nationale stratégique

 siège social de Renault

★ technocentre de Guyancourt : principal centre de recherche et développement

 la France : 13 usines Renault
45 % des salariés (2009)
30 % des ventes (2009)

2. La conquête des marchés extérieurs

◆ usines du groupe Renault (Renault, Dacia et Renault Samsung Motors)

● usines Nissan

 ventes du groupe Renault-Nissan (en milliers de véhicules, 2009)

5 Le coût horaire de production par pays

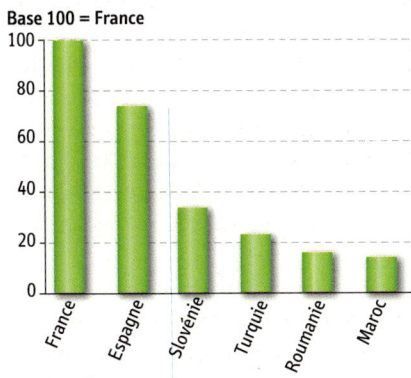

Base 100 = France

Source : *Les Échos*, 1er juin 2010.

Pour un véhicule vendu 14 000 euros, il existe un écart de 1 400 euros entre un véhicule produit et conçu en France et le même produit en Turquie (différences de salaires, taxes et charges sociales).

ACTIVITÉS

1. **Doc. 4** Quel est le pays d'origine de Renault ? Quels éléments montrent l'importance de Renault dans ce pays ?

2. **Doc. 4** Sur quels continents la firme Renault est-elle présente ? De quelles manières ?

3. **Doc. 2** Quand et comment Renault réussit-elle à devenir une firme mondiale ?

4. **Doc. 1, 3 et 4** Pourquoi peut-on parler d'une réussite de l'alliance avec Nissan ?

5. **Doc. 5** Pourquoi Renault implante-t-elle ses usines hors de France ? Justifiez la réponse.

6. Décrivez en quelques lignes la stratégie de la firme Renault.

Méthode ◆ Montrez la présence croissante de Renault à l'étranger (questions 1 et 2).

◆ Décrivez les moyens utilisés par Renault pour devenir une firme mondiale (questions 3 à 5).

CHAPITRE **17** Les entreprises transnationales / 289

B Quels sont les effets de la stratégie de Renault ?

OBJECTIF
Décrire les effets de la stratégie d'une firme

Socle commun
5.2 Mobiliser ses connaissances pour donner du sens à l'actualité

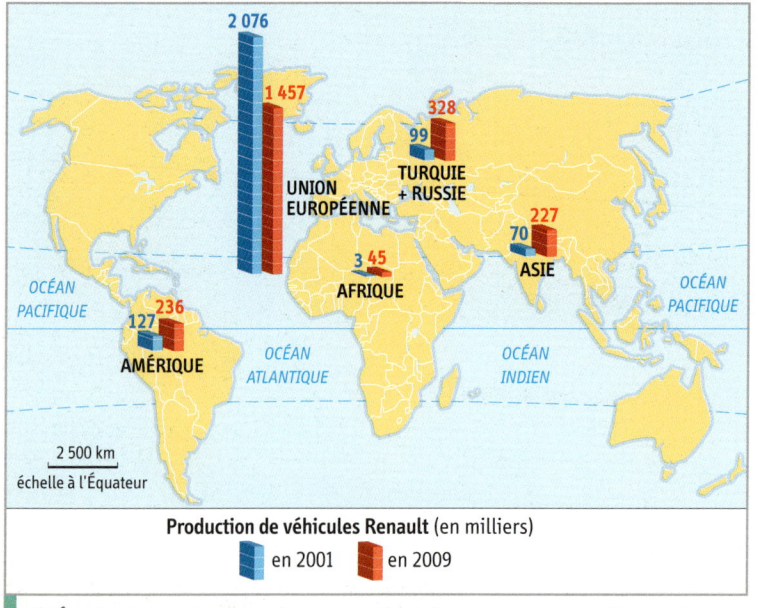

1 Évolution récente de la production du groupe Renault
(en milliers de véhicules produits)

2 La nouvelle géographie de la firme Renault

« Comme d'autres constructeurs, Renault doit se rapprocher de sa clientèle. Par exemple, l'usine Renault-Mahindra de Nashik, en Inde, ne sert qu'à approvisionner le marché indien. Et si la Logan est produite en Roumanie, c'est parce qu'à l'origine, elle n'était destinée qu'à l'Europe orientale. [...] Ces dernières années, Renault a lourdement investi dans ses sites de Pitesti (Roumanie), Bursa (Turquie) [...]. Bursa produit aujourd'hui des Clio 3 pour le marché local. Pour la Clio 4, il fournira cette fois l'ensemble de l'Europe. [...] Ainsi, il ne resterait plus beaucoup de Renault "made in France". <u>Pourra-t-on encore considérer Renault comme une marque française ?</u> Est-ce que le fait que tous les modèles (y compris ceux de Dacia et Renault-Samsung) soient conçus en France est suffisant ? »

Joest Jonathan Ouaknine, sur le site : www.leblogauto.com, 23 janvier 2010.

3 Manifestation contre les délocalisations (2008)
En novembre 2008, des employés de Renault protestent contre une nouvelle suppression de 1 000 emplois à l'usine de Sandouville (Seine-Maritime).

Définition
Une délocalisation : le transfert par une entreprise d'un site de production dans un pays bénéficiant de conditions plus favorables (coût de la main-d'œuvre, facilités de communication, fiscalité...).

1999 Rachat de la firme Dacia

2004 Lancement de la fabrication de la Logan (voiture low-cost*)
*bas-coût

Usine Dacia à Pitesti (Roumanie)

UNE FIRME : RENAULT
- Renault s'implante sur le marché automobile roumain (2ᵉ rang) et en Europe centrale et orientale
- Succès du programme Logan
- Augmentation des profits pour Renault

UN ÉTAT : LA ROUMANIE
- Création d'usines et d'emplois
- Transfert de technologies
- Augmentation des exportations
- Meilleure intégration dans la mondialisation

Investissements (IDE)

4 Les effets de la stratégie de Renault en Roumanie

5 La conception des modèles Renault (2008)

Des experts travaillent sur le design des voitures Renault au technocentre de Guyancourt (région parisienne).

ACTIVITÉS

1. **Doc. 1** Où la production de Renault est-elle la plus élevée en 2009 ? Où a-t-elle fortement progressé entre 2001 et 2009 ?
2. **Doc. 1** Quelle est la seule région dans laquelle la production a reculé ?
3. **Doc. 2** Expliquez la phrase soulignée.
4. **Doc. 4 et 5** Où sont conçues la plupart des voitures Renault ? Où sont-elles produites ? (voir aussi doc. 4 p. 289)
5. **Doc. 2 et 3** Quelles sont les conséquences de la stratégie de Renault sur les emplois en France ?
6. **Doc. 4** La stratégie de Renault contribue-t-elle au développement de la Roumanie ? Justifiez.
7. **Décrivez les effets de la stratégie de Renault.**

Méthode ◆ Décrivez les conséquences sur les territoires (questions 1 à 4).
◆ Décrivez les conséquences sociales en France et dans les pays d'accueil (questions 5 et 6).

ÉTUDE DE CAS

Nike, une firme à la conquête du monde

La firme Nike est spécialisée dans la conception, la fabrication et la commercialisation d'articles de sport. Elle est devenue la première firme mondiale dans ce domaine.

> **OBJECTIF**
> Décrire la stratégie d'une firme et ses effets
>
> **Socle commun**
> 6.2 Savoir utiliser quelques notions économiques
> 5.2 Mobiliser ses connaissances pour donner du sens à l'actualité

Quelle est la stratégie de la firme Nike et ses effets ?

Définition

Une firme transnationale (FTN) : une entreprise qui, à partir d'une base nationale, effectue une part importante de ses activités dans plusieurs pays, directement ou par l'intermédiaire de filiales.

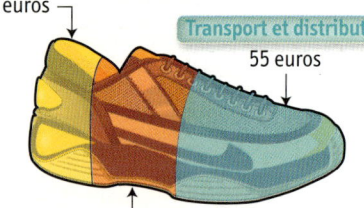

Production dans les usines (main-d'œuvre et matières premières)
12 euros

Transport et distribution
55 euros

Recherche, publicité et bénéfices
33 euros

1 Une usine sous-traitante pour Nike au Vietnam

En mars 2008, les 15 000 employés de cette usine, principalement des jeunes femmes de milieu rural, ont fait grève pour obtenir une augmentation de leur salaire mensuel de 62 dollars.

2 Décomposition du prix d'une basket Nike vendue 100 euros

3 Le modèle économique de Nike

« Faire fabriquer dans les pays pauvres pour vendre dans les pays riches : tel est le modèle économique de Nike. Cette entreprise sans usine estime faire travailler directement ou indirectement un million de personnes dans le monde, mais elle n'a que 14 570 salariés aux États-Unis et 12 201 dans le reste du monde. [...] Menant une politique d'innovation produits et de sponsoring de stars du basket (Michael Jordan), [...] du golf (Tiger Woods)... Nike devient en quelques années un leader du marché aux États-Unis et dans le monde. [...] Le succès de Nike repose sur la [...] sous-traitance[1] totale de la fabrication. [...] Au Vietnam, Nike était en 2004, à travers ses sous-traitants, le premier employeur privé, et les exportations pour le compte de Nike représentaient 6 % de l'ensemble des exportations du pays. »

Gérard Vindt, *Alternatives Économiques*
Hors-série n° 79, décembre 2008.

[1]. Faire réaliser toute ou une partie de sa fabrication à des entreprises extérieures à qui sont imposés des impératifs de délai et de qualité.

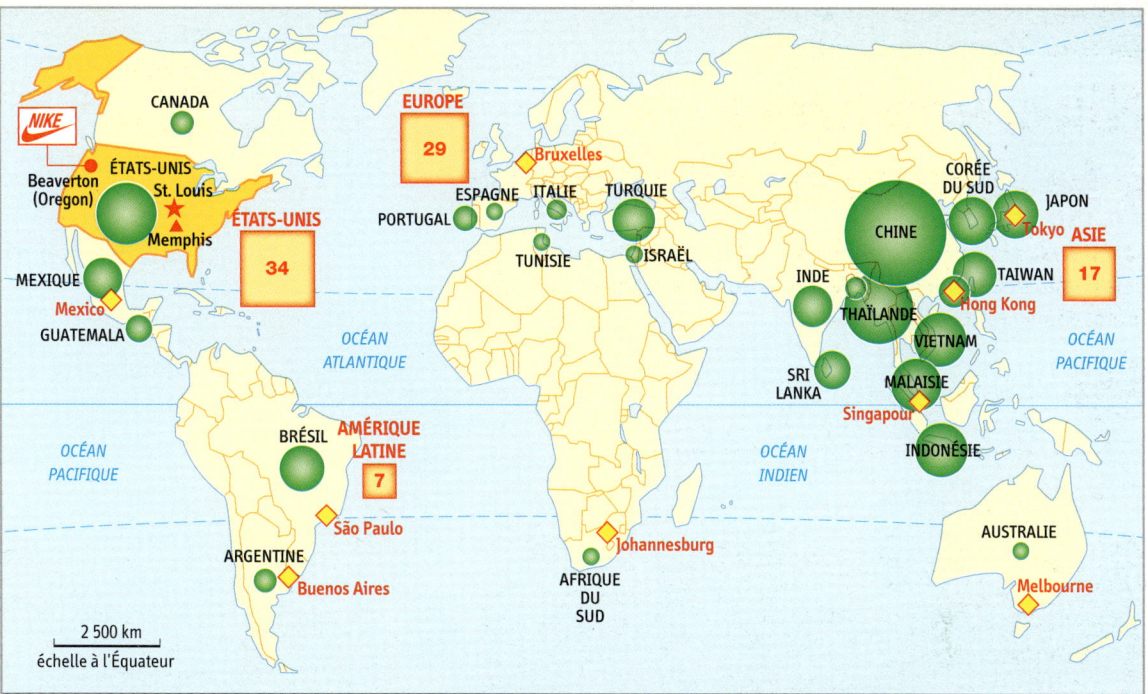

1. Un centre stratégique
- NIKE — siège social mondial : gestion, design, recherche
- ★ laboratoire d'étude et d'essai
- ▲ site responsable de la commercialisation

2. Une production en dehors des États-Unis
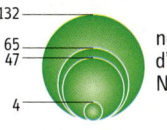
132 / 65 / 47 / 4 — nombre d'usines Nike

3. Une présence commerciale mondiale
- ◆ centre de distribution
- 29 part de la région dans le total des ventes mondiales (en %)

4 La stratégie mondiale de Nike

ACTIVITÉS

1. **Doc. 4** Quel est le pays d'origine de la firme Nike ?
2. **Doc. 4** Où les produits Nike sont-ils conçus ? fabriqués ? vendus ?
3. **Doc. 2 et 3** Comment la firme Nike s'est-elle développée à l'échelle internationale ?
4. **Doc. 1 et 5** Qui sont les employés des usines sous-traitantes ? Quelles sont leurs conditions de travail ?
5. **Doc. 3 et 4** La stratégie de Nike contribue-t-elle au développement des pays du Sud ? Justifiez votre réponse.
6. Décrivez en quelques lignes la stratégie de la firme Nike et ses effets.

Méthode ◆ Décrivez la stratégie de Nike (questions 1 à 3).
◆ Expliquez les conséquences de cette stratégie sur les territoires et les sociétés (questions 4 et 5).

5 Caricature de Seppo
(Caricature du dessinateur finlandais Seppo, 1997.)

En 2001, Nike a reconnu les abus sociaux dans les usines qui sous-traitent pour elle. Elle s'est engagée à faire respecter un code de bonne conduite sociale : travail des enfants interdit, salaires décents et respect des libertés syndicales.

à l'échelle du monde

Les firmes transnationales dans le monde

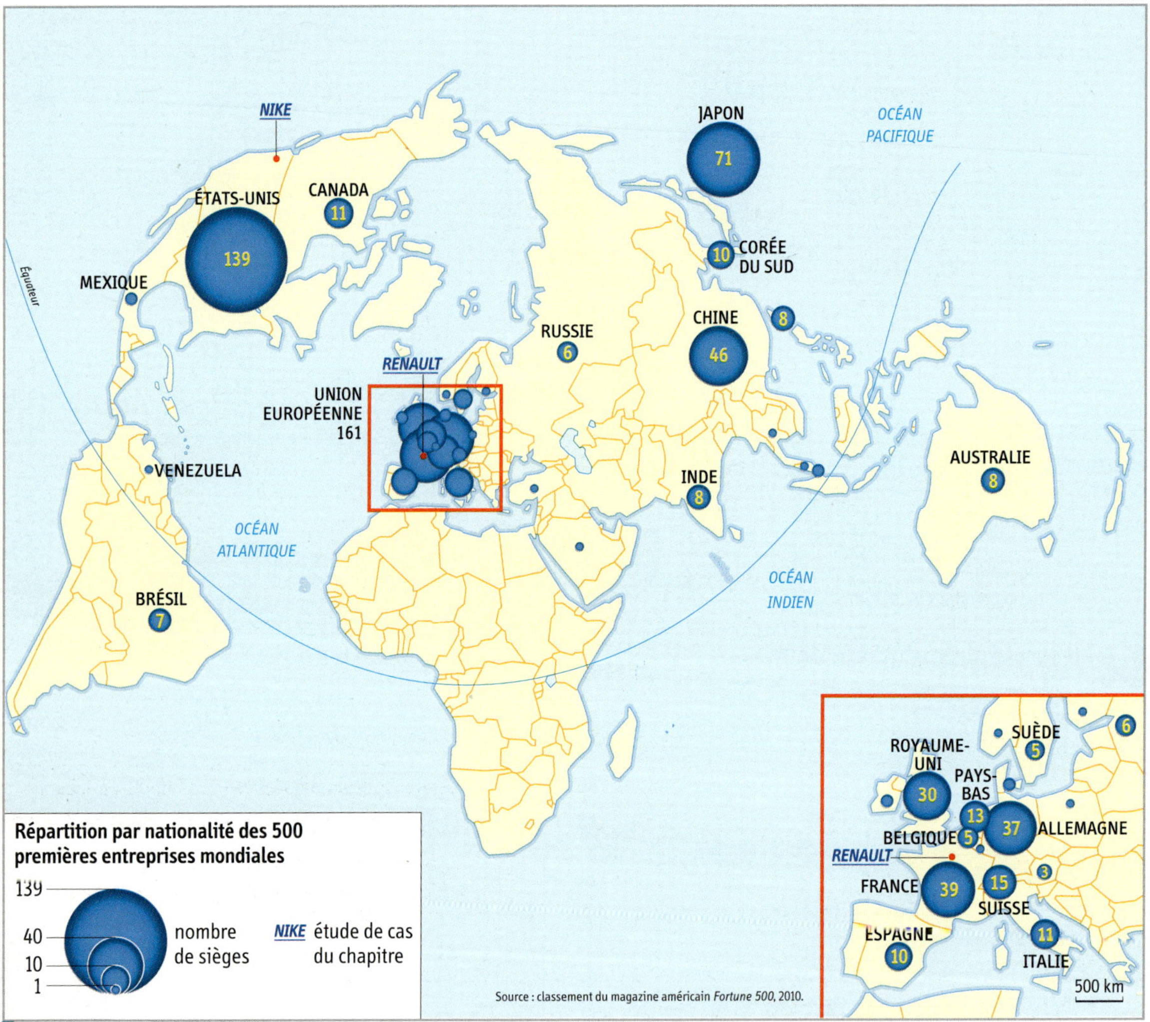

Carte : L'implantation des sièges sociaux des principales firmes transnationales (FTN)

- NIKE (États-Unis)
- ÉTATS-UNIS : 139
- CANADA : 11
- MEXIQUE
- VENEZUELA
- BRÉSIL : 7
- JAPON : 71
- CORÉE DU SUD : 10
- CHINE : 46
- RUSSIE : 6
- INDE : 8
- AUSTRALIE : 8
- UNION EUROPÉENNE : 161
- RENAULT

Détail Europe :
- SUÈDE : 5
- ROYAUME-UNI : 30
- PAYS-BAS : 13
- BELGIQUE : 5
- ALLEMAGNE : 37
- FRANCE : 39 (RENAULT)
- SUISSE : 15
- ESPAGNE : 10
- ITALIE : 11
- (autres) : 6, 3

Répartition par nationalité des 500 premières entreprises mondiales
139 - 40 - 10 - 1 nombre de sièges
NIKE : étude de cas du chapitre

Source : classement du magazine américain *Fortune 500*, 2010.

1 L'implantation des sièges sociaux des principales firmes transnationales (FTN)

DE L'ÉTUDE DE CAS...

Renault

1. Doc. 1 Quel est le pays d'origine de la firme Renault ?
2. Doc. 1 Combien ce pays compte-t-il de firmes transnationales parmi les 500 premières mondiales ?

Nike

3. Doc. 1 Quel est le pays d'origine de la firme Nike ?
4. Doc 1 Montrez que le poids des FTN de ce pays est très important dans le monde.

294

OBJECTIF
Localiser les sièges sociaux des firmes et les zones recevant leurs investissements

Socle commun
5.1 Avoir des repères relevant de l'espace

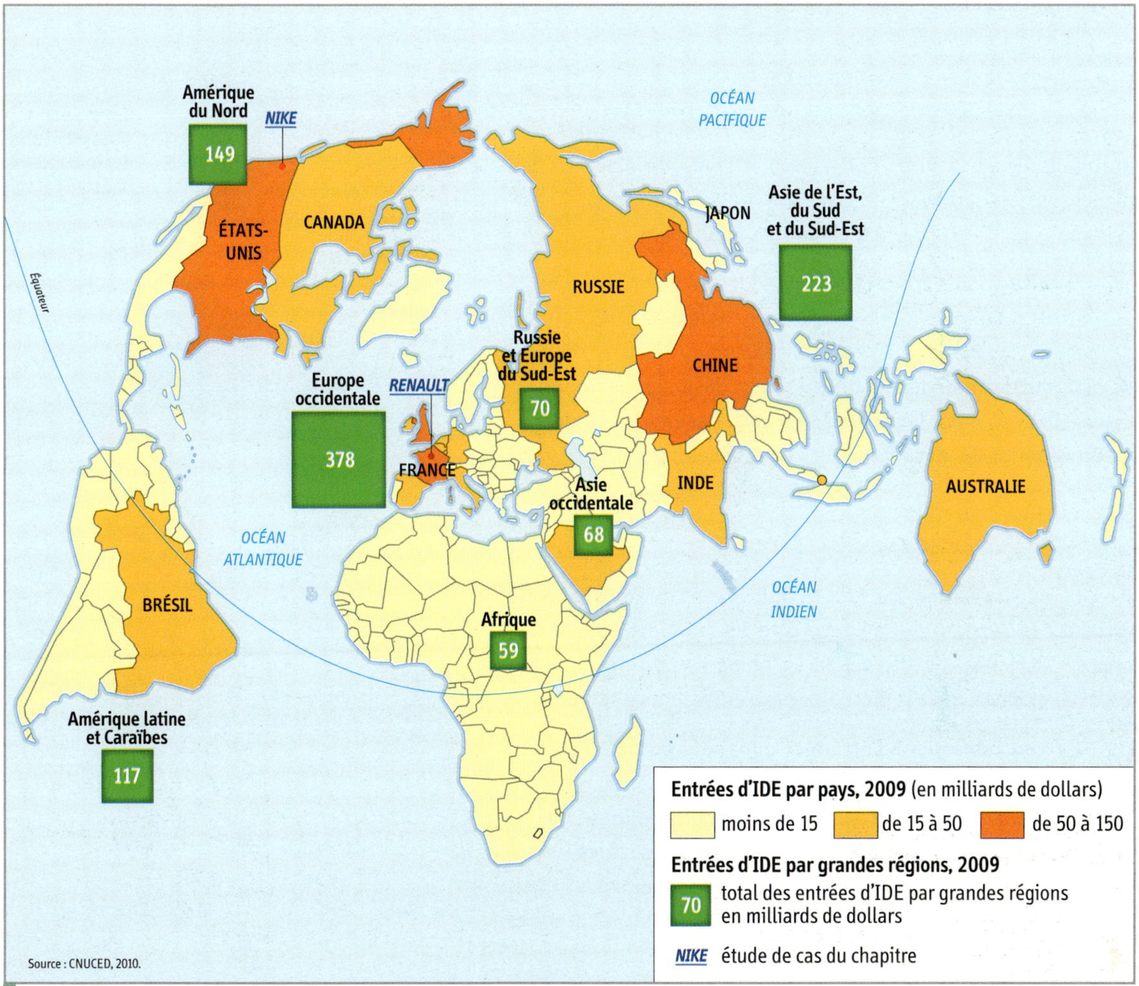

Amérique du Nord NIKE — 149
ÉTATS-UNIS / CANADA
OCÉAN PACIFIQUE
JAPON
Asie de l'Est, du Sud et du Sud-Est — 223
RUSSIE
Russie et Europe du Sud-Est — 70
CHINE
Europe occidentale RENAULT — 378
FRANCE
Asie occidentale — 68
INDE
AUSTRALIE
OCÉAN ATLANTIQUE
OCÉAN INDIEN
Afrique — 59
BRÉSIL
Amérique latine et Caraïbes — 117

Entrées d'IDE par pays, 2009 (en milliards de dollars)
□ moins de 15   □ de 15 à 50   □ de 50 à 150

Entrées d'IDE par grandes régions, 2009
70 total des entrées d'IDE par grandes régions en milliards de dollars

NIKE étude de cas du chapitre

Source : CNUCED, 2010.

2 Les investissements directs à l'étranger (IDE)
Les firmes transnationales sont à l'origine de l'essentiel des IDE.

… AU MONDE

5 **Doc. 1** Quels sont les trois pôles où se concentrent la plupart des grandes firmes transnationales ? Dans quel pays du Sud les FTN sont-elles nombreuses ?

6 **Doc. 2** Que sont les IDE ? Dans quelles grandes régions du monde sont-ils surtout situés ?

7 **Doc. 1 et 2** Sur quel continent les entrées d'IDE sont-elles les plus faibles ? Ce continent possède-t-il beaucoup de sièges sociaux de FTN ?

▶▶▶ **Cours p. 296-297**

Définitions

Une firme transnationale (FTN) : voir p. 288.

Les investissements directs à l'étranger (IDE) : l'argent investi par une entreprise pour créer ou acquérir une entreprise ou une usine à l'étranger.

CHAPITRE **17** Les entreprises transnationales / 295

Les firmes transnationales

> Pourquoi les firmes transnationales sont-elles des acteurs majeurs de la mondialisation ?

A Des firmes puissantes

1. Les firmes transnationales (FTN) sont des **entreprises de grande taille** qui, à partir d'une base nationale, développent des filiales (usines, bureaux...) dans plusieurs pays. Elles concernent le commerce, l'industrie, la technologie, la finance...

2. Les FTN ont un **poids économique considérable**. Leur richesse est parfois supérieure à celle des États dans lesquels elles interviennent (DOC. 3). Elles sont responsables d'au moins un tiers de la production mondiale et des deux tiers des échanges mondiaux. Elles **réalisent l'essentiel des investissements directs à l'étranger (IDE)**, surtout dans les pays développés (DOC. 2).

B Les stratégies des firmes

1. Avec la mondialisation, **les FTN se multiplient**. Grâce à la baisse du coût des transports et à l'ouverture des frontières, des entreprises s'implantent à l'étranger. La plupart appartiennent aux pays développés, mais la place des pays émergents s'accroît.

2. Les FTN **font fabriquer à l'étranger pour se rapprocher de leur clientèle et produire au moindre coût**. Elles s'implantent en fonction des avantages de chaque pays : stabilité politique, main-d'œuvre bon marché, accès direct aux matières premières (DOC. 5). Elles multiplient aussi les acquisitions et les alliances entre firmes. Grâce à l'accroissement de leur taille, elles peuvent réaliser des économies d'échelle et innover.

C Les effets des stratégies des firmes

1. Les FTN contribuent à une nouvelle division internationale du travail. Les **lieux de décision et de conception restent dans les pays d'origine**. La production est parfois délocalisée dans des pays du Sud qui bénéficient de créations d'emplois, de transferts de technologies et s'intègrent dans la mondialisation.

2. Les FTN mettent en concurrence les salariés : dans les pays d'origine, les délocalisations détruisent un certain nombre d'emplois transférés dans les pays d'accueil. Dans les pays en développement, les emplois sont souvent peu qualifiés et mal payés, même si les FTN affichent des préoccupations sociales (DOC. 4).

1 Les firmes, acteurs majeurs de la mondialisation

Définitions

Une firme transnationale : voir p. 288.

Des économies d'échelle : les économies réalisées par une entreprise lorsque celle-ci accroît sa taille.

La division internationale du travail : la spécialisation des différents pays du monde dans un type d'activités économiques (conception, production...) en fonction des avantages qu'ils offrent aux entreprises.

Une délocalisation : voir p. 290.

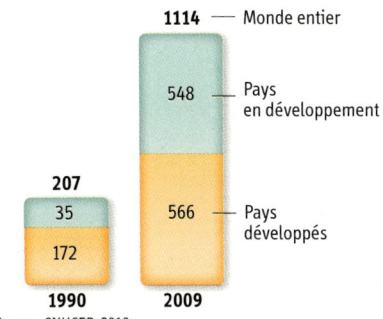

Entrées d'IDE en milliards de dollars

Source : CNUCED, 2010.

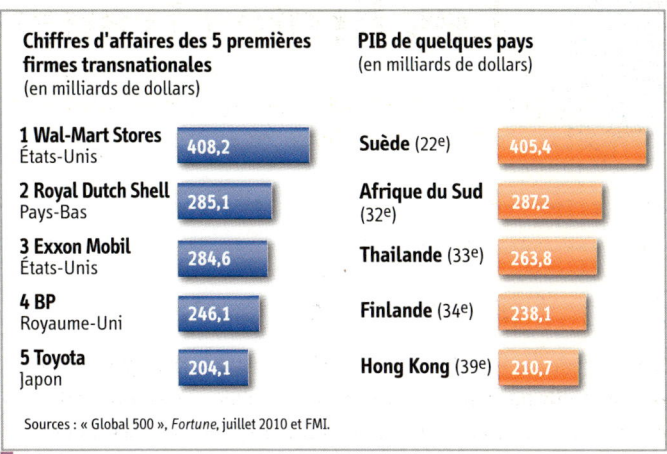

2 Les entrées d'IDE

▸ Quelle catégorie de pays recevait le plus d'IDE en 1990 ? En quoi la situation a-t-elle évolué en 2009 ?

3 Firmes transnationales et États

1. Quel est le chiffre d'affaires de la première FTN ? Quel est le PIB de la Suède ?

2. Que pouvez-vous en conclure ? Développez votre réponse.

4 Les FTN modifient leurs pratiques

« Les firmes multinationales[1] sont souvent accusées de piller le Tiers-Monde (par exemple, les firmes pétrolières), de participer à l'uniformisation culturelle (Coca-Cola, McDonald's, etc.), de sous-payer leurs salariés des pays du Sud (comme dans les maquiladoras[2] américaines au Mexique) et de profiter du travail des enfants, de n'être pas respectueuses de l'environnement, de mettre en danger la vie des populations locales, [...] Pour autant, [...] elles doivent, ne serait-ce que pour des raisons commerciales, conserver une image positive auprès du public et des consommateurs. Les campagnes contre les produits de firmes peuvent les mettre en grande difficulté. [...] Ainsi, en se créant une image écologiquement et socialement correcte, elles prennent à revers la contestation et s'ouvrent de nouveaux marchés. »

Pascal Boniface, *50 idées reçues sur l'état du monde*, © Armand Colin, 2e édition, 2010.

1. ou transnationales.
2. Les usines d'assemblage construites par des entreprises nord-américaines au Mexique près de la frontière avec les États-Unis.

1. Quels sont les principaux reproches faits aux FTN ?

2. Quelles sont leurs nouvelles pratiques ? Pourquoi ?

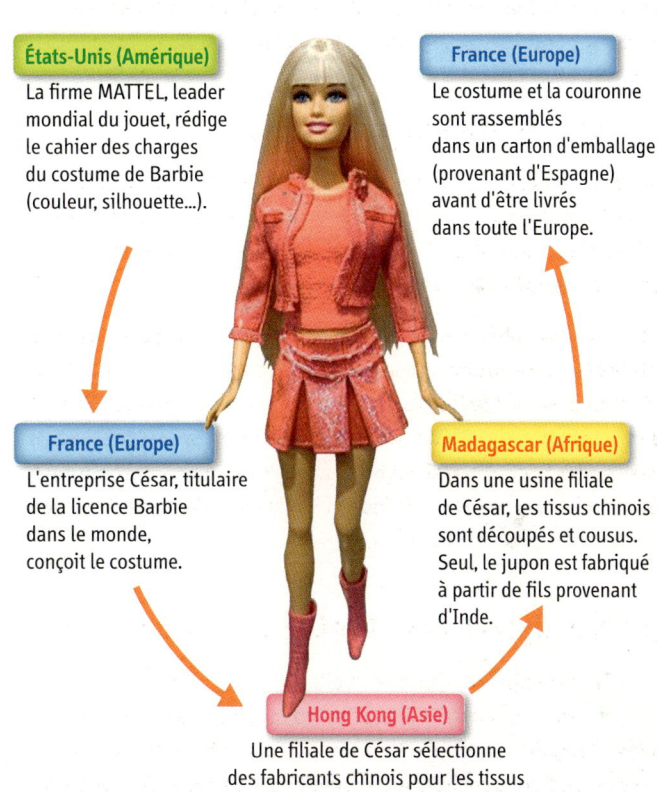

5 Les dessous mondialisés du costume de Barbie

1. Qui conçoit le costume de Barbie ? D'où viennent les matières premières ? Où le costume est-il fabriqué ?

2. En quoi la fabrication de la poupée Barbie illustre-t-elle la nouvelle division internationale du travail (voir la définition p. 296) ?

MÉTHODE

5.3 Lire et employer différents langages : graphiques — *Socle commun*

Lire et utiliser des graphiques

● POINT MÉTHODE

Pour lire et utiliser un graphique, il faut :

A. Identifier le graphique
Le type de graphique (voir ci-dessous)
Le thème du graphique
L'unité de valeur utilisée

B. Prélever des informations
Je lis le graphique à l'aide de l'axe horizontal (abscisses) et de l'axe vertical (ordonnées) pour les graphiques linéaires et en barres

C. Interpréter le graphique
Je dégage l'intérêt du graphique : j'indique ce qu'il apprend sur le thème d'étude.

Les types de graphiques

● **Le graphique en barres**
Il permet des comparaisons entre pays, productions... Parfois, il représente une évolution : chaque barre correspond alors à une année ou une période.

● **Le graphique linéaire ou courbe**
Il représente toujours une évolution.
Les années sont en abscisse (barre horizontale).

● **Le graphique circulaire**
Il permet de montrer une répartition (en %).

DOCUMENT 1 Production de véhicules Toyota par régions
(en milliers de véhicules, 2009)

DOCUMENT 2 Production de Toyota en dehors du Japon (en %)

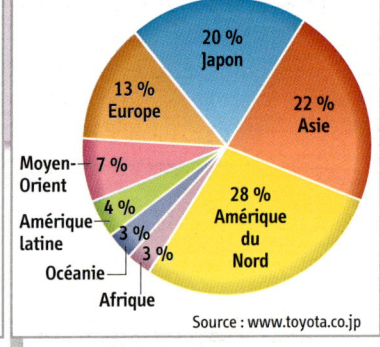

DOCUMENT 3 Ventes de Toyota par régions
(en %, 2009)

● EXERCICE

A J'identifie les graphiques

1. Identifiez chaque graphique (type de graphique, thème, unité de valeur).

B Je prélève des informations

2. Doc 1 Dans quel pays la firme Toyota a-t-elle produit le plus de véhicules en 2009 ? Justifiez la réponse.

3. Doc 2 Comment évolue la production de Toyota à l'étranger depuis les années 1970 ? Justifiez.

4. Doc 1 et 2 Quel est le pourcentage de la production effectuée à l'étranger en 2009 ? Dans quelles régions principales ?

5. Doc 3 En 2009, quel est le pourcentage des ventes réalisé par Toyota en Asie ? en Amérique du Nord ? en Europe ?

C J'interprète les graphiques

6. Doc 1, 2 et 3 Pourquoi peut-on qualifier Toyota de « firme transnationale » ?

Exercices

1 Décrire et expliquer la stratégie d'une firme transnationale : L'Oréal

Socle commun
5.2 Mobiliser ses connaissances pour donner du sens à l'actualité

DOCUMENT L'Oréal passe à la vitesse supérieure en Asie

Publicité L'Oréal en Chine

« Deux heures de route à l'ouest de Shanghai, Suzhou, 6 millions d'habitants, possède l'une des plus grandes zones industrielles d'Asie, avec 3 000 entreprises étrangères et 11 chinoises. L'usine locale de L'Oréal y tourne à plein régime, 24 heures sur 24. [...] Pas de temps à perdre : il faut assurer la capacité industrielle pour répondre à l'insolente croissance du marché asiatique. [...] Le patron Jean-Paul Agon s'est fixé l'objectif de conquérir un milliard de nouveaux clients en dix ans. Les deux tiers seront en Asie, dont la moitié en Chine. Or, alors qu'il possède 19 usines en Europe et 8 en Amérique du Nord, il n'en a que 5 en Asie. [...] À l'inverse des industries manufacturières, il ne s'agit pas de bénéficier de moindres coûts de main-d'œuvre pour importer des produits en Occident, mais d'alimenter les marchés locaux en plein essor. Outre la Chine, une seconde usine sera implantée prochainement en Inde et une première en Indonésie. [...] L'Oréal est aujourd'hui présent dans 33 000 points de vente et détient 11,7 % du marché chinois derrière l'américain Procter & Gamble (19 %) mais devant le japonais Shiseido (7,7 %). Les marques locales peinent à résister à ce rouleau compresseur venu d'Occident. »

Florentin Collomp, *Le Figaro*, 24 mai 2010.

1. Quel est le pays d'origine de la firme L'Oréal ?

2. Relevez des éléments qui montrent que L'Oréal est une firme transnationale.

3. Pourquoi le groupe L'Oréal s'implante-t-il en Chine et plus largement en Asie ?

4. Ces implantations de filiales L'Oréal profitent-elles à la Chine ? Justifiez

5. Décrivez la stratégie de la firme L'Oréal, en prenant plus particulièrement l'exemple de la Chine.

2 Localiser et situer les principales zones recevant les investissements des FTN

Socle commun
5.1 Avoir des repères relevant de l'espace

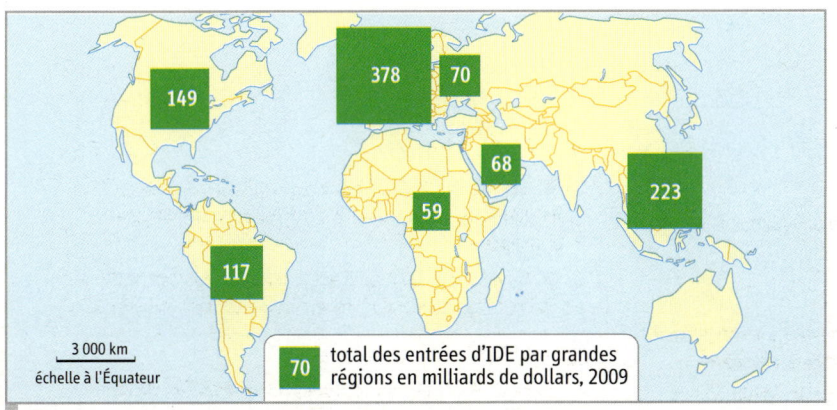

DOCUMENT Les zones d'investissement des FTN

1. Rappelez ce que sont les investissements directs à l'étranger (IDE).

2. Quelles sont les trois principales régions qui reçoivent l'essentiel des IDE ?

3. Quelle est la partie du monde qui reçoit le moins d'IDE ?

chapitre 18
Les États-Unis dans la mondialisation

> Quelle est la place des États-Unis dans la mondialisation ?
> Quelles sont les conséquences de la mondialisation sur l'organisation du territoire américain ?

1 Les États-Unis dans le monde
(Dessin de Chapatte du 17 octobre 2006)

▶ Quelle image des États-Unis ce dessin donne-t-il ?

La mondialisation en chiffres

● Le poids des États-Unis dans le monde

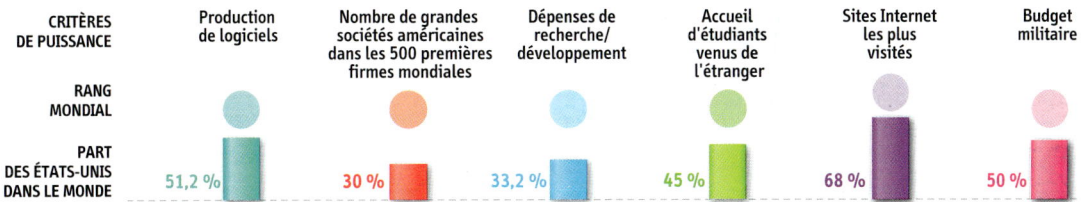

CRITÈRES DE PUISSANCE	Production de logiciels	Nombre de grandes sociétés américaines dans les 500 premières firmes mondiales	Dépenses de recherche/ développement	Accueil d'étudiants venus de l'étranger	Sites Internet les plus visités	Budget militaire
RANG MONDIAL						
PART DES ÉTATS-UNIS DANS LE MONDE	51,2 %	30 %	33,2 %	45 %	68 %	50 %

▶ **2 Time Square à New York** (Photographie d'Andrew Moore, *Duffy Square, New York*, 2002)

Située au cœur de l'île de Manhattan, quartier central de New York, Time Square est une des places les plus célèbres du monde. Toutes les grandes marques mondiales cherchent à ouvrir un magasin à Time Square, ou à se montrer par la publicité.

▶ Quels sont les signes de la mondialisation visibles dans le quartier de Time Square ?

DOSSIER

Une place centrale dans l'économie mondiale

Les États-Unis sont aujourd'hui la première puissance économique du monde. Ils sont l'un des acteurs majeurs de la mondialisation.

Comment expliquer la place centrale des États-Unis dans l'économie mondiale ?

> **OBJECTIF**
> Comprendre la place des États-Unis dans la mondialisation
>
> **Socle commun**
> 5.1 Avoir des connaissances relevant de la culture civique : mondialisation

1 Wall Street, siège de la bourse de New York (2009)

Loin devant les autres places boursières de la Triade, les bourses américaines de New York (New York Stock Exchange et Nasdaq) réalisent 51 % des transactions mondiales.

2 La puissance des universités américaines

« Le classement 2010 des universités, publié vendredi par l'Université des communications de Shanghai, est encore dominé cette année de manière écrasante par les Américains [...].

Le top 500, mis en ligne par l'Université Jiaotong [...] voit trôner à la première place, pour la 8e année consécutive, l'université américaine d'Harvard. Comme l'an dernier, les États-Unis occupent 17 des 19 premières places [...]. Le trio de tête est le même que l'an dernier, mais derrière Harvard, Berkeley souffle cette année la deuxième place à Stanford. Pour l'Europe, seules les universités britanniques rivales de Cambridge (5e) et d'Oxford (10e) se glissent parmi les 10 meilleures aux côtés d'universités toutes américaines[1]. »

Dépêche de l'AFP, 13 août 2010.

1. Les critères retenus pour ce classement sont principalement scientifiques : nombre de prix Nobel, de médailles Fields (l'équivalent du Nobel en mathématiques) et d'articles publiés dans des revues anglo-saxonnes telles *Nature* ou *Science*.

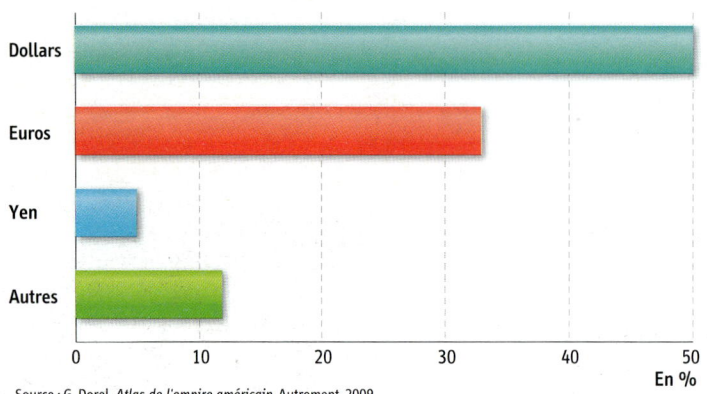

Source : G. Dorel, *Atlas de l'empire américain*, Autrement, 2009.

3 La part du dollar dans le commerce mondial

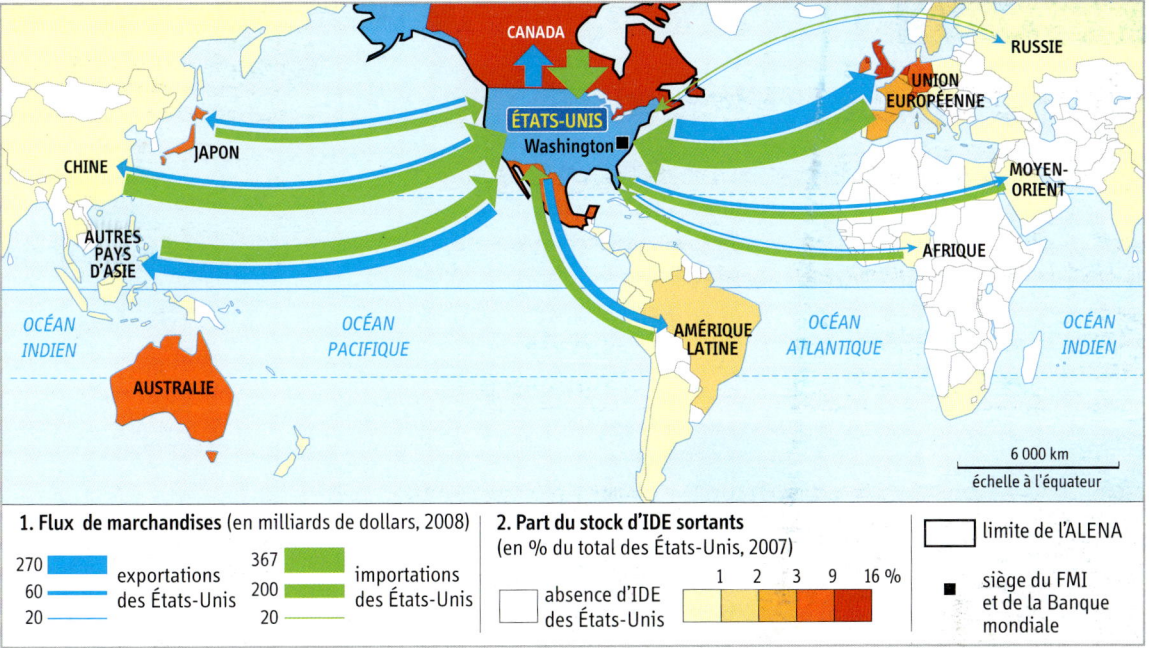

1. Flux de marchandises (en milliards de dollars, 2008)
- 270 / 60 / 20 : exportations des États-Unis
- 367 / 200 / 20 : importations des États-Unis

2. Part du stock d'IDE sortants (en % du total des États-Unis, 2007)
- absence d'IDE des États-Unis
- 1 – 2 – 3 – 9 – 16 %

limite de l'ALENA

■ siège du FMI et de la Banque mondiale

4 La puissance économique américaine dans le monde

Définitions

ALENA : Association de libre-échange nord-américain regroupant les États-Unis, le Canada et le Mexique.

IDE : voir p. 295.

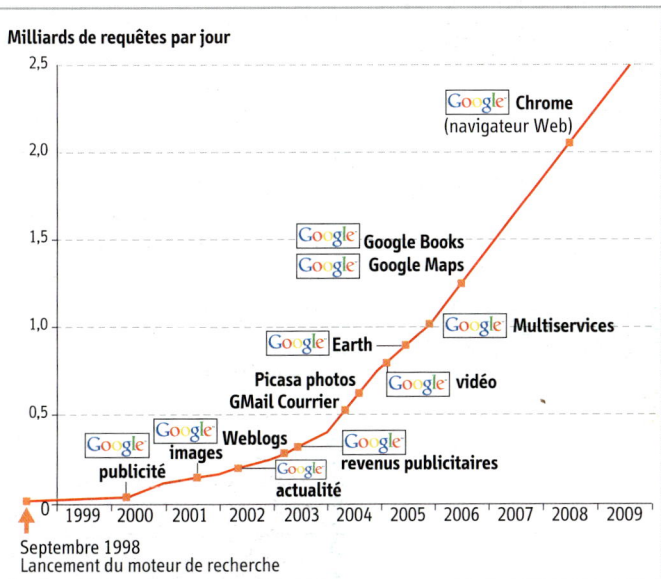

5 Une firme américaine mondiale : Google

Fondé en 1998, Google s'est très vite imposé dans le monde d'Internet. Au départ simple moteur de recherches, la société est devenue un portail multiservices recevant désormais 2,5 milliards de requêtes par jour, soit 34 000 par seconde.

ACTIVITÉS

1. **Doc. 4** Avec quelles grandes régions du monde les États-Unis commercent-ils surtout ?

2. **Doc. 4** Citez trois pays du monde où les États-Unis investissent en priorité.

3. **Doc. 1 et 3** Montrez que les États-Unis sont une grande puissance financière.

4. **Doc. 5** Montrez que Google est une firme puissante. Quel est le chiffre d'affaires des deux plus grandes firmes américaines (voir doc. 3 p. 297) ?

5. **Doc. 2** Quelle est la place des universités américaines dans le monde ? Justifiez.

6. Montrez la place centrale de l'économie américaine dans le monde.

Méthode ◆ Montrez que les États-Unis commercent et investissent dans le monde entier (questions 1 et 2).

◆ Expliquez les fondements de cette puissance économique : firmes, universités... (questions 3 à 5).

CHAPITRE 18 Les États-Unis dans la mondialisation / 303

DOSSIER

Un modèle culturel dominant

Symbole de la mondialisation culturelle, le modèle américain s'est diffusé en transmettant des valeurs et un mode de vie : l'*American way of life*.

OBJECTIF
Comprendre la place des États-Unis dans la mondialisation

Socle commun
5.3 Lire et employer différents langages : textes – cartes – images

> Comment le modèle culturel américain s'impose-t-il dans le monde ?

1 Une rue de Singapour

Dans cette rue de Singapour, sont installés un café de la firme américaine Starbucks coffee, un magasin de vêtements de la marque américaine Esprit et un restaurant Planet Hollywood.

2 La diffusion de la culture américaine

« Réunissez quelques gamins – des enfants originaires de Suède, d'Allemagne, de Russie, d'Argentine, du Japon, d'Israël et du Liban : ils porteraient tous des jeans et des casquettes de base-ball. Comment communiqueraient-ils ? Dans un anglais plus ou moins compréhensible, parsemé d'expressions américaines. Et de quoi parleraient-ils ? Du dernier jeu vidéo créé aux États-Unis, des tubes américains qui font partie des top-ten, de la série télévisée d'animation *South Park* [...]. Si une civilisation globale existe, elle est américaine – et il n'en allait pas de la sorte vingt ou trente ans auparavant. Ce n'est pas seulement une question de culture populaire, c'est Mc Donald's et Microsoft, Madonna et le MoMA[1], Hollywood et Harvard. »

J. Joffre, *Hyperpuissance*, Odile Jacob, 2007.

1. Museum of Modern Art de New York.

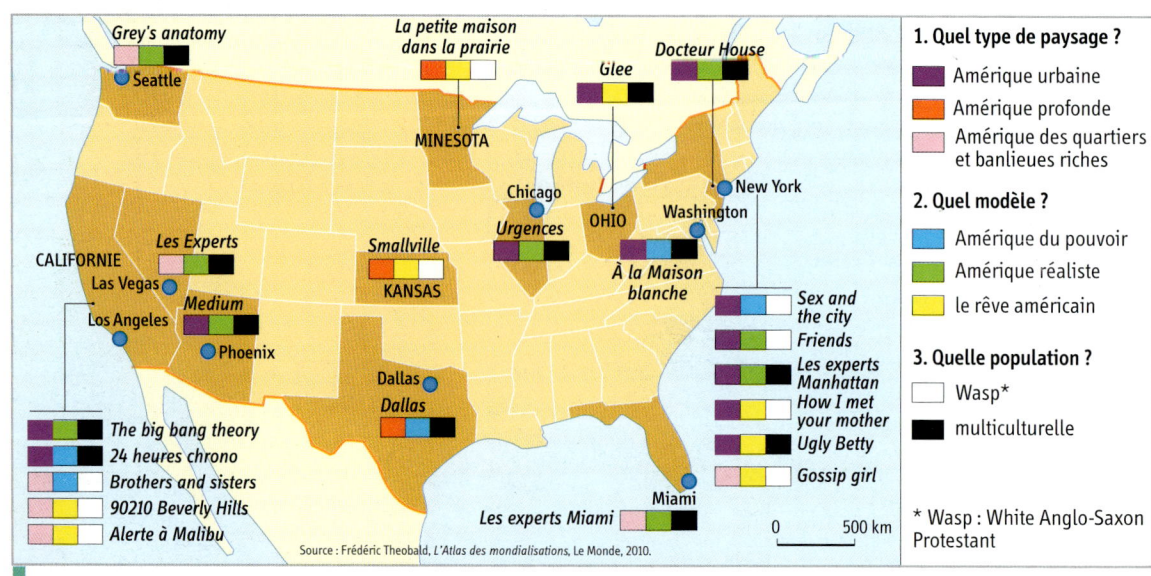

3 Les modèles diffusés par les séries américaines

304

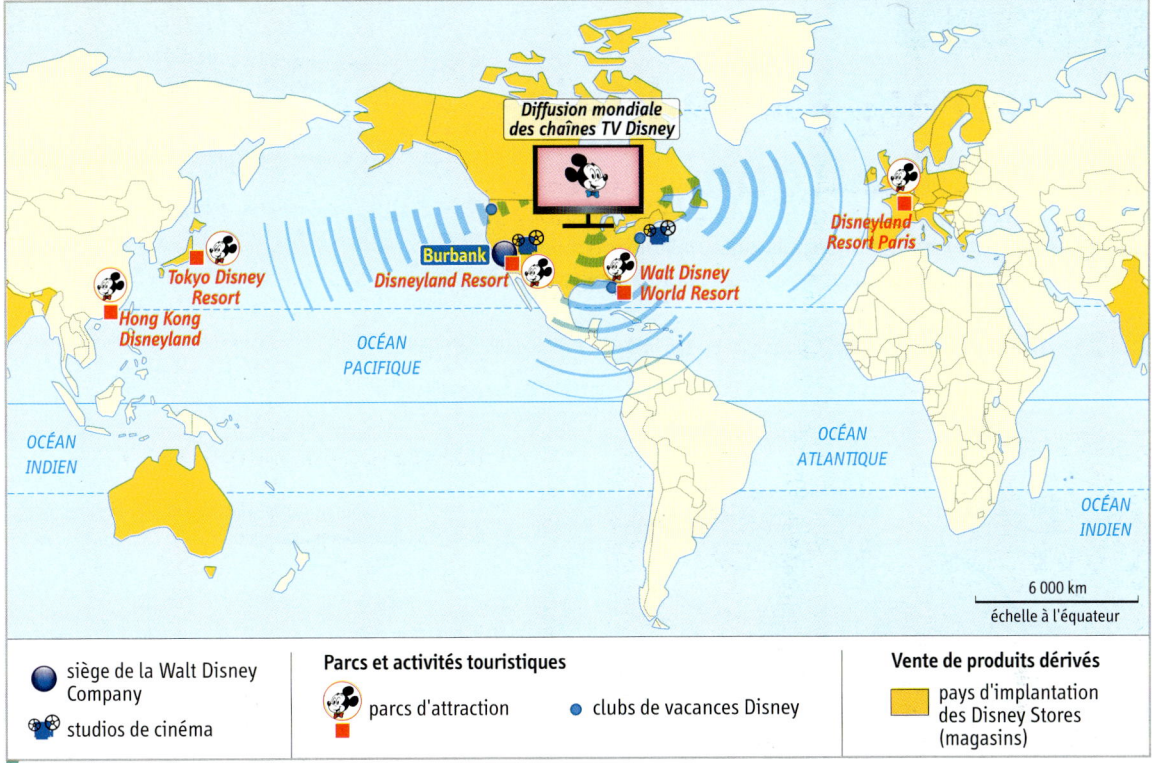

4 Les implantations du groupe Disney dans le monde

5 Le divertissement est-il américain ?

« Fin décembre 2009, *Avatar* imposait son univers visuel et ses hommes bleus sur pas moins de 18 000 écrans du cinéma dont 3 400 aux États-Unis. Le résultat fut à la hauteur de ce déploiement : 2,7 milliards de recettes dont plus des deux tiers engrangés à l'international. [...] De là à faire d'*Avatar* le symbole d'un impérialisme culturel hollywoodien et d'un monde, actuel ou proche voué à la culture américaine, la tentation est grande [...]. Cependant, pour l'écrivain Frédéric Martel, "la mondialisation n'est pas synonyme d'américanisation généralisée et les cultures nationales se portent bien". [...] Dans le domaine de l'information et du divertissement, al-Jazira, la chaîne qatar, propose à ses téléspectateurs du monde entier un autre regard que celui de la chaîne américaine CNN. [...] Les Européens, de leur côté, contrôlent des secteurs clés de l'édition, du disque et des jeux vidéo. »

Frédéric Theobald, « Le divertissement est-il américain ? »,
L'Atlas des mondialisations, Le Monde/La Vie, 2010.

Définition

L'*American way of life* : le mode de vie américain.

ACTIVITÉS

1. **Doc. 1 et 2** Relevez trois éléments de la culture américaine diffusés dans le monde. Expliquez la phrase soulignée dans le texte.

2. **Doc. 3** En vous appuyant sur deux exemples de séries américaines, montrez quels types de paysage et de modèle celles-ci diffusent dans le monde. Développez.

3. **Doc. 4** Montrez que Disney dispose d'une influence mondiale.

4. **Doc. 5 et 4 p. 311** Montrez que le cinéma américain s'est imposé dans le monde. Quelles ont été les recettes du film *Avatar* ?

5. **Doc. 5** Quelles sont les limites de l'américanisation du monde ?

6. Expliquez comment le modèle culturel américain se diffuse dans le monde.

Méthode ◆ Montrez la diffusion du modèle puis ses limites.

DOSSIER

La suprématie militaire et diplomatique

OBJECTIF
Comprendre la place des États-Unis dans la mondialisation

Socle commun
5.2 Mobiliser ses connaissances pour donner du sens à l'actualité

Les États-Unis sont la plus grande puissance militaire du monde. Ils jouent de plus en plus le rôle d'arbitre des conflits internationaux.

Comment la puissance militaire et politique des États-Unis s'exerce-t-elle dans le monde ?

1 Un rôle diplomatique dans le conflit israélo-palestinien (2010)

Le Premier ministre israélien Benyamin Nétanyahou (à gauche) serre la main du représentant de l'autorité palestinienne Mahmoud Abbas (à droite), devant Barack Obama le 22 septembre 2010 à New York.

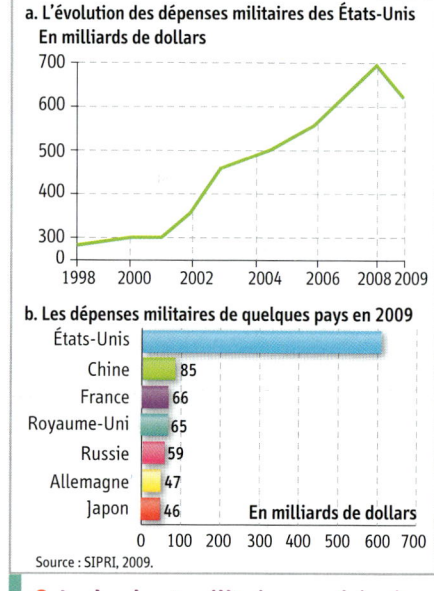

a. L'évolution des dépenses militaires des États-Unis
En milliards de dollars

b. Les dépenses militaires de quelques pays en 2009
- Chine : 85
- France : 66
- Royaume-Uni : 65
- Russie : 59
- Allemagne : 47
- Japon : 46

Source : SIPRI, 2009.

2 Le budget militaire américain

Définition

L'OTAN : Organisation du traité de l'Atlantique-Nord. Une organisation militaire sous commandement américain, créée en 1949.

3 Une base américaine stratégique : Diego Garcia

La base de Diego Garcia dispose d'une position centrale dans l'océan Indien. Elle permet aux États-Unis d'intervenir rapidement dans cette région grâce à ses navires, ses sous-marins nucléaires ou ses avions (on la surnomme le « super porte-avions »).

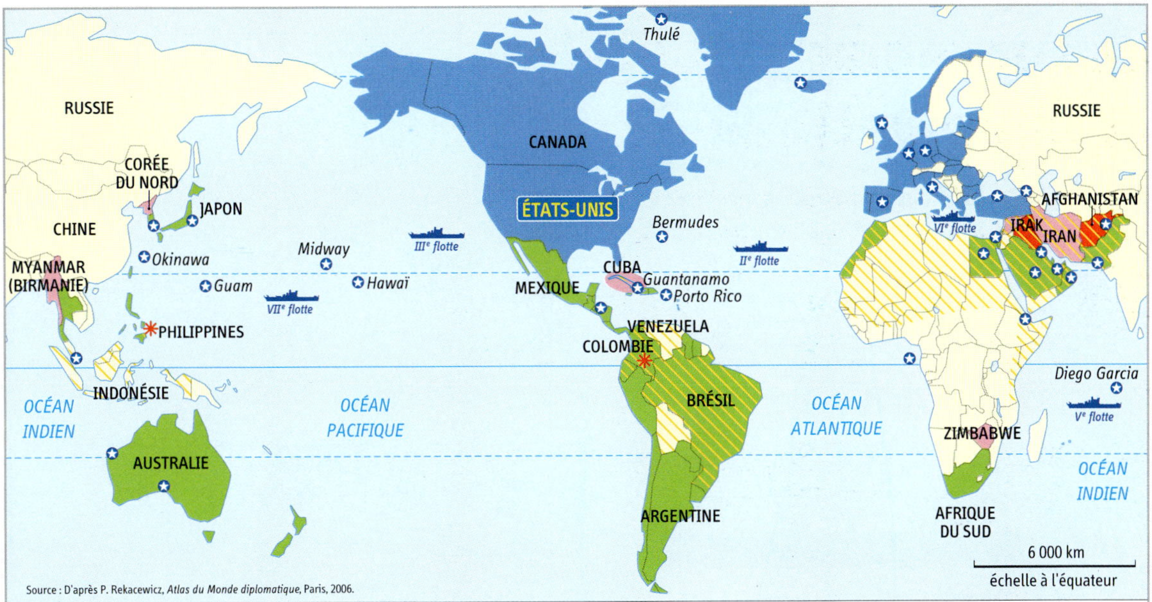

Source : D'après P. Rekacewicz, *Atlas du Monde diplomatique*, Paris, 2006.

- pays membres de l'OTAN
- autres pays alliés des États-Unis
- bases militaires américaines
- flottes de guerre américaines
- intervention militaire en cours ou récente
- autres lieux d'intervention
- États considérés par les États-Unis comme «hostiles» ou «inquiétants»
- sentiments anti-américains plus ou moins affirmés

4 La superpuissance géopolitique

DOCS

EURO. PREMIÈRE ÉDITION N°9104 — VENDREDI 20 AOÛT 2010 — WWW.LIBERATION.FR

Libération

Irak
Une guerre gagnée?

Les derniers combattants américains ont quitté Bagdad hier, épilogue d'un conflit controversé de sept ans qui laisse derrière lui un pays très fragile. PAGES 2-5

CAHIER **été.**

Richard Burton, un explorateur en quête de sexe

SÉRIES, BD, CHRONIQUES, QUIZ... CAHIER CENTRAL

Les vacances de ceux qui n'en ont pas

Près de 40000 enfants ont participé hier à Paris à la journée des «oubliés des vacances» du Secours populaire. PAGES 10-11

Notre écolo en a gros sur la patate bio

Dur, dur de voir la vie en vert. Entre les quolibets de ses amis et les contraintes d'une vie propre, notre militante a le blues. Recettes pour être bien dans ses baskets équitables. PAGE 22

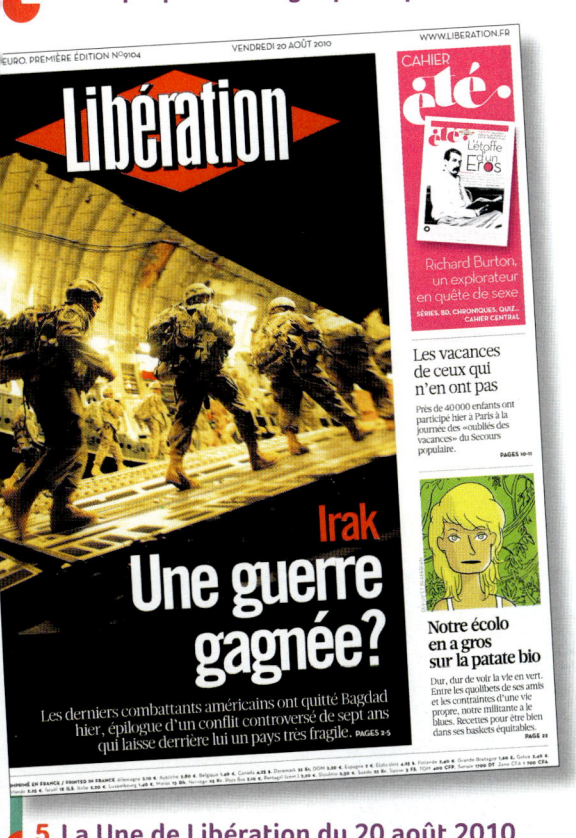

5 La Une de Libération du 20 août 2010

ACTIVITÉS

1. **Doc. 4** Comment les États-Unis maintiennent-ils une présence militaire dans le monde ? Où sont situés les alliés de l'OTAN ?
2. **Doc. 3** Où se situe la base de Diego Garcia ? Pourquoi est-elle particulièrement stratégique ?
3. **Doc. 2** Comment s'explique la puissance de l'armée américaine ?
4. **Doc. 1** Quel rôle diplomatique les États-Unis jouent-ils dans le monde ?
5. **Doc. 4** Dans quelles régions du monde la puissance militaire américaine est-elle contestée ?
6. **Doc. 5** Décrivez et expliquez la Une de ce journal.

7. **Décrivez en quelques lignes la puissance militaire et diplomatique des États-Unis dans le monde.**

Méthode ✦ Montrez que cette puissance repose sur une présence mondiale (questions 1 à 4).

✦ Montrez que cette puissance est de plus en plus contestée, voire limitée (questions 5 et 6).

à l'échelle du monde

OBJECTIF
Localiser et situer les principaux pôles de puissance mondiaux

Socle commun
5.1 Avoir des connaissances et des repères relevant de l'espace

Les États-Unis, superpuissance mondiale

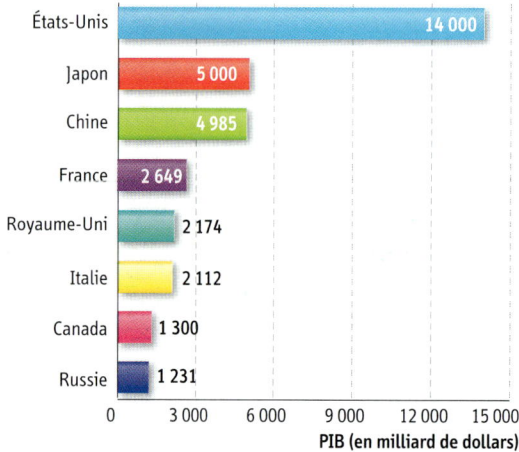

G8 - 8 pays les plus puissants économiquement
Source : Banque mondiale, 2010.

1 Le PIB des membres du G8 en 2009

2 Les principaux pôles de puissance mondiaux

DE LA SUPERPUISSANCE AMÉRICAINE...

Les États-Unis

1 Quels sont les éléments de puissance détenus par les États-Unis ?

2 Montrez que les États-Unis dominent économiquement les autres puissances.

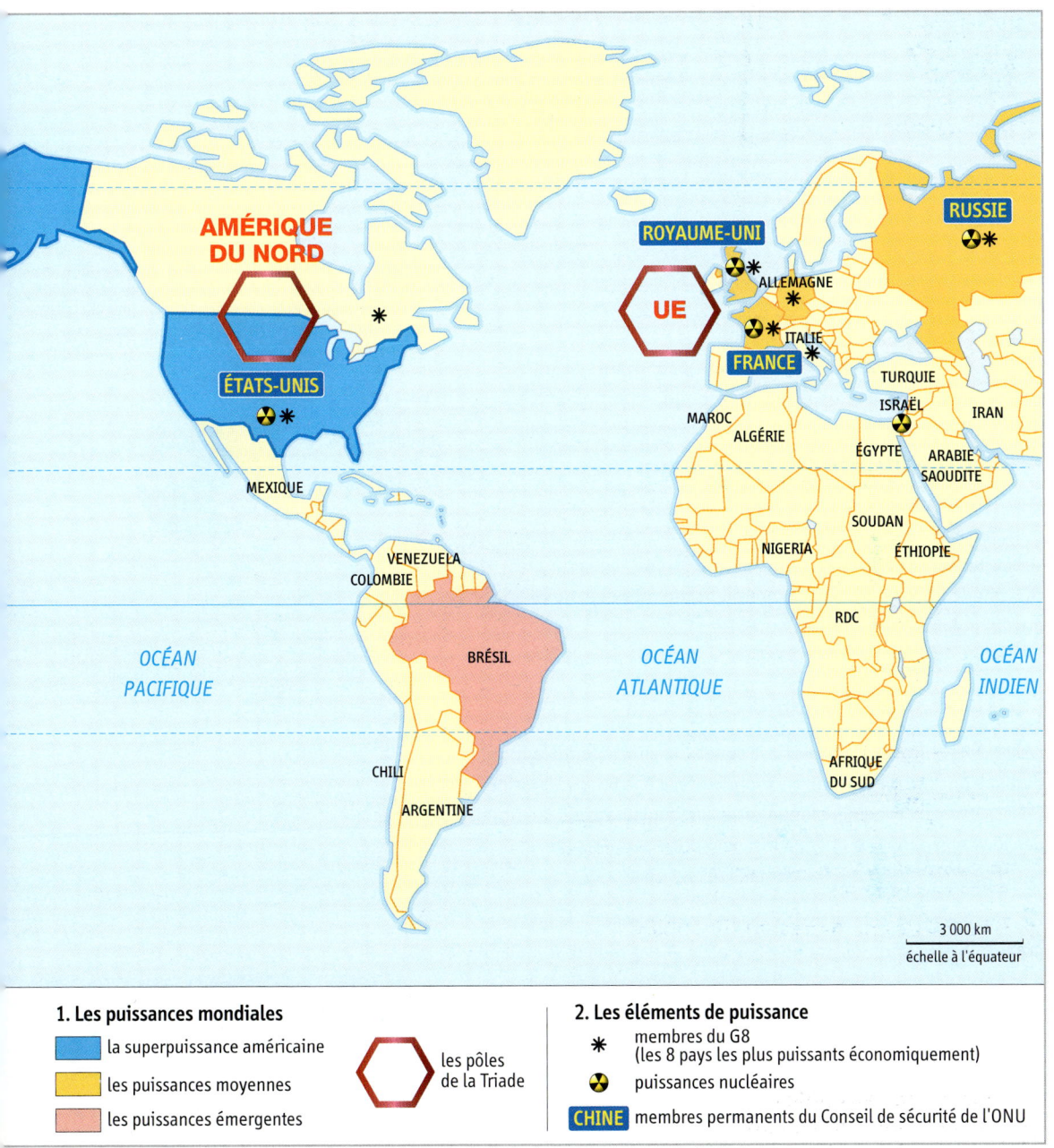

1. Les puissances mondiales
- ▇ la superpuissance américaine
- ▇ les puissances moyennes
- ▇ les puissances émergentes
- ⬡ les pôles de la Triade

2. Les éléments de puissance
- ✳ membres du G8 (les 8 pays les plus puissants économiquement)
- ☢ puissances nucléaires
- CHINE membres permanents du Conseil de sécurité de l'ONU

…AUX AUTRES PÔLES DE PUISSANCE

3 Quels autres pays possèdent au moins trois éléments de puissance ?

4 Quelles sont les puissances émergentes ? Donnez les éléments de leur puissance.

▶▶▶ **Cours p. 310-311**

Définitions

Le conseil de sécurité de l'ONU : l'organe chargé de prendre des « résolutions » pour maintenir la paix. Il est composé de 5 membres permanents et de 10 membres temporaires.

La Triade : voir p. 245.

Les États-Unis dans la mondialisation

> **Quelle est la place des États-Unis dans la mondialisation ?**

A Un centre de l'économie mondiale

1. Les États-Unis sont les **leaders de l'économie mondiale**. Disposant du PIB le plus élevé du monde, ils dominent les échanges internationaux : deuxième exportateur, premier importateur et investisseur du monde (DOC. 2).

2. Cette domination s'appuie sur des **firmes transnationales puissantes** (le tiers des 500 premières sont américaines) et sur la **première bourse** au monde (Wall Street). Les **universités** américaines se placent au premier rang mondial, de même que la recherche scientifique.

B Un modèle culturel attractif

1. Le **modèle culturel américain** est devenu le **symbole de la mondialisation**. Il se diffuse dans le monde grâce à la langue, au cinéma (DOC. 4), aux produits alimentaires qui transmettent un mode de vie : l'*American way of life*. Ainsi, le monde s'américanise peu à peu, même si les cultures nationales persistent.

2. Ce modèle reste très attractif. Les États-Unis sont le **premier pôle d'immigration du monde** : ils accueillent plus d'un million d'immigrants par an (DOC. 3). De nombreux étudiants étrangers et des personnes hautement qualifiées s'installent aux États-Unis.

C Une domination militaire planétaire

1. Les États-Unis sont la première **puissance militaire mondiale**. Ils disposent d'une armée très puissante grâce à un budget considérable (50 % des dépenses mondiales d'armement) et de nombreux alliés, en particulier dans le cadre de l'OTAN. Devenus les « **gendarmes du monde** », ils interviennent militairement pour protéger leurs intérêts économiques.

2. **L'hégémonie des États-Unis est contestée**. Leurs interventions provoquent des réactions de rejet et l'**antiaméricanisme** se développe en Amérique latine et au Moyen-Orient. D'autres puissances émergent, concurrençant le poids des États-Unis (DOC. 5).

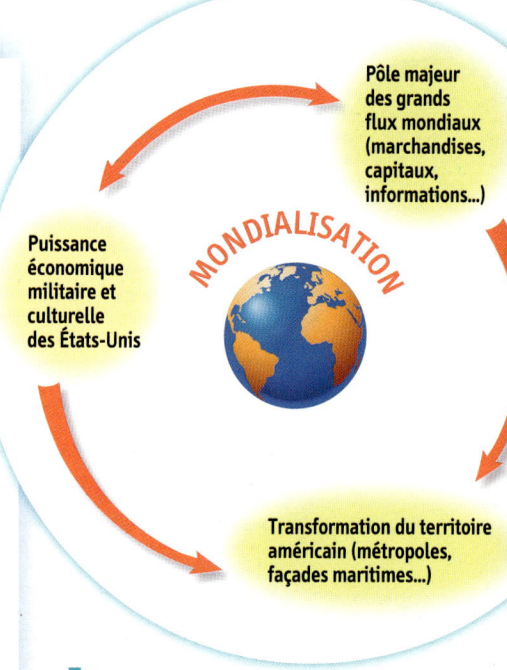

1 Les États-Unis dans la mondialisation

2 Dessin de presse américain
(Dessin de Matson, 2009.)

Lors du sommet du G20, le Président Obama tente de relancer l'économie mondiale, suite à la crise financière de 2008.

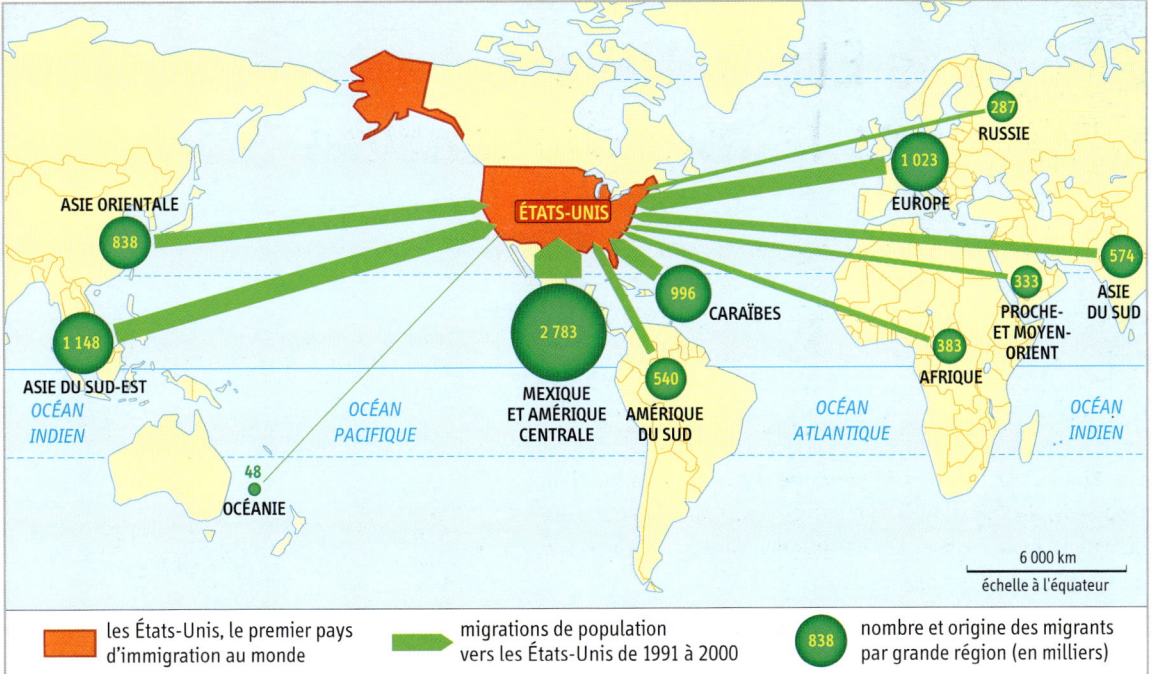

3 Le premier pays d'immigration au monde

1. Quelle est la principale région d'origine des migrants s'installant aux États-Unis ? Comment l'expliquer ?
2. Citez trois autres grandes régions d'origine des migrants.

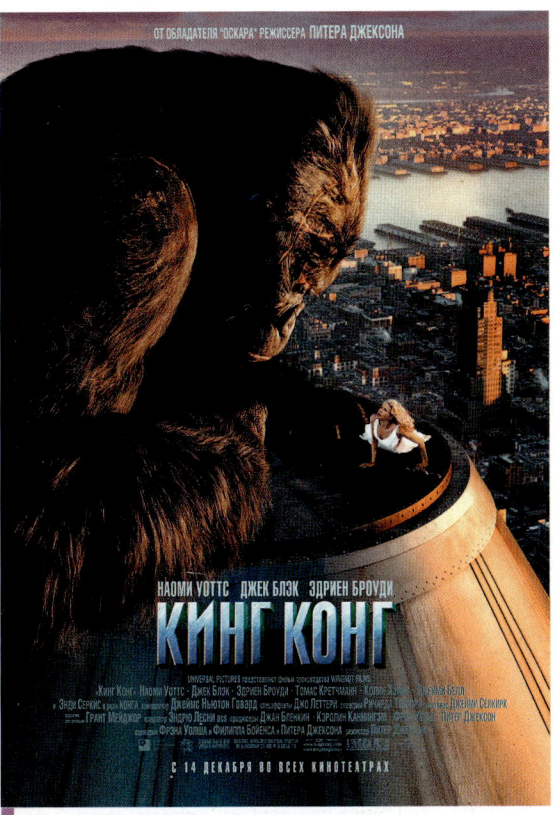

4 Affiche russe du film King Kong (2005)

5 Les limites de l'hyperpuissance
(Une de *Courrier international*, 10 au 16 avril 2008.)

▪ Quelles sont les limites de la puissance américaine évoquées par cette une de journal ?

CHAPITRE 18 Les États-Unis dans la mondialisation

DOSSIER

Les métropoles, vitrines de la mondialisation

Les métropoles américaines sont des territoires ouverts sur le monde. Elles concentrent de nombreux pouvoirs de décision.

OBJECTIF
Étudier la métropolisation du territoire américain

Socle commun
5.1 Avoir des connaissances relevant de l'espace : les grands types d'aménagements dans le monde

Quelles sont les conséquences de la mondialisation sur les métropoles américaines ?

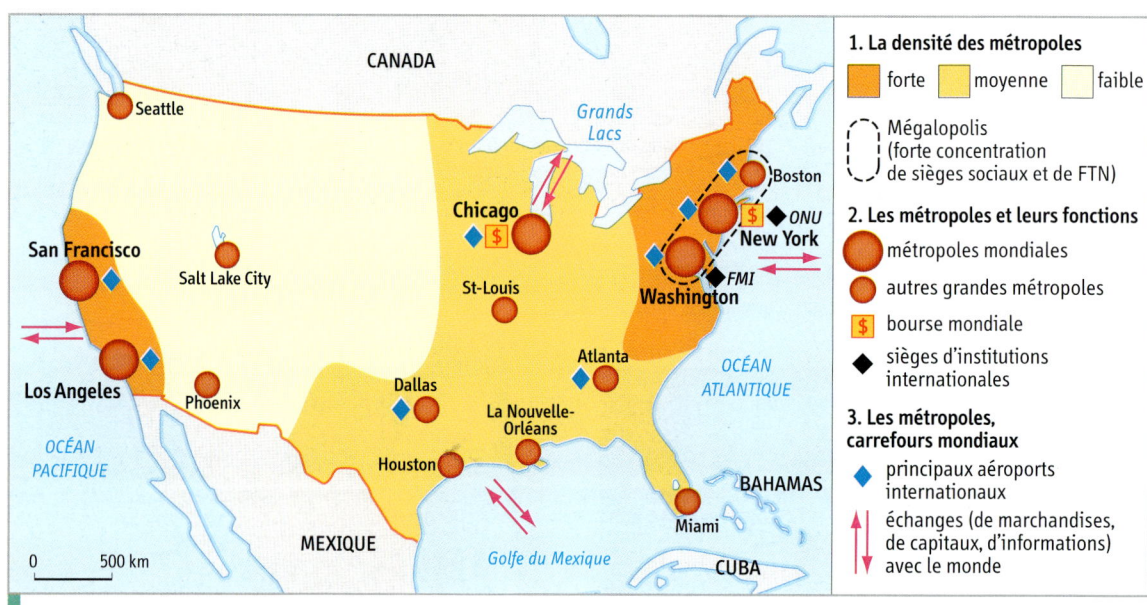

1 Les métropoles américaines

2 L'aéroport de Dallas–Fort Worth

Définitions

Une métropole : voir p. 274.

La métropolisation : la concentration croissante des pouvoirs et des activités dans les grandes villes.

La mégalopolis : une vaste région urbaine de la côte est des États-Unis qui constitue un pôle mondial de décision.

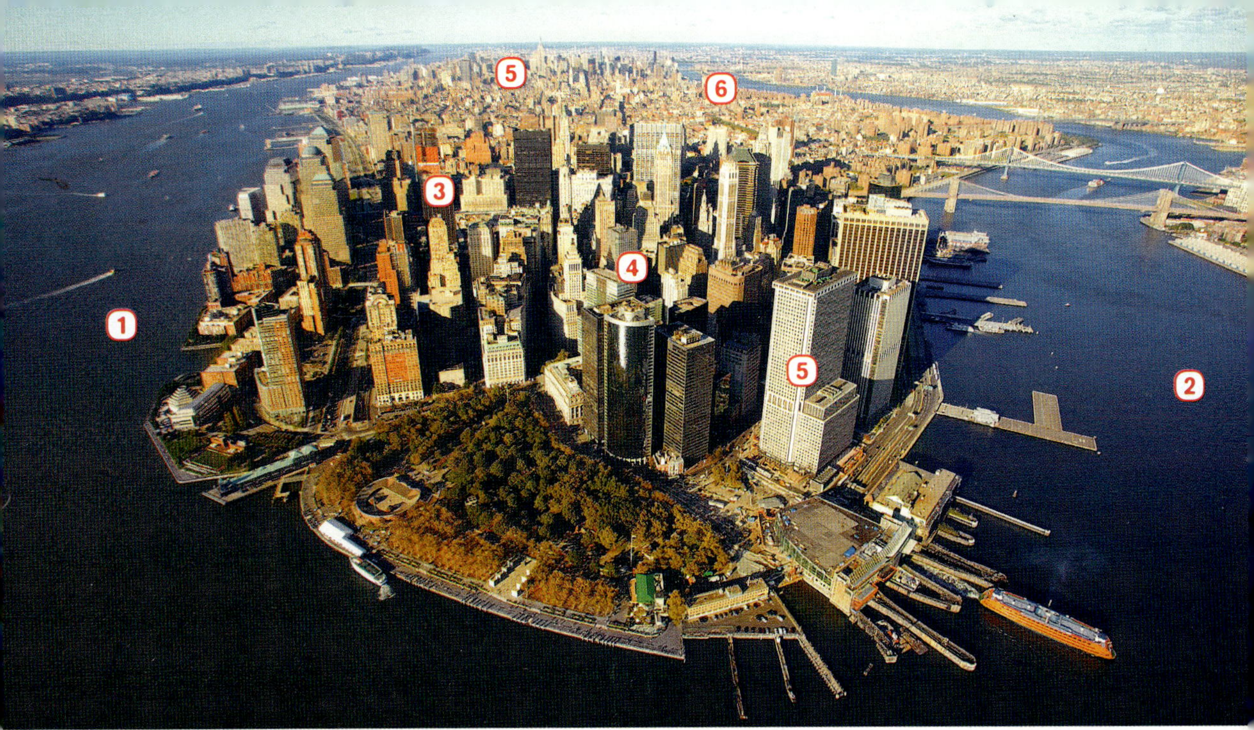

3 Manhattan : le cœur de New York

① Hudson river ② East River ③ « Ground zero » (emplacement des anciennes tours du World Trade Center) ④ Wall Street ⑤ Banques et sièges sociaux des grandes entreprises ⑥ Siège de l'ONU

New York est une ville globale. Centre financier majeur, c'est aussi un lieu d'innovation (modes vestimentaires, mouvements culturels, modes musicales).

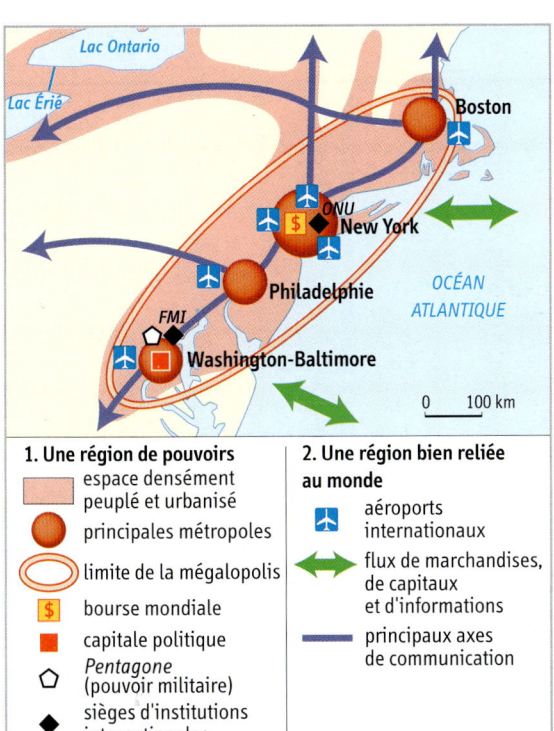

4 La mégalopolis américaine

1. Une région de pouvoirs
- espace densément peuplé et urbanisé
- principales métropoles
- limite de la mégalopolis
- $ bourse mondiale
- capitale politique
- Pentagone (pouvoir militaire)
- sièges d'institutions internationales

2. Une région bien reliée au monde
- aéroports internationaux
- flux de marchandises, de capitaux et d'informations
- principaux axes de communication

ACTIVITÉS

1. **Doc. 1** Quelles sont les métropoles américaines mondiales ? Où la concentration des métropoles est-elle la plus dense ?

2. **Doc. 1 et 2** Quels sont les aménagements permettant de relier les grandes métropoles américaines au monde ? Décrivez la photographie.

3. **Doc. 1 et 4** Quels sont les différents pouvoirs présents dans la mégalopolis ? Où se situent-ils ?

4. **Doc. 3 et 4** Qu'est-ce qui représente le pouvoir économique à New York ? le pouvoir financier ? le pouvoir politique ?

5. **Doc. 2 p. 301** Montrez que le quartier de Time Square est fortement marqué par la mondialisation.

6. Rédigez quelques lignes sur les conséquences de la mondialisation sur les métropoles américaines.

Méthode ◆ Montrez que ces métropoles sont ouvertes sur le monde, qu'elles concentrent les pouvoirs et qu'elles sont transformées par la mondialisation.

DOSSIER

Les territoires des hautes technologies

La maîtrise des hautes technologies est l'un des éléments essentiels pour s'imposer dans la mondialisation. De nombreuses régions des États-Unis, comme la Silicon Valley en Californie, ont développé ce type d'industrie.

Comment les hautes technologies dynamisent-elles les territoires ?

> **OBJECTIF**
> Étudier des espaces majeurs de puissance
>
> **Socle commun**
> 5.1 Avoir des connaissances relevant de l'espace : les grands types d'aménagements dans le monde

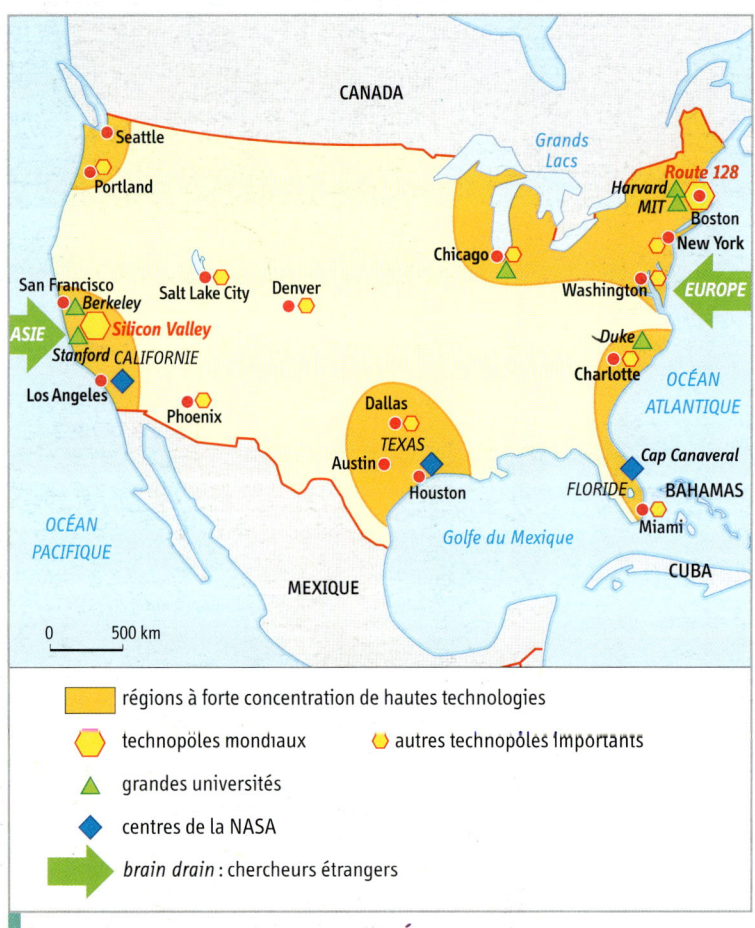

1 Les hautes technologies aux États-Unis

2 Les hautes technologies au Texas

« Jusque dans les années 1970, l'économie texane reposait sur deux piliers traditionnels : l'élevage bovin et le pétrole. [...] Une réelle diversification s'est opérée avec succès au cours des trente dernières années avec le développement des nouvelles technologies de l'information, du secteur de l'électronique et des logiciels, du médical et des biotechnologies, de la construction aéronautique.

La "Recherche & Développement" reste forte dans ces domaines, au total, 6 184 brevets ont été délivrés en 2008 à des résidents du Texas, ce qui situe l'État au second rang pour les États-Unis [...].

Les TIC se concentrent dans les "Silicon Hills" autour d'Austin, l'électronique et les télécoms dans le "Telecom Corridor" près de Dallas (Texas Instruments, Alcatel) et la construction aéronautique et spatiale autour de Dallas et du Centre spatial Johnson de la NASA à Houston. »

Site du Consulat général de France à Houston, 2010.

Définitions

Les hautes technologies : les industries de pointe dans les domaines de l'information et de la communication (TIC), de l'aérospatiale ou des biotechnologies.

Un technopôle : voir p. 280.

3 Redwood dans la Silicon Valley (Californie, 2008)

① Siège de la société d'informatique : Oracle ② Habitat pavillonnaire ③ Baie de San Francisco ④ Pont San Mateo

4 La Silicon Valley

Source : G. Dorel, *Atlas de l'empire américain*. Éditions Autrement, 2009.

ACTIVITÉS

1 **Doc. 1 et 2** Qu'est-ce que les hautes technologies ? Où se situent les principaux pôles de hautes technologies aux États-Unis ?

2 **Doc. 2** Quelles activités de hautes technologies se sont développées au Texas ?

3 **Doc. 1 et 4** Où se situe la Silicon Valley ? Quelles entreprises se sont installées dans cette région ?

4 **Doc. 3** Décrivez ce paysage. Pourquoi Redwood est-elle une ville attractive ?

5 **Doc. 4 et 1** Montrez que la Silicon Valley est très bien reliée au monde et bénéficie de la proximité d'importantes universités.

6 Montrez que les hautes technologies jouent un rôle important dans le dynamisme des régions des États-Unis.

Méthode ◆ Localisez les pôles de hautes technologies, puis montrez leur dynamisme en vous appuyant sur le cas de la Silicon Valley.

CHAPITRE **18** Les États-Unis dans la mondialisation

DOSSIER

Les façades maritimes, fenêtres de la mondialisation

OBJECTIF
Comprendre la littoralisation des activités aux États-Unis

Socle commun
5.3 Lire et employer différents langages : textes – cartes – images

Les façades maritimes sont au cœur de la mondialisation.
Celles des États-Unis sont particulièrement actives et ouvertes sur le monde.

Comment la mondialisation transforme-t-elle les façades maritimes américaines ?

1 Houston : premier port du golfe du Mexique

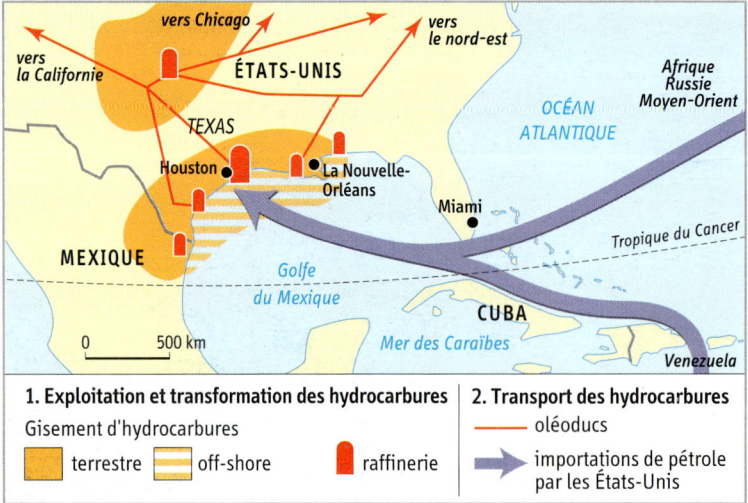

2 L'exploitation des hydrocarbures dans le golfe du Mexique

3 La façade atlantique

« La façade atlantique possède des ports maritimes puissants. Portes océaniques assurant 80 % du trafic maritime avec l'Europe, ils sont disposés en grappes autour de trois zones majeures : le groupe de la Megalopolis autour de New York et Baltimore ; celui du sud-est avec Jacksonville, Charleston et Miami ; enfin le groupe du golfe du Mexique de Baton Rouge à Houston. C'est dans ce dernier que La Nouvelle-Orléans, deuxième port américain, commande le système mississipien qui forme l'axe fluvio-maritime le plus long du monde et le plus dense en trafic. [...] Le tourisme est un autre marqueur de cet espace, favorisé par des conditions climatiques exceptionnelles en Floride ou dans les îles atlantiques. Un tourisme balnéaire à la fois national et international s'est développé précocement à Atlantic City près de New York ; il s'est répandu ensuite vers le sud et notamment en Floride dès les années 1930, autour de pôles mondialement connus comme Miami. »

M. Goussot, *Les États-Unis*, La Documentation photographique, 2007.

1. Les territoires ouverts sur le monde
Trafic des principaux ports (en millions de tonnes)
- 200
- 70
- grande façade portuaire
- principaux flux commerciaux

2. Le réseau de communication
- principales voies d'eau navigables
- canal navigable
- principaux oléoducs et gazoducs
- principales lignes ferroviaires transcontinentales

4 Les façades maritimes et les transports intérieurs

5 Le port de Miami

Miami est le plus important port de croisières au monde. En 2009, plus de 4 millions de croisiéristes sont passés par le port de Miami. Il est capable d'accueillir les plus gros paquebots du monde.

ACTIVITÉS

1 Doc. 3 et 4 Où se situent les trois grandes façades portuaires aux États-Unis ? Sur quelles parties du monde sont-elles ouvertes ?

2 Doc. 3 et 4 Par quelles voies de communication les grands ports sont-ils reliés au reste du territoire américain ?

3 Doc. 1 et 2 Qu'exploite-t-on à Houston ? Décrivez le paysage.

4 Doc. 1, 2 et 4 Pourquoi peut-on dire que Houston est un carrefour entre les États-Unis et le monde ?

5 Doc. 3 et 5 Pourquoi le tourisme s'est-il développé à Miami ? Relevez les éléments du paysage liés au tourisme, sur la photographie.

6 Montrez comment les façades maritimes sont transformées par la mondialisation.

Méthode
- Localisez les grandes façades (questions 1 et 2).
- Décrivez les activités et les paysages portuaires (questions 3 à 5).

Définition
Une façade maritime : voir p. 227.

DE LA CARTE AU CROQUIS

L'organisation

Méthode générale ▶▶▶ p. 214-215

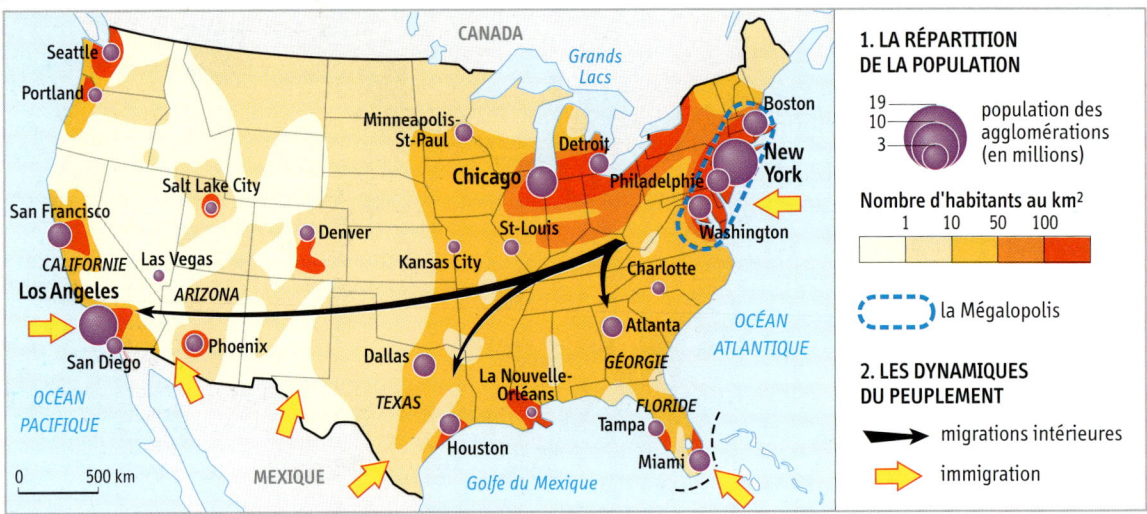

1 Le peuplement américain et ses dynamiques

2 Des espaces industriels ouverts sur le monde

ÉTAPE 1 — Je prélève des informations sur des cartes

Doc. 1

1. Où se situent les densités de population les plus fortes aux États-Unis ? les plus faibles ?
2. Où se situe la plus forte concentration d'agglomérations ?
3. À quoi correspondent les flèches sur la carte ?

Doc. 2

4. Où se situe le cœur industriel des États-Unis ?
5. Que représentent les figurés ▨ et ⋯ sur la carte ? (voir p. 320)
6. Montrez que la frontière américano-mexicaine (Mexamérique) est particulièrement active (utilisez aussi le doc. 1).

du territoire américain

OBJECTIF
Réaliser un croquis de l'organisation du territoire américain

Socle commun
5.3 Lire et employer différents langages : cartes

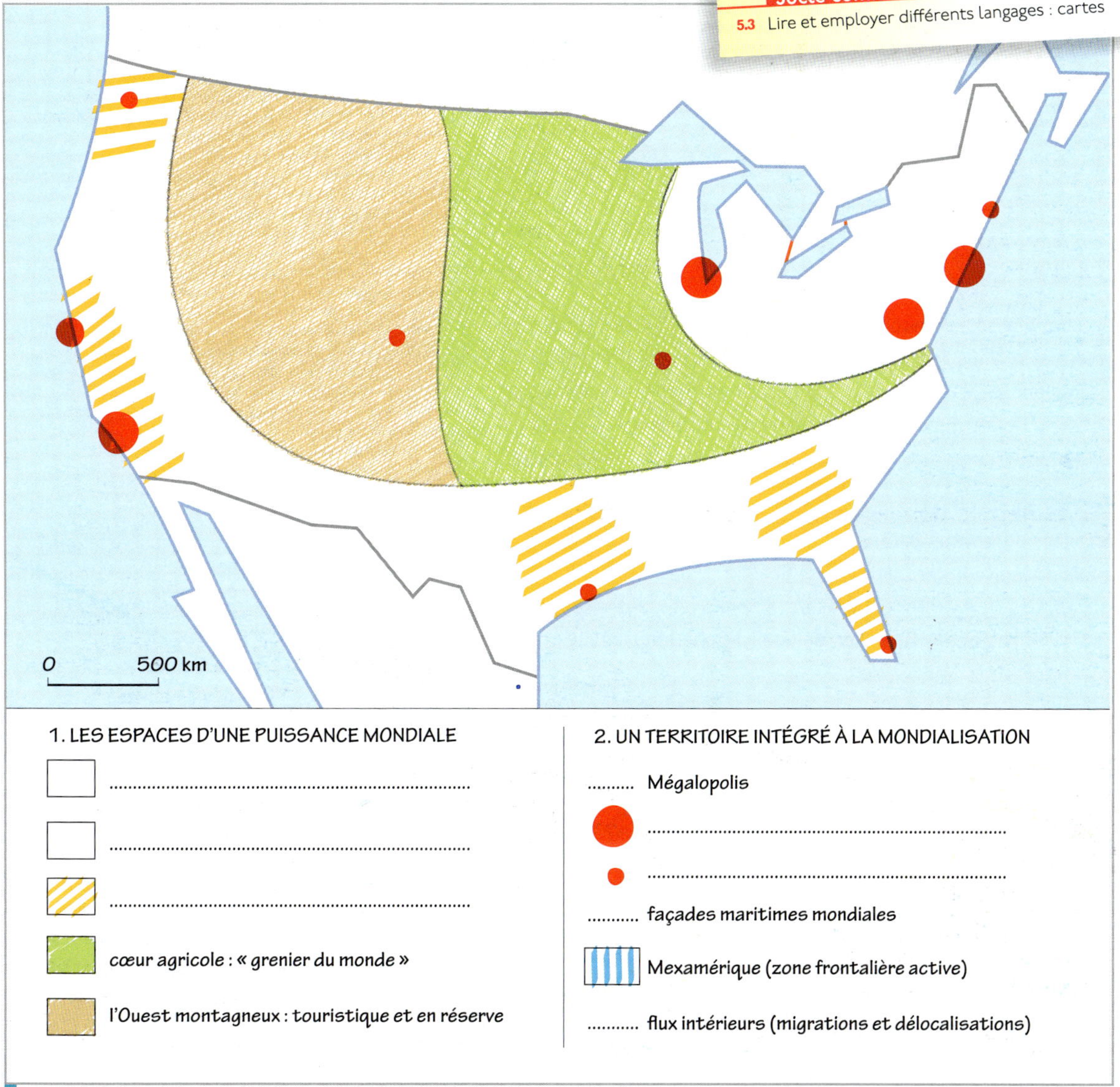

0   500 km

1. LES ESPACES D'UNE PUISSANCE MONDIALE

☐ ....
☐ ....
▨ ....
▨ cœur agricole : « grenier du monde »
▨ l'Ouest montagneux : touristique et en réserve

2. UN TERRITOIRE INTÉGRÉ À LA MONDIALISATION

.... Mégalopolis
● ....
• ....
.... façades maritimes mondiales
▧ Mexamérique (zone frontalière active)
.... flux intérieurs (migrations et délocalisations)

3 Le territoire américain dans la mondialisation

ÉTAPE 2 — Je réalise le croquis et sa légende

7 Construire la légende du croquis

a. Complétez la première partie avec les mots : « Nord-Est : cœur de la puissance » – « Sun Belt : dynamique et attractive » – « Régions de hautes technologies ». Complétez les couleurs.

b. Indiquez dans la deuxième partie à quoi correspondent les figurés manquants. Trouvez un figuré pour représenter les façades et les flux.

8 Réaliser le croquis

c. Coloriez les espaces de la puissance avec les couleurs choisies.

d. Représentez la mégalopolis, les grandes façades maritimes (utilisez la carte 4 p. 317) et les flux intérieurs.

e. Placez le nom des métropoles, des océans et des États frontaliers.

9 Changer de langage

f. Montrez en quelques lignes comment s'organise le territoire américain dans le cadre de la mondialisation.

Un territoire transformé par la mondialisation

> Quelles sont les conséquences de la mondialisation sur l'organisation du territoire américain ?

A Les métropoles organisent le territoire

1. La mondialisation accélère la **métropolisation** du territoire américain. Dans les métropoles, les quartiers d'affaires (CBD) accueillent les sièges sociaux des grandes firmes et les aéroports (Atlanta, Dallas…) s'installent en périphéries. Les métropoles de rayonnement mondial sont surtout situées dans **la mégalopolis**.

2. Les métropoles de la **Sun Belt** (DOC. 1) concentrent la plupart des **activités de hautes technologies** : électronique et informatique à San Francisco, aéronautique à Seattle… Elles accueillent des entreprises innovantes (Microsoft, Apple…) et de grandes universités. Elles bénéficient des délocalisations industrielles de la **Manufacturing Belt**.

B Des littoraux et des frontières dynamisés

1. La mondialisation s'accompagne d'une **littoralisation des activités américaines**. Les façades maritimes concentrent les ports à conteneurs (Los Angeles), les industries pétrolières (Golfe du Mexique) et le tourisme balnéaire (Floride). Elles sont reliées entre elles par un **réseau de communication intérieur dense**.

2. Les **frontières terrestres** (avec le Mexique et le Canada) sont aussi **très actives**. Les échanges s'effectuent dans le cadre de l'ALENA. Des **maquiladoras** produisent au Mexique pour les entreprises américaines (DOC. 2).

C Des régions intérieures en marge ?

1. Les régions agricoles des grandes plaines constituent l'un des plus importants greniers du monde. Grâce à de grandes exploitations mécanisées (DOC. 3), les États-Unis sont devenus la **première puissance agricole du monde**.

2. Les montagnes Rocheuses sont exploitées pour leurs ressources naturelles (minerais) et sont fréquentées par des **touristes venus du monde entier** (parcs nationaux) (DOC. 4).

1 La Sun Belt

« La Sun Belt désigne un croissant périphérique attractif par ses activités de haute technologie. Cette attraction se traduit par une urbanisation galopante dans l'État de Washington, en Californie, au Texas, en Georgie et en Caroline du Nord. Dans cette zone, les métropoles profitent de l'effet Sun Belt fondé sur l'association universités-industries et le développement des médias. La Sun Belt symbolise la région où l'on invente en permanence, à l'image de la Californie et de sa Silicon Valley ou de la région d'Atlanta (boom-town). Enfin la Sun Belt attire par son climat et un cadre de vie agréable. Ainsi la Floride est devenue l'État le plus attractif de l'Union : s'y retrouvent des scientifiques, des retraités arrivant du nord-est, de nombreux immigrants latino-américains ou encore des touristes à la recherche de belles plages. »

D'après M. Goussot, *Les États-Unis*, La Documentation photographique, 2007.

1. Où se situe la Sun Belt ? Pourquoi est-elle une région très attractive ?

2. Quelles sont les différentes activités concentrées dans la Sun Belt ?

Définitions

La métropolisation : voir p. 312.

La Sun Belt (ceinture du soleil) : les régions dynamiques du sud et de l'ouest des États-Unis.

La Manufacturing Belt (ceinture industrielle) : la région industrialisée du nord-est des États-Unis.

Une maquiladora : une usine d'assemblage construite par une firme nord-américaine au Mexique.

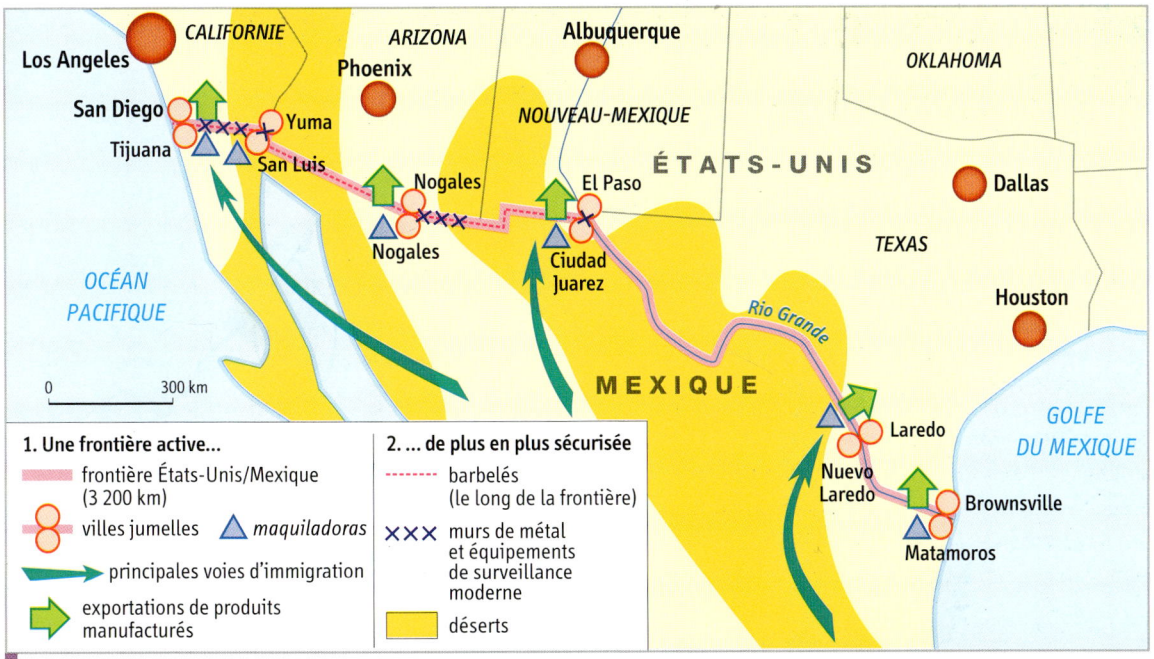

1. Une frontière active...
- frontière États-Unis/Mexique (3 200 km)
- villes jumelles
- principales voies d'immigration
- exportations de produits manufacturés

2. ... de plus en plus sécurisée
- barbelés (le long de la frontière)
- maquiladoras
- murs de métal et équipements de surveillance moderne
- déserts

2 La frontière américano-mexicaine

1. Quels sont les différents flux de part et d'autre de cette frontière ?
2. Montrez que cette frontière est de plus en plus sécurisée.

3 Une grande exploitation dans le Minnesota

1. Décrivez ce paysage.
2. Montrez qu'il témoigne de la puissance des États-Unis.

4 Touristes au dessus du Grand Canyon
(Arizona)

CHAPITRE 18 Les États-Unis dans la mondialisation / 321

MÉTHODE

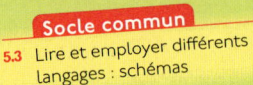
5.3 Lire et employer différents langages : schémas

Réaliser un schéma en géographie

● POINT MÉTHODE

Un schéma

Un schéma est une représentation de l'espace encore plus simplifiée que le croquis. Il réduit les contours d'un territoire à des formes géométriques simples (un rectangle pour la Chine, un hexagone pour la France...). Il possède un titre et une légende, mais pas d'échelle. Son but est de mettre en évidence quelques éléments simples et dominants d'organisation d'un territoire.

● *Pour réaliser un schéma, il faut :*

A. Simplifier les contours d'une carte.

B. Sélectionner sur des cartes les informations à représenter, et les simplifier dans une légende.

C. Compléter le schéma et lui donner un titre.

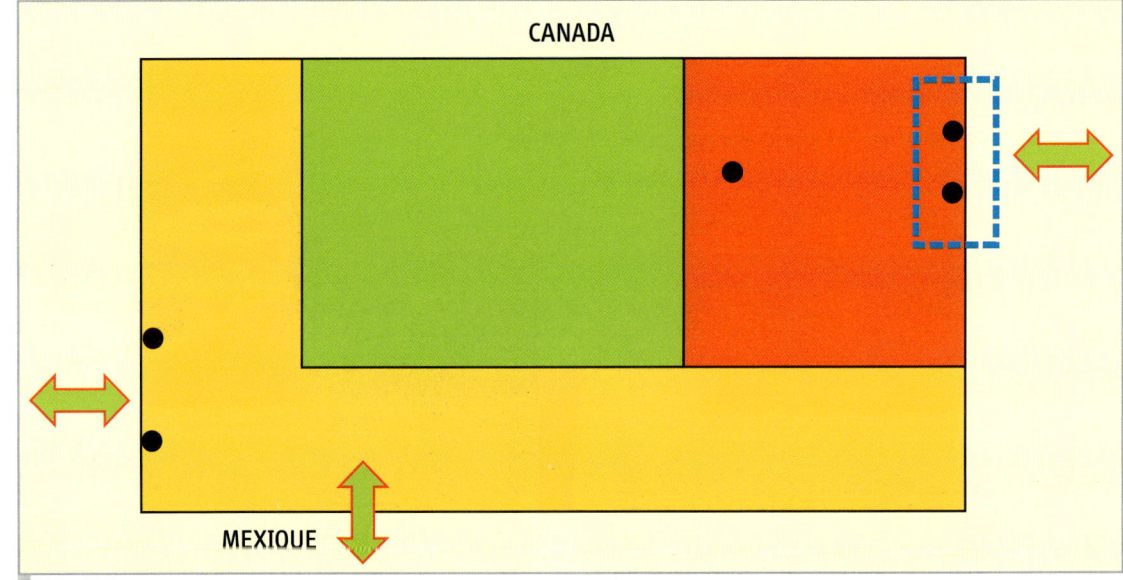

DOCUMENT **1** L'organisation du territoire américain

● EXERCICE

A Je simplifie les contours d'une carte

1. Quelle forme géométrique a-t-on choisi pour représenter le territoire américain ?

2. Reproduisez les contours de ce schéma en indiquant les noms des États frontaliers et des océans.

B Je sélectionne des informations et construis une légende

3. À quoi correspondent les trois couleurs sur le schéma (utilisez les pages 318-319) ?

4. Que représentent les points noirs ? le rectangle bleu ? les flèches ?

5. Construisez une légende représentant ces 6 informations.

C Je complète le schéma

6. Reportez sur le schéma les couleurs, les noms des villes et les autres figurés.

7. Donnez un titre à votre schéma.

EXERCICES

1 ARTS et Géographie
La mondialisation aux États-Unis vue par Andrew Moore

Socle commun
5.3 Connaître et pratiquer diverses formes d'expression à visée artistique

Andrew Moore est un photographe américain né en 1957. Ses photographies, par leurs choix de cadrage, de couleurs et de lumière portent des regards très différents sur les conséquences de la mondialisation aux États-Unis.

DOCUMENT 1 *Rule The Planet, Time Square, New York*
(Photographie de 2002, 40 x 50 cm)

DOCUMENT 2 *The Rouge, Detroit*
(Photographie de 2008, 40 x 50 cm)
Cette photographie a été prise dans une usine désaffectée de Détroit. Berceau de l'industrie automobile et longtemps symbole de la puissance américaine, Détroit connaît depuis les années 1960 un déclin économique, accéléré avec la crise de 2007.

1. Présentez ces deux photographies (auteur, dates, sujets). Où ont-elles été prises ?

2. Quels types de couleurs le photographe utilise-t-il pour chaque photographie ? Justifiez.

3. Quel sentiment principal ressort de chacune de ces deux photographies ?

4. Montrez que ces deux photographies proposent des visions très différentes des conséquences de la mondialisation aux États-Unis.

Arts du visuel

EXERCICES

3 Étudier une firme américaine mondiale

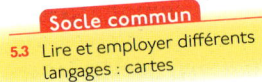
Socle commun
5.3 Lire et employer différents langages : cartes

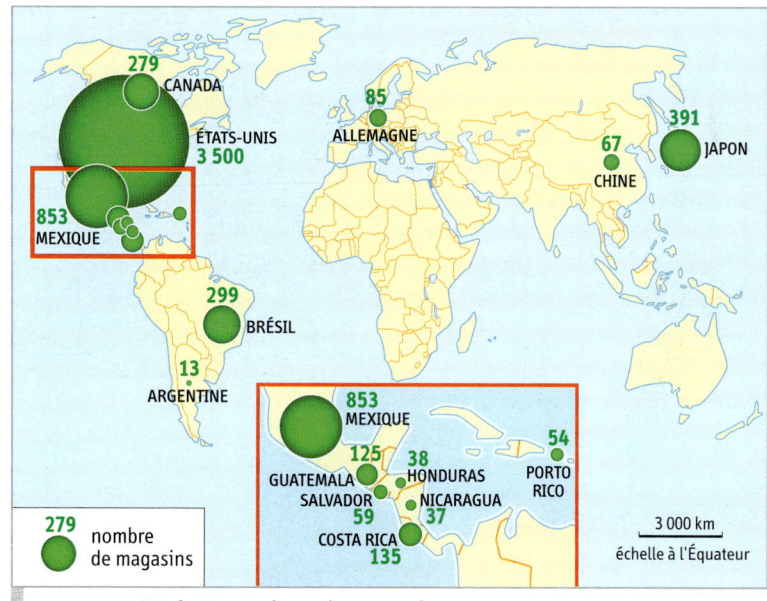

DOCUMENT Wal-Mart dans le monde

Wal-Mart est une entreprise américaine de grande distribution. Avec plus de 3 500 magasins dans le monde et un chiffre d'affaires de plus de 400 milliards de dollars, elle est la première firme mondiale

1. Quelle est l'activité de Wal-Mart ?
2. Quelle est la place de Wal-Mart par rapport aux autres firmes mondiales (utilisez aussi le doc. 3 p. 297) ?
3. Dans quelles régions du monde les magasins Wal-Mart sont-ils surtout présents ? Pourquoi ?
4. Montrez que Wal-Mart illustre la puissance économique des États-Unis.

4 Localiser et situer les métropoles des États-Unis

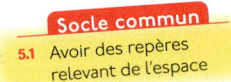
Socle commun
5.1 Avoir des repères relevant de l'espace

DOCUMENT Les métropoles des États-Unis

1. À quelles métropoles correspondent les numéros 1 à 5 ?
2. Où se situent-elles par rapport aux océans, aux Grands Lacs et aux frontières ?
3. À quoi correspond l'ensemble A sur la carte ? Expliquez ses particularités.

5 Décrire et expliquer un paysage représentatif des États-Unis

Socle commun
4.4 Différencier une situation simulée d'une situation réelle

C'est dans un garage de Palo Alto, en Californie, qu'en 1938, deux étudiants (William Hewlett et David Packard) fondent leur première compagnie : Hewlett-Packard, aujourd'hui l'une des plus importantes entreprises mondiales d'informatique.

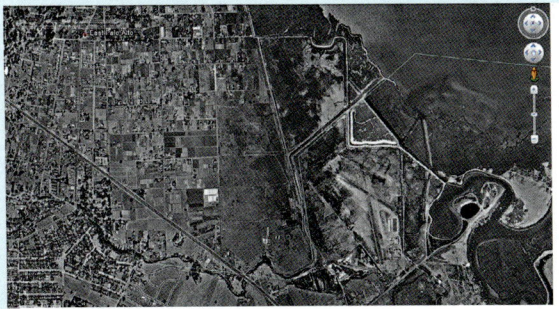 

DOCUMENT Palo Alto en 1948 et en 2011

1. Lancez le logiciel Google Earth (téléchargeable sur www.earth.google.com)

2. Indiquez Palo Alto dans « Aller à ».

3. Zoomez jusqu'à bien distinguer la ville et centrez-vous sur un repère précis et visible comme l'aéroport.

4. Cliquez sur l'icône « horloge ». Faites varier le curseur pour obtenir la situation en 1948 et en 2011.

5. À partir des observations aux deux dates, expliquez comment la ville évolue entre 1948 et 2011 (extension ou non, dans quelle direction, sous quelle forme...).

6. Quelles sont les activités qui se sont développées au cours de cette période ?

7. Décrivez l'habitat. Montrez que la population dispose d'un niveau de vie élevé.

8. Quelles sont les différentes infrastructures de transport visibles ?

6 Localiser et situer les pôles de puissance mondiaux

Socle commun
5.1 Avoir des repères relevant de l'espace

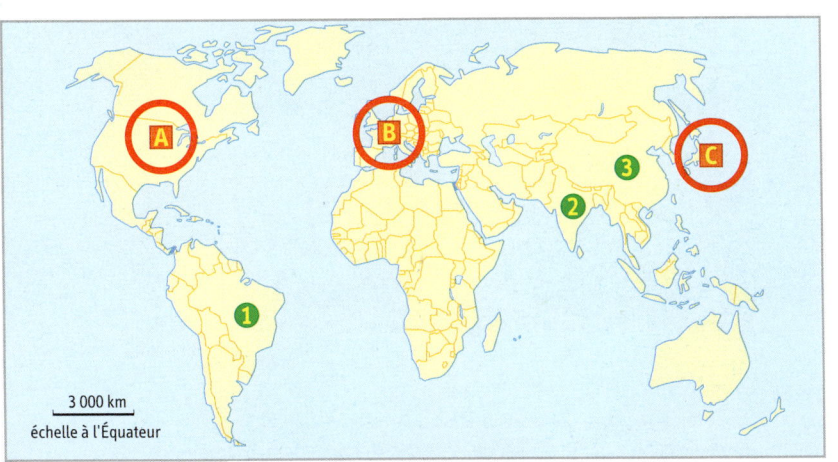

DOCUMENT Les pôles de puissance mondiaux

1. À quelles puissances mondiales correspondent les lettres A, B et C.

2. Quel nom donne-t-on à ces trois pôles de puissance mondiaux ?

3. Quelle est la particularité de la puissance A ?

4. À quels pays correspondent les numéros 1, 2 et 3 ? Comment appelle-t-on ces puissances ?

CHAPITRE **18** Les États-Unis dans la mondialisation / 325

chapitre **19**

Les puissances émergentes

> Comment s'explique la montée en puissance des pays émergents ? Quelles en sont les conséquences ?

1 Un monde chinois ?
(Une de *Courrier international*, 8 au 14 avril 2010.)

La Chine est devenue une puissance économique majeure dans le monde. Sa croissance rapide a permis l'émergence d'une classe moyenne urbaine, dont le niveau de vie a considérablement augmenté.

▶ Quelle est l'image de la Chine donnée par cette une de presse ?

La mondialisation en chiffres

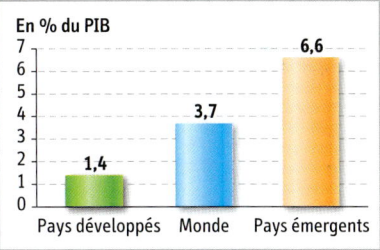

A. La croissance économique en 2008

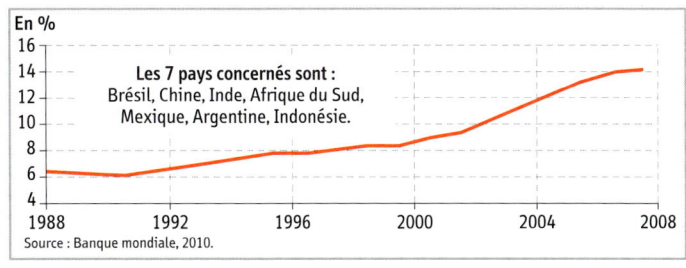

B. La part des pays émergents dans le commerce mondial

2 La favela de Santa Marta à Rio de Janeiro, Brésil

Le développement économique du Brésil s'accompagne d'un creusement des inégalités sociales, en particulier dans les grandes villes où les quartiers aisés côtoient les favelas, comme ici à Rio de Janeiro.

▶ Quelles sont les inégalités visibles sur cette photographie ?

ÉTUDE DE CAS

L'émergence d'un géant : la Chine

> **OBJECTIF**
> Décrire et expliquer les caractéristiques essentielles d'un pays émergent
>
> **Socle commun**
> 5.1 Avoir des connaissances relevant de la culture civique : mondialisation

La Chine connaît depuis trente ans une croissance économique accélérée. Elle est devenue la deuxième puissance économique du monde en 2010. Si elle permet le développement du pays, cette croissance ne profite ni à tous les habitants ni à tous les territoires.

A Comment la Chine s'ouvre-t-elle au monde ?

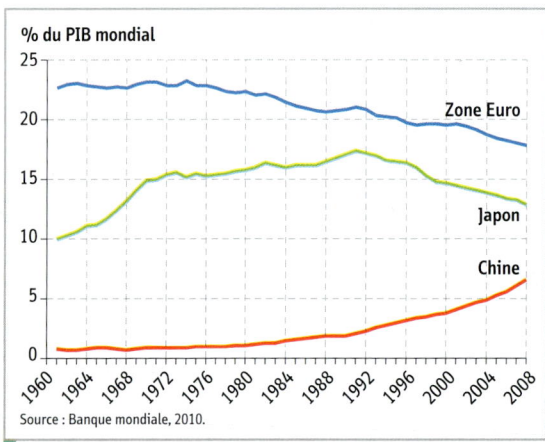

1 Part de trois économies dans l'économie mondiale

Source : Banque mondiale, 2010.

2 L'ouverture de la Chine au monde

- **1976** Mort de Mao Zedong. Son successeur, Deng Xiao Ping, décide d'ouvrir la Chine sur le monde.
- **1980** Création de 4 zones économiques spéciales (zones ouvertes aux investisseurs étrangers) sur le littoral sud de la Chine (Shenzhen...).
- **1984** 14 villes littorales (Shanghai, Canton...) sont ouvertes aux investisseurs étrangers.
- **1988** L'ouverture aux investisseurs étrangers est généralisée à tout le littoral chinois.
- **1992** Ouverture de la totalité du territoire chinois.
- **2001** La Chine entre à l'OMC (Organisation mondiale du commerce).

3 Une usine chinoise (Shenzhen)

La Chine est devenue « l'atelier du monde ». Grâce à une main-d'œuvre nombreuse et bon marché, des jouets, des produits électroniques sont produits à bas coûts puis exportés dans le monde entier.

4 La présence chinoise en Afrique

« Dans les années 1990, Pékin voit dans l'Afrique un fournisseur essentiel de matières premières et investit dans le secteur pétrolier au Soudan, ainsi qu'en Angola et au Gabon. Les relations commerciales ne cessent aujourd'hui de se développer avec l'Afrique du Sud et les pays africains riches en ressources naturelles[1]. [...] Désormais la présence chinoise en Afrique se diversifie : services diplomatiques, groupes pétroliers [...]. Les grandes entreprises, soutenues par l'État chinois, remportent de nouveaux contrats, notamment dans le bâtiment et les travaux publics. Elles délocalisent leurs unités de production et n'emploient pas toujours la main-d'œuvre locale : les ouvriers chinois repartent une fois le chantier fini. »

Thierry Sanjuan, *Le Défi chinois*, La Documentation photographique, juillet-août 2008.

[1]. Le pétrole représente 73 % des exportations africaines vers la Chine.

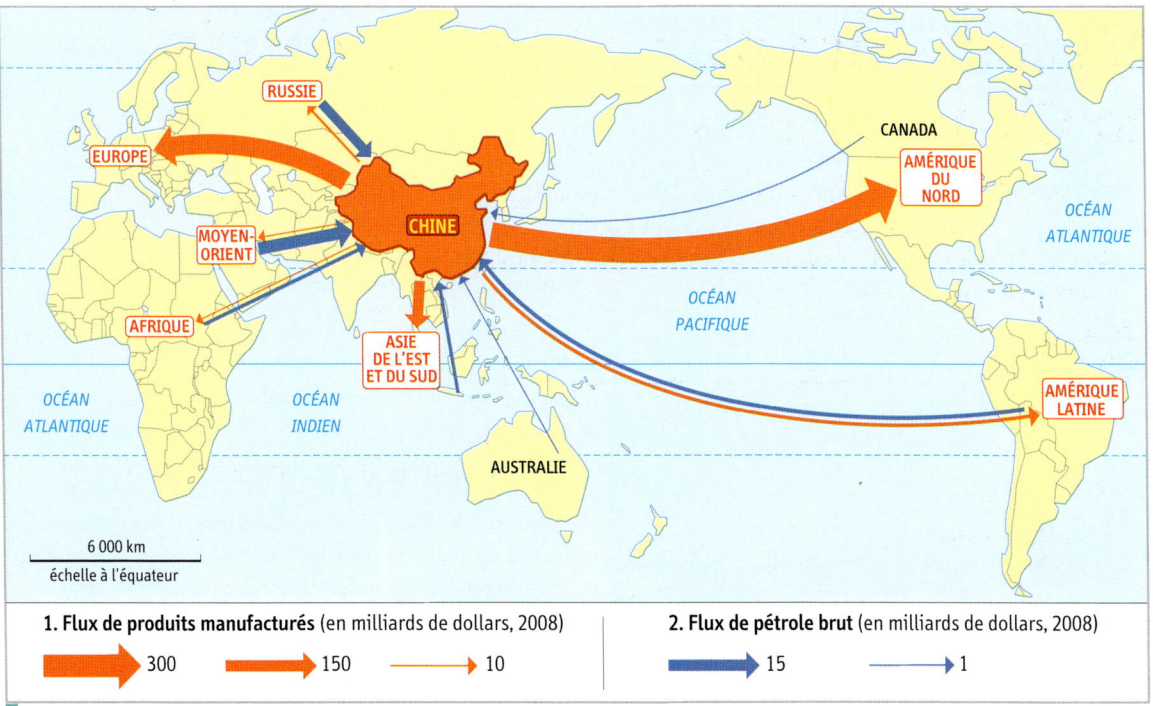

1. **Flux de produits manufacturés** (en milliards de dollars, 2008)
   → 300 → 150 → 10
2. **Flux de pétrole brut** (en milliards de dollars, 2008)
   → 15 → 1

5 Principales exportations et importations chinoises

Définition

La croissance économique : l'augmentation de la production d'un pays.

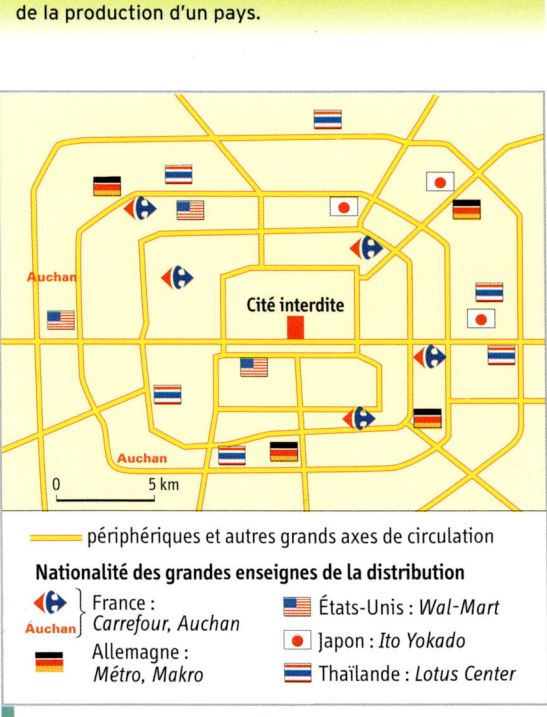

- périphériques et autres grands axes de circulation

Nationalité des grandes enseignes de la distribution
- France : *Carrefour, Auchan*
- États-Unis : *Wal-Mart*
- Japon : *Ito Yokado*
- Allemagne : *Métro, Makro*
- Thaïlande : *Lotus Center*

6 Les géants de la distribution à Pékin

ACTIVITÉS

1. **Doc. 1** Quelle est l'évolution de la part du PIB chinois dans l'économie mondiale depuis les années 1970 ?

2. **Doc. 2** Depuis quand la Chine s'est-elle ouverte sur le monde ? Quels sont les territoires privilégiés pour cette ouverture ?

3. **Doc. 3 et 5** Quels sont les types de produits exportés par la Chine ? Vers quelles régions du monde sont-ils surtout exportés ?

4. **Doc. 4 et 5** Que doit importer la Chine pour soutenir sa croissance ? Quels types d'entreprises chinoises s'installent en Afrique ?

5. **Doc. 6** D'où viennent les grandes enseignes de la distribution qui ont choisi de s'installer à Pékin ? Pourquoi s'y installent-elles d'après vous ?

6. Rédigez quelques lignes sur l'émergence de la puissance chinoise.

Méthode ♦ Montrez que la Chine connaît une croissance exceptionnelle et une ouverture récente sur le monde (questions 1 et 2).

♦ Donnez quelques éléments d'explication de cette croissance (questions 3 à 5).

B La croissance de la Chine profite-t-elle à tous et à tous les territoires ?

OBJECTIF
Décrire et expliquer les caractéristiques essentielles d'un pays émergent

Socle commun
5.3 Lire et employer différents langages : textes – graphiques – cartes – images

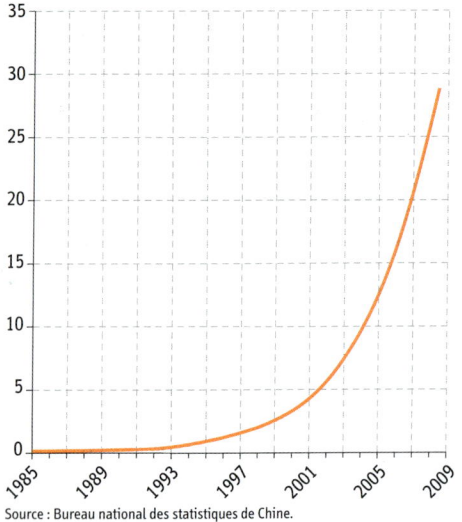

1 L'évolution du nombre de voitures en Chine

2 Les écarts de richesse entre villes et campagnes

« L'écart de revenus entre paysans et citadins est au plus haut depuis 30 ans en Chine. Malgré l'amélioration des revenus des agriculteurs, ces derniers ont augmenté trois fois moins vite que ceux des urbains en 2007. C'est l'écart le plus important depuis l'ouverture de la Chine, entreprise à partir de 1978. [...] Au milieu des années 1980, un habitant des villes gagnait en moyenne 1,85 fois plus qu'un campagnard. Mais en 2006 le revenu annuel moyen pour les habitants des villes (quelque 1 130 euros) était 3,28 fois plus élevé que celui des paysans. Fin 2004, 26 millions de personnes vivaient dans un état d'extrême pauvreté dans les campagnes chinoises et près de 50 autres millions étaient à peine capables de subvenir à leurs besoins alimentaires. »

Agence France Presse, « Chine : l'écart de revenus ruraux-citadins au plus haut depuis 30 ans », 29 août 2008.

3 Travail agricole dans le Yunnan

4 Le PIB par habitant en Chine

5 La ville de Shenzhen

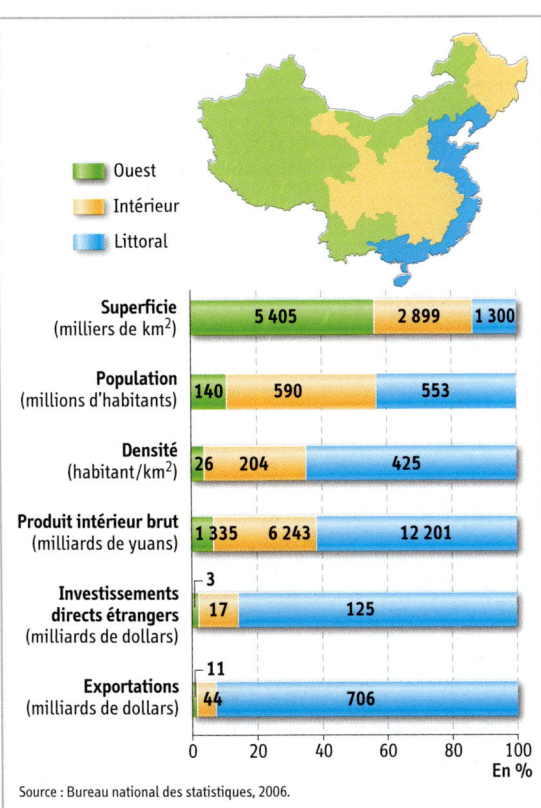

6 Les trois Chine

Source : Bureau national des statistiques, 2006.

- Ouest
- Intérieur
- Littoral

Superficie (milliers de km²) : 5 405 | 2 899 | 1 300
Population (millions d'habitants) : 140 | 590 | 553
Densité (habitant/km²) : 26 | 204 | 425
Produit intérieur brut (milliards de yuans) : 1 335 | 6 243 | 12 201
Investissements directs étrangers (milliards de dollars) : 3 | 17 | 125
Exportations (milliards de dollars) : 11 | 44 | 706

En %

Définition

Le développement : l'amélioration des conditions de vie dans un pays.

ACTIVITÉS

1. **Doc. 1** Comment a évolué le nombre de voitures en Chine depuis les années 1990 ? Justifiez.
2. **Doc. 2 et 3** Montrez les écarts de richesse entre les habitants des villes et ceux des campagnes.
3. **Doc. 4** Dans quelle partie du territoire chinois le PIB par habitant est-il le plus élevé ? Le moins élevé ? Donnez un nom de province pour chacune.
4. **Doc. 5 et 6** Montrez que le littoral chinois est le territoire le plus ouvert sur le monde.
5. **Doc. 6** Qu'en est-il de l'ouest de la Chine ? Justifiez.
6. Rédigez quelques lignes sur les inégalités en Chine.

Méthode Pour rédiger, répondez aux questions :
- La croissance profite-t-elle à tous ? (questions 1 et 2)
- La croissance profite-t-elle à tous les territoires ? (questions 3 à 5)

DE LA CARTE AU CROQUIS

L'organisatio[n]

Méthode générale ▶▶▶ p. 214-215

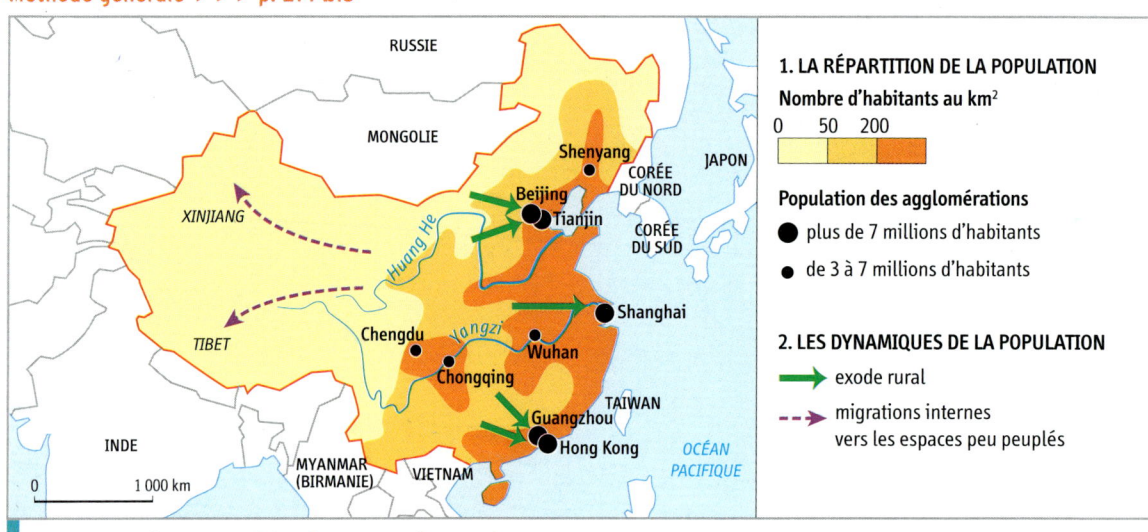

1 Le peuplement chinois et ses dynamiques

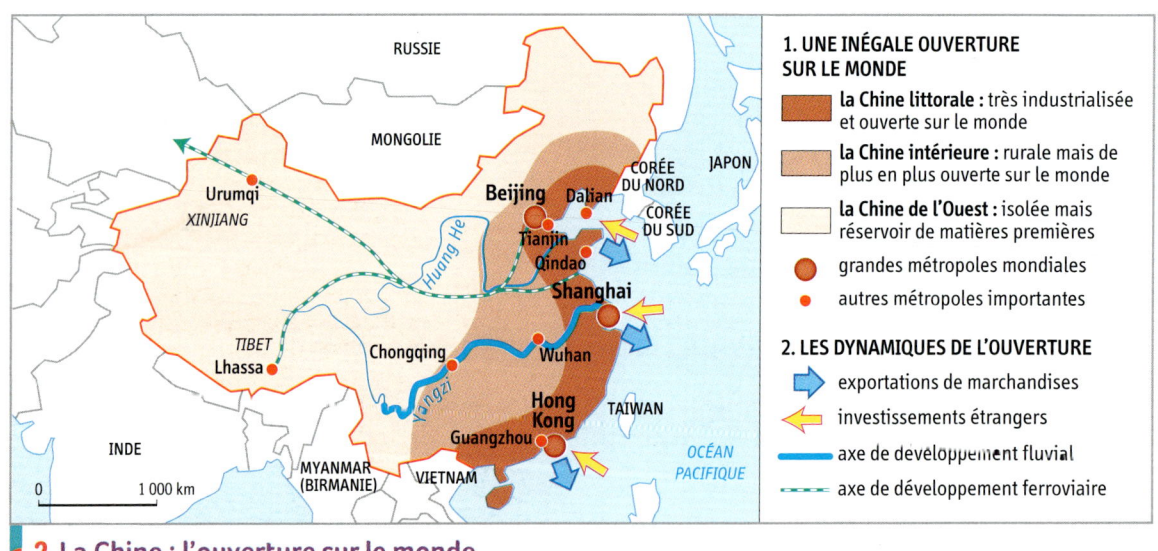

2 La Chine : l'ouverture sur le monde

ÉTAPE 1 — Je prélève des informations sur des cartes

Doc. 1

① Quel figuré a-t-on choisi pour représenter les densités de population ? Où se situent les densités de populations les plus fortes en Chine ?

② À quoi correspondent les flèches vertes sur la carte ? Dans quels sens vont-elles ? Pourquoi ?

Doc. 2

③ Quelle est la partie du territoire chinois la plus ouverte sur le monde ? (voir aussi doc. 6 p. 331) Grâce à quels flux se fait cette ouverture ?

④ Quelles sont les trois grandes métropoles ouvertes sur le monde ?

du territoire chinois

OBJECTIF
Réaliser un croquis de l'organisation du territoire chinois

Socle commun
5.3 Lire et employer différents langages : cartes

0 — 1 000 km

1. LES TERRITOIRES INTÉGRÉS À LA MONDIALISATION

☐ Chine littorale : très fortes densités, ouverte sur le monde

● ....

2. LES FLUX LIÉS À LA MONDIALISATION

⇐ ....

.... exportations

.... exode rural

3. L'INTÉRIEUR, À L'ÉCART DE LA MONDIALISATION ?

☐ Chine intérieure : ....

☐ Chine de l'Ouest : ....

3 Le territoire chinois dans la mondialisation

ÉTAPE 2   Je réalise le croquis et sa légende

5 Construire la légende du croquis

a. Choisissez trois couleurs pour les figurés de la légende représentant les trois Chine. Complétez les informations manquantes.

b. Indiquez dans la légende à quoi correspondent les figurés ⇐ et ●.

c. Trouvez les deux figurés manquants pour les deux dernières informations.

6 Réaliser le croquis

d. Coloriez les trois espaces chinois.

e. Représentez les différents flux (exportations…).

f. Placez le nom des grandes métropoles, de l'océan, des fleuves, du Tibet et du Xinjiang et de quelques États frontaliers.

7 Changer de langage

g. À partir de votre croquis, montrez que le territoire chinois est inégalement intégré à la mondialisation.

CHAPITRE **19** Les puissances émergentes / 333

ÉTUDE DE CAS

Une puissance émergente : le Brésil

> **OBJECTIF**
> Décrire et expliquer les caractéristiques essentielles d'un pays émergent
>
> **Socle commun**
> 3.1 Avoir des connaissances relevant de la culture civique : mondialisation

Le Brésil connaît une croissance économique rapide qui repose en grande partie sur ses exportations, en particulier agricoles. Mais cette croissance est fragile et tous les Brésiliens n'en profitent pas.

A — En quoi le Brésil est-il une puissance émergente ?

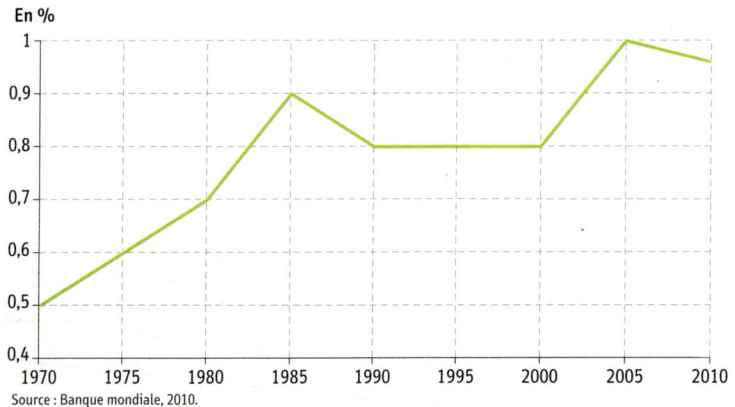

1 L'évolution de la part du Brésil dans les exportations mondiales
Source : Banque mondiale, 2010.

2 Le Brésil, une puissance émergente

« Le Brésil est une nation de 182 millions d'habitants qui occupe et contrôle de mieux en mieux son territoire. C'est l'un des tout premiers producteurs et exportateurs de denrées agricoles et de minerais. C'est aussi un grand pays industriel se classant parmi les quinze premiers dans des secteurs aussi importants que la sidérurgie, la construction automobile ou aéronautique. Le secteur industriel correspond à 21 % de l'emploi et 30,9 % du PIB en 2007. Les industries qui portent la croissance sont celles de l'automobile, de l'agro-industrie ainsi que l'industrie de pointe[1] où les investissements étrangers dominent. Elles concurrencent de plus en plus celles des pays industrialisés. Sa diplomatie active lui donne une stature continentale et internationale, appuyée sur des exportations de biens de consommation, de biens d'équipements et de services qui concurrencent de plus en plus les pays industrialisés. »

H. Théry, *Le Brésil*, © Armand Colin, 2005.

1. Des industries très innovantes (aéronautique, télécommunications…).

3 Le constructeur d'avions Embraer
Embraer est spécialisé dans les avions civils de petite et de moyenne taille. C'est le troisième plus grand industriel du secteur dans le monde et l'une des plus grandes compagnies exportatrices du Brésil.

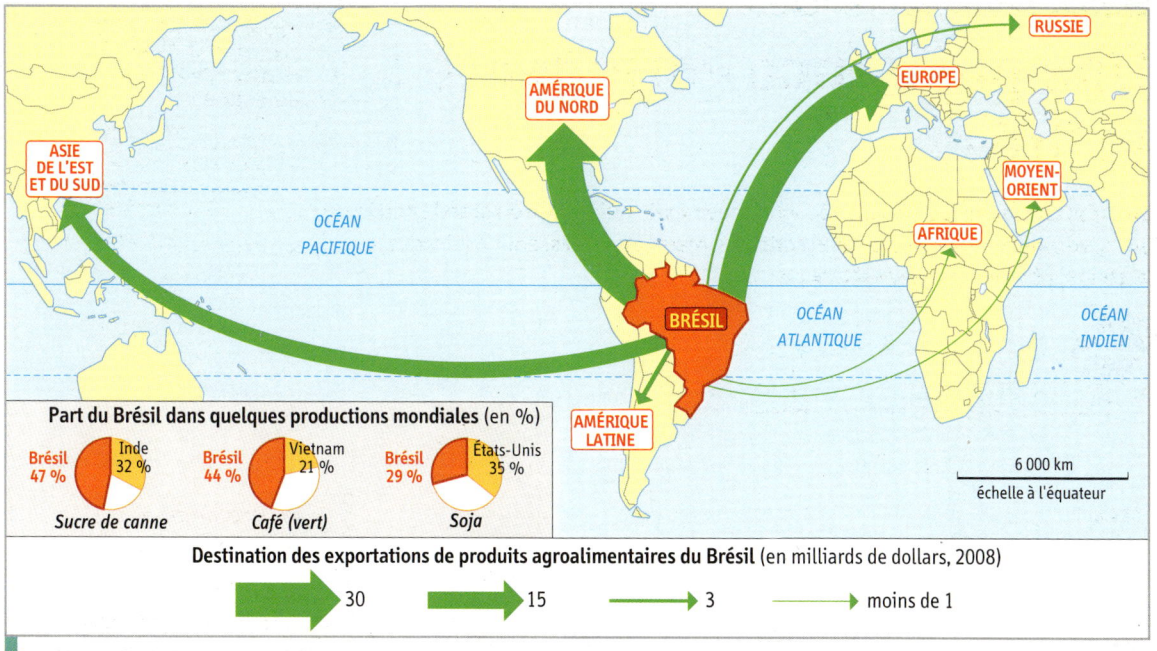

4 Le Brésil dans le commerce agricole mondial

ACTIVITÉS

1. **Doc. 1** Comment a évolué la part du Brésil dans les exportations mondiales depuis 1970 ? Justifiez.
2. **Doc. 2 et 3** Sur quels secteurs industriels cette évolution repose-t-elle ? Quels pays le Brésil est-il de plus en plus capable de concurrencer ?
3. **Doc. 4** Vers quelles régions du monde, le Brésil exporte-t-il ses produits agricoles ?
4. **Doc. 4 et 5** Quelles sont les productions agricoles exportées par le Brésil dans le monde ?
5. **Doc. 5** Décrivez la photographie. En quoi témoigne-t-elle de la puissance agricole du Brésil ?
6. Rédigez quelques lignes sur l'émergence du Brésil.

Méthode ◆ Décrivez l'évolution des exportations du Brésil et les régions du monde avec lesquelles il fait du commerce (documents 1 et 4).
◆ Précisez les secteurs d'activités concernés par ces exportations (documents 2, 3 et 5).

5 Récolte du soja dans le Mato Grosso (2010)

Définition

La croissance économique : l'augmentation de la production d'un pays.

CHAPITRE **19** Les puissances émergentes / 335

B — Quelles sont les différentes inégalités au Brésil ?

OBJECTIF
Décrire et expliquer les caractéristiques essentielles d'un pays émergent

Socle commun
5.3 Lire et employer différents langages : textes – cartes – images

1 Un développement pour tous ?

• « Désormais, toute la population de ce pays de 190 millions d'habitants est appelée à monter dans l'ascenseur social. Depuis 2002, pas moins de 20 millions de Brésiliens sont sortis de la misère. Des millions de personnes ont quitté le secteur informel[1] pour rejoindre le marché du travail officiel. Plus de la moitié des Brésiliens appartient désormais à la classe moyenne (foyers dont le revenu est compris entre 306 et 414 euros). »

Gyldén Axel, « Le Brésil dans l'ascenseur social »,
L'Express, 25 septembre 2008.

• « Le Brésil détient le record absolu des inégalités dans le monde. Les plus pauvres (34 % de la population) disposent en un an du même revenu que les plus riches en onze jours. Les pauvres sont sur-représentés dans le secteur agricole (40 % de pauvres) et le milieu rural ; ils sont également jeunes (37 % des moins de 16 ans sont pauvres) et noirs (46 % de la population mais 65 % des pauvres). »

J. Sgard, Observatoire des inégalités, www.inegalites.fr, 2006.

1. Les petits métiers.

Définition
Le développement : l'amélioration des conditions de vie dans un pays.

2 Manifestation de paysans sans terre

Le Mouvement des paysans sans terre lutte contre l'inégale répartition des terres au Brésil (moins de 1 % des propriétaires contrôlent 46 % de toutes les terres agricoles du pays).

3 La « Bolsa Familia » au Brésil
(extrait d'une brochure)

La « Bolsa Familia » (« Bourse Famille ») est une allocation de 55 dollars mensuels attribuée aux familles les plus pauvres à condition que leurs enfants aillent à l'école. Elle fait partie du programme « Faim zéro », mis en place par le Président Lula.

4 La favela (bidonville) Paraisopolis à São Paulo

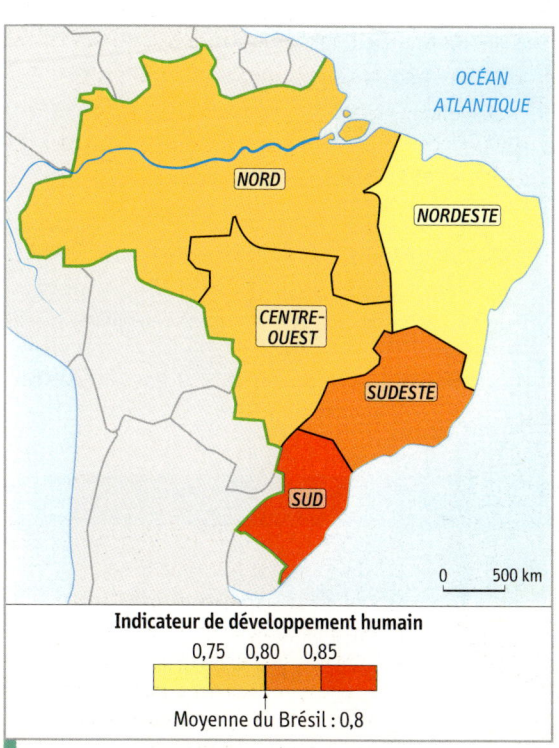

5 L' IDH au Brésil

Indicateur de développement humain
0,75   0,80   0,85
Moyenne du Brésil : 0,8

ACTIVITÉS

1. **Doc. 1** Montrez que la croissance du Brésil a permis à une partie de sa population d'améliorer sa situation.

2. **Doc. 1** Quelles sont les populations les plus touchées par la pauvreté ?

3. **Doc. 3** Quelles sont les solutions envisagées pour aider les populations les plus pauvres ?

4. **Doc. 1 et 2** Pourquoi peut-on dire que de fortes inégalités sociales demeurent au Brésil ?

5. **Doc. 4** Quelles sont les inégalités à São Paulo visibles sur la photographie ?

6. **Doc. 5** Quelles sont les deux régions du Brésil les plus développées ? La région la moins développée ?

7. Rédigez quelques lignes sur les différentes inégalités au Brésil.

Méthode ◆ Décrivez les inégalités sociales (questions 1 à 4).

◆ Décrivez les inégalités spatiales à toutes les échelles (questions 5 et 6).

CHAPITRE **19** Les puissances émergentes / 337

DE LA CARTE AU CROQUIS

L'organisation

Méthode générale ▶▶▶ p. 214-215

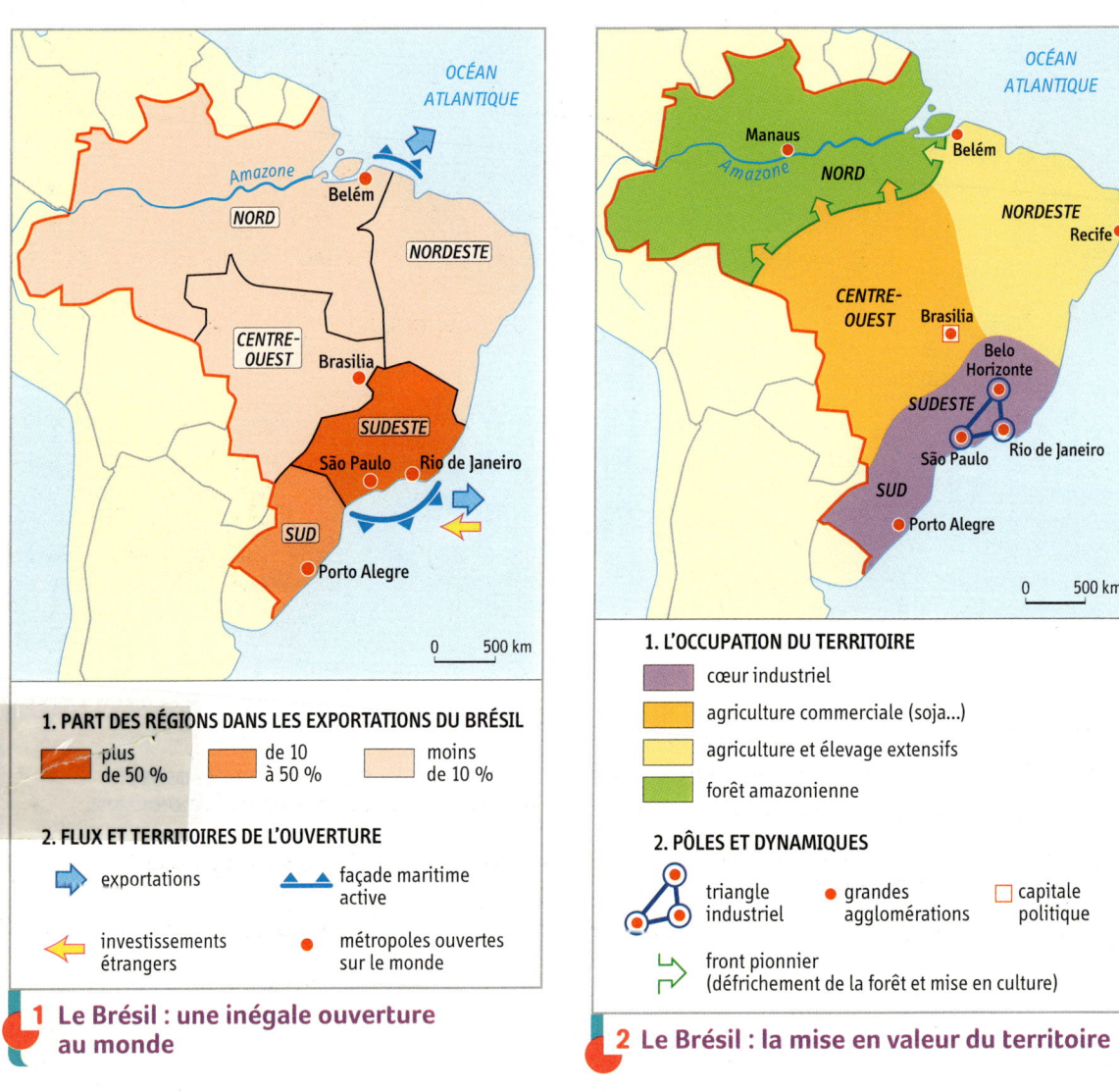

1 Le Brésil : une inégale ouverture au monde

1. PART DES RÉGIONS DANS LES EXPORTATIONS DU BRÉSIL
- plus de 50 %
- de 10 à 50 %
- moins de 10 %

2. FLUX ET TERRITOIRES DE L'OUVERTURE
- exportations
- façade maritime active
- investissements étrangers
- métropoles ouvertes sur le monde

2 Le Brésil : la mise en valeur du territoire

1. L'OCCUPATION DU TERRITOIRE
- cœur industriel
- agriculture commerciale (soja...)
- agriculture et élevage extensifs
- forêt amazonienne

2. PÔLES ET DYNAMIQUES
- triangle industriel
- grandes agglomérations
- capitale politique
- front pionnier (défrichement de la forêt et mise en culture)

ÉTAPE 1 — Je prélève des informations sur des cartes

Doc. 1
1. Que représentent les couleurs sur la carte ? Que représentent les flèches sur la carte ?
2. Quelles sont les régions du Brésil les plus ouvertes sur le monde ? Justifiez.

Doc. 2
3. Où se concentre l'industrie au Brésil ?
4. Quel est le type d'agriculture présent dans le Centre-Ouest ?
5. Quelles sont les particularités du nord du Brésil ?

...du territoire brésilien

OBJECTIF
Réaliser un croquis de l'organisation du territoire brésilien

Socle commun
5.3 Lire et employer différents langages : cartes

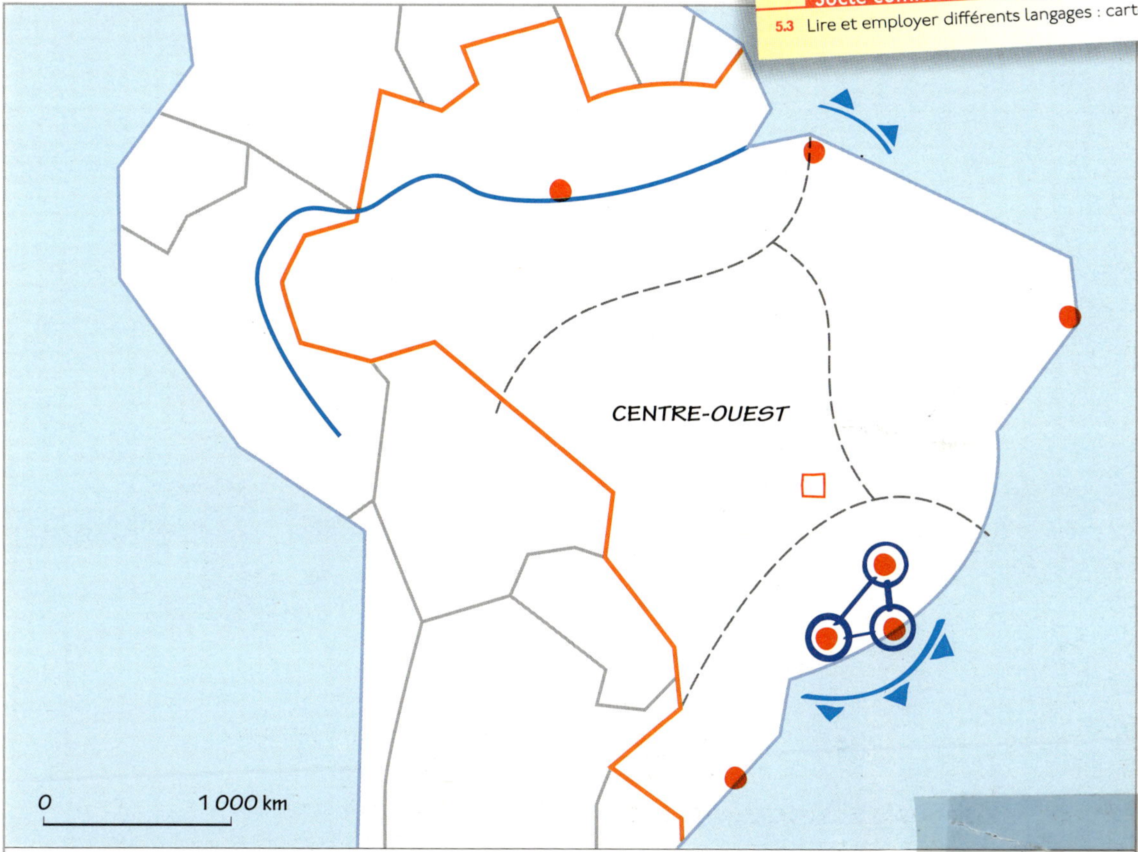

CENTRE-OUEST

0   1 000 km

1. LES TERRITOIRES OUVERTS SUR LE MONDE
- ☐ Sud / Sudeste : industriel et ouvert
- ☐ .... : agriculture destinée à l'exportation mondiale
- triangle industriel   .... façade maritime
- ● ....

2. LES FLUX LIÉS À LA MONDIALISATION
- ⇐ ....
- .... exportations

3. LES RÉGIONS À L'ÉCART DE LA MONDIALISATION
- ☐ .... : agricole et peu ouvert
- ☐ .... : isolé mais de plus en plus convoité
- .... front pionnier

3 Le territoire brésilien dans la mondialisation

ÉTAPE 2 — Je réalise le croquis et sa légende

6 Construire la légende du croquis

a. Complétez le nom des trois régions manquantes et choisissez quatre couleurs pour les 4 régions brésiliennes.

b. Indiquez dans la légende à quoi correspondent les figurés ⇐ et ●.

c. Trouvez les trois figurés manquants pour les autres informations.

7 Réaliser le croquis

d. Coloriez les quatre régions brésiliennes.

e. Représentez sur le croquis les figurés manquants (flux....).

f. Placez le nom des grandes métropoles, de l'océan, du fleuve et des principales régions.

8 Changer de langage

g. À partir de votre croquis, montrez en quelques lignes que le territoire brésilien est inégalement intégré à la mondialisation.

CHAPITRE **19** Les puissances émergentes / 339

à l'échelle du monde

Les pays émergents

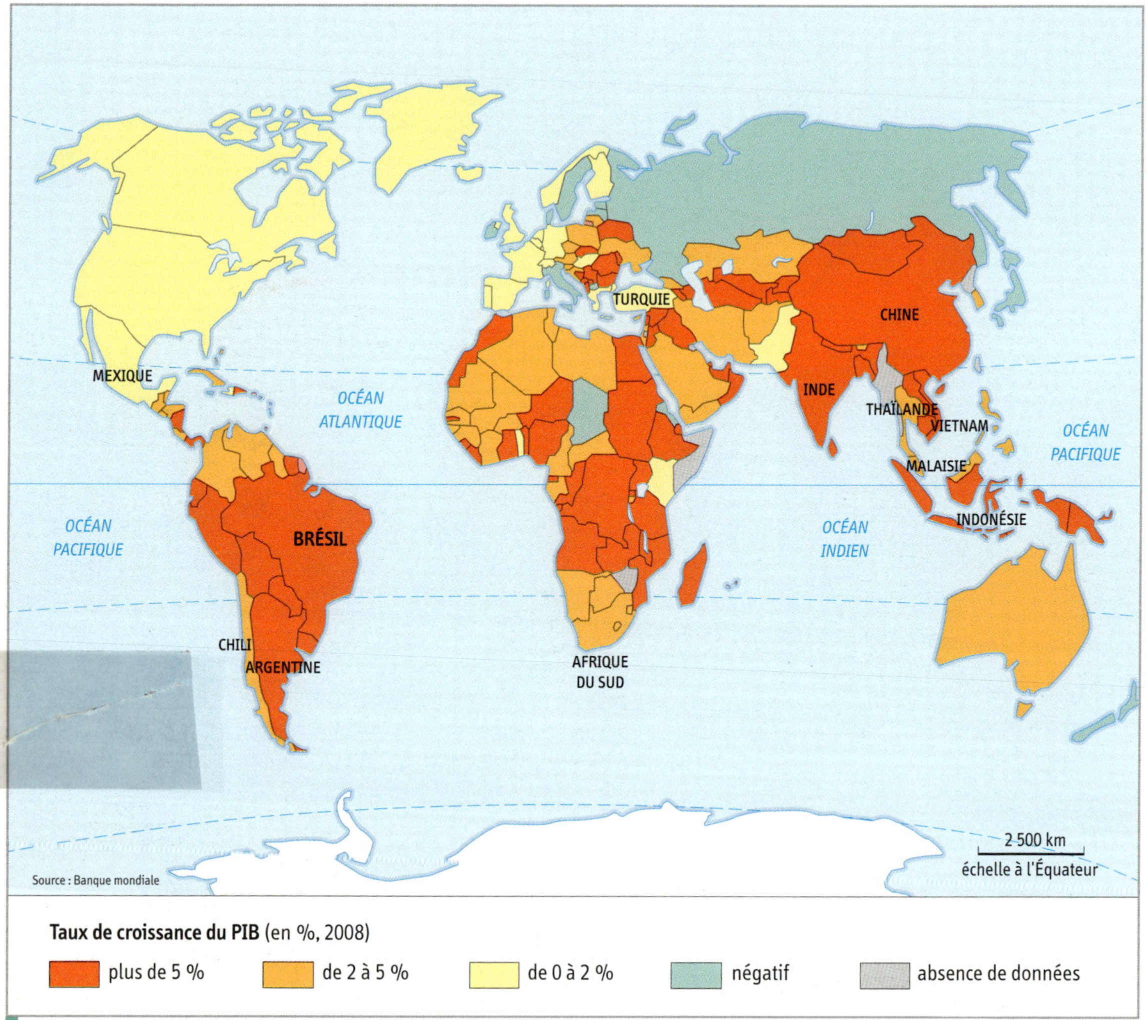

Taux de croissance du PIB (en %, 2008)
- plus de 5 %
- de 2 à 5 %
- de 0 à 2 %
- négatif
- absence de données

1 La croissance économique dans le monde

DE L'ÉTUDE DE CAS...

La Chine

1 Doc. 1 Montrez que la Chine connaît une forte croissance économique.

2 Doc. 2 Quels sont les autres éléments faisant de la Chine une puissance émergente ?

Le Brésil

3 Doc. 1 Montrez que le Brésil connaît une forte croissance économique.

4 Doc. 2 Relevez deux éléments montrant que le Brésil est une puissance économique.

dans le monde

OBJECTIF
Localiser et situer les grands pays émergents

Socle commun
5.1 Avoir des repères relevant de l'espace

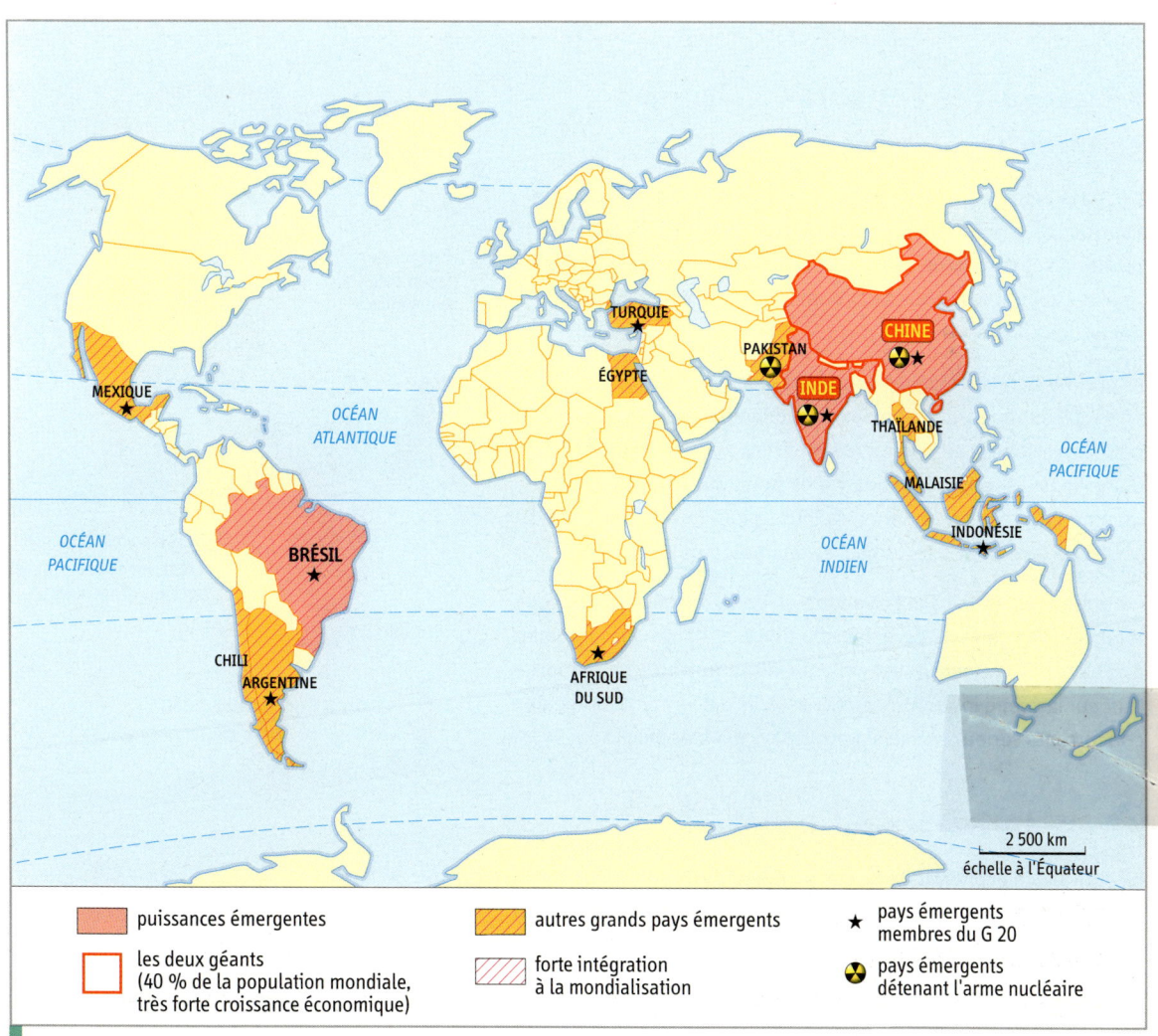

2 Les grands pays émergents dans le monde

... AU MONDE

5 **Doc. 2** Dans quelle partie du monde se situent les pays émergents ?

6 **Doc. 1 et 2** Quelle croissance la plupart des pays émergents connaissent-ils ? Justifiez.

7 **Doc. 2** À part la Chine et le Brésil, quelle est l'autre grande puissance émergente ?

▶▶▶ **Cours p. 342-343**

Définitions

Un pays émergent : un pays à croissance économique rapide mais où le revenu par habitant est encore inférieur à celui des pays développés.

G20 (Groupe des 20) : un groupe de 19 pays plus l'Union européenne ayant un poids économique important dans le monde.

Les pays émergents

> Comment s'explique la montée en puissance des pays émergents ? Quelles en sont les conséquences ?

A La montée en puissance des pays émergents

1. Les pays émergents sont des **acteurs nouveaux de la mondialisation**. Ils représentent une **part croissante de la richesse mondiale** et sont dans une phase de transition entre les pays pauvres et les pays riches. Leur nombre ne cesse d'augmenter depuis les années 1990 (DOC. 2).

2. Ils ont des caractéristiques communes : une croissance économique supérieure à celle des pays développés, une participation croissante au commerce mondial (DOC. 1). Ils profitent d'une **main-d'œuvre abondante** et peu coûteuse, d'un vaste marché intérieur potentiel et de leur savoir-faire dans certains secteurs (les services et les hautes technologies en Inde).

3. Forts de leur réussite économique et de leur **maîtrise technologique** dans certains domaines (la Chine et l'Inde ont la bombe nucléaire), ils veulent jouer un **rôle diplomatique** plus important sur la scène internationale (DOC. 3). Ils deviennent même des concurrents sérieux pour les grands pays développés.

B Un développement inégal

1. La croissance économique de ces pays leur permet d'assurer leur développement. La pauvreté diminue et les conditions de vie s'améliorent. Les **classes moyennes** émergent et accèdent à la société de consommation. Les infrastructures de **transports se développent** et permettent une meilleure maîtrise du territoire (la voie ferrée du Xinjiang en Chine).

2. Malgré ce développement, les **inégalités sociales** restent fortes et ont tendance à se creuser avec la mondialisation (DOC. 2). Toute une partie de la population de ces pays reste à l'écart de la croissance et du développement : le Brésil est un des États les plus inégalitaires du monde ; **la pauvreté** recule difficilement en Inde.

3. Leurs territoires sont marqués par de **fortes inégalités à toutes les échelles**. Il s'agit d'inégalités entre les villes et les zones rurales ou entre les régions littorales et intérieures (DOC. 4). Elles sont aussi très fortes dans les villes où des quartiers riches cohabitent avec d'immenses bidonvilles.

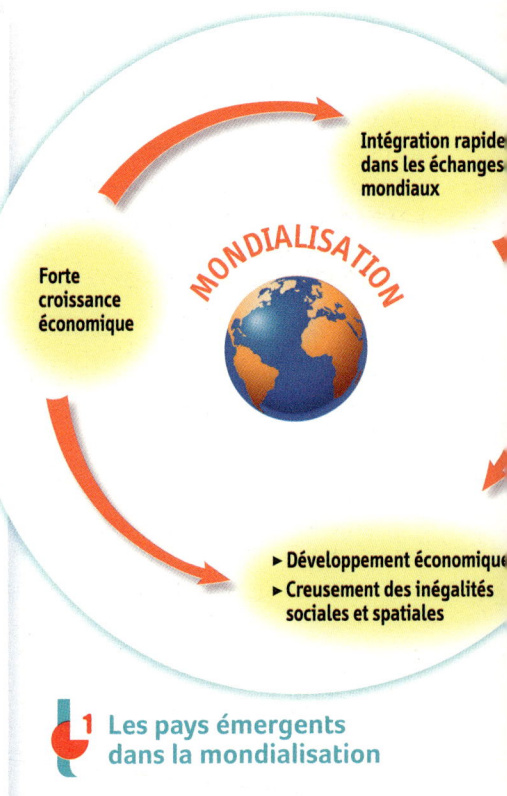

1 Les pays émergents dans la mondialisation

Définitions

La croissance économique : voir p. 335.

Le développement : voir p. 336.

Un bidonville : un espace défavorisé et mal équipé en infrastructures où les habitations sont construites à partir de matériaux de récupération.

Les pays en développement : l'ensemble des pays qui ne sont pas développés. Dans les pays en développement, on trouve des pays très pauvres (les pays les moins avancés), des pays en situation intermédiaire et des pays émergents.

Les BRIC : L'expression désignant le groupe de pays formé par le Brésil, la Russie, l'Inde et la Chine.

2 Le poids croissant des pays émergents

« Le poids des économies émergentes s'est amplifié. À l'appui, ces quelques données commerciales : en 2009, la Chine est devenue le premier partenaire commercial du Brésil, de l'Inde et de l'Afrique du Sud. Entre 1990 et 2008, les échanges mondiaux ont été multipliés par près de quatre, tandis que les échanges Sud-Sud l'ont été par plus de dix. Le constructeur automobile indien Tata est aujourd'hui le deuxième investisseur en Afrique subsaharienne.

Entre les années 1990 et 2000, le nombre de pays dit émergents est passé de 12 à 65. [...] On constate par ailleurs une réduction de la pauvreté, en particulier en Chine où le taux de pauvreté est revenu de 60 % en 1995 à 16 % en 2005. Revers de la médaille, si le nombre de pauvres a globalement reculé de 300 millions dans la dernière décennie, la croissance s'est souvent accompagnée d'un creusement des inégalités. »

Anne Cheyvialle, « Les économies des pays émergents prennent du poids », Le Figaro, 16 juin 2010.

1. Relevez deux exemples montrant le poids croissant des pays émergents dans l'économie mondiale.

2. Ce poids croissant permet-il le recul de la pauvreté ? Justifiez.

3 Sommet des BRIC à Brasilia en 2010

Le Président russe Dimitri Medvedev, le Président brésilien Lula Da Silva, le Président chinois Hu Jintao et le Premier ministre indien Manmohan Singh participent à une conférence de presse lors du sommet du **BRIC** à Brasilia en avril 2010.

▶ Quelles sont les puissances présentes à ce sommet ? Quels éléments de la photographie le prouvent ?

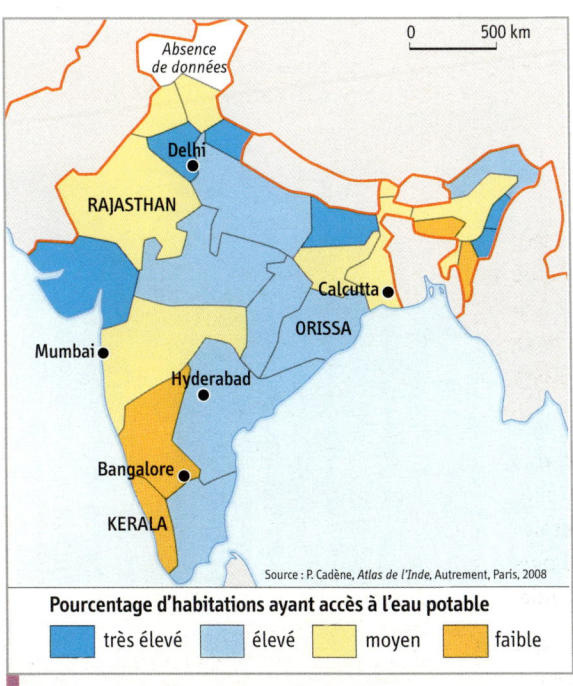

Pourcentage d'habitations ayant accès à l'eau potable : très élevé | élevé | moyen | faible

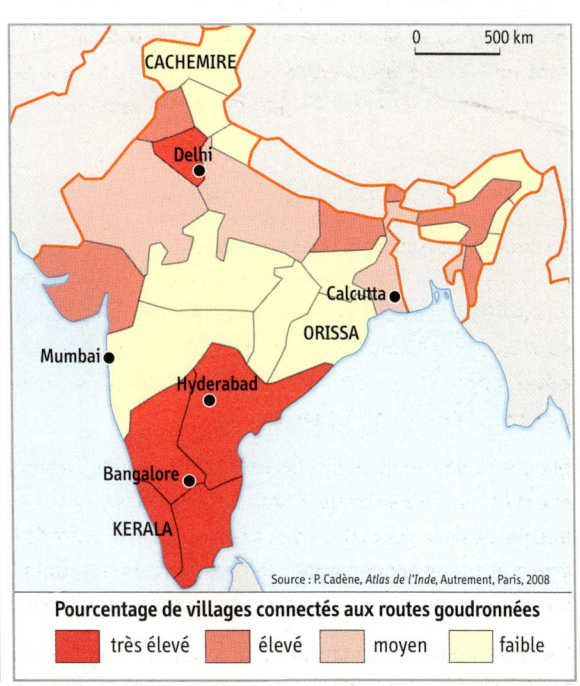

Pourcentage de villages connectés aux routes goudronnées : très élevé | élevé | moyen | faible

Source : P. Cadène, *Atlas de l'Inde*, Autrement, Paris, 2008

4 Les infrastructures en Inde

1. Que représentent ces deux cartes ?

2. Où se situent les régions indiennes les mieux équipées ? les moins bien équipées ?

CHAPITRE **19** Les puissances émergentes / 343

Exercices

1 Étudier une carte des pollutions en Chine

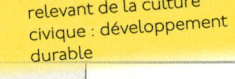
Socle commun
5.1 Avoir des connaissances relevant de la culture civique : développement durable

1. Quels sont les différents types de pollution en Chine ?

2. Où se situent les espaces les plus pollués ? les moins pollués ?

3. Comment peut-on expliquer cette répartition des pollutions ?

4. En utilisant cette carte et vos connaissances, répondez en quelques lignes à la question suivante : le développement économique de la Chine est-il durable ?

DOCUMENT **Les pollutions en Chine**

2 Décrire un paysage urbain et réaliser son croquis

Socle commun
5.3 Lire et employer différents langages

1. Localisez et situez ce paysage.

2. Décrivez le quartier visible au premier plan. Comment appelle-t-on ce type de quartier ? Quelle catégorie de population y vit ?

3. Décrivez le quartier visible au deuxième plan. Quelle catégorie de population y vit ?

4. Réalisez un croquis de ce paysage avec un titre et une légende.

5. Montrez, à partir de cette photographie, que le développement économique de l'Inde ne profite pas à toutes les catégories de la population.

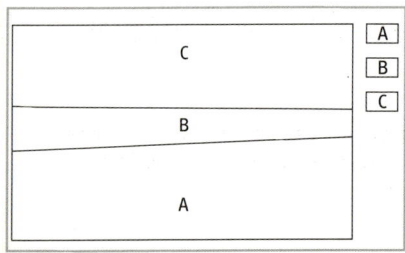

DOCUMENT **Vue de Mumbai** (Inde)

3 Analyser un croquis de l'organisation du territoire indien

5.3 Lire et employer différents langages

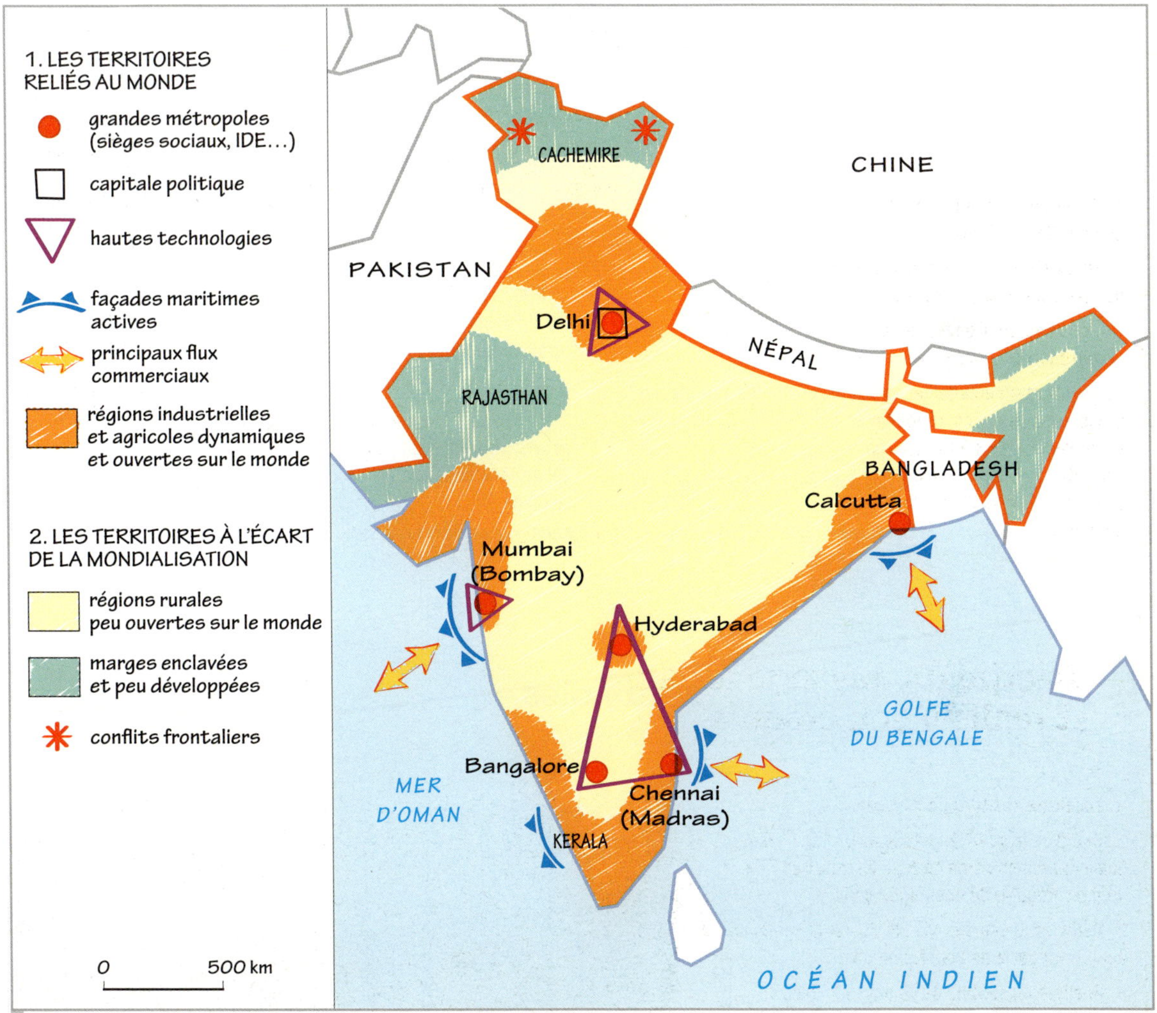

DOCUMENT Le territoire indien dans la mondialisation

A Je m'interroge sur la construction de la légende

1. Quel est le thème de ce croquis ? Comment a-t-on classé la légende pour répondre à ce thème ?

2. Quel figuré a-t-on choisi pour représenter les grandes métropoles ? les façades maritimes ? les flux commerciaux ?

3. À quoi correspondent les trois plages de couleurs ?

B Je prélève des informations sur le croquis

4. Citez trois grandes métropoles indiennes. Comment sont-elles reliées au reste du monde ?

5. Où se concentrent les activités de hautes technologies en Inde ?

6. Où se situent les territoires indiens les plus à l'écart de la mondialisation ?

C Je change de langage

7. À partir du croquis, montrez dans un texte de quelques lignes que le territoire indien est inégalement intégré à la mondialisation.

CHAPITRE **19** Les puissances émergentes / 345

EXERCICES

4 Analyser les inégalités ville/campagne dans les pays émergents

Socle commun
4.4 Chercher et sélectionner l'information demandée

Rendez-vous sur le site des Objectif du Millénaire pour le développement : http://mdgs.un.org

Indicateurs des Objectifs du Millenaire pour le developpement
Site officiel des Nations Unies sur les Indicateurs OMD

1. Cliquez sur « Données » puis « Données par pays ».

2. Ouvrez le dossier « Objectif 1 » puis cliquez sur le dossier « Cible 1 ».

3. Cliquez sur « Population en dessous de la ligne de pauvreté nationale, urbaine, pourcentage ».

4. À droite, dans la liste des pays cliquez sur Brésil, puis sur « Afficher les données ». Notez le résultat.

5. Réalisez la même opération pour les campagnes en cliquant sur « Population en dessous de la ligne de pauvreté nationale, rurale, pourcentage ».

6. Quelle différence constatez-vous entre les deux résultats ?

7. En utilisant toujours le dossier « Objectif 1 » puis « Cible 1 », pouvez-vous dire comment évolue la part de la population qui dispose de moins de 1 dollar par jour au Brésil ? en Inde ? en Chine ?

5 Localiser et situer les métropoles des pays émergents

Socle commun
5.1 Avoir des repères relevant de l'espace

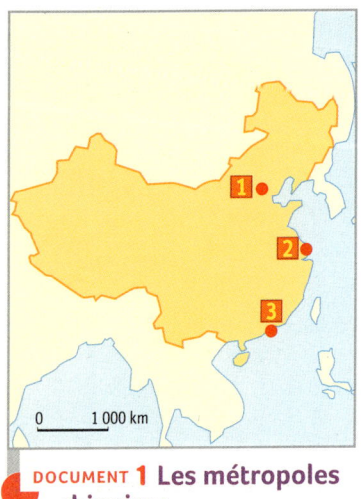

DOCUMENT **1** Les métropoles chinoises

DOCUMENT **2** Les métropoles brésiliennes

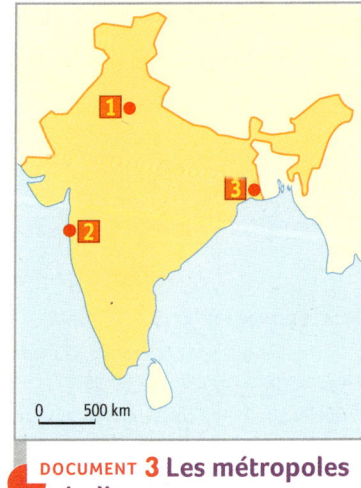

DOCUMENT **3** Les métropoles indiennes

1. Nommez, pour chaque pays, le nom des métropoles numérotées de 1 à 3.

2. Situez les métropoles portant le numéro 2 sur chaque territoire (où sur le territoire ? au bord de quel océan ?...).

6 Étudier les activités de hautes technologies à Bangalore (Inde)

Socle commun
5.3 Lire et employer différents langages : textes – cartes

DOCUMENT 1 Bangalore, la « Silicon city »

« Bangalore est un lieu symbolique des hautes technologies en Inde. Dénommé le Silicon Plateau de l'Inde, Bangalore compte plus de 5 millions d'habitants et abrite des milliers d'entreprises de haute technologie. Electronic City, International Technology Parc, Biotechnical Garden sont parmi les lieux les plus connus. Au-delà de MG Road où se situent de nombreux sièges sociaux, la plupart des activités liées à l'informatique se localisent le long de deux avenues, constituant des axes de développement au sud-est de la ville [...]. Au nord-ouest, se trouvent de nombreuses usines [...] qui emploient environ 200 000 travailleurs qualifiés, pour beaucoup informaticiens ou électroniciens. Leurs compétences sont recherchées car la croissance des activités est forte, ce qui pousse les salaires à la hausse. »

Philippe Cadène, *Atlas de L'Inde*, © Éditions Autrement, 2008.

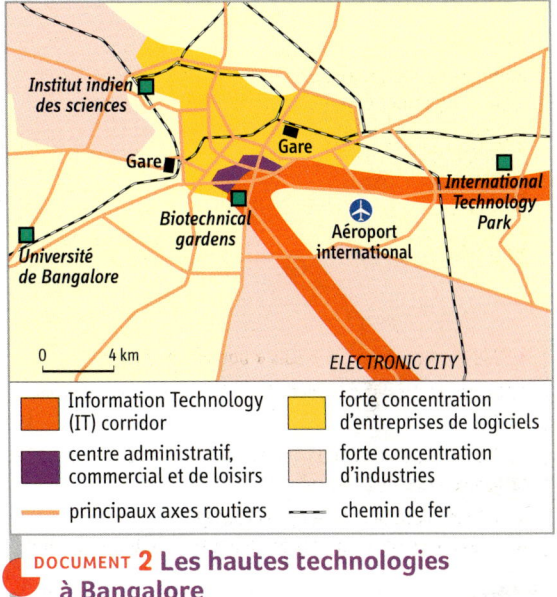

DOCUMENT 2 Les hautes technologies à Bangalore

1. Localisez et situez Bangalore (voir p. 343).
2. Quelles sont les activités qui se sont développées à Bangalore ?
3. Citez deux lieux où les entreprises se sont installées à Bangalore et localisez-les à partir du plan.
4. Pourquoi appelle-t-on Bangalore la « Silicon city » (voir doc. 4 p. 315) ?

---

7 Localiser et situer les grands pays émergents sur un planisphère

Socle commun
5.1 Avoir des repères relevant de l'espace

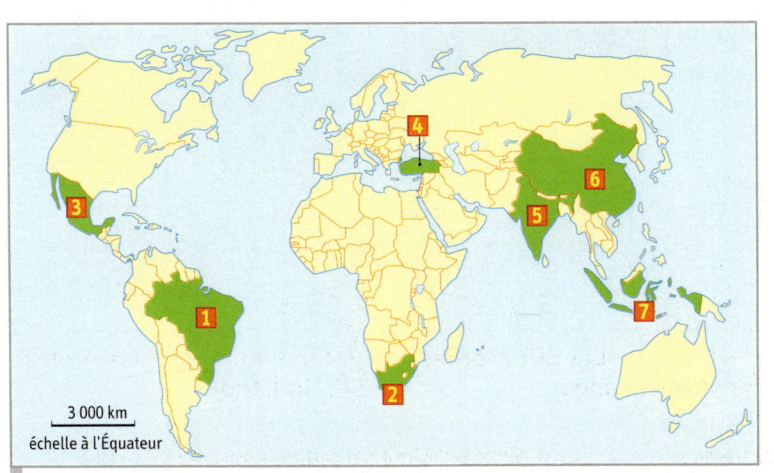

DOCUMENT Les grands pays émergents du monde

1. Nommez les pays émergents numérotés de 1 à 7.
2. Quelles sont, parmi ces sept pays, les trois plus grandes puissances émergentes ?

CHAPITRE 19 Les puissances émergentes / 347

chapitre 20

Les pays pauvres dans la mondialisation

> **Quelles sont les caractéristiques communes des pays pauvres ?**

1 Un quartier pauvre à Pnom-Penh (Cambodge)

Des enfants jouent dans le bidonville de Bassac à Phom Penh, la capitale du Cambodge. Cet État d'Asie du Sud-Est fait partie des pays les plus pauvres du monde.

▶ Montrez que ce quartier est touché par la pauvreté.

La mondialisation en chiffres

● L'évolution du nombre de PMA « pays les moins avancés »

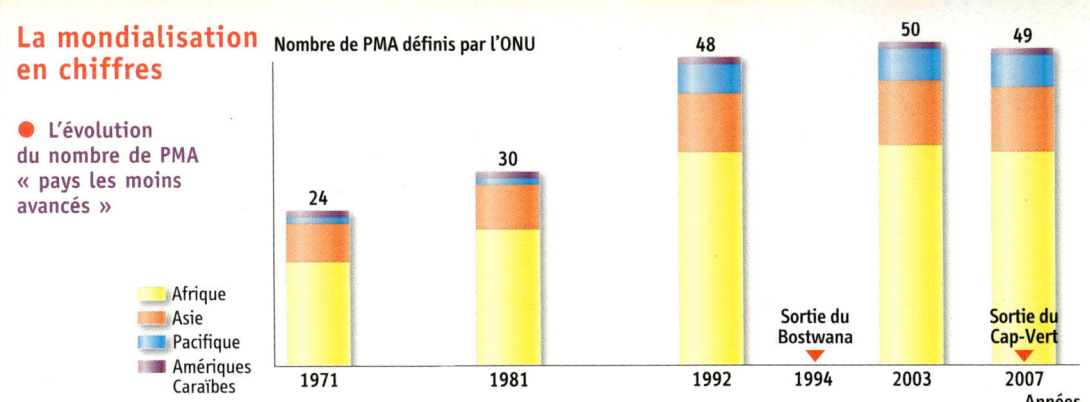

Nombre de PMA définis par l'ONU

- Afrique
- Asie
- Pacifique
- Amériques Caraïbes

1971 : 24
1981 : 30
1992 : 48
1994 : Sortie du Botswana
2003 : 50
2007 : 49 — Sortie du Cap-Vert

Années

2 La construction d'un puits au Niger

Des enfants du village de Kornaka, au Niger, participent à un forage dans le cadre de la construction d'un puits. Dans ce village, les élus locaux et les villageois, aidés par une association française « L'Eau vive », ont mené un projet visant à améliorer l'accès à l'eau potable.

▸ Pourquoi ce projet de puits peut aider ce village pauvre à se développer ?

ÉTUDE DE CAS

Un « pays moins avancé » d'Afrique : le Mali

OBJECTIF
Décrire les caractéristiques essentielles d'un PMA

Socle commun
5.3 Lire et employer différents langages : textes – images

Le Mali est aujourd'hui un des pays les plus pauvres du monde. Il a été classé dans la catégorie des « pays les moins avancés » (PMA) par l'ONU, dès 1971. Il présente d'importants retards de développement. Son économie reste principalement agricole et peu ouverte sur le monde.

A — En quoi le Mali est-il un pays peu développé ?

1 Quelques indicateurs de développement

	MALI	FRANCE
Indicateur de développement humain (IDH)	0,371 (181e rang)	0,961 (8e rang)
Espérance de vie à la naissance	48 ans	81 ans
Taux de mortalité des moins de 5 ans (pour 1 000 naissances)	194	4
Taux de scolarisation en primaire (%)	63	99
Taux d'alphabétisation des adultes (%)	23	99
Population vivant sous le seuil de pauvreté (moins de 1,25 $ par jour)	51	0,9

Source : Organisation mondiale de la santé et Unicef.

2 La dénutrition[1] chez les enfants maliens

« À l'extrême sud du Mali, [...] les enfants de la ville de Sikasso connaissent des taux alarmants de dénutrition. [...]. En 2009, près de 40 000 cas d'enfants atteints de dénutrition ont été enregistrés dans la région. [...] L'Union européenne a débloqué 6,8 millions d'euros de son fonds de "facilité alimentaire" pour appuyer le programme alimentaire de l'Unicef au Mali. Ce fonds a pour but d'aider à contrôler la nutrition chez les enfants et les femmes. [...] La dénutrition est une des causes principales des décès d'enfants dans le monde en développement. Au Mali, malgré un déclin de la mortalité chez les enfants de moins de cinq ans, le taux reste élevé. On estime que près d'un enfant sur cinq qui y naît n'atteindra pas son cinquième anniversaire. [...] Il est demandé aux familles du Mali d'amener rapidement leurs enfants dans les dispensaires locaux, aussi tôt que possible pour déceler les signes de dénutrition. »

D'après l'article de Guy Degen, *Sikasso, Mali*, 3 juin 2010, site de l'Unicef.

1. La dénutrition est due à une ration alimentaire insuffisante par rapport aux besoins énergétiques. Elle se traduit par une perte de poids.

3 La corvée d'eau dans un village du Mali

4 Les quartiers riches de Bamako

Alors que 66 % de la population urbaine du Mali vit dans des taudis, une minorité habite dans des quartiers aisés.

« À Bamako, au Mali, il existe des "quartiers de riches". Le premier d'entre eux, celui de l'Hippodrome, date des années 1960-1970. Il a conservé de belles villas, ainsi que des bars et des dancings qui font la réputation de ce quartier chic. Mais les plus riches des Bamakois ont choisi de migrer vers des zones encore plus élitistes. D'abord vers la Cité du Niger, au bord du fleuve, qui concentre de somptueuses villas habitées par des ambassadeurs et des hommes d'affaires. [...] Compte tenu du manque de place, de nouveaux programmes immobiliers de luxe ont vu le jour au début des années 2000. Désormais, c'est sur la zone de l'ancien aéroport militaire, [...] que les nouveaux riches ont élu domicile. »

P.-F. Naudé et F. Lejeal, sur le site : www.jeuneafrique.com, 23 juin 2009.

5 L'inauguration de l'école de Tégourou (2007)

En 2007, une école primaire a été inaugurée à Tégourou. Elle a été financée à 25 % par le village et à 75 % par une association française « Grain de sable ». Le nombre d'enfants scolarisés est passé de 99 à 300.

6 Affiche pour l'allaitement maternel
(diffusée en avril 2010)

ACTIVITÉS

1. Localisez et situez le Mali et sa capitale
2. **Doc. 1 et 2** Quels indicateurs montrent le retard du Mali en matière de santé ?
3. **Doc. 1** Les Maliens ont-ils le même accès à l'éducation que les Français ? Justifiez la réponse.
4. **Doc. 1 et 3** Quelles sont les autres manifestations de la pauvreté au Mali ?
5. **Doc. 4** Quelle inégalité peut-on observer dans la ville de Bamako ?
6. **Doc. 2, 5 et 6** Que fait-on pour améliorer la situation des enfants au Mali ? Qui apporte cette aide (citez plusieurs acteurs) ?
7. Rédigez quelques lignes montrant que le Mali est un pays peu développé.

Méthode ◆ Décrivez la situation de la santé et de l'éducation ainsi que les inégalités sociales.

◆ Montrez qu'il existe des projets pour aider le pays à se développer.

B L'économie du Mali est-elle à l'écart du monde ?

OBJECTIF
Décrire les caractéristiques essentielles d'un PMA

Socle commun
1.2 Rédiger un texte bref, cohérent et ponctué.

1 Une agriculture peu productive
Un paysan malien, aidé de son fils, laboure son champ à la fin de la saison sèche. Au Mali, 80 % de la population travaille dans l'agriculture.

2 Le coton, une culture d'exportation

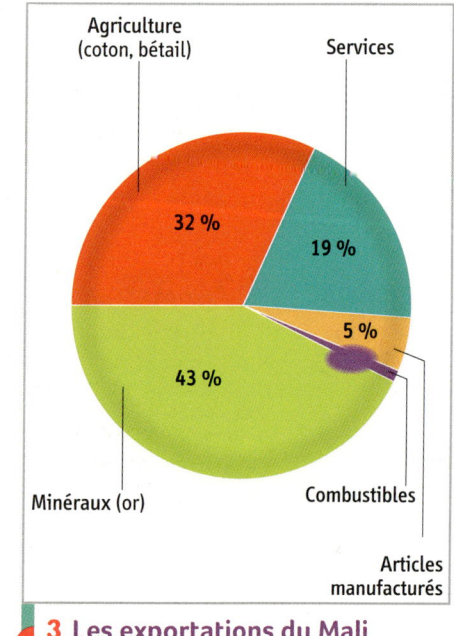

3 Les exportations du Mali

- Agriculture (coton, bétail) : 32 %
- Services : 19 %
- Combustibles : 5 %
- Minéraux (or) : 43 %
- Articles manufacturés

Les espaces agricoles
- élevage nomade
- cultures vivrières (millet, sorgho, maïs, riz) et élevage
- cultures commerciales (coton, arachide, karité) et culture vivrières.

2. Des moyens de communication insuffisants
- voie ferrée
- voie navigable
- ✈ aéroport international

4 Le Mali : un pays agricole peu ouvert sur le monde

5 La modernisation de l'aéroport de Bamako

« Le transport aérien est un élément important du désenclavement intérieur et extérieur de notre pays qui ne possède pas de débouché sur la mer. L'aéroport international de Bamako-Sénou est donc appelé à jouer un rôle majeur dans l'insertion de notre pays dans les échanges internationaux, à travers notamment le développement du tourisme et la promotion de l'exportation de la production nationale. Mis en service en 1974, Bamako Sénou manque d'infrastructures commerciales pour satisfaire le niveau actuel de trafic. Les pouvoirs publics ont donc entrepris un vaste programme de modernisation de cet aéroport international. [...] Le projet permettra d'une part, l'extension et le renforcement de la piste d'atterrissage et d'autre part, la construction d'une nouvelle aérogare de 14 000 m² pouvant recevoir à terme 1,5 million de passagers par an. »

Article paru sur le site de l'*Essor* (quotidien national du Mali), www.essor.ml, mardi 8 juin 2010.

6 Le tourisme au Mali

« En octobre 2008 était organisé le premier Salon international du tourisme à Bamako, un rendez-vous professionnel. [...] L'Omatho (Office malien du tourisme et de l'hôtellerie) entend profiter du poids croissant de son tourisme en Afrique. Ce pays francophone parie sur un tourisme culturel et authentique. Le Mali totalise aujourd'hui deux fois plus de touristes qu'au début du siècle. En 2007, il a accueilli 165 000 visiteurs étrangers (+ 7,5% sur 2006 et + 15% sur 2005), dont 57 700 Français (+ 35% sur 2006), de loin son premier marché émetteur.

L'offre aérienne, bon baromètre de la santé d'une destination, ne cesse de croître sur l'axe France-Mali. L'offre hôtelière suit le même mouvement ascendant. »

Article de Vincent de Monicault, sur le site : www.tourmag.com, 22 octobre 2008.

Définition

Un État enclavé : un pays qui n'a pas de rivage maritime.

ACTIVITÉS

1 **Doc. 1, 2 et 4** Quels sont les deux types d'agricultures au Mali ? Où sont-elles situées ?

2 **Doc. 2 et 3** Quels sont les deux produits principalement exportés par le Mali ?

3 **Carte 2 p. 357** Malgré ces exportations, montrez que le Mali participe peu au commerce mondial de marchandises.

4 **Doc. 4 et 5** Pourquoi le Mali est-il un État enclavé ? Que fait-on pour améliorer ses moyens de communication ?

5 **Doc. 6** Quel secteur d'activité peut faciliter le développement du pays ? Justifiez.

6 Décrivez et expliquez les caractéristiques de l'économie du Mali.

Méthode ◆ Montrez que l'économie du Mali est rurale et à l'écart du commerce mondial (questions 1 à 3).

◆ Décrivez les moyens mis en œuvre pour ouvrir cette économie sur le monde (questions 4 et 5).

ÉTUDE DE CAS

Un « pays moins avancé » d'Asie : le Bangladesh

Le Bangladesh souffre d'une grande pauvreté et d'un retard de développement important. Il est classé par l'ONU, dans la catégorie des « pays les moins avancés » (PMA) depuis 1975.

> **OBJECTIF**
> Décrire et expliquer les caractéristiques essentielles d'un PMA
>
> **Socle commun**
> 5.3 Lire et employer différents langages : textes - graphiques - cartes - images

En quoi le Bangladesh est-il un pays pauvre ?

1 Travail agricole dans une rizière

Près de 80 % de la population du Bangladesh vit de l'agriculture. Mise à part une minorité de paysans riches, cette population rurale connaît une grande pauvreté. L'insuffisance des infrastructures routières fait obstacle à la vente des produits agricoles. Ceux-ci ne représentent que 10 % des exportations du Bangladesh.

2 Population et développement

POPULATION	
Population totale	156 000 millions
Densité de population	1 083 hab./km^2
Population rurale	73 %

NIVEAU DE DÉVELOPPEMENT	
Population vivant sous le seuil de pauvreté (moins de 1,25 $ par jour)	50 %
IDH	0,54 (140e rang mondial)
Espérance de vie	66 ans
Taux d'alphabétisation des adultes	54 %

Source : Unicef, 2011.

ACTIVITÉS

1. Localisez et situez le Bangladesh, et sa capitale.
2. **Doc. 2 et 5** Quels indicateurs montrent la pauvreté de la population du Bangladesh ? Quels sont les signes de pauvreté visibles sur la photographie ?
3. **Doc. 1** Quelle est la particularité de l'économie du Bangladesh ?
4. **Doc. 3** À quelle contrainte climatique le Bangladesh doit-il faire face ? Selon vous, pourquoi cela freine-t-il son développement ?
5. **Doc. 4** Montrez que le Bangladesh est dépendant des autres pays du monde.
6. **Doc. 6** Pour quelles raisons l'industrie navale se développe-t-elle au Bangladesh ?
7. Décrivez et expliquez les caractéristiques d'un PMA à partir de l'exemple du Bangladesh.

Méthode ◆ Décrivez les problèmes du Bangladesh, puis expliquez quelles sont ses possibilités de développement.

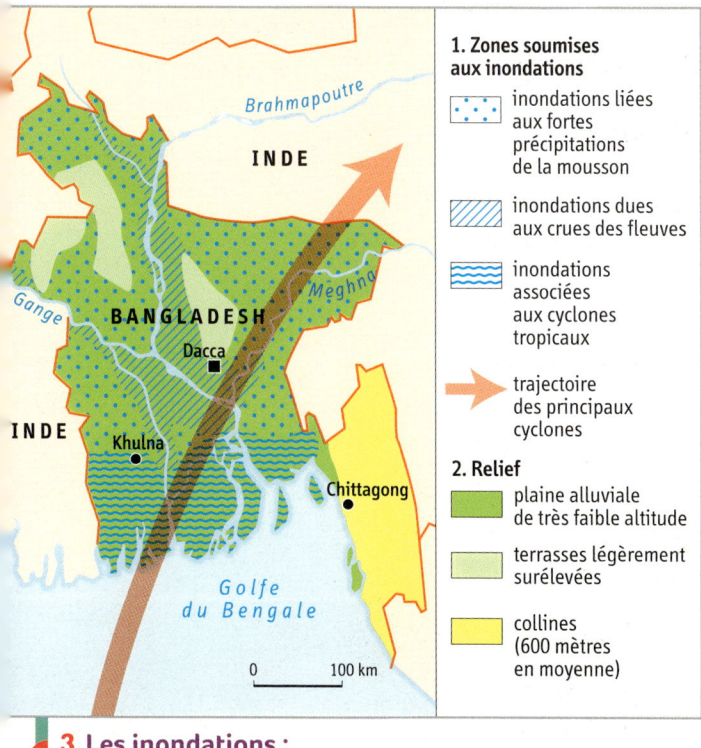

● **3** Les inondations :
un frein au développement

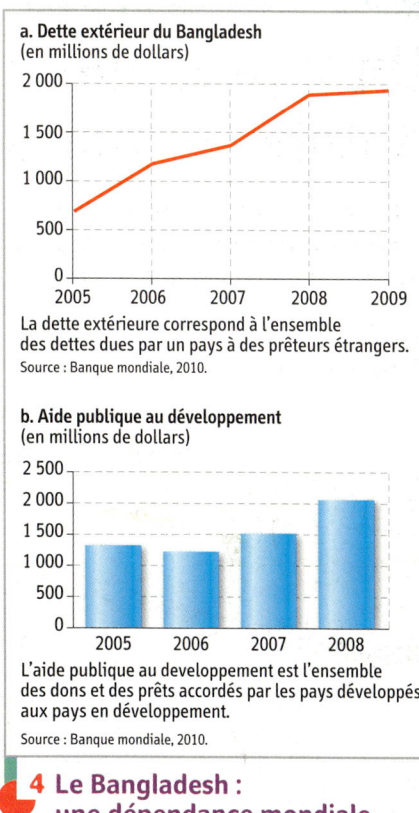

a. **Dette extérieur du Bangladesh**
(en millions de dollars)

La dette extérieure correspond à l'ensemble des dettes dues par un pays à des prêteurs étrangers.
Source : Banque mondiale, 2010.

b. **Aide publique au développement**
(en millions de dollars)

L'aide publique au developpement est l'ensemble des dons et des prêts accordés par les pays développés aux pays en développement.
Source : Banque mondiale, 2010.

● **4** Le Bangladesh :
une dépendance mondiale

● **5** Un bidonville à Dacca (2010)

● **6 L'essor de l'industrie navale[1]**

« Quand Abdul Karim a perdu son travail dans la construction navale[1] à Singapour à cause de la crise économique, il ne pensait vraiment pas trouver le même emploi en rentrant chez lui, au Bangladesh [...].

Et pourtant, dans son pays, l'industrie navale est en plein boom. [...] Le Bangladesh, auquel on faisait d'ordinaire appel pour le démantèlement des vieux navires, accueille maintenant des chantiers de construction et selon les experts, cette industrie, plus sûre et moins nocive pour l'environnement, pourrait créer des centaines de milliers d'emplois.

"L'industrie textile[2] au Bangladesh a explosé parce que c'était l'endroit le moins cher au monde pour fabriquer des vêtements. C'est la même chose pour les bateaux", indique S. Hossain, directeur de Western Marine, l'une des principales entreprises de construction du pays. »

Article de Shafiq Alam (AFP),
sur le site inde.aujourdhuilemonde.com, 20 octobre 2009.

1. L'industrie navale est l'industrie fabriquant des bateaux.
2. L'industrie textile constitue les ¾ des exportations du Bangladesh.

à l'échelle du monde

Les pays pauvres dans le monde

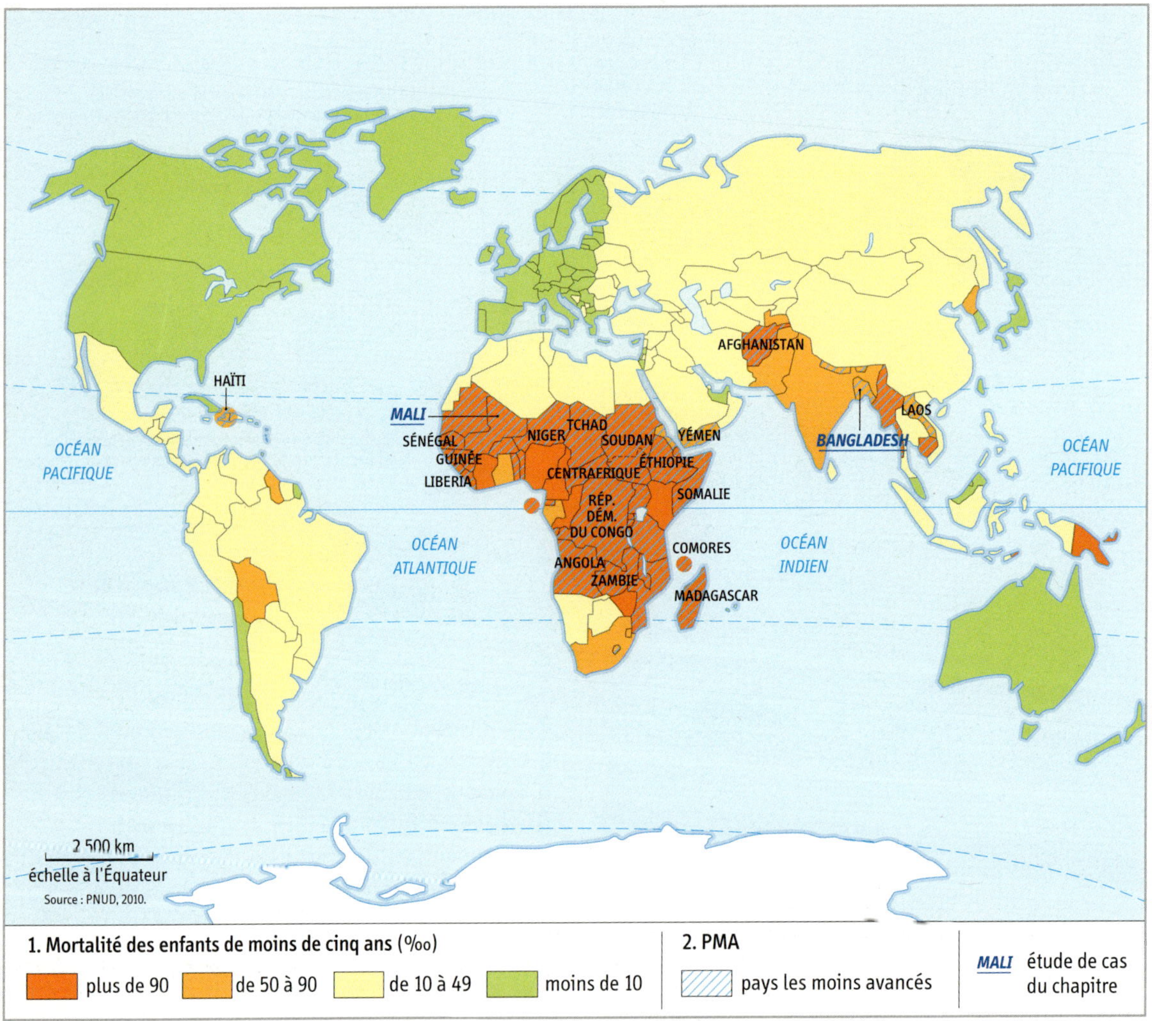

1. Mortalité des enfants de moins de cinq ans (‰)
- plus de 90
- de 50 à 90
- de 10 à 49
- moins de 10

2. PMA
- pays les moins avancés

MALI étude de cas du chapitre

Source : PNUD, 2010.

1 Le taux de mortalité des enfants de moins de cinq ans

DE L'ÉTUDE DE CAS...

1) Quel est le taux de mortalité des enfants de moins de cinq ans au Mali ?

2) Doc. 2 Quelle est la part du Mali dans les exportations mondiales de marchandises ?

Le Mali

3) Doc. 1 Quel le taux de mortalité des enfants de moins de cinq ans au Bangladesh ?

4) Doc. 2 Quelle la part du Bangladesh dans les exportations mondiales de marchandises ?

Le Bangladesh

OBJECTIF
Localiser et situer quelques PMA

Socle commun
5.1 Avoir des repères relevant de l'espace

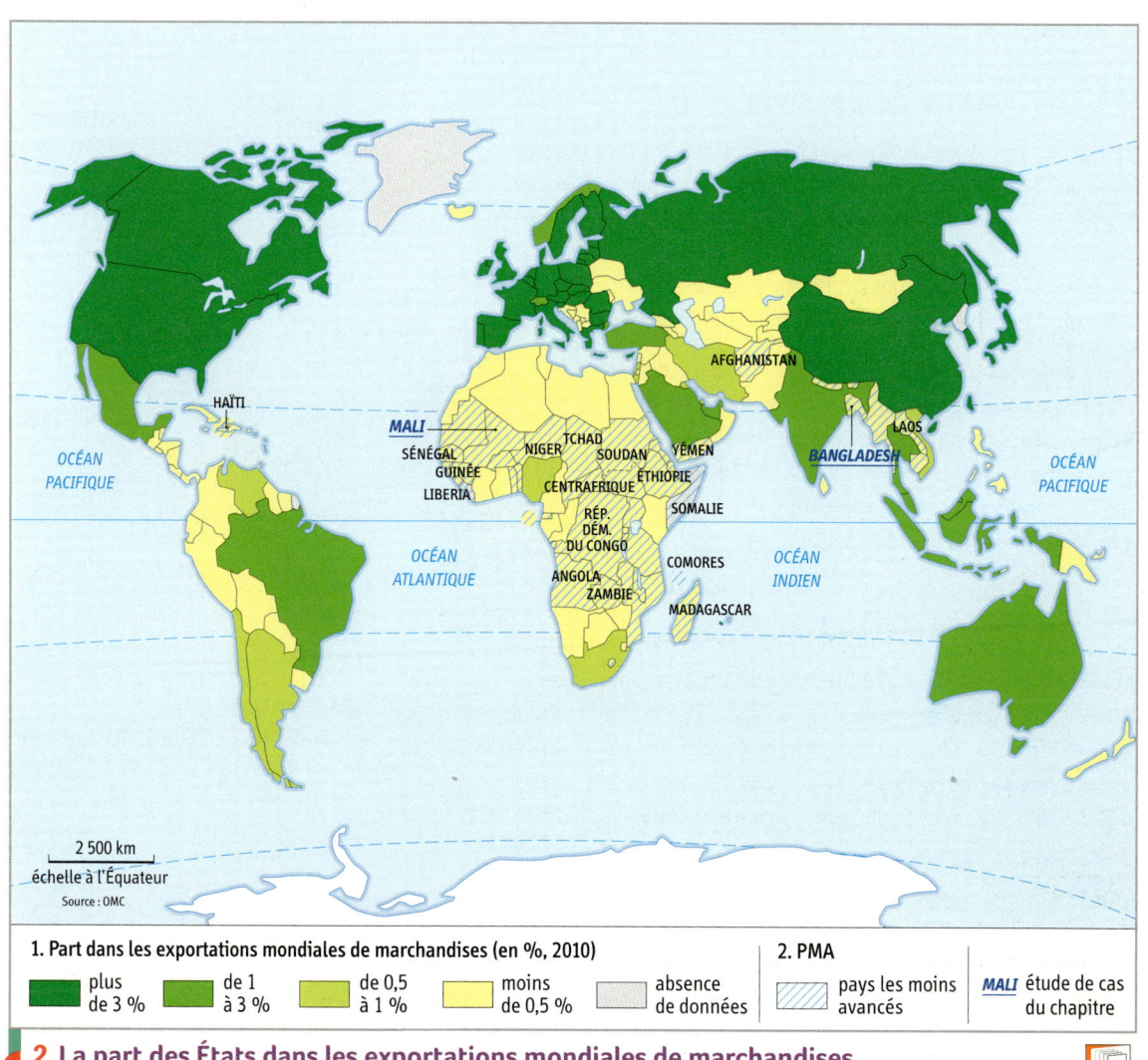

1. Part dans les exportations mondiales de marchandises (en %, 2010)
- plus de 3 %
- de 1 à 3 %
- de 0,5 à 1 %
- moins de 0,5 %
- absence de données

2. PMA
- pays les moins avancés
- *MALI* étude de cas du chapitre

2 La part des États dans les exportations mondiales de marchandises

... AU MONDE

5 Doc. 1 et 2 Quelle est la région du monde où les PMA sont les plus nombreux ? Justifiez votre réponse grâce aux deux indicateurs.

6 Que peut-on dire du PIB par habitant des PMA ? (voir doc. p. 360)

▶▶▶ Cours p. 358-359

Définition

Pays les Moins Avancés : L'ONU utilise 3 critères pour définir les PMA :
1. **Le revenu par habitant** (doc. 3 p. 360).
2. **L'indice de capital humain** : taux de mortalité des enfants de moins de 5 ans (doc. 1 p. 356)... . 3. **L'indice de vulnérabilité économique** : isolement économique (doc. 2 p. 357)...

CHAPITRE 20 Les pays pauvres dans la mondialisation

1 Les pays pauvres

> Quelles sont les caractéristiques communes des pays pauvres ?

A Un retard de développement

1. Les PMA (« pays les moins avancés ») sont les **États les plus pauvres de la planète**. Cette catégorie de pays a été créée par l'ONU dans le but de les aider à se développer. Leur nombre est passé de 25 en 1971 à 49 aujourd'hui. Ils se situent surtout en **Afrique subsaharienne** (33 PMA), mais aussi en Asie (10), dans les Caraïbes (Haïti) et dans le Pacifique (P. 357).

2. Les PMA se caractérisent par d'importants **retards en matière de santé et d'éducation**. La mortalité infantile est forte et l'espérance de vie faible, du fait de la malnutrition et du sida (DOC. 5). La scolarisation des enfants est insuffisante et les inégalités nombreuses. Leur population est surtout rurale et leur économie dominée par l'agriculture.

B Des pays à l'écart du monde ?

1. Les PMA connaissent une **faible intégration à l'économie mondiale**. Ils réalisent moins de 1 % du PNB mondial alors qu'ils représentent 11 % de la population de la planète (DOC. 2). **Leurs exportations sont faibles** (DOC. 2 P. 357) et concernent surtout des produits agricoles et miniers (pétrole du Soudan, uranium du Niger).

2. L'**instabilité politique**, les guerres civiles et la corruption désorganisent l'économie des PMA et découragent les investisseurs étrangers (DOC. 3). Leur **endettement élevé** fragilise leur économie.

C Des possibilités d'amélioration

1. Pour se développer, les PMA **bénéficient de l'aide internationale**. Celle-ci provient de grandes organisations mondiales comme l'Unicef (aide aux enfants les plus défavorisés) ou la Banque mondiale (allégement de la dette, soutien financier). Les ONG et les associations humanitaires participent à ce développement.

2. Les gouvernements des PMA élaborent aussi **des plans de développement** pour moderniser l'agriculture, développer les infrastructures de transport et le tourisme. Ainsi, certains pays parviennent à sortir du classement des PMA (DOC. 4).

1 Les pays pauvres dans la mondialisation

Définitions

L'ONU : Organisation des Nations unies. Elle œuvre notamment pour le développement économique de la planète.

Le PNB : Produit national brut. L'ensemble des richesses produites par un État.

La Banque mondiale : l'institution de l'ONU chargée de lutter contre la pauvreté en apportant des aides aux pays en difficulté.

Une ONG : Organisation non gouvernementale. Une association indépendante de l'État, souvent à but humanitaire ou environnemental.

2 L'Afrique dans la mondialisation

« Avec moins de 2 % des échanges mondiaux et des investissements étrangers, l'Afrique paraît exclue de la mondialisation. Pourtant les grandes puissances convoitent ses immenses réserves minières et pétrolières et le continent se caractérise par des marchés intérieurs en très forte croissance. [...] Une nouvelle Afrique [émerge] : on vit désormais en ville, la taille des familles se restreint, on utilise assidûment les nouvelles technologies (téléphone portable et Internet particulièrement) pour communiquer et faire des affaires avec le reste du monde. [...] Cependant, [...] en termes de santé, d'éducation, d'écart technologique, le retard du continent reste colossal. »

Sylvie Brunel, *Alternatives économiques*, n° 252, novembre 2006.

1. L'Afrique est-elle exclue de la mondialisation ? Justifiez.

2. Quels sont les problèmes de développement de ce continent ?

4 Le tourisme, outil de développement des PMA

« Historiquement un seul pays est sorti de la catégorie des PMA depuis 35 ans d'existence, c'est le Botswana en 1994. Aujourd'hui, deux sont sur la voie de sortie : le Cap-Vert[1] et les Maldives. Très prochainement, d'autres pays vont s'ajouter à cette liste de réserve. Au nombre de quatre, ces pays sont tous situés dans le Pacifique. [...] Le tourisme peut aider ces pays à se développer et à sortir de la catégorie des PMA, à l'image du Cap-Vert et des Maldives. Cela peut être vrai, un jour, pour le Sénégal. [...]. »

Entretien avec l'économiste P. Encontre, site du quotidien sénégalais *Le Soleil*, www.lesoleil.sn, 2006.

[1]. Le Cap-Vert est sorti du classement en 2007.

1. Quel secteur économique peut permettre le développement des PMA ?

2. Quels sont les pays qui peuvent se développer grâce à ce secteur ?

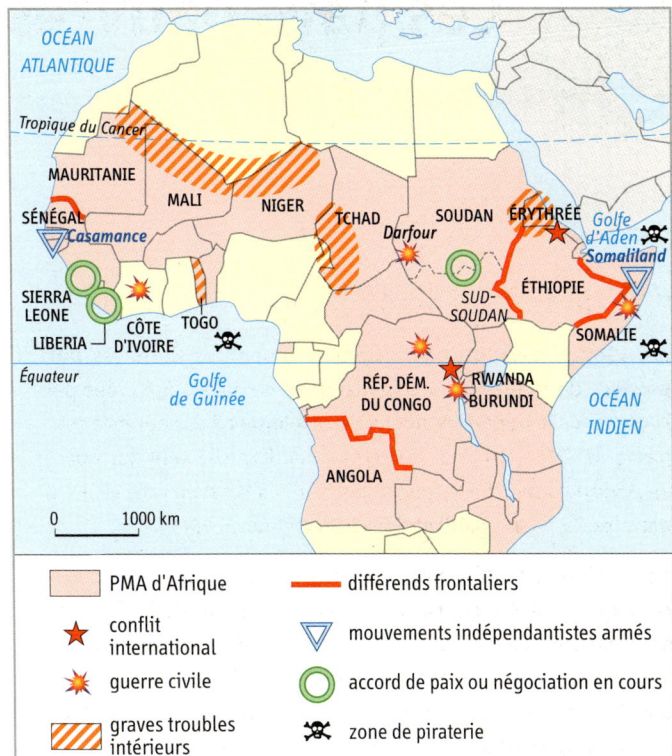

3 Guerres et zones de tensions dans les PMA d'Afrique centrale dans les années 2000

1. Citez deux PMA d'Afrique centrale qui connaissent une guerre civile.

2. Quels sont les autres problèmes politiques des PMA d'Afrique centrale ?

3. D'après vous, pourquoi cette instabilité politique est-elle un frein à leur développement ?

5 Le Malawi : un PMA touché par le sida

Sur cette affiche, une femme du Malawi est avec six de ses neuf petits-enfants dont les parents sont morts du sida. Le Malawi est un des pays du monde les plus touchés par l'épidémie.

MÉTHODE

Socle commun
5.3 Lire et utiliser différents langages : une carte

Lire une carte par anamorphose

● POINT MÉTHODE

Une carte par anamorphose

Sur un planisphère « classique » la forme des continents et des États est représentée en respectant leurs contours et leurs superficies.

La carte par anamorphose donne à un pays une taille proportionnelle au phénomène étudié. Elle agrandit ou rétrécit les superficies des États pour mettre en valeur une hiérarchie.

● Pour lire et comprendre une carte par anamorphose, on peut procéder en trois étapes :

A. Identifier la carte
Il s'agit de reconnaître l'espace représenté, le thème...

B. Repérer les moyens employés :
- observer **la forme utilisée** pour représenter les États.
- chercher dans la légende ce que représente **la taille** plus ou moins grande des États.
- relever l'information apportée par les **couleurs**.

C. Prélever les informations
C'est se demander ce que la carte met en évidence.

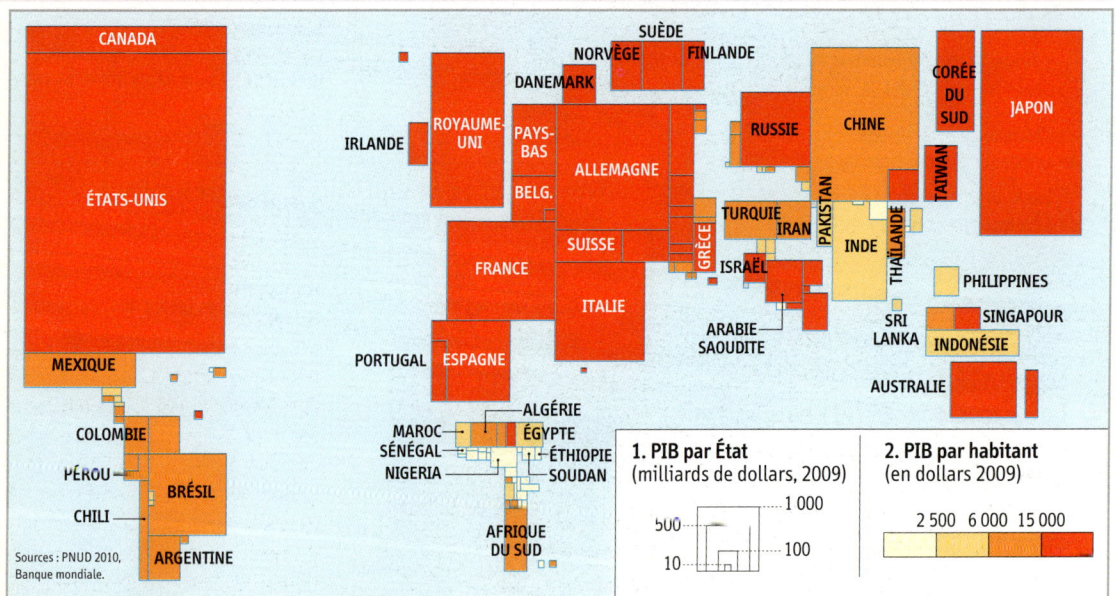

DOCUMENT Carte par anamorphose du PIB dans le monde

EXERCICE

A J'identifie la carte

1. Quel est l'espace représenté ?
2. Quel est le thème de la carte ?

B Je repère les moyens employés

3. Quelle forme géométrique a-t-on utilisé pour représenter un État ?

4. À partir de quel indicateur la taille de chaque État a-t-elle été calculée ?

5. Quelle est l'information apportée par les couleurs ?

C Je prélève les informations

6. Quels sont les pays qui se repèrent en premier ? Qu'est-ce que cela signifie ?

7. Repérez l'Afrique subsaharienne. Comment apparaît-elle (taille et couleur) ? Et les autres PMA du monde ?

8. Quels sont, d'après vous, les avantages et les inconvénients de cette carte par anamorphose ?

EXERCICES

1 ARTS et Géographie
Le regard d'un photographe sur un pays pauvre : Raymond Depardon et le Tchad

Socle commun
5.4 Être capable de porter un regard critique sur une œuvre

Raymond Depardon est un photographe qui a voyagé dans de nombreux pays d'Afrique. Ses photographies, prises pour la plupart en noir et blanc, proposent un regard humaniste sur la pauvreté.

Biographie

DOCUMENT **2 Camion de transport au Tchad** (1978)

DOCUMENT **3 Une école au Tchad** (1979)

DOCUMENT 1
Raymond Depardon

Raymond Depardon est un photographe français né à Villefranche-sur-Saône (Rhône), en 1942. Entré à l'agence Dalmas en 1960, il multiplie les reportages à l'étranger (JO de Tokyo, construction du mur de Berlin, guerre d'Algérie...). En 1967, il crée l'agence Gamma qui offre à ses photographes autonomie et responsabilité.
Dans les années 1970, il voyage au Tchad où il réalise de nombreux reportages photographiques ainsi qu'un film *Tchad*. En 1979, il rejoint l'agence Magnum pour laquelle il voyage en Afrique et dans le reste du monde. Parallèlement à sa carrière de photographe, il réalise de nombreux films sur des sujets variés (New York, la justice, le monde paysan...). En 2010, son exposition *La France de Raymond Depardon*, s'intéresse au territoire français.

1. Où, quand et par qui ces photographies ont-elles été prises ?
2. Relevez les différents signes de la pauvreté visibles sur ces deux photographies.
3. Quelle est la place de l'homme dans ces photographies ? Précisez votre réponse en décrivant les photographies.
4. Quelle est la particularité technique de ces deux photographies ? Quel est l'effet recherché d'après vous ?
5. Montrez que les photographies de Raymond Depardon proposent un regard différent sur les pays pauvres.

Arts du visuel

EXERCICES

2 Analyser un article de presse sur un PMA

Socle commun
1.1 Dégager par écrit ou oralement, l'essentiel d'un texte lu

DOCUMENT En Éthiopie, des chaussures de récupération contre la misère

« Au départ, il y a toujours une semelle découpée dans un vieux pneu. Ensuite, des languettes de cuir local. Parfois, une lanière taillée dans une chambre à air recyclée. [...] À l'arrivée, des tongs, des pantoufles, des chaussures, souvent fantaisie mais toujours chic. Cette gamme a été imaginée par Bethlehem Tilahun et elle est produite dans son atelier, petite maison des environs d'Addis-Abeba, la capitale éthiopienne. L'idée de départ était de transformer la chaussure africaine du pauvre, simple semelle de pneu attachée par une ficelle, en un objet à la mode, capable de séduire un public depuis les États-Unis jusqu'au Japon. [...] 500 paires par jour sortent de ces ateliers exigus. Bethlehem Tilahun compte bien finir son année avec un chiffre d'affaires d'un demi-million de dollars ! Une bénédiction dans une Éthiopie réputée pour sa pauvreté, et où 10 millions de personnes dépendent de l'aide alimentaire internationale pour survivre. Le secret de sa réussite ? La mode des produits bio et "ethniques". Un bouche-à-oreille efficace. [...] Et surtout un usage intensif d'Internet, grâce auquel pratiquement toutes les ventes sont faites. »

Article de Nicolas Hénin (à Addis-Abeba), *La Croix*, 3 septembre 2010.

1. Où se situe l'Éthiopie (cf. planisphère p. 357) ?
2. Que fabrique l'entreprise créée par Bethlehem Tilahun ? À partir de quoi ?
3. À qui les produits sont-ils vendus ? Grâce à quel outil moderne de communication ?
4. Pourquoi peut-on dire que ce type d'entreprise est porteuse d'avenir pour l'Éthiopie ?

3 Étudier des statistiques pour caractériser un PMA : le Cambodge

Socle commun
4.4 Chercher et sélectionner l'information demandée

Rendez-vous sur le site de l'UNICEF : www.unicef.org. Allez dans la rubrique « Information par pays ». Déroulez la « Liste des pays en ordre alphabétique », cliquez sur « Cambodge » puis allez dans la rubrique « Statistiques ».

1. Dans « Indicateur de base », relevez le taux de mortalité des enfants de moins de 5 ans et l'espérance de vie au Cambodge. Que constatez-vous ?

2. Dans « Indicateur de base », relevez les deux indicateurs permettant de caractériser la situation de l'éducation. Que pouvez-vous en conclure ?

3. D'après la rubrique « Indicateurs économiques », quel est le pourcentage de personnes vivant sous le seuil de pauvreté au Cambodge ?

4. D'après la rubrique « Protection de l'Enfant », quel est le pourcentage d'enfants qui travaillent au Cambodge ? Retournez dans la rubrique « Actualité ». Relevez un projet soutenu par l'UNICEF permettant d'améliorer la situation des enfants au Cambodge.

4 Étudier un dessin de presse

Socle commun
5.4 Être capable de porter un regard critique sur un fait

1. Quel est la nature et l'auteur de ce document ?

2. Où se déroule la scène représentée ? Justifiez.

3. Que montre le professeur à ses élèves ? Développez votre réponse.

4. Quelle caractéristique des PMA ce dessin souhaite-t-il révéler ?

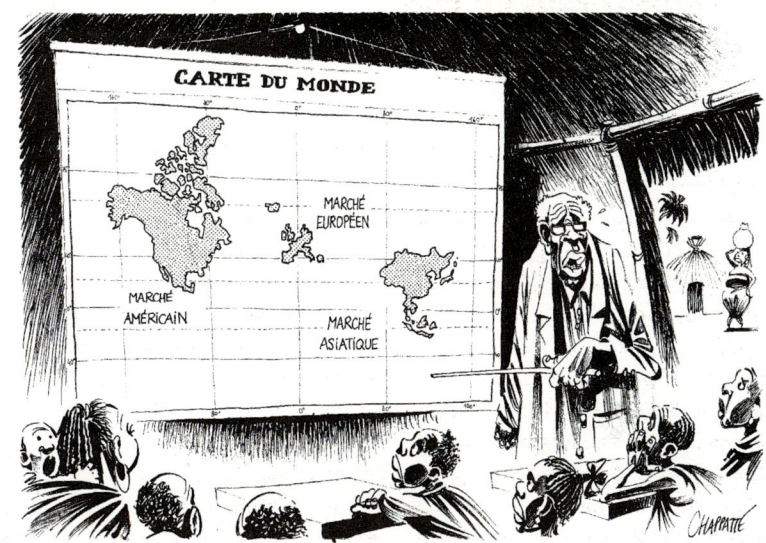

● **DOCUMENT** **L'Afrique dans la mondialisation selon un dessinateur de presse** (Dessin de presse de Chapatte)

5 Localiser quelques PMA sur un planisphère

Socle commun
5.1 Avoir des repères relevant de l'espace

1. Nommez les PMA numérotés sur la carte de 1 à 5.

2. Parmi les zones géographiques (A à F), indiquez celles où se trouvent les PMA, en les nommant.

3. D'après vos connaissances, sur quel continent le nombre de PMA est-il le plus élevé ?

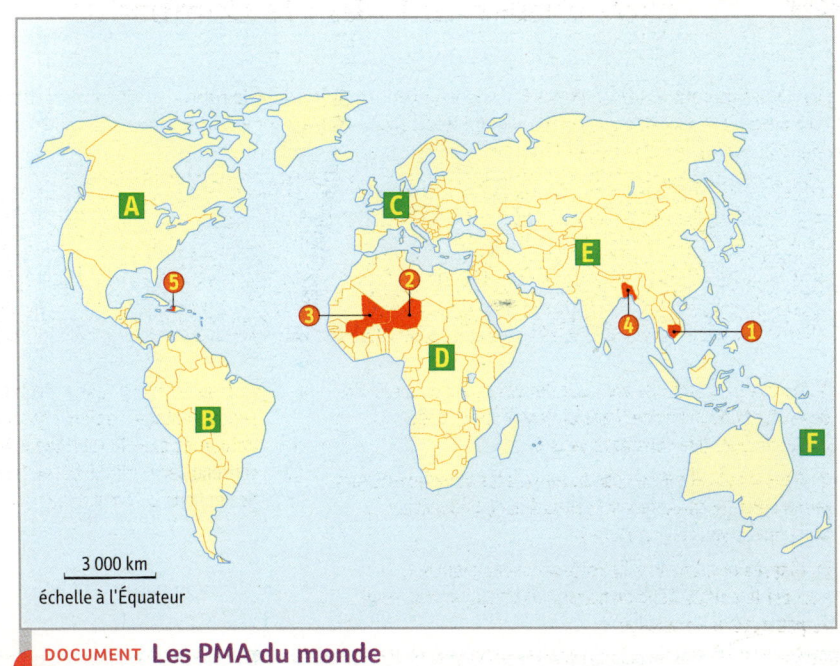

● **DOCUMENT** **Les PMA du monde**

CHAPITRE **20** Les pays pauvres dans la mondialisation / 363

chapitre 21

Questions sur la mondialisation

> La mondialisation uniformise-t-elle les cultures ?
Pourquoi la mondialisation est-elle contestée ?

1 Une publicité pour Coca-Cola en Égypte

Les panneaux publicitaires pour la célèbre boisson américaine sont présents dans le monde entier. Ils illustrent la diffusion d'une culture mondiale face à laquelle demeure cependant une très grande diversité de cultures.

■ Comment cette photographie illustre-t-elle à la fois l'uniformisation et la diversité culturelle du monde ?

La mondialisation en chiffres

- **Les dix premières langues sur Internet**

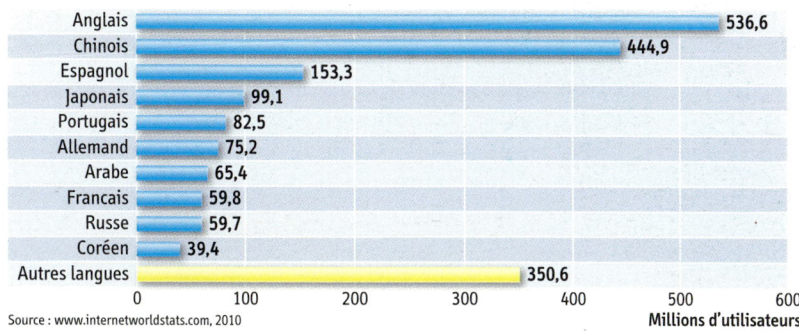

Langue	Millions d'utilisateurs
Anglais	536,6
Chinois	444,9
Espagnol	153,3
Japonais	99,1
Portugais	82,5
Allemand	75,2
Arabe	65,4
Francais	59,8
Russe	59,7
Coréen	39,4
Autres langues	350,6

Source : www.internetworldstats.com, 2010

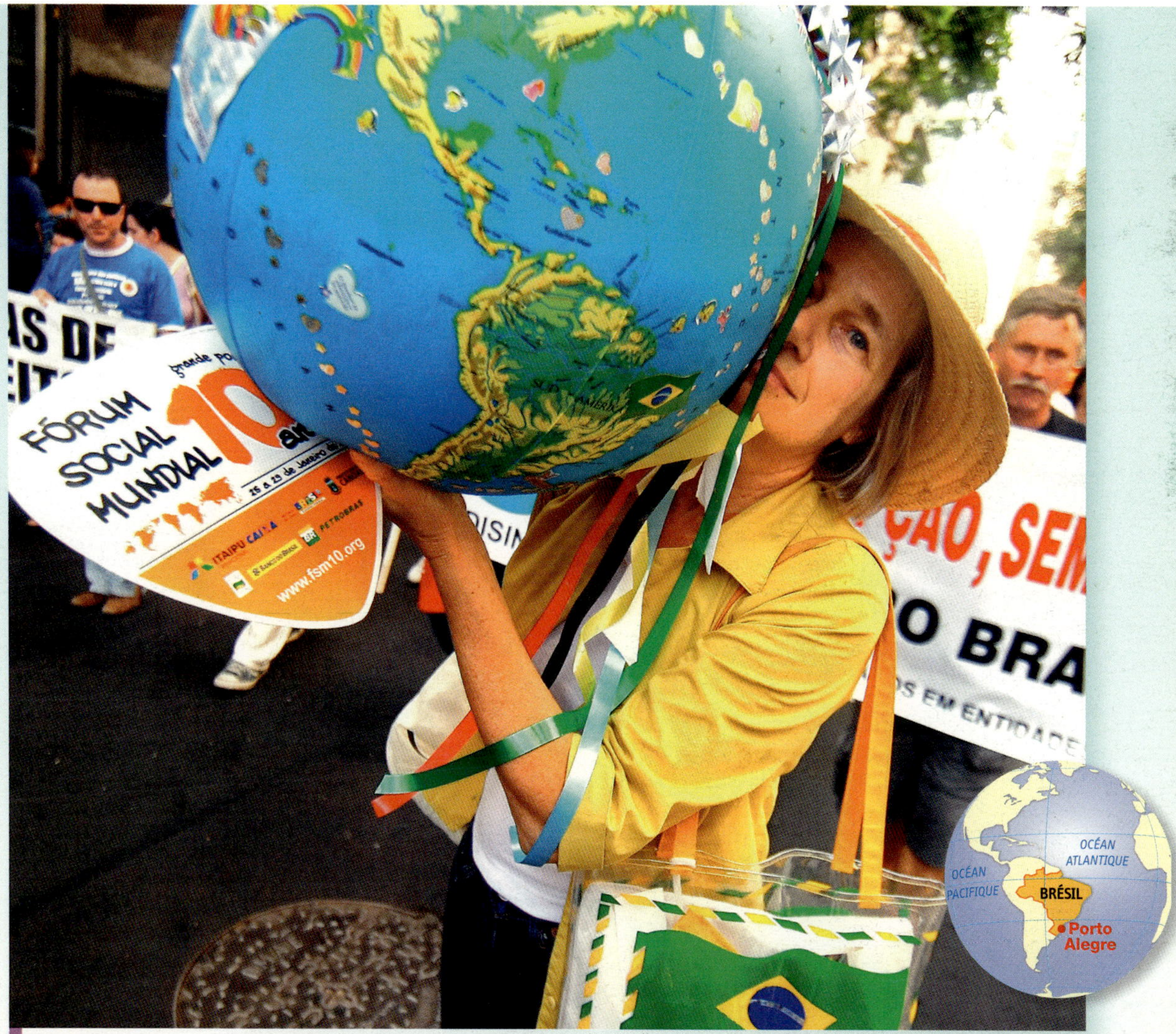

2 Manifestation durant le Forum Social Mondial (2010)

Cette manifestation s'est tenue en 2010 dans la ville de Porto Alegre au Brésil. Au mois de janvier, depuis 2001, se tient le Forum Social Mondial. Cette rencontre de manifestants et d'organisations du monde entier a pour but de contester la mondialisation actuelle.

▶ Quelles peuvent être les revendications de ces manifestants ?

ARTS et Géographie

Cinéma et mondialisation

Le cinéma illustre bien les questions posées par la mondialisation. Si les films d'Hollywood participent à la diffusion d'une culture mondiale, des œuvres cinématographiques indépendantes contestent la mondialisation actuelle.

> **Quels débats sur la mondialisation le cinéma soulève-t-il ?**

OBJECTIF
Étudier les effets culturels de la mondialisation et ses contestations

Socle commun
5.1 Avoir des connaissances relevant de la culture cinématographique

1 FICHE D'IDENTITÉ
Bamako

L'œuvre
- **Réalisateur :** Abderrahmane Sissako
- **Pays :** France/Mali
- **Année :** 2006
- **Genre :** Film d'art et d'essai
- **Résumé du film :** Dans la cour ouverte de la maison d'un quartier populaire de Bamako, un tribunal a été installé. Des représentants de la population africaine font un procès imaginaire à la mondialisation. Les grandes institutions financières internationales, Banque mondiale[1] et FMI[2], sont tenues responsables de la situation dramatique de l'Afrique.
- **Une critique de la presse :** « Beau film altermondialiste[3] qui rappelle que les pays pauvres endettés sont plus pauvres aujourd'hui qu'il y a vingt ans, qu'il est temps que la Banque mondiale retrouve sa mission de Banque de l'humanité, et, comme le souligne Sissako, que "la force de l'art est de rendre tout possible". »

Jean-Luc Douin, *Le Monde*, 17 juin 2006.

1. Organisme de l'ONU chargé de lutter contre la pauvreté en apportant des aides financières et des conseils aux États en difficulté. 2. Voir définition p. 378. 3. Voir définition p. 376.

Roger Smith, le patron de Général Motors

Le réalisateur Michael Moore

2 Affiche du film *Roger et moi* de Michael Moore

Roger et moi a été réalisé par l'Américain Michael Moore en 1989. Ce documentaire indépendant relate la suppression de 30 000 emplois, liée à la fermeture d'usines. La firme automobile General Motors a en effet délocalisé une partie de ses usines de Flint, la ville natale du cinéaste.

Vocabulaire DES Arts

Le cinéma d'art et d'essai : le cinéma indépendant réalisé avec des moyens financiers modestes et caractérisé par une recherche artistique particulière ou un scénario original.

Arts du spectacle vivant | Arts du son | **Arts du visuel**

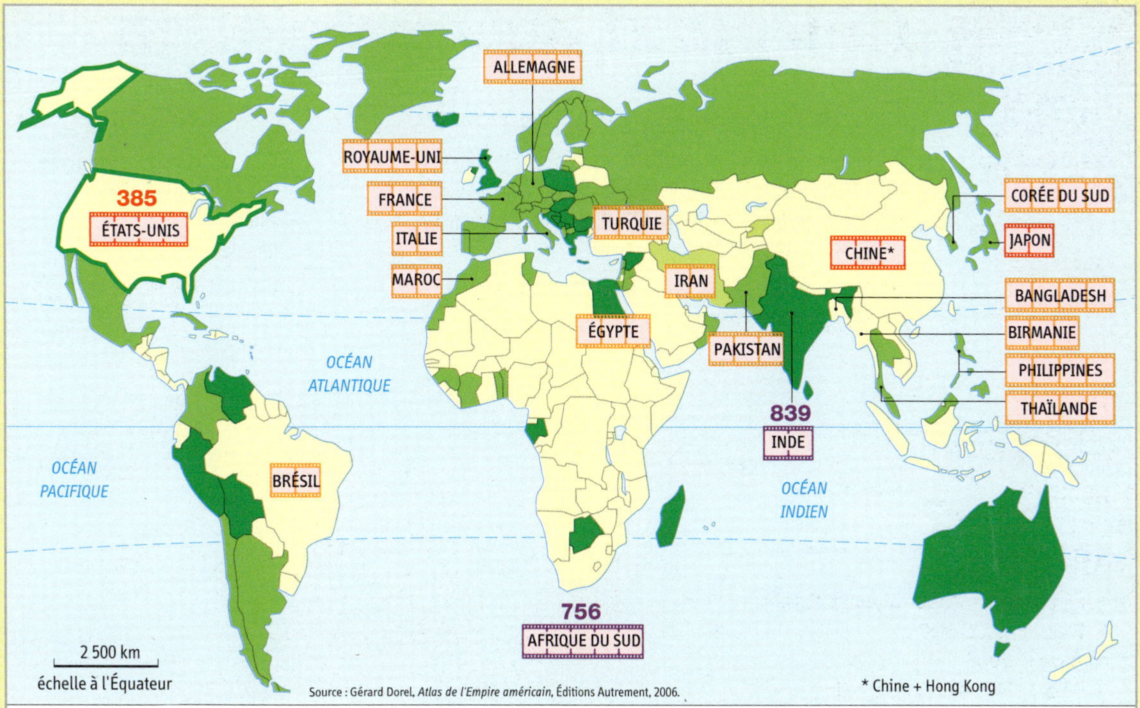

1. Production annuelle de films par pays

- plus de 750
- de 200 à 500
- de 50 à 200

2. Part des films américains importés (en % de la totalité des films importés, par pays)

- 70 à 99 %
- 20 à 70 %
- 0 à 20 %
- absence de données

Source : Gérard Dorel, *Atlas de l'Empire américain*, Éditions Autrement, 2006.

* Chine + Hong Kong

3 Le cinéma dans le monde : entre diversité et uniformisation

4 Affiche chinoise d'*Avatar*

Ce film américain a été réalisé par James Cameron en 2009. Cette superproduction hollywoodienne a fait plus de 200 millions d'entrées dans le monde.

ACTIVITÉS

1) **Doc. 4** Par qui ce film a-t-il été produit et réalisé ? Où a-t-il été diffusé ?

2) **Doc. 3 et 4** Montrez que le cinéma américain domine le monde actuel.

3) **Doc. 3** Quels sont les pays du monde qui produisent aussi de nombreux films ? Pourquoi leur influence mondiale est-elle plus limitée que celle du cinéma américain ?

4) **Doc. 1 et 4** Pourquoi *Bamako* est-il un film d'art et d'essai ? Est-ce aussi le cas d'*Avatar* ? Justifiez votre réponse.

5) **Doc. 1** Comment le film *Bamako* critique-t-il la mondialisation ?

6) **Doc. 2** Décrivez l'affiche du film *Roger et moi*. Quelles sont les conséquences de la mondialisation dénoncées par ce film ?

Passerelle des ARTS

Le film d'Hubert Sauper *Le Cauchemar de Darwin* est un autre film qui conteste la mondialisation.

● À partir d'une recherche Internet, réalisez une fiche technique sur ce film (sur le modèle du doc. 1). Quels sont les aspects de la mondialisation critiqués dans ce film ?

Arts du quotidien | Arts du langage | Arts de l'espace

DOSSIER

L'anglais dans le monde

La pratique de l'anglais est aujourd'hui très largement répandue dans le monde. Langue officielle de nombreux États, c'est aussi la langue de l'informatique, des affaires et du tourisme. Toutefois, cette domination ne doit pas faire oublier l'extraordinaire diversité linguistique du monde.

OBJECTIF
Comprendre l'uniformisation et la diversité linguistique du monde

socle commun
5.2 Identifier la diversité des langues

L'anglais domine-t-il le monde ?

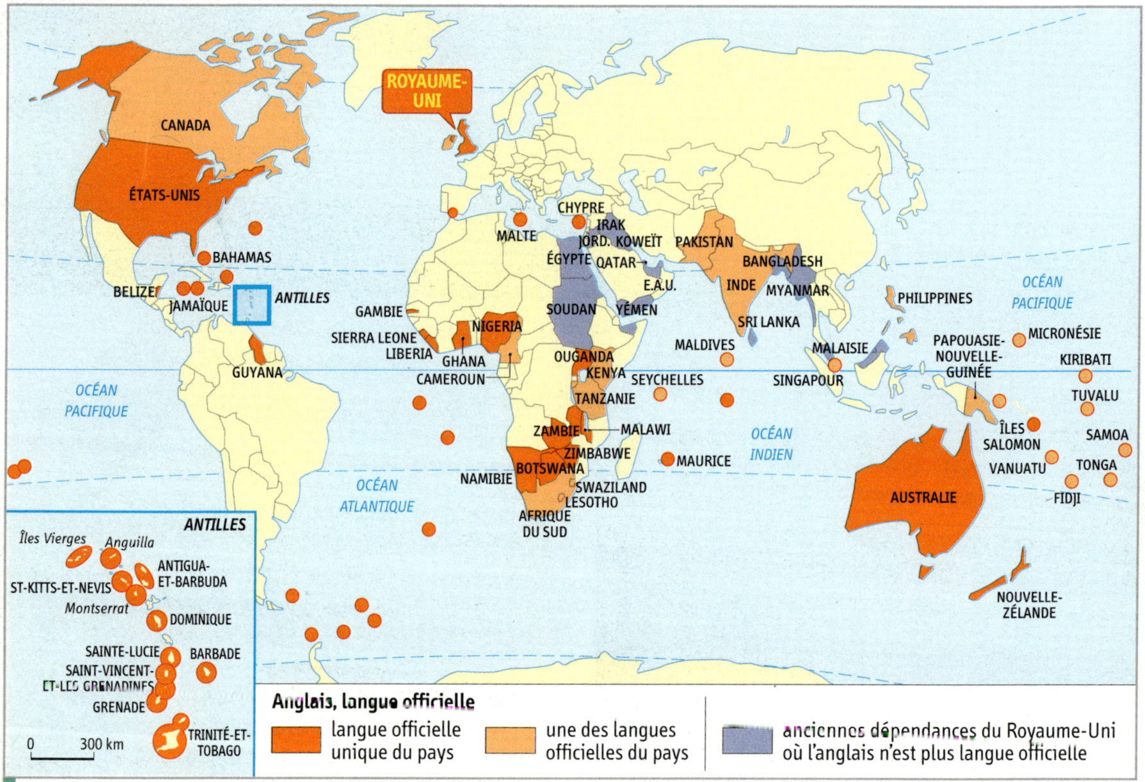

Anglais, langue officielle
- langue officielle unique du pays
- une des langues officielles du pays
- anciennes dépendances du Royaume-Uni où l'anglais n'est plus langue officielle

1 Le poids de l'anglais dans le monde

2 La mondialisation et les langues

« Quel impact la mondialisation a-t-elle sur la diversité des langues ? Deux tendances contradictoires se dessinent. D'une part, en raison de la multiplication des échanges, des migrations et des progrès dans les moyens de communication, la société atteint aujourd'hui un degré de diversité linguistique jamais vu[1]. Autrement dit, l'exposition à des langues étrangères est toujours plus fréquente. D'autre part, [la mondialisation a permis à l'anglais de devenir la langue dominante]. Pour faciliter les échanges, son usage a tendance à s'universaliser. Or, malheureusement, ce processus d'uniformisation semble, dans certains domaines, prendre le pas sur celui de la diversification, mettant en danger le plurilinguisme[2], notamment dans le commerce international. »

Interview de François Grin dans le journal suisse *Le Courrier*, 1er octobre 2010.

1. Aujourd'hui 5 000 langues environ, sans compter les dialectes, sont parlées dans le monde.
2. Le plurilinguisme est l'utilisation de plusieurs langues.

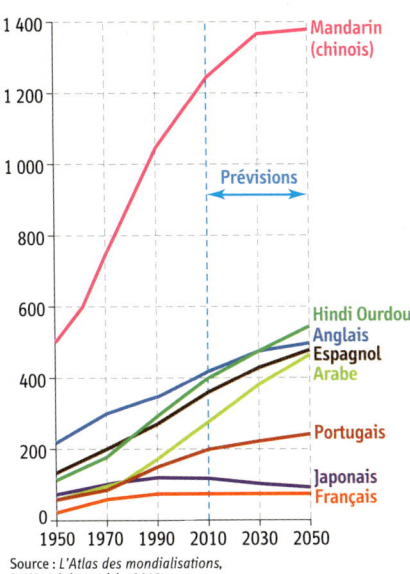

Nombre de locuteurs première langue
(en millions)

- Mandarin (chinois)
- Hindi Ourdou
- Anglais
- Espagnol
- Arabe
- Portugais
- Japonais
- Français

Prévisions

Source : L'Atlas des mondialisations, Le Monde hors série, 2010.

3 La langue des adolescents en 2050

4 Une rue du quartier chinois de Bangkok (Thaïlande)

5 Un kiosque à journaux à New Dehli (Inde)

Il existe deux langues officielles en Inde : l'anglais et l'hindi. Vingt-deux autres langues sont reconnues par l'État indien.

ACTIVITÉS

1. **Doc. 1** Citez un pays sur chaque continent où l'anglais est la langue officielle.
2. **Doc. 1 et 5** Quelle est la place de l'anglais en Inde ?
3. **Doc. 2** Dans quels domaines l'anglais domine-t-il le monde actuel ? Utilisez aussi le graphique p.365.
4. **Doc. 2** Combien le monde compte-t-il de langues aujourd'hui ? Pourquoi le contact avec ces différentes langues s'accentue-t-il ?
5. **Doc. 4** Que révèle cette photographie sur les langues à Bangkok ?
6. **Doc. 3** Dans le futur, quelles langues vont connaître l'essor le plus important ?
7. Rédigez quelques lignes sur la domination de l'anglais dans le monde.

Méthode ◆ Montrez que l'anglais est présent dans de nombreux pays et dans de nombreux domaines.

◆ Montrez que, malgré cette domination, la diversité des langues subsiste dans le monde.

CHAPITRE **21** Questions sur la mondialisation / 369

à l'échelle du monde

La diversité linguistique et religieuse du monde

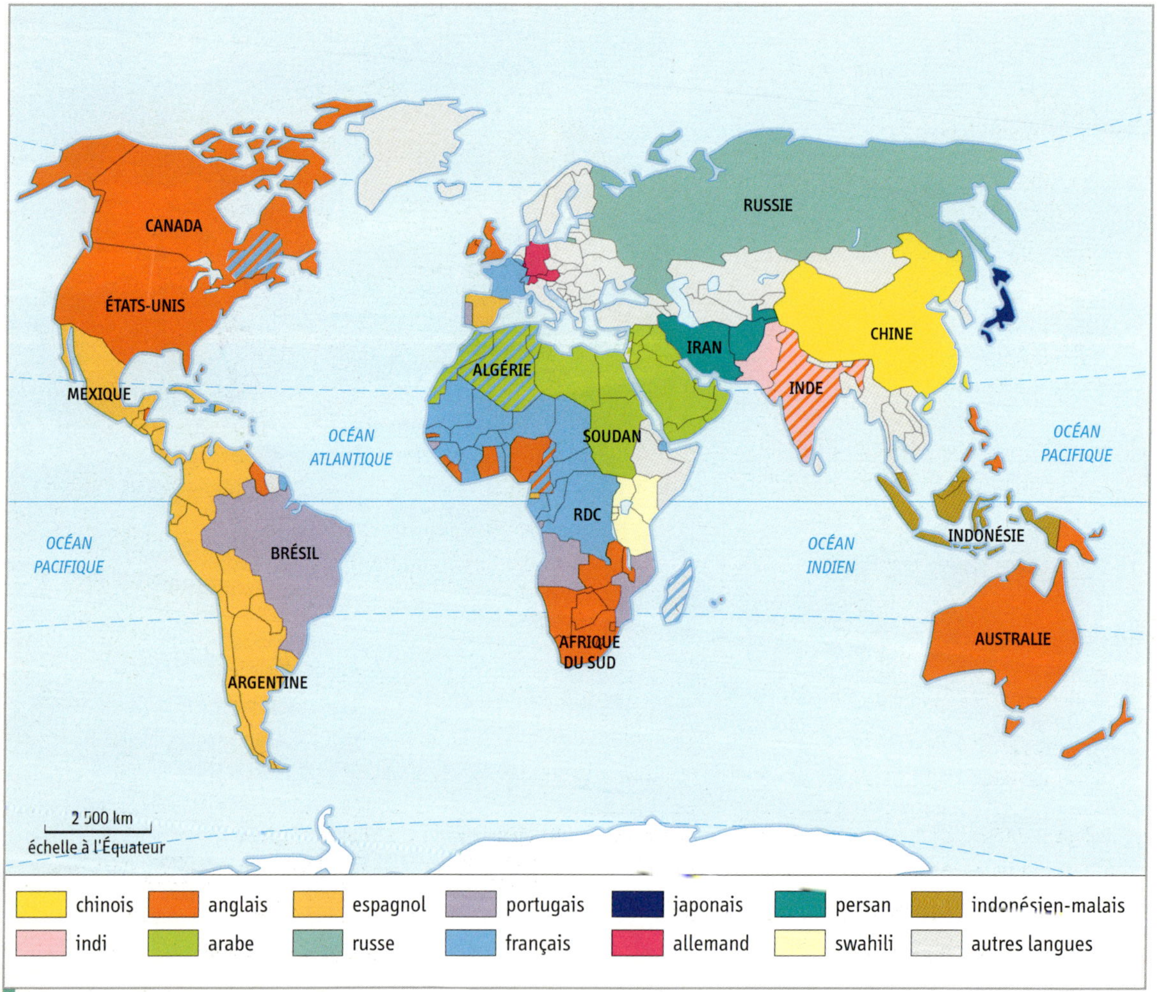

1 Les grandes aires linguistiques

Légende :
- chinois
- anglais
- espagnol
- portugais
- japonais
- persan
- indonésien-malais
- indi
- arabe
- russe
- français
- allemand
- swahili
- autres langues

DE L'ANGLAIS...

L'anglais

1 Doc. 1 Citez trois pays du monde où l'anglais est la langue officielle.

2 Doc. 2 Quelle est la religion majoritairement pratiquée dans les pays anglophones ?

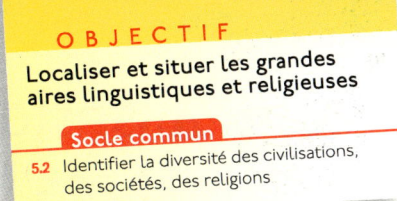

OBJECTIF

Localiser et situer les grandes aires linguistiques et religieuses

Socle commun

5.2 Identifier la diversité des civilisations, des sociétés, des religions

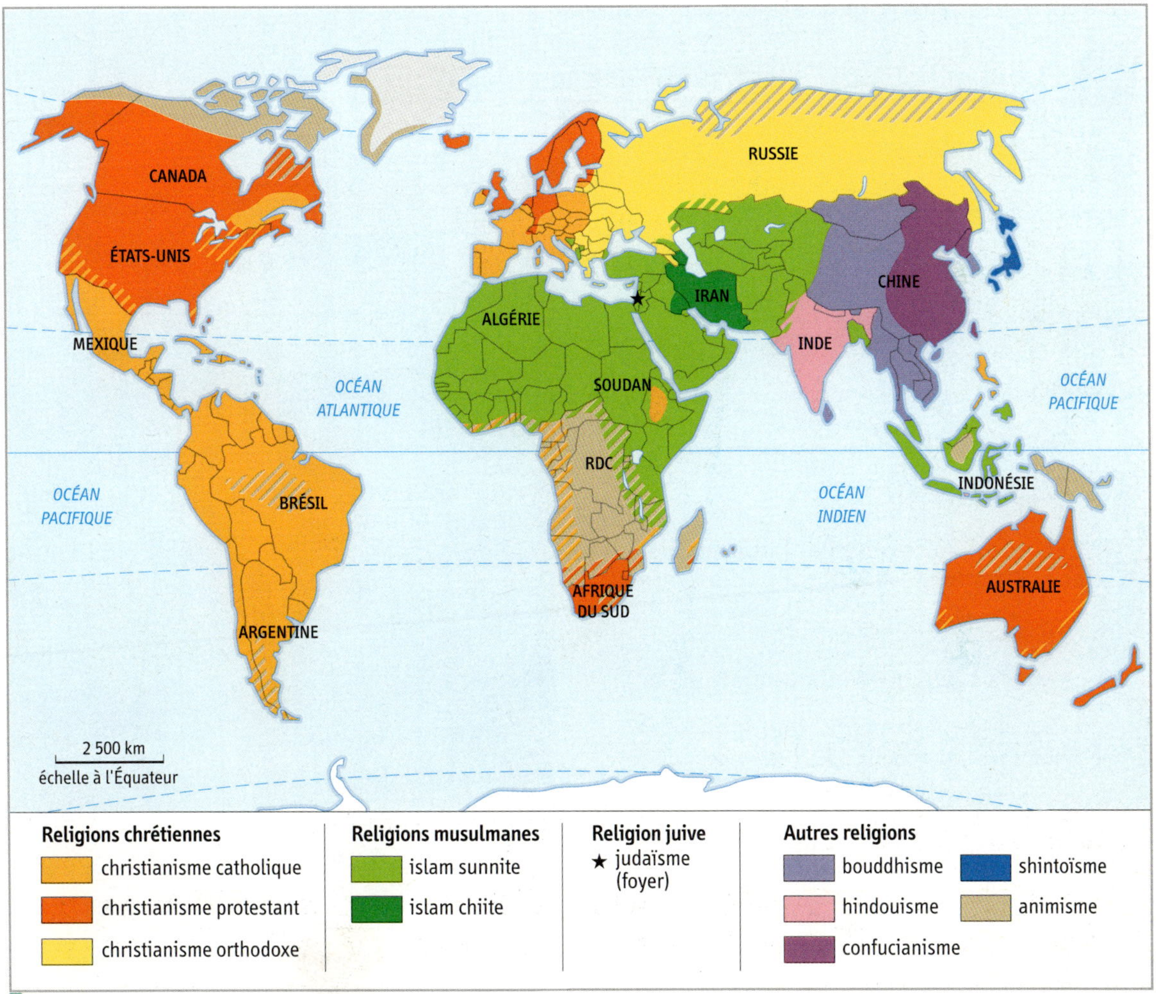

CANADA
ÉTATS-UNIS
MEXIQUE
BRÉSIL
ARGENTINE
RUSSIE
IRAN
CHINE
INDE
ALGÉRIE
SOUDAN
RDC
AFRIQUE DU SUD
INDONÉSIE
AUSTRALIE
OCÉAN ATLANTIQUE
OCÉAN PACIFIQUE
OCÉAN PACIFIQUE
OCÉAN INDIEN
2 500 km
échelle à l'Équateur
Religions chrétiennes
christianisme catholique
christianisme protestant
christianisme orthodoxe
Religions musulmanes
islam sunnite
islam chiite
Religion juive
★ judaïsme (foyer)
Autres religions
bouddhisme
hindouisme
confucianisme
shintoïsme
animisme

2 Les grandes aires religieuses

… AUX LANGUES ET AUX RELIGIONS DU MONDE

3. **Doc. 1** Quelles langues principales sont parlées en Afrique ? En Amérique latine ?
4. **Doc. 2** Dans quelles régions du monde le catholicisme est-il répandu ?
5. **Doc. 2** Quelles sont les deux branches principales de l'islam ? Où sont-elles présentes ?
6. **Doc. 1 et 2** La mondialisation fait-elle disparaître la diversité des cultures dans le monde ? Justifiez votre réponse à l'aide des deux cartes.

►►► Cours p. 376-377

DÉBAT

Mondialisation et inégalités

> **OBJECTIF**
> Étudier un débat sur les effets de la mondialisation
>
> **Socle commun**
> 1.3 Participer à un débat
> 5.2 Avoir des connaissances relevant de la culture civique : développement durable

La mondialisation fait l'objet de débats contradictoires. Pour certains, elle permet le développement des pays du Sud. Pour d'autres, elle creuse les inégalités à toutes les échelles.

La mondialisation aggrave-t-elle les inégalités ?

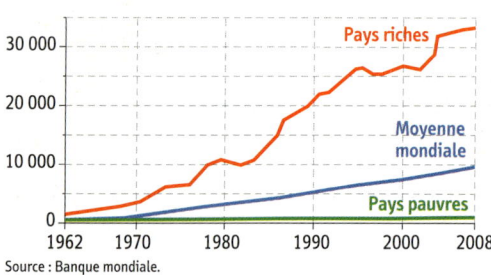

1 L'évolution du revenu par habitant dans le monde

2 Les effets sociaux de la mondialisation

« La mondialisation est généralement créditée d'un rôle positif dans la diminution de la pauvreté : l'ouverture, le commerce, les échanges sont considérés comme le moyen le plus efficace d'accroître les richesses. La mondialisation a permis à un grand nombre de pays dits " émergents " de s'arracher au sous-développement. 500 millions de personnes sont sorties de la pauvreté en vingt ans, particulièrement en Chine (50 % de pauvres en 1980, 6 % aujourd'hui).

La diminution globale de la pauvreté à l'échelle mondiale s'accompagne cependant d'un accroissement des inégalités : tous les pays ne peuvent ou ne savent également tirer parti des opportunités offertes par la mondialisation. Le nombre de pays considérés comme très pauvres diminue, mais leur écart avec les pays riches s'accentue : en 1990, l'Américain moyen est 40 fois plus riche que le Tanzanien moyen, en 2010, soixante fois ! »

D'après Sylvie Brunel, « La mondialisation aggrave-t-elle les inégalités ? », *L'Atlas des mondialisations*, *Le Monde* hors-série, novembre 2010.

3 L'essor de la classe moyenne en Inde
(Une de *Courrier international,* 14 au 19 mai 2009.)

Le développement économique rapide de l'Inde a permis l'essor d'une classe moyenne qui a désormais accès à la société de consommation.

Définition

Le développement durable : le développement qui repose à la fois sur le développement économique (la création de richesses), le développement social (l'amélioration du sort des populations) et la protection de l'environnement.

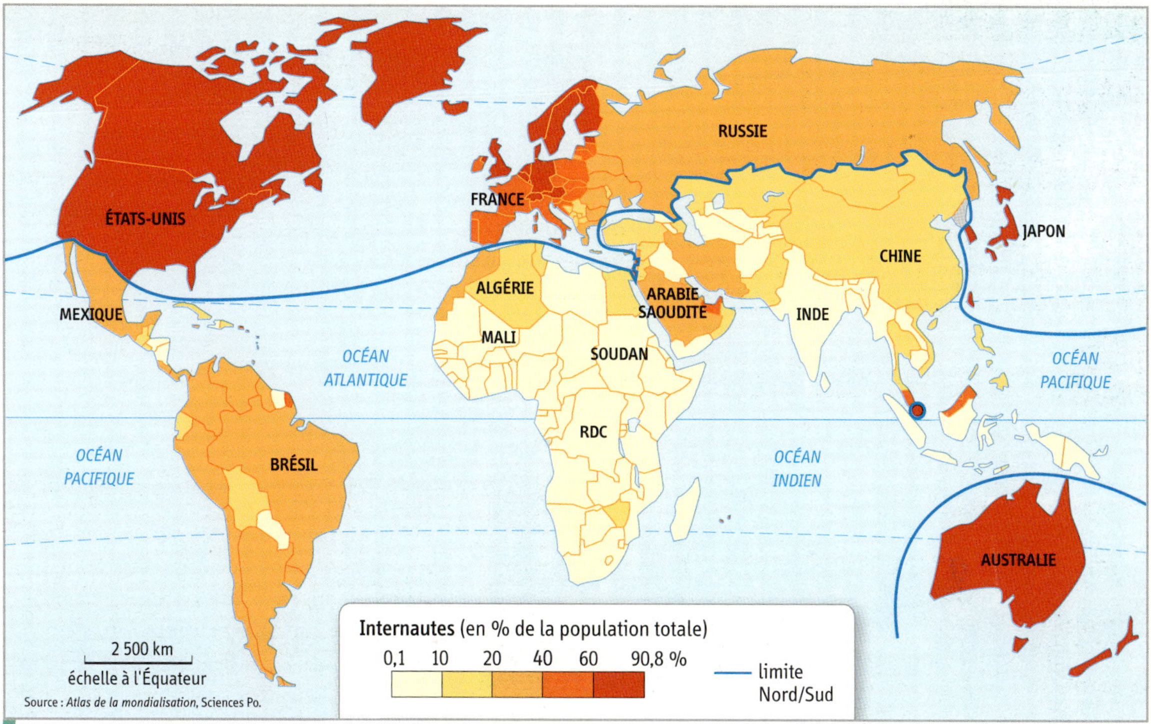

4 La fracture numérique

Internautes (en % de la population totale)
0,1 — 10 — 20 — 40 — 60 — 90,8 %
— limite Nord/Sud

Source : *Atlas de la mondialisation*, Sciences Po.

5 Les inégalités à Buenos Aires (Argentine)

Le quartier d'affaires de Buenos Aires a été construit à proximité du bidonville « villa 31 », l'un des plus pauvres de la ville.

ACTIVITÉS

1. **Doc. 1 et 2** Comment a évolué la moyenne mondiale du revenu par habitant ? Quel est le rôle de la mondialisation dans cette évolution ?

2. **Doc. 2 et 3** Montrez que le niveau de vie des populations chinoises et indiennes s'est amélioré.

3. **Doc. 1 et 2** Quelle inégalité la mondialisation accentue-t-elle d'après ces deux documents ?

4. **Doc. 4** Pourquoi parle-t-on d'une fracture numérique dans le monde ?

5. **Doc. 5** Montrez que les inégalités se reflètent dans le paysage.

6. Préparez des arguments pour participer à un débat sur le thème : La mondialisation aggrave-t-elle les inégalités ?

Méthode ◆ Classez les arguments contradictoires en deux colonnes :

La mondialisation réduit les inégalités	La mondialisation creuse les inégalités

DÉBAT

Mondialisation et environnement

> **OBJECTIF**
> Étudier un débat sur les effets de la mondialisation
>
> **Socle commun**
> 1.3 Participer à un débat
> 5.2 Mobiliser ses connaissances pour donner du sens à l'actualité

L'environnement est un des sujets les plus mondialisés qui suscite de nombreux débats. Si la mondialisation exerce une forte pression sur les ressources et la biodiversité, elle favoriserait aussi une prise de conscience planétaire sur ces risques.

La mondialisation menace-t-elle l'environnement ?

1 Déforestation sur l'île de Sumatra (Indonésie)

Toutes les 10 secondes, une superficie de forêt équivalente à un terrain de football disparaît en Indonésie, surtout du fait de l'extension des plantations de palmiers à huile. En Europe, l'huile de palme est devenue indispensable à la fabrication de nombreux produits de consommation courante (pâte à tartiner, chips…).

2 Échanges et environnement

« En Europe, entre 1990 et 2002, l'augmentation continue des trafics routiers a été supérieure à 30 % pour les marchandises, ce qui a provoqué un accroissement de plus de 20 % des émissions de gaz à effet de serre dues aux transports. L'explosion des trafics est directement liée aux mécanismes de la mondialisation. Il faut pouvoir acheminer au plus bas prix possible, vers les zones de consommation, les produits fabriqués dans les pays où la main-d'œuvre et les impôts sont moins chers. [...] Les différents ingrédients nécessaires à la fabrication d'un simple pot de yaourt aux fraises peuvent cumuler 3 500 kilomètres de parcours avant d'être réunis. On connaît l'aberrant périple des crevettes danoises, acheminées jusqu'au Maroc, où elles seront décortiquées à bas prix, puis renvoyées au Danemark, d'où elles repartiront vers leurs lieux de commercialisation. »

D'après Philippe Mühlstein, *Le Monde diplomatique*, janvier 2005.

ACTIVITÉS

1. **Doc. 1** Comment évolue la forêt en Indonésie ? Pourquoi ?
2. **Doc. 2** Pourquoi la mondialisation augmente-t-elle la pollution de l'air ? Justifiez par un exemple du texte.
3. **Doc. 3** Quels sont les différents types de déchets produits par les pays du Nord ? Où les exportent-ils ?
4. **Doc. 4** Quel est le but de ces manifestants ?
5. **Doc. 5** Quel est l'objectif du WWF ? Montrez que sa présence est mondiale.
6. **Préparez des arguments pour participer à un débat sur le thème :** La mondialisation menace-t-elle l'environnement ?

> **Méthode** ◆ Trouvez des arguments montrant que la mondialisation :
> - dégrade l'environnement
> - permet une prise de conscience mondiale sur les questions environnementales.

AMÉRIQUE DU NORD
ÉTATS-UNIS
EUROPE
RUSSIE
JAPON
CHINE
MOYEN-ORIENT
INDE
BANGLA-DESH
ASIE
AFRIQUE DE L'OUEST
OCÉAN PACIFIQUE
OCÉAN ATLANTIQUE
OCÉAN INDIEN
OCÉAN PACIFIQUE
2 500 km
échelle à l'Équateur
1. Déchets toxiques
principaux pays exportateurs
pays récepteurs
2. Flux de déchets
résidus radioactifs
déchets industriels dangereux
e-déchets : déchets électroniques et électriques
déchets issus du pétrole

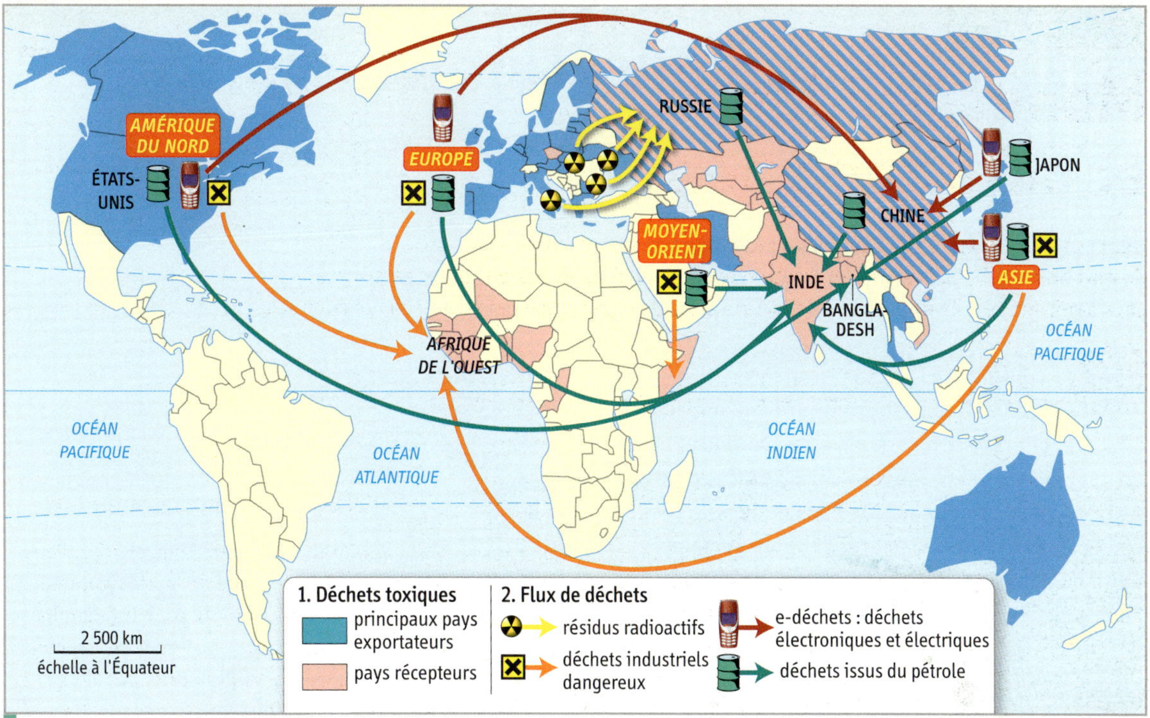

3 Les déchets dans le monde

actionaid
Rich countries pay your climate debt!

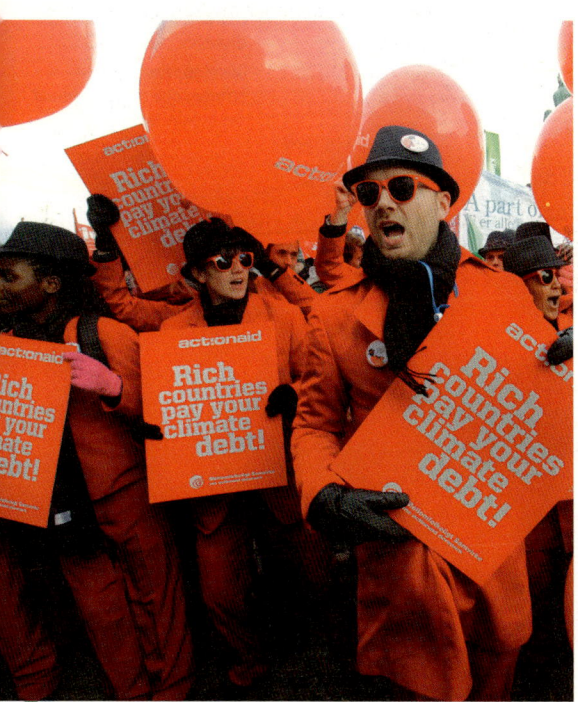

4 Manifestants au Sommet de Copenhague

En décembre 2009 s'est tenu à Copenhague (Danemark) le Sommet sur le climat. En marge de ce sommet, qui a réuni les grands chefs d'État des pays du monde entier, des manifestants altermondialistes ont demandé aux pays riches de « payer leur dette climatique ».

Définitions

L'altermondialisme : voir p. 376.

Une ONG (Organisation non gouvernementale) : une association indépendante de l'État, souvent à but humanitaire ou environnemental.

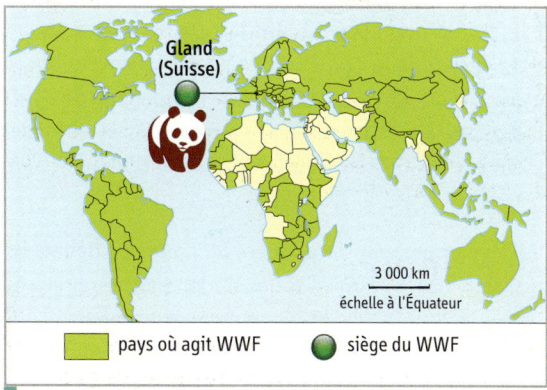

Gland (Suisse)
3 000 km
échelle à l'Équateur
pays où agit WWF
siège du WWF

5 L'ONG WWF

Le WWF (Fonds mondial pour la nature) a été créé en 1961. Ses actions portent en particulier sur la préservation de la biodiversité, l'utilisation durable des ressources naturelles et le soutien aux mesures destinées à réduire la pollution et la surconsommation. Il rassemble 4,7 millions d'adhérents dans le monde, présents dans 97 pays.

La mondialisation en questions

> La mondialisation uniformise-t-elle les cultures ?
> Pourquoi la mondialisation est-elle contestée ?

A Mondialisation et diversité culturelle

1. Avec la mondialisation, **une culture en apparence uniforme** s'est étendue dans le monde. Les grandes entreprises, les chaînes de télévision et Internet ont favorisé la diffusion **d'informations**, d'objets de consommation, de films et de musiques sur toute la planète. Les **modes vestimentaires** sont semblables. Des **produits alimentaires** se sont diffusés dans le monde entier : le hamburger, la pizza, le Coca-Cola (DOC. 4).

2. Cependant, face à cette uniformisation, de **fortes identités culturelles** demeurent. Les habitudes alimentaires sont très variées (riz en Asie, blé en Europe, mil en Afrique). **Les langues** constituent des différences majeures. La diversité des **pratiques religieuses** est réelle (DOC. 3). Le monde est ainsi partagé en grandes civilisations, qui conservent leurs spécificités.

B La mondialisation et ses contestations

1. La mondialisation et l'uniformisation de la planète suscitent de nombreux **débats**. Les altermondialistes contestent le fonctionnement actuel de la mondialisation. Ils dénoncent les stratégies des grandes entreprises, accusées d'augmenter leurs richesses au détriment des populations des pays pauvres. Ils critiquent la **domination de la Triade** et le rôle des organisations internationales : OMC, FMI (DOC. 2) à qui ils reprochent de ne pas réduire davantage les inégalités entre pays riches et pays pauvres. Ces mouvements de contestation participent chaque année au Forum Social Mondial (DOC. 2).

2. Le **développement durable** est au cœur des débats sur la mondialisation. Si la mondialisation enrichit de nombreux pays en développement et favorise l'essor des classes moyennes, elle détruit aussi des emplois et accroît les inégalités à toutes les échelles. Son impact **sur l'environnement** (pollution par les transports, déforestation, rejets de déchets...) est l'objet de vives contestations. **Le commerce équitable** qui cherche à assurer un revenu convenable aux petits producteurs tout en préservant l'environnement, est une réponse à ces difficultés. Il reste cependant peu répandu.

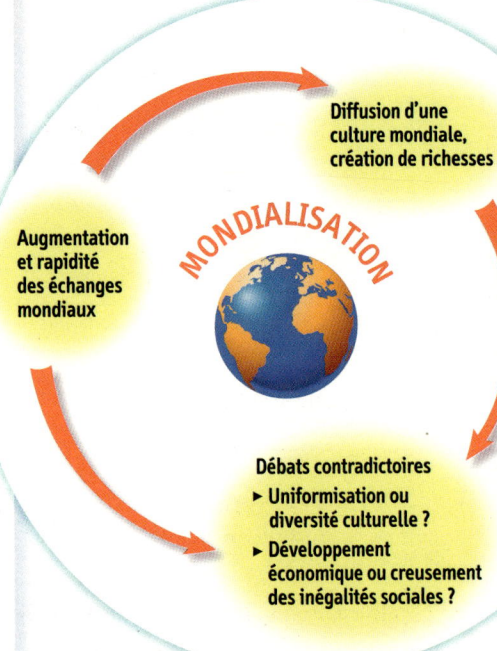

1 La mondialisation en questions

Définitions

L'altermondialisme : le mouvement de contestation qui propose de mieux contrôler la mondialisation actuelle, pour réduire les inégalités et protéger les ressources naturelles.

L'OMC (Organisation mondiale du commerce) : voir p. 378.

Le FMI (Fonds monétaire international) : voir p. 378.

Le Forum Social Mondial : un rassemblement de manifestants et d'organisations du monde entier qui conteste la mondialisation actuelle.

1. Les lieux de décision de la mondialisation

- ■ siège de l'OMC (Organisation mondiale du commerce)
- ◆ siège du FMI (Fond monétaire international)
- ★ Davos, siège du Forum économique mondial
- pays membre du G20 (groupe de 19 pays + l'Union européenne)
- pays participant au G20 en tant que membre de l'Union européenne

2. Les lieux de débat ou de contestation de la mondialisation

- ● sommet mondial sur l'environnement et le développement durable
- ▲ forum social mondial

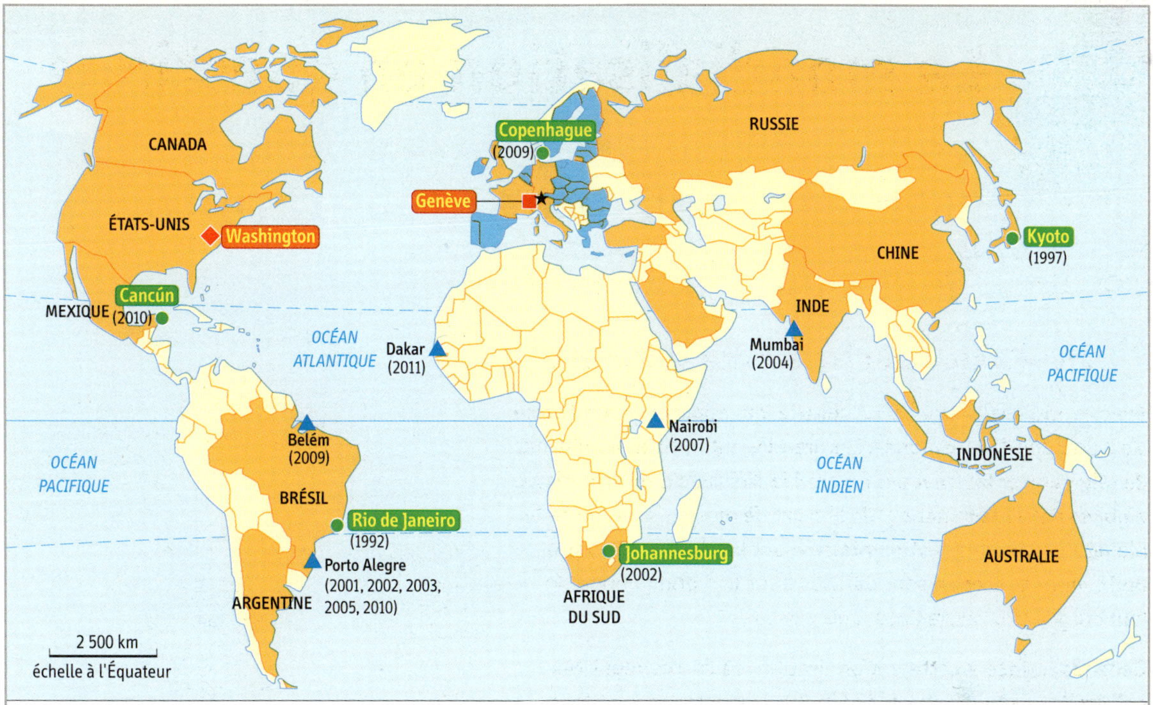

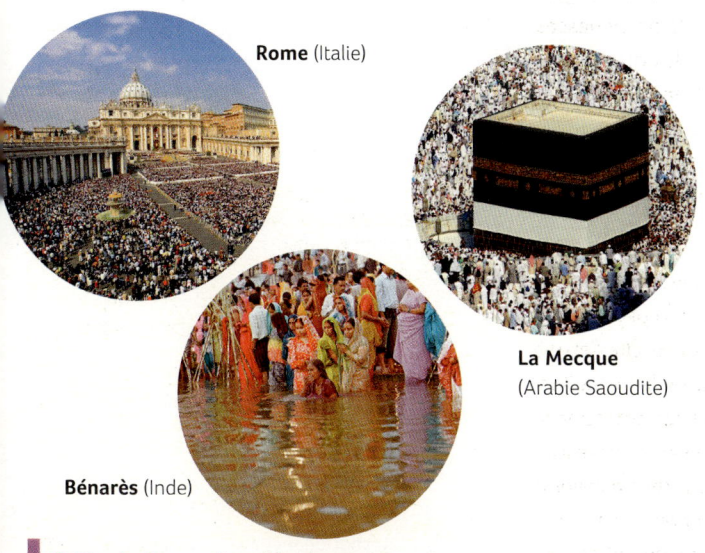

2 Les lieux de la mondialisation et de ses contestations

1. Quelles sont les grandes institutions internationales siégeant à Genève et à Washington ?

2. Citez deux lieux de débats de la mondialisation.

Rome (Italie)

La Mecque (Arabie Saoudite)

Bénarès (Inde)

3 Trois lieux de pèlerinage

► À quelles religions correspondent ces trois lieux de pèlerinage (utilisez la carte p. 371) ? Décrivez-les.

4 Les régimes alimentaires

« La tendance à l'uniformisation des régimes alimentaires est souvent soulignée. Elle est mise en relation avec les implantations de plus en plus mondialisées d'un petit nombre de chaînes de restauration rapide d'origine nord-américaine comme McDonald's ou Pizza Hut. [...] Cependant, cette tendance à l'uniformisation demeure souvent limitée tout en étant très loin de concerner l'ensemble de la population mondiale. [...] L'adage affirmant : “ Dis-moi ce que tu manges, je te dirai d'où tu viens ” demeure d'actualité malgré la très large diffusion d'un petit nombre de produits proposés par quelques firmes agroalimentaires mondialisées. »

Jean-Paul Charvet, *Nourrir les hommes*, Éditions Sedes/Cned, 2008.

MÉTHODE

Observer et interpréter un dessin de presse en géographie

Socle commun
5.2 Mobiliser ses connaissances pour donner du sens à l'actualité

POINT MÉTHODE

Le dessin de presse

Un dessin de presse, dans un magazine ou un quotidien, illustre un événement ou une situation de l'actualité. Il utilise souvent l'humour ou l'ironie pour mettre en valeur les idées qu'il veut transmettre.

• Pour étudier un dessin de presse, il faut :

A. Identifier le dessin : auteur, date, journal de parution...

B. Observer et décrire le dessin : les personnages, les lieux ou le décor...

C. Interpréter le dessin : faire le lien entre le dessin et la situation qu'il décrit ; s'interroger sur les éléments étonnants, la légende ou les bulles ; mettre en valeur le message que l'auteur a voulu faire passer.

EXERCICE

A J'identifie le dessin

1. Qui est l'auteur de ce dessin de presse ?

B J'observe et je décris le dessin

2. À quel sport ce dessin fait-il référence ? Justifiez votre réponse.

3. Décrivez précisément les deux hommes en compétition : aspects physiques, attitude...

4. Le personnage de gauche porte un tatouage particulier : quels symboles reconnaissez-vous ?

5. Quels sont les deux autres personnages ?

C J'interprète le dessin

6. Qui les différents personnages représentent-ils ? Quel est le rôle de chacun dans la mondialisation ?

7. Qu'a voulu montrer l'auteur de ce dessin de presse ? Quel débat sur la mondialisation soulève-t-il ?

DOCUMENT La mondialisation vue par le dessinateur Subito

Définitions

L'OMC (Organisation mondiale du commerce) : l'organisme international ayant pour mission de favoriser les échanges de marchandises et de régler les éventuels conflits commerciaux entre États.

Le FMI (Fonds monétaire international) : l'organisme international chargé d'accorder des crédits pour favoriser le développement des pays pauvres, tout en veillant à leur stabilité financière.

EXERCICES

1 Étudier un débat de la mondialisation

Socle commun
1.3 Participer à un débat
5.2 Mobiliser ses connaissances pour donner du sens à l'actualité

DOCUMENT **La mondialisation détruit-elle les emplois ?**

« La question provoque de vives polémiques et divise les opinions publiques en deux camps, le premier persuadé que oui, le second convaincu du contraire.

Dans l'esprit de la majorité des Français, la réponse ne fait aucun doute. C'est à cause de cette satanée mondialisation, à cause de la concurrence des pays émergents où le coût de la main-d'œuvre est 15 à 25 fois plus faible et à cause des délocalisations d'usines à l'étranger (les tee-shirts *made in France* deviennent introuvables, et c'est maintenant au tour de l'automobile d'être touchée) que le chômage augmente.

Pour les partisans du libre-échange, la mondialisation est un jeu gagnant-gagnant. Le développement des échanges est partout facteur de croissance, donc créateur d'emplois, et la production de ce qui peut être importé à moindre coût n'a pas de raison d'être maintenue sur le territoire. Tout le monde y gagne car l'économie mondiale fonctionne ainsi de manière optimale. »

D'après Pierre-Antoine Delhommais,
L'Atlas des mondialisations, Le Monde hors-série, 2010.

1. Sur quel sujet les opinions publiques sont-elles « divisées en deux camps » selon ce texte ?

2. Quels sont les arguments avancés par chacun d'eux ? Faites un tableau en deux colonnes pour lister ces arguments.

3. En utilisant les connaissances acquises en géographie, donnez un exemple permettant d'illustrer la position de chacun des deux camps.

2 Localiser et situer les grandes aires linguistiques et religieuses

Socle commun
5.2 Identifier la diversité des langues et des religions

DOCUMENT **Les grandes aires linguistiques et religieuses**

1. Citez les grandes aires religieuses correspondant aux couleurs A, B, C, D, E.

2. À quelles grandes aires linguistiques appartiennent les pays correspondant aux points 1, 2, 3, 4, 5 ?

LEXIQUE

Académie une société de gens de lettres, savants et artistes.

Action une petite part d'une entreprise. Celui qui la possède touche une part des bénéfices de l'entreprise.

Affranchissement la libération d'un esclave par son propriétaire.

ALENA Association de Libre-Échange Nord-Américain regroupant les États-Unis, le Canada et le Mexique.

Allégorie un être vivant (animal ou humain) incarnant un principe ou une idée.

Alliance défensive une alliance qui fonctionne en cas d'attaque ennemie.

Altermondialisme le mouvement de contestation qui propose de mieux contrôler la mondialisation actuelle, pour réduire les inégalités et protéger les ressources naturelles.

Anticlérical hostile au clergé.

Archipel mégapolitain l'ensemble des métropoles qui contribuent à la direction du monde et qui entretiennent entre elles des relations privilégiées. On compare ces métropoles à des « îles éloignées » appartenant à un même « archipel ».

Banque mondiale l'institution de l'ONU chargée de lutter contre la pauvreté en apportant des aides aux pays en difficulté.

Bidonvilles des espaces défavorisés et mal équipés en infrastructures où les habitations sont construites à partir de matériaux de récupération.

Bourgeois un habitant des villes qui n'est pas noble et qui dispose de revenus élevés.

Bourse un marché financier où s'échangent des actions (une part du capital des entreprises).

BRIC l'expression désignant le groupe de pays formé par le Brésil, la Russie, l'Inde et la Chine.

Cahiers de doléances (de *dolere*, souffrir en latin) les cahiers destinés au roi où sont consignés les vœux et les plaintes des Français.

Capital l'argent et le matériel (bâtiments, machines...) nécessaires pour fonder et faire fonctionner une entreprise. Le capitaliste est celui qui possède un capital important.

Caricature (du latin *caricare*, exagérer) dessin ou peinture qui déforme ou exagère certains aspects.

Chancelier le Premier ministre de la Prusse puis de l'Allemagne unifiée.

Cinéma d'art et d'essai le cinéma indépendant réalisé avec des moyens financiers modestes et caractérisé par une recherche artistique particulière et un scénario original.

Classes moyennes les populations ayant un revenu intermédiaire entre les pauvres et les riches.

Club une association dont les membres se réunissent régulièrement pour débattre de sujets politiques.

Code civil le recueil de lois qui fixe les règles des relations entre les personnes.

Colon un habitant de la métropole venu s'installer dans une colonie, et ses descendants.

Colonie un territoire occupé, administré et exploité par un pays étranger.

Comité de salut public un gouvernement nommé par la Convention pour prendre des mesures rapides face aux dangers qui menacent la République.

Commerce triangulaire le commerce pratiqué par les navires européens entre l'Afrique, l'Amérique et l'Europe.

Comptoir un établissement commercial établi dans un pays étranger.

Concordat un accord entre un État et le pape sur les questions religieuses.

Conscription le service militaire obligatoire.

Conseil de sécurité de l'ONU une organisation des Nations Unies. L'organe chargé de prendre des « résolutions » pour le maintien de la paix. Il est composé de 5 membres permanents et de 10 membres temporaires élus pour deux ans.

Constitution un texte qui fixe l'organisation politique d'un État.

Conteneur une caisse métallique utilisée pour transporter les marchandises.

Coup d'État la prise du pouvoir dans un État en utilisant la force.

Croissance économique l'augmentation de la production d'un pays.

Déficit budgétaire dans un budget, des dépenses supérieures aux recettes.

Délocalisation le transfert par une entreprise d'un site de production dans un pays bénéficiant de conditions plus favorables (coût de la main-d'œuvre, facilités de communication, fiscalité...).

Département une division administrative du territoire français.

Développement durable le développement qui repose à la fois sur le développement économique (la création de richesses), le développement social (l'amélioration du sort des populations), et la protection de l'environnement.

Développement l'amélioration des conditions de vie d'un pays.

Discours abolitionniste un discours favorable à l'interdiction (l'abolition) de la traite des Noirs et de l'esclavage.

Division internationale du travail la spécialisation des différents pays du monde dans un type d'activités économiques (conception, production...) en fonction des avantages qu'ils offrent aux entreprises.

Droits féodaux les droits des seigneurs qui pèsent sur les paysans (taxes, corvées, justices seigneuriales, droits exclusifs de chasse...).

Économies d'échelle les économies réalisées par une entreprise lorsque celle-ci accroît sa taille.

Émigrer quitter son pays pour s'installer dans un autre. Voir Immigrer.

Empire colonial l'ensemble des colonies administrées par une puissance.

Espace Schengen la zone de libre circulation des personnes entre les pays de l'Union européenne ayant signé les accords de Schengen.

Estampe (ou gravure) une image imprimée sur papier grâce à une planche gravée en cuivre ou en bois (pour les gravures de 1789, il s'agit de planches en cuivre).

État enclavé un pays qui n'a pas de rivage maritime.

États généraux une assemblée convoquée par le roi, qui réunit les représentants des trois ordres du royaume.

Exode rural le départ définitif des habitants des campagnes pour les villes.

Façade maritime un littoral qui concentre un grand nombre de ports importants.

Fédérés les Gardes nationaux des provinces.

Firme transnationale (FTN) une entreprise qui, à partir d'une base nationale, effectue une part importante de ses activités dans plusieurs pays, par l'intermédiaire de filiales.

Flux migratoire le déplacement de populations hors de leur pays d'origine.

Flux les échanges de marchandises, de capitaux ou d'informations.

FMI (Fonds Monétaire International) l'organisme international chargé d'accorder des crédits pour favoriser le développement des pays pauvres tout en veillant à leur stabilité financière.

Forum Social Mondial un rassemblement de manifestants et d'organisations du monde entier qui conteste la mondialisation actuelle.

G20 (Groupe des 20) un groupe de 19 pays plus l'Union européenne ayant un poids économique dans le monde.

Garde nationale le groupement de citoyens bénévoles, chargés de maintenir l'ordre dans une ville.

Girondins groupe de députés à la Convention. Ils défendent la République mais se méfient du peuple.

Grande armée nom donné à l'armée napoléonienne.

Gratte-ciel un immeuble à très nombreux étages, atteignant une grande hauteur.

Hautes technologies les industries de pointe dans les domaines de l'information et de la communication (TIC), de l'aérospatiale ou des biotechnologies.

Hinterland l'arrière-pays d'un port. L'espace terrestre par lequel transitent les importations et les exportations.

Idéologie un ensemble d'idées et de croyances.

Immigrer venir se fixer dans un pays étranger au sien. Voir Émigrer.

Impressionnisme voir p. 123.

Indice de développement humain (IDH) l'indicateur qui mesure le niveau de développement d'un pays à partir du revenu par habitant (PIB par habitant), de l'espérance de vie et du niveau d'instruction.

Indiennes (synonyme cotonnade) les toiles de coton peintes ou imprimées.

Indigène une personne originaire du pays.

Interface la zone de contact entre deux espaces différents. Le littoral est une interface entre la terre et la mer.

Investissements directs à l'étranger (IDE) l'argent investi par une entreprise pour créer ou acquérir une entreprise ou une usine à l'étranger.

L'*American way of life* le mode de vie américain.

L'OTAN Organisation du Traité de l'Atlantique-Nord. Une organisation militaire sous commandement américain, créée en 1949.

La métropolisation la concentration croissante des pouvoirs et des activités dans les grandes villes.

Laïcité le principe selon lequel l'État et la religion sont séparés. L'État laïc ne s'oppose pas à la religion, il garantit la liberté de culte.

Levée en masse le service militaire obligatoire pour tous les hommes célibataires de 18 à 25 ans.

Libéral du point de vue politique, un partisan des libertés.

Libéralisme économique une idéologie qui s'oppose à l'intervention de l'État dans les domaines économique et social au nom de la liberté de l'entreprise.

Manufacturing Belt **(ceinture industrielle)** la région industrialisée au nord-est des États-Unis.

Maquiladora une usine d'assemblage construite par une firme nord-américaine au Mexique.

Mégalopole une grande région urbaine composée de nombreuses villes qui regroupent plusieurs millions d'habitants et une concentration exceptionnelle de pouvoirs.

Mégalopolis une vaste région urbaine de la côte est des États-Unis qui constitue un pôle de décision mondial.

Métallurgie l'industrie du métal (elle comprend la sidérurgie qui est l'industrie du fer).

Métropole (en grec « ville-mère ») une ville concentrant de multiples fonctions de commandement (économique, financière, politique...). La métropole attire et rayonne.

Métropole la puissance qui dirige la colonie.

Migration internationale le déplacement d'une personne ou d'un groupe de personnes d'un pays vers un autre pays pour s'y installer.

Missionnaire un religieux chargé de propager la religion chrétienne.

Mobilité le déplacement de personnes.

Monarchie absolue le régime politique dans lequel le roi dispose de tout le pouvoir.

Monarchie constitutionnelle un régime où le pouvoir du roi est limité par une Constitution (ou une charte).

Monarchie parlementaire le régime politique dans lequel le roi partage le pouvoir avec un parlement élu.

Mondialisation la mise en relation des différentes parties du monde grâce à la multiplication des échanges de marchandises, de personnes, de capitaux et d'informations à l'échelle mondiale.

Monologue dans une pièce de théâtre, un moment où un personnage, seul, se parle à lui-même ou parle à une personne absente.

Montagnards groupe de députés à la Convention appelés ainsi car ils siégeaient en haut des gradins. Ils sont plus proches du peuple que les Girondins.

Mouvement abolitionniste un discours favorable à l'interdiction (l'abolition) de la traite des Noirs et de l'esclavage.

Mouvements libéraux les mouvements de lutte contre le pouvoir absolu et pour les libertés.

Mouvements nationaux les mouvements en faveur de l'indépendance d'un peuple ou de son unification.

Nationalisme la doctrine et l'action politique qui visent à l'indépendance ou à l'unification d'un peuple. Ce terme peut être aussi utilisé pour qualifier l'attitude agressive d'un peuple envers un autre.

Nationalité (ou une nation) un peuple ayant un territoire, une langue, des traditions, une histoire en commun.

Naturalisme un mouvement littéraire des dernières décennies du XIXe siècle. Il cherche à rendre compte de la réalité, le plus objectivement possible et dans tous ses aspects. Le naturalisme est un courant du réalisme.

Néoclassicisme école artistique de la seconde moitié du XVIIIe siècle qui s'inspire de l'art antique.

OMC (Organisation Mondiale du Commerce) l'organisme international ayant pour mission de favoriser les échanges de marchandises et de régler les éventuels conflits commerciaux entre États.

ONG (Organisation Non Gouvernementale) une association indépendante de l'État, souvent à but humanitaire ou environnemental.

ONU (Organisation des Nations Unies) elle œuvre notamment pour le développement économique de la planète.

Opéra une œuvre dramatique mise en musique et dont les paroles sont chantées.

Parlements les cours de justice (à Paris et en province) chargées d'enregistrer les décisions royales.

Patriote nom donné à celui qui lutte pour l'indépendance ou l'unification de sa nation.

Pays émergent un pays à croissance économique rapide mais où le revenu par habitant est encore très inférieur à celui des pays développés.

Pays en développement l'ensemble des pays qui ne font pas partie des pays développés. Dans les pays en développement, on trouve des pays très pauvres (les pays les moins avancés) et des pays en situation intermédiaire. Les pays émergents en font partie.

Pays les moins avancés l'ONU utilise 3 critères pour définir les PMA 1. Le revenu par habitant. 2. L'indice de capital humain : taux de mortalité des enfants de moins de cinq ans, taux d'alphabétisation des adultes... 3. L'indice de vulnérabilité économique : isolement économique, part de l'agriculture...

Peinture académique ou peinture « pompier » école de peinture qui domine la peinture européenne de 1850 à 1900 après le romantisme.

Peinture d'Histoire en peinture, le genre qui s'inspire de l'Histoire passée ou récente.

Peinture de marine la peinture ayant pour sujet la mer, mais aussi les ports, les rives, les navires. La peinture de marine apparaît au XVIIe siècle aux Pays-Bas et en Italie. Au XVIIIe siècle, le peintre français Joseph Vernet devient la référence internationale en la matière.

Philosophes des Lumières au XVIIIe siècle, les penseurs qui critiquent l'Ancien Régime en s'appuyant sur la raison.

PIB (Produit Intérieur Brut) l'ensemble des richesses produites par les entreprises d'un pays. PIB par habitant : la richesse produite à l'intérieur d'un pays, divisée par le nombre d'habitants.

Piédestal un socle sur lequel on pose quelque chose.

Plébiscite un vote du peuple par *oui* ou par *non* à une question posée par un gouvernement.

PNB (Produit National Brut) l'ensemble de richesses produites par un État.

Préfet le représentant de l'État dans le département.

Produit manufacturé un produit transformé par l'industrie.

Quartiers d'affaires un quartier central constitué de grandes tours où se concentrent les sièges des banques, des entreprises et des services rares ou haut de gamme.

Réfugié une personne ayant quitté son pays pour des raisons politiques, religieuses, raciales ou pour échapper à une catastrophe.

Régime autoritaire un régime qui n'est pas démocratique.

Romantisme le courant artistique de la première moitié du XIXe siècle qui cherche à faire triompher les sentiments, les passions. Les artistes romantiques prennent souvent position pour les libertés.

Salon un lieu de réunion chez un particulier où se retrouve régulièrement l'élite cultivée pour échanger des idées et se distraire.

Sans-culotte un habitant du petit peuple des villes. Il porte le pantalon et non la culotte comme les nobles et les bourgeois.

Sculpture une œuvre qui crée des formes et des volumes ; on distingue les sculptures en trois dimensions (les rondes-bosses) et les reliefs.

Sentiment national le sentiment d'appartenir à une nationalité, un peuple.

Skyline la ligne d'horizon créée par l'ensemble des gratte-ciel.

Socialisme une idéologie politique qui condamne les inégalités sociales et cherche les moyens de les réduire ou de les supprimer.

Société d'ordres la société divisée en trois catégories : le clergé, la noblesse et le tiers état, les deux premiers ordres disposant d'importants privilèges.

Statue une sculpture en ronde-bosse représentant un homme ou une femme.

Suffrage censitaire le droit de vote réservé à ceux qui paient un impôt assez important (les riches).

Sun Belt (ceinture du soleil) les régions dynamiques du sud et de l'ouest des États-Unis.

Syndicat ouvrier une association constituée par les ouvriers pour défendre leurs intérêts et leurs revendications face aux patrons.

Technopôle un espace consacré aux activités de hautes technologies. On y trouve des universités, des centres de recherche, des laboratoires.

Terre-plein une étendue de terres gagnées sur la mer grâce à des remblais.

Tolérance le respect pour ceux qui ont une opinion ou une croyance religieuse différente des siennes.

Tourisme de masse le tourisme concernant un grand nombre de personnes qui se concentrent dans les mêmes lieux.

Touriste un visiteur temporaire qui séjourne au moins 24 heures dans un autre pays que le sien pour des raisons de loisirs.

Traite atlantique le commerce des esclaves entre l'Afrique et l'Amérique.

Traites négrières le commerce des esclaves noirs d'Afrique.

Triade l'ensemble réunissant les trois principaux pôles de puissance mondiaux (Amérique du Nord, Union européenne, Japon).

Vie politique la vie qui concerne les affaires de l'État.

ZIP (Zone Industrialo-Portuaire) un espace accueillant des activités industrielles et commerciales en liaison avec le port.

Table des illustrations

Page	Crédit
8	ph © BNF, Paris/Archives Hatier
8-hg	ph © RMN
8-hmg	© Estampes/BNF
8-hmd	ph © Hervé Lewandowski/RMN
8-hd	ph © The Bridgeman Art Library
8-bg	ph © L.Gauthier/Mairie de Bordeaux
8-bm	ph © Josse/Leemage
8-bd	ph © Akg-Images
9-hg	ph © Musée d'Orsay Paris/Gianni Dagli Orti/The Art Archive
9-hm	ph © Collection Sirot-Angel/Leemage
9-hd	ph © D.R.
9-mg	ph © Josse/Leemage
9-bmd	ph © Mary Evans/Rue des Archives
9-bd	ph © ImageBroker/Leemage
9-bg	ph © RMN
10	ph © Josse/Leemage
11-hg	ph © Youngtae/Leemage
11-hd	ph © collection privée/Bridgeman
11-bd	ph © The Bridgeman Art Library
14-mg	ph © J. G. Berizzi/RMN
15	ph © RMN
17-h	ph © Youngtae/Leemage
17-hd	ph © R.Nourry/Scope Images
18	ph © Josse/Leemage
19	ph © The Bridgeman Art Library
21	ph © The Granger Collection NYC/Rue des Archives
22	ph © Musée d'Histoire de Nantes
24	ph © CCI/Rue des Archives
25-hg	ph © The Stapleton Collection/Bridgeman
25-hd	ph © CCI/Rue des Archives
25-bm	ph © British Library/Akg-Images
26	ph © Michael Graham-Stewart/Bridgeman-Giraudon
27-hg	ph © Chicago History Museum, USA/Bridgeman-Giraudon
27-hd	ph © CCI/Rue des Archives
27-bm	ph © bridgemanart.com
28	ph © Selva/Leemage
29-hd	ph © Aisa/Roger-Viollet
29-md	ph © Costa/Leemage
30	ph © Royal Albert Memorial Museum, Exeter, Devon, UK/Bridgeman Giraudon
31-hg	ph © Leemage
31-mg	ph © Costa/Leemage
31-md	ph © JM Arnaud/Mairie de Bordeaux
33	ph © National Maritime Museum, Greenwich/Leemage
36	ph © L.Gauthier/Mairie de Bordeaux,
37-hm	ph © Musée d'Histoire de Nantes
37-mm	ph © Musée d'Histoire de Nantes
38	ph © Oronoz/Akg-Images
39-hg	ph © Akg-Images
39-hmg	ph © The Bridgeman Art Library
39-hmd	ph © The Art Archive
39-hd	ph © Akg-Images
39-b	ph © Akg-Images
40	ph © Josse/Leemage
41	ph © Akg-Images
42	ph © Musée du Château de Versailles/Dagli Orti /The Art Archive
43-hg	ph © The Bridgeman Art Library
43-bd	ph © Musée Carnavalet/Roger-Viollet
44	ph © Akg-Images
45-hd	ph © Estampes/BNF
45-md	ph © Akg-Images
46-mm	ph © The Art Archive
46-bd	ph © Estampes/BNF
47	ph © Estampes/BNF
48	ph © Bridgeman-Giraudon
49-hd	ph © Akg-Images
49-bd	ph © Estampes/BNF
50-hm	ph © Josse/Leemage
50-hd	ph © SGM/Age Fotostock
51	ph © Artothek/La Collection
52	ph © Estampes/BNF
53	ph © Interfoto/La Collection
54	ph © Akg-Images
55-hg	ph © Akg-Images
55-hd	ph © Estampes/BNF
55-mm	ph © Bulloz/RMN
56	ph © Akg-Images
57-hd	ph © CCI/Rue des Archives
57-mm	ph © The Granger collection/Rue des Archives
58	© Estampes/BNF
59	ph © Centre Historique des Archives Nationales, Paris, France/Archives Charmet/The Bridgeman Art Library
60	© Estampes/BNF
61	ph © Josse/Leemage
62	ph © Jérome da Cunha/Akg-Images
63	ph © Tal/Rue des Archives
64	ph © Akg-Images
66-h	ph © The Metropolitan Museum of Art
66-b	ph © Gérard Blot/RMN
68	ph © Josse/Leemage
69-hg	ph © Giraudon/The Bridgeman Art Library
69-hm	ph © Gérard Blot/RMN
69-hd	ph © Hervé Lewandowski/RMN
69-b	ph © Gérard Blot/RMN
70-bd	ph © Josse/Leemage
71	ph © The Bridgeman Art Library
72	ph © Giraudon/The Bridgeman Art Library
73-4	ph © BPK, Berlin/Dist. RMN
73-5	ph © Selva/Leemage
74	ph © Giraudon/The Bridgeman Art Library
75	ph © Giraudon/The Bridgeman Art Library
76	ph © Giraudon/The Bridgeman Art Library
77-4	ph © Giraudon/The Bridgeman Art Library
77-5	ph © Giraudon/The Bridgeman Art Library
78	ph © Giraudon/The Bridgeman Art Library
79	ph © RMN/Agence Bulloz
81	ph © Hervé Lewandowski/RMN
82	ph © Giraudon/The Bridgeman Art Library
83-3	ph © Giraudon/The Bridgeman Art Library
83-4	ph © Archives Hatier
85	ph © Josse/Leemage
86-hd	ph © Giraudon/The Bridgeman Art Library
86-bg	ph © Giraudon/The Bridgeman Art Library
88	© Estampes/BNF
89-hg	ph © ERL/Sipa
89-hmg	ph © Musée Carnavalet/Roger-Viollet
89-hmd	ph © G.Blot/RMN (Château de Fontainebleau)
89-hd	ph © Lauros/Giraudon/The Bridgeman Art Library
89-b	ph © Musée Carnavalet/Roger-Viollet
90	© Estampes/BNF
91-hg	ph © Jean Vigne/Kharbine-Tapabor
91-hd	ph © ERL/Sipa
91-bg	ph © Ernest Bulloz/RMN
92-mm	ph © Erich Lessing/Akg-Images
92-bd	ph © Musée Carnavalet/Roger-Viollet
93	ph © The Granger Collection NYC/Rue des Archives
94-bg	ph © Tal/Rue des Archives
94-bd	ph © Musée Carnavalet/Roger-Viollet
95	ph © Musée Carnavalet/Roger-Viollet
96	ph © Musée Carnavalet/Roger-Viollet
97	ph © G.Blot/RMN (Château de Fontainebleau)
98	ph © Josse/Leemage
99-hg	ph © Josse/Leemage
99-bd	ph © Lauros/Giraudon/The Bridgeman Art Library
100	ph © Roger-Viollet
101	ph © Tal/Rue des Archives
102	ph © Josse/Leemage
103-hg	ph © Musée de la Révolution Française Vizille/Dagli Orti/The Art Archive
103-hd	ph © Akg-Images
103-b	ph © Musée Carnavalet/Roger-Viollet
104	ph © Akg-Images
105	ph © M.Lanowiecky/Musée national de Varsovie
106-mg	ph © Musée de l'Armée/Dist.RMN
106-md	ph © Lutz Braun/BPK Berlin/Dist.RMN
107	ph © Daniel Arnaudet/Jean Schormans/RMN
108	ph © Akg-Images
109-hm	ph © Akg-Images
109-mg	ph © Erich Lessing/Akg-Images
110	ph © Akg-Images
111	ph © Akg-Images
112	ph © Akg-Images
113	ph © Musée Carnavalet/Roger-Viollet
114	ph © Interfoto/La Collection
116	ph © Interfoto/La Collection
117-hg	ph © Akg-Images
117-hmg	ph © Imagno/La Collection
117-hmd	ph © Historisches Archiv Krupp
117-hd	ph © SuperStock/Leemage
117-b	ph © Artothek/© La Collection
118	ph © Interfoto/La Collection
119	ph © Marc Walter
120	ph © Daniel Arnaudet/RMN
121	ph © Corbis
122-hd	ph © Imagno/La Collection
122-mg	ph © Roger-Viollet
123	ph © Musée d'Orsay Paris/Gianni Dagli Orti/The Art Archive
124	ph © Historisches Archiv Krupp
125-hd	ph © Historisches Archiv Krupp
125-bg	ph © Corbis
126	ph © Historisches Archiv Krupp
127	ph © Historisches Archiv Krupp
128	ph © Akg-Images
129-hd	ph © Roger-Viollet
129-md	ph © Gusman/Leemage
129-bd	ph © Imagno/La Collection
131-hm	ph © Josse/Leemage
131-bg	ph © Collection Sirot-Angel/Leemage
131-bd	ph © Jean-Claude N'Diaye/La Collection
133	ph © Mansell/Time Life Pictures/Getty Images
135	ph © Archives Charmet/The Bridgeman Art Library
137-hm	ph © (c) Sotheby's/Akg-Images
137-bm	ph © Roger-Viollet
138-hd	ph © Imagno/La Collection
138-mg	ph © Akg-Images
139-hg	ph © Document Ecomusée Creusot Montceau-Les-Mines/Cliché Daniel Busseuil
139-md	ph © SuperStock/Leemage
142	ph © RDA/Rue des Archives
144	ph © Lauros/Giraudon/The Bridgeman Art Library
145-hg	ph © The Bridgeman Art Library
145-hd	ph © BHVP/Roger-Viollet
145-b	ph © ARJ/Photo12
146	ph © Giraudon/The Bridgeman Art Library
147	ph © The Bridgeman Art Library
148	ph © Petit Palais/Roger-Viollet
149-hd	ph © Jean-Gilles Berizzi/RMN -
149-bg	ph © ARJ/Photo12
150	ph © BHVP/Roger-Viollet
151-h	ph © I.Andréani/Musée d'Art et d'Histoire, Saint-Denis
151-md	ph © PVDE/Rue des Archives
153-hg	ph © Josse/Leemage
153-md	ph © adoc-photos
154	ph © Harlingue/Roger-Viollet
155-hm	ph © ND/Roger-Viollet
155-m	ph © Hervé Lewandowski/RMN
156	ph © Archives Charmet/The Bridgeman Art Library
157	ph © Roger-Viollet
158-mg	ph © Selva/Leemage.
158-md	ph © Gusman/Leemage
159	ph © Archives Charmet/The Bridgeman Art Library
160	ph © Ville de Castres, Musée Jean Jaurès
161	ph © Coll. Dixmier/Kharbine-Tapabor
162	© Adoc-photos
163	ph © Josse/Leemage (c) Adagp, Paris 2011
164	ph © Musée d'Art et d'Histoire de Saint-Denis, D.R.
166	ph © Musée National de l'Education
168	ph © Costa/Leemage
169-hg	ph © The Granger Collection NYC/Rue des Archives
169-hm	ph © Mary Evans/Rue des Archives
169-hd	ph © Edimedia/Rue des Archives
169-b	ph © Akg-Images
170-hg	ph © Aisa/Roger-Viollet

170-hd ph © Aisa/Leemage	233 ph © Ron Chapple/Corbis	308-hd ph © Archives Hatier
171 ph © Akg-Images	234 ph © Khaled el Fiqi/EPA/Corbis	308-bg ph © John Angelillo-Pool/Getty-Images
172 ph © Museo del Risorgimento Turin/Gianni Dagli Orti/The Art Archive	235 © Courtesy of the Alameda Corridor Transportation	308-bd ph © John Angelillo/UPI/Eyedea Presse/ Gamma Rapho
173 ph © The Granger Collection NYC/Rue des Archives	237-hd ph © Viviane Moos/Corbis	310 © RJ Matson
174 ph © Cameraphoto/Akg-Images	237-bg ph © Richard H Cohen/Corbis	311-bg © Prod DB © Universal Pictures/DR
175-mm ph © ImageBroker/Leemage	238-bg ph © Stefan Boness/Panos-REA	311-bd © Courrier Internatinal 2008
175-md ph © Andrea Jemolo/Akg-Images	238-bd ph © Paul Souders/Corbis	312 ph © Eyecon Images/Alamy
176 ph © Coll. Borowski/Adoc-photos	240 © Eric Houri	313 ph © Atlantide Phototravel/Corbis
177 ph © akg-images	241 © Eric Houri	315 © DR
178 ph © Akg-Images	242 ph © René Strandbygaard/DR	316 ph © Ana Elisa Fuentes/Gamma Rapho
179 ph © Mary Evans/Rue des Archives	244-hg ph © Archives Hatier	317 ph © Alan Schein Photography/Corbis
180 ph © Edimedia/Rue des Archives	244-bg ph © Stefan Boness/Panos-REA	321-bg ph © R. Hamilton Smith/AgeStock Images/Corbis
182-mg ph © Alinari/Roger-Viollet	244-bd © Eric Houri	321-bd ph © Philippe Renault/hemis.fr
182-md ph © Museo del Risorgimento Turin/Gianni Dagli Orti/The Art Archive	249 ph © Alejandro Bolivar/EPA/Corbis	323-h ph © Andrew Moore
184-hg ph © Galleria d'Arte Moderna Rome/Dagli Orti/The Art Archive	251-h ph © Vincent Fillon/Atelier Cattani Architectes	323-b ph © Andrew Moore
	251-b ph © Robert François/AFP Photo	326 © Courrier International 2010
184-mg ph © Albert Harlingue/Roger-Viollet	254 © Courrier International 2008	327 ph © Jon Spaull/Panos-REA
185 ph © Musée rural de l'Education de Saint-Nicolas-du-Pélem	255 ph © Jean-Pierre Degas/Hemis-Corbis	328 ph © Wally McNamee/Corbis
	257 ph © JOBARD/SIPA	330 ph © Michael Reynolds/EPA/Corbis
186 ph © Interfoto/La Collection	258 ph © Jupiter-Images/AFP	331 ph © Yi Lu/Corbis
187-hg ph © Giraudon/Bridgeman	259 ph © Marco Di Lauro/Getty-Images	334 ph © Caetano Barreira/EPA/Corbis
187-bd ph © Archives nationales d'Outre-Mer	261 ph © Yann Arthus-Bertrand	335 ph © Paulo Fridman/Corbis
187 -b ph © Roger-Viollet	262 ph © ATCE	336 ph © Evaristo Sa/AFP Photo
188 ph © Interfoto/La Collection	263 ph © Sébastien Boisse/Photononstop	337 ph © J.R. Couto/Tyba
189- hg ph © Archives nationales d'Outre-Mer	264-h ph © Archives Hatier	340-h ph © Archives Hatier
189-hd ph © Giraudon/The Bridgeman Art Library	264-bg © Juan Ballesta	340-bg ph © Yi Lu/Corbis
193 ph © H.Rouyer/Musée de l'Image	264-bd ph © Yann Arthus Bertrand	340-bd ph © Caetano Barreira/EPA/Corbis
194 ph © Archives Charmet/The Bridgeman Art Library	267 ph © Jean-Claude Moschetti/REA	343 ph © Fernando Bizerra Junior/EPA/Corbis
	268 ph © Guenther Thoeni/Anzenberger/Ask-Images	344 ph © Viviane Moos/Corbis
195-hd ph © Archives Charmet/The Bridgeman Art Library		348 ph © Karen Kasmauski/Corbis
	270 ph © AFP	349 ph © Eau Vive
195-bg ph © Giraudon/The Bridgeman Art Library	272 ph © Hans Christian Plambeck/Laif-REA	350 ph © Hervé Vincent/REA
196-hm ph © Coll. Delastrit/Kharbine-Tapabor	273 ph © Morio Taga/Panatokyo	351-hd © Association Graindesable.org
196-bm ph © Collection IM/Kharbine-Tapabor	274 ph © Andy Rain/EPA/Corbis	351-bg © Unicef Mali 2010
197-hm ph © Collection IM/Kharbine-Tapabor	275 ph © Yoichi Tsukioka/Panatokyo	352-h ph © Karen Kasmauski/Corbis
197-bm ph © Collection IM/Kharbine-Tapabor	277 ph © B.S.P.I./Corbis	352-b ph © Riccardo Venturi/Contrasto-REA
199-hd ph © Archives CSSP	278-h ph © Archives Hatier	354 ph © Karen Robinson/Panos-REA
199-bd ph © The Bridgeman Art Library	278-bg ph © Yoichi Tsukioka/Panatokyo	355 ph © David Bathgate/Corbis
201-hm ph © Giraudon/Bridgeman	278-bd ph © B.S.P.I./Corbis	356-hg ph © Archives Hatier
201-bd ph © Eric Deroo	279-hg ph © Spencer Platt/Getty-Images	356-hg ph © Hervé Vincent/REA
202 ph © Akg-Images	279-hd ph © Andy Rain/EPA/Corbis	356-bd ph © Karen Robinson/Panos-REA
204 ph © Special collections, University of Amsterdam	279-bg ph © Hans Christian Plambeck/Laif-REA	359 © FAO 2008
	281 ph © photolibrary.com	361-hm ph © Raymond Depardon/Magnum
205-hd ph © Archives Charmet/Bridgeman	282 © Underwood & Underwood/Corbis	361-hd ph © Laurent Grandguillot/REA
205-b ph © Costa/Leemage	283-h ph © Getty-Images	361-bm ph © Raymond Depardon/Magnum
206 ph © Interfoto/La Collection	283-bg ph © Andrew Leyerle/Getty -Images	362 ph © Aaron Maasho/AFP Photo
208 ph © Archives Charmet/Bridgeman	283-bm © Illustration by Fordham Company via Getty-Images/AFP	363 © Chapatte/Globecartoon.com
209 ph © Roger-Viollet		364 ph © Caroline Penn/Corbis
212-m ph © D.R.	284 © Teamlondonbridge.co.uk/Sellar Group	365 ph © Jefferson Bernardes/AFP Photo
212-g ph © Eyecon Images/Alamy	286 © Nike	366-g Coll. Christophe L
212-d ph © Eric Houri	287 ph © Imaginechina/AFP	366-d © Prod DB © Dog Eat Dog - Warner Bros/DR
213-hg ph © Alejandro Bolivar/EPA/Corbis	288 ph © Johannes Eisele/Reuters	
213-hd ph © Jean-Pierre Degas/Hemis/Corbis	290 ph © Didier Maillac/REA	367 ph © AFP
213-mm ph © Chad Ehlers/Age Fotostock	291-h ph © Benoit Decout/REA	369-h ph © William Manning/Corbis
213-md ph © Hans Christian Plambeck/Laif-REA	291-g ph © Harry Gruyaert/© Renault communication/Magnum	369-b ph © Jeremy Horner/Corbis
213-bg ph © Atlantide Phototravel/Corbis		370-h ph © Archives Hatier
213-bd ph © Caroline Penn/Corbis	292 ph © AFP Photo	370-b ph © Jeremy Horner/Corbis
216 ph © Chad Ehlers/Age Fotostock	293 © www.seppo.net	372 © Courrier International 2009
217 ph © Stéphane Compoint	294-h ph © Archives Hatier	373 ph © Cezaro De Luca/EPA/Corbis
218 ph © Liu Liqun/Corbis	294-bg ph © Johannes Eisele/Reuters	374 ph © Yue Yuewei/Xinhua Press/Corbis
219 ph © Stéphane Compoint	294-bd ph © AFP Photo	375 ph © Bob Strong/Reuters
220 ph © Liu Jin/AFP Photo	297 ph © Daniele Mattioli/Anzenberger/Ask-Images	377-mg ph © Maria G. Picciarella/Ropi-REA
221 ph © Stéphane Compoint		377-md ph © Salah Malkawi/ArabianEye-REA
222 ph © Dick Sellenraad/Aeroview-Rotterdam	299 ph © Eric Leleu/Pictobank/ABACAPRESS.COM	377- b ph © Anika Buessemeier/Laif-REA
223 © Aeroview-Rotterdam	300 © Chappatte/Globecartoon.com	378 © Subito/DR
224 ph © Dick Sellenraad/Aeroview-Rotterdam	301 © Andrew Moore	
226-h Coll. Archives Hatier	302 ph © John Angelillo/UPI/Eyedea Presse/Gamma Rapho	D.R. : Malgré nos efforts, il nous a été impossible de joindre certains photographes ou leurs ayants droits, ainsi que les éditeurs ou leurs ayants droit pour certains documents, afin de solliciter l'autorisation de reproduction, mais nous avons naturellement réservé en notre comptabilité des droits usuels.
226-bg ph © Stéphane Compoint		
226-bd ph © Dick Sellenraad/Aeroview-Rotterdam	304 ph © Steve Raymer/Corbis	
229 © www.aarhushavn.dk	306 ph © John Angelillo-Pool/Getty-Images	
	307 © Libération 2010	

Édition : Aurélie Joubert-Mérandat, Agnès Thiercé
Iconographie : Brigitte Hammond, Hatier illustration
Maquette : Favre & Lhaik, Graphismes

Mise en page : Al'Solo, Dominique Grelier
Cartographie : Noël Meunier
Infographie : Corédoc, Orou Mama

Achevé d'imprimer par Grafica Veneta à Trebaseleghe - Italie
Dépôt légal : 95443-6/04 - Septembre 2011

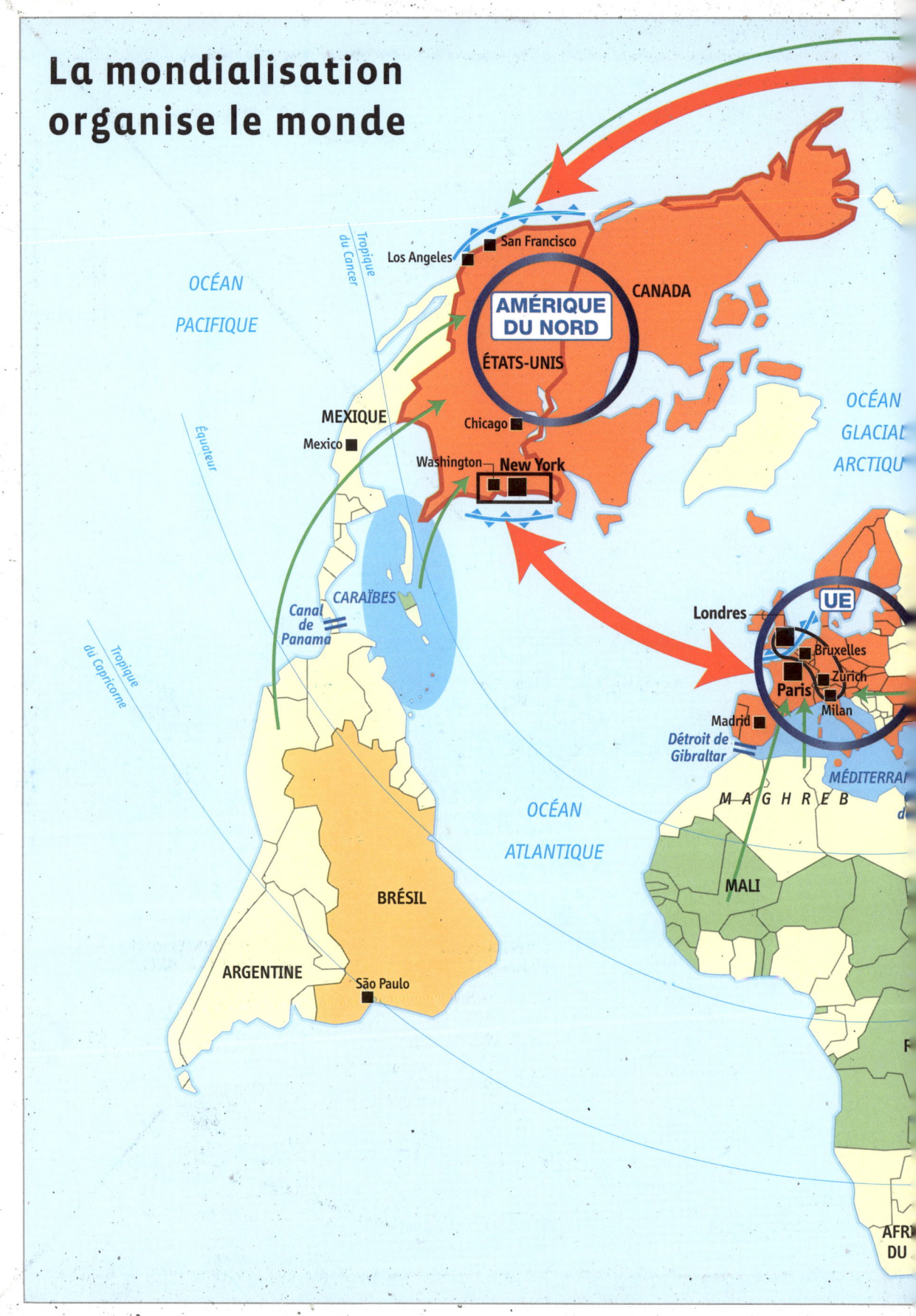